中国新闻传播学
自主知识体系建设工程

中国新闻传播学自主知识体系的基本面向与焦点领域

Chinese Journalism and Communication:
The Orientation and Focus of an
Independent Knowledge System

中国人民大学新闻学院
自主知识体系课题组 ◎著

中国人民大学出版社
·北京·

中国人民大学新闻学院自主知识体系课题组

主持人：周　勇

成员（按姓氏笔画为序）：

王　斌　　王树良　　王莉丽　　王润泽　　邓绍根　　刘小燕

刘宏宇　　刘海龙　　李　沁　　李　彪　　李兴博　　杨保军

宋健林　　张伊妍　　张辉锋　　陈　阳　　周　俊　　周　勇

郑保卫　　赵永华　　钟　新　　栾轶玫　　唐　铮　　彭　兰

曾　持　　潘文静

总　序

2022年4月25日，习近平总书记来到中国人民大学考察调研时指出，加快构建中国特色哲学社会科学，归根结底是建构中国自主的知识体系。没有知识体系这个内涵，三大体系就如无本之木。习总书记的这一重要论述，为中国特色新闻传播学学科体系、学术体系、话语体系建设指明了方向。当前，面向新时代的使命任务、面向新媒体的变革、面向全球化背景下人类文明交往的新形势，新闻传播学科面临转型升级的迫切要求，需要在回答中国之问、世界之问、人民之问、时代之问中实现学科的系统性重组与结构性再造，新闻传播学的知识体系也需要以此来锚定坐标、厘清内涵外延。

中国人民大学新闻学院是中国共产党亲手创办的第一所高等新闻教育机构，是新闻传播学科"双一流"建设单位，主动布局和积极开展自主知识体系建设是我们应有的使命担当。为此，学院开展了"中国新闻传播学自主知识体系建设工程"重大攻关行动，组建了十六个科研创新团队，以有组织科研的形式开展专项工作，寄望以此产生一批重大基础性、原创性系列成果，这些成果将在中国人民大学出版社的支持下陆续出版。

中国新闻传播学自主知识体系建设，首先要解决这一体系的逻辑性问题。这需要回到学科发展的历史纵深处，从元问题出发，厘清基本逻辑。在过去的一百多年中，报纸、杂志、广播、电视、通讯社等风起云涌，推动了以大众传播为主体的职业新闻传播事业的迅猛发展。这种实践层面的动向也必然会反映到理论层面，催生和促进新闻传播学的发展。如果从1918年北京大学新闻学研究会成立算起，新闻学在中国的发展逾百年，传播学全面进入中国学界的视野已超过四十年，从1997年正式成为一级学科，新闻传播学在我国的发展则有二十多年。在长期的发展过程中，新闻传播学形成了以史、论、业务三大板块为支柱的知识图谱，并在各专门领域垂直深耕，形成了蔚为壮观的学科阵列。应该说，已有的发展为构建中国新闻传播学自主知识体系提供了良好的基础，但离自主知识体系的要求尚存在不小的差距。主要表现在：长期跑马圈地扩张而以添砖加瓦方式累积形成的知识碎片如何成为有逻辑的知识图谱？主要面向大众传播而形成的知识概念何以适应新媒体时代传媒业结构性变革的新要求？多源流汇聚、面向多学科开放而形成的知识框架如何彰显本学科的主体性？马克思主义新闻观作为"中国特色"的灵魂如何全面融通进入知识体系？这些问题的解决必须超越各种表层因素，从元问题出发并以其作为逻辑起点展开整个知识体系的构建。新闻传播学的一个重要特质就是关注"对话与沟通"及由此对"共识与秩序"的促成，进而推进人类文明和文化的理解与融合。在今天的社会语境下，对于新闻传播学的这一本质意义的认识是重建学科逻辑的关键。在当今的新兴技术革命中，新闻活动从职业语境走向社会化语境，立足于职业新闻活动的新闻学也必须实现根本性转换，将目光投向更广阔的人类传播实践，将新闻学建立在作为人之存在方式、与人之生活世界紧密相连的"新闻"基础之上，建立在新闻、人、事实和生活世界之间相互交错的深厚土壤中。

中国新闻传播学自主知识体系建设，必须要处理好中国特色与世界普遍意义的关系问题。中国的历史、中国的新闻传播实践赋予知识概念以特殊含义，如何将这种"中国特色"阐述清楚，是新闻传播学理论首先要解决的问题。"中国特色"强调对中国问题、中国历史传统和现实特征的观照，但这绝不是自我封闭的目光向内，而是要处理好中国经验与世界理论的关系。建构自主的知识体系应该是一个对话的过程。马克思主义基本原理同中国具体实际相结合、同中华优秀传统文化相结合的过程，是吸收、转化、融入的过程，从学术上讲，实际上是马克思主义与中国传统对话、与中国现实对话的过程。建构自主的知识体系应该关切、关怀人类共同的问题和命运，这就要以产出中国知识、提供全球方案、彰显世界意义为目的，在古今中西的十字路口展开对照和对话。换言之，我们构建自主的知识体系不是自说自话，而是要通过知识创新彰显中国贡献，使中国的新闻传播学屹立于世界学术之林，这是一个艰难而复杂的进程。如果以此为目标做战术层面进一步细分的话，自主知识体系的构建大体可以分为三个向度：

其一，能够与世界同行开展实质有效的深层对话。

这部分主要是指那些具有特别鲜明的中国特色、短期内难以达成共识的内容，比如中国新闻学，从概念到理论逻辑均与西方学术话语有着较大的差异和分歧。对于这部分内容，我们至少在短期内可以以能够开展实质有效的对话为目标，不一定能够达成共识，但至少应努力做到和而不同。这需要我们首先建立一套系统的、在学术上能够逻辑自洽的中国新闻学理论体系。作为中国新闻学的灵魂，马克思主义新闻观不能成为被表面尊崇实则割裂的"特区""飞地"，而应"脱虚向实"，真正贯穿本学科的知识图谱。这就需要将马列关于新闻传播的经典论述与中国共产党从其领导下的百年新闻事业中不断总结提炼的新闻理论相结合，与中国历史传统特别是优秀传统文化相结合。当前，特别要立足于马克思主义新闻观与新时代中国新闻传播事业，加强对习近平文化思想、习近平关于新闻舆论工作重要论述的系统性理论阐释，全面梳理互联网环境下新闻实践的基本理念、原则、方式方法，充实和完善新闻学的本体论、认识论、方法论，构建较为系统完整的知识地图。这既是中国新闻学理论链条的最新一环，也将实现理论创新的层级跨越。

其二，能够与世界同行开展实质有效的交流合作。

这部分主要是指那些与西方学术话语有相通之处、面临共同的问题和挑战的内容，比如一直面临着基础理论创新乏力的传播学，我们可以在实质有效的合作交流中共同发展，做出中国贡献，形成中国学派。要实现这一愿景，中国的传播学必须坚持问题导向，立足中国现实问题，开展基础理论研究和应用对策研究：一方面，扎根中国大地，形成具有中国特色、世界意义的原创性理论；另一方面，面向中国实践，形成一套有解释力的观念体系。从国家加强国际传播能力建设的重大使命任务出发，当前尤其要加强国际传播基础理论建设，尽快构建中国的国际传播理论体系，推动与国际同行的学术交流和对话，加强国际学术话语权。

其三，能够为世界同行做出实质有效的独特贡献。

这部分主要是指那些新兴领域或者中国具有独特资源的领域，我们与世界同行基本处于同一起跑线，甚至有些还有一定的先发可能，要把握历史主动、抓住难得的机遇期。当前中国社会正处于转型期，呈现出大量西方社会较少见到的现象，这给中国新闻传播学研究在理论建构上做出世界贡献提供了机会。同时，要利用好中国在新媒体方面的技术优势和实践优势，提早布局、快速产生重大成果，为未来传播的新时代实现中国新闻传播学科建设的"弯道超车"创造条件。比如，目前各种人工智能技术已被广泛运用到新闻领域乃至整个传媒产业，带来了智媒化发展的大趋向，我们需要通过跨学科的视野梳理智能传播的基本架构以及知识体系，并在此基础上深入探究智能传播中的焦点问题：智能化媒体应用趋势、规律与影响，人工智能时代的算法，智能环境中的人与人机关系等。

自主知识体系建设是新闻传播学科在新的历史阶段开展"双一流"建设的重要历史机遇。如果说第一轮"双一流"建设是在筑基与蓄力，那么从第二轮"双一流"建设开始，我们的重要任务就是真正开启面向全球场域、建设世界一流，全面提升学科的国际对话能力，实现从一般性国际交往到知识创造、从理论互动到以学科的力量介入全球行动、从场景型合作到平台构建的"转向和超越"。在走出建设中国特色、世界一流大学新路的过程中，自主知识体系建设将起到至关重要的赋能作用，通过知识创新实现中国经验与世界贡献的有机融通，为中国的新闻传播学科屹立于世界学术之林夯实基础。这当然不是一所学院所能胜任的事情，需要整个学科共同体的努力。2023年11月4日，中国人民大学新闻学院联合国内四十多所兄弟高校新闻传播学院共同发起成立"中国新闻传播学自主知识体系联盟"并发布倡议，希望以学科的集体力量和智慧推进这一重大行动，我们有理由期待未来更多高质量相关成果的推出。

新时代给新闻传播学科的发展赋予了无限动能与想象空间，这是我们的幸运，也是我们的责任。我们坚信，中国新闻传播学自主知识体系构建要锚定的基点，在于"以中国为根本，以世界为面向"，要充分了解、辩证看待世界，在广泛吸收人类文明优秀成果的基础上，回到本学科、本领域事业发展的历史和现状，回到中国的历史和优秀文化传统，以中国问题、中国现实为观照来构建自主知识体系，为推动中国更好地走向世界服务，为构建人类命运共同体做出贡献。

是为序。

2023年11月16日
于中国人民大学明德新闻楼

目　录

上篇　中国新闻传播学自主知识体系的源流历史

第一章　马克思主义新闻观的源流与创新 /003
第一节　马克思主义新闻观的创新发展 /003
第二节　马克思主义新闻学研究的历史考察 /034

第二章　中国共产党新闻宣传事业的百年实践 /063
第一节　中国共产党新闻事业百年奋斗的历史经验及启示 /063
第二节　中国共产党新闻宣传文风的百年建设历程 /091
第三节　中国广播事业发展的历史经验及其现实意义 /110
第四节　中国电视事业发展的历史演进与现实抉择 /124

中篇　中国新闻传播学自主知识体系的理论建构

第三章　中国新闻传播学自主知识体系的范式探寻 /145
第一节　构建中国新闻传播学自主知识体系的根据与必要 /145
第二节　构建中国新闻传播学自主知识体系的立场与目标 /160
第三节　构建中国新闻传播学自主知识体系的基本逻辑 /178
第四节　构建中国新闻传播学自主知识体系的实践进路 /196

第四章 中国新闻传播学自主知识体系的范畴新创 /207

第一节 传播学研究的知识之维刍议 /207

第二节 中国传播思想史的知识建构 /227

第三节 建设面向未来的国际传播学 /251

第四节 建设新时代的中国特色舆论学 /264

第五节 建设中国特色的互联网新闻学 /282

第五章 中国新闻传播学自主知识体系的现实引领 /312

第一节 新时代中国人权话语的建构与国际传播 /312

第二节 新时代中国大国形象的建构与传播路径 /328

第三节 新时代国家话语权力博弈的机制与路径 /344

下篇 中国新闻传播学自主知识体系的实践创新

第六章 中国新闻传播学自主知识体系与新闻业的革新 /373

第一节 新闻传播教育与实践的辩证 /373

第二节 国际传播的理念破局 /388

第三节 新闻消费方式的转向 /400

第四节 主流媒体的融合发展 /424

第七章 中国新闻传播学自主知识体系与社会治理的完善 /443

第一节 媒介社会的治理实践 /443

第二节 智库全球治理的能力培育 /458

第三节 主旋律影视作品的治理逻辑 /480

第四节 短视频作品的治理原则 /485

第五节 5G新闻业的新形态与新规制 /490

第八章 中国新闻传播学自主知识体系与媒介社会的蜕变 /500

第一节 元宇宙空间与身体的虚实混融 /500

第二节 知识付费产品定价的成本与感知 /527

第三节 广告与设计的跨媒介融合 /547

第四节 传播媒介的虚拟本质 /556

参考文献 /581

上篇　中国新闻传播学自主知识体系的源流历史

对历史的探寻，是回答建构中国自主知识体系的必要性所在，"构建自主的知识体系，最重要的根源在于，每一国家、民族、社会都有自身相对特殊的历史情况、文明特征、文化传统"①，也具备正本清源的重要意义。中国新闻传播学自主知识体系的源流，指向在继承发展中不断创新的马克思主义新闻观，根植于中国共产党百年新闻宣传事业的历史实践。

中国新闻传播学自主知识体系的建构以中国化的马克思主义为遵循，

---

① 杨保军.构建当代中国新闻学自主知识体系的根据与必要[J].国际新闻界，2022 (11)：25-38.

以马克思主义新闻观为核心。马克思主义新闻观源于马克思主义经典作家关于新闻、宣传的认识，在中国共产党领导的革命、建设和改革事业中创新发展，最终形成包括新闻事业性质与功能作用、党性、人民性、新闻文风、队伍建设、国际传播等内容的一个有机整体。追溯马克思主义新闻观源流与创新发展的历史，是构建中国新闻传播学自主知识体系中正本清源的需要，也是夯实知识体系基础的重要路径。

中国共产党百余年的新闻宣传事业是中国新闻传播学自主知识体系建设的实践源泉。中国共产党的新闻宣传事业是党的革命、建设和改革事业的重要组成部分，中国共产党始终将新闻宣传视为一项十分重要的工作，随着中国共产党的不断壮大，党的新闻宣传事业也经历了由弱变强的过程，在实践中走出了一条特色发展之路。总结中国共产党百年新闻宣传事业的历史经验，是牢固中国新闻传播学自主知识体系根基的需要，也是回答建设自主知识体系必要性的关键。

第一章　马克思主义新闻观的源流与创新

第一节　马克思主义新闻观的创新发展

2016年2月19日，习近平在党的新闻舆论工作座谈会上发表重要讲话（简称"2·19"讲话），强调"牢牢坚持马克思主义新闻观"[1]，指出要深入开展马克思主义新闻观教育。党的十九大后，中共中央宣传部出版《习近平新时代中国特色社会主义思想三十讲》，简要阐述了马克思主义新闻观概念："马克思主义新闻观是马克思主义立场、观点、方法在新闻舆论工作中的根本体现，是做好党的新闻舆论工作的'定盘星'。"[2] 经研究发现，"马克思主义新闻观"一词是在全国揭批"四人帮"开展拨乱反正和新闻界回归马克思主义新闻学的理论探索中首次出现的，其概念所指在出现之初就已明确包含了马克思列宁主义、毛泽东思想关于新闻学的基本理论观点。它是中国特色的政治术语，是马克思主义中国化的概念。[3] 它既包括马克思主义经典作家关于新闻、宣传工作的认识，又包含中国共产

---

[1] 习近平在党的新闻舆论工作座谈会上强调 坚持正确方向创新方法手段 提高新闻舆论传播力引导力；刘云山出席 [N]. 人民日报，2016-02-20（1）.
[2] 中共中央宣传部. 习近平新时代中国特色社会主义思想三十讲 [M]. 北京：学习出版社，2018：201.
[3] 邓绍根. 正本清源："马克思主义新闻观"概念的生成与发展 [J]. 湖南师范大学社会科学学报，2021（2）：1-17.

党对所领导的新闻、宣传、舆论等传播领域工作性质和作用，以及关于传播政策、宣传纪律等的认识的总体称谓。[①] 两者统一在马克思主义的立场、观点与方法之下，融合于马克思主义中国化的进程之中。

百年前诞生的中国共产党就是马克思主义与中国工人运动相结合的产物。中国共产党百年进程，波澜壮阔、跌宕起伏，马克思主义中国化始终是贯穿其中的主题。中国共产党的历史，就是一部马克思主义中国化发展史。[②] 百年来，中国共产党都高度重视新闻舆论工作，将它视为党的事业的重要组成部分和中心工作；党的新闻舆论工作者不断运用马克思主义立场、观点、方法去研究和看待新闻现象和新闻活动，不断总结中国具体的新闻舆论工作实践规律，创新发展了马克思主义新闻观。在马克思主义新闻观的指导下，新闻舆论工作者在中国共产党百年进程中肩负了伟大使命，忠实记录了时代强音、历史足迹、社会发展、民族进步，不断将革命、建设、改革、复兴事业推向前进，逐步实现救国、兴国、富国、强国的奋斗目标。以马克思主义中国化史作为重要的分期依据，从其逻辑起点出发，考察百年大党创新发展马克思主义新闻观的历史进程和理论贡献，具有重大的理论价值与现实指导意义。

一、新民主主义革命时期马克思主义新闻观的探索与逐步成型

马克思主义同中国工人运动相结合诞生中国共产党后，中国革命面貌焕然一新。凭借先进的理论武装，中国共产党从成立之初的一个宣传马克思主义的团体迅速成长为领导中国革命的主要力量，在28年的艰难困苦和浴血奋战中，领导中国人民推翻三座大山，实现民族解放，夺取全国政权，结束了近代中国半殖民地半封建社会的历史，取得了新民主主义革命

---

① 陈力丹. 马克思主义新闻观百科全书[M]. 北京：中国人民大学出版社，2018.
② 王树荫. 马克思主义中国化史：第2卷（1949—1976）[M]. 北京：中国人民大学出版社，2018.

的胜利。同时，中国共产党不断探索马克思主义基本原理同中国革命具体实际相结合，在学习中继承马克思主义，在实践中创新马克思主义，提出了马克思主义中国化的伟大命题，实现了马克思主义中国化的第一次历史性飞跃，产生了理论成果毛泽东思想。毛泽东曾指出："凡是要推翻一个政权，总要先造成舆论，总要先做意识形态方面的工作。"① 中国共产党走上政治舞台，并最终成为领导中国革命的核心力量，就是从宣传鼓动工作开始的。中国各地共产党早期组织成员大多数拥有丰富的新闻舆论工作经历，全国共产党早期组织成员58人中，55人拥有新闻舆论工作经历；出席党的一大的代表13人均有从事新闻舆论工作的经验。② 中国共产党运用马克思主义立场、观点、方法看待新闻舆论工作问题，积极探索马克思主义新闻观，并随着毛泽东思想的成熟而初步成型。

（一）"马克思主义中国化"提出前马克思主义新闻观的初步探索

建党后，中国共产党开始运用马克思主义立场、观点、方法看待新闻舆论工作问题。在"马克思主义中国化"提出前的这一段时间内，中国共产党人对马克思主义的理论学习和研究还不深入，对国情的认识还比较抽象，缺乏理性分析，主要还处于逻辑起点的译介传播和吸收内化阶段；表现在新闻舆论工作领域，马克思主义新闻观内含于对马克思列宁主义新闻思想的学习和继承中，集中表现在对马克思列宁主义核心特性的认识上，具体包括：

1. 鲜明指出报刊的阶级性

建党前后，党创办的报刊均旗帜鲜明地表明自己的阶级属性。《共产党》月刊在中国第一次竖起"共产党"大旗。《新青年》刊文提出："谈到

---

① 中共中央文献研究室. 建国以来毛泽东文稿：第10册 [M]. 北京：人民出版社，1996：194.
② 邓绍根. 百年寻根：中国共产党新闻舆论工作党性原则的确立 [J]. 中国出版，2021（9）：5-12.

报纸，我们先要问，这报是有产阶级的呢，还是劳动者的呢？"① 大革命失败后，面对资产阶级的背叛，阶级性更为凸显。1930 年 8 月，《红旗日报》发刊词明确提出"报纸是一种阶级斗争的工具"②，又发表社论《拥护工农阶级自己的报纸呵！》。1933 年 12 月，张闻天在上海《斗争》杂志上发文指出："我们的报纸是革命的报纸，是工农民主专政的报纸，是阶级斗争的有力的武器。"③

2. 明确规定报刊的党性原则

建党前后，各地共产党组织积极践行列宁"办报—建党的着手点"④思想，贯彻报刊的党性原则，创办党的新闻事业。1921 年 4 月，《共产党》月刊刊登了稿件《加入第三次国际大会的条件》。中共一大通过的《中国共产党的第一个决议》"宣传"部分主要内容是规定党对新闻出版工作的领导以及对新闻出版内容的要求。⑤ 中共二大通过《中国共产党加入第三国际决议案》，正式加入第三国际，完全承认第三国际所决议的加入条件二十一条，其中第 1 条、第 18 条都是关于党性的内容。⑥

土地革命时期，随着党对党报作用认识的深化，将党报紧紧握在党的手中成为必然要求。1929 年 6 月，《宣传工作决议案》专门对宣传工作的组织问题作了规定，要求"党报委员会在中央以政治局全体委员充当，在省委及地方党部应以全体常委充当，只有这样才能使整个组织直接注意党报，才能使党报真能代表党的正式意见"⑦。1931 年 4 月，《中央关于苏区

---

① 新凯. 再论共产主义与基尔特社会主义 [J]. 新青年，1922 (6)：37-50.
② 《红旗日报》发刊词：我们的任务 [N]. 红旗日报，1930-08-15 (1).
③ 洛甫. 关于我们的报纸 [J]. 斗争，1933 (38)：7-16.
④ 童兵. 马克思主义新闻思想史稿 [M]. 北京：中国人民大学出版社，1989.
⑤ 中国社会科学院新闻研究所. 中国共产党新闻工作文件汇编：上卷 [M]. 北京：新华出版社，1980.
⑥ 中央档案馆. 中共中央文件选集：第 1 册 [M]. 北京：中共中央党校出版社，1989.
⑦ 中共中央宣传部办公厅，中央档案馆编研部. 中国共产党宣传工作文献选编（1915—1937）[M]. 北京：学习出版社，1996：90.

宣传鼓动工作决议》指出："党报是党的党纲，党的政策的直接的宣传者，是从党的立场来记载一切消息的。"①

3. 紧密围绕群众开展宣传工作

早期党成长发展的一条主线就是围绕"怎样扩大我们的党为群众的党"所展开的，群众性的要求寓于党的新闻宣传工作中。二大通过的《关于共产党的组织章程决议案》中明确共产党"两个重大的律"之一就是"党的一切运动都必须深入到广大的群众里面去"②；党还要求"每一个党员不论他在什么地方，都应当宣传我们党的主义及口号"③。1926年出版的《我们今后应当怎样工作》指出，要在一切实际工作中，无一时无一事不努力"深入群众"，"获得群众"，"扩大及巩固各阶级群众的联合战线"④。为了更好地向群众宣传，党中央从一开始就提出了"通俗化"的问题，要求关于政策的解释当力求详细，文字当力求浅显。⑤ 1926年，中央文件中首次专门单列出工农通信问题，列出了四种组织方法。⑥

大革命失败后，党比以往任何时候都需要获得工农群众的支持。"六大"政治议决案专门列出"争取群众的任务"一条，指出"党的总路线是争取群众"⑦，后进一步提出"党报必须建立全国系统的工农通讯员，经过他们使党报与人民群众密接起来"，"训练工农通信员是组织党报重要条件之一"⑧。在古田会议上，毛泽东重申红军的三大任务，其中之一就是

---

① 中央档案馆.中共中央文件选集：第7册[M].北京：中共中央党校出版社，1991：212.
② 中央档案馆.中共中央文件选集：第1册[M].北京：中共中央党校出版社，1989：90.
③ 同②478.
④ 中央档案馆.中共中央文件选集：第2册[M].北京：中共中央党校出版社，1989：107.
⑤ 同②.
⑥ 同④193-194.
⑦ 中央档案馆.中共中央文件选集：第4册[M].北京：中共中央党校出版社，1990：314.
⑧ 中央档案馆.中共中央文件选集：第5册[M].北京：中共中央党校出版社，1990：264.

宣传组织群众，并将"扩大政治影响，争取广大群众"①作为红军宣传工作的任务。

4. 强化党报的地位和作用

《向导》在《敬告本报读者》中指出："本报是有组织的活动的表征"，"本报所发表的主张，是有数千同志依着进行的"②。中央明确规定党员"购阅和发行"党报的义务，在中央决议出版中央机关报《布尔塞维克》时，明确规定中央各委员会参加编辑和投稿的义务。③ 1928年，党中央指出，"中央党报不是几个作者私人所编的杂志，乃是我们整个党对外的刊物。这个上头所说的观点，自然是代表我们党的意见"④，规定党员对中央党报批评及发行之义务。1930年，李立三提出"党报是要整个党的组织来办的"观点，规定党的组织和党员的任务：读党报、发行党报、替党报做文章。

随着列宁"宣传员鼓动员组织者"论断的传入，更加明确了党报的地位和作用，其组织作用尤为凸显。1929年，党中央机关报《布尔塞维克》刊文《布尔塞维克党的组织路线——列宁论"党的组织"》首次对列宁"组织者"一词进行正面介绍后，报纸的组织作用被明确提出。《红旗》第100期"党报问题专号"、1931年1月《中共中央政治局关于党报的决议》、《红色中华》第100期等党的报刊文件，都以这一论断为中心对之进行阐释强调，报纸的组织作用成为当时党内的"共识"。

中国共产党自建立起就抓住了马克思列宁主义的核心内涵，突出

---

① 中共中央文献研究室，新华通讯社. 毛泽东新闻工作文选 [M]. 北京：新华出版社，1983：15.
② 敬告本报读者 [J]. 向导，1922（15）：7.
③ 中国社会科学院新闻研究所. 中国共产党新闻工作文件汇编：上卷 [M]. 北京：新华出版社，1980：25.
④ 中国社会科学院新闻研究所. 中国共产党新闻工作文件汇编：下卷 [M]. 北京：新华出版社，1980：33.

阶级性，强化党的领导，建立与群众的联系，高度重视新闻宣传工作。但由于马克思主义理论水平不高，还处于初步探索阶段，对于上述内容还主要停留在口头上和纸面上，没有很好地落实到行动中，中国共产党还"不善于将马克思列宁主义的理论和中国革命的实践相结合"①。

（二）马克思主义中国化提出后马克思主义新闻观的逐渐形成

1938年10月，毛泽东在党的六届六中全会上，首次提出"马克思主义的中国化"的重大命题和任务，指出：学习马克思列宁主义，"不是把他们的理论当作教条看，而是当作行动的指南。不是学习马克思列宁主义的字母，而是学习他们观察问题与解决问题的立场与方法"②。同时第一次提出"实事求是"的概念，用中国化的表达阐明了马克思列宁主义的方法论。1942年4月，《解放日报》改版，明确党报所必需的品质是"党性、群众性、组织性、战斗性"，揭示了马克思主义新闻观各个组成部分之间的内在关联，对马克思主义新闻观的基本内涵作了较为全面、系统、深入的诠释和概括。1948年毛泽东对《晋绥日报》编辑人员的谈话以及刘少奇对华北记者团的讲话，更是集中体现了新民主主义革命时期马克思主义新闻观创新发展的理论成果。

1. 报纸党性原则的全面确立

六届六中全会上，"党性"概念首次在党内使用，一系列论述党性的文章、文件出版或出台。1941年5月，毛泽东《改造我们的学习》的报告，将主观主义视作"党性不纯的一种表现"，与之相对的，"实事求是"

---

① 毛泽东. 发刊词 [J]. 共产党人，1939 (1)：2-10.
② 中央档案馆. 中共中央文件选集：第11册 [M]. 北京：中共中央党校出版社，1991：657-659.

"理论和实际统一的"马克思列宁主义的态度，就是"党性的表现"①。1942年4月1日，《解放日报》发表改版社论《致读者》，指出党性表现在"不仅要在自己一切篇幅上，在每篇论文，每条通讯，每个消息……中都能贯彻党的观点，党的见解，而且更其重要的是报纸必须与整个党的方针党的政策党的动向密切相联，呼吸相通，是报纸应该成为实现党的一切政策，一切号召的尖兵、倡导者"②。9月22日，《解放日报》发表社论《党与党报》，提出"党报是党的喉舌"观点，这是在党的新闻事业的历史上第一次明确了党报的性质。③ 1944年3月，毛泽东从党对报纸的领导出发阐述了报纸的功能和作用，"应该把报纸拿在自己手里，作为组织一切工作的一个武器，反映政治、军事、经济又指导政治、军事、经济的一个武器，组织群众和教育群众的一个武器"④。

2. 报纸群众性原则真正落到实处

"全党办报"的提出和践行，使得党报的群众性得以真正落到实处。这与前一时期动员全党力量办报有所不同，是建立在对党的本质的深刻认识之上展开的主动的、自觉的、有目的的系统工程。1942年4月1日，《解放日报》发表社论《致读者》，阐释了群众性："密切地与群众联系、反映群众情绪、生活需求和要求，记载他们的可歌可泣的英勇奋斗的事迹，反映他们身受的苦难和惨痛，宣达他们的意见和呼声。"⑤ 相较于此前党报强调对群众的单向输出，这一表述更加体现群众立场，与群众打成一片的理念从思想、感情、组织中全面融入了新闻工作中。8月，《解放

---

① 中央档案馆. 中共中央文件选集：第11册 [M]. 北京：中共中央党校出版社，1991：223-224.
② 致读者 [N]. 解放日报，1942-04-01（1）.
③ 丁济沧，苏若望. 我们同党报一起成长：回忆延安岁月 [M]. 北京：人民日报出版社，1989：22.
④ 中共中央文献研究室，新华通讯社. 毛泽东新闻工作文选 [M]. 北京：新华出版社，1983：113.
⑤ 同②.

日报》社论提出："我们的报纸是党的报纸,也是群众的报纸,群众的利益、群众的情绪,是党决定政策的依据;群众的意见、群众的行动,也是考验我们的政策与工作的标尺"①。9月22日,社论《党与党报》全面系统论述"全党办报"思想,文章指出"所谓集体宣传者集体组织者,决不是指报馆同人那样的'集体',而是指整个党的组织而言的集体","党必须动员全党来参加报纸的工作",只有这样,"党报才真正能成为党的喉舌,成为集体的宣传者和组织者"②。

1944年2月,《解放日报》在创刊一千期将办报作为"全党的一件大事,人民大众的大事,治国的本领之一"③来归结这一经验。3月,毛泽东又扩充了"全党办报"的内涵,将报纸作为"重要的工作方式",号召全边区办报,"全党办报"的内容更加丰富。

3. 反对党八股,确立报纸新文风

毛泽东是延安时期中国共产党倡导反对党八股的第一人,而且是系统阐述反对党八股理论的集大成者。④他在提出"马克思主义中国化"的命题时,就强调"洋八股必须废止,空洞抽象的调头必须少唱,教条主义必须休息,而代之以新鲜活泼的、为中国老百姓所喜闻乐见的中国作风和中国气派"⑤。1941年8月,他为《鲁忠才长征记》一文写了新闻按语:"现在必须把那些'下笔千言、离题万里'的作风扫掉,把那些'夸夸其谈'扫掉,把那些主观主义、形式主义扫掉,……我们需要的是这类东西(指《鲁忠才长征记》),而不是那些千篇一律的'夸夸其谈',而

---

① 展开通讯员工作 [N]. 解放日报,1942-08-25 (1).
② 中国社会科学院新闻研究所. 中国共产党新闻工作文件汇编:下卷 [M]. 北京:新华出版社,1980:54-57.
③ 本报创刊一千期 [N]. 解放日报,1944-02-16 (1).
④ 邓绍根. "党八股"概念的来源与变迁:兼谈马克思主义文风建设的要求 [J]. 新闻记者,2018 (11):4-14.
⑤ 毛泽东选集:第2卷 [M]. 2版. 北京:人民出版社,1991:534.

不是那些党八股。"① 1942 年 2 月，毛泽东作了报告《反对党八股》，这是一篇"申讨党八股的檄文"，阐明了"党八股"的八大罪状，号召全党"抛弃党八股，采取生动活泼新鲜有力的马克思列宁主义的文风"②。

4. 提出兼具事实与立场的新闻真实性原则

1941 年 5 月，中宣部在《关于展开对国民党宣传战的指示》中专门提出五项注意原则，其中两项是关于新闻真实的。③ 12 月，中央军委总政治部作出《关于太平洋战争爆发后对敌伪及敌占区人民的宣传与工作的指示》，强调"消息必须是真实的，不可捏造，否则可能减低甚至丧失他的价值"④。同时，《解放日报》发表了一系列社论强调新闻真实性，如《宣传唯物论》《我们对于新闻学的基本观点》等。特别是陆定一从马克思主义的唯物论出发，提出了"新闻是新近发生的事实的报道"这一著名的新闻的定义，明确指出"事实是第一性的，新闻是第二性的"。他对新闻真实性的强调还有另外一个重要的维度，那就是在新闻的真实性问题上，体现党性与人民性的统一，"尊重事实是与政治上的革命性密切结合不可分离的"；他认为"只有为人民服务的报纸，与人民有密切联系的报纸，才能得到真实的新闻"，并进一步指出"只有共产党的党报，才能这样建设自己的报纸"⑤。这一部分的论述凸显出资产阶级新闻学的真实性与无产阶级新闻学的真实性之差别，新闻真实不仅关乎物质第一性，也关乎党和人民立场的体现。

---

① 中共中央文献研究室，新华通讯社．毛泽东新闻工作文选 [M]．北京：新华出版社，1983：58．
② 毛泽东选集：第 3 卷 [M]．2 版．北京：人民出版社，1991：840．
③ "以客观事实证明八路军、新四军及各抗日根据地的合法地位"，"以真凭实据粉碎其造谣污蔑，以公开揭露对付其秘密宣传"．参见中央档案馆．中共中央文件选集：第 13 册 [M]．北京：中共中央党校出版社，1991：100．
④ 中央档案馆．中共中央文件选集：第 13 册 [M]．北京：中共中央党校出版社，1991：267．
⑤ 陆定一．我们对于新闻学的基本观点 [N]．解放日报，1943-09-01（4）．

此后,《解放日报》社论《新闻必须完全真实》则进一步明确了陆定一关于"立场"的论述,指出"要建立新闻事业对社会对人类完全诚实完全负责的风气,对党对人民完全诚实完全负责的风气"①。后来《晋绥日报》发起的反"客里空"运动,将"客里空"定位为"毫无党性,毫无阶级立场因而也没有人民立场的人"②,也是延续了上述对新闻真实性的认识。

5. 重塑党报工作者"人民公仆"的身份认同

《解放日报》改版前,报社人员对于"怎样办好一张革命的无产阶级的报纸",是"模模糊糊、不甚了解的"③。正因如此,重塑党报工作者的身份认同变得非常迫切。《解放日报》多次刊文批判"无冕之王"的资产阶级新闻思想,提出"我们是党和人民这个大集体的公仆。我们不是依照个人兴趣和为个人利益或少数人的利益办事,我们老老实实为党为人民办事"④。陆定一接任《解放日报》总编辑后曾转述毛泽东的要求:"《解放日报》无论发表新闻和评论,是代表中央向人民说话,个人署名发表文章也有很大影响。"⑤新闻记者要对党负责,对人民负责,而非个人文责自负,凸显了记者的集体责任而非个人特质。社论《政治与技术——党报工作中的一个重要问题》更是将这种为工农兵大众服务的记者称之为"新型的记者"⑥。1944年,博古在《党报记者要注意些什么问题》中指出:"党报记者的一言、一行、写东西等均要时时反省自己是否站稳立场",党

---

① 新闻必须完全真实[N]. 解放日报, 1945-03-23 (1).
② 中共中央宣传部办公厅, 中央档案馆编研部. 中国共产党宣传工作文献选编(1937—1949)[M]. 北京: 学习出版社, 1996: 769.
③ 丁济沧, 苏若望. 我们同党报一起成长: 回忆延安岁月[M]. 北京: 人民日报出版社, 1989: 123.
④ 给党报的记者和通讯员[N]. 解放日报, 1942-11-17 (1).
⑤ 吴冷西. 回忆主席与战友[M]. 北京: 人民出版社, 2016: 10.
⑥ 政治与技术: 党报工作中的一个重要问题[N]. 解放日报, 1943-06-10 (1).

的采访通讯工作者,"首先是好党员,熟悉党的路线、政策,要有共产党员所有的一切品质"①。这一时期实际上把站稳政治立场作为记者的首要素质加以强调,这意味着党员身份和集体意志是党报新闻工作者的重要依归。

上述内容集中反映在了 1948 年毛泽东与刘少奇的两次重要讲话中。两个讲话相互补充,共同构成了这一时期马克思主义新闻观探索的核心理论成果。1948 年 4 月 2 日,毛泽东在《对晋绥日报编辑人员的谈话》中集中阐述了报纸的作用、机制、宗旨和文风,反映了毛泽东关于党的新闻宣传工作的基本观点,是毛泽东新闻思想的代表之作。同年 10 月,刘少奇发表《对华北记者团的谈话》,对新闻工作的任务、使命、作用、方法以及新闻工作者必备的条件等一系列问题,进行了全面、深入、系统的论述。他援引列宁关于党报作用的论述,指出报纸"起中心一环的作用",要求党报时刻保持和群众的联系,"为人民办报",新闻工作者是"人民的通讯员、人民的记者",并具体提出四项要求:要有正确的态度、必须独立地做相当艰苦的工作、要有马列主义理论修养、熟悉党的路线和政策。②

此外,这一阶段党性与人民性的概念已经提出。1945 年 10 月 11 日,《新华日报》内刊《新华报人》第 9 期刊文《人民的报纸》,最早使用"党性"和"人民性"这对概念讲述党报理论。③ 1947 年 1 月 11 日,《新华日报》刊文再次阐述说:"新华日报的立场,就是全民族全人民的立场,用一句话说,就是'为人民服务'……新华日报的党性和它的人民性是

---

① 中国社会科学院新闻研究所. 中国共产党新闻工作文件汇编:下卷 [M]. 北京:新华出版社,1980:203.
② 同①248-263.
③ 陈力丹. 党性和人民性的提出、争论和归结:习近平重新并提"党性"和"人民性"的思想溯源与现实意义 [J]. 安徽大学学报(哲学社会科学版),2016 (6):71-88.

一致的。"① 至于报纸的战斗性，这一阶段强化了列宁运用报纸对内表扬与批评开展工作的作用。《解放日报》改版后，针对"大后方通讯少"的问题，记者莫艾就编委会上提出"找一个斯达汉诺夫的典型来动员春耕"②的采访计划，后来在头版头条位置刊登了《模范农村劳动英雄吴满有》一文，由此也掀开了典型报道在中国新闻史上的新篇章。"吴满有运动"和"赵占魁运动"这类本土化的名字，也成为苏联斯达汉诺夫运动在中国的翻版，被看作"马克思主义中国化的又一个例子"③。

总之，新民主主义革命时期，中国共产党的首要任务是领导中国人民完成反帝反封建任务，建立新中国，党所主要依靠的就是马克思主义的阶级观点和阶级分析法，强调斗争思维。与此相应的，这一时期的马克思主义新闻观也凸显出鲜明的战斗性，强调新闻事业的阶级性，强调党对新闻事业的领导，强调党的新闻事业要联系群众、依靠群众，并由此延伸出新闻文风和对新闻真实性的要求，党在革命时期的新闻工作被称为"宣传鼓动工作"，把报纸当作"武器""工具"，党报工作者突出"党员"身份，事实上都是体现了革命年代党动员人民群众，领导人民群众开展斗争这一核心诉求。

二、社会主义革命和建设时期马克思主义新闻观的曲折发展

1949年10月1日，中华人民共和国成立，这是马克思列宁主义在中国的胜利，是马克思列宁主义的普遍原理和中国革命的具体实践相结合的思想即毛泽东思想的胜利。④ 中国共产党成为全国执政党，马克思主义中国化进入一个新的时期。面对"什么是社会主义，怎样建设社会主义"这

---

① 中国社会科学院新闻研究所. 中国共产党新闻工作文件汇编：下卷 [M]. 北京：新华出版社，1980：80.
② 王凤超，岳颂东. 延安《解放日报》大事记 [J]. 新闻研究资料，1984 (7)：147.
③ 高海波. 斯达汉诺夫运动与典型报道 [J]. 国际新闻界，2011 (11)：25-31.
④ 本书编写组. 中国共产党简史 [M]. 北京：人民出版社，2021：147.

一全新主题，中国共产党开始探索马克思主义基本原理与中国实际的"第二次结合"①。在这种情形下，党首先强调的还是学习马克思主义，强化理论武装。刘少奇指出："我们要向社会主义、共产主义前进，首先就要在思想上打底子，用马列主义的立场、观点和方法来教育自己和全国的人民。这就是今天在新形势、新条件下，党的宣传工作的任务。"②当时中共中央决定在全党范围开展一次马克思主义学习运动，主要内容是学习《毛泽东选集》和马列著作，根本目的是在学习中确立"共同话语"，使马克思主义由党的指导思想上升为国家意识形态。因此，这一时期马克思主义新闻观既有调适，又有发展，更遇曲折。

（一）报纸属于意识形态范畴，是一种上层建筑，具有强烈的阶级性

中华人民共和国成立后，阶级性仍然是我党分析问题的重要出发点。1957年3月，毛泽东在《同新闻出版界代表的谈话》中说："在阶级消灭之前，不管通讯社或报纸的新闻，都有阶级性。"③ 5月，毛泽东在中央政治局常委会上强调"马克思主义新闻学的立足点就是新闻有阶级性、党派性"，同时阐述了"新闻""旧闻""无闻"观点，并指出："第一有自由，凡是符合人民利益的都有自由；第二无自由，凡是不符合人民利益的都无自由，即有限制。世界上没有绝对的新闻自由，只有相对的新闻自由，不自由的情况依据不同的阶级利害关系而不同。"④ 6月，毛泽东提出"政治家办报"观点，并强调："写文章尤其是社论，一定要从政治上总揽全局，紧密结合政治形势。这叫做政治家办报。"⑤

---

① 习近平. 在纪念毛泽东同志诞辰120周年座谈会上的讲话[N]. 人民日报，2013-12-27(2).
② 刘少奇选集：下卷[M]. 北京：人民出版社，1985：82.
③ 毛泽东论新闻宣传[M]. 北京：新华出版社，2000：135.
④ 吴冷西. 忆毛主席：我亲身经历的若干重大历史事件片断[M]. 北京：新华出版社，1995：37.
⑤ 同④40.

这些话集中揭示了报纸的阶级性、舆论的一律与不一律、政治家办报、"新闻""无闻""旧闻"之间的关系，它们实际都是从巩固马克思主义意识形态这个根本出发对新闻事业不同层面提出的认识和要求，相互影响，不可分割。

（二）报纸批评得到前所未有的重视

历经革命年代的对敌斗争，中国共产党"进京赶考"，提出尤其要警惕"糖衣炮弹"的攻击，从新环境新需要出发加强党的建设。1950年全国新闻工作会议上，胡乔木提出从联系实际、联系群众、批评与自我批评来改进报纸工作。同年3月31日，《人民日报》添设"红榜"与"黑榜"一栏。4月19日，中共中央发出《关于在报纸刊物上展开批评和自我批评的决定》，号召"在一切公开的场合，在人民群众中，特别在报纸刊物上展开对于我们工作中一切错误和缺点的批评与自我批评"[1]。据统计，从1949年至1956年，《人民日报》发表的批评报道和批评文章总计7 499篇。[2]

1954年4月，毛泽东在对胡乔木等人的谈话中提出开展报纸批评"开、好、管"[3]的三字方针，在鼓励开展好报纸批评的基础上为其划定了一条红线，那就是党的领导。5月，党中央召开第三次全国宣传工作会议，陆定一指出"报纸能否认真地开展批评与自我批评，是报纸党性强弱的一个标志"[4]。7月，中央政治局通过《中共中央关于改进报纸工作的决

---

[1] 中国社会科学院新闻研究所.中国共产党新闻工作文件汇编：中卷[M].北京：新华出版社，1980：5.

[2] 邓绍根.从新名词到关键词：近代以来中国"舆论监督"观念的历史演变[J].新闻大学，2019（11）：55－72，123－124.

[3] 中共中央文献研究室，新华通讯社.毛泽东新闻工作文选[M].北京：新华出版社，1983：177.

[4] 中共中央宣传部办公厅，中央档案馆编研部.中国共产党宣传工作文献选编（1949—1956）[M].北京：学习出版社，1996：785.

议》，从六个方面反思了全国报纸工作存在的不足，把"报纸是否充分地开展了批评、批评是否正确和干部是否热烈欢迎并坚决保护劳动人民自下而上的批评，作为衡量报纸的党性、衡量党内民主生活和党委领导强弱的尺度"①。在批评与自我批评的浓厚空气中，1956年7月1日，《人民日报》发表改版社论《致读者》，提出从扩大报道范围、开展自由讨论和改进文风三个方面改进报纸工作。但这次改版尝试很快因为反右扩大化而中断。

（三）关注新闻本身特性，提倡报道短、快、准确

新中国外交路线奉行向苏联"一边倒"，中国新闻界掀起了向苏联新闻界学习的热潮，但在学习中出现了教条主义倾向。同时，党中央对新闻报道提出了短和快的要求，再次强调了新闻真实性原则。

1957年，毛泽东说："报上的文章'短些，短些，再短些'是对的，'软些，软些，再软些'要考虑一下。不要太硬，太硬了人家不爱看，可以把软和硬两个东西统一起来。文章写得通俗、亲切，由小讲到大，由近讲到远，引人入胜，这就很好。"②

"大跃进"运动的新闻报道，引发党中央对新闻真实性的重视。1958年秋，毛泽东派人到地方作调查研究，并特别强调记者"要实事求是，报道时要弄清事实真相。不是新闻必须真实吗？一定要查清虚与实，是虚夸、作假还是真实、确实。新闻报道不是做诗写小说，不能凭想象虚构，不能搞浪漫主义"③。1959年6月，毛泽东看到广东水灾内部资料后，指

---

① 中国社会科学院新闻研究所.中国共产党新闻工作文件汇编：中卷[M].北京：新华出版社，1980：323.
② 中共中央文献研究室，新华通讯社.毛泽东新闻工作文选[M].北京：新华出版社，1983：190.
③ 吴冷西.忆毛主席：我亲身经历的若干重大历史事件片断[M].北京：新华出版社，1995：110.

示:"广东大雨,要如实公开报道。全国灾情,照样公开报道,唤起人民全力抗争。一点也不要隐瞒。"① 1961年5月,刘少奇强调新闻要真实,"报上的一切文章都应当是调查研究的结果"②。

(四)关注记者个性,新闻队伍建设内涵有所拓展

这一时期新闻队伍不断壮大,逐渐走向职业化,新闻人才培养开始全面实施。党对新闻队伍建设的要求在强调政治立场的同时,也鼓励记者个人发挥主观能动性。1954年,中央政治局通过的《中共中央关于改进报纸工作的决议》中规定:"为了加强对新闻干部的培养和训练,中央责成马列学院设立新闻班","扩大现有的大学新闻系的学生数目,逐步地充实省(市)以上的报纸、通讯社、广播电台、期刊和出版机关的干部"③。1955年,中国人民大学创办新闻系,就是以"培养既懂马列主义和人类知识的精华,又有中国革命的实践,特别是掌握毛泽东思想和党的路线方针政策;既要学习大学所需要的各种课程,又要突出新闻的重点的新闻多面手"④ 为教育目标。

1956年5月,刘少奇在对新华社工作的第一次指示中指出:"在新闻报道中,应该把记者姓名写在前面。这不是个人崇拜。应该让记者出名,要他对报道负责。……要让记者自由发挥,你们不让记者写评论,不让记者在新闻上署名,你们压制了记者的积极性。"⑤ 6月,他再次指示新华社要在"尖锐的斗争中锻炼出几十个成名的记者","应该要记者在稿件上署

---

① 中共中央文献研究室,新华通讯社.毛泽东新闻工作文选[M].北京:新华出版社,1983:214.
② 胡绩伟.报纸工作人员是调查研究的专业工作人员[J].新闻战线,1980(5):2-11.
③ 中国社会科学院新闻研究所.中国共产党新闻工作文件汇编:中卷[M].北京:新华出版社,1980:327-328.
④ 新闻学论集编辑部.新闻学论集:第25辑[M].北京:经济日报出版社,2010:315-318.
⑤ 中国社会科学院新闻研究所.中国共产党新闻工作文件汇编:下卷[M].北京:新华出版社,1980:363-366.

名。记者各有个性，各有风格，……在稿件上署名，这是给与记者名誉，也是给以压力"①。上述论述丰富了对新闻队伍建设的认识，在强调新闻记者政治素养的基础上，更加注重记者个人的主观能动性。

（五）国际宣传开始展开

1955年12月，毛泽东提出，新华社"驻外记者派得太少，没有自己的消息，有，也太少"，"应该大发展，尽快做到在世界各地都能派有自己的记者，发出自己的消息。把地球管起来，让全世界都能听到我们的声音"②。1956年5月，刘少奇指出"新华社要成为世界性通讯社，新华社的新闻就必须是客观的、真实的、公正的、全面的，同时必须是有立场的"③。1958年毛泽东在同吴冷西的谈话中，提到新闻宣传"要考虑国际影响"④。

在1966—1976年的十年"文化大革命"中，中国社会主义建设出现了重大曲折，马克思主义新闻观的发展也遭遇挫折。总之，社会主义革命和建设时期，革命与建设同步而行。这一时期虽然提出要"正确处理人民内部矛盾"，但分析问题的根本方法还是"以阶级斗争为纲"。因此，这一时期党强调报纸的阶级属性，提出要"政治家办报"，"舆论一律"与"舆论不一律"，"新闻、无闻、旧闻"等观点，利用报纸开展批评与自我批评，并将之视为衡量"党性"的重要标准，这是马克思主义新闻观坚持前一时期思想观点的体现。进入社会主义建设时期，马克思主义新闻观也有所发展，比如关注新闻本身特性，提出新闻简短、快速、准确的要求，开始着手国际宣传工作，这些内容体现了党的新闻事业与时俱进的品格。

---

① 中国社会科学院新闻研究所. 中国共产党新闻工作文件汇编：下卷 [M]. 北京：新华出版社，1980：378，380-381.
② 中共中央文献研究室，新华通讯社. 毛泽东新闻工作文选 [M]. 北京：新华出版社，1983：182.
③ 中共中央宣传部新闻局. 马克思主义新闻工作文献选读 [M]. 北京：人民出版社，1990：243.
④ 吴冷西. 忆毛主席：我亲身经历的若干重大历史事件片断 [M]. 北京：新华出版社，1995：110.

三、改革开放和社会主义现代化建设时期马克思主义新闻观的明确与深化

1978年12月党的十一届三中全会是我国改革开放和现代化建设新时期的起点。以邓小平为主要代表的中国共产党人,深刻总结我国社会主义建设正反两方面经验,借鉴世界社会主义历史经验,创立邓小平理论,科学回答了建设中国特色社会主义的一系列基本问题,成功开创了中国特色社会主义。党的十七大将邓小平理论、"三个代表"重要思想、科学发展观纳入中国特色社会主义理论体系,正式提出"中国特色社会主义理论体系"的命题,是马克思主义中国化第二次历史性飞跃的伟大理论成果。[①] 与之相应,中共中央于1979年1月召开各省、自治区、直辖市党委宣传部长会议,讨论全党工作重点转移后宣传工作的根本任务,并提出了努力方向:认真读马列著作和毛泽东同志的著作、"背靠马列,面向实际"、解放思想、认真改进作风,重新确立马克思列宁主义在新闻宣传领域的指导地位。在这种背景下,马克思主义新闻观在坚持四项基本原则、批判资产阶级自由化思想以及应对市场经济大潮的冲击中得到了深化,并拓展了新的内容。

(一)重新认定新闻事业性质,从"两为"扩展至"三为"方针

党中央强调新闻事业是党和人民的喉舌,并逐步确立了党性与人民性相统一的原则,但在改革开放初期资产阶级自由化的思潮中遭到质疑。到了世纪之交,又因为市场经济体制活力显现,新闻事业的市场化进程大大加快,关于新闻事业性质的认识出现了模糊与偏移。党中央针对上述现象,对新闻事业性质这一根本性的问题及时作出了解答。

---

① 丁俊萍. 马克思主义中国化史:第1卷(1919—1949)[M]. 北京:中国人民大学出版社,2015:总序.

邓小平明确指出"要使我们党的报刊成为全国安定团结的思想上的中心"[①],"党报党刊一定要无条件地宣传党的主张"[②],为改革开放后新闻事业的地位和任务定了调。1981年,《中共中央关于当前报刊新闻广播宣传方针的决定》专门强调"报刊、新闻、广播、电视是我们党进行思想政治工作的重要武器……必须坚持党性,增强党性。党性是无产阶级阶级性的最高表现",提出了报刊上的文艺作品或评论、广播电视上的文艺节目要坚持为人民服务、为社会主义服务的方向的"两为方针"[③]。1982年12月,"两为方针"写入全国人民代表大会公告公布施行的《中华人民共和国宪法》。

1987年1月,中共中央发出《关于当前反对资产阶级自由化若干问题的通知》,明确规定"党的新闻报刊、国家的广播电视和有关出版物,是党和人民的喉舌,必须在党的领导之下,无条件地宣传党和政府的路线、方针、政策"[④]。3月,又向全党特别是党报党刊系统发出《关于坚决、妥善地做好报纸刊物整顿工作的通知》,提出了六点措施,指出整顿的重点是解决根本政治原则、政治方向问题。7月,党中央发出《关于改进新闻报道若干问题的意见》,明确指出新闻机构是"党、政府和人民的喉舌"的角色定位。

1989年11月,李瑞环在全国省、自治区、直辖市党报总编辑新闻工作研讨班上发表讲话,提出"我们说报纸是党、政府和人民的耳目喉舌,就是对新闻工作党性的一种鲜明的、形象的和科学的表达";指出"新闻

---

① 邓小平文选:第2卷[M]. 2版. 北京:人民出版社,1994:255.
② 同①272.
③ 中央宣传部办公厅. 党的宣传工作文件选编(1976—1982)[M]. 北京:中共中央党校出版社,1994:841-847.
④ 中共中央宣传部办公厅,中央档案馆编研部. 中国共产党宣传工作文献选编(1957—1992)[M]. 北京:学习出版社,1996:765.

的党性同新闻的人民性,两者是统一的","党的耳目喉舌当然是人民的耳目喉舌。新闻工作对党负责与对人民负责是完全一致的"①。"喉舌论"已经明确表示为党、政府和人民三项内容。

党的十四大确立中国特色社会主义市场经济体制后,新闻事业的双重属性逐步得到认可,即具有形而上的上层建筑属性和形而下的信息产业属性,前者要求在政治上必须恪守党性原则,后者则指出经济上可以依法按照社会主义市场经济规律行事。② 2001年,新闻出版总署首次对新闻出版业的性质作了明确规定,并首提"党管媒体",指出:"新闻出版业既有一般行业属性,又有意识形态属性,既是大众传媒,又是党的宣传思想阵地,事关国家安全和政治稳定,负有重要社会责任。无论在什么情况下,党和人民喉舌的性质不能变,党管媒体不能变,党管干部不能变,正确的舆论导向不能变。"③ 2008年,胡锦涛在人民日报社考察工作时的讲话就指出党的新闻事业"更加自觉主动地为人民服务、为社会主义服务,为党和国家工作大局服务"④。

(二)阐明"福祸论",提高舆论引导能力

改革开放后,人们的思想更加活跃,特别互联网时代到来,更是众声喧哗,在这种情况下,如何正确地引导舆论,将民意民心民声引导到正确的方向上来,同时把党的理论和路线方针政策变成人民群众的自觉行动,成为党的新闻事业面临的重要问题。坚持正确的舆论导向成为一个重要概念,丰富了马克思主义新闻观的内涵。

1994年,江泽民提出宣传思想工作的任务要"在建设有中国特色社

---

① 李瑞环. 坚持正面宣传为主的方针 [N]. 人民日报, 1990-03-03 (1).
② 李良荣, 沈莉. 试论当前我国新闻事业的双重性 [J]. 新闻大学, 1995 (2): 6-8.
③ 华宇虹, 汪洵, 韩雪. 我国新闻出版业融资体系研究 [M]. 北京: 知识产权出版社, 2014: 171.
④ 胡锦涛. 在人民日报社考察工作时的讲话 [N]. 人民日报, 2008-06-21 (4).

会主义的伟大事业中发挥有力的思想保证和舆论支持作用","以科学的理论武装人,以正确的舆论引导人,以高尚的精神塑造人,以优秀的作品鼓舞人"①。1996年9月,江泽民视察人民日报社时提出"党的新闻事业与党休戚与共,是党的生命的一部分。可以说,舆论工作就是思想政治工作,是党和国家的前途和命运所系的工作"②,并阐明了"福祸论":"舆论导向正确,是党和人民之福;舆论导向错误,是党和人民之祸"③。2002年1月,胡锦涛在全国宣传部长会议发表讲话时说:"要尊重舆论宣传的规律,讲究舆论宣传的艺术,不断提高舆论引导的水平和效果。"④ 2008年6月,他视察人民日报社时专门就"提高舆论引导能力"提出五点意见,其中包括:必须坚持党性原则,牢牢把握正确舆论导向;必须坚持以人为本,增强新闻报道的亲和力、吸引力、感染力;必须不断改革创新,增强舆论引导的针对性和时效性;必须加强主流媒体建设和新兴媒体建设,形成舆论引导新格局;必须切实抓好队伍建设,增强凝聚力和战斗力。⑤

(三)坚持以正面宣传为主,倡导舆论监督

从早期的典型宣传与报纸批评到后来的坚持以正面宣传为主与舆论监督,党对新闻事业功能和作用的发挥有了更为清楚的认识。1981年,党中央强调"报刊、新闻、广播、电视要正确处理表扬和批评的关系。要坚持以表扬为主的方针"⑥。随后"舆论监督"写进1987年党的十三大报告,

---

① 中共中央文献研究室. 十四大以来重要文献选编:上 [M]. 北京:人民出版社,1996:648,647.
② 人民日报社. 以正确的舆论引导人:学习江泽民总书记视察人民日报社的重要讲话 [M]. 北京:人民日报出版社,1996:3.
③ 江泽民总书记视察人民日报社 [N]. 人民日报,1996-09-27 (1).
④ 胡锦涛在全国宣传部长会议上强调 围绕中心服务大局 高度重视并切实做好统一思想的工作:李岚清和张万年曾庆红出席 丁关根主持会议 [N]. 人民日报,2002-01-12 (1).
⑤ 胡锦涛. 在人民日报社考察工作时的讲话 [N]. 人民日报,2008-06-21 (4).
⑥ 中共中央文献研究室. 三中全会以来重要文献选编:下 [M]. 北京:人民出版社,1982:686.

逐渐取代"报纸批评",成为中国共产党的政治话语。十三大报告中强调:"要通过各种现代化的新闻和宣传工具,增加对政务和党务活动的报道,发挥舆论监督的作用,支持群众批评工作中的缺点错误,反对官僚主义,同各种不正之风作斗争"①。

1989年李瑞环的《坚持正面宣传为主的方针》讲话是理解正面宣传、报纸批评和舆论监督三者关系的重要文献。他指出,"正面宣传必须占主导地位,批评与揭露性的报道只能占次要位置,并且要十分注意把握分寸","坚持正面宣传为主的方针与正确地实行舆论监督是一致的","舆论监督包含批评报道,但不是简单地等同于批评报道,它在我国已成为人民群众行使社会主义民主权利的一种有效形式";并从五个方面提出了"正确地发挥新闻舆论的监督作用"②的途径。

2003年底公布的《中国共产党党内监督条例(试行)》规定:"在党的领导下,新闻媒体要按照有关规定和程序,通过内部反映或公开报道,发挥舆论监督的作用","党的各级组织和党员领导干部应当重视和支持舆论监督,听取意见,推动和改进工作","新闻媒体应当坚持党性原则,遵守新闻纪律和职业道德,把握舆论监督的正确导向,注重舆论监督的社会效果"③。

(四) 真实是新闻的生命

坚持新闻的真实性,就是坚持马克思主义唯物论的指导,是新闻工作的根本立足点。这一时期,中国共产党对新闻真实性的理解更为全面、深刻,将之提高到与新闻党性原则同等的地位。1989年,江泽民指出:"新闻的真实性,就是要在新闻工作中坚持党的一切从实际出发、实事求是的

---

① 中共中央文献研究室. 十三大以来重要文献选编: 上 [M]. 北京: 人民出版社, 1991: 44.
② 李瑞环. 坚持正面宣传为主的方针 [N]. 人民日报, 1990 - 03 - 03 (1).
③ 中国共产党党内监督条例 (试行) [M]. 北京: 中国方正出版社, 2004: 17, 18.

思想路线","我们新闻工作的阶级性和党性同新闻的真实性是一致的","不仅要做到所报道的单个事情的真实、准确,尤其要注意和善于从总体上、本质上以及发展趋势上去把握事物的真实性"①。李瑞环则专门论述说:"我们要像爱护眼睛一样,维护新闻的真实性原则,坚决防止和杜绝弄虚作假、任意拔高和凭空杜撰等不良现象。要把坚持真实性提高到坚持党性原则、坚持新闻工作职业道德的高度来认识。"② 2002 年,胡锦涛强调:"要坚持讲真话、报实情,实事求是地反映情况,坚决反对弄虚作假。"③ 2003 年 10 月,刘云山指出:"要坚持新闻的真实性原则。这是新闻工作必须遵循的基本准则,是党的实事求是的思想路线在新闻工作中的具体体现。真实是新闻的生命,维护新闻的真实性是新闻工作者的崇高责任和义务。不仅要真实准确地报道单个事实,而且要做到总体的、本质的真实。要真实,就必须客观、公正、有立场。"④

(五)对外宣传注重新思维和新格局

1980 年 4 月,中共中央决定成立对外宣传小组。1991 年,又将其作为国务院新闻办公室负责对外宣传工作。1990 年底,中共中央发布《关于加强和改进对外宣传工作的通知》,提出对外宣传要坚持"以我为主,以正面宣传为主,以事实为主"方针。1997 年底,中央有关部门发出通知,不再把"宣传"译为"propaganda","宣传部"改译为"publicity department",对外宣传办公室则译为"international communication office",这一改变体现了中国对外传播事业从"宣传"向"传播"的理念

---

① 中共中央文献研究室. 十三大以来重要文献选编:中 [M]. 北京:人民出版社,1991:775-776.
② 李瑞环. 坚持正面宣传为主的方针 [N]. 人民日报,1990-03-03 (1).
③ 胡锦涛在全国宣传部长会议上强调 围绕中心服务大局 高度重视并切实做好统一思想的工作:李岚清和张万年曾庆红出席 丁关根主持会议 [N]. 人民日报,2002-01-12 (1).
④ 中共中央宣传部. "三项学习教育"活动新闻媒体负责人培训班材料汇编 [M]. 北京:学习出版社,2004:38-39.

转型。

2003年12月，胡锦涛在全国宣传思想工作会议上提出"坚持把加强和改进对外宣传作为宣传思想战线的一项战略性任务"，要求对中国全面客观介绍、及时准确宣传、着力维护国家利益形象、增进了解，"逐步形成同我国国际地位相适应的对外宣传舆论力量，为全面建设小康社会营造良好的国际舆论环境"[①]。2004年4月，李长春在中央对外宣传工作会议上强调，对外宣传工作要"坚持贴近中国发展的实际，贴近国外受众对中国信息的需求，贴近国外受众的思维习惯"[②]。

（六）突出职业性，新闻队伍建设认识更为全面

改革开放以后，党中央既迫切感到坚持新闻记者政治意识的重要性，又针对记者的职业属性，提出一系列的职业道德和纪律要求。1980年，"又红又专"仍然是宣传队伍的主要要求。1988年，《新闻改革座谈会纪要》提出要加强新闻工作者的职业道德和职业纪律教育。1989年，李瑞环将提高新闻队伍素质视为"新闻战线一项战略性的任务"，要求"严格新闻宣传纪律"，"新闻工作者必须模范遵守宪法、法律和认真贯彻党的方针政策"[③]。1991年，中国记协通过了《中国新闻工作者职业道德准则》，这是中华人民共和国成立后颁布的第一个关于新闻工作者职业道德建设的行为准则，新闻职业道德被认为"不是政治要求，也不是市场要求，是一种职业意识"[④]。

1992年9月，中共中央颁发文件，提出"宣传干部要认真学习马列主义、毛泽东思想，学习邓小平同志建设有中国特色的社会主义理论，提

[①] 中国新闻年鉴：2004 [M]. 北京：中国新闻年鉴社，2004：3，4.
[②] 李长春在中央对外宣传工作会议上强调 用"三个代表"重要思想统领对外宣传工作 进一步开创对外宣传工作新局面 [N]. 人民日报，2004-04-22 (1).
[③] 李瑞环. 坚持正面宣传为主的方针 [N]. 人民日报，1990-03-03 (1).
[④] 陈力丹. 新闻理论十讲 [M]. 上海：复旦大学出版社，2008：240.

高政治素质。同时，要努力学习经济知识，掌握宣传经济建设和改革开放的过硬本领。……严格宣传纪律，加强职业道德和廉政建设。绝对不允许在报刊、广播、电视的公开宣传中发表同中央决定相反的言论。对索贿受贿者，要严肃查处。按照'革命化、年轻化、知识化、专业化'的方针和德才兼备的标准，加强宣传队伍建设"①。显然，这一要求回应了当时现实存在的诸多问题，在政治素质之外，强调了记者的专业技能、职业操守、宣传纪律乃至应承担的法律责任，是马克思主义新闻观与时俱进品格的鲜明体现。1996 年，江泽民提出新闻工作者的"五个根底"和"六大作风"；同年还提出了建设"一支政治强、业务精、纪律严、作风正的新闻队伍"的要求。

总之，改革开放和社会主义现代化建设新时期，在思想文化领域，党中央强调坚持马列主义的指导地位，坚持四项基本原则，同时从和平与发展这个时代主题出发，将工作重点真正转移到经济建设上来，对新闻事业如何更好地服务社会主义、服务人民、服务党和国家大局有了更为务实的理解和看法。"马克思主义新闻观"这一词汇的提出，也反映出党的新闻思想更加明确，并深化成体系。这一时期马克思主义新闻观从对新闻事业性质的双重把握出发，重申了党性与人民性的统一，提出党管媒体的具体方法，提出了坚持正确舆论导向的重要性，并对新闻事业的发展提出更多具体的、具有鲜明实践指向的要求，包括坚持以正面宣传为主，实行舆论监督，强调真实是新闻的生命，对外宣传注重新思维和新格局，并且抓住了"人"这一思想落实的关键环节，从政治性和职业性两个方面提出了对新闻队伍建设的一系列要求。

---

① 中共中央文献研究室. 十三大以来重要文献选编：下 [M]. 北京：人民出版社，1991：2183.

四、中国特色社会主义新时代马克思主义新闻观的开拓与统合

党的十八大以来,中国人民昂首迈入了中国特色社会主义新时代,以习近平总书记为主要代表的中国共产党人,从理论和实践结合上系统回答了新时代坚持和发展什么样的中国特色社会主义、怎样坚持和发展中国特色社会主义这个重大时代课题,创立了习近平新时代中国特色社会主义思想,体现了马克思主义中国化的"新境界"。[①] 面对新形势新任务新使命,习近平总书记积极倡导"真学真懂真信真用"马克思主义。习近平总书记关于新闻舆论工作的重要论述强调:"宣传思想工作就是要巩固马克思主义在意识形态领域的指导地位,巩固全党全国人民团结奋斗的共同思想基础。"[②] 党的十八大以来,习近平总书记主持新闻舆论工作座谈会,出席全国宣传思想工作会议,接见和慰问一线记者代表,发表了重要讲话,对新闻舆论工作的职责使命、工作方针、方法手段等提出了一系列新思想新观点新论断,具有高度的统括性、鲜明的指向性和强烈的开拓性。

(一) 阐明新闻舆论工作的职责使命、工作方针的新论断

做好党的新闻舆论工作,事关旗帜和道路,事关贯彻落实党的理论和路线方针政策,事关顺利推进党和国家各项事业,事关全党全国各族人民凝聚力和向心力,事关党和国家前途命运。必须从党的工作全局出发把握党的新闻舆论工作,做到思想上高度重视、工作上精准有力。

习近平用"一项重要工作""一件大事"和"五个事关"说明新闻舆

[①] 张雷声,袁银传. 马克思主义中国化史:第 4 卷(1992 年以来)[M]. 北京:中国人民大学出版社,2015.

[②] 中共中央文献研究室. 习近平关于全面建成小康社会论述摘编[M]. 北京:中央文献出版社,2016:104.

论工作的重要地位和作用。他指出："党的新闻舆论工作是党的一项重要工作，是治国理政、定国安邦的大事"，"做好党的新闻舆论工作，事关旗帜和道路，事关贯彻落实党的理论和路线方针政策，事关顺利推进党和国家各项事业，事关全党全国各族人民凝聚力和向心力，事关党和国家前途命运"①。他用"48字"概括了新闻舆论工作的职责使命：高举旗帜、引领导向，围绕中心、服务大局，团结人民、鼓舞士气，成风化人、凝心聚力，澄清谬误、明辨是非，联接中外、沟通世界。②对新形势下宣传思想工作的使命任务，他提出新的要求：举旗帜、聚民心、育新人、兴文化、展形象③，这五项任务后来也成为"十四五"规划中提高国家文化软实力的要求。

（二）在党性原则上坚持最高标准、最严要求

在新闻舆论工作中坚持党性原则，必须坚持最高标准、最严要求。习近平总书记对党性原则的要求是全面的、彻底的，从理念到实践、从事到人、从组织到个体、从媒体形态到媒体类型，都将党性原则挺在前面。

2013年，他在全国宣传思想工作会议上指出："所有宣传思想部门和单位，所有宣传思想战线上的党员、干部都要旗帜鲜明坚持党性原则。"④在党的新闻舆论工作座谈会上，他指出，党的新闻舆论工作"坚持党性原则，最根本的是坚持党对新闻舆论工作的领导。党和政府主办的媒体是党和政府的宣传阵地，必须姓党，必须抓住党的手里，必须成为党和人民的喉舌，'党报党刊一定要无条件地宣传党的主张'"⑤。

---

① 中共中央新闻部宣传局. 习近平总书记党的新闻舆论工作座谈会重要讲话精神学习辅助材料 [M]. 北京：学习出版社，2016：5.
② 同①6.
③ 习近平在全国宣传思想工作会议上强调 举旗帜聚民心育新人兴文化展形象 更好完成新形势下宣传思想工作使命任务：王沪宁主持 [N]. 人民日报，2018-08-23 (1).
④ 习近平. 习近平谈治国理政：第1卷 [M]. 2版. 北京：外文出版社，2018：154.
⑤ 习近平. 论党的宣传思想工作 [M]. 北京：中央文献出版社，2020：181-182.

(三) 树立以人民为中心的工作导向

习近平总书记对于新闻舆论工作掷地有声地提出"要树立以人民为中心的工作导向"①。他在接见中国记协第九届理事会全体代表和中国新闻奖、长江韬奋奖获奖者代表时强调，新闻舆论工作要"坚持正确工作取向，以人民为中心，心系人民、讴歌人民"②。

2019年12月，中国记协审议通过了新修订的《中国新闻工作者职业道德准则》，新准则充分体现了对"人民"的重视和对"人民至上"理念的恪守。在全文七条准则中，23次出现"人民"二字，比十年前的准则增加了10次。新准则在强调要坚持以人民为中心的工作导向时，特别增加了"拜人民为师，向人民学习"的表述。③

(四) 提出媒体融合发展新理念

习近平总书记提出要"强化互联网思维和一体化发展理念，推动各种媒介资源、生产要素有效整合，推动信息内容、技术应用、平台终端、人才队伍共享融通"④；要求主流媒体进行全方位创新，"适应分众化、差异化传播趋势，加快构建舆论引导新格局。要推动融合发展，主动借助新媒体传播优势"⑤，"在内容、渠道、平台、经营、管理等方面的深度融合"⑥；提出"着力打造一批形态多样、手段先进、具有竞争力的新

---

① 习近平. 习近平谈治国理政：第1卷 [M]. 2版. 北京：外文出版社，2018：154.
② 习近平在会见中国记协第九届理事会全体代表和中国新闻奖、长江韬奋奖获奖者代表时强调 做党和人民信赖的新闻工作者：刘云山参加会见并在会上代表党中央致词 [N]. 人民日报，2016-11-08 (1).
③ 郑保卫，赵新宁. 新时代 新准则 新要求 新境界：对新修订《中国新闻工作者职业道德准则》的解读 [J]. 中国记者，2020 (1)：29-33.
④ 习近平在视察解放军报社时强调 坚持军报姓党坚持强军为本坚持创新为要 为实现中国梦强军梦提供思想舆论支持 [N]. 人民日报，2015-12-27 (1).
⑤ 习近平在党的新闻舆论工作座谈会上强调 坚持正确方向创新方法手段 提高新闻舆论传播力引导力：刘云山出席 [N]. 人民日报，2016-02-20 (1).
⑥ 习近平主持召开中央全面深化改革领导小组第四次会议强调 共同为改革想招一起为改革发力 群策群力把各项改革工作抓到位：李克强刘云山张高丽出席 [N]. 人民日报，2014-08-19 (1).

型主流媒体，建成几家拥有强大实力和传播力、公信力、影响力的新型媒体集团，形成立体多样、融合发展的现代传播体系"①。

（五）增强国际话语权，加强国际传播能力建设

习近平总书记强调："提高国家文化软实力，要努力提高国际话语权。要加强国际传播能力建设，精心构建对外话语体系，发挥好新兴媒体作用，增强对外话语的创造力、感召力、公信力，讲好中国故事，传播好中国声音，阐释好中国特色。"② 在传播能力上，他抓住话语体系建设这个关键部分，提出要增强国际话语权，加强对外传播话语体系建设，打造融通中外的新概念新范畴新表述。习近平提出了一系列具有中国特色的话语，如中国梦、人类命运共同体、"一带一路"建设、正确义利观等，就是最好的例证。

（六）做党和人民信赖的新闻工作者

习近平总书记指出："媒体竞争关键是人才竞争，媒体优势核心是人才优势。"③ 做好党的新闻舆论工作，关键在人。习近平高度重视新闻队伍建设，多次表达了对新闻工作者的关心和关爱，并对其政治素养和业务能力提出要求，前者突出"党和人民信赖"，后者重在"全媒型、专家型人才"，主要途径是加强调查研究。

他在视察解放军报社时勉励全军新闻工作者"自觉践行'三严三实'，加强党性修养，提高专业素质，弘扬战地记者优良传统，努力成为名记者、名编辑、名评论员"④。在第 17 个中国记者节到来之际，习近平寄语

---

① 习近平主持召开中央全面深化改革领导小组第四次会议强调 共同为改革想招一起为改革发力 群策群力把各项改革工作抓到位；李克强刘云山张高丽出席 [N]．人民日报，2014-08-19 (1)．
② 习近平．论党的宣传思想工作 [M]．北京：中央文献出版社，2020：50．
③ 中共中央新闻部宣传局．习近平总书记党的新闻舆论工作座谈会重要讲话精神学习辅助材料 [M]．北京：学习出版社，2016：8．
④ 习近平在视察解放军报社时强调 坚持军报姓党坚持强军为本坚持创新为要 为实现中国梦强军梦提供思想舆论支持 [N]．人民日报，2015-12-27 (1)．

广大新闻工作者："一句话，就是要做党和人民信赖的新闻工作者。"① 此外，他还要求新闻工作者努力成为"全媒型、专家型人才"，克服本领恐慌，"转作风改文风，俯下身、沉下心，察实情、说实话、动真情，努力推出有思想、有温度、有品质的作品"，做"党的政策主张的传播者、时代风云的记录者、社会进步的推动者、公平正义的守望者"②。他在2018年全国宣传思想工作会议上指出：宣传思想干部要不断掌握新知识、熟悉新领域、开拓新视野，增强本领能力，加强调查研究，不断增强脚力、眼力、脑力、笔力，努力打造一支政治过硬、本领高强、求实创新、能打胜仗的宣传思想工作队伍。③

总之，进入中国特色社会主义新时代，中华民族迎来了从站起来、富起来到强起来的伟大飞跃。习近平高度重视新闻舆论工作，高屋建瓴、提纲挈领提出了"五个事关"、"48字"职责使命、"四个牢牢坚持"等关于新闻事业地位、作用和工作方针的新论断，突出党性原则的核心地位，提出坚持以人民为中心的导向，构建舆论引导新格局，强调"创新为要"，加强国际传播能力建设，狠抓新闻工作者队伍建设，极大丰富拓展了马克思主义新闻观的内容，并将马克思主义新闻观作为指导党的新闻舆论工作的思想体系真正确立起来，奠定了党的新闻事业的未来发展方向。

五、结语

回顾中国共产党百年进程中马克思主义新闻观的创新发展，马克思主义新闻观内涵经历了从零碎到系统、从抽象到具体、从浅表到深入的过

---

① 习近平在会见中国记协第九届理事会全体代表和中国新闻奖、长江韬奋奖获奖者代表时强调 做党和人民信赖的新闻工作者：刘云山参加会见并在会上代表党中央致词[N]. 人民日报，2016-11-08（1）.

② 习近平在党的新闻舆论工作座谈会上强调 坚持正确方向创新方法手段 提高新闻舆论传播力引导力：刘云山出席[N]. 人民日报，2016-02-20（1）.

③ 习近平在全国宣传思想工作会议上强调 举旗帜聚民心育新人兴文化展形象 更好完成新形势下宣传思想工作使命任务：王沪宁主持[N]. 人民日报，2018-08-23（1）.

程,最终形成了包括新闻事业性质与功能作用、党性、人民性、新闻文风、队伍建设、国际传播等内容的一个有机整体。同时,我们可以清楚地看到,每到历史的重大转折关头,我们党内都会出现一场马克思主义的学习运动。我们党以马克思主义为指导思想,不断强化理论武装,不断深入实际,不断推进两者的结合,产生了中国化的马克思主义——毛泽东思想和中国特色社会主义理论体系。马克思主义新闻观的创新发展与马克思主义中国化的历史是同步的。在马克思主义中国化过程中,中国共产党人不断继承发展、开拓创新了马克思主义新闻观,并体现出一脉相承的延续性、与时俱进的科学性、直面问题的指导性等特点;在此过程中,马克思主义新闻观不断创新发展,逐渐确立为党的新闻舆论工作的指导思想,成为做好党的新闻舆论工作的"定盘星"。

第二节 马克思主义新闻学研究的历史考察

通常,当我们提到"马克思主义新闻学"这个词时,是指运用马克思主义的立场、观点和方法研究新闻规律,是中国特色新闻理论研究的组成部分。而目前中国的新闻理论研究正面临着"范式危机"[1],两者都尚未形成一个完整和系统的学科体系和完成研究范式的转变。因此,本节将"马克思主义新闻学研究"看作一种"理论范畴",而非"学科范畴",是基于马克思主义视角的一系列新闻理论研究。实际上,中华人民共和国成立至今,"马克思主义新闻学"提法也并不是一以贯之,而是与一些类似的概念相伴相随,如"无产阶级新闻学""马列主义新闻学""社会主义新闻学""中国特色社会主义新闻学""马克思主义新闻观"等。这些概念的

---

[1] 刘海龙. 中国新闻理论研究的范式危机 [J]. 南京社会科学, 2013 (10): 93-99.

提出与我国的社会发展息息相关，更是与当时政治情境互动的结果，具有各自明显的时代烙印和与之相适应的内涵，而"马克思主义新闻学"可以涵盖这些不同概念，将这些不同时期新闻理论研究纳入一个相对统一的理论范畴。从知识社会学的视角来看，这些概念的变迁本身就是知识形成的过程。本节就是要做这样一种知识社会学的观察，关注马克思主义新闻学知识是如何形成与发展的，而不是马克思主义新闻学的知识本身。因此，本节不会去讨论马克思主义新闻学是什么或应当是什么。

自 1918 年北京大学新闻学研究会成立后，中国新闻学的引入和创建已逾百年。有研究从发展状态的角度认为这一百年走过了萌芽启蒙、登堂入室、分化发展、政治异化、回归学术、创新繁荣等发展阶段。① 也有学者从研究属性的角度将其分为外来化、本土化、学理化、理论化、时代化五个时期。② 这些分析对于中国新闻学百年发展的描述是基于一种不断进化的视角，便于了解不同历史时期的新闻学研究与政治现实之间的外生逻辑关系。有研究则从理论建构的角度分析了中国新闻学学术话语体系的自主建构需要处理好的三个关键关系，即重新审视新闻理论与新闻实践的关系，明确新闻学研究主体的责任关系，处理好西方新闻传播理论的引进与本土化的关系。③ 这种分析着眼于学术发展的内生逻辑。

中华人民共和国成立之前，以李大钊、毛泽东、刘少奇、张闻天、陆定一、恽逸群、张友渔等为代表的无产阶级革命家及新闻工作者，以马克思主义为指导来研究中国新闻事业的理论与实际，对新闻的定义、性质及

---

① 季为民. 中国特色新闻学的历史、使命和方向：关于中国新闻学创立百年的回顾思考[J]. 陕西师范大学学报（哲学社会科学版），2018（3）：145-154.
② 郑保卫，叶俊. 中国马克思主义新闻学百年形成发展历程[J]. 新闻春秋，2018（1）：4-11.
③ 林溪声. 学术自觉：建构中国新闻理论话语的历时考察[J]. 南京社会科学，2013（10）：100-104，116.

类别进行理论探索，对新闻自由问题予以马克思主义的阐释，以中国化的视角解读新闻功能问题，在马克思主义新闻思想与中国新闻实际相结合方面迈出了可喜的一步。① 这些无产阶级革命家关于新闻事业的理解是为了帮助革命获得胜利，还不是严格意义上的理论建构，但是为后来的马克思主义新闻学研究提供了研究起点和研究对象。

在米歇尔·福柯（Michel Foucault）看来，权力与知识生产密切联系，知识服务于特定的权力，权力也通过知识的构建来体现和维护自身的权力关系。② 中华人民共和国成立前无产阶级革命家关于新闻事业的理解也是一种知识，从一开始显现出马克思主义新闻学研究深受政治权力情境的影响。但是，从整个社会发展来看，知识并不仅仅服务于权力，马克斯·舍勒（Max Scheler）认为："所有知识，尤其是关于同一些对象的一般知识，都以某种方式决定社会——就其可能具有的所有方面而言——的本性"；"反过来说，所有知识也是由这个社会及其特有的结构共同决定的"③。一门学科之所以能够从直接性的社会实践中抽身出来，专门从事理论性的认知活动，其合法性是社会赋予的。按照这样一种"作为合理性的合法性"（legitimacy as rationality）或"作为逻辑性的社会性"（social as logical）原则，任何学科都要在其知识累积过程中，满足其理论知识在逻辑上的自洽性，同时保证其理论知识同经验现实的一致性。④ 马克思主义新闻学研究作为一种知识生产，对其发展的分析不能仅沉浸于从抽象角度讨论知识传统，更要关注其是如何与政治情境互动的，从历史传统中把

---

① 吴汉全. 马克思主义新闻思想中国化的早期探索［J］. 新闻与传播研究，2011（6）：4-10，108.
② 福柯. 必须保卫社会［M］. 钱翰，译. 上海：上海人民出版社，1999：233-234.
③ 舍勒. 知识社会学问题［M］. 艾彦，译. 北京：华夏出版社，2000：58-59.
④ 赵超，赵万里. 知识社会学中的范式转换及其动力机制研究［J］. 人文杂志，2015（6）：113-121.

握知识生产的现实逻辑,才有可能"开辟历史与逻辑有机统一的新闻理论体系"①。

从理论知识与经验现实一致性的角度来看,中华人民共和国的马克思主义新闻学研究在汇编、教材、论文和著作四种研究形式方面,经历了从面向政治现实逻辑到面向社会现实逻辑的转向过程,这是基于"政治-知识-社会"互动的分析视角。面向政治现实逻辑是指服务当时政治情境而进行的单维度和单向度的研究。单维度是只从政治情境的角度分析问题。单向度则指马克思主义新闻学研究只是服务当时的政治情境,而不能对当时的社会发展、政治情境或其他学科产生影响。社会现实逻辑是指适应当时社会情境而进行的多维度和双向度的研究。多维度是从传播学、政治学、经济学、社会学、法学、历史学等多种学术视角和研究范式去分析问题。双向度是指马克思主义新闻学研究既适应当时的政治情境,也能对社会发展、政治情境或其他学科产生影响。

一、汇编式研究

中华人民共和国成立后,新闻工作和研究与其他行业或研究一样,都是从学习借鉴苏联模式开始的,最早的研究成果是以学习苏联新闻工作和思想的汇编形式出现的,之后以无产阶级革命家新闻思想的汇编和新闻学辞典的形式为主。

(一)学习苏联新闻工作和思想的汇编

1954年至1955年期间,人民出版社组织出版了一系列学习苏联的书籍。② 其中一本《联共(布)关于报刊书籍的决议》在其中文版出版说明

---

① 李彬.主持人语[J].南京社会科学,2013(10):93.
② 这些书主要包括借鉴苏联共产党中央关于新闻工作政策的《联共(布)关于报刊书籍的决议》(1954年4月),引进苏联关于新闻理论讲义的《联共(布)中央直属高级党校新闻班讲义汇编》(1954年4月)、《苏联共产党中央直属高级党校新闻班讲义汇编》(1955年8月),学习苏联领导人关于新闻工作文章的《布尔什维克报刊文集》(1954年11月)。

中特别指出："俄文版原书各篇搜辑到一九四零年为止，本书中一九四五——一九四六年的四篇，是本社附加的。"① 为何要在原版书上增加这四篇？这需要从这些汇编内容中寻找答案。汇编的开始并不是苏联党中央的文件，而是列宁的两篇文章和斯大林的一篇文章。第一篇《列宁〈苏维埃政权的当前任务〉一文的初稿（速记）》论述了报刊工作："……苏维埃的报纸把过多的篇幅和过多的注意力用到那些政治上的琐事和政治领导人物们的私人问题上去了，……报纸应该在首要地位刊载劳动问题，而且要以实际存在的形式把这些问题直接提出来。……报纸应该成为劳动公社的机关报。"② 第二篇是体现列宁新闻思想的重要文章《论我们报纸的性质》（发表于1918年9月20日《真理报》），对报道内容提出了批评："现在，老一套的政治鼓动，即政治空谈，占的篇幅太多了，而新生活的建设，建设中的种种事实，占的篇幅太少了。"然后强调"少谈些政治"，"多谈些经济"。

而增加的文件虽然已距列宁的文章二十多年，但依然关注报道的内容。其中一篇《关于改善加盟共和国、边区和州的报纸的质量及扩大它们的篇幅》论述道："报纸编辑部削弱了对写作者的工作以及与读者的联系。在报纸篇幅上很少出现党和苏维埃领导工作人员、经济工作人员、工程师、农学家、工业和农业先进工作人员、科学和文化艺术活动家的文章。某些报纸充满了用枯燥的文牍主义的训令式的文体写成的肤浅的毫无内容的文章和通讯。"③

无独有偶，1956年7月1日《人民日报》改版的社论《致读者》中也强调了以上类似观点，比如："人民日报是党的报纸，也是人民的报纸。""生活里的重要的、新的事物……人民希望在报纸上多看到一些，我们也

---

① 联共（布）关于报刊书籍的决议[M]. 北京：人民出版社，1954.
② 同①1-2.
③ 同①310.

就应该多采集、多登载一些。""生硬的、枯燥的、冗长的作品还是很多，空洞的、武断的党八股以及文理不通的现象也远没有绝迹。"① 从以上观点的对照中可以发现，该书增加的四篇文件不是随意而为，一方面是为了服务当时全面学习苏联的政治情境，另一方面也为《人民日报》改版提供"理论支撑"，来反思我国当时的新闻实践。《人民日报》改版的报告及附件、《致读者》社论和中央的批示文件三个文件，"形成一个完整的思想，建立新的、与社会主义建设时期相适应的新闻体制和理论"，是"对传统新闻学理论的一次重大突破"②。此时的译介汇编虽然从表面上来看是面向政治现实逻辑，但也开始了面向社会现实逻辑的探索。这种探索对新闻与政治的关系进行反思，虽然是从政治单维度出发的，但已开始出现双向度的逻辑，不但寻求影响新闻业发展，也在寻求影响当时的政治情境，如对中国社会主义建设的讨论。

（二）无产阶级革命家关于新闻论述的汇编

但是，随着《人民日报》改版半年后无声无息地终止，以及我国阶级斗争的形势的发展，尤其是"文化大革命"的影响，汇编也转为完全面向政治现实的"语录新闻学"，如中国人民大学新闻系1958年编写的《马克思恩格斯论报刊》、北京大学中文系新闻专业③ 1973年和1975年先后编辑的《马克思恩格斯列宁斯大林论报刊（上下编）》。④ "文化大革命"结束后，复校后的中国人民大学新闻系于1981年对《马克思恩格斯列宁斯大林论报刊（上下编）》进行了修订，增加了一倍多篇幅的原著内容，开始

---

① 致读者[N]. 人民日报，1956-07-01 (1).
② 钱江.《人民日报》1956年的改版[J]. 新闻研究资料，1988 (3)：1-47.
③ 该专业的主体实际上是"文化大革命"期间被停办的中国人民大学新闻系。
④ 类似的汇编主要有：北京广播学院新闻系编《马克思恩格斯列宁斯大林论报刊 列宁论广播》，1966年和1977年内部印刷使用；长江日报社编《马克思恩格斯列宁斯大林毛主席论报刊宣传》，1976年内部印刷使用。

尝试突破"语录新闻学"。语录摘要式汇编转向马克思主义经典论著导读形式的编著和新闻学辞典的编纂。根据苏联历史学家阿·奥科罗科夫编纂的《列宁论报刊》一书，杨春华和星华于1983年编译了《列宁论报刊与新闻写作》。全书不仅收集了列宁论述报刊工作的文章、书信及他签署的法令和决议，还有奥科罗科夫评介列宁办报思想的文章。[①] 该书不仅对经典论著进行摘编，而且增加了评介式的导读，这种形式为我国后来的导读式汇编提供了参考思路。

而有意识主动将汇编从政治现实转向社会现实的逻辑是中国社会科学院新闻研究所编辑出版的一系列汇编书籍[②]，这既是适应当时改革开放的政治情境，也试图探索对新闻事业多维度的观察。1980年出版的《中国共产党新闻工作文件汇编（上中下卷）》[③]被认为是迄今为止较为全面的关于中国共产党新闻和宣传工作历史文献的一套资料汇编。这套书在当时影响广泛，至今也是研究中国特色马克思主义新闻观的主要工具书之一。其"资料的搜集工作基本没有受到当时政治的影响，能够搜集到的都尽可能抄录或复印下来"，"是考证历史的重要依据"[④]。1985年中国社会科学院新闻研究所编辑出版的《马克思恩格斯论新闻》[⑤]被认为"虽然其中不少篇是摘编，但它是'文'而不是'语摘'；它不是'语录新闻学'，恰恰是批判了'语录新闻学'的产物"[⑥]。值得一提的是，时任该所副研究员的陈力丹1987年编辑出版的《马列主义新闻学经典论著》开始以个人署名，

---

① 列宁论报刊与新闻写作 [M]．杨春华，星华，编译．北京：新华出版社，1983：编者的话．
② 在此之前，中国人民大学新闻系于1963年和1978年就曾编写过《中国报刊工作文集》，但是还未有意识转向社会现实逻辑．
③ 中国社会科学院新闻研究所．中国共产党新闻工作文件汇编：上中下卷 [M]．北京：新华出版社，1980．
④ 陈力丹．记《中国共产党新闻工作文件汇编》的成书经过 [J]．新闻知识，2018（1）：46-47．
⑤ 中国社会科学院新闻研究所．马克思恩格斯论新闻 [M]．北京：新华出版社，1985．
⑥ 文彦仁．空谷足音：学习《马克思恩格斯论新闻》[J]．新闻大学，1986（13）：107-109．

而不再是集体署名。① 该书"全面介绍了革命导师的新闻思想和新闻实践经验，并对少量明显的被曲解了的论述，编者都以题注形式做了全面的、客观的、含蓄的说明"②。

自此，以历史考证和编者注释为主要方法的汇编不仅对无产阶级革命家相关论述进行完整的编辑呈现，而且结合当下社会发展的情境进行分析，我国马克思主义新闻学的汇编式研究逐渐摆脱了"语录新闻学"单向度服务政治的窠臼，至今出版了较多经典导读形式的汇编著作。③

（三）新闻学辞典

汇编式研究除了经典导读形式，还以新闻学辞典的特殊形式出现。这些辞典关于马克思主义新闻学的词条④是在分析无产阶级革命家经典论著的基础上，将相关核心观点提炼为概念，不再局限于语录的摘编。复旦大学新闻系在"文化大革命"后期编辑了新中国第一本新闻学辞典《新闻学小辞典》（1976年1月）⑤，该辞典在第一部分设立"无产阶级新闻学主要

---

① 陈力丹. 马列主义新闻学经典论著[M]. 北京：人民日报出版社，1987. 该书于2017年又出了修订版，在原来的基础上扩展收录视野，收入三位革命导师关于新闻、宣传、舆论和其他社会性传播的论著和论著摘要共179篇，全面展现了他们的新闻观和传播观。注意保留主要观点论证的前后文字，以便再现论证的背景。考虑到19世纪的马克思、恩格斯和20世纪初的列宁距离现在较为久远，该书为每篇论著写了题注，增加了注释，为81篇论著配了历史照片。

② 李秉忠.《马列主义新闻学经典论著》书讯[J]. 新闻实践，1987（10）：24.

③ 这些编著先后主要有：中共中央宣传部新闻局. 马克思主义新闻工作文献选读[M]. 北京：人民出版社，1990；吴飞. 马克思主义新闻传播思想经典文本导读[M]. 杭州：浙江大学出版社，2005；郑保卫. 马克思主义新闻经典论著导读[M]. 北京：中国人民大学出版社，2007；刘建明. 马克思主义新闻观经典读本[M]. 北京：清华大学出版社，2009；吴飞，钱诚一，郭建斌，等. 马克思主义新闻传播思想经典文本导读[M]. 杭州：浙江大学出版社，2010；何梓华，尹韵公，雷跃捷. 新闻学概论教学参考书[M]. 北京：高等教育出版社，2011；尹韵公. 马克思、恩格斯、列宁、斯大林论新闻出版[M]. 北京：中国社会科学出版社，2012；《马克思主义新闻出版观重要文献选编》编委会. 马克思主义新闻出版观重要文献选编[M]. 北京：人民出版社，2014；童兵. 马克思主义新闻观读本[M]. 上海：复旦大学出版社，2016；胡钰. 新闻理论经典著作选读[M]. 北京：清华大学出版社，2016.

④ 这些辞典除了有马克思主义新闻学相关的词条，还包括新闻业务、新闻事业以及对外国新闻和传播理论及事业的介绍（早期以批判的形式出现）。

⑤ 复旦大学新闻系. 新闻学小辞典[M]. 广西日报编辑部，1976. 不少文献将复旦大学新闻系学者余家宏等1984年编辑的《新闻学简明词典》误看作第一本辞典。

著作"集中介绍了相关经典论著,在第九部分设立"资产阶级新闻学",以批判的形式介绍了"公众传播""'社会责任'论""新闻价值""无冕之王""新闻五要素""黄色报纸""一分钱报"等名词,为我国新闻学研究提供了一个不同的观察维度。"文化大革命"结束后,复旦大学新闻系余家宏、宁树藩、徐培汀、谭启泰于1984年出版了《新闻学简明词典》,在第一部分设立"马恩列斯新闻论著和报刊实践";在第二部分设立"新闻工作文献",介绍了我国无产阶级革命家的相关论著和党中央相关文件。[①]与《新闻学小辞典》的一个很大的区别是,该辞典不再专门设立"资产阶级新闻学",而是将相关词条都编入第三部分"新闻理论一般词汇"。可以看出,该辞典的编纂已经不再寻求单维度的政治现实逻辑,开始转向社会现实逻辑。同时,该辞典也关注了当时新闻业和整个中国社会的发展,"《词典》选收词目、分类、解释词义、编制年表,以及收入的各种附录,都是从实际出发,根据社会上对新闻知识的需要来考虑编纂的,因此,比较切合实用"[②]。鉴于该版存在一些谬误,该辞典不久又出版了修订版《新闻学词典》(改了书名)[③]。至今,我国相继出版了多部新闻学辞典[④],逐步摆脱了阶级斗争思维的影响。

除了在一般性的新闻学辞典中汇编马克思主义新闻学的相关论著,还出现了专门的马克思主义新闻学辞典。陈力丹2002年出版了《马克思主义新闻学词典》[⑤],"这部词典出自一人之手独立完成,30多万字,530

---

① 余家宏,宁树藩,徐培汀,等. 新闻学简明词典[M]. 杭州:浙江人民出版社,1984.
② 夏家麟. 小评《新闻学简明词典》[J]. 辞书研究,1985(3):96-98.
③ 余家宏,宁树藩,徐培汀,等. 新闻学词典[M]. 杭州:浙江人民出版社,1988.
④ 这些辞典先后主要有:陈力丹. 新闻学小词典[M]. 北京:中国新闻出版社,1988;甘惜分. 新闻学大辞典[M]. 郑州:河南人民出版社,1993;冯健. 中国新闻实用大辞典[M]. 北京:新华出版社,1996;程曼丽,乔云霞. 新闻传播学辞典[M]. 北京:新华出版社,2013;童兵,陈绚. 新闻传播学大辞典[M]. 北京:中国大百科全书出版社,2014。
⑤ 陈力丹. 马克思主义新闻学词典[M]. 北京:中国广播电视出版社,2002.

条，基本没有参照系，这种情况在词典编纂中不多见""以时间为序，由远及近，从理论思想、观点术语、人物活动、论著文件、媒体组织、历史事件六个方面，纵观不同历史时期马克思主义新闻思想和实践的发展过程。它相当完整地展示了马克思主义新闻思想的基本内容和框架，以及这些思想产生的历史背景"[1]。以《马克思主义新闻学词典》为蓝本，陈力丹于2018年主编出版了157万字的《马克思主义新闻观百科全书》[2]，"这是一本全景式马克思主义新闻观的知识地图""书的编撰形式新颖，有对新闻传播学界流通的术语和观点来龙去脉的细致梳理，有对理论思想的细致分析，有对尘封史料的再度挖掘。全书连缀起来既是马克思主义新闻史，又是马克思主义新闻传播思想导读"，是"以原著、第一手材料为基础的研究典范""是一部扎扎实实的论从史出的著作，全书词条大多在认真考证原著、原始材料的基础上得出结论。这种读原著、悟学理的治学态度，贯穿于全书整个编写过程"[3]。这部辞典的出版体现了我国马克思主义新闻学研究在汇编式研究方面已转向社会现实逻辑。

二、教材式研究

一般来说，教材是知识的普及性读物，不是学术论证性质的专著。但是，新中国对马克思主义新闻学进行系统梳理并建构成理论化的体系，是从教材开始的，其中有些教材具有开拓性，起到了类似研究著作的作用。因此，对于马克思主义新闻学相关教材的分析是不可忽视的。这些教材主要分为以马克思主义为指导原则的新闻理论教材和直接研究马克思主义新闻思想的教材。

---

[1] 季为民.《马克思主义新闻学词典》出版[J]. 新闻爱好者，2002（4）：29.
[2] 陈力丹. 马克思主义新闻观百科全书[M]. 北京：中国人民大学出版社，2018.
[3] 夏琪. 马克思主义新闻观研究要建立在第一手材料基础上：读《马克思主义新闻观百科全书》[J]. 青年记者，2018（28）：49-50.

（一）新闻理论教材

虽然 19 世纪末 20 世纪初，国人自办报纸已经成为中国报业的主流，新闻学科地位也得到确立，出版了一系列的新闻理论教材，但是由于这些教材所借鉴的是西方的报学理论，因此它们被认为是资产阶级观点的产物而弃用。1952 年全国新闻出版业和广播电台完成国有化改造，所有的报刊电台成为各级党政机关的一部分。去西方化的思想不断加深，新闻教育也进行了改造运动。中国共产党接管燕京大学新闻学系、复旦大学新闻系等一些教育机构（之前在民国年间实行的资产阶级新闻教育），取消原有的旧课程，开设马克思主义的政治理论课。坚持党报新闻学传统，不学英美的资产阶级新闻，转而向"老大哥"苏联学习经验。最初是 1951 年新闻总署办公厅编的《联共（布）高级党校新闻班讲义选译》，随后人民出版社组织翻译了更全面的苏联讲义《联共（布）中央直属高级党校新闻班讲义汇编》（1954 年 4 月）和《苏联共产党中央直属高级党校新闻班讲义汇编》（1955 年 8 月）。这些教材贯穿着党性、思想性、战斗性、群众性、真实性这五大原则，认为马克思主义新闻学就是由这五个原则和"阶级斗争工具论"这一性质组成，这一观点也成为后来很长一段时间宣传的"五性一统"的理论来源。1954 年在北京大学新闻专业任教的甘惜分，以苏联讲义为模板编写的《新闻工作理论与实践》就受此影响较大。对此，甘惜分在接受周俊的深度访谈时反思道："我去北大之前，中宣部已经叫人翻译了苏联的《新闻学理论教学大纲》，就讲五大原则，太简单，太教条主义……当时苏联的教材与中国的实践是脱节的，不能够指导实际工作。"[①] 这一时期的"五性一统论"不仅助长了新闻界的教条主义和形式

---

① 参见 2012 年 2 月 2 日对甘惜分的深度访谈，此为周俊主持的 2012 年中国人民大学重大基础研究计划"马克思主义新闻理论创新研究（二期）"子课题"新中国马克思主义新闻学教材发展与创新研究"的内容。

主义，而且也给后来的新闻教育改革造成了很大的理论障碍。① 可以说，全面学习苏联模式的结果就是进一步强化了我国新闻界"政治为体，新闻为用"的思想，马克思主义新闻学研究在教材方面完全面向政治现实逻辑。

但是，这种局面随着1956年党中央"双百"方针的提出和新闻业界《人民日报》的改版而出现短暂的变化，新闻学界尝试突破党报理论的某些固有观点和苏联的新闻理论模式。1956年7月至8月，时任复旦大学副教务长、政治理论教学委员会主任兼新闻系主任王中带领师生来到无锡、南京、青岛、济南等地考察报纸的改革情况。9月，他开始为学生讲授新闻课程，编写了《新闻学原理大纲》，向新闻系教师征求意见。该大纲并没有铅印成书出版，多是油印纸张发给学生上课时用，初稿仅1 000多字的大小标题，共18章。该大纲仅有前三章讲课提纲，这部分内容曾于1957年在上海人民广播电台公开播出。根据该大纲和王中讲课的内容，可以将王中的核心观点概括为报纸的"两重性"、新闻事业是社会产物、办报要根据读者需要等。王中认为"新闻学是由新闻事业发展的需要而产生的"，"必须从社会的普遍联系中、从活生生的社会现实中、从不断变更的群众生活条件中，探索新闻事业的客观规律"②。在当时整体面向政治现实逻辑的马克思主义新闻学研究中，王中对新闻理论体系的探索虽然不完整，但已经开始从经济学、历史学、社会学等多维度去思考新闻的功能，这是一种转向社会现实逻辑的尝试，在当时的政治情境中无异于"离经叛道"。

1957年反右派斗争扩大到新闻界，王中很快受到批判，马克思主义

---

① 童兵，林涵. 20世纪中国新闻学与传播学：理论新闻学卷[M]. 上海：复旦大学出版社，2001：156.
② 余家宏，丁淦林. 王中研究新闻学的经过与贡献[J]. 新闻大学，1995 (1)：14-19.

新闻学研究在教材方面进入了一种沉寂状态。1975年10月，署名为北京市朝阳区工农通讯员、北京大学中文系新闻专业七三级工农兵学员联合编写的《新闻理论讲话》，虽然只有112页，却被认为是这一时期唯一一本"新闻理论"著作。① 该书共有六讲，"斗争""批判"思维贯穿始终，对刘少奇提出的"为读者服务""社会需要"等观点进行批判，将其言论定义为反社会主义的反动言论。② 这段时期的马克思主义新闻学研究停滞了，新闻已等同于政治，不存在学术意义上的研究。

"文化大革命"结束后，马克思主义新闻学研究先从恢复党报理论开始，中国人民大学新闻系甘惜分于1982年正式出版《新闻理论基础》，该书被认为是新中国第一本国人自编并公开出版的新闻理论教材，"对于我国新闻教育界、新闻学术界和新闻实际工作部门具有广泛的影响，在当时全国只有40余万新闻工作者中，他的《新闻理论基础》一书发行超过20万册，不少新闻院校把它选作教材"③。相比于苏联的新闻理论教学大纲，《新闻理论基础》从新闻入手探索党报事业的发展特点，上篇讨论新闻和舆论的特征、关系，以及新闻事业的性质和作用，下篇则着重阐述无产阶级新闻事业和现实生活、群众以及党三者之间的关系，认为无产阶级新闻事业与三者的关系是新闻事业的根本矛盾，其中提到了党性与人民性的统一、党的政治思想路线等问题。④ 该教材将之前分散的党报观点整合在一个框架之中，澄清了极左年代混乱的许多问题，结束了"语录新闻学"时代，建构了党报理论体系模式，成为"新中国建立以后马克思主

---

① 童兵，林涵. 20世纪中国新闻学与传播学：理论新闻学卷[M]. 上海：复旦大学出版社，2001：361.
② 北京市朝阳区工农通讯员，北京大学中文系新闻专业七三级工农兵学员. 新闻理论讲话[M]. 1975.
③ 童兵. 马克思主义新闻学泰斗：甘惜分[J]. 新闻论坛，2014 (6)：26-29.
④ 甘惜分. 新闻理论基础[M]. 北京：中国人民大学出版社，1982.

义新闻学原理的首次系统论述"①。同期,还出现了一些内部出版的同类教材。②

这些教材仍然是从政治这个单一维度理解新闻和新闻业的,将政治宣传等同于新闻报道,斗争哲学贯穿全书。尽管当时国家的工作重心已经从"以阶级斗争为纲"转变到"以经济建设为中心"了,但在新闻领域的认识仍然滞后于时代的发展。③ 这个时期马克思主义新闻学研究在教材方面开始向新闻本体回归,而不再完全是政治的一部分,但是依然处于政治现实逻辑的研究中。此时,另外一类试图摆脱阶级斗争思维和多维度思考新闻业的教材开始涌现。1982年北京广播学院康荫内部出版的《新闻概论》中已经引进了"传播"的概念。④ 1983年出版的《简明新闻学》最早建构了"新闻-新闻事业-新闻工作"三板块新闻理论框架。⑤ 作者张宗厚和陈祖声当时刚从中国社会科学院新闻研究所获得硕士学位不久,他们在书中明确提出:"在我们以往的新闻理论中,过多地强调了阶级性的一面,而对于新闻事业的科学性、社会性和舆论性则注意不够。在那种'新闻理论'的影响下,许多人以为'新闻无学'或'新闻学就是政治学',从而在实践中产生着有害的影响。"⑥ "新闻学是研究新闻现象和新闻活动规律的科学。或者说,它是研究新闻活动的历史、现状,新闻现象中的本质联

---

① 童兵,林涵. 20世纪中国新闻学与传播学:理论新闻学卷[M]. 上海:复旦大学出版社,2001:366.
② 这些教材先后主要有:边静远. 新闻学简述[M]. 湖北日报新闻研究室,1981;徐培汀. 新闻学概论[M]. 甘肃省新闻研究所,《兰州报》编辑部,1982;高爽. 新闻学专题讲座[M]. 黑龙江省新闻工作者协会,黑龙江省新闻研究所,1982.
③ 陈力丹. 回归新闻学本体:改革开放30年来我国新闻理论教材结构的变化[J]. 国际新闻界,2008(12):12-17,39.
④ 康荫. 新闻概论[M]. 吉林省广播电视学校,北京广播学院新闻研究所,1982.
⑤ 这种框架基本围绕新闻、新闻事业、新闻工作三个部分展开论述。"新闻"探讨新闻活动的特点及一般传播规律;"新闻事业"讨论一般性质、作用和功能;"新闻工作"则讨论社会主义新闻工作的内容、性质、功能和作用等。
⑥ 张宗厚,陈祖声. 简明新闻学[M]. 北京:人民日报出版社,1983:444.

系,新闻事业的性质、任务和作用,以及新闻工作的原则和方法的科学。"① 该书与1984年中国社会科学院新闻研究所戴邦、卢惠民、钱辛波等编写的《新闻学基础知识讲座》② 一起对后来的新闻理论教材产生深远影响,掀起新闻理论教材编著的高潮。③ 从此,我国的新闻理论教材开始从政治现实逻辑转向社会现实逻辑,以马克思主义为指导原则,结合传播学、社会学、社会心理学、历史学、政治学等多维度思考新闻与政治、社会、公众之间的关系。④

---

① 张宗厚,陈祖声. 简明新闻学 [M]. 北京:人民日报出版社,1983:7.
② 戴邦,卢惠民,钱辛波. 新闻学基础知识讲座 [M]. 北京:人民日报出版社,1984. 该教材也是采用"新闻-新闻事业-新闻工作"三板块新闻理论框架,由于当时全国各地举办函授班,其与甘惜分的《新闻理论基础》的印刷量较大。
③ 沿袭三板块框架的教材先后主要有:复旦大学新闻系新闻理论教研室. 新闻学概论 [M]. 福州:福建人民出版社,1985;樊炳武. 新闻学概论 [M]. 郑州:郑州大学函授教材,1985;余家宏,宁树藩,叶春华. 新闻学基础 [M]. 合肥:安徽人民出版社,1985;成美,童兵. 新闻理论简明教程 [M]. 北京:中央广播电视大学出版社,1986;郑旷. 当代新闻学 [M]. 北京:长征出版社,1987;缪雨. 新闻学通论 [M]. 北京:新华出版社,1987;何光先. 现代新闻学 [M]. 昆明:云南教育出版社,1988;何崇文. 新闻学基础 [M]. 重庆:西南师范大学出版社,1988;王益民. 系统理论新闻学 [M]. 武汉:华中理工大学出版社,1989;郑保卫. 新闻学导论 [M]. 北京:新华出版社,1990;杨思迅. 新闻学教程 [M]. 哈尔滨:黑龙江教育出版社,1990;卢惠民. 社会主义新闻学导论 [M]. 北京:中国广播电视出版社,1990.
④ 这些教材先后主要有:刘建明. 宏观新闻学 [M]. 北京:中国人民大学出版社,1991;江柳. 系统基础理论新闻学 [M]. 北京:新华出版社,1991;吴高福. 新闻学基本原理 [M]. 武汉:武汉大学出版社,1993;成美,童兵. 新闻理论教程 [M]. 北京:中国人民大学出版社,1993;李元授. 新闻信息概论 [M]. 武汉:武汉大学出版社,1994;邵培仁,叶亚东. 新闻传播学 [M]. 南京:江苏人民出版社,1995;黄旦. 新闻传播学 [M]. 杭州:杭州大学出版社,1995;李卓钧. 新闻理论纲要 [M]. 武汉:武汉大学出版社,1995;雷跃捷. 新闻理论 [M]. 北京:北京广播学院出版社,1997;蔡铭泽. 新闻学概论新编 [M]. 广州:暨南大学出版社,1998;何梓华. 新闻理论教程 [M]. 北京:高等教育出版社,1999;童兵. 理论新闻传播学导论 [M]. 北京:中国人民大学出版社,2000;程世寿,刘洁. 现代新闻传播学 [M]. 武汉:华中理工大学出版社,2000;李良荣. 新闻学概论 [M]. 上海:复旦大学出版社,2001;胡正荣. 新闻理论教程 [M]. 北京:中国广播电视出版社,2001;丁柏铨. 中国当代理论新闻学 [M]. 上海:复旦大学出版社,2002;刘建明. 当代新闻学原理 [M]. 北京:清华大学出版社,2003;郑保卫. 当代新闻理论 [M]. 北京:新华出版社,2003;杨保军. 新闻理论教程 [M]. 北京:中国人民大学出版社,2005;刘九洲. 新闻理论基础 [M]. 武汉:武汉大学出版社,2006;郑保卫. 新闻理论新编 [M]. 北京:中国人民大学出版社,2007;陈力丹. 新闻理论十讲 [M]. 上海:复旦大学出版社,2008;本书编写组. 新闻学概论 [M]. 北京:高等教育出版社,2009.

（二）马克思主义新闻思想的教材

与新闻理论教材出版的繁荣局面相比，关于马克思主义新闻思想的教材显得"冷清"些，早期直接以马克思主义新闻思想为题，以童兵和陈力丹的教材为代表，之后多以马克思主义新闻观为题。童兵2002年出版《马克思主义新闻经典教程》，叙述了马克思主义经典作家的新闻论著和新闻思想，介绍了这些新闻经典的写作时代、主要内容及重要观点在马克思主义新闻思想发展中所占据的地位。[①] 陈力丹2003年出版的研究生教材《马克思主义新闻思想概论》，对马列主义思想体系中不同时代的主要代表人物的传播思想、新闻思想、宣传思想进行全面研究，系统阐述他们的思想内容。[②] 这两本教材之后不断再版，成为马克思主义新闻思想教材的范本，对以后同类教材影响较大。[③]

随着马克思主义新闻观的概念在新闻学界和业界的普及，以马克思主义新闻观为题的教材替代了以马克思主义新闻思想为题的教材。最早系统地对马克思主义新闻观进行编著的教材[④]是陈力丹2011年出版的本科生教材《马克思主义新闻观教程》。该教材以马克思主义的创始人马克思和恩格斯的新闻观，以及后来对中国共产党产生重大影响的列宁的新闻观作为前一部分的重点阐述对象，随后到毛泽东以来党的主要领导人的新闻观。[⑤] 童兵和陈力丹的这些教材注重对原始文献的考证，以史为据，论从

[①] 童兵. 马克思主义新闻经典教程[M]. 上海：复旦大学出版社，2002.
[②] 陈力丹. 马克思主义新闻思想概论[M]. 上海：复旦大学出版社，2003.
[③] 这些教材先后主要有：刘乃勇. 马克思主义新闻学要论[M]. 北京：新华出版社，2013；朱杰. 空间的生产：马克思主义新闻思想简论[M]. 北京：中国社会科学出版社，2014.
[④] 2005年出版过名为《马克思主义新闻观教程》的教材，其中三分之二篇幅是经典论著的摘编。2007年出版过名为《马克思主义新闻观十五讲》的教材，是15位专家各为一章的论述汇编。这两本读物尚未形成一个系统体系的教材。参见夏赞君，卿明星. 马克思主义新闻观教程[M]. 长沙：湖南科学技术出版社，2005；范敬宜，李彬. 马克思主义新闻观十五讲[M]. 北京：清华大学出版社，2007.
[⑤] 陈力丹. 马克思主义新闻观教程[M]. 北京：中国人民大学出版社，2011.

史出,既适应了当时全国范围学习马克思主义新闻观的政治情境,也从新闻学、传播学、历史学、法学等多种维度去思考。

《马克思主义新闻观教程》以无产阶级革命家新闻思想的梳理为主线,与之不同的是,一些教材参照新闻理论的框架来编写。丁柏铨和双传学主编的《马克思主义新闻观理论与实践》对马克思主义新闻观的理论渊源、发展脉络、主要内容、本质要义及现实意义等进行了具体阐释。[①] 中宣部和教育部共同组织编写的《马克思主义新闻观十二讲》结合习近平总书记关于新闻舆论工作的重要论述,讲述了新闻舆论工作中的一些基础理论和重大原则问题。[②] 这些教材紧密配合当时的政治形势,隐含着面向政治现实的逻辑。除了面向高校的教材,当时的国家新闻出版广电总局直接面向全国记者组织编写了《新闻记者培训教材 2013》,其中专门设立"马克思主义新闻观"部分[③],被认为"对于新闻采编人员坚持正确的出版方向和舆论导向,营造增强道路自信、理论自信、制度自信的舆论氛围,是必不可少的指引"[④]。

三、论文式研究

从发展进程来看,我国关于马克思主义新闻学的论文式研究经历了以阶级斗争为主线、学理化探索、聚焦马克思主义新闻观三个阶段。

(一)以阶级斗争为主线

1956 年《人民日报》改版后引起短暂的讨论高潮。有文章提出"新闻工作是最经常的、最有力的思想工作和政治工作"[⑤],"把政治教育放在

[①] 丁柏铨,双传学. 马克思主义新闻观理论与实践[M]. 南京:江苏人民出版社,2016.
[②] 《马克思主义新闻观十二讲》编写组. 马克思主义新闻观十二讲[M]. 北京:高等教育出版社,2019.
[③] 柳斌杰. 新闻记者培训教材 2013[M]. 北京:人民出版社,2013. 其中的"马克思主义新闻观"部分由周俊编写。
[④] 冯瑶. 一部简明实用的好教材[J]. 中国出版,2014(15):70.
[⑤] 邓拓. 马克思主义哲学和新闻工作[J]. 新闻战线,1959(9):3-12.

首要的地位，强调教学与政治斗争结合"[1]，"新闻学是一门具有强烈的阶级性和党性的科学"[2]，"用马克思主义哲学来解释新闻学"[3]。因此，要从毛泽东著作中学习办报思想，用毛泽东思想武装新闻队伍，要高举马克思列宁主义的旗帜，办好无产阶级的新闻事业。[4] 继而，有文章第一次提出"马克思主义新闻学"这一名词，认为"马克思主义新闻学不能是也从来不是从资产阶级新闻学中发展出来的"，"经典作家有关新闻工作的言论指示，是他们在自己从事党报工作或领导报刊工作中，在和资产阶级报刊进行斗争中作出的，因而是理论与实际密切结合的，是马克思主义新闻学的无价瑰宝，是无产阶级新闻工作经验的已经理论化的表现"[5]。这里的"马克思主义新闻学"概念强调阶级斗争，与今天的内涵是不同的。这一阶段的文章是评述性质的，不能用今天的研究规范来苛求，但是其基本视角是阶级斗争，服务当时的政治情境，开启了基于政治现实逻辑的论文式研究路径。这些表明立场态度的文章是基于单向度和单维度服务政治情境的逻辑，影响深远，目前很多缺乏严谨学术论证的泛泛而谈式文章仍沿用这种逻辑。

（二）学理化探索

即使这样评述性质的文章，在"文化大革命"期间也几乎不见了。真正在学理上进行探索的论文式研究是在改革开放这一新的政治情境中开始的，在1980—1983年期间呈现爆发式的局面，主要集中在中国社会科学院新闻研究所、中国人民大学新闻系、复旦大学新闻系、北京广播学院，

---

[1] 罗列. 批判新闻教育中的资产阶级路线[J]. 新闻战线, 1958 (11): 18-20.
[2] 沈育. 马克思主义新闻学的基本观点[J]. 江淮学刊, 1963 (4): 31-43.
[3] 宫策. 新闻与实践[J]. 新闻战线, 1957 (1): 1-8.
[4] 孙雪天. 从毛主席著作中学习办报思想[J]. 新闻战线, 1960 (2): 8-9; 叶飞. 用毛泽东思想武装新闻队伍[J]. 新闻战线, 1960 (6): 1-2; 廖盖隆. 高举马克思列宁主义的旗帜 办好无产阶级的新闻事业: 纪念列宁诞生九十周年[J]. 新闻战线, 1960 (8): 3-8.
[5] 李龙牧. 加强新闻学的理论建设[J]. 新闻业务, 1962 (6): 21-25.

以及新闻业界的相关研究中。

中国社会科学院新闻研究所主办的刊物当时影响全国,比较集中地体现了马克思主义新闻学的研究成果。1979—1993 年,中国社会科学院新闻研究所持续出版的《新闻研究资料》积累了大量有关中国共产党新闻事业的研究文章。1984—1988 年出版的内刊《新闻法通讯》较为系统地阐释了马克思、恩格斯、列宁的新闻法治思想。1985—1989 年,中国社会科学院新闻研究所和中国新闻学会联合会持续出版的双月刊《新闻学刊》是当时全国唯一的新闻学期刊,发表了较多涉及马克思主义新闻学的历史与现实的研究文章,如童兵的《公开发表〈哥达纲领批判〉的历史经验》,胡绩伟、黎澜兴(陈力丹笔名)的《评"语录新闻学"》,陈力丹的《列宁论苏维埃报刊的作用》,李小冬(陈力丹笔名)的《工人政党的三种党报体制及其发展》等。① 另外,中国社会科学院新闻研究所和北京新闻学会 1983 年 3 月主办"纪念马克思逝世 100 周年新闻学术讨论会",与会代表 100 多位,提交论文 28 篇。会后编辑出版了《马克思新闻思想研究论文集》,收录有温济泽的《马克思的新闻思想及其发展》、戴邦的《马克思新闻思想研究的历史和现状》、张之华的《五四时期马克思主义的传播和报刊阵地的开拓》、徐培汀的《马克思与新闻科学》、陈力丹的《马克思报刊思想的几个重要观点》、余家宏的《试论马克思恩格斯党报思想的发展》等 12 篇论文。该文集在出版说明中指出,"在我国,研究马克思的哲学、经济学和科学社会主义的理论早就开始,并且已出版了大量专著,但把马克思的新闻思想作为一门科学加以系统地研究,还没有引起足够的重视",呼吁全国新闻业界和学界"都来关心这项关系到创建我

---

① 陈力丹. 新闻所早期在马克思主义新闻观研究方面的贡献[J]. 新闻与传播研究,2018(S1):26-29.

国马克思主义新闻学的奠基工作"①。

中国人民大学新闻系 1980—1982 年编辑出版的《新闻学论集》第 1—4 辑中集中刊登了马克思主义新闻学的论文。第 1 辑刊登了余致浚的《论全党工作着重点转移后报纸的性质和任务》、甘惜分的《什么是新闻——关于新闻的定义》、成美的《坚持无产阶级报纸党性原则的几个问题》、赵永福的《列宁领导〈经济生活报〉的实践给我们的启示》、蓝鸿文的《马克思恩格斯和〈新莱茵报〉编辑部》②；第 2 辑刊登了何梓华的《两种社会制度 两种出版自由》、陈业勋的《社会主义新闻事业是不是"无产阶级专政的工具？"》③；第 3 辑刊登了陈力丹的《〈前进报〉是怎样前进的——记马克思恩格斯在〈前进报〉的工作》、贾培信的《略论〈火星报〉的分裂》④；第 4 辑刊登了童兵的《"向公众阐明自己的事业"——马克思、恩格斯和〈纽约每日论坛报〉》⑤。

复旦大学新闻系主办的《新闻大学》同期也发表了不少论文，如《马克思恩格斯是怎样对待在报纸上开展批评的？》⑥《列宁报刊活动编年》⑦《不拘一格的新闻写作——读马克思、恩格斯在〈新莱茵报〉上发表的作品》⑧《马克思主义的记者如何上路——读刘少奇同志有关新闻工

---

① 中国社会科学院新闻研究所. 马克思新闻思想研究论文集[M]. 北京：人民日报出版社，1983.

② 中国人民大学新闻系《新闻学论集》编辑组. 新闻学论集：第 1 辑[M]. 北京：中国人民大学出版社，1980.

③ 中国人民大学新闻系《新闻学论集》编辑组. 新闻学论集：第 2 辑[M]. 北京：中国人民大学出版社，1981.

④ 中国人民大学新闻系《新闻学论集》编辑组. 新闻学论集：第 3 辑[M]. 北京：中国人民大学出版社，1981.

⑤ 中国人民大学新闻系《新闻学论集》编辑组. 新闻学论集：第 4 辑[M]. 北京：中国人民大学出版社，1982.

⑥ 陈大维. 马克思恩格斯是怎样对待在报纸上开展批评的？[J]. 新闻大学，1982（2）：11-14.

⑦ 闻言，秦中河. 列宁报刊活动编年[J]. 新闻大学，1982（5）：117-120.

⑧ 陈力丹. 不拘一格的新闻写作：读马克思、恩格斯在《新莱茵报》上发表的作品[J]. 新闻大学，1982（4）：37-39.

作的论述》①《坚持真理 尊重事实——记马克思的新闻工作作风》②《试析马克思早期"人民报刊"思想——兼论各个历史时期的人民报刊问题》③《试论马克思恩格斯后期的党报思想》④《马克思心目中的"党刊"——读新发现的〈马克思一八四七年给费尔特海姆的信〉》⑤《十九世纪六十年代马克思恩格斯反对〈社会民主党人报〉办报方针的斗争》⑥《马克思论泰晤士报》⑦。

北京广播学院主办的刊物《北京广播学院学报》发表的论文主要有：《精辟阐述马克思主义新闻理论的文献——重温少奇同志〈对华北记者团的讲话〉》⑧《谈谈社会主义新闻事业的党性和人民性》⑨《评"阶级斗争工具"说——兼论报纸的根本属性》⑩《马克思和无产阶级报刊的党性》⑪《论人民报刊的本质——学习马克思办报思想体会》⑫。

主要面向新闻工作者发行的刊物《新闻学会通讯》《新闻战线》《新闻

---

① 辛彬. 马克思主义的记者如何上路：读刘少奇同志有关新闻工作的论述[J]. 新闻大学, 1982 (5)：15-19.

② 陈力丹. 坚持真理 尊重事实：记马克思的新闻工作作风[J]. 新闻大学, 1982 (5)：20-22, 103.

③ 丁名. 试析马克思早期"人民报刊"思想：兼论各个历史时期的人民报刊问题[J]. 新闻大学, 1983 (1)：7-10.

④ 陈大维. 试论马克思恩格斯后期的党报思想[J]. 新闻大学, 1983 (1)：1-6.

⑤ 黎汶. 马克思心目中的"党刊"：读新发现的《马克思一八四七年给费尔特海姆的信》[J]. 新闻大学, 1983 (1)：13-17.

⑥ 严石. 十九世纪六十年代马克思恩格斯反对《社会民主党人报》办报方针的斗争[J]. 新闻大学, 1983 (1)：17-23.

⑦ 夏鼎铭. 马克思论泰晤士报[J]. 新闻大学, 1984 (1)：31-34, 50.

⑧ 王珏. 精辟阐述马克思主义新闻理论的文献：重温少奇同志《对华北记者团的讲话》[J]. 北京广播学院学报, 1980 (2)：8-14.

⑨ 沈兴耕. 谈谈社会主义新闻事业的党性和人民性[J]. 北京广播学院学报, 1981 (1)：26-33.

⑩ 郭镇之. 评"阶级斗争工具"说：兼论报纸的根本属性[J]. 北京广播学院学报, 1981 (3)：8-13.

⑪ 王珏. 马克思和无产阶级报刊的党性[J]. 北京广播学院学报, 1983 (2)：1-5, 14.

⑫ 康荫. 论人民报刊的本质：学习马克思办报思想体会[J]. 北京广播学院学报, 1983 (2)：6-10, 29.

记者》等也积极参与马克思主义新闻学的探索，如《新闻学会通讯》曾发表《关于青年马克思和老年马克思报刊思想的几个问题》[①]《报刊活动对马克思、恩格斯的共产主义世界观形成的影响》[②]《马克思论巴黎公社的新闻工作》[③]《马克思和恩格斯是信息传播研究的先驱》[④] 等论文。

值得一提的是，"文化大革命"后第一批新闻学硕士研究生的毕业论文也多集中在马克思主义新闻学领域，主要包括中国人民大学童兵的《试论马克思恩格斯自由报刊思想的发展》、郑保卫的《革命无产阶级第一张最好的机关报：〈新莱茵报〉》、贾培信的《〈火星报〉——党的思想和组织中心》；中国社会科学院新闻研究所陈力丹的《马克思〈莱茵报〉时期的报刊思想及其历史地位》、戴松成的《列宁在苏联新经济政策时期的报刊思想》、窦其文的《论毛泽东同志新闻思想形成和发展》、许焕隆的《论瞿秋白对党的新闻事业的贡献》、李安达的《论党报的指导作用》；复旦大学秦中河关于列宁新闻思想的研究[⑤]、陈大维的《试论马克思恩格斯后期的党报思想及其形成》。这是马克思主义新闻学研究的一支富有创新力的新生力量，其中陈力丹、童兵、郑保卫等已为我国当下马克思主义新闻学研究的中坚力量。

这段时期的探索虽然从今天的学术规范来看，还存在一些缺陷，但新闻学界和新闻业界能面对现实问题，并试图结合无产阶级革命家的新闻思想和实践，对历史和文献进行考证，努力寻找适合中国新闻业未来发展的道路。这种学理性的探索为我国马克思主义新闻学研究开创了面向社会现

---

① 陈力丹. 关于青年马克思和老年马克思报刊思想的几个问题[J]. 新闻学会通讯，1982 (12)：7-15.
② 童兵. 报刊活动对马克思、恩格斯的共产主义世界观形成的影响[J]. 新闻学会通讯，1983 (13)：4-24.
③ 陈力丹. 马克思论巴黎公社的新闻工作[J]. 新闻学会通讯，1984(3)：34-38.
④ 范东生. 马克思和恩格斯是信息传播研究的先驱[J]. 新闻学会通讯，1984(5)：2-4.
⑤ 该论文目前在复旦大学新闻学院毕业论文库中缺失，具体题目有待核实。

实逻辑的论文研究路径。

（三）聚焦马克思主义新闻观

但是，这种面向社会现实的逻辑在后来的马克思主义新闻观研究中并没有成为主流，只是在少量的研究中得到继续。2003年中宣部、中共中央对外宣传办公室、国家广播电影电视总局、新闻出版总署、中国记协联合发布《关于在新闻战线进一步深入开展"三项学习教育"活动的通知》后至今，我国马克思主义新闻学研究就聚焦在马克思主义新闻观领域。从数量上来看，关于马克思主义新闻观的文章可谓空前"繁荣"。但是，这种数量上的"繁荣"让马克思主义新闻观的研究又可能滑入"教条主义话语"，这种主导话语用一些理论教条反注经典文本，比如预先设定一些"原理板块"——"认识论""自然观""历史观"，然后再摘录这些板块中的一些观点，比如"物质决定意识""生产力决定生产关系"，然后再据此作为我们面对马恩全集进行一种近乎同质性解读的前提框架，据此进行理论联系实际，进而再据此进行当代新闻学体系的新发展。显然，这种教条主义方法已经不能适应当代马克思主义新闻学研究的新要求。[1]

面对这种"鱼龙混杂"的研究环境，中国社会科学院新闻与传播研究所马克思主义新闻学研究室2013—2015年编辑出版了三卷本《马克思主义新闻传播史论的研究历程：中国学界文选》。该文选梳理和收录了1980年至2015年我国马克思主义新闻学研究的重要论文，不仅提供了有价值的文献汇编，还起到了"去伪存真"的作用，提醒我国马克思主义新闻学研究要继续面向社会现实逻辑，而不能徘徊于面向政治现实逻辑。

---

[1] 宗益祥. 对马克思主义新闻学的两点思考[J]. 新闻与传播研究，2018 (S1)：69-70.

第一章　马克思主义新闻观的源流与创新 | 057

在面向社会现实逻辑的研究中，陈力丹对马克思主义新闻观的论文式研究具有示范意义。他在组织编写《马克思主义新闻观百科全书》的过程中，同时组织和指导了一系列依据一手资料和历史考证的论文，涉及马克思报刊活动及其思想[1]、党报[2]、新闻出版自由[3]、报刊与社会变迁和政治[4]、音乐和宗教传播[5]等方面的深入

---

[1] 宗益祥.对马克思主义新闻学的两点思考[J].新闻与传播研究，2018（S1）：69-70；吴璟薇.马克思"人民报刊"理念提出的背景考证：读马克思关于《莱比锡总汇报》被查禁的系列通讯[J].国际新闻界，2013（10）：6-18；张辉锋，逄丽，谢丽莎.有关《新莱茵报公司章程》的考证[J].新闻与传播研究，2013（5）：16-23，126；陈绚.报刊的价值：不能让揭露"失去意义"：马克思恩格斯《〈新莱茵报〉审判案》一文的原著考证研究[J].国际新闻界，2013（3）：16-25；陈力丹，冯雪珺.新发表的马克思《莱茵报》活动历史文件考证研究：《科隆市民关于继续出版〈莱茵报〉的请愿书》[J].当代传播，2012（4）：8-10.

[2] 杨钢元，李一帆.革命时代"认真谈论政治"的杂志应有明确方针：列宁致阿·马·高尔基（1910年11月22日）考辨[J].国际新闻界，2012（6）：114-118；卢家银.马克思主义新闻政策与党内意见交流的重要文献：恩格斯《给〈社会民主党人报〉读者的告别信》考证研究[J].国际新闻界，2013（3）：55-65；杨保军，陈硕.无产阶级办报刊的使命：《〈新莱茵报政治经济评论〉出版启事》评析[J].新闻与传播研究，2013（6）：5-17，125；刘宏宇.倍倍尔论党内思想交流与新闻传播的原则：《关于德国社会民主工党党纲和组织章程的报告》的考证研究[J].国际新闻界，2013（10）：19-29；王雨琼.共产主义试验背景下的列宁党报思想的沿承、发展与畸变：列宁《论我们报纸的性质》考证分析[J].国际新闻界，2013（10）：30-41；王晶.党报要做贯彻党的纲领和策略的典范：对《马克思和〈新莱茵报〉》一文的考证[J].国际新闻界，2014（2）：138-149.

[3] 刘宏宇.《评普鲁士最近的书报检查令》考证研究：马克思首篇政论文的历史背景及思想观念分析[J].国际新闻界，2011（9）：6-13；钱婕.印花税是"对以自由精神创作的作品的一种禁止制度"：马克思《报纸印花税》考证研究[J].国际新闻界，2011（9）：19-25；陈继静.书报检查、出版法与出版自由：马克思《普鲁士出版法案》管窥[J].国际新闻界，2013（3）：6-15；张金玺，陈一点.维护不同意见自由斗争的权利：关于恩格斯《关于招贴法的辩论》的考证[J].国际新闻界，2013（3）：26-34；陈绚.出版自由法与绞杀自由并存的怪现象：对马克思《霍亨索伦王朝的出版法案》一文的考证研究[J].新闻与传播研究，2013（6）：18-28，125.

[4] 张建中.折射德国1830年代报刊与社会变迁的一面镜子：恩格斯《刊物》一文考证[J].国际新闻界，2011（9）：14-18，32；路鹏程.报刊怎样从事政治和从事什么样的政治：恩格斯《关于工人阶级的政治行动》考证研究[J].国际新闻界，2013（3）：45-54；王晶.马克思论报纸利益与政治：对马克思《伦敦〈泰晤士报〉与帕麦斯顿勋爵》一文的考证[J].国际新闻界，2013（3）：35-44；陈力丹，张勇锋.法兰西第二帝国时期的新闻统制与抗争：马克思《对波拿巴的谋杀》一文考证研究[J].新闻与传播研究，2013（5）：5-15，126.

[5] 王亦高.音乐是使享受和演奏协调的艺术：谈恩格斯《莱茵省的节日》[J].国际新闻界，2011（7）：115-120；林瑞琪.早期基督宗教传播特性分析：与恩格斯对谈[J].国际新闻界，2011（9）：26-32.

研究。①②

四、著作式研究

我国马克思主义新闻学研究的著作是在"文化大革命"以后出现的，比其他研究形式要迟，主要集中在无产阶级革命家新闻思想、马克思主义新闻观以及多元学科视角的研究。

无产阶级革命家新闻思想方面的著作是最早出现的，可以追溯到赵水福和傅显明的《列宁与新闻事业》③。但系统性的研究是从童兵的博士学位论文开始的，他的《马克思主义新闻思想史稿》系统地研究马克思主义新闻思想的形成、发展及其各个历史阶段的特点。④ 之后的相关研究主要有：夏鼎铭的《马克思 恩格斯 列宁报刊理论与实践》⑤、吴廷俊的《马列新闻活动与新闻思想史》⑥、郑保卫的《中国共产党新闻思想史》⑦、雷莹和邹火明的《邓小平新闻宣传理论研究》⑧、陈富清的《江泽民舆论导向思想研究》⑨、新华通讯社课题组编写的《习近平新闻舆论思想要论》⑩、中共中央宣传部组织编写的《习近平新闻思想讲义（2018年版）》⑪ 等。这些著作呈现两种明显的逻辑分化。关于马克思、恩格斯、列宁新闻思想的研究多呈现面向社会现实逻辑的趋势，而关于我国党和国家领导人新闻

---

① 陈力丹. 党性和人民性的提出、争论和归结：习近平重新并提"党性"和"人民性"的思想溯源与现实意义[J]. 安徽大学学报（哲学社会科学版），2016（6）：71-88.
② 陈力丹."始终把人民群众放在心中脑中"：习近平"以人民为中心"思想的理论渊源与中国特色社会主义实践基础[J]. 辽宁大学学报（哲学社会科学版），2018（1）：2-10, 178.
③ 赵水福，傅显明. 列宁与新闻事业[M]. 北京：北京广播学院出版社，1986.
④ 童兵. 马克思主义新闻思想史稿[M]. 北京：中国人民大学出版社，1989.
⑤ 夏鼎铭. 马克思 恩格斯 列宁报刊理论与实践[M]. 上海：复旦大学出版社，1991.
⑥ 吴廷俊. 马列新闻活动与新闻思想史[M]. 武汉：华中理工大学出版社，1992.
⑦ 郑保卫. 中国共产党新闻思想史[M]. 福州：福建人民出版社，2004.
⑧ 雷莹，邹火明. 邓小平新闻宣传理论研究[M]. 重庆：重庆出版社，2003.
⑨ 陈富清. 江泽民舆论导向思想研究[M]. 北京：新华出版社，2003.
⑩ 新华通讯社课题组. 习近平新闻舆论思想要论[M]. 北京：新华出版社，2017.
⑪ 本书编写组. 习近平新闻思想讲义：2018年版[M]. 北京：人民出版社，2018.

思想的研究多为面向政治现实逻辑。

马克思主义新闻观的著作也呈现这种趋势。面向社会现实逻辑的研究以陈力丹的《马克思主义新闻观思想体系》[①]和刘建明的《马克思主义新闻观理论基础》[②]为代表,其他的著作多为面向政治现实逻辑[③]。

在著作方面体现社会现实逻辑更多出现在多元学科视角的研究中,虽然数量很少,但将是我国马克思主义新闻学研究的方向所在。陈力丹的《精神交往论——马克思恩格斯的传播观》既是这方面最早的探索,也是目前最显著的代表。该书从信息传播的角度,系统论证了马克思、恩格斯历史唯物主义的传播理论、世界交往的基本理念。[④]该书的韩文版已经翻译完成,英文版正在翻译中,这将可能是我国马克思主义新闻学研究在双向度上的进一步发展。该书最初受到传入国内的传播学的影响,但最终又能走向世界,将可能对国外的传播学、马克思主义等学科产生影响。

五、结语

基于"政治-知识-社会"互动视角,对新中国马克思主义新闻学研究的发展历程进行分析后,本节可以得出以下基本判断。

第一,马克思主义新闻学研究深受政治情境的影响。福柯认为知识的产生必然受权力环境的深刻影响,当社会和人类行为成为研究对象和需要解决的问题时,知识的创造就必然与权力的机制有关[⑤],权力对知识产生的影响是具体的、细节的、具体环境具体分析的,某种权力形式能够生产

---

① 陈力丹. 马克思主义新闻观思想体系[M]. 北京:中国人民大学出版社,2006.
② 刘建明. 马克思主义新闻观理论基础[M]. 北京:清华大学出版社,2010.
③ 邵华泽. 马克思主义新闻观及其在中国的运用和发展[M]. 北京:人民出版社,2009;朱国圣,林枫. 马克思主义新闻观研究[M]. 北京:新华出版社,2010.
④ 陈力丹. 精神交往论:马克思恩格斯的传播观[M]. 北京:开明出版社,1993. 此外,该书还有中国人民大学出版社2008年版和2016年修订版.
⑤ 福柯. 权力的眼睛:福柯访谈录[M]. 严锋,译. 上海:上海人民出版社,1997:228.

出对象和结构都极为不一样的知识①。总体而言,马克思主义新闻学研究从一开始就是一种自上而下式的政治权力延伸,由革命导师对新闻事业的理解作为研究起点和研究对象,这种理解是基于当时革命实践需要的。中华人民共和国成立后至今,马克思主义新闻学研究的变化都是受到当时政治情境的影响。中华人民共和国成立之初全面学习苏联的政治情境要求马克思主义新闻学研究首先借鉴苏联的新闻理论体系。1956年随着社会主义改造的基本完成,社会主义建设成为主要的政治情境,此时马克思主义新闻学研究虽然服务于这样的政治情境,但曾经出现短暂的面向社会现实逻辑的探索,试图通过新闻事业的改革来影响社会发展。"文化大革命"的政治情境则完全断绝了马克思主义新闻学研究。改革开放带来全新的政治情境,此时的马克思主义新闻学研究一方面要适应这种情境,另一方面受到这种情境内含的思想解放力量驱动,开始探索多维度和双向度的社会现实逻辑。马克思主义新闻观被提出后,党的领导人在不同时期关于新闻、宣传、舆论等方面的论述成为马克思主义新闻学研究的主要对象,研究热度也随着领导人任期变化而变化。

第二,面向政治现实逻辑的研究容易形成"真理制度"(truth regime),束缚马克思主义新闻学研究的创新力。在福柯看来,知识本身的发展可能会形成一种权力和"真理制度",这种制度是权力和知识相互支持、相互渗透的制度化、实践化的产物。②每个社会都有其用于区分真假话语的机制和机构③,18世纪的一个特征是知识逐渐变得纪律化和制度化,在知识的内容上也日益趋向同质和单一④。无论在时间上还是

---

① 福柯. 权力的眼睛:福柯访谈录[M]. 严锋, 译. 上海:上海人民出版社, 1997: 148.
② 刘永谋. 福柯的主体解构之旅:从知识考古学到"人之死"[M]. 南京:江苏人民出版社, 2009: 105-106.
③ 杜小真. 福柯集[M]. 2版. 上海:上海远东出版社, 2003: 446.
④ 福柯. 必须保卫社会[M]. 钱翰, 译. 上海:上海人民出版社, 1999: 171-172.

数量上，面向政治现实逻辑的马克思主义新闻学研究因为符合政治情境的需要，而为政治权力所支持和推广，虽然成为研究的主流，但研究内容呈现同质单一的趋势，如早期的"语录新闻学"和当下以领导人论述为主的马克思主义新闻观研究。福柯认为这种知识的纪律化和制度化会造成"被压迫的知识"，即"那些长期被人们忽视的、边缘化的历史知识，以及那些处在知识等级体系的下层、地方性知识、特殊性知识"[①]。当面向政治现实逻辑的研究成为一种"真理制度"，其就会深刻影响新闻学界的职称、课题和发表出版，形成理念接近的专家集团，将单向度和单维度的研究立为典范，从而使得面向社会现实逻辑的研究处于被抑制的边缘化地位，最终这些所谓主流研究容易陷入被盲目崇拜和教条化的陷阱，束缚学者的创造力和想象力，不利于马克思主义新闻学研究的创新和发展。

第三，面向社会现实逻辑的研究在向多维度和双向度发展，但当下对政治情境、社会发展和其他学科的影响还很微弱。习近平提出："要加快完善对哲学社会科学具有支撑作用的学科，如哲学、历史学、经济学、政治学、法学、社会学、民族学、新闻学、人口学、宗教学、心理学等，打造具有中国特色和普遍意义的学科体系。"[②] 不仅要建设具有支撑作用的学科体系，他于 2016 年 5 月在哲学社会科学工作座谈会上的讲话中还提出，要以马克思主义为指导，立足于中国实际，加快构建中国特色哲学社会科学。在面对这样的要求时，我们首先要反思：当下的新闻学是否能对哲学社会科学发挥支撑作用？马克思主义新闻学是否也能具有支撑作用？如何发挥支撑作用？如何立足中国实际去构建中国特色的马克思主义新闻学？这些必须要先从新中国的相关研究进行剖析，找到其符合学科发展和

---

① 福柯. 权力的眼睛：福柯访谈录 [M]. 严锋，译. 上海：上海人民出版社，1997：218.
② 习近平. 在哲学社会科学工作座谈会上的讲话 [M]. 北京：人民出版社，2016：22-23.

科学研究规律的逻辑，才能够去思考以上问题。而当下，即使是面向社会现实逻辑的研究也大多是转向多维度的研究，鲜有双向度的研究，更别说对其他学科的支撑作用了。因此，多维度和双向度的社会现实逻辑将是我国马克思主义新闻学研究继续发展壮大的重要途径。

第二章　中国共产党新闻宣传事业的百年实践

第一节　中国共产党新闻事业百年奋斗的历史经验及启示

中国共产党走过了百年波澜壮阔、艰苦卓绝的风雨历程。这期间，党的新闻事业作为强大思想武器和舆论阵地，始终与党同生同在、同向同行，真实记录了党的百年奋斗伟大历程，全面宣传了党的百年奋斗辉煌业绩，为成就党的百年伟业发挥了重要作用，做出了重大贡献。与此同时，党的新闻事业自身也在百年奋斗实践中筚路蓝缕、砥砺前行，从小到大，由弱到强，不断成长壮大，逐渐发展成为具有世界影响力的现代化新闻事业。

党的新闻事业在百年奋斗历程中积累了丰富经验，为我们留下了一笔宝贵的精神财富。通过系统梳理和全面总结，可以归纳出坚持党的领导、坚持人民中心、坚持政治方向、坚持科学理论、坚持舆论导向、坚持正面宣传、坚持斗争精神、坚持群众路线、坚持遵循规律和坚持守正创新等十条历史经验。这些经验都是党的新闻事业在长期实践中创造的思想成果和形成的智慧结晶，有着深刻的思想内涵，需要我们很好地坚守与传承，并在实践中加以丰富和发展。

一、坚持党的领导

"坚持党的领导"[①],是中共十九届六中全会通过的《中共中央关于党的百年奋斗重大成就和历史经验的决议》总结的党的百年奋斗十条历史经验中的第一条经验。中国共产党是领导我国一切事业的核心力量。积党百年奋斗的历史经验,可以说如果没有中国共产党的领导,就没有新中国,没有中国特色社会主义,没有百年来中国革命、建设、改革开放和现代化建设各项事业的成功和胜利。

新闻事业作为党百年奋斗历程中须臾不可缺离的思想武器和舆论阵地,是党的整个事业的重要组成部分,坚持党的领导是其根本原则,也是其基本经验。正因如此,2016年2月19日习近平总书记在党的新闻舆论工作座谈会讲话中,一开始强调的党的新闻舆论工作要做到的"三个坚持"中第一个便是"坚持党的领导"。在此讲话中,习近平还提出了"党媒姓党"的概念,强调"党和政府主办的媒体是党和政府的宣传阵地,必须姓党"[②]。

"坚持党的领导"充分体现了中国共产党的政治优势和社会主义国家的制度优势,也是中国特色社会主义新闻事业的独特优势。中国共产党主要领导人从毛泽东、邓小平到江泽民、胡锦涛,对此也都有深刻论述和明确观点。他们强调党的新闻事业要严格置于党的领导之下,要始终坚持党性原则,自觉接受党的领导,无条件地宣传党的纲领和主张,绝不允许出现背离党的纲领和主张,同党"闹独立"的现象等。

总结党的新闻事业百年奋斗实践,"坚持党的领导"的历史经验主要体现在以下方面:

---

① 中共中央关于党的百年奋斗重大成就和历史经验的决议[N]. 人民日报,2021-11-17(1).
② 习近平在党的新闻舆论工作座谈会上强调 坚持正确方向创新方法手段 提高新闻舆论传播力引导力；刘云山出席[N]. 人民日报,2016-02-20(1).

1. 实行全面领导

党要坚持对新闻工作实行思想、政治和组织上的全面领导，不仅要管好媒体，还要管好新闻、管好宣传、管好导向、管好意识形态和管好干部。党的新闻事业则须自觉接受党的领导，坚持党性原则，做到"体现党的意志、反映党的主张，维护党中央权威、维护党的团结，做到爱党、护党、为党"①。

2. 确保党中央集中统一领导

新闻媒体和新闻工作者须明确党的"核心地位"，增强"看齐意识"，坚持做到在思想上、政治上、行动上同党中央保持高度一致，确保党中央对新闻事业的集中统一领导。

3. 完善领导方式提高领导水平

党的领导机关和领导同志须学会同媒体打交道，不断增强运用媒体指导工作、联系群众的能力，做到善待、善用和善管媒体，并努力通过科学管理、规范管理和法治管理，来提高领导与管理新闻事业的效率和水平。

4. 坚持党性与人民性相统一

党的新闻事业须处理好"姓党"与"姓民"的关系，把坚持党性与坚持人民性有机统一起来，要明确新闻事业是党的事业也是人民的事业，坚持人民性是坚持党性的基本内涵和思想基础，只有始终坚持人民性原则，自觉站在人民立场，坚决维护人民利益，才是真正体现党性原则。

二、坚持人民中心

"坚持以人民为中心"，是党的十八大以来中央反复强调的一个核心理念，"坚持以人民为中心的工作导向"和"坚持以人民为中心的发展导

---

① 习近平在党的新闻舆论工作座谈会上强调 坚持正确方向创新方法手段 提高新闻舆论传播力引导力：刘云山出席 [N]. 人民日报，2016-02-20 (1).

向",成为党对各项工作的统一要求。习近平总书记"2·19"讲话一开始提出的"三个坚持"中就包括"坚持以人民为中心的工作导向",这是党为新闻事业确定的基本方针和提出的基本要求。

在社会主义国家,党和国家确立了人民在国家及社会中的主体地位,强调一切工作都是"为了人民"和"服务人民",都要坚持"以人民为中心"。习近平总书记用"人民至上"① 形象地表述了"人民"在党和国家中至高无上的地位。

我国社会主义新闻事业具有鲜明的人民属性和人民性特征。党的中央机关报取名"人民日报",并强调自己"是党的报纸,也是人民的报纸,是人民的公共武器"②,这一性质定位明确了人民在党的新闻事业中的中心地位,也决定了党的新闻工作必须"坚持以人民为中心的工作导向",始终把人民置于心中最高位置,把人民利益和福祉时刻放在心上,把人民呼声和要求作为新闻工作第一信号,真正做到心向人民,情系人民,永远为人民鼓与呼。

总结党的新闻事业百年奋斗实践,"坚持人民中心"的历史经验主要体现在以下方面:

1. 确立人民意识

新闻工作者须明确党的新闻事业的全部工作始终都是为了人民和服务人民,都须努力体现人民意志,自觉维护人民利益,永远把人民放在新闻工作中心位置,努力做到坚定不移,始终如一。

2. 涵养人民情怀

新闻工作者须自觉涵养人民情怀,努力做到"情系人民",与人民群

---

① 习近平. 在知识分子、劳动模范、青年代表座谈会上的讲话 [N]. 人民日报,2016-04-30 (2).
② 中国社会科学院新闻研究所. 中国共产党新闻工作文件汇编:下卷 [M]. 北京:新华出版社,1980:109,112.

众建立深厚感情，做到想人民之所想，急人民之所急，帮人民之所需，作好人民的耳目喉舌，勇于替人民代言，敢于为人民伸张正义，愿意永远为人民鼓与呼。

3. 体现人民主体

新闻工作者须坚持把人民作为新闻事业的主人和新闻传播的主体，积极吸引人民群众参与新闻工作，多反映和报道人民群众的劳动生活、工作业绩和精神面貌，让他们成为新闻报道的主角。

4. 接受人民监督

新闻工作者须发挥人民群众对新闻工作的批评监督作用，主动听取群众意见，回应群众关切，并自觉根据群众的建议、意见和诉求改进新闻工作，提高报道质量和服务水平。

三、坚持政治方向

"坚持正确政治方向"，与前面论及的"党的领导"和"人民中心"一样，也是习近平总书记在"2·19"讲话中提到的"三个坚持"中的一个。同样是在这个讲话中，习近平总书记在概括了党的新闻舆论工作"48字"职责使命[1]之后明确提出，要承担起这些职责和使命，"必须把政治方向摆在第一位"。而在2016年11月7日的一次讲话中，习近平总书记又把"坚持正确政治方向"排在了对新闻工作者所提四点希望[2]中的第一个，这些都说明了政治方向问题对于新闻工作的极端重要性。

历史上正反两方面的大量实践证明，政治方向正确与否，决定着新闻工作的成败，甚至决定着党和国家的前途与命运，如果政治方向错了，或

---

[1] 即高举旗帜、引领导向，围绕中心、服务大局，团结人民、鼓舞士气，成风化人、凝心聚力，澄清谬误、明辨是非，联接中外、沟通世界。

[2] 习近平在会见中国记协第九届理事会全体代表和中国新闻奖、长江韬奋奖获奖者代表时强调做党和人民信赖的新闻工作者：刘云山参加会见并在会上代表党中央致词[N]. 人民日报，2016-11-08（1）.

偏了，就可能"差之毫厘谬以千里"，其后果不堪设想，这方面的历史教训须牢牢记取。

总结党的新闻事业百年奋斗实践，"坚持政治方向"的历史经验主要体现在以下方面：

1. 增强政治意识

新闻工作者须牢记毛泽东提出的"要政治家办报"[①]的教诲，正确认识党的新闻事业强调"讲政治"的秉性特征，自觉增强政治意识，善于用政治眼光和从政治角度观察事物、分析问题，努力提高从政治上把握大势、总揽全局、组织报道和采写新闻的能力。

2. 恪守政治信念

新闻工作者须牢固树立对马克思主义的坚定信仰，努力增强"四个自信"，自觉抵御各种反马克思主义思想和非社会主义思潮的影响，始终恪守政治信念，增强政治定力，做到在大是大非面前不动摇，不犯晕，不迷向。

3. 坚守政治立场

新闻工作者须坚持坚定的政治立场，保持清醒的政治头脑，在新闻工作中拥护什么、反对什么、提倡什么、抵制什么，须做到旗帜鲜明，毫不含糊，特别是在涉及党、国家和人民根本利益的大是大非问题上要做到立场坚定，敢于斗争，毫不妥协。

4. 严守政治规矩

新闻工作者须确立看齐意识和纪律观念，自觉服从党中央的集中统一领导，在思想上、政治上和行动上与党中央保持高度一致，严格检点自己的行为，做到不违纪、不逾矩、不越线。

---

① 中共中央文献研究室，新华通讯社. 毛泽东新闻工作文选［M］. 北京：新华出版社，1983：216.

四、坚持科学理论

"坚持科学理论",是党的新闻事业能够始终坚持正确政治方向,完成党和人民所赋予职责使命的前提和保障。2016年5月17日,习近平总书记在哲学社会科学工作座谈会上的讲话中明确指出"马克思主义是科学的理论",并且说"在人类思想史上,还没有一种理论像马克思主义那样对人类文明进步产生了如此广泛而巨大的影响"①,进而他强调要始终"坚持马克思主义指导地位"②。

实践证明,马克思主义是我们认识世界、改造世界,实现党的奋斗目标的强大思想武器。中国共产党历来把马克思主义作为指导一切工作的科学理论,把马克思主义的辩证唯物主义和历史唯物主义作为观察问题和解决问题的科学方法。

就党的新闻事业来说,"坚持科学理论"就是要坚持以体现了马克思主义理论原理和科学方法的马克思主义新闻观作为思想指导和理论指南。正因如此,习近平总书记在"2·19"讲话中把"牢牢坚持马克思主义新闻观",作为他提出的"四个牢牢坚持"③ 之一。

总结党的新闻事业百年奋斗实践,"坚持科学理论"的历史经验主要体现在以下方面:

1. 打牢理论功底

新闻工作者肩负着宣传党的路线方针政策,传播马克思主义科学理论的神圣使命,需要有扎实的马克思主义理论功底,因此,必须掌握马克思主义的基本原理和基础知识,才能进行有效的宣传与传播。

---

① 习近平. 在哲学社会科学工作座谈会上的讲话[N]. 人民日报, 2016-05-19(2).
② 习近平. 习近平谈治国理政:第2卷[M]. 北京:外文出版社, 2017:33.
③ 即"牢牢坚持党性原则,牢牢坚持马克思主义新闻观,牢牢坚持正确舆论导向,牢牢坚持正面宣传为主"。

2. 掌握科学方法

新闻工作者的职业特征，决定了他须对纷繁复杂的时局发展、社会变化、事物变动作出准确的判断、分析和阐释，因此需要掌握马克思主义辩证唯物主义和历史唯物主义的科学方法，唯此才能组织起有理论说服力的宣传和报道。

3. 秉持科学精神

"科学精神"，亦即实事求是精神，它是马克思主义的科学内涵，也是其思想精髓和基本方法。就新闻工作者而言，秉持科学精神，坚持实事求是，就是要做到一切从实际出发，坚持依据事实说话，维护新闻真实原则，不作虚假报道和浮夸宣传。

4. 传播科学理念

新闻媒体担负着传播科学理念、普及科学知识的重要任务，因此需要坚持严谨的科学态度，善于运用通俗易懂的语言和群众喜闻乐见的形式，传播各种科学理念和知识，帮助群众从媒体传播中学到科学知识，增强理论素养。

五、坚持舆论导向

"坚持正确舆论导向"，是习近平总书记"2·19"讲话中强调的四个"牢牢坚持"中的一个。而他在此讲话中所概括的新闻工作"48字"的六项职责使命中，第一项就是"高举旗帜，引领导向"。

"坚持正确舆论导向"，一向被视为党的新闻工作最基本的功能和最重要的任务之一，党中央主要领导人对此都有过明确论述。江泽民就用"福祸论"[①] 来形容其重要性，并强调要坚持"以正确的舆论引导人"[②]；胡锦

---

① 即"舆论导向正确，是党和人民之福；舆论导向错误，是党和人民之祸"。参见江泽民文选：第1卷 [M]. 北京：人民出版社，2006：564。

② 江泽民文选：第1卷 [M]. 北京：人民出版社，2006：563。

涛则用"利误论"[①] 来表述，他还把舆论引导能力建设列入党的执政能力建设之中。

回顾百年历史可以知道，党之所以要克服各种困难，千方百计地创办报刊，发展新闻事业，很重要的一条就是要通过新闻宣传来凝心聚力，引导舆论，进而引领广大群众紧紧团结在党的周围去实现自己的利益，去完成党的使命任务。中国共产党成立后创办的第一家正式中央机关报便取名为"向导"。无数事实证明，一旦在舆论导向上出现偏差和失误，所带来的损失之大难以想象，这方面历史上有很多教训，需要我们牢牢记取。

总结党的新闻事业百年奋斗实践，"坚持舆论导向"的历史经验主要体现在以下方面：

1. 确立导向意识

舆论导向是新闻工作的重要功能，在党的新闻工作中占有重要地位，这就要求每个新闻工作者能够站在党和国家工作大局的高度，确立明确的导向意识，谨慎履行导向责任，确保舆论导向正确无误。

2. 把握导向要求

1994年，江泽民在全国宣传思想工作会议上，阐述了坚持正确舆论导向所追求的目标，就是要传播有利于进一步改革开放，建立社会主义市场经济体制，发展社会生产力的舆论；有利于加强社会主义精神文明建设和民主法制建设的舆论；有利于鼓舞和激励人们为国家富强、人民幸福和社会进步而艰苦创业、开拓创新的舆论；有利于人们分清是非，坚持真善美，抵制假恶丑的舆论；有利于国家统一、民族团结、人民心情舒畅、社会政治稳定的舆论。[②] 这些要求可以作为把握舆论导向的基本遵循。

---

① 胡锦涛. 在人民日报社考察工作时的讲话 [M]. 北京：人民出版社，2008：4.
② 中共中央文献研究室. 十四大以来重要文献选编：上 [M]. 北京：人民出版社，1996：653-654.

习近平总书记在"2·19"讲话中从八个方面[①]对舆论导向提出了全面要求,这是对包括所有能够提供信息传播和舆论表达平台的媒体,以及各种不同类型报道所提出的全方位、全覆盖的导向要求,需要新闻工作者全面认识、严格践行。

3. 掌握导向方法

舆论导向涉及议题设置、时机把握、分寸拿捏、危机处置等一系列方法问题。因此,运用科学方法,把握好"时度效",主动有效地引导舆论,是对舆论引导的最基本要求,需要新闻媒体和新闻工作者在舆论导向方法方面加强学习,注意总结,不断提高。

4. 提高导向能力

在当下信息化和全媒化时代,各种舆论风潮借助网络传播随时都可能发生,如何未雨绸缪,及时了解舆情,把控舆论,主动做好舆论引导,特别是做好突发事件舆论引导,成为新闻媒体,包括执政者在内必须掌握的基本能力。新闻工作者需要不断总结历史经验教训,努力提高舆论导向能力和水平,唯此才能掌握舆论引导的领导权和主动权,取得舆论引导的积极效果。

六、坚持正面宣传

"坚持正面宣传",也是党的新闻事业的重要指导方针、工作原则和优良传统。习近平总书记在"2·19"讲话中所概括的四个"牢牢坚持"中就包括"牢牢坚持正面宣传为主"。1989年11月25日,李瑞环在新闻工作研讨班所作的题为《坚持正面宣传为主的方针》[②]的讲话,对正面宣传

[①] 即各级党报党刊、电台电视台要讲导向,都市类报刊、新媒体也要讲导向;新闻报道要讲导向,副刊、专题节目、广告宣传也要讲导向;时政新闻要讲导向,娱乐类、社会类新闻也要讲导向;国内新闻报道要讲导向,国际新闻报道也要讲导向。

[②] 李瑞环. 坚持正面宣传为主的方针:在新闻工作研讨班上的讲话[J]. 新闻战线,1990(3):7-14.

的理论内涵与实践要求作了深刻阐述,成为指导新闻媒体坚持正面宣传为主方针的基本遵循。

总结党的新闻事业百年奋斗实践,"坚持正面宣传"的历史经验主要体现在以下方面:

1. 把握基本内涵

坚持正面宣传为主方针,首先需要把握其基本内涵。所谓"正面宣传为主",是指在新闻宣传工作中,反映主流、弘扬正气、传播正能量的正面报道,在数量比例和版面安排上要居于主导地位,占据明显优势。新闻工作者须努力弘扬主旋律,传播正能量,用积极向上的新闻宣传凝心聚力,提振信心,鼓舞士气,服务党和国家工作大局。

2. 掌握基本要求

李瑞环在新闻工作研讨班上的讲话中从总结历史经验、增强新闻宣传党性和坚持党性人民性统一、讴歌人民英雄业绩、注重舆论导向作用、重视和改进批评报道、正确实行舆论监督、讲求宣传艺术、注意新闻工作特点、继续坚持新闻改革、提高新闻队伍素质、严格新闻宣传纪律和加强党委对新闻工作领导等 12 个方面,对如何"坚持正面宣传为主的方针"提出了具体要求,新闻工作者须全面理解,努力践行。

3. 提高宣传艺术

正面宣传是一门艺术,有很多属于技巧和经验性的东西,需要新闻工作者不断学习总结,以确保宣传质量,增强宣传效果。

首先,要做好成就宣传、典型宣传、经验宣传和主题宣传,这是长期以来党的新闻事业所创造的正面宣传的有效方式。新闻媒体要善于宣传党领导全国人民在革命、建设和改革过程中所取得的伟大成就,宣传各条战线涌现出的典型人物与事物的事迹和精神,宣传各条战线与各项工作创造的成功经验,以及宣传重大主题活动所反映出的正确思想和高尚精神,以此去鼓舞人、激励人、引导人、教育人,始终让宣传报道充满正能量,高扬主旋律。

其次,要坚持深入实际、深入生活、深入群众,鼓励新闻工作者深入实际斗争、现实生活和人民群众,去发现新鲜事物,挖掘典型事例,总结成功经验,也是做好正面宣传的成功经验。

此外,要坚持实事求是,善于用事实说话;坚持运用辩证唯物主义和历史唯物主义的方法观察和分析事物,客观全面深刻地报道新闻等。这些都是做好正面宣传的好经验、好方法。

4. 兼顾舆论监督

舆论监督与正面宣传是一种辩证统一关系,它们之间相辅相成,相互促进,相得益彰。一篇成功的批评报道可以通过揭露问题、批评错误、抨击时弊起到批判和警示作用,最终达到扶持正义、弘扬正气的正面效果。习近平总书记在"2·19"讲话中就明确指出"舆论监督和正面宣传是统一的"。他要求新闻媒体"要直面工作中存在的问题,直面社会丑恶现象,激浊扬清、针砭时弊"。

因此,新闻媒体需要主动开展舆论监督,既要注意防止以"加强正面宣传"为由排斥舆论监督,也要注意防止以"加强舆论监督"为由弱化正面宣传,还要注意把握好两者之间的数量比例,始终坚持让正面宣传占据主导地位。各级党委和政府须大力支持和悉心指导新闻媒体开展新闻批评,做好舆论监督,使其更好地履行舆论监督职能,发挥好舆论监督作用。

七、坚持斗争精神

"坚持斗争精神",是共产党人的基本品质和光荣传统。无产阶级政党始终把揭露和批判旧制度、旧事物、旧思想、旧文化,扶持和讴歌新制度、新事物、新思想、新文化作为自己的使命任务,所以"斗争精神"是其与生俱来的内在品质与风格，也是其宝贵的精神财富。

党的十九大报告提出"全党要充分认识这场伟大斗争的长期性、复杂性、艰巨性，发扬斗争精神，提高斗争本领，不断夺取伟大斗争新胜利"①，为党的各项工作坚持斗争精神提出了明确要求。

党的新闻事业作为党进行伟大斗争的思想武器，百年来总是立于斗争前沿，旗帜鲜明、毫不畏惧、勇于批评、敢于斗争，自觉为党奋斗，为人民代言，为社会伸张正义，积累了丰富的斗争经验。1942年4月1日延安《解放日报》改版社论《致读者》所概括的党报"四个品质"②中，就包括了"战斗性"。

总结党的新闻事业百年奋斗实践，"坚持斗争精神"的历史经验主要体现在以下方面：

1. 涵养斗争品质

新闻工作者需要自觉涵养"敢于斗争敢于胜利"的道德品质，以及"铁肩担道义"的责任担当和"愿为人民鼓与呼"的精神境界。为了捍卫党和人民的利益，为了履行党的新闻事业的职责使命，要能够抛开个人利益，坚持奋斗到底。

2. 锤炼斗争意志

新闻工作者需要自觉锤炼"富贵不能淫、贫贱不能移、威武不能屈"的精神品质和斗争意志，做到面对敌人不害怕，面对危险不恐惧，面对困难不妥协，为战胜反动势力、批判丑陋现象、揭露事实真相、维护社会正义勇往直前，决不后退。

---

① 习近平. 决胜全面建成小康社会 夺取新时代中国特色社会主义伟大胜利：在中国共产党第十九次全国代表大会上的报告 [M]. 北京：人民出版社，2017：16.
② 中国社会科学院新闻研究所. 中国共产党新闻工作文件汇编：下卷 [M]. 北京：新华出版社，1980：52.

3. 增强斗争本领

斗争要讲艺术、讲策略、讲方法，新闻工作者需要自觉学习斗争经验，讲求斗争艺术，掌握斗争策略，增强斗争本领，不但要敢于斗争，更要善于斗争，要勇于摆脱干扰，克服困难，顶住压力，有理有利有节地实现斗争目标，争取斗争胜利。

4. 永葆斗争风格

党的新闻事业在百年奋斗实践中形成了许多斗争风格，如旗帜鲜明、立场坚定，敢于亮剑、敢于斗争，尖锐泼辣、态度鲜明等。这些风格所体现的是党的新闻事业所特有的一往无前、永不气馁、永不言败的斗争品质和战斗作风，需要新闻工作者始终坚持、维护和传承。

八、坚持群众路线

"群众路线是我们党的生命线和根本工作路线"[1]，这是习近平总书记对群众路线的解读。"坚持群众路线"，是党长期形成的优良传统和宝贵经验。实践证明，密切联系群众、紧紧依靠群众是党的各项事业取得成功的不二法则。党的新闻事业百年来始终坚持群众路线，因而赢得了广大群众的信赖和支持，促进了新闻事业的繁荣和发展。

新闻工作坚持群众路线的核心内容是解决办报"为了谁"和"依靠谁"的问题。毛泽东提出要"全心全意为人民服务"和"我们的报纸也要靠大家来办，靠全体人民群众来办，靠全党来办，而不能只靠少数人关起门来办"[2]等观点，为我们认识新闻工作的群众路线提供了依据。

总结党的新闻事业百年奋斗实践，"坚持群众路线"的历史经验主要体现在以下方面：

---

[1] 中共中央文献研究室. 十八大以来重要文献选编：上 [M]. 北京：中央文献出版社，2014：307.

[2] 毛泽东选集：第 4 卷 [M]. 2 版. 北京：人民出版社，1991：1319.

1. 确立群众意识

中国共产党人的"群众意识",涉及的是党的"群众观"问题。毛泽东说"群众是真正的英雄",强调"人民,只有人民,才是创造世界历史的动力"[①];习近平总书记指出,"党的最大政治优势是密切联系群众,党执政后的最大危险是脱离群众"。这些论述为我们确立群众意识提供了方向和依据。

新闻工作中的群众路线,其核心内容体现在要始终坚持以人民为中心的工作导向,牢固确立"为人民办报"的思想,真正把人民群众作为新闻事业的主人、新闻传播的主体、新闻报道的主角,全心全意为人民群众服务,同时要紧密依靠人民群众办好新闻事业。这些观点是我们需要掌握的新闻工作"群众意识"的基本内容。

2. 强化服务观念

"全心全意为人民服务",是党的各项工作的最高宗旨,也是新闻工作的最高宗旨。新闻工作做得好与不好,关键是看为人民群众服务得怎样。1948年刘少奇在对华北记者团谈话时就指出:"你们写东西的目的,就是为了给人家看的,你们是为读者服务的,为看报的人服务的,看报的人说好,你们的工作就是做好了。看报的人从你们那里得到材料,得到经验,得到教训,得到指导,你的工作就是做好了。"[②]

实践说明,新闻工作者只有真正树立以人民为中心的工作导向,一切工作都想着群众,为了群众,服务群众,尽可能地满足人民群众的知情权、表达权、参与权和监督权,及时、充分地为他们提供真实、准确的新闻报道及各种信息服务,让他们切实体会到作为新闻事业主人的获得感、

---

① 毛泽东选集:第3卷 [M]. 2版. 北京:人民出版社,1991:790,1031.
② 中国社会科学院新闻研究所. 中国共产党新闻工作文件汇编:下卷 [M]. 北京:新华出版社,1980:248.

才算是真正服务好了人民群众。

3. 接受群众检验

在我们国家，人民是新闻事业的主人，新闻事业自然就应该自觉接受人民群众的检验，让他们来评判新闻工作，根据他们的意见和建议改进新闻报道，完善新闻工作，提高服务质量，以此来保持同人民群众的联系。

积以往经验，新闻媒体可以通过问卷（网络）调查、座谈会，以及分析报刊订阅倾向、广播电视收听率和收视率、网络传播点击量等，来收集和研究受众对媒体报道的喜好倾向和意见、建议，借以改进新闻报道，做好服务工作。

4. 依靠群众办报

"群众办报"，是体现新闻工作群众路线的核心内容和确保人民群众在新闻工作中主体地位的关键要素。经验说明，"依靠群众办报"，就是要改变以往一些报刊习惯采用的"专家办报"和"关门办报"做法，实行"群众办报"和"开门办报"，通过这种方式组织和动员群众积极主动地参与新闻工作，让他们真正成为新闻事业的主人和新闻传播的主体。

党的新闻事业在长期实践中逐渐形成了一些切实可行的做法，如开展群众来信来访、发表群众来信来稿、建立健全通讯员队伍等工作，使得"群众办报"与"全党办报"一起成为党的新闻事业长期坚持的光荣传统。

正是通过上述工作，调动了人民群众参与新闻工作的积极性、主动性和创造性，确保新闻工作能够始终不脱离群众，始终得到群众支持，进而推动了新闻事业的发展。

九、坚持遵循规律

"规律"，是指事物之间能够重复出现的必然而又稳定的内在联系，它制约和规范着事物的发展方向及趋势。新闻事业的形成和发展有其内在客观规律。马克思1842年便提出报刊具有"连植物也具有的那种通常为人们所承认的东西,即承认它具有自己的**内在规律**",而且"这些规律是它所不应该而且也不可能任意摆脱的"①。

党的新闻事业在百年奋斗历程中,结合正反两方面的实践,总结出了"坚持遵循规律"这一历史经验,强调新闻工作要按照新闻传播规律办事。2009 年胡锦涛在世界媒体峰会开幕式发言中就把"切实承担社会责任,促进新闻信息真实、准确、全面、客观传播"②作为新闻从业基本准则和新闻工作基本规律。党的十八大以来习近平多次谈到新闻舆论工作要遵循新闻传播规律、舆论传播规律和新兴媒体发展规律③的问题,为党的新闻事业遵循规律,规范行为,实现科学发展指明了方向。

总结党的新闻事业百年奋斗实践,"坚持遵循规律"的历史经验主要体现在以下方面:

1. 维护新闻真实

新闻界历来把真实视为新闻的"生命"。尊重事实,用事实说话,维护新闻真实性原则,是新闻报道的基本要求,也是新闻传播的基本规律。对此,党的领导人多有论述。早在 20 世纪二三十年代,毛泽东就用"请看事实"④"不靠扯谎吃饭"⑤对新闻真实作了精辟阐述。延安时期,时任《解放日报》总编辑的陆定一发表《我们对于新闻学的基本观点》一文,提出了著名观点"新闻是事实的报道,事实是第一性的,新闻是第二性的"⑥,从理论上对新闻真实作了唯物主义的权威解释。后来《晋绥日报》

---

① 马克思恩格斯全集:第1卷 [M]. 2版. 北京:人民出版社,1995:397.
② 胡锦涛. 在世界媒体峰会开幕式上的致辞 [N]. 人民日报,2009-10-10 (1).
③ 中共中央文献研究室. 习近平关于全面建成小康社会论述摘编 [M]. 北京:中央文献出版社,2016:117.
④ 中共中央文献研究室,新华通讯社. 毛泽东新闻工作文选 [M]. 北京:新华出版社,1983:5.
⑤ 同④29.
⑥ 中国社会科学院新闻研究所. 中国共产党新闻工作文件汇编:下卷 [M]. 北京:新华出版社,1980:188.

发起的反"客里空"运动①，在解放区新闻界展开了一场新闻真实教育运动，使得反对虚假报道、坚持新闻真实成为党的新闻工作者的共识。

作为新闻报道的基本要求和新闻传播的基本规律，新闻真实的重要性不言而喻，然而新闻失实和虚假报道多少年来却屡禁不止，时有发生。这说明，维护新闻真实的传统依然任重道远，需要新闻界继续努力。

2. 力求客观公正

同"真实"一样，"客观"和"公正"也是新闻报道的基本要求和新闻传播的基本规律。1956年5月刘少奇在对新华社的指示中便明确提出新闻必须是"客观的、真实的、公正的、全面的"，同时必须是"有立场的"。

"客观"报道相对于"主观"报道更易于为受众接受，而"公正"之于"偏私"，"全面"之于"片面"，其报道效果显然也不一样。因此，力求新闻报道做到"客观、真实、公正、全面"，是新闻报道取得理想传播效果的必然要求。

积历史经验，我们强调新闻报道须力求"客观"，但又反对搞"有闻必录"，反对新闻报道中的"客观主义"②倾向。由于新闻作为一种"报道"必然会反映出报道者的立场和倾向，因此绝对的、完全"纯客观"的报道在现实中是不存在的。正因如此，刘少奇不仅强调新闻报道要"客观、真实、公正"，还提出了要"全面"和"有立场"的问题。

后来，江泽民在分析和总结20世纪80年代末一些媒体片面强调"客

---

① "客里空"是苏联剧本中一个靠凭空想象、弄虚作假写新闻的记者的名字，后来成为"虚假新闻"的代名词。1947年《晋绥日报》在报纸上主动检讨自己在土改宣传中的虚假报道，新华社介绍了他们的做法，整个解放区开展了一场反"客里空"运动。

② 指片面追求"纯客观报道"，搞"形式主义"的有闻必录，导致报道整体失实的情况。1948年华北大旱，灾情严重，有些报纸不顾事实，简单地把灾害归于战争（指正在进行的解放战争），犯了"形式主义"的错误。

观报道",出现舆论导向错误的情况时提出,新闻报道"不仅要做到所报道的单个事情的真实、准确,尤其要注意和善于从总体上、本质上以及发展趋势上去把握事物的真实性"[①],为解决这方面问题提供了思路和方法。

3. 遵循价值规律

"价值规律",是规范商品生产与交换的基本规律。在新闻传播领域,规范新闻事实判断与选择标准的基本规律则是"新闻价值规律"。"新闻价值",强调从读者兴趣与需要出发来选择和报道新闻,这是新闻工作中的一个基本问题。因此新闻价值规律也就成为新闻规律中的一个重要规律。

长期以来,我们对新闻价值规律有一个认识过程。由于新闻价值理论是从西方传入的,其内容涉及"趣味性""商品性"等敏感内容,因此改革开放前我们一直将其作为"资产阶级新闻理论"加以排斥。1978年新闻改革开始后,新闻报道开始从过去偏重政治宣传向回归新闻本位转变,新闻价值理论逐渐受到重视。一些媒体改变过去偏重以政治宣传需要作为选择和报道新闻唯一标准的做法,开始注意把社会与公众的新闻信息需求作为选择和报道新闻的价值标准,一些公众关注的新鲜信息开始在媒体上出现,满足了受众需要,受到了积极评价。由此,新闻价值规律越来越受到重视。

从改革开放以来几十年的新闻实践看,遵循新闻价值规律选择和报道新闻取得了很好的效果,它使得新闻传播更加贴近实际、贴近生活、贴近群众,更好地体现了自身价值。然而,在认识和运用新闻价值规律选择和报道新闻的过程中,也出现了一些媒体出于商业目的热衷于搜罗"奇闻逸事",炒作"花边新闻",大搞"低俗之风"的情况,在社会上和群众中造

---

① 中共中央文献研究室.十三大以来重要文献选编:中[M].北京:人民出版社,1991:776.

成了不良影响。

这提醒我们，社会主义新闻事业需要注重从国家经济社会发展、国计民生需要、民众健康生活等方面去选择和报道新闻，要为人民群众提供积极向上、健康有益的新闻信息，而不能以满足"公众需要"和体现"新闻价值"为由，热衷于"搜奇猎艳"，传播低俗无益的新闻信息。

4. 遵守职业规范

新闻工作作为一种社会职业和专业工作，有其一般性职业规范和共同的专业要求，如真实客观报道新闻、公平公正评述事实、满足公众知情需要、服务社会信息需求、监测社会最新变动、维护社会公共利益，以及廉洁敬业重于操守等。遵守这些职业规范，体现这些专业要求，也属于新闻规律的范畴。

1991年由中华全国新闻工作者协会制定，后来经过多次修订的《中国新闻工作者职业道德准则》，从政治、思想、业务、作风、法纪、对外等方面对新闻工作者提出了全面要求。这些要求都是在党的新闻事业百年工作传统、经验总结的基础上提出来的，符合新闻工作特别是社会主义新闻工作规律，是我国新闻工作者遵守职业规范的基本依据，需要新闻工作者严格遵循，自觉践行。

十、坚持守正创新

"守正创新"，是近年来习近平多次强调的一个重要理念。他对宣传思想、新闻舆论，特别是国际传播工作提出了坚持"守正创新"的明确要求，并希望能够在这方面"实现新作为"[①]。

所谓"守正"，是指要继承和发扬旧有的好的东西，即要坚持守护、

---

① 习近平在看望参加政协会议的文艺界社科界委员时强调 坚定文化自信把握时代脉搏聆听时代声音 坚持以精品奉献人民用明德引领风尚：汪洋参加看望和讨论［N］. 人民日报，2019-03-05(1).

赓续和传承优良传统；所谓"创新"，是指要创立或创造新的东西，即要勇于打破常规、突破现状、改变旧有传统。我们坚持"守正创新"，就须做到既要防止墨守成规、不思进取、排斥创新的固执守旧做法，也要防止忘记来路、不辨是非、抛弃传统的盲目求新做法。

经过百年奋斗实践，党总结出了许多光荣传统和宝贵经验，我们应该理直气壮地坚守和传承。而面对新时代新环境新任务新问题，我们不能墨守成规、固守传统，而应该与时俱进、开拓进取、不断创新。新闻事业也是这样，需要我们不断用新思维去拓展创新，以适应新时代新闻事业发展的需要。

总结百年新闻事业奋斗实践，"坚持守正创新"的历史经验主要体现在以下方面：

1. 坚守初心使命

党的"初心使命"是什么？党的百年历史告诉我们，是实现共产主义理想，实现中华民族伟大复兴。为了实现这一"初心使命"，中国共产党人不屈不挠、流血牺牲，英勇奋斗了整整一个世纪。认识"初心使命"是为了更好地了解来路之艰辛，明白走好续程之重要，这样才能更好地总结经验，增强自信，规划好未来的行进路程。

党的新闻事业的"初心使命"是什么呢？百年奋斗实践告诉我们，就是要为实现党的"初心使命"担负起新闻事业独特的职责和使命，即办好报纸（媒体）、做好新闻、搞好宣传、营造好舆论。一句话，就是要做好党的耳目喉舌，为党实现"初心使命"提供强大的思想武器和舆论阵地。对此我们应该牢记、坚守，并永远传承。

2. 赓续优良传统

党的新闻事业在百年奋斗历程中，勇于实践，善于思考，勤于总结，精心培育出了许多优良传统，如对党忠诚、勇担责任、情系人民、服务社会、艰苦创业、开拓创新、全党办报、群众办报等等。

这些传统都是党的新闻事业得以成功、获得发展的宝贵精神财富，同时也成为规范和引领党的新闻事业继续前进的精神力量，我们应该理直气壮地坚守和传承，要防止出现忘却本来、舍弃初心、抛弃传统的情况。

3. 确立创新意识

"创新是一个民族的灵魂，是一个国家兴旺发达的不竭动力，也是一个政党永葆生机的源泉。"① 党的百年奋斗历程说明，我们的民族复兴、国家富强、事业发展都离不开创新。因此，需要牢固确立创新意识，用创新思维去开拓、变革，实现新发展。

在新闻领域，创新更有其特殊意义。因为新闻事业是一种"常干常新的事业"，是一个有着"广阔的驰骋空间的事业"，因此，需要"不断开拓新的报道领域，不断探索新的报道形式，不断采用新的报道手法，不断写出富有新意的优秀作品"②，唯此才能确保新闻传播能够做到时时新、日日新、永远新，才能保证新闻工作能够通过创新实现自己的价值，完成自己的使命。

尤其是在当下传播技术快速发展，媒体格局、媒介生态、舆论形态、传播手段急剧变化的环境下，新闻事业的创新问题更显重要。因此，新闻工作者需要确立明确的创新意识，掌握创新的思维和手段，勇于创新，更要善于创新，努力实现创新的最佳效果。

4. 实现全面创新

党的新闻事业的创新应是全方位的创新。习近平总书记在"2·19"讲话中就从创新理念、内容、体裁、形式、方法、手段、业态、体制、机制九个方面提出了新闻工作全方位创新的要求。

---

① 江泽民. 论科学技术 [M]. 北京：中央文献出版社，2001：199.
② 江泽民文选：第1卷 [M]. 北京：人民出版社，2006：567.

习近平总书记把"创新理念"放在第一个,显示出理念和观念创新在全方位创新过程中的特殊意义。我国新闻事业的全面创新是从党的十一届三中全会以后开始的,而最初就是从理念和观念创新打开突破口的。通过提出"信息""受众""服务""竞争""效益"等一系列新的理念和观念,进而带动了新闻业务的创新,继而又推动了管理体制和运行机制的创新,从而为新闻事业的全面改革创新注入了活力,增强了动力。

进入新时代后,随着媒体格局和传媒生态的重大调整与变化,特别是随着传统媒体和新兴媒体的深度融合,新闻传播领域呈现出许多新特点新规律。正因如此,习近平提出了全方位创新的要求。实践说明,唯有创新才能实现新闻工作的改革与发展,因此我们要全面总结创新经验,把实现新闻事业今后的更大创新发展作为一项重要任务。

十一、思考与启示

以上总结了党的新闻事业在百年奋斗历程中创造和积累的历史经验,那么这些经验是怎么总结出来的?遵循的是什么逻辑,依据的是什么理论,采取的是什么方法?弄清楚这些问题将有助于更深刻地理解和把握历史经验,进而更好地不忘初心、牢记使命,在推进中国特色社会主义新闻事业繁荣发展道路上继续前进。

下面从四个方面对此作些总结和思考,并谈点启示。

1. 把握三重逻辑

"逻辑",解决的是思维规律和方法问题。要知道党的新闻事业百年奋斗的历史经验是怎么形成的,首先要了解这些经验是遵循什么逻辑总结出来的。下面将从历史逻辑、理论逻辑和实践逻辑三个方面作些解读。

(1) 历史逻辑。探讨党的新闻事业百年历史经验形成的"历史逻辑",就是要弄清党在百年奋斗过程中的各个不同历史时期对新闻事业提出了哪些问题和要求,而新闻事业又是怎样通过解决这些问题和满足这些要求得以发展、取得成就和获得经验的。

中国共产党自成立以来经历了长达一个世纪的伟大斗争。在新民主主义革命时期 28 年斗争岁月里，党需要新闻事业为实现民族解放、国家独立和人民翻身发挥自身功能和作用。为此，党的新闻事业担负起了传播真理、宣传革命、发动群众、组织斗争、揭露内外敌人、指导根据地建设、反映轰轰烈烈人民解放事业的神圣使命，为党提供了战胜敌人、赢得胜利的强大思想武器和舆论阵地，积累了服务战争、服务人民解放事业的历史经验。

在中华人民共和国成立后的社会主义革命和建设时期，党需要新闻事业为建立社会主义制度、建设社会主义国家、探索社会主义道路发挥新闻宣传和舆论导向作用；在改革开放和社会主义现代化建设时期，党需要新闻事业引导全国人民解放思想、拨乱反正、锐意进取，推进改革，扩大开放，为确立中国特色社会主义制度、建立社会主义市场经济、建设社会主义现代化国家服务；在进入新时代后，党需要新闻事业为团结带领全国人民自信自强，守正创新，统筹推进"五位一体"总体布局、协调推进"四个全面"战略布局，坚持和完善中国特色社会主义制度、推进国家治理体系和治理能力现代化等一系列战略任务发挥其积极功能和作用。党的新闻事业在中华人民共和国成立以来 70 多年的奋斗实践中，出色地完成了这些任务，积累起了宣传党的政策主张，记录时代风云变幻，推动社会发展进步，维护社会公平正义，竭诚服务国家、服务人民、服务党的各项事业的历史经验。

因此可以说中国共产党艰苦卓绝、无与伦比的百年奋斗历史及其所创立的世纪伟业，是党的新闻事业百年来得以发展、取得成就和获得经验的历史源头，也是其历史逻辑。

（2）理论逻辑。探讨党的新闻事业百年历史经验形成的"理论逻辑"，就是要弄清党的新闻事业百年来历经艰辛、得以发展、取得成就、获得经验的理论来源和指导思想是什么。

党的百年奋斗始终离不开马克思主义科学理论的指导，同样，党的新闻事业的百年奋斗也离不开作为马克思主义在新闻领域集中体现的马克思主义新闻观，以及作为其中国化理论成果的中国共产党新闻思想的指导。从马克思、恩格斯的党报思想、人民报刊思想、党报批评思想到列宁的党性理论、党报功能（集体的宣传员、鼓动员、组织者）理论、社会主义经济宣传理论，再到中国共产党领导人毛泽东的"政治家办报"思想和"全党办报、群众办报"思想、邓小平的"思想中心"[1]说、江泽民的舆论导向观、胡锦涛的"三贴近"[2]方针，以及习近平的"党媒姓党""人民中心""党性人民性相统一"等，这些从党的新闻工作实践中总结出来的科学理论成果，是指导党的新闻事业的思想旗帜，也是总结历史经验的理论来源。

因此可以说马克思主义新闻观，特别是马克思主义新闻观中国化的一系列理论成果，是党的新闻事业百年来得以发展、取得成就和获得经验的理论指南，也是其理论逻辑。

（3）实践逻辑。探讨党的新闻事业百年历史经验形成的"实践逻辑"，就是要弄清党的新闻事业百年来历经艰辛、得到发展、取得成就、获得经验的实践过程及其经验教训是什么。

思想源于实践，经验也出自实践。百年来党的新闻事业在党的领导下进行了创办党的政治机关报、革命报刊、根据地报刊、军队报刊、人民团体报刊，以及创办社会主义新闻事业，建设社会主义现代化传媒业和发展新时代中国特色社会主义新闻事业的丰富实践，这是其经验总结的实践

---

[1] 邓小平文选：第2卷[M]. 2版. 北京：人民出版社，1994：255.
[2] 即贴近实际、贴近生活、贴近群众。

基础。

因此可以说，党的新闻事业长达百年的奋斗实践，是其得以发展、取得成就和获得经验的物质基础与现实依据，也是其实践逻辑。

2. 兼顾正反两面

古今中外无数事实证明，成功经验是财富，错误教训也是财富，而且往往还是更重要的财富。恩格斯说过："伟大的阶级，正如伟大的民族一样，无论从哪方面学习都不如从自己所犯错误的后果中学习来得好，来得快。"① 毛泽东曾指出："错误和挫折教训了我们，使我们比较地聪明起来了，我们的事情就办得好一些。"② 习近平也指出："历史的经验值得注意，历史的教训更应引以为戒。"③

遵照这些思想观点来探讨党的新闻事业百年历史经验的形成，我们就须兼顾正反两个方面，也就是既要认真总结成功经验，也要客观认识失误教训，特别是要冷静分析和深刻认识历史上造成重大失误、带来严重后果的教训，这将有助于我们更好地借鉴经验、吸取教训、纠正错误，实现新的发展。

回顾党的新闻事业百年实践可以发现，历史上几次重大新闻改革，都是为了总结新闻工作中的失误和教训。如1942年的延安《解放日报》改版和1956年的《人民日报》改版，就是为了克服当时党的新闻工作中存在的"党性不强""服务群众做得不好"等问题，特别是检讨这方面出现的失误和教训，进而找到解决这些问题的办法。《解放日报》改版后提出的党报要坚持"党性、群众性、组织性、战斗性"，就是当时总结的宝贵经验。

---

① 马克思恩格斯全集：第29卷 [M]. 2版. 北京：人民出版社，2020：326.
② 毛泽东选集：第4卷 [M]. 2版. 北京：人民出版社，1991：1480.
③ 习近平. 习近平谈治国理政：第1卷 [M]. 2版. 北京：外文出版社，2018：390.

再如1947年解放区新闻界出现的"客里空"报道、1953年广西《宜山农民报》批评宜山地委事件、1958年的浮夸宣传、"文化大革命"中的"假大空套"①宣传，以及21世纪初新闻界出现的虚假报道、"有偿新闻"、低俗之风、不良广告等，正是通过对这些负面问题的揭露和批评，才使得新闻界在坚持党性原则、维护新闻真实、反对极左思潮、加强道德修养、转变工作作风等方面找到了问题，吸取了教训，统一了思想，提高了认识，进而取得了新的进步。

3. 掌握精髓要义

党的新闻事业的百年实践始终都围绕着解决"为什么办报""为谁办报""办一张什么样的报纸""怎样办好报纸"等几个问题展开。要总结历史经验，也须从这几个问题入手，特别是要总结"怎样办好报纸"的经验，这是个"核心问题"。

前面所述十条经验便是在此基础上总结出来的。这十条经验回答并解决了党的新闻事业在百年实践中所遇到的，涉及新闻事业生存和发展的一系列理论与实践问题，构成了一个完整的思想体系。

而这其中，最根本和最重要的经验是要坚持"党媒姓党""人民至上""高举旗帜""引领导向"。可以说这四个基本观点，是确保党报之所以能够成为"党报"的关键与核心问题，是党的新闻事业最宝贵的历史经验，是十条经验所蕴含的精髓要义。

"党媒姓党"，解决的是党报"性质定位"问题，即要始终坚持党的领导，坚定不移跟党走，做到对党忠诚，让党放心和信赖。

"人民至上"，解决的是党报"根本宗旨"问题，即要始终坚持人民至上，一切工作以人民为中心，做到情系人民，让人民欢迎和满意。

---

① 即指"假话""大话""空话""套话"，用来比喻"文化大革命"中一些媒体的"虚假宣传"。

"高举旗帜",解决的是"指导思想"问题,即要始终坚持高举马克思主义思想旗帜,坚定不移维护马克思主义指导地位,做到自觉用马克思主义新闻观铸魂、励志、导向。

"引领导向",解决的是"职责使命"问题,即要始终坚持引领导向,坚定不移把握正确政治方向,并且要善于通过正面宣传来凝心聚力引领导向,做到立场坚定、方向明确、导向正确。

这四个基本观点涵括了十条经验中的前六条,即坚持党的领导、坚持人民中心、坚持政治方向、坚持科学理论、坚持舆论导向、坚持正面宣传,而这六条又都包含在习近平总书记在"2·19"讲话中概括的"七个坚持"中,可谓是党的新闻事业百年奋斗历史经验的"精髓要义"。

4. 坚持与时俱进

从前面的论述中可以看到,党的新闻事业在百年奋斗历程中不断总结经验,开拓进取,发展壮大,党的新闻思想也随着时代发展不断与时俱进、创新发展。从毛泽东、邓小平到江泽民、胡锦涛,再到习近平,他们都根据自己所处时代国情党情以及党的新闻事业发展的实际需要,不断充实新的内容,进而形成符合其所处时代特征,能够指导当时新闻工作实际的新闻观。而依据他们的新闻实践和新闻观总结出的办报经验,也反映出了党的这些主要领导人所处时代党的新闻事业所新形成的优良传统、创造的理论成果和积累的历史经验。

需要特别指出的是,习近平是中国共产党百年新闻思想的全面总结者和集大成者,他关于新闻舆论工作的重要论述是当代马克思主义新闻观的最新理论成果。党的十八大以来,习近平总书记就新闻舆论工作发表了一系列讲话,提出了许多新思想新观点新论断,成为习近平新时代中国特色社会主义思想的重要组成部分。这些讲话,主要内容都是在总结历史经验。特别是 2016 年 2 月 19 日在党的新闻舆论工作座谈会上的讲话,更是集中地总结了党的新闻舆论工作长期形成的历史经验。

综上所述,党的新闻事业历经百年奋斗积累了丰富的历史经验。如今,从宏观国内外政治环境看,我们面对百年未有之大变局,面对实现中华民族伟大复兴中国梦的历史使命;从具体传媒生态环境看,我们面对数字化、智能化、全媒化时代传播技术日新月异的新变化,面对广大群众对新闻与信息传播的新需求,面对国际传播领域激烈竞争的新态势。在此背景下,党的新闻事业如何通过传统媒体与新兴媒体的深度融合大力开拓发展空间,全面提高整体实力,特别是如何做强做大国际传播,进一步增强我国国际话语权,提升我国国际传播力,打造与我国经济、政治、外交地位相匹配的国际化现代传媒业,需要我们拿出新思路和新对策,展现新精神和新面貌,全力做好顶层设计和长远规划,而这些都要求党的新闻事业能够继续坚持与时俱进、不断创新、力争实现更大发展,全力开创中国特色社会主义新闻事业的美好未来。

第二节 中国共产党新闻宣传文风的百年建设历程

在中国最早将"文"与"风"两字直接联系起来构成"文风"一词,并赋予该词以生命的人是南北朝时期文学评论家、思想家刘勰。[①] 虽然他使用的"文风"与现在并不相同,但它从此作为一个重要的文化概念,对后世社会思想文化产生了深远影响。现代意义上的"文风"是毛泽东在《整顿党的作风》《反对党八股》等著作中提出的,它与时代和社会思想紧密相连,是写文章时带有的一种普遍性、倾向性的风气。[②] 当代著名政论家梁衡在此基础上延伸认为:文风,可以理解为文字之风、文艺之风、文

---

① 马和平. 中国特色马克思主义文风研究 [M]. 芜湖:安徽师范大学出版社,2016:3.
② 崔正升. 写作教育新论 [M]. 北京:中国书籍出版社,2018:273.

化之风，凡是经文字、语言、艺术等手段传播而成为一种时尚的，都可以算作文风。其范围可分为三大类：一是与政治、行政关系密切的文件、讲话、会议及政要人物的文章、著作；二是大众传媒中的文字和节目；三是出版或上演的文学艺术作品。[①] 这里的"文风"自然也包含了新闻宣传的文风。中国共产党成立一百年来，从毛泽东到习近平，中国共产党一贯重视马克思主义文风建设。习近平强调，文风不是小事。人们从文风状况中可以判断党的作风，评价党的形象，进而观察党的宗旨的贯彻落实情况。一切不良文风都是不符合党的性质、宗旨的，都是同党肩负的历史使命相背离的。[②] 确实，建党一百年来，中国共产党高度重视党的新闻舆论工作，以笔为枪，积极运用新闻媒体来传播真理、组织群众、推动工作，成功地将中国革命、建设、改革、复兴事业不断推向前进。在庆祝中国共产党成立一百周年之际，回望中国共产党百年历史进程中新闻宣传文风建设，总结其历史经验，具有重要的学术价值和现实意义。

一、新民主主义革命时期党的新闻宣传文风建设

新民主主义革命时期，中国共产党运用报刊广泛发动工农群众参加革命斗争，高度重视新闻宣传的文风建设。在党的创建和大革命时期，党的新闻宣传文风开始衍生，并明显受到了五四新文化运动影响，提倡反对封建老八股、使用白话文；在土地革命中，由于新闻宣传文风受到了"左"的影响，党内开始兴起反对"党八股"；在延安整风运动中，党的新闻宣传文风提倡密切联系群众，大力倡导反对"党八股"，提升了文风的革命意识与战斗性，力求建立新鲜活泼的马克思主义文风。

（一）党的创建和大革命时期：提倡白话文，力求大众化、通俗化

被毛泽东誉为"五四运动时期的总司令"的陈独秀，是中国共产党最

---

① 梁衡. 文风四谈[M]. 北京：中国人民大学出版社，2013：4.
② 习近平. 努力克服不良文风 积极倡导优良文风[J]. 求是，2010（10）：3-7.

重要的创始人之一。1915年9月，陈独秀在上海创办《青年杂志》（后改名《新青年》），标志着新文化运动发端，在思想上提倡科学与民主，在形式上，反对八股文言文，提倡白话文，主张使用新式标点符号，全国白话文运动迅猛发展。

1920年2月，陈独秀在武昌文华大学（现华中师范大学前身）演讲时，极力倡导白话文，阐明了白话文的时代、政治、经济价值，提倡将白话文应用于写作、办报，将使社会上"读报的人数增加"①。同月，为躲避军阀的迫害，陈独秀南下上海，与李大钊"相约建党"。同年8月，陈独秀领导的上海共产党早期组织创办了第一份通俗工人刊物《劳动界》。创刊号刊登《本报欢迎工人投稿》表示，"很欢迎工人将自己要说的话，任意投稿到本报来。"② 该刊阅读对象是劳动阶级，语言力求口语化、浅显易懂，栏目设计通俗化，如"闲谈""趣闻""小说""诗歌""插图"等。此后，一批通俗工人刊物兴起，如上海《伙友》《机器工人》《友世画报》，北京《劳动音》，广州《劳动者》等。

1921年7月，党的一大在上海召开，宣告中国共产党正式成立，党的新闻事业随之兴起，《新青年》成为党中央理论刊物。同月，北京《工人周刊》和工人周刊社创办；8月，上海《劳动周刊》创刊。党领导下的这些刊物，采用白话文写作，力求语言口语化，提倡生动有味的大众化、通俗化文风，受到工人热烈欢迎。1922年7月，党的二大召开，通过了《中国共产党加入第三国际决议案》，其中涉及新闻宣传文风要求，"党的一切机关报，……不要空空洞洞说成'无产阶级专政'为一种流行的烂熟的公式，应当用实际的宣传方法，把每日的生活事实系统的清解于我们报纸上面，使一切劳动者，一切工人，一切农人，都觉得有无产阶级专政出

---

① 陈独秀. 我们为什么要做白话文 [N]. 晨报，1920-02-12.
② 本报欢迎工人投稿 [N]. 劳动界，1920-08-22.

现之必要"[1]。

1922年9月,《向导》创刊后积极宣传反帝反封建纲领,推动大革命运动高潮的到来,且在文风方面起了表率作用,被评价为"文风泼辣、形式多样。政论文章如刀枪上阵,言辞锋利,英气勃勃,凌厉无前。以笔名只眼、独秀、孤松所为短文及诗,则语调幽默,嬉笑怒骂,皆成文章"[2]。党的四大盛赞它"竟得立在舆论的指导地位","今后内容关于政策的解释当力求详细,文字当力求浅显"[3]。

1923年11月,《中国共产党党报》创刊,主要刊登党内文件。其中刊载的《教育宣传问题议决案》对新闻宣传文风规定:党的报刊"使用口语,求其通俗化(popularization)。当尽力编著通俗的、问答的、歌谣的小册子",并希望"共产党员人人都应是一个宣传者,平常口语中需时时留意宣传"[4]。1926年1月,赵世炎在天津创办《工人小报》,发刊词说"小报上说的全是工人自己的话,为的是工人阶级的利益",积极主张"我们工人要看的,就是工人自己的报纸"[5]。他心中装着工人读者,文字朴实无华,浅白如话,如诉家常。

在党的创建和大革命时期,新闻宣传努力从革命群众的日常生活中抓取事实材料,采用浅显朴实的文字、通俗化的口语和白话文写作,既有务实求真的态度、科学分析的精神,又富有革命热情,代表了五四运动后大众化、通俗化的新文风。

---

[1] 中央档案馆.中共中央文件选集:第1册[M].北京:中共中央党校出版社,1989:67-68.
[2] 张静如.中国共产党历届代表大会:一大到十八大:上[M].石家庄:河北人民出版社,2012:253.
[3] 同[2]20.
[4] 中国社会科学院新闻研究所.中国共产党新闻工作文件汇编:上卷[M].北京:新华出版社,1980:3,4.
[5] 赵世炎.《工人小报》出版祝贺工友[N].工人小报,1926-01-25.

（二）土地革命时期：反对教条主义文风，兴起反对"党八股"

由于土地革命战争时期出现过三次"左"倾错误，文风也带有某些"左"的色彩，新闻宣传不顾客观形势、不讲策略、不顾实际鼓动群众，在行文中还使用了一些谩骂性语言。特别受"左"倾教条主义影响，新闻行文千篇一律、老套死板，有的新闻存在数据模糊、有意夸大的现象，且采用阶级路线的标准来评判一切，语言文字脱离通俗化和群众化的要求。[①]

毛泽东则从中国国情出发，活学活用马克思主义，撰写了不少充溢着马克思主义文风的作品，如《中国的红色政权为什么能够存在？》《井冈山的斗争》《反对本本主义》等。在中央革命根据地，1931年3月，毛泽东以总政治部的"通令"方式下达《普遍地举办〈时事简报〉》指出，宣传目的明确，力求简洁，"编《时事简报》的目的主要是给群众看"，"字数每条不得超过四十字，每期不得超过四百字"；要求内容突出以本地为主，与群众生活息息相关，"文字和材料都要是有鼓动性的……只有这样，才能引动士兵和群众看报的兴趣"[②]。《时事简报》在宣传文风上别具一格，对纠正当时苏区乃至全党文风均有积极影响。

1932年3月，瞿秋白撰写文章《谈谈工厂小报和群众报纸》，提出了新闻宣传"要脸向着群众"的口号，认为小报和群众报纸是在真正广泛的群众之中的宣传武器。他还针对当时《红色中华》报的消息"偏重于鼓动性的报告胜利的标题"的缺点，提出了改正的方法，认为消息的写作和编辑应该真实地报道客观事实，需要对"具体情形"进行"明晰叙述"。同年11月，张闻天先后九次使用"党八股"一词在上海《斗争》杂志刊文，检讨党的宣传鼓动工作中存在的"左"倾问题；尖锐批评宣传工作中的种

[①] 郑保卫. 中国共产党新闻思想史［M］. 福州：福建人民出版社，2004：104-105.
[②] 中共中央文献研究室，中央档案馆. 建党以来重要文献选编（1921—1949）：第8册［M］. 北京：中央文献出版社，2011：292-295.

种脱离群众、脱离实际的教条主义表现，"往往是死板的、千篇一律的、笼统武断的"①；分析了产生原因主要是没有用群众日常生活中所用的白话来写他们的传单；提出了改进"党八股"式的宣传鼓动的意见。1933年2月，苏区中央局在瑞金出版旬刊《斗争》（苏区版）。该刊第二期刊发杨尚昆文章批判"党八股"文风，认为苏区宣传品是"一套'标准化'了的'党八股'，是会使群众厌恶，使他们头痛。我们的宣传品多是'说教式'的印板文章，完全缺乏活泼而有生气的实际内容"。杨尚昆呼吁建立起"宣传鼓动工作的系统"，提倡生动活泼文风建设。他主张宣传品内容"必须简单，明了，为广大群众所了解，把握着群众脉息的跳动，鼓励和提高他们的革命情绪"，"多多散发短小精悍的小传单、小标语，抓住许多当地的具体问题，来进行宣传鼓动"，"口头的，活动的宣传鼓动方式应该广泛的采用起来"②。《斗争》（苏区版）积极倡导反对教条主义文风，一直到1934年9月30日出版完第73期停刊，中央红军和党中央撤离中央苏区，踏上艰苦卓绝的长征之路。

（三）全民抗战时期：系统批驳"党八股"，极力提升革命性

全民抗战爆发前夕，毛泽东对党历史上宣传教育存在的党八股不良风气已有客观认识。他指出："党在十五年中造成与造成着革命的与布尔什维克的传统，……但是还有若干不良的习惯。……表现在宣传教育上的高傲态度、不深刻与普遍地联结于实际、党八股等等的作风上"③。他积极倡导中国特色的文风建设，提出了中国作风和中国气派的文风建设目标，积极反对洋八股、党八股。

---

① 歌特.论我们的宣传鼓动工作［J］.斗争，1932（31）：5-9.
② 尚昆.转变我们的宣传鼓动工作［J］.斗争（苏区版），1933（2）：7-10.
③ 中共中央文献研究室，中央档案馆.建党以来重要文献选编（1921—1949）：第14册［M］.北京：中央文献出版社，2011：269-270.

整风运动开始后,毛泽东于 1941 年 8 月在《鲁忠才长征记》新闻按语中写道:"现在必须把那些'下笔千言、离题万里'的作风扫掉,把那些'夸夸其谈'扫掉,把那些主观主义、形式主义扫掉,……我们需要的是这类东西,而不是那些千篇一律的'夸夸其谈',而不是那些党八股。"① 为了纠正党内不良作风,毛泽东先后作了《整顿党的作风》《反对党八股》报告,提出了整顿学风、党风、文风三风的要求。1942 年 2 月 1 日,毛泽东在中央党校开学典礼上作了《整顿党的作风》报告,号召全党反对主观主义以整顿学风、反对宗派主义以整顿党风、反对党八股以整顿文风。他将改进文风和改造学风提升到整顿党风的高度,将"党八股"定性"是藏垢纳污的东西,是主观主义和宗派主义的一种表现形式。……我们必须肃清它"②。同年 2 月 8 日,他在延安干部大会上专门作了《反对党八股》报告,对"党八股"进行了全面、系统、彻底的揭批。他列出了"党八股"的八大罪状及其表现:空话连篇,言之无物;装腔作势,借以吓人;无的放矢,不看对象;等等。毛泽东认为,"要使革命精神获得发展,必须抛弃党八股,采取生动活泼新鲜有力的马克思列宁主义的文风"③。

《解放日报》创刊后并没有密切结合党的实际情况,脱离群众,党性不强,党八股严重。1942 年 2 月 11 日,中央宣传部发布整风运动指示指出,"党八股流毒于党,就是使得主观主义宗派主义还有一个最后藏身之所,夸夸其谈,长篇大论,引证抄袭,毫无创见,模仿一套,到处运用,这样就束缚党员思想,失去生动活泼的气象,失去对新鲜事物的感觉"④。

---

① 毛泽东论新闻宣传[M]. 北京:新华出版社,2000:41.
② 中共中央文献研究室,中央档案馆. 建党以来重要文献选编(1921—1949):第 19 册[M]. 北京:中央文献出版社,2011:44.
③ 同②76.
④ 中央档案馆. 中共中央文件选集:第 13 册[M]. 北京:中共中央党校出版社,1991:313.

为了推进整风运动，毛泽东提出对《解放日报》进行改版的意见。同年3月16日，中宣部发出《为改造党报的通知》提出文字通俗简洁标准，"就是要使那些识字不多而稍有政治知识的人们听了别人读报后，也能够懂得其意思"。3月31日，毛泽东在《解放日报》改版座谈会上谈道，整顿三风，必须要好好利用报纸，"今后《解放日报》应从社论、专论、新闻及广播等方面贯彻党的路线与党的政策，文字须坚决废除党八股"[1]。4月1日，《解放日报》刊登《致读者》社论，开始改版。改版后的《解放日报》打破了每天发表一篇社论的固定格式，改为不定日期刊登有针对性、指导性和思想性较强的社论，避免了泛泛而论的现象；新闻的内容新、文字新、题材新，改变了原来的"千篇一律"；运用群众语言，用事实说话，文字易懂通俗；将枯燥的新闻战报改为生动的战地通讯；新闻通讯既要从正面报道又要从侧面报道，选取新颖的角度；通过改写国外通讯社的外文译稿，国际新闻文字水平大为提高，流畅易懂。8月4日，《解放日报》刊登社论《报纸和新的文风》，对健康的新闻文风作出如下界定：一，真实、实在；二，简洁、明了；三，尖锐、泼辣；四，生动、活泼。要求报道的事实要完全真实，用群众喜闻乐见的形式来表达。[2]

随着延安整风的深入，《解放日报》文风建设效果凸显，报纸办得生动活泼、丰富多彩，成为党报史上空前受到全党和广大群众喜爱的报纸。[3] 敌后抗日民主根据地积极学习《解放日报》文风建设经验，全党的新闻宣传文风重焕生机和活力。

（四）解放战争时期：反"客里空"运动，肃清不良文风

1947年，党中央召开全国土地会议，制定《中国土地法大纲》，土改

---

① 中国社会科学院新闻研究所. 中国共产党新闻工作文件汇编：上卷 [M]. 北京：新华出版社，1980：118.
② 报纸和新的文风 [N]. 解放日报，1942-08-04 (1).
③ 王敬. 延安《解放日报》史 [M]. 北京：新华出版社，1998：52.

运动在解放区全面展开。宣传土地改革,成为解放区新闻事业的一项重要内容;但在土改宣传中出现许多右倾错误,于是新闻界开展了一次反对虚假报道的思想教育运动。

1947年6月15日,《晋绥日报》第四版刊登《前线》中"客里空"出场的部分,并在编者按希望"勇敢地严格检讨与揭露自己不正确的采访编写的思想作风",率先发动反"客里空"运动。6月25日、26日,该报均在第四版以《不真实新闻与"客里空"之揭露》为题,整版刊出报社自我检查出的或群众检举出的11条不真实新闻。6月27日,该报又刊登了《一个不真实报道的典型》《刊载经过与编者检讨》,检讨不良工作作风和文风。8月28日、29日,新华社先后发表文章《锻炼我们的立场与作风——学习〈晋绥日报〉检查工作》和社论《学习晋绥日报的自我批评》,向解放区新闻界推广《晋绥日报》反"客里空"运动的经验。《晋绥日报》主动自我揭发虚假新闻的行动得到了党中央的充分肯定。11月9日,中共中央宣传部发出指示说,《晋绥日报》发动反"客里空"运动,中央已号召将此种自我批评精神应用到各种工作中去。从此,解放区的各党报开始了反"客里空"运动,运动延续到1948年春季。①

二、社会主义革命和建设时期党的新闻宣传文风建设

中华人民共和国成立至1977年的29年里,"是深刻影响整个历史发展进程的29年;是中国共产党人在探索中前进、党和人民事业在曲折中发展的29年"②。中华人民共和国成立初期,新闻管理体制和新闻宣传工作方针得到基本确立,党的新闻宣传继承和发扬了革命战争年代的优良文风;但后来在极左思想影响下,党的新闻宣传出现了口号式的、空泛化的

---

① 陈力丹. 马克思主义新闻观百科全书[M]. 北京:中国人民大学出版社,2018:656-657.
② 中共中央党史研究室. 中国共产党历史:第2卷:下册[M]. 北京:中共党史出版社,2011:1065.

形式主义和教条主义的文风现象。随着"文化大革命"结束,新闻宣传文风得到了及时纠正。

(一) 中华人民共和国成立初期:探索新文风,继续反对"党八股"

为了弘扬党的优良文风,1951年6月,《人民日报》刊登社论提出:"正确地使用祖国的语言,为语言的纯洁和健康而斗争"。社论批评了当时滥用文言、土语和外来语,以及文理不通、空话连篇、缺乏条理等现象,指出必须使任何文件、报告、报纸和出版物都能用正确的语言来表现思想,使思想为群众正确地掌握,才能产生正确的物质力量。[1] 同年,新华社开展"练笔运动",要求消灭稿件中的文法错误、技术错误和文风冗长等毛病。

1954年3月17日,《光明日报》的《文字改革》专刊创刊,首先采用横排版。11月27日,《光明日报》横排版第一次试样,从当日起,《文艺生活》《文学遗产》《教育研究》等专刊一律改用横排版。12月15日,《光明日报》进行了第二次横排版试样。1955年1月1日,为了"便于读者阅读",《光明日报》成为中国第一份左起横排的报纸。1956年1月1日,《人民日报》改为横排,标志着横排主流地位的最终确定。该报刊登启事,希望"供给本报的文章和新闻都必须写的短些",并开始采用第三批120个简化汉字,实施《汉字简化方案》。全国新闻出版界纷纷采用了横排版和简化汉字。

1955年12月,毛泽东审阅《中国农村的社会主义高潮》书稿时认为"本书中所收的一百七十多篇文章,有不少篇是带有浓厚的党八股气的",并在《合作社的政治工作》一文写下按语:"这篇文章写得很好,……本文作者懂得党的路线,他说得完全中肯。文字也好,使人一看就懂,没有

---

[1] 正确地使用祖国的语言,为语言的纯洁和健康而斗争![N]. 人民日报,1951-06-06(1).

党八股气。在这里要请读者注意,我们的许多同志,在写文章的时候,十分爱好党八股,不生动,不形象,使人看了头痛。也不讲究文法和修辞,爱好一种半文言半白话的体裁,有时废话连篇,有时又尽量简古,好象他们是立志要让读者受苦似的。"[1] 他还要求作者写生动和通顺的文章。

1956 年 7 月 1 日,《人民日报》改版。社论《致读者》提出改版重点之一为"改进文风",承认存在教条主义和党八股严重等缺点,缺乏生动活泼的文风,论述说:"文风不好,不但读者不愿意看,而且还会造成有害的风气,不利于思想文化,也不利于政治经济。在过去,我们的报纸上虽然也登过不少好文章,报纸上的文字虽然也逐渐有些进步,但是整个说来,生硬的、枯燥的、冗长的作品还是很多,空洞的、武断的党八股以及文理不通的现象也远没有绝迹。……尽量把文章写得有条理,有兴味,议论风生,文情并茂,万不要让读者看了想打瞌睡。……报纸上的文章总是越短越好。"[2]

《人民日报》改版后,文章短小精悍、生动活泼,文字图片有机组合,版面生动活泼。国内其他报刊、通讯社和广播电台也陆续进行新闻改革,使广大新闻工作者的新闻观念得到更新与解放,一扫教条主义文风。

(二) 极左思想影响下,"浮夸风"泛滥,"帮八股"盛行

在极左思想影响下,社会主义建设遭受了严重挫折,新闻界出现了对"大跃进"高指标、高速度和"放卫星"的狂飙式宣传报道,以高指标、瞎指挥、浮夸风和共产风为主要标志的"左"倾错误严重泛滥。同时,党中央也曾积极采取措施,纠正不良文风的蔓延。

1958 年初,毛泽东撰写了《工作方法六十条(草案)》,用了一定篇

---

[1] 中共中央文献研究室,新华通讯社. 毛泽东新闻工作文选 [M]. 北京:新华出版社,1983:180.
[2] 致读者 [N]. 人民日报,1956 - 07 - 01 (1).

幅对文章文风问题进行了指导。他认为,当前许多文件概念不明确,判断不恰当,缺乏逻辑性,同时还不讲究词章,很无奈地说,"看这种文件是一场大灾难,耗费精力又少有所得"①,希望写文章一定要改变这种不良风气。11月,随着"大跃进"运动兴起,浮夸风泛滥,他指出:"记者的头脑要冷静,要独立思考,不要人云亦云","不要人家讲什么,就宣传什么,要经过考虑"②。1959年1月,中宣部发布《关于目前报刊宣传工作的几项通知》指出:对"大跃进"成就和人民公社优越性的宣传,要注意科学分析,力戒浮夸。③

1961年,党中央倡导大兴调查研究之风。刘少奇在湖南深入调研后,对新华社、《人民日报》等主流媒体宣传报道中的极端形式主义和"浮夸风"进行了尖锐批评。此外,周恩来也对新闻宣传工作提出了具有针对性的意见和建议。1964年8月8日,周恩来指出:"接见消息公式化,任何事多加一句形容词都不行,……我们脑袋里应打掉框框,不要机械。"④

1966年"文化大革命"爆发后,"四人帮"出于政治上的需要,用捏造的事实为他们的政治野心服务,"假、大、空"、语录和口号式的"帮八股"盛行,马克思主义文风荡然无存。"文化大革命"结束后,中国共产党立即进行了新闻宣传文风重建运动。1977年,新闻界揭批"四人帮",发表了一系列文章讨伐"帮八股"文风。2月1日,《解放军报》发表文章《"帮八股"是党八股的新变种》。2月21日,《人民日报》刊文《打倒帮八股》,批判"帮八股"文章又臭又长、套话连篇,专横武断、帽子乱

---

① 毛泽东文集:第7卷[M].北京:人民出版社,1999:359.
② 中共中央文献研究室,新华通讯社.毛泽东新闻工作文选[M].北京:新华出版社,1983:212.
③ 宋超.新闻事业与新闻传播学[M].上海:上海人民出版社,2009:71.
④ 新华社新闻研究所.新华社文件资料选编:第5辑(1962—1966)[M].北京:新华社新闻研究所,1981:324.

飞、隐晦曲折、含沙射影、弄虚作假、欺骗群众、千篇一律、面目可憎，认为新闻工作者要做老实人、说老实话、办老实事。[①] 各大报刊都刊登了揭批"帮八股"文章。10月16日，《解放军报》刊登评论员文章《讨伐帮八股》，呼吁扫除"帮八股"，树立准确、鲜明、生动的马克思主义文风。

三、改革开放和社会主义现代化建设新时期党的新闻宣传文风建设

1978年，党的十一届三中全会召开，中国进入了改革开放和社会主义现代化建设新时期。中国共产党的新闻宣传文风逐步好转，其改革主要是针对会议和领导同志新闻报道程式化、人物脸谱化的八股习气，虚假新闻、低俗庸俗媚俗之风等违背基本行业规范的行为，并以党中央、党的主要领导人的新闻宣传文风思想作为基本遵循，从思想和形式上反对"长、空、假"，反对"新八股"，并积极开展"走转改"活动，树立务实优良的文风。

1978年3月，邓小平在《在全国科学大会开幕式上的讲话》中针对"假大空"恶劣作风指出，说空话、说大话、说假话的恶习必须杜绝。1980年2月，他在中共十一届五中全会上指出："会上讲短话，话不离题……没有话就把嘴巴一闭。"[②] 1981年，党中央制定《关于当前报刊新闻广播宣传方针的决定》规定：报刊、新闻、广播、电视工作要"密切联系实际，发扬实事求是、旗帜鲜明、真实准确、生动活泼的优良传统"[③]，要求各级、各类新闻媒体切实改进文风。1992年初，邓小平在南方谈话中指出文风问题，"电视一打开，尽是会议。会议多，文章太长，讲话也太长，而且内容重复，新的语言并不很多。重复的话要讲，但要精简。形

---

① 任平. 打倒帮八股 [N]. 人民日报，1977-02-21 (2).
② 邓小平文选：第2卷 [M]. 2版. 北京：人民出版社，1994：283.
③ 郑保卫. 中国共产党新闻思想史 [M]. 福州：福建人民出版社，2004：392.

式主义也是官僚主义。要腾出时间来多办实事,多做少说"①。透过文风现象可以直达党风、政风的本质,从而发现问题的根本,这既是邓小平建设中国特色马克思主义文风的现实动力,也是他文风理论的内在基点。②

江泽民对新闻宣传文风建设的一系列思想深刻反映了中国共产党在改革开放新时期做好新闻宣传工作的新思考。他主张,新闻宣传文风建设要充分依靠群众,强化群众观点。他强调新闻界树立"实事求是的作风,报实情,讲真话"③,要"深入基层、深入群众、深入生活"④。他希望新闻界提高新闻宣传工作的艺术引导能力。1996 年 9 月,他视察人民日报社时发表讲话,提出"在坚持正确的舆论导向的前提下,要讲求宣传艺术,提高引导水平,努力使自己的宣传报道更加贴近生活、贴近读者,使广大读者喜闻乐见",同时批评"有一部分新闻作品不讲究辞章文采,文字干巴巴的,翻来覆去老是那么几句套话;也有的哗众取宠,乱造概念,词句离奇,使人看不懂,这种不良文风应加以纠正"⑤。

党的十六大后,以胡锦涛为总书记的中央领导集体高度重视新闻宣传工作,形成了以"贴近生活、贴近群众、贴近实际"为核心的新闻宣传理论,要求改进会议和领导同志活动的新闻报道和突发事件报道,加强对人民群众的报道、舆论监督和对外宣传。2002 年 1 月,他在全国宣传部长会议上强调:"努力创作出反映时代精神、为广大群众喜闻乐见的精品力作……要切实改进文风,写文章、搞报道都要言之有物、生动鲜活、言简意赅,切忌八股习气。"⑥ 2003 年 4 月,中共中央下发《关于进一步改进

---

① 邓小平文选:第 3 卷 [M]. 北京:人民出版社,1993:381 - 382.
② 马和平. 中国特色马克思主义文风研究 [M]. 芜湖:安徽师范大学出版社,2016:111.
③ 江泽民文选:第 1 卷 [M]. 北京:人民出版社,2006:567.
④ 中共中央文献研究室. 十四大以来重要文献选编:上 [M]. 北京:人民出版社,1996:661.
⑤ 同③565,567.
⑥ 中国新闻年鉴:2003 [M]. 北京:中国新闻年鉴社,2003:3.

会议和领导同志活动新闻报道的意见》，认为报道中央领导同志的活动，要努力提高质量，注重新闻价值，力求准确、鲜明、生动，多报道对工作有指导意义、到基层为群众解决生产生活困难和群众关心的实质性内容，减少单纯行踪性的报道，力戒空泛和一般化。① 2008年6月，胡锦涛在人民日报社考察时要求，新闻宣传工作必须坚持以人为本，增强新闻报道的亲和力、吸引力和感染力。要把体现党的主张和反映人民心声统一起来，把坚持正确导向和通达社情民意统一起来。②

2011年8月，为推动新闻工作者切实将群众观点、群众路线体现在新闻宣传实践中，促进新闻单位深入基层、深入群众进一步制度化、常态化，中共中央宣传部等五部门联合下发《关于在新闻战线广泛深入开展"走基层、转作风、改文风"活动的意见》，引导广大新闻工作者在新闻宣传和舆论引导中自觉站稳群众立场、增进群众感情、强化群众视角、运用群众语言、回应群众关切，不断提高新闻宣传质量水平。特别要求新闻界在密切联系群众中学习群众语言、熟悉群众语言、善用群众语言，拉近新闻报道与人民群众的距离，使群众能听得明白、听得进去，可以通过开展范文学习、群众评议等多种活动，在新闻报道中大力倡导"短、新、实"的清新文风。③ 随之，新闻战线"走基层、转作风、改文风"活动如火如荼地开展起来。各级新闻宣传单位采用"自上而下"的活动方式，中央媒体带头示范地方媒体迅速跟进，媒体领导率先垂范编辑记者积极参与。"走转改"中，新闻战线涌现出的新闻作品，如《走基层·塔县皮里村蹲点日记》《十年治荒 山河披绿》《守望精神家园的太行人——红旗渠精神

---

① 中共中央文献研究室. 十六大以来重要文献选编：上[M]. 北京：中央文献出版社，2005：290.
② 吴绮敏，孙承斌. 唱响奋进凯歌 弘扬民族精神：记胡锦涛总书记在人民日报社考察工作[N]. 光明日报，2008-06-21（1）.
③ 全国新闻战线积极贯彻部署"走基层转作风改文风"活动[J]. 中国地市报人，2011（9）：5.

当代传奇》等一大批优秀作品，基调昂扬向上，内容生动感人，文风清新朴实，充满生活气息，给人们留下深刻印象。① 其清新朴实、生动鲜活、言简意赅的文风在报道选题、报道视野、文字风格、呈现方式、文章标题和版面编排方面均有所改善，提升了吸引力、感染力，让人们爱读爱听爱看。

四、中国特色社会主义新时代的新闻宣传文风建设

2012年11月，党的十八大召开，标志着中国特色社会主义新时代开启。以习近平同志为核心的党中央从严治党，新闻宣传文风焕然一新，摒弃了"不接地气"的高论和"假、大、空"的空谈，大力倡导"短、实、新"的清新文风。

习近平一贯重视文风建设，"求短、求实、求新，是习近平说话、作文的风格"②。早在2004年，他就对浙江省委办公厅工作人员说：我就进一步改进文风、提高文稿起草质量向大家提三点要求，归纳起来是六个字：求短、求实、求新。2005年，他在《浙江日报》的"之江新语"栏目撰文《文风体现作风》指出，文风不是小事，文风连着学风，体现出党风，最要反对的是空话连篇言之无物的八股文。③ 2010年，习近平在中央党校春季学期学员开学典礼上发表讲话，对为什么要改进文风、提倡什么样的文风、怎样改进文风作了系统精辟阐述。他既肯定"改革开放30多年来，党的优良文风逐渐得到恢复，并在新的历史条件下有新的发展"，也提出"文风上存在的问题仍然很突出，主要表现为长、空、假"，又指出：党的历史经验证明，文风不正，危害极大。他认为，改进文风，在三

---

① 蔡名照. 对新闻战线"走基层 转作风 改文风"活动的认识和思考[J]. 求是，2012 (18)：43-46.
② 申孟哲，陈振凯. 习近平总书记的清新文风：求短、求实、求新[N]. 人民日报海外版，2014-01-17 (5).
③ 习近平. 之江新语[M]. 杭州：浙江人民出版社，2007：151.

个方面下功夫可见成效：一是短。力求简短精练、直截了当，要言不烦、意尽言止，观点鲜明、重点突出。坚持内容决定形式，宜短则短，宜长则长。二是实。讲符合实际的话不讲脱离实际的话，讲管用的话不讲虚话，讲反映自己判断的话不讲照本宣科的话。三是新。在研究新情况、解决新问题上有新思路、新举措、新语言，力求思想深刻、富有新意。[①]

进入中国特色社会主义新时代后，以习近平同志为核心的党中央更加注重"短、实、新"的清新文风建设。2012年12月，习近平总书记主持召开中共中央政治局会议，审议通过《关于改进工作作风、密切联系群众的八项规定》，其中对新闻宣传文风的指示集中体现于第6条规定："要改进新闻报道，中央政治局同志出席会议和活动应根据工作需要、新闻价值、社会效果决定是否报道，进一步压缩报道的数量、字数、时长"[②]。12月底，中宣部发出《关于贯彻党的十八大精神切实改进文风的意见》指出，文风是党风的体现，关系党的形象，关系事业成败。宣传思想文化战线要坚持"三贴近"原则，发扬"走转改"精神，着力转变思想作风、工作作风，着力提高针对性实效性、亲和力感染力，提倡短、实、新，反对假、长、空。[③] 在具体的意见中也贯彻落实了"短、实、新"清新文风要求。

为加强全体党员马克思主义群众观点和党的群众路线教育，党中央不断推进新闻宣传文风建设。2013年5月，《人民日报》刊文认为，改文风就是要改掉"假、大、空"，强调必须以高度的党性自觉改文风，永葆党

[①] 习近平. 努力克服不良文风 积极倡导优良文风［J］. 求是，2010（10）：3-7.
[②] 实干兴邦，转变工作作风迈出第一步［EB/OL］.（2012-12-06）［2023-09-01］. http：//news.xinhuanet.com/politics/2012-12/06/c_124050011.htm.
[③] 中宣部发出通知要求贯彻十八大精神 切实改进文风［EB/OL］.（2012-12-26）［2023-09-01］. http：//news.xinhuanet.com/politics/2012-12/26/c_114170378.htm.

的政治本色。① 2014年2月,《人民日报》发表文章总结党的十八大以来新闻宣传工作的创新成就,认为:新闻文风展现出新气象,时政报道精简活泼,在数量、篇幅、时长上做"减法";主题宣讲讲述最具说服力感染力的故事,让受众"看得下""听得进""跟得上";典型宣传质朴感人,注重选择群众身边的典型,刻画典型的真情实感,展示典型的真我本色。②

2016年,习近平在"2·19"讲话中强调,新闻舆论工作者要转作风改文风,俯下身、沉下心、察实情、说实话、动真情,努力推出有思想、有温度、有品质的作品。③ 2017年10月27日,党中央研究部署学习宣传贯彻党的十九大精神,审议《中共中央政治局贯彻落实中央八项规定的实施细则》。在该细则第四部分"改进新闻报道"中进一步落实了简化中央政治局委员出席会议活动、精简全国性会议活动、规范中央政治局委员考察调研活动、简化治丧活动、简化诞辰纪念活动、优化中央政治局委员外事活动、规范重大专项工作等新闻报道的数量、字数、时长,进一步贯彻和践行"短、实、新"清新文风建设。

2018年7月,针对网络上"厉害体""跪求体""哭晕体""吓尿体"等浮夸自大文风频现,为落实"短、实、新"文风建设要求,倡导清新文风,崇尚风清气正,人民网推出总标题为"文风无小事"的三篇文章《文章不会写了吗?》《中国人不自信了吗?》《文风是小事吗?》等"三评浮夸自大文风"系列评论,猛烈抨击这种华而不实的新"八股"文体,产生了积极的社会影响。同年8月,习近平在全国宣传思想工作会议上强调,宣传思想干部要加强调查研究,不断增强脚力、眼力、脑力、笔力,努力打

---

① 成其圣. 以高度的党性自觉改文风 [N]. 人民日报, 2013-05-07 (7).
② 钟欣文. 党的十八大以来新闻宣传工作的创新发展 [N]. 人民日报, 2014-02-20 (7).
③ 习近平在党的新闻舆论工作座谈会上强调 坚持正确方向创新方法手段 提高新闻舆论传播力引导力; 刘云山出席 [N]. 人民日报, 2016-02-20 (1).

造一支政治过硬、本领高强、求实创新、能打胜仗的宣传思想工作队伍。①

以习近平同志为核心的党中央倡导和践行"短、实、新"的新闻宣传文风建设，清新亲切、朴实通俗，彰显了中国特色社会主义新时代马克思主义文风的新特点。

五、结论

重视新闻宣传文风建设是中国共产党的优良传统。中国共产党新闻宣传文风百年史，既是一部新闻宣传文风不断革新、提高、完善的建设史，也是一部从文风视角透视整个政党跌跌起伏、波澜壮阔的发展史。良好的新闻宣传文风，在动员民众、对敌斗争、宣传党的路线方针政策以及巩固执政地位等方面都会起到不可估量的促进作用。

纵观中国共产党新闻宣传文风建设的百年发展历程，具有诸多鲜明的特点：首先，不同时代有不同的新闻宣传文风建设主题。新民主主义革命时期党的新闻宣传文风在语言特点上，突出表现为强烈的战斗性、斗争性及尖锐、泼辣、鲜明的特性。而自改革开放至今，党的新闻文风呈现出愈加接近民众的群众性特点，越来越集中地表现了国人内在的思想、情感和诉求，注重实用与实效。其次，结合中国国情、贴合时代特色、符合群众口味是不同时期新闻宣传文风建设的重要目标。结合中国国情主要是指将马克思主义基本原理与中国革命和建设实际相结合使之具体化的问题；贴合时代特色是指随着中国与世界的发展变化，马克思主义必须与时代同步，不断与时俱进的问题；符合群众口味主要指新闻作品需要由深奥转化为通俗，使群众喜闻乐见、易于接受。党的十八大以来，以习近平同志为核心的党中央率先示范，树立了大众化、通俗化的典范，用简短、质朴、

---

① 习近平. 论党的宣传思想工作[M]. 北京：中央文献出版社，2020：342.

鲜明生动的文风,赢得了社会各界的一致称赞。最后,历代党中央领导人的新闻宣传文风思想起到了重要引领作用。如在推进马克思主义中国化进程中,毛泽东提出了反对"党八股"以整顿文风;邓小平提出了新闻宣传要尊重事实、要用事实说话;江泽民、胡锦涛则在强化舆论导向、提高引领艺术、弘扬主旋律等方面提出新闻宣传文风建设的关键要点;以习近平同志为核心的党中央提出了建立"短、实、新"文风的更高要求,为中国特色社会主义新时代文风建设提供了根本指南和重要遵循。习近平总书记发表一系列重要讲话,体现出独特而富有个性化的语言风格,充满独特的语言魅力,显示了强大的语言力量。广大新闻舆论工作者要学习他善用比喻,使道理容易被人理解接受;善讲俗语,拉近与听众的感情;善讲故事,使人产生共鸣;善讲新话,使人耳目一新;善讲短话实话,体现务实作风;善用哲学,使内容蕴含深刻;善于用典,以古喻今,神采飞扬。[①] 广大新闻舆论工作者只有不断加强锻炼,大力纠正不良作风文风,身体力行优良作风文风,才能提高新闻宣传的质量和水平。

第三节 中国广播事业发展的历史经验及其现实意义

1940年12月30日,延安新华广播电台开始播音,开启了中国人民广播事业的先声。历经八十年的时代变迁,广播作为一种大众传播媒体始终在中国社会发展进程中扮演着重要角色。习近平总书记强调,做好党的新闻舆论工作,营造良好舆论环境,是治国理政、定国安邦的大事。回顾人民广播事业八十年来的发展历程,其中诸多历史经验对于新时代新闻舆论工作依然有强烈的现实意义。

---

① 艾文礼. 跟习近平总书记学文风 [N]. 学习时报,2015-12-31 (A6).

一、新华广播电台：运用新兴媒体掌握舆论主动权的早期尝试

人民广播事业起步之际，正值抗日战争相持阶段。在各方力量的角逐中，掌握舆论主动权成为争夺人心的关键。中国共产党自成立后就十分重视宣传工作，此前主要通过报纸、刊物、通讯社和图书进行。但在当时的交通和政治条件下，这些媒介很难传送到国统区和沦陷区去。彼时广播作为一种新兴媒体刚刚登上历史舞台：1920年世界上第一家广播电台在美国出现，1923年中国境内第一座广播电台在上海开始播音。作为那个时代的新媒体，广播以其跨越时空的便捷性、声音传播的生动性和普及性受到人们的青睐。当时中国民间的收音机数量已达上百万台，这使得中国共产党的政策传播、政治形象塑造增添了一种新的可能。

（一）另辟蹊径，突破舆论封锁

早在建立革命根据地的初期，中国共产党就对无线电广播这一新兴媒介有了足够重视。1931年1月，中央红军无线电队在江西宁都正式成立，由于设备有限，当时只能利用仅有的电台抄收国民党中央社的新闻电讯，截取国民党军队的军事情报供领导参阅。同月，毛泽东指出"无线电的工作，比任何局部的技术工作都更重要些"，要求各部队"选调可造就的青年，到总部无线电队来学习"①。此后红军开办了无线电培训学校，培养了一批早期的无线电技术人员。1931年11月7日，江西瑞金的红色中华通讯社（新华社前身）正式开始了文字广播。

抗日战争初期，中国共产党在革命根据地掌握的新闻工具主要是报纸和通讯社，但由于这两种媒介本身的局限性，加上地域和战火的阻隔、日寇和国民党顽固派的破坏干扰，相应的政策主张和新闻报道难以传达到全国各地。1938年7月，国民政府公布了《修正抗战期间图书杂志审查标

---

① 赵玉明．中国广播电视通史 [M]．北京：北京广播学院出版社，2004：74．

准》，不准书刊报纸批评国民党和国民政府，否则就要加以"取缔"。面对舆论战场上的种种不利因素，中国共产党需要开辟新的舆论战场，使大后方和沦陷区的听众能听到党的声音。

1940年春，中共中央决定成立广播委员会，在多方努力之下终于获得了大功率广播发射机等广播设备。1940年12月30日，延安新华广播电台（XNCR，简称延安台）正式开始播音，打破了国民党和日伪的新闻封锁，使大后方和沦陷区拥有收音机的听众能够直接听到中国共产党的声音。中共中央非常重视广播电台的作用，认为"在中国交通工具困难的情形下，发展无线电广播事业是非常重要的"[1]，同时专门要求"各地应注意接受延安的广播"，"没有收音机的应不惜代价设立之"[2]。延安台的广播立足解放区，面向全中国，除了播出国内外时事新闻外，着重以新闻、通讯、言论和专题等不同的节目形式来介绍中国共产党及其领导下的人民军队和解放区的情形，驳斥国民党当局的造谣污蔑。在国统区的中共代表团、办事处、重庆《新华日报》及中共地下党组织把每天收听延安广播当作一项重要任务。通过收听、抄录延安台的广播，国统区的中共党组织、进步群众能及时了解党的方针政策和国内外局势发展，增强胜利的信心。这一时期，对外广播事业也开始起步。1941年12月3日，延安台首次进行日语广播，对瓦解侵华日军起到重要作用，一些侵华日军受到延安台广播的感召向我军投降。侵华日军当局甚为不安，便用大功率电台进行干扰。其后，英语口播节目也开始播出，更直接、迅速地把中国革命的形势和解放区的情况介绍给国内外进步人士。

（二）针锋相对，掌握舆论主动权

解放战争时期，新华广播电台同样在舆论战场上发挥了重要作用。人

---

[1] 中国社会科学院新闻研究所．中国共产党新闻工作文件汇编：上卷［M］．北京：新华出版社，1980：111.

[2] 同[1]99.

民广播这一时期最重要的作用是传播党的声音。在 1947 年元旦来临的时候，延安台播出了毛泽东撰写的《新年祝词》，朱德发表了《一九四七年十大任务》广播演讲。从 1947 年 3 月起，新华广播电台在一年多的时间内辗转多地，在艰苦的条件下发出党的声音。陕北新华广播电台（延安新华广播电台 1947 年 3 月 21 日改名为陕北新华广播电台，简称陕北台）于 1947 年 9 月连续 4 天播出了《人民解放军大举反攻》，概述了解放军在各个战场取得的胜利；1947 年 10 月又反复播送了《中国人民解放军宣言》，"打倒蒋介石，解放全中国"的口号响遍中国大地；1948 年元旦全文播出了《目前形势和我们的任务》，成为鼓舞全国人民争取解放战争胜利的强大动力。① 此外，开展针对国民党的"舆论战"也是这一时期的重点内容。早在 1946 年 1 月政治协商会议期间，延安台就揭露了国民党当局宣传的反动主张，积极宣传了中国共产党提出的正确主张，还揭露了美蒋反动派极力破坏政协决议，积极准备打内战的一系列活动。1949 年初，针对蒋介石发表的"求和"声明，陕北台连续播发了《关于时局的声明》《评战犯求和》《中共发言人就和谈问题发表谈话》等一系列重要消息和评论②，戳穿了反动派"假和平"的阴谋。此外，各类针对国民党军的广播节目也取得了很大效果。延安台从 1947 年 1 月开始播送退出内战的国民党军官名单及他们写给家属的信件，此后还开办了《对国民党军广播》节目，对分化瓦解国民党军队起到了积极作用。1948 年 1 月毛泽东谈道："国民党军队的官兵很注意听我们的广播，我们的广播威信大得很。"③

新华广播电台的实践，是中国共产党早期运用新兴媒体掌握舆论主动权的一次成功尝试。在当时的困难条件下，广播这一新媒体为中国共产党

---

① 赵玉明. 中国广播电视通史 [M]. 北京：北京广播学院出版社，2004：128.
② 同①166.
③ 毛泽东文集：第 5 卷 [M]. 北京：人民出版社，1996：23.

的对敌舆论斗争增加了一种强有力的重要武器。当前，新兴媒体技术日新月异，社会舆论环境日益复杂。回望历史，人民广播事业的这段早期经历依然有着穿越时空的力量。

二、服务大众：多元信息提供与生活场景的深度嵌入

和百年世界广播事业一样，人民广播在其八十年的历程中也跌宕起伏：20世纪前期，广播作为新媒体兴起，打破纸质媒体的垄断；20世纪中叶开始，另一新兴媒体电视出现，广播一度衰落；20世纪后期，广播在电视和报纸的夹缝中冲出一条道路，开始复苏；进入21世纪，在互联网大潮冲击之下，广播开始向基于多元应用场景的互联网音频产业发力。尽管经历了媒介环境和社会环境的种种变迁，但广播始终表现出强韧的生命力，非常关键的一点是其对声音特质和伴随式收听特点的充分利用，深度嵌入各种生活场景，满足人们的多元信息需求。人民广播从建立之日起就十分重视受众，这种服务大众的意识在人民广播发展的各个历史时期都有体现，反映在内容上可以概括为四个阶段：对象化信息、类型化节目、专业化频率、个性化产品。

（一）对象化信息：革命年代的探索

中华人民共和国成立之前，人民广播主要是针对抗日战争和解放战争的形势需要以及国统区、沦陷区、解放区的受众特点进行对象化的信息提供。

在抗战时期，延安新华广播电台通过宣传马克思列宁主义、毛泽东思想、党的抗日主张和各项方针政策，以及抗日根据地军民在生产和对敌斗争中的动人事迹，为激发全国人民抗日斗志做出了特殊的贡献。延安新华广播电台的声音不仅鼓舞着革命根据地军民，也对身处国统区的人民产生了很大的感召力。1942年，昆明西南联大的师生写信给延安台，说他们常关起宿舍门躲在被窝里收听延安台的声音，并赞扬延安台是"黑夜里的

一盏明灯"。

解放战争时期，中国共产党无法在国统区出版报刊，广播成为面向国统区的重要宣传工具。新华广播电台增办了对国民党军队的广播节目，对教育感化国民党军队起到了很大作用。与此同时，邯郸新华广播电台还开设了专门对解放军的《对本军广播》和《军属家信》节目，为南下作战的人民解放军服务。这样的节目内容无论是前方的战士还是后方的军属都乐意收听，有军属称邯郸新华广播电台工作人员是"真正为人民服务的广播电台同志"[1]。除了对军队广播之外，电台还根据不同对象的需要，开办了《解放区介绍》《青年讲座》《妇女讲座》等节目。

除了以宣传为主的内容之外，人民广播在这一时期还开办了一系列文艺节目。1945 年 10 月 6 日起，延安台开始每周六播放周末文艺节目，第一次播出了歌曲《东方红》《有吃有穿》和秧歌剧《兄妹开荒》等。1947 年 9 月 7 日起，转移到太行山区的陕北台开办了《星期文艺》节目，此后陆续播出了一批解放区文艺作品，深受解放区听众喜爱。

（二）类型化节目：广播事业的发展完善

中华人民共和国成立后，人民广播事业进入快速发展通道。以中央人民广播电台《新闻和报纸摘要》和《各地人民广播电台联播节目》等新闻性节目为龙头，经济、文艺、社教、农村、少儿、军事、法制、服务等各种节目类型相继涌现。

新闻类节目中最具代表性的是中央人民广播电台的"报摘"和"联播"节目。"报摘"节目始于 1950 年 4 月 10 日开播的《首都报纸摘要》，1955 年更名为《新闻和报纸摘要》后一直沿用至今。"联播"节目始于1951 年开办的《全国各地人民广播电台联播节目》，1955 年更名为《各地

---

[1] 张金凤. 解放战争时期的河北人民广播[J]. 新闻爱好者，2009 (22)：90-91.

人民广播电台联播节目》后长期沿用，1995 年更名为《全国新闻联播》沿用至今。"报摘"和"联播"节目在全国范围内有很大的影响力，成为当时人们了解国内外新闻及党和国家大政方针的重要渠道。

1956 年 5 月，时任中共中央副主席刘少奇提出广播宣传要密切联系人民的思想需求、生活需要，关心人民的生活问题。① 在当年 7 月召开的第四次全国广播工作会议上，同样提出要让听众听到更多的节目，以满足听众对广播日益增长的需要。此后，很多电台开办了生活服务类节目。北京电台开办《一周来的北京》《周末广播》节目，介绍北京文化活动和首都风光等内容；吉林电台开办《生活与知识》节目，关心人们衣、食、住、行，普及生活中的科学知识；江苏电台开办《江苏生活》《听众之友》节目；广东电台开办《广东生活》《歌曲、音乐和服务性新闻》节目。这些都包含了丰富的服务类内容，适应群众多方面的需要。②

进入 20 世纪 60 年代，人民广播事业经历了一定的调整和发展，在提高节目质量的同时丰富了节目类型，播出了一批深受听众喜爱的节目。中央人民广播电台在这一时期提出办好"十大名牌节目"，除了最具影响力的"报摘"和"联播"外，还包括《国际时事》《科学常识》《在祖国各地》《广播剧院》《文艺信箱》《星期演讲会》《少年儿童节目》和《小喇叭》等。这些节目注意根据各自的特点，分别加强了新闻性、知识性和娱乐性，成为中央台办得比较好、影响比较大的名牌节目。③ 同时，面向农村地区听众的节目也受到了重视，例如中央台面向农村听众开办的《农业科学技术讲座》、甘肃台开办的《农村广播站联播节目》、河南台开办的《对农村联播》，这些对农广播节目结合了农村听众的特点和具体需求，取

---

① 中国社会科学院新闻研究所. 中国共产党新闻工作文件汇编：下卷 [M]. 北京：新华出版社，1980：370.
② 赵玉明. 中国广播电视通史 [M]. 北京：北京广播学院出版社，2004：236.
③ 同②274.

得了较好的播出效果。

（三）专业化频率：市场化大潮下的繁荣

20世纪80年代，随着电视的强势崛起，广播在全国范围内的影响力出现下滑，为了适应市场化新形势下听众需求的变化，广播业务和运行模式也开始进行相应转型。以1986年珠江经济广播电台的开播为标志，广播进入本地化和专门化的发展阶段，各种基于特定类型、特定范围受众的专门化频率纷纷出现。

此前，各级广播电台的不同频率大体上有功能上的分工，经济台的出现是这种分工的进一步发展。在成立经济专业台的基础上，一些地方电台继而办起了教育台、文艺台、音乐台、儿童台、交通台等专业台。1990年北京人民广播电台开始创办专业台，到2004年已先后开办了经济、音乐、新闻、交通、文艺、体育和首都生活等7个频率。1991年9月30日，上海人民广播电台开办交通广播，成为我国第一家交通广播频率。90年代中后期，一些省级电台及省会城市电台也开始了频率专业化改革。2003年1月召开的全国广播影视工作会议正式宣布2003年为"广播发展年"，要求加快广播频率专业化、节目对象化的步伐[①]，中央台也由此开启了"频率专业化、管理频率化"的改革。2004年1月1日，中央台第一频率正式定名为"中国之声"，打破了以往新闻、社教、文艺节目的综合状态，形成以频率为单位的统一运作模式。[②] 2004年8月推出文艺之声后，中央台形成了中国之声、经济之声、音乐之声、都市之声、中华之声、神州之声、华夏之声、民族之声和文艺之声等9套专业化频率，标志着中央台频率专业化改革基本完成。

广播频率专业化改革是适应当时经济社会发展的转型调整，面对听众

---

① 哈艳秋. 中国新闻传播史研究[M]. 北京：中国广播电视出版社，2005：145.
② 哈艳秋. 当代中国广播电视史[M]. 北京：中国国际广播出版社，2018：498.

对广播内容的多元化、具体化需求，从中央到省市的各级广播电台通过设置分工明确的系列台，满足了不同层次和不同喜好听众的具体需要。在市场化逐步推进的社会背景下，这种调整也推动了广播及时适应当时社会发展，更好地发挥了传播新闻、文化娱乐、社会教育、公共服务等多样化功能。

（四）个性化产品：互联网时代的嬗变

21世纪以来，尤其是2010年之后，在互联网技术的改造下，广播呈现出全新的形态，成为一种智能化时代下的新场景媒体，借由声音产品的伴随特性，不断向更多场景终端进军，在陪伴之余向更多服务和社群延伸，而传统的广播受众的身份也开始由"听众"向"用户"转变。传统媒体时代就一直备受关注的"知识沟"现象，在互联网时代正有可能演变为数字鸿沟。随着国内网络尤其是移动互联网的普及，网络第一道数字鸿沟"接入沟"整体上正趋于弥合，但是，网络使用差异所带来的第二道数字鸿沟"使用沟"整体呈扩大趋势，这在广播听众特征的变化中有明显体现。

在用户的收听方式上，移动互联网的发展大大冲击了广播的传统收听方式。赛立信媒介研究的数据显示，2019年选择传统方式收听广播的用户比重降至26.3%，而选择车载收听和智能收听的用户比重分别攀升至58.7%和43.2%。整体来看，移动互联网时代的广播收听方式已经发生了深刻变化，用户消费媒介产品的方式很大程度上由线下逐步转至线上。在用户年龄方面，互联网时代的广播听众在整体上逐渐呈现年轻化的新特点。随着移动网络收听渠道的不断发展，年轻人逐渐成为广播受众的主体。数据显示，移动网络广播的听众半数以上为"80后"和"90后"，本科及以上学历人群的占比超过了20%。相较于中老年听众而言，年轻听众平均学历高、思想观念新，对于广播节目的内容形式有着新的需求和喜好，这也是对内容生产者的一大考验。在用户需求方面，互联网时代广播用户的收听需求呈现多样性特点，且不同收听渠道的用户需求存在明显差异。传统收听市场对相声小品、天气预报、养生保健、戏曲曲艺等方面的收听需求相对更强；车载收听市场对新闻资讯、法律法制、小说广播剧、交通信息、金融理财、热线投诉、潮流时尚等方面内容的收听需求相对更强；移动终端收听市场对音乐欣赏、明星八卦、餐饮美食等内容的收听需求相对更为强烈。[1]

在移动互联网时代用户特征、收听方式和收听需求发生结构性转变的背景下，广播节目的传统生产方式已经不能满足多平台用户的收听需求。在推动媒体融合向纵深发展的过程中，一方面，固然要重视媒介技术、形态的外在创新；另一方面，对受众信息需求的回应以及满足这种需求的"易得性"仍应是不变的内核。这也是广播迭经风雨而不倒的关键原因所在。

三、深入基层：一种社会动员与基层社会治理的有效途径

在中国传统的农村乡土社会中，信息传递主要依靠口口相传，国家对基层乡村的治理更主要通过税赋与司法，往往难以对乡村地区的思想文化进行严密监控或及时影响。这就使国家意识形态与乡土意识形态产生分离，从而造成基层农村地区与国家政治中心的疏离。在近代大众传播工具出现之后，大众传播成为"宣传下乡"的重要渠道。相较于其他媒介形态，广播跨越时空障碍、技术障碍、知识障碍、经济障碍的能力使其"大众"特征鲜明、更易深入基层，成为一种社会动员和基层社会治理的有效途径。

---

[1] 黄学平. 2020年中国广播收听市场年鉴[M]. 沈阳：辽宁人民出版社，2020：234，236，284.

(一) 中华人民共和国成立前：革命年代的宣传工作

在革命年代，中国共产党就十分重视对基层尤其是广大农村地区和农民群体的社会动员，毛泽东在《论人民民主专政》中提出了"严重的问题是教育农民"[①]的思想。"宣传下乡"不仅是单纯信息的传递，更是中国共产党的政治动员方式，其目的是将分散的广大农民组织化，使其成为具有阶级意识和觉悟的革命阶级，从而成为中国共产党领导下的革命力量。[②]

延安时期，由于群众居住分散、消息不通，群众教育活动不易开展，宣传工作者充分利用广播媒体可克服时空限制的优势，建立了"人人皆学、处处能学"的远程开放群众教育模式。[③] 例如延安台为了宣传党的抗日民族统一战线政策，重点播发了《陕甘宁边区施政纲领》和《选举运动中的宣传工作》，向根据地广大军民宣传"三三制"等政策和陕甘宁边区的选举经验，推动了抗日根据地的政权建设。解放战争时期，随着人民广播事业的发展壮大和解放区的不断扩展，人民广播在基层动员方面也发挥了更大的作用。一方面，人民广播及时播发有关战局的新闻和评论，使解放军官兵和人民群众可以及时了解战局的发展；另一方面，人民广播还可以及时给官兵和群众传达党的各项方针政策。在这期间，陕北台及时播送了党中央的指示和前线的消息，报道解放区开展土改运动、生产活动、支前活动等新闻。1947 年春天，中共中央西北局发布了关于春耕问题的指示，由于战时交通阻隔不能及时送达各地，陕北台于 5 月 9 日起连续重复

---

① 毛泽东选集：第 4 卷 [M]. 2 版. 北京：人民出版社，1991：1477.
② 徐勇. "宣传下乡"：中国共产党对乡土社会的动员与整合 [J]. 中共党史研究，2010 (10)：15-22.
③ 刘瑞儒，张苗苗，胡瑞华. 延安时期党的广播媒体群众教育模式研究 [J]. 现代教育技术，2019 (4)：40-46.

播出三天，及时传达了中央的指示。①

（二）中华人民共和国成立之初："大喇叭"走进千家万户

中国共产党依靠发动人民群众取得了全国革命的胜利，在中华人民共和国成立后，革命年代形成的"宣传下乡"得以延续下来，继续发挥社会动员与社会治理的强大作用。与革命年代相比，中华人民共和国成立初期对于基层治理与乡村社会的动员与整合力度更大、更具系统性，也使得党和国家的政策和思想真正走入了基层，走进了农村的千家万户，从而打破了中国乡土社会数千年来与中央政府之间的种种隔阂，创造了全新的乡土社会图景。

在中华人民共和国成立初期"宣传下乡"的浪潮中，传播方式主要依靠报纸和广播两种大众传播媒介。相对于报纸而言，广播的传播范围广、传播效率高，且接收方式对于受众的文化水平要求不高，符合当时广大农村地区的情况。1950年颁布的《关于建立广播收音网的决定》要求在全国范围内普遍建立收音站，并确立收音站有抄收记录新闻、预告广播节目、组织群众收听三大任务。1955年召开的第三次全国广播工作会议首次明确提出以"有线广播加大喇叭"的方式发展农村有线广播网的规划。1956年1月中共中央颁发的《全国农业发展纲要》规定，"从一九五六年起，按照各地情况，分别在五年或十二年内，基本上普及农村广播网"。此后全国掀起了建设农村广播网的高潮。② 在国家层面的大力推动下，全国农村有线广播事业快速发展。到1973年，全国有线广播网已基本普及，农村有线广播喇叭已达9 900万只，全国95%的生产大队和91.4%的生产队通了广播，61.5%的农户有了广播喇叭。③ 有线广播不仅深入广大农村

---

① 赵玉明.中国广播电视通史[M].北京：北京广播学院出版社，2004：129.
② 同①226.
③ 同①316.

地区，大喇叭还走进了千家万户的房前屋后，成为这一时期乡村社会信息传播的主要媒介，也是基层社会动员和社会治理的有效支撑手段。时隔多年，在新冠疫情期间很多农村地区使用大喇叭进行宣传，这一跨越时空的场景再现体现了有线广播对于农村地区基层治理的巨大作用。

（三）改革开放后：多样化选择下的兴衰更替

1983年召开的第十一次全国广播电视工作会议对广播电视的事业方针和技术政策作了较大调整，提出实行"四级办广播、四级办电视、四级混合覆盖"的方针政策，充分调动了各级地方政府和社会力量的积极性。四级办台十余年后，一些县乡广播电视事业的发展遇到瓶颈，擅自建台、重复设台和乱播滥放的问题频频出现。1996年出台的《关于加强新闻出版广播电视业管理的通知》推出了相应的调整措施，撤销和合并了大量基层广播电视播出机构。这些调整措施的推行，固然有其当时的历史语境和必要性，但也在客观上造成了县级广播电视台功能逐渐萎缩，面向农村的基层广播弱化情况尤其明显。数据显示，20世纪90年代全国市县乡级广播站和广播喇叭的数量整体上持续走低，喇叭入农户率逐年下降，全国绝大多数农村广播站依旧处于半瘫痪状态。[①] 有线广播的衰落是这一时期农村公共文化资源匮乏现象的一个缩影。精神空虚、价值缺失、宗教泛滥等问题不仅使农村社会自身整合与治理障碍丛生，也使党在基层社会的政治动员能力受到影响，许多发展问题因之衍生。[②]

在这一现实背景下，重视农村的公共文化建设，加强基层治理的渠道和能力，是21世纪广大农村地区继续稳定发展必须要解决的重要问题。

[①] 艾红红.“下乡”"离场"与"返乡"：新中国农村有线广播发展"三部曲"[J]. 福建师范大学学报（哲学社会科学版），2020（4）：95-103，172.

[②] 巩村磊. 农村公共文化服务缺失的社会影响与改进对策[J]. 理论导刊，2010（7）：56-57，60.

农村广播作为重要的大众传播媒介,在经历调整和衰落之后,也等待着重新焕发生机的历史契机。2010年前后,随着国家层面对于应急广播体系和"村村响"工程的推进,很多农村地区的"大喇叭"再次响了起来。2014年起,上海选取部分村镇试点安装了数字有线广播,在防灾减灾、新闻宣传、政策解读等方面取得了很好的效果。"有些阿伯阿婆字也不识,看不懂书面通知,有了广播大家一听就明白了","用本地方言播出本地新闻、解读政策,村民们更容易接受"①。有村民认为"有了小广播,能及时获知村里的大小事,相比看电视,还可以在堂屋里一边听广播一边做农活"②。湖南长沙的富临镇通过大喇叭播放当地特色的"福临之声"节目,让村民可以省时省力、无成本地获取信息,"看电视必须待在家里看,打电话只能一个个打,广播就不一样。骑着单车,在农田干活,无论你干啥都可以听到"③。在海南省儋州市,有驻村干部在村里通过广播喇叭普及国家政策、解读村规民约、宣传扶贫信息,推动了当地扶贫工作的开展。④

在当今的互联网时代,农村广播不能再靠简单的灌输和说教,广播能否在更广大的农村响起来,关键看它能在多大程度上满足农民的实际需求。⑤ 在各地的探索试点取得成效之后,新时代农村广播的"焕发新生"已经有了切实的可行性。面对新时代的新形势,需要从顶层设计的层面推动制度规划与体制变革,从而推动广播电视等大众媒介深度参与新时代的基层治理,近年来大力推进的县级融媒体中心建设就是对这一问题的

---

① 郝洪. 上海金山区廊下镇为986户村民安装有线广播[N]. 人民日报,2014-04-11(14).
② 黄勇娣. 村里拉响阔别多年小喇叭[N]. 解放日报,2014-06-03(1).
③ 侯琳良. 湖南长沙县福临镇在11个村装上了110个小喇叭[N]. 人民日报,2014-04-11(14).
④ 金昌波. "关键少数"做表率 党建引领拔"穷根"[N]. 海南日报,2019-03-01(2).
⑤ 张丹华. 农村广播要不要再响起来:农民需要才是关键[N]. 人民日报,2014-04-11(14).

具体回应。"我国媒介生态发展已经由简单的'相加'走向'纵深发展'阶段。"①

2020年6月30日，中央全面深化改革委员会第十四次会议审议通过了《关于加快推进媒体深度融合发展的指导意见》。该意见强调，要打造一批具有强大影响力和竞争力的新型主流媒体，牢牢占据舆论引导、思想引领、文化传承、服务人民的传播制高点。面对新时代新闻舆论工作的新使命，主流媒体要重点审视自身的发展：能否生产出用户需要的好内容？能否与人民和社会的需求紧密连接？能否有机融入现代化国家治理体系？这些问题不仅局限于新闻工作本身，而且是与社会发展、治国理政、国家治理体系现代化这些时代命题相呼应的时代之问。回顾人民广播事业80年的发展历程，其在不同历史阶段求新求变、服务人民、引导舆论的经验，对于今天主流媒体的发展依然具有很强的借鉴意义。

第四节　中国电视事业发展的历史演进与现实抉择

任何媒介的演进都是特定社会历史的"结果"，电视也不例外。自1958年若干个关于中国电视的"第一次"后，我国广电业在市场经济、科技进步、社会需求和政策调控的共同作用下实现了历史性的重大突破，在宣传社会主义建设和改革开放以及建立、维护世界新闻传播新秩序中发挥重大作用。②

60余年间构筑出的"国民媒介"地位，勾勒出了中国电视浓墨重彩的社会底色，也由此反向输出了不断促进其成长的养分。在中国电视迈向

---

① 段鹏. 融媒体时代县区广播电视公共服务标准化建设研究：基于内蒙古乌拉特前旗的考察[J]. 现代出版，2020（1）：59-64.
② 方德运. 新中国60年：广播电视大国地位的确立[J]. 中国广播电视学刊，2009（10）：1.

"第一媒介"的过程中，它逐步展现出了介入社会公共事务的强劲能力、深入社会生活的广泛影响，一方荧光屏连接起了个体与家国，在结构化社会关系的同时也形塑出了其一度强势的传播格局，这是在以电视为代表的视觉性媒介崛起之前未曾有过的社会图景。

而伴随这种媒介景观的社会化成长一并提速的，还有新媒介技术与新媒介环境驱动之下的新变化。视觉媒介发展出的"当代状况"有其现实必然性，就如同今天人们习惯于无数小屏延展集体记忆空间的生活方式，也曾一度为电视大屏所"垄断"。变迁的背后，中国电视勃兴、成长乃至于面临危机的发展之路，既是属于媒介本身的，更源自社会的持续形塑。由是，基于媒介-社会互动的视野阐释中国电视史，则显现出重要意义。

一、书写"影像中国"：中国电视的社会史考察

依托于视觉性的特点，电视的主流化过程伴随着其作为一种媒介与诸种社会关系互动壁垒的打破，"因社会的需要而诞生，特定的社会文化环境和经济基础造就了电视……而电视在回报社会、为社会环境的建设与发展服务的同时，自身也获得飞速发展"[①]。

反观中国电视的发展之路，足以让人们看到电视这一媒介如何参与文明形塑和社会改造的进程，又如何深度影响着半个多世纪以来主流社会的文化构建。诸种社会话语如何生成中国电视的意义结构？中国电视与中国社会之间又存在怎样的互构关系？以媒介-社会互动的考察路径来对此加以阐释，有助于我们廓清电视在媒介属性之外的更多社会功能负载。

（一）改革开放前：作为一种"小众化"媒介

中国电视的诞生，较之西方发达国家电视业的起步，在实质上缺乏"应运而生"的充分社会条件，其在1958年的发轫着眼于中国社会历史语

---

① 汪天云，蒋莹，陈郗郗，等.电视社会学研究[M].上海：上海三联书店，1998：4.

境的独特性：一方面，相比西方发达国家在政治、经济、文化和技术全面作用下开花结果的电视业，中国电视几乎只在政治和技术两种社会因素的影响下拉开序幕；但另一方面，仅仅是这两种力量，却释放出颇为强势的影响，在哪怕并不成熟的社会环境中促成了"电视"这一视觉媒介的登场。

中国电视的从无到有，是在政治全面主导、技术阶段性助力的社会背景下完成的。

一方面是国内外政治环境的影响。伴随国际社会中两大阵营在各领域展开竞争，电视作为其中一个"新环节"亦成为时任领导人推进中国"跻身国际社会"的一种参照；台湾地区在1958年对外宣称将开始电视广播，进一步"引起北京的警觉，于是在电视领域的奋斗便因其不寻常的意义而体现出特别的紧迫性"[1]。由是，同年5月，中国第一座电视台北京电视台试验播出。

另一方面，技术作为一种建构性力量对初创期的中国电视形成深刻影响，主要焦点在于制播技术和彩电技术。中国最早开播的是直播形态的黑白电视，整体技术配置简陋、运用简单。几乎"土法上马"的电视业，却受到政治上对发展电视的强烈呼唤，哪怕技术不充分也被要求着眼于现实状况而发挥出一定的自主性。当然也因为某些"不清晰的认识"，对刚诞生的电视存在超越社会既有发展状况的不切实愿景，出现"失利""失策"的电视"大跃进"。[2] 彩电技术取得实质性发展则是在20世纪70年代，在西方发达资本主义国家彩色电视渐臻成熟的背景下，当时的中央广播事业局提出要集中力量研制彩电以对标世界水准，但拔苗助长式的"自创制式"屡屡受挫，继而才转向进口策略。1973年5月，北京电视台首次试

---

[1] 郭镇之. 中国电视史[M]. 北京：中国人民大学出版社，1991：6.
[2] 同[1]39.

播彩色电视，后续一系列探索助力彩电的初步建设，并让中国电视业"尝到对外开放的甜头"①。

总体而言，中国电视初创期的一个显著特征在于，政治话语先于媒介功能话语对电视形成构造。宏观来看，宣传工作之于电视传播的重要性，折射出作为"喉舌"的中国电视在此后发展中最为鲜明的媒介特征，"电视国营"意味着这一媒介自诞生开始便是作为党和政府的宣传工具而存在的②，国家对电视媒介的建构性力量，构成中国电视历史演进的基本社会底色；微观来看，早期电视媒介属性的孱弱，同样表现为政治因素高度介入下的先天发育不足，这也是中国电视在长达20年的初创期并没能取得实质进步的重要原因。但与之相对的，技术进步也并非尽然受制于政治力量，甚至能反过来借力意识形态工作阶段性地扮演重要推手，例如中国电视在"文化大革命"期间取得的进步，"彩色电视播出的成功和全国电视广播网的初步建立，为我国跻身世界电视大国铺平了道路"③。

改革开放前的中国电视发展前夜，局部创新和技术的不完全介入让高度意识形态化的电视首先形成了一种"小众化"的媒介样貌。受制于电视机的不普及、电视传播的规模有限，彼时电视面向的对象主要还是领导干部和一部分精英阶层，这也从底层逻辑上厘清了技术、政治和视觉媒介最初的互动关系。可以说，中国电视的发轫是在大多数中国人对这种"新媒介"毫无了解的情况下出现的，但也正因这段漫长的培育期，电视媒介逐渐酝酿出了此后得以真正实现大众化传播的社会基础。

（二）改革开放至21世纪前十年：作为一种"大众化"媒介

"文化大革命"的动荡和创伤，让彼时的中国社会在方方面面亟待重

---

① 刘习良.中国电视史[M].北京：中国广播电视出版社，2007：119.
② 何天平，严晶晔.媒介社会史视域下的中国电视60年[J].中州学刊，2019（5）：166-172.
③ 同①116.

整旗鼓，中国电视也不例外。对于走向转型期的中国社会而言，电视自然不能仅仅作为服务于政治和意识形态工作的"小众媒介"，要想释出其面向大众的媒介影响力，势必要打开新局面。

社会历史的变迁深刻影响媒介发展的轨迹。伴随党的十一届三中全会召开，中国社会进入改革开放新时期，这也为中国电视事业迎来转折的关键阶段：从"舶来"到"自己走路"，从局部到整体，从有限规模到强势媒介，中国电视逐步走向普罗大众，并为此后三十余年方兴未艾的发展奠定重要基础。

以改革开放为新起点，中国电视得以全方位地构造出自身独特的社会语境：首先是电视的社会地位被充分廓清，一改初创期冒进而盲目自信的状况。机制体制层面的调整为其定调：1978年北京电视台更名为中央电视台；1982年中央广播事业局调整为中华人民共和国广播电视部；1983年"四级办电视"方针确立并形成"条块分割、以块为主"的电视体制新秩序，调动地方办广电的积极性；等等。伴随结构化调整而来的，是中国电视在阶级斗争功能之外对更丰富媒介属性的探寻。此外，电视机虽仍然昂贵非多数普通人可负担，但伴随电视机产能和产量的提升这一问题逐步得到解决，并带来飞快提速的电视终端普及，无论在官方话语体系中还是在基层社会生活中，以电视为代表的新型视觉媒介崭露头角，作为事业的广播电视业初具规模。

这种在过去20年间未曾见到的向上发展之姿，以及电视真正意义上拥有"主流媒介"的强影响力和高社会介入程度，与两条回应时代语境的社会线索紧密关联。

一是经济层面的转型培育出电视发展的新土壤。中国电视事业在这一阶段的新变化，属于在全新政治秩序下的自然生长，也跟社会经济要素的全方位转型有紧密联系。首先是对"消费"这一社会要素逐步形成的准确认识。经由思想领域和经济领域的拨乱反正,现代社会的市场秩序和经济发展理念逐渐变成一种呼之欲出的普遍社会气候,并构成国家决策中的关键话语。[①] 中国电视的市场化、产业化基因承袭自这一社会背景,并在首度亮相的电视广告形态中得到体现。自 1979 年正式开播电视商业广告,并在此后不断得到推广,电视参与消费文明的意义生产渐成荧屏新气象。当然,早期的电视广告并不能真正为电视培育出产业化的特征,在目标上主要用以应对当时财政拨款无法满足电视台发展需求的状况[②],但产生的实质影响不止于此,这种变化突破性地令人们明确意识到"电视面对的是亿万消费者,而不是生产单位"[③]。可以说,中国电视真正拥有"观众意识"并开始形成作为一种面向大众的传播工具的观念,是从这里开始的。

中国电视在 20 世纪八九十年代的快速发展,得益于两个方面社会经济要素变化的直接驱动。一方面体现在媒介基础配置(技术)和功能属性走向成熟。较之传统印刷媒介,电视的多媒体属性(尤其是视觉性)令其成为 80 年代之后最有综合竞争力的"新媒体"。这背后的直接推动力量是电视机产能的提升和电视制播技术的开拓。此后,电视文化或言视觉文化以更具普遍性的面貌伴随电视机一同走进千家万户。另一方面是经济社会的整体气象变化。社会主义市场经济体制的确立,带来中国电视事业波澜壮阔的改革浪潮。如在体制层面,明确定位于第三产业的广播电视业实行企业化管理;在经营层面,电视广告常态化管理,多种经营"放开搞活",充实自筹资金以寻求行业发展新空间。相关数据显示,1982 年全国广电部门的收入仅有 0.72 亿元,到 1992 年则跃升至 20.39 亿元,相当于当年

---

① 李正华. 中国改革开放的酝酿与进步 [M]. 北京:当代中国出版社,2002.
② 常江. 中国电视史:1958—2008 [M]. 北京:北京大学出版社,2018:142.
③ 郭镇之. 中国电视史 [M]. 北京:中国人民大学出版社,1991:141.

国家财政拨款的 85.7%。[①] 直到 2000 年前后，全国电视事业的市场化、产业化发展逐渐形成全方位的规模效应。

二是文化、技术层面的转型引领电视传播走出新道路。中国电视在文化和美学上的成长，也得益于这一阶段的社会背景。文化艺术领域呼唤更多优秀作品的诞生，以充实人民的精神生活；而彼时相对宽松开放的社会文化环境，也反哺了电视创作者更广阔的大展拳脚的空间。正因如此，中国电视在这样的文化滋养下实现快速成长并培育出独特的现代性基因，启蒙的话语深度浸润在电视文化当中，这在各类节目形态的探索中有直观体现：以四大文学名著"搬上荧屏"为代表，电视剧的"中国经典"呼之欲出；纪实影像领域如《话说长江》《丝绸之路》等打开中外合拍合作的局面。"文化电视"的空前影响力为 20 世纪 90 年代中国电视迎来发展黄金期创造了丰沃的土壤，同时，消费文明赋予了电视参与流行文化生产的极大活力，一并催生"客厅文化"，"看电视"逐渐成为国人日常生活不可或缺的主流生活方式之一。

技术的脉络则更结构化地贯穿在中国电视的大众化之路并形成深刻影响。以电视新闻为例，由《新闻联播》在 1996 年由录播转为常态型直播、2003 年央视新闻频道开播等标志性事件可见，在新闻规律探索、新闻形态创新、舆论引导能力构建等工作中，技术逻辑的匹配发挥了重要作用；央视 72 小时"香港回归特别报道"直播、三峡大江截流直播等表明，在采制技术、信号传输和落地技术的提升基础上，重要媒介事件的电视直播也完成了从"过时"到"即时"[②] 的内容价值提升。电视的"时间经济"资源开发，自 20 世纪 90 年代中后期开始陆续在电视播出时长增加、频道

[①] 《中国广播电视年鉴》编辑委员会. 中国广播电视年鉴：1994 [M]. 北京：北京广播学院出版社，1994：66.

[②] 周勇，何天平，刘柏煊. 由"时间"向"空间"的转向：技术视野下中国电视传播逻辑的嬗变 [J]. 国际新闻界，2016 (11)：144 - 160.

扩容、"黄金时段"价值增长等新特征中找到新落点，技术同样是内在于上述变化中的关键线索。

进入千禧年，中国电视在文化和技术双向助力下已然变成中国社会的一个重要组成部分。重大社会事件和仪式的电视直播引发万众期待、作为社交货币的选秀节目《超级女声》全面赋权观众参与电视生产等事件不胜枚举；在此基础上，以中国加入WTO、允许广播电视制作机构开展中外合资合作等为标志，中国电视发展进一步拓宽了社会视野，并形成"走出去"、跻身国际市场的媒介影响力。

总体而言，改革开放至21世纪前十年的中国电视业，拥有长达20余年的高光时刻。电视作为"主流媒介""第一媒介"的影响力，也在这一阶段中得以形塑完成。在更稳健、有力的政治话语指导下，中国电视伴随社会巨变形成新样貌，在文本、产业、机构和受众等维度上取得长足的进步，并迎来了产业化、全球化、大众化的完整媒介面貌。这一持续的繁荣，是中国电视发展历程中最为浓墨重彩的一笔；但在人声鼎沸过后，中国电视面临的危机逐步在21世纪第二个十年里暴露出来。

（三）21世纪第二个十年：作为一种"分众化"媒介

从"小众"迈向"大众"，电视作为主流视觉媒介的建构性力量在中国社会的方方面面得到体现。一方面，各类电视文本的影响持续深入。电视新闻体现强社会整合功能，国际新闻发挥重要外宣作用；电视纪实作品记录时代、镜像社会历史记忆；电视文艺对于国民情感凝聚、娱乐方式变革影响深远；电视剧为大众提供主流的文化生活……电视的诸种"内容"，成为大到国家重要历史时刻的见证，小到家庭生活必不可缺的组成，皆是作为一种社会语境的电视生成社会意义的直观注脚。另一方面，中国电视扮演着越来越重要的社会角色。除了在宣传工作中扮演重要角色，电视的系统化、规模化运营亦带来产业价值的持续释放。

进入 2010 年，中国电视事业的发展有了新特点并迎来新变量。互联网和移动互联网的全面崛起，让"客厅大屏"不再是中国百姓进行视听消费的唯一选择，"打开电视机看电视"的吸引力大幅下降。截至 2020 年 3 月，中国网络视频用户达 8.50 亿，较 2018 年底增长 1.26 亿，其中短视频用户规模为 7.73 亿，且规模持续快速增长[1]；与之相对的，则是电视日益加剧的开机率危机和老龄化状况，相关数据显示，北京地区电视开机率从 2009 年的 70% 下降至 2012 年的 30%，40 岁以上的观众成为收看电视的主流人群[2]。与此同时，新媒体更多元的变现能力倒逼传统电视的经营状况断崖式下滑，电视广告收入负增长已成近年常态。

数据背后，是电视正从"大众化"媒介逐步走向"分众化"媒介的焦虑。在跨屏传播成为普遍现实的当下，"电视机"甚至成为这个时代一种全新的"可有可无"的存在。唱衰电视的声音渐响，因为电视已然不再是那个黄金时代下缔结无数万人空巷景观的承载中介。今天的电视，面临受众分流、分化的变化现实，也正在新媒体的冲击下消解其原本所具有的社会效果。

二、"分众化"危机：社会语境下的电视发展困境

作为当前中国用户规模最大、发展基础最坚实的主流视觉媒介，中国电视的现实价值自然不会在短时间里被尽数瓦解，其经由 60 余年发展在诸种社会要素的共同建构下构筑出适应于自身的独特的社会语境，但这种语境化的社会过程已然表现出了与今天的现代性不相适应的部分，无法否认传统意义上的"电视"较之于蓬勃发展的诸种视听新媒体，更近似于一

---

[1] 中国互联网络信息中心. 第 45 次中国互联网络发展状况统计报告 [R/OL]. (2020-04-28) [2023-09-01]. https://www.cnnic.net.cn/NMediaFile/old_attach/P020210205505603631479.pdf.

[2] 国家新闻出版广电总局发展研究中心. 中国视听新媒体发展报告：2013 [R]. 北京：社会科学文献出版社, 2013.

种"前现代"的存在，植根于更深层社会语境的媒介危机已然发生并逐渐加剧。

（一）"大众化"的滑落

从只有少部分人观看的"小众"媒介走向巅峰时期缔结万人空巷盛况的"大众"媒介，中国电视重构出中国人和中国社会的一种新型关系，并在其中充当了至关重要的中介，构建出一种可持续的社会语境，这也是中国电视在过去数十年中有别于其他主流媒介形态的独特成长路径。

中国电视所构筑的大众化图景，得益于这种具有张力的社会语境，社会性即是中国电视发展脉络中至关重要的一条线索。作为一种社会语境的中国电视，受到政治、经济、文化等社会外部力量的综合影响，作用于国民社会生活、文化消费等多元社会互动关系，体现在各类电视文本的生产与传播之中，是不同维度的共同建构，且在互相反哺中形成一种具有稳定性的结构（见图2-1）。

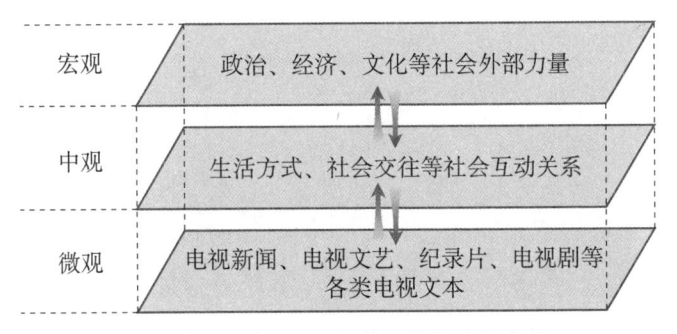

宏观	政治、经济、文化等社会外部力量
中观	生活方式、社会交往等社会互动关系
微观	电视新闻、电视文艺、纪录片、电视剧等各类电视文本

图2-1 作为一种社会语境的中国电视

而新媒体的出现，破坏了这种结构的内部平衡，且分取了传统电视相当大比重的影响力，致使"语境"失灵和电视这一大众媒介分众化危机的产生。矛盾的焦点看似在于"新""旧"之争，但本质的关切并非是打破平衡的新势力，而在于新势力如何打破平衡，也即关注电视在社会变迁的大背景下如何谋求自身的语境重构以顺应时代发展。换言之，今天的电视面临的最大"敌人"不是新媒体，而是电视自身。

（二）微弱的技术张力

任何媒介形态的演进都是技术驱动的直观结果，经历初创期向黄金时期迈进的中国电视也曾充分受益于包括彩电技术、制播技术、信号传输与落地技术、硬件技术等一系列技术的快速发展。1946 年美国首次播出全电子扫描电视，虽然"雪花粒"图像的质量不尽如人意，但这种技术标准的拓新让电视在当时的欧美国家开始普及，并在短短十年一跃成为西方媒介史上继广播、电影后最有影响力的"大众传媒"。[①] 哪怕是中国电视早期"土法上马"的诸种电视技术，凭借着舶来或有限自创的手段，其创新也为电视在后来迅速走入千家万户奠定重要基础。由是反观，今天的中国电视在实现了从黑白到彩色、从模糊到高清、从延时到即时的转变之后，技术观念和实践的推进并没能继续为之创造颠覆性的创新，即便有智慧电视、互联网电视（OTT TV）等带有前瞻性的探索，也尚未形成规模，总体来看技术张力微弱，致使电视的发展迟滞。

相比之下，全面浸润于技术逻辑、从技术基因里应运而生的新媒体，则表现出来自技术的充分想象空间。从最基本的多媒体交互形态对"人-终端"使用关系的重构到沉浸式阅听场景关系的改造，再到当下 5G＋4K＋AI 的传媒业态重塑，新媒体抓住了富于变化的机会窗口，技术作为贯彻始终的关键线索，在全方位的升级迭代中促成日新月异的视听新媒体发展；这也直接挤压了包括电视在内的传统媒体的生存空间，更从侧面投射出电视作为一种主流大众媒介的技术思维和发展观念亟待彻底性的重塑。

（三）被分解的生产力

中国电视的机制体制创新，在改革开放至 21 世纪前十年间经历了天

---

① 余志为. 语法更新的历史：从"冷媒介"视角分析中国电视进化史 [J]. 现代传播，2014 (11)：35 - 39.

翻地覆的变化。无论是 20 世纪 80 年代推动的中国电视观念的转变，还是 90 年代推动的中国电视"又好又快发展"的转变，以及进入 21 世纪后对中国广播电视管理机构的职能优化、重新整合，都成结构、有体系地"创新了中国特色广播电视的体制机制，推动了中国广播电视的发展，使中国成为广播电视大国"[1]。

而对体系更多元、结构更灵活的视听新媒体而言，中国电视业的秩序在近些年逐步暴露出保守僵化、造血乏力的特点。历史上数次大刀阔斧的改革，最终都对中国电视业的运行逻辑和体系搭建发挥了重要作用；然而这种自上而下的焕新却几乎在新时期里缺席。尽管在 2018 年开始的又一轮改革中，回归独立职能的国家广播电视总局建制、中央三台合并成立中央广播电视总台等标志性事件依然体现战略意义，电视融媒体转型作为至关重要的改革方向无论在政策层面还是在行业实践中都被予以充分重视，但上述趋向或理念有余、实践不足，或未能纾解最底层的逻辑问题，致使电视在面对冲击时缺乏更强的抗压能力和应变能力。

这直接造成的结果是电视生产力的大规模分解。伴随网络视听业的快速崛起，同为视频内容输出通路的在线视频平台，分取了众多得益于制播分离改革后的优质视频内容，也吸引了大量专业人才出走电视平台，"一度风光无限的广电媒体在尽享市场红利之后出现了人员过剩、人才层次降低、核心人才流失等困境，人心、人气、人才似乎都染上几分'难提当年勇'的落寞"[2]。近些年，部分一线卫视甚至出现在黄金时段批量反向播出网络自制内容的情况，表面上看是电视拥抱新媒体的积极信号，但业内人士则表示"是卫视自有内容短缺，跟不上排播版面安排的无奈之举"。

---

[1] 章倩，章信刚. 改革开放以来中国广播电视体制的五轮改革 [J]. 中国广播电视学刊，2019 (1)：94-97.
[2] 王晓红，俞逆思. 我国城市广电媒体从业者职业认同现状及影响因素分析 [J]. 新闻记者，2019 (9)：51-60.

国营背景下的中国电视业，相较全面市场化的新媒体业，人才和优质内容的流失直接造成了其核心竞争力的式微，这在未来或有可能成为电视业内部"压死骆驼的最后一根稻草"。

（四）被解构的传播逻辑

传统电视是依托于时间资源价值开发的线性媒体，以"时段"作为中介的时间版面编排，作为一种长期的、有序的结构，构建起电视和社会（观众）之间稳定的"约会"机制，"按时按点打开电视机看电视"成为一种约定俗成的普遍日常生活实践，亦令电视有机统合了媒介功能和社会功能的双重属性，凝聚着人们通过使用电视所再现出的家庭文化、集体主义精神。传统视野里"时间"的价值无疑开拓着中国电视的想象空间，在电视和观众互相培养的过程里，"黄金档"的概念呼之欲出。因集纳观众注意力资源多寡而分配出的不同价值的时段，使电视在经营层面拥有了更大的增量空间。伴随政策上调动办广电的积极性、技术上信号传输的扩容，中国电视也由节目时代进入频道时代，电视频道的增加和频道专业化、品牌化的运营，使中国电视拥有了更充足的公信力和社会影响力。

多年来，中国电视在对时间资源的充分开发中维系着自身发展的基本模式，但多渠道、非线性、去中心化的新媒体传播则快速解构了这种相对封闭的传播逻辑，"空间"版面取代"时间"版面成为当前媒介环境中更具有价值转化能力的选择。在此背景下，传统电视暴露出了相应的问题：一方面，定时定点的收视"约会"机制被打破，电视盛极一时的频道机制已成明日黄花。近些年，陆续有电视机构开展频道的关停整合以优化配置、纾解营收压力。电视频道资源的"供需失衡"和"模式失效"构成一种现实困局。[①] 另一方面，单一的广告经营方式活力衰退，基于时段的价

---

① 周勇，倪乐融. 拐点与抉择：中国电视业发展的历史逻辑与现实进路 [J]. 现代传播，2019 (9)：82-88.

值变现能力全面下滑。受众的新媒体迁移以及全新收看习惯的培养，使得电视原本凭借时段价值聚合的注意力资源遭到大幅分流，变现能力也在过去若干年中呈断崖式下跌。传播逻辑的"失灵"，不仅全面削弱了中国电视的社会影响力，更导致中国电视的产业化经营面临严峻考验。

（五）亟待突破的社会互动关系

较之其他传统媒体，电视具有的一个显著特点在于，其与社会之间存在一种紧密且牢固的互动关系，核心突破口是对家庭生活方式的深入影响。"节目的安排是由家庭生活模式决定的，反过来也是对的……家庭生活节奏是围绕电视节目安排的，这些电视节目可以使开饭、就寝、出门的时间规律化。"[①]

"看电视"作为过去数十年国人至关重要的一种日常生活实践，其形成的特定文化秩序也维系着电视构建准社会关系的内在动力。中国电视的话语实践生成了一套独特的意义机制，对包括家庭在内的诸种社会单元、社会群体形成此前所有大众传媒形式未曾有过的观照。而这种社会互动关系的构建，也使得中国电视在主流化过程中获得了空前的关注度和公信力，且在不同维度对社会生活造成影响。例如，常态化的大型电视直播对重大社会事务跟进、节庆盛典仪式传播等方面扮演重要角色，民生节目以社会帮扶为旨归陪伴百姓日常生活，纪录片、电视剧等以通俗化的美学不断降低跨代际群体传播的文化折扣，等等。电视作为"客厅文化"构建的核心要素，既是情感交流和沟通的重要纽带，也成为人际交往、群体交往中的社交突破口，这从过去的"《西游记》现象""超女现象"等可见一斑。

然而，社交媒体的崛起打破了电视一度稳定维系的家庭观看场景以及持续产出社会话题的强劲能力，新媒体在二次传播上的原生优势促使其在

---

① 阿伯克龙比.电视与社会[M].张永喜，鲍贵，陈光明，译.2版.南京：南京大学出版社，2007：202.

与诸种社会关系的互动中拥有更灵活的能动性,传统电视的这一优势被消解,甚至大有电视内容仅沦为给新媒体输出话题的趋势。今天的中国电视,对于多元社会互动关系的再现逐渐从"引领"降格为"跟随","客厅文化"的不可取代性遭到冲击,社会价值的生成向社交网络新阵地迁移,这也直接构成影响电视发展存续的重要威胁。

三、"再语境化"的现实抉择:电视何以重回"大众化"?

社会语境下的中国电视,正面临结构性的生存危机:宏观层面,中国电视作为一种成熟的社会事业,在新的社会阶段如何重新吸收、转化诸种社会力量?中观层面,"客厅文化"消解、观看场景分散,中国电视的社会"存在"如何谋求新的突破口?微观层面,有影响力的电视内容成为稀缺资源,中国电视的产制逻辑应当做出怎样的迭代?

从历史演进中可见,中国电视与中国社会在不同阶段的互构嵌入了不同社会力量在其中的起伏消长(见图 2-2)。当我们在一个更复杂的社会语境中来审视和阐释电视时,便能理解对于当前电视转型问题的把握,这不仅仅是一个关涉媒体变革的议题,更是一个社会构造议题——作为一种社会语境的中国电视,面对这个时代的历史机遇如何实现"再语境化"?这是过往探讨电视转型问题相对缺乏的视角,却也是其实现突围的现实抉择。

(一)媒介底层逻辑的革新

中国电视的突围是从器物到制度的累进,这也意味着结构化转型而非单点创新是其在顶层设计上的必然选择。仅仅依靠媒介内生的张力显然无法维系中国电视在社会学意义上的重要价值底色;观念上缺乏对媒介底层逻辑的准确洞察,是造成近些年电视转型迟缓的重要原因。

以电视融媒体建设为例,当前,县级融媒体建设正成为一个重要抓

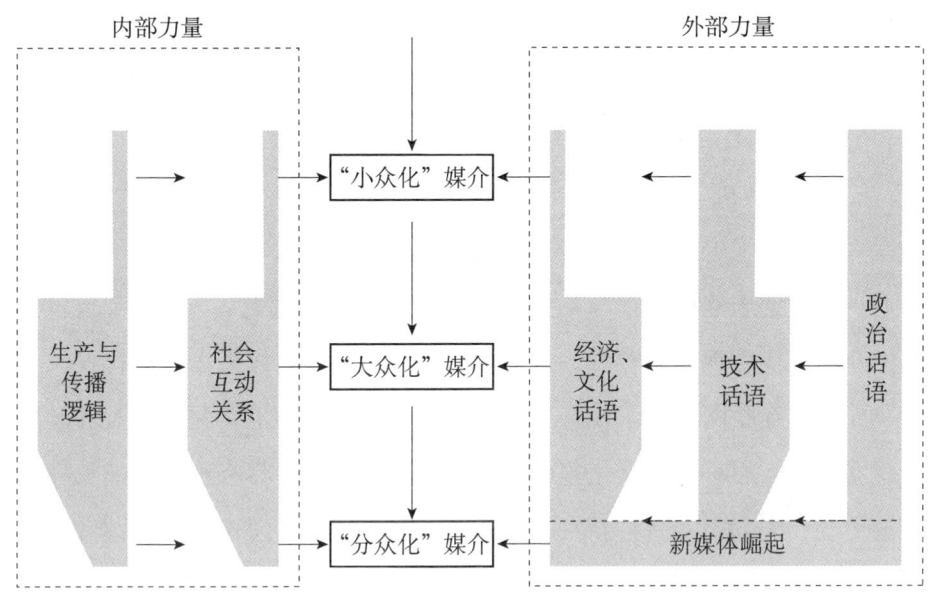

图 2-2　不同阶段影响中国电视的社会力量解析

手,也在政策和市场双向意义上为电视转型提供重要的思路指导。但近年来的实践仍反映出有偏差或不够充分的认知导致收效缓慢的状况,业内有观点认为,电视的融媒体转型以县级为单位,与现实情况不适应:距离真正产生头部社会效益的央视、卫视平台甚远,也并非地方广电的主流。结合社会历史语境来看,"县"在不同历史阶段虽有不同的范畴界定,但长期作为推行政令的基层单位,体现重要意义;县级融媒体中心以点带面的创新也并非可有可无的存在,通过推动基层广电机构的媒资整合、优化布局、融合发展,自下而上地促成全国广电系统的业态转型,也是相较于全然依托行政力量介入实现电视"再语境化"更为有效的路径。

(二) 技术驱动逻辑的革新

技术形塑了电视在过去数十年中生产与传播的基本逻辑,新媒体发展则进一步强化了这种要素的引领作用,形成颠覆传统电视形态的重构性力量,"新电视"形态的呼之欲出是必然也是应然:既作为一种生产和传播的渠道，也作为一种生产和传播的入口，实现从"频道型媒体"到"平台型媒体"的转向，"打造一个良性的开放式平台，平台上有各种规则、服务和平衡的力量，并且向所有内容提供者、服务提供者开放"[①]。5G＋4K＋AI 发展契机、智能电视大屏重回客厅等带来的不仅是极速、超清与强运算能力之下电视产制和传播逻辑的突破，以及对观看场景跨屏阻滞的打通，更有助于建构电视与社会之间充分开放的互动关系，电视不仅仅是向大众输出优质视频内容的一个终端，更作为一种新媒体本身而存在。

此外，互联网培养了视频用户自主选择、短视频消费和倍速观看的全新观看习惯，而有着大众化基础的电视完全有能力将具有稳定性的长视频接触传统和崛起中的诸种新兴视频互动方式相统合。以中华人民共和国成立 70 周年阅兵式为例，中央广播电视总台打通电视直播与互联网直播的综合调度是一次有益尝试。从直播前 70 小时预热直播到首次启动综合调度 VR 技术、AI 实时剪辑技术并依托于商用后的 5G 为阅兵式 4K 超高清全景直播提供通信支持，再到自主研发的索道摄像机"天鹰座"实现拍摄突破，传统电视表现出极大的创新潜质；此外，总台联动自有报网端微屏全媒体矩阵，发挥移动媒体场景优势，以社交分享提升传播效果。电视在这场全民关注的媒介事件中借助对技术力量的有机调度扮演了引领者而非跟随者的角色，提供了一个转型的案例样本。

（三）资源开发逻辑的革新

传统电视基于时间版面的线性传播逻辑，导致频道时代积累的带宽资源在今天的媒介环境中看似过剩实则冗余；而互联网和移动互联网基于空间版面的去中心化传播，让"圈层"这一概念呼之欲出。近些年在网络视听领域出现"圈层爆款"的描述，意指在细分受众群体里具有强号召力的

[①] 喻国明. 互联网是一种"高维"媒介：兼论"平台型媒体"是未来媒介发展的主流模式[J]. 新闻与写作，2015（2）：41-44.

题材内容；但伴生的问题亦显见，互联网时代的"大众"画像正在变得越来越抽象。

这也为中国电视变革资源开发逻辑提供了重要线索：较之互联网对不同圈层受众的精准投放，电视自诞生起就拥有的大众化底色和仪式性价值，是其在面对新挑战时的重要筹码。卡茨等曾用"带光环的电视"来阐述电视的重要社会价值，联结大众、凝聚情感，给予人们无差别的文化接触，一度是电视作为一种重要社会力量的价值所在。新媒体并没有强化这种逻辑，反而在一定程度上削弱了"大众"的存在，在变得更人性化、更智能化的同时，也乏于集体主义式的内涵，甚至还会因为信息茧房效应的加剧让传播效力更趋碎片化。

中国电视的转型理应准确把握这一机遇，互联网期待的突破圈层的效应是电视天然具有的优势基因，中国电视要做的是将新媒体打破的"大众"概念重新整合，并在此基础上消弭技术壁垒，实现从时间型资源开发到空间型资源开发的转向。当然，电视无法全然复刻新媒体的配置逻辑，但新媒体提供的丰富入口、细分选择、多样场景也提供了一种参照：电视可以打造具有空间属性的时间资源，如构建广电全媒体矩阵并实质性地实现打通，依据增量的分发渠道开展不同的内容生产和提供电视服务，或将是适用于中国电视转型的有益思路。

（四）社会话语构建逻辑的革新

中国电视在过去 60 余年的发展中实现了对社会不同层次的观照：无论是宏观意义上作为意识形态工作的重要保障、作为第三产业的市场价值、作为思想与文明传播的有力推手，还是中观意义上作为家庭结构的稳定因素、作为社会交往的必要中介，抑或是微观意义上作为流行文化的引领者、作为大众文化的创造者，电视作为一种不可或缺的社会话语都持续输出着自身的社会影响力；这种独特的价值，同样会是对"电视已死"论调的有力驳斥。

也正是源于此,当下所要谈论的转型议题才不能仅仅囿于媒介内部发展的视野之中。电视要寻求的影响力重回,其本质落脚点在于电视所构筑的社会话语在多大程度上释出了召唤共识(情)、有效动员、舆论监督的社会作用。公信力就是内嵌在这种社会话语构建逻辑中的机会窗口:中国电视的专业化生产能力、社会责任意识理应成为不变的坚守;大众对于电视的媒介信任是经由长期的媒介使用培养而来的,这在媒介环境发生巨变的当下同样有效力,尤其是面对在完全的市场化建构之下的新媒体不断陷入诸种伦理和道德纷争,电视依然会是以权威、易于认知的内容来实现下沉影响、社会需求整合的最高效载体之一。由此来看,中国电视实现"再语境化"的最终一步,是建立在专业性、公信力基础上实现对自身社会效应的最大化,不仅仅囿于一种信息媒介的功能属性来定义变与不变。

四、结语

作为20世纪以来最具影响力的大众传媒之一,电视所具有的独特的视觉形式已成为社会及其文化重要的反映者和形塑者;反观当前中国电视正经历的困境,究其本质则反映在这种"反映"和"形塑"逐渐脱离于当下社会语境的乏力,电视之于中国社会的意义结构有待于寻求一种更具自洽性的全新解释。本节正是发轫于这一逻辑起点,立足媒介-社会互动的视角尝试对中国电视的历史演进、危机困境以及现实抉择进行结构化的梳理和阐释。

(视觉)观念和实践的革新曾缔造中国电视业持续性的影响增量,亦让中国电视与中国社会之间的互动紧密无间。因而,其创造的远远超越媒介功能属性的社会价值,在下一个60年的新进程里理应发挥更有力的作用;从"分众"到"大众"的重回,新时期的中国电视改革之路仍然道阻且长,这不仅是一个媒介命题,更会是一个社会命题。

中篇　中国新闻传播学自主知识体系的理论建构

恩格斯说："一个民族要想站在科学的最高峰，就一刻也不能没有理论思维。"① 一个民族知识体系、思想体系和观念体系的自主性生发，往往需要经由理论的原创性探索来实现。从这个角度看，我国自主知识体系的建构，归根结底在于进行扎根中国实践的理论创新，通过抽象、提炼新的理论模型的方式，提供思想文化意义上的中国方案和中国智慧。

具体到中国新闻传播学自主知识体系的建构，理论建构是一种直接而实在的展开形式。对当下中国新闻传播学自主知识体系的理论建构而言，

---

① 马克思恩格斯文集：第9卷[M].北京：人民出版社，2009：437.

关键性的问题在于深入开展具体的研究。特别是在扎根中国新闻传播实践的基础上，以学术研究的方式，构筑适应新时代、新征程和新需要的新闻传播学的理论体系、思想体系、概念体系和观念体系。总之，要通过中国特色新闻传播学的理论体系的系统化建构，真正浇筑起具有浓郁的中国气派的标识性思想观念体系，从而在世界范围内展现出中国在新闻传播领域非凡的理论解释力和思想引领力。

从理论建构的维度看，中国新闻传播学自主知识体系的建设，主要从范式探寻、范畴新创和现实引领等方面展开。其一，构筑自主知识体系的前置性条件在于探究清楚研究界域、研究方法、问题体系以及支撑研究开展的价值理念等基础性问题，即从范式的层面确证自主知识体系建构的根本方向。其二，作为一个学科，新闻传播学包含诸多研究领域和研究方向，其知识体系的自主性建构，最终需要落脚到新闻传播学科各研究领域的核心概念体系和观念体系的系统化抽象提炼上，形成彰显民族特色的新的范畴体系。其三，理论建构需要扎根现实，最终又要回到现实中发挥精神层面的引领作用。从这个意义看，理论的学理化建构，需要以治国理政和民族复兴的视域贴近现实，从实践中提炼具有中国特色的观念体系，并最终接受现实的检验。

第三章　中国新闻传播学自主知识体系的范式探寻

第一节　构建中国新闻传播学自主知识体系的根据与必要

"当代中国新闻学是指中华人民共和国成立以来，主要存在于中国大陆的新闻学。当代中国新闻学是扬弃现代以来中国新闻学的新新闻学，是继承和发扬中国共产党成立以来以党报思想、党报理论为核心内容的新闻学，是依托当代中国政治、经济、文化、社会、技术特别是当代中国新闻领域变化发展的新闻学。"[1] 当代中国新闻学，在时代性质上属于现代新闻学，在理论性质上属于马克思主义新闻学，在社会性质上属于社会主义新闻学，在阶级性上属于无产阶级新闻学，是以党性集中体现无产阶级先进性、人民先进性、民族先进性的新闻学。当代中国新闻学要想更好实现自己的学术目标与实践追求，尽快构建起新闻学的学科体系、学术体系、话语体系，就必须在既有历史积淀的基础上，加快构建适应时代需要的自主知识体系，诚如习近平总书记所言："加快构建中国特色哲学社会科学，归根结底是建构中国自主的知识体系。"[2] 当代中国新闻学自主知识体系的建构，关涉许多重要问题，诸如知识体

---

[1] 杨保军. 全面认识当代中国新闻学的性质[J]. 国际新闻界，2022（7）：6-27.
[2] 习近平在中国人民大学考察时强调 坚持党的领导传承红色基因扎根中国大地 走出一条建设中国特色世界一流大学新路：王沪宁陪同考察[N]. 人民日报，2022-04-26（1）.

系、自主知识体系本身的界定与特征问题，构建自主知识体系的根据与必要性问题，自主知识体系构建的历史脉络问题，自主知识体系构建的主体构成及其关系问题，自主知识体系的实质内容问题，自主知识体系构建的途径、方式与规律问题，自主知识体系的呈现方式问题，等等。在所有这些问题中，为什么要构建当代中国新闻学自主知识体系，也即构建当代中国新闻学自主知识体系的根据与必要性问题，在逻辑上具有优先性。

一、自主知识体系的一般理解

什么是当代中国新闻学自主知识体系？为什么要构建自主知识体系？自主知识体系到底有什么样的特殊地位和功能作用？这些设问可能是人们在讨论自主知识体系构建时需要优先思考和回答的。只有阐释清楚自主知识体系的一些基本问题，特别是自主知识体系构建的根由、必要性、重要性，构建自主知识体系的核心主体——学术共同体——才会真正自觉自愿地、积极主动地去构建自主知识体系。因而，在阐释构建当代中国新闻学自主知识体系的根据与必要性之前，需要从逻辑上对"知识""知识体系""自主知识体系"以及我们所讲的具有"中国性"的自主知识体系之基本含义做出简要的说明。

知识是人们在认识和实践活动中形成的关于对象的认知、经验、理解和判断。知识可以是零散的也可以是成体系的，针对一个领域或一种对象、活动的知识，大都有一个从零散走向成体系的过程。当然，并不是关于任何对象的知识都是成体系的或需要成体系的。知识体系，顾名思义，是针对一定对象的有机知识系统，它强调的是知识的体系性或相关知识各方面的有机统一性。知识体系是知识总和的概括性体系，包括该体系构建的立场、基本假定、基本原则等；它是实践基础上知识生产的产物。① 作为体系的知识，具有一定的稳定性和封闭性，同时具有变动性和开放性。知识体系是不断形成、构建、更新、完善的，并不存在一个完美的完成状态。知识体系不仅存在着建构的维度，也存在着解构、更新、转换、重建的维度。

自主知识体系是一定主体依据自身意志（立场和倾向）、认知方式和认知结果，针对一定对象构建的知识体系。在主体意义上，自主知识体系是指由特定主体创造的、所属的知识体系。强调知识的主体性，是构建自主知识体系的核心所在。说透了，知识的自主性，本质上就是知识的主体性。从原则上说，任何特定主体都可以构建针对特定对象的自主知识体系。事实上，在人文社会科学各个领域，就实际情况而言，针对同一领域，往往存在着历时性上新旧有别的知识体系，也常常存在着共时性上不同的、多元的知识体系。如此一来，在新旧知识体系之间、多元知识体系之间，实际上存在着竞争关系甚至是斗争关系。因而，什么样的知识体系是更科学、更合理的知识体系，什么样的知识体系是能够有效解释实际现象、解决实际问题的知识体系，始终都是知识生产领域的重大问题，它并非纯粹的认识论、知识论问题，而是价值论、实践论问题。在学术上、实践上如何评判知识体系的优劣，也成为需要专门研究的重要问题。在国家层面上看，不同国家主体（主要通过自己拥有的知识群体）都在构建自主知识体系，只是构建的自主程度、自主水平有所差异而已。

自主知识体系强调的是知识属性上的特殊性，而不是普遍性。但任何自主知识体系都有一种潜在的欲望和现实的追求，那就是尽可能将自身的特殊性加以普遍化，将自身的特殊知识或一定范围的普遍性知识，说成具有更大范围以至具有整个世界范围普遍真理性的知识体系。因而，每一种

---

① 张雷声，韩喜平，肖贵清，等.建构中国特色哲学社会科学自主知识体系[J].马克思主义理论学科研究，2022（7）：4-16.

特殊的知识体系，都有一种内在动力，试图得到普遍范围的传播、认同、接受和应用。这意味着，同一领域的不同自主知识体系之间，也就是不同的特殊知识体系之间，始终存在着对话、交流的根据和可能，当然也存在着矛盾竞争关系。那些所谓普遍的知识，既可能是有些特殊知识体系的自以为是，也可能是特殊知识体系之间在复杂关系中逐步达成的一些共识。在信息时代到来、知识社会形成的大背景、大趋势下，知识竞争不仅是基础性的竞争，也是前沿性的竞争，曾经存在的"知识霸权"现象并没有消失，很可能加剧。一些在政治、经济、文化、军事等领域的大国、强国，往往会采取"软硬兼施"（"硬实力"与"软实力"共同使用）的各种可能方式和手段，将源于本国立场，本国实际生产的知识、观念、理论等推广到其他国家和地区身上。这自然不只是知识体系之间的竞争，同时也是各种权力、权利之间的竞争。不同知识体系之间的关系，本身就是一个庞大而复杂的问题，需要专门研究。

当前中国语境中所说的自主知识体系，特别强调的是知识体系的主体性，本质上就是知识体系的"中国性"。因而，我们所讲的自主知识体系，也是一种特殊的知识体系，是具有中国特征或具有中国特色的知识体系，"自主的实质就是特色"①。有人在一般意义上，总结概括出当代中国哲学社会科学所讲的自主知识体系的基本特点：一是立足中国实际，解决中国问题；二是立足中国经验，繁荣中国学术，发展中国理论，传播中国思想；三是鼓励主动思考，培养自觉行动；四是注重原创成果，倡导开拓创新。这大致揭示了中国语境中自主知识体系的主要内涵。当代中国语境中的自主知识体系，就是在当代中国马克思主义理论指导下，以中国实际为根基，以中国经验为依托，以中国需要为目标，以世界眼光、人类胸怀为

---

① 王润泽. 新闻学知识体系的创新发展 [J]. 当代传播, 2022 (4): 1.

参照而自主构建的知识体系。

二、自主知识体系的实质

中国化、时代化的马克思主义是最重要的中国自主知识体系，它构成了当代中国自主知识体系总的灵魂。这样的总灵魂，作为世界观和方法论的思想存在、理论存在，只有贯彻落实在不同领域、不同学科具体的自主知识体系构建中，我们才能真正建构起内在统一、全面完整的中国自主知识体系。按照上文关于自主知识体系的基本逻辑，我们可以对当代中国新闻学自主知识体系的内涵做出如下的基本界定和阐释。

对于一个学科来说，知识体系是学科知识的总体内容结构方式、存在方式和表现方式。自主的学科知识体系是学科构建主体自主独立构建的相关知识体系。在学科意义上，自主知识体系强调的是学科的自主性或独立性。也就是说，尽管不同学科之间的相互联系是必然的，客观上并不存在纯粹的或绝对的单一学科知识体系，学科之间总是享有一些基本价值理念、共同的基础知识、共同的思维方式和共同的研究方法，但"一门学科的性质应当是由这个学科的独特性规定的"[①]，一个学科之所以能够成为一个相对独立的学科，正是在于每一学科都有自身相对独立的研究领域或研究对象，有自身相对独立的学科立场、学科观念、学科方法、学科理论、学科目标以及对社会发展、人类生产活动以及日常生活特有的功能作用、意义价值。

新闻学自主知识体系是以新闻学科为主体的自主知识体系，它不同于其他学科的知识体系。新闻学自主知识体系主要根源于新闻学研究对象的知识系统，有自身的基本立场和原则，有自身的概念体系、观念体系、问题体系和理论体系，有自身的基本知识分支体系，有自身的学术体系和话

---

① 江怡. 从未来的视角看哲学的性质和任务[J]. 社会科学战线, 2022 (5): 1-9, 281.

语体系，也会体现落实在新闻学科体系、教材体系上。在新闻学自主知识体系问题上，直到目前仍然存在着两种需要时刻警惕的倾向：一是轻视甚至忽视新闻学的知识性和理论性，只承认新闻学的经验性和实用性，这就是所谓的"新闻无学论"或"新闻有术无学论"[①]；二是一些人不承认新闻学科的自主性、独立性，想方设法把新闻学归入传播学、传媒学或媒介学。这两种典型的否认新闻学自主性或主体性的看法，不符合当代学科的实际构成及发展状况，也无益于构建新闻学自主知识体系，而最重要的是这些论调无视新闻学有自身作为现代学科的历史，有自身的独立研究对象和研究视野。因而，我们必须明确指出，这两种观点是不成立的。

就新闻学现有的实际情况看，在其内部，存在着不同的知识系统。在当代西方世界，存在的主要是以自由主义、商业主义为根基的专业主义新闻学（自由主义新闻学、客观主义新闻学）；在当代中国，存在的主要是以马克思主义新闻观为灵魂的中国特色社会主义新闻学。当然，如果从新闻学的历史演进到新闻学在全球范围内的不同表现去考察，人们完全可以描绘出新闻学知识体系构成的历史图景和现实景象，曾经或依然存在着各种"主义"类型的新闻学，它们都有各自的知识体系。我们需要指出的是，在历时和共时两个维度上，都存在着大量不同的特殊的新闻学知识体系。在这些不同的新闻学知识体系之间，尽管存在着一些共同的观念和相似的具体知识，但每一种特殊的新闻学知识体系都内在包含着构建主体的立场、理念和目标（关于构建新闻学自主知识体系的主体问题，本身需要专门研究）。在普遍意义上说，任何人文社会科学的知识体系，实质上都是由一定的本体论、认识论、价值论和方法论构成的，并不存在超越了一定价值论的纯粹的认识论或知识论体系。

---

① 唐远清. 对"新闻无学论"的辨析及反思：兼论新闻学学科体系建构和学科发展[M]. 北京：中国广播电视出版社，2008：7.

当代中国新闻学自主知识体系，是指具有当代"中国性"的新闻学知识体系。"当代中国新闻学是一门相对自主独立的学科，是具有强烈人文色彩的社会科学；当代中国新闻学，在时代性质上属于现代新闻学；在理论性质上属于马克思主义新闻学；在社会性质上属于社会主义新闻学；在阶级性上属于无产阶级新闻学，是以党性集中体现无产阶级先进性、人民先进性、民族先进性的新闻学。当代中国新闻学，是当代中国语境中现代性、理论性、社会性和阶级性（集中表现为党性）相统一的新闻学，并不是多种新闻学；现代新闻学、马克思主义新闻学、社会主义新闻学、无产阶级新闻学等，不过是从不同属性维度对当代中国新闻学的定性和描述，正是这些属性一起构成了当代中国新闻学的'中国性'。只有全面准确理解了当代中国新闻学的'中国性'，才能真正把握当代中国新闻学的真实面目，构建起当代中国新闻学的自主知识体系。"[1] 当代中国新闻学的"中国性"，从根本上决定了其自主知识体系是以中国事实、中国经验为根基的知识体系，是以中国马克思主义新闻观为灵魂的知识体系，是站在中国立场上解决中国新闻问题、满足中国新闻发展需要、为中国特色社会主义新闻事业服务的知识体系，是以新闻方式为中国式现代化发展服务、为中国特色社会主义文明新形态服务的知识体系，是开放的、展开广泛交流的、不断发展完善的知识体系，是明确承认并追求将认识论与价值论有机统一起来的知识体系。

当代中国新闻学自主知识体系，是当代中国哲学社会科学整体自主知识体系的有机构成部分。并且，就客观情况看，新闻学自主知识体系成为整体知识体系中越来越重要的构成部分。我们看到，新闻学不仅成为独立自主的学科，而且成为人文社会科学的支柱性学科之一。党和国家

---

[1] 杨保军. 全面认识当代中国新闻学的性质[J]. 国际新闻界，2022（7）：6-27.

比以往任何时候都更加高度重视新闻学科的建设与发展，已将新闻学列入"打造具有中国特色和普遍意义的学科体系"[①] 的 11 个具有支撑作用的学科之中，并且从教育、教学、科研课题设置等各个方面提供了比较优良的保障条件，这对当代中国新闻学自主知识体系的建设无疑是难得的历史机遇。

新闻学科之所以在中国特色哲学社会科学整体学科体系建设中受到程度越来越高的重视，主要是由社会发展的实际状况决定的，是由新闻活动的整体变革状况决定的，特别是由当代中国新闻事业作为党、政府和人民耳目喉舌的性质及其舆论引导核心功能决定的。随着信息时代的到来，互联网已经成为社会整体运行的基础设施，数字技术已经成为整体技术系统中的"元技术"[②]，社会媒介化的深度与广度不断加大，智能化的水平也在迅速提高，这使得信息传播、新闻传播在社会整体运行与发展中，在中国与世界的关系构建中，具有越来越重要的地位和作用。与此相应，构建当代中国新闻学自主知识体系也就自然成为具有战略意义的大事，而如何超越传统新闻学的知识体系，加快构建适应新兴数字环境、融合环境的新闻学自主知识体系更是紧迫的任务。

三、构建自主知识体系的根据与必要性

为什么要构建特别是加快构建当代中国新闻学自主知识体系？其中的主要根据是什么？构建自主知识体系的必要性是什么？中国为什么不能直接搬用或套用其他的或"他主"的新闻学知识体系？下面将这些问题综合在一起，加以简要的分析和阐释。

其一，构建自主知识体系，最重要的根源在于，每个国家、民族、社

[①] 习近平. 习近平谈治国理政：第 2 卷 [M]. 北京：外文出版社，2017：345.
[②] 姜华，张涛甫. "元技术"塑造新闻业发展新图景 [J]. 新华文摘，2022 (1)：148-150.

会都有自身相对特殊的历史情况、文明特征、文化传统，都有自身当代的客观实际和发展水平，都有自身的未来蓝图和理想追求。

认识源于实践，知识源于实际，具体实际的特殊性永远是知识自主性的客观根基。实际情况之所是，事实上对知识的生产与运用都提出了一定的边界和约束。任何超脱客观实际的所谓知识、知识体系，本质上都是无效的，也是无用的。

对于新闻学科来说，当代中国拥有自主的新闻实践、新闻活动，拥有充满自身特色的新闻业和基本新闻制度，并且已经形成了自身的新闻文化特征，这些事实为新闻学自主知识体系的构建提供了坚实的客观根据。自从1949年10月1日中华人民共和国成立以来，尽管当代中国的新闻事业伴随着中国社会的演进经历了各种曲折起伏，但在知识论视野中，当代中国新闻学始终都在努力从自己的实际出发，构建自主知识体系。实际上，针对传统新闻业的实际情况，当代中国新闻学应该说已经构建起了比较完整的自主知识体系。在新闻历史、新闻应用和新闻理论三大分支领域，当代中国新闻学都已构建起基本的知识框架，形成了时代化的学科结构和教材体系，拥有自身的学术体系和话语方式。这些整体定性上属于传统新闻学的知识体系，尽管对当下现实仍然具有一定的解释能力，但在总体上说，其知识、方法、理论已经很难应对新兴数字新闻环境的巨大变革。客观实际的日新月异，要求当代中国新闻学必须加快构建适应新时代的自主知识体系。

如今，面对世界百年未有之大变局，面对中华民族的伟大复兴，面对新闻领域翻天覆地的变化，当代中国新闻学开启了更加自觉的知识体系构建活动。具体一点讲，在新闻活动视野中，传统新闻业正在危机状态中挣扎前行，探索新的出路，新闻生产、传播、消费、使用、管理、控制等整体上进入新的时代。一言以蔽之，新的新闻活动生态结构正在形成，一个前所未有的"后新闻业时代"已经开启并正在全面展开。[①] 在这样的时代潮流中，传统新闻学构建的知识体系很难适应新的需要。这是一个呼唤创新、创造的时代，是需要新观念、新知识、新理论的时代。"实践没有止境，理论创新也没有止境。"[②] 传统新闻学知识体系的更新与发展迫在眉睫，"后传统新闻学"的知识体系亟待构建。事实上，新闻学术界早已启动了构建新的自主知识体系的步伐，当前关于"数字新闻学""互联网新闻学""融合新闻学"等的探索正是构建新的新闻学知识体系的集中表现。但实事求是地看，我们仍然处在初步的战略式设想、谋划阶段，目前的总体状况是"指点江山"的想象多，实实在在的研究成果少。我们还没有全面、深入地展开具体的研究，还没有看到以学术方式构建的适应新形势、满足新需要的新闻学概念体系、观念体系、问题体系、理论体系、方法体系等。因而，总体上看，当代中国新闻学自主知识体系的构建仍然是任重道远的事情。在政治、经济、文化、社会等视野中，新闻对各个领域的变化发展乃至社会的整体优良运行、全面治理、秩序维护等越来越具有不可低估的重要作用和影响。新闻与社会大众的日常生活关系更是日益紧密，新闻生活不仅成为人们日常生活的一部分，也贯穿渗透在几乎所有的社会活动中。而在"世界结构中国、中国结构世界"的宏观关系中，在讲好中国故事、传播好中国声音、解释好中国特色的国家战略中，在各种国际的、全球的交往交流、合作斗争中，新闻显现出日益广泛的作用和影响。因而，在构建哲学社会科学整体自主知识体系的进程中，加快构建新闻学自主知识体系具有特殊的意义和价值。

当然，我们必须明白的是，自主知识体系的构建，不是想快就能快的

---

① 杨保军. 再论"后新闻业时代"[J]. 编辑之友，2022 (10)：5-13.
② 习近平. 高举中国特色社会主义伟大旗帜 为全面建设社会主义现代化国家而团结奋斗：在中国共产党第二十次全国代表大会上的报告[M]. 北京：人民出版社，2022：18.

事情，知识生产、知识更新有其自身的内在规律，其本身就是需要研究的大问题。我们在充分发挥主动性、积极性的过程中，切不可盲目冒进、自以为是，而是要在既有知识积累的基础上，考察新现象、研究新问题、形成新概念，在"自发"与"自觉"相统一的进程中逐步构建起有效的自主知识体系。

其二，只有积极构建自主知识体系，才有可能有效解决自己的问题，满足自己的发展需要。我们需要什么，只有自己最清楚；要解决我们自己的问题，无论是理论上的观念还是实践上的道路，都必须主要由我们自己去探索。

不同的实际情况，一定会产生不同的具体问题；特殊的环境，一定会有特殊的需要。要解决特殊的问题，满足特殊的需要，在知识论视野中，就需要构建特殊的知识体系、创造特殊的智慧和方法。尽管知识源于实践，但反过来看，有效的实践也依赖于有效的实践观念和科学的理论观念。因此，构建能够解决自身问题的知识体系，显然既是必要的也是重要的。

新闻、宣传、舆论乃至一般的信息工作，在马克思主义发展史上，在共产主义运动史和社会主义发展史上，一直具有优先的、不可替代的地位和作用。新闻、宣传、舆论工作始终被看作政治斗争和社会斗争的"思想中心""精神中心""前沿阵地"。而马克思主义关于新闻、宣传、舆论、信息等活动领域的论述，构成了广义的马克思主义新闻观思想体系[1]，也是马克思主义整体理论体系、知识体系中一个重要的子系统。马克思主义新闻观思想体系不仅主要根源于无产阶级的新闻、宣传、舆论工作实践，也成为指导这些领域工作有效开展的基本知识资源和重要思想武器。

---

[1] 陈力丹．马克思主义新闻观思想体系[M]．北京：中国人民大学出版社，2006：5．

中国共产党从其成立之日起,始终高度重视新闻、宣传、舆论工作。在当代中国特别是进入新时代的中国,党和国家更是赋予新闻舆论工作以特殊的地位、功能和作用,可以说,对新闻舆论工作的重视,达到了前所未有的高度。习近平总书记指出:"做好党的新闻舆论工作,事关旗帜和道路,事关贯彻落实党的理论和路线方针政策,事关顺利推进党和国家各项事业,事关全党全国各族人民凝聚力和向心力,事关党和国家的前途命运。"[1] 新闻舆论工作"是治国理政、定国安邦的大事"[2]。所有这些论述和判断都意味着,在新的历史时期,中国式现代化的发展,人类文明新形态的形成,对新闻舆论工作提出了全新的要求。新闻舆论工作需要以自己特有的方式,为中国社会整体的优良运行与发展做出贡献。

毫无疑义,新闻舆论工作要想做出自身的独特贡献,就得创造性地提出符合时代要求、未来发展所需要的思想观念、知识方法和理论智慧,而这自然需要我们依据新的形势,根据新的实际,加快当代中国新闻学自主知识体系的构建,这样的构建不仅是当前十分必要而紧迫的任务,也具有重要而长远的战略意义。

其三,对于一定的主体来说,与自主知识体系相比,"他主"知识体系具有的更多是参考借鉴价值。"他主"知识体系往往可以充当某种照见或发现自主知识体系可能问题的镜子,从而使自主知识体系的构建主体更加自觉、清醒地看待自己。

针对各自国家、民族、社会的政治、经济、文化等领域,不同主体实际上都在构建自主知识体系,差别可能在于不同主体构建自主知识体系自觉的程度有所不同,自主知识体系构建的水平有高有低。因此,就当下的实际情况看,不管哪个领域,在知识论视野中,人类不同群体都处于丰富

---

[1] 习近平. 习近平谈治国理政: 第 2 卷 [M]. 北京: 外文出版社, 2017: 331 - 332.
[2] 同[1]331.

而复杂的知识生态系统中。这就意味着，对于一定的国家、民族、社会主体而言，在解决自身的问题时，如何选择具体的知识体系，如何处理不同知识体系之间的相互关系，是必须做出选择的事情。

首先，不同自主知识体系之间或自主知识体系与"他主"知识体系之间的基本关系，是一种特殊知识与特殊知识之间的关系，那种把自主知识体系看作是特殊的，把"他主"知识体系看作是普遍的，是对"他主"知识体系的盲目崇拜。当然，如果把自主知识体系看作是普遍的，而把其他知识体系看作是特殊的，则是一种自我崇拜、自我中心主义的表现。将特殊随意普遍化的做法，无论在认识论、价值论上还是在方法论上，都是需要警惕的。

在一般意义上说，任何一种特殊的知识体系并不必然具有普遍的知识意义和价值。但是，针对同一对象、同一领域的各种自主知识体系，除了以解决特殊问题为主之外，也都在解决一些共同的问题，因而必然会达成一些普遍共识。个别包含一般，这意味着在所有特殊的、自主的知识体系中，总有一些普遍的、共同的知识基础或知识成分。不同知识体系之间的对话交流、互学互鉴，是产生共同知识体系的基本途径和机制。这就像不同文明、不同文化之间的关系一样，尽管各有自身的特殊性，但不同文明主体、文化主体都要面对一些基本的共同的问题，因而文明、文化之间总有一些共性，只要展开平等对话、互学互鉴，就一定能够达成一些超越特殊性的文明共识、文化共识。

由于现代科学以及现代学科分类主要源于现代西方世界，比如作为现代学科的中国新闻学，在起源上就来自西方，属于舶来品。这样一种历史源流关系，极易形成人们对西方新闻学知识体系的普遍化理解，极易形成用西方新闻观念套裁中国新闻事实、用西方新闻理论评判中国新闻实践的合理性。用西方知识体系解释中国新闻现象，结果必然是理论与实际的错位，必然扭曲中国新闻现实。用以自由主义为根基的专业主义新闻学理论，解释不了作为党的事业的当代中国新闻实际。基于西方历史传统、客观实际的新闻学知识体系具有自身的特殊性，不可能完全适用于拥有自身历史传统、客观实际的中国新闻现象。反过来其实也一样，用当代中国新闻学的"党媒"理论是无法解释西方新闻现实的，更不可能用马克思主义新闻理论去指导当下的西方新闻实践。但构建既能解释中国新闻现象又能解释世界新闻现象的当代中国新闻学，应该是我们的学术目标之一。我们构建的新闻学自主知识体系，若是能够解释各种可能的新闻现象，那才能够更加有力地贡献中国智慧、产生中国力量。

其次，任何一种自主知识体系，主要是根据自身的特殊情况、实践经验构建的，具有明确的针对性或目的性，因而更能解释自己的实际情况，更易解决自己的实际问题，满足自身的实际需要。

毫无疑问，强调构建自主知识体系，是为了解决我们自己面临的问题，满足我们自身的发展需要。中国问题需要中国理论来解释，需要中国理论、中国经验、中国智慧提供解决思路与方法。在新闻学视野中，要理解中国新闻现象，当然要从中国新闻实际出发，要将中国新闻现象、新闻实践概念化、问题化，这样形成的新闻概念体系、新闻观念体系、新闻理论体系乃至整体的新闻学知识体系，才能更加有效地指导实践、解决现实问题。

当代中国新闻业尽管具有世界新闻业的一般特点[①]，但它确实更具有自身的典型特征，诸如新闻资产本质上实行单一国家所有制，以马克思主义新闻观为主导观念，新闻媒体在意识形态与产业双重基本属性中定位，在新闻与宣传两种主要功能中展开传播，强调舆论引导的主导地

[①] 杨保军. 新闻理论教程[M]. 4版. 北京：中国人民大学出版社，2019：162-167.

位，整个新闻业在政治、经济、文化、技术等多元力量的制约中发展运行等。① 只有能够全面系统深入认识反映这些特征的新闻学知识体系，对中国新闻来说才是有效的知识体系、管用的知识体系。这样的知识体系是保证新闻事业健康发展、新闻舆论工作有效开展的知识基础或智力支持。

最后，相对于自主知识体系的"他主"知识体系，是他者根据自己的特殊情况构建的知识体系。这样的知识体系尽管不能直接有效地解释中国事实、解决中国问题，但作为一种知识体系、思想智慧，总是具有一定的参考价值和意义，是学习借鉴、吸纳的资源。

在自主知识体系构建过程中，我们应该特别注意自主知识体系的自我循环、自我封闭现象，即源于和反映自身实际的知识体系，总有可能把自己的一切现实及做法都解释成合理的、正确的，而实际情况却可能并非如此，即一些实际的做法恰好是需要改善甚至是彻底改变的。为自身的错误观念及错误做法做出"合理"解释是现实社会中常见的现象。在自主知识体系构建中，知识体系的正确性、合理性并不是自然而然的事情，构建主体出现片面、错误都是难以彻底避免的，就像每一个人难以直接看到自己后背一样，从而造成自主知识体系的某种自我遮蔽现象。人们通常所说的自主知识体系的"自说自话""自娱自乐"，指的正是这种现象。自主知识体系的自我循环、自我封闭，不仅会造成知识体系自身的故步自封、自以为是的状态，还有可能造成更为严重的问题，这就是难以发现实践中真正的问题所在，更不要说为解决真实问题提供知识了。片面、封闭、虚假的所谓自主知识体系是可能的，在自主知识体系构建中，必须对此保持高度的警惕性、反思性和批判性。

---

① 杨保军．新闻理论教程［M］．4版．北京：中国人民大学出版社，2019：167－170．

然而，无论是在认识领域还是在实践领域，一种十分普遍的现象是，自己发现不了的自身问题，很可能在他人眼前一目了然。这就提醒我们，在构建当代中国新闻学自主知识体系的过程中，我们一方面要充满自信、自主独立地展开探索，"以科学的态度对待科学、以真理的精神追求真理"[1]，以学术的方式对待学术，另一方面作为自主知识体系的构建主体，必须虚怀若谷，开阔眼界，主动积极地借鉴、吸收一切有益的知识营养，勇于和善于听取其他知识体系构建者的批评，而自主知识体系构建主体更是要时刻自觉反思自身的构建行为及其构建结果。尤其是在当今世界，尽管每个国家、民族、社会依然具有自身的典型特征、个性特色，但人类越来越成为紧密的命运共同体，每一社会领域都面临越来越多共同的问题，因而，互相学习、互相借鉴，一起创造、构建共同的知识体系、观念体系，拥有越来越深厚的客观基础和越来越多的实际需要。当代中国新闻学在构建自主知识体系的进程中，核心当然是从中国的"本体"出发，即从中国的实际出发、中国的经验出发，但同时要关注人类新闻活动的整体发展趋势，积极主动学习其他相关知识体系的优秀成果，秉持自主独立、开放包容的精神，世界眼光、人类胸怀是我们应有的境界。

第二节 构建中国新闻传播学自主知识体系的立场与目标

"加快构建中国特色哲学社会科学，归根结底是建构中国自主的知识体系。"[2] 当代中国新闻学自主知识体系的建构，关涉许多基本问题，诸如自主知识体系本身的内涵问题，构建自主知识体系的根据与必要性

---

[1] 习近平. 高举中国特色社会主义伟大旗帜 为全面建设社会主义现代化国家而团结奋斗：在中国共产党第二十次全国代表大会上的报告 [M]. 北京：人民出版社，2022：20.

[2] 习近平在中国人民大学考察时强调 坚持党的领导传承红色基因扎根中国大地 走出一条建设中国特色世界一流大学新路：王沪宁陪同考察 [N]. 人民日报，2022-04-26 (1).

问题①，自主知识体系建构的基本立场与基本目标问题，自主知识体系建构的历史演进问题，自主知识体系建构的主体构成及其关系问题，自主知识体系系统内容的建构问题（这是关键所在），自主知识体系建构的途径、方式与内在机制问题等。其中，"建构立场"与"建构目标"是事关自主知识体系建构出发点与归宿点的重要问题，具有特别的地位和意义。本节拟对当代中国新闻学自主知识体系建构的理论立场、价值立场与学术目标、实践目标做出相对比较系统的分析和阐释，以为自主知识体系建构研究提供一些基本参照。

一、当代中国新闻学自主知识体系建构的理论立场

任何知识体系都是一定主体建构的产物。任何建构主体都是具体的社会历史存在，因而知识体系总是历史性的存在。尽管知识生产中存在着普遍的自发性，但成体系的知识建构更注重自觉性，具有强烈的目的性。建构知识体系的主体，总是从自己的立场出发，根据自身的需要来建构特定知识体系。建构自主知识体系的立场涉及多个维度，但最重要的是总体性的理论立场和居于知识体系灵魂地位的价值立场。我们先来讨论理论立场问题。

坚持以马克思主义为指导，是建构当代中国新闻学自主知识体系的基本理论立场。"拥有马克思主义科学理论指导是我们党坚定信仰信念、把握历史主动的根本所在。"② 习近平总书记指出，"坚持以马克思主义为指导，是当代中国哲学社会科学区别于其他哲学社会科学的根本标志"③。马克思主义是指导建构当代中国哲学社会科学自主知识体系的总

---

① 杨保军. 构建当代中国新闻学自主知识体系的根据与必要［J］. 国际新闻界，2022（11）：25-38.
② 习近平. 高举中国特色社会主义伟大旗帜 为全面建设社会主义现代化国家而团结奋斗：在中国共产党第二十次全国代表大会上的报告［M］. 北京：人民出版社，2022：16.
③ 习近平. 在哲学社会科学工作座谈会上的讲话［N］. 人民日报，2016-05-19（2）.

体性思想、理论和方法。这实质上意味着，当代中国化马克思主义最新成果是各个学科建构自主知识体系过程中的总体指导性思想、理论和方法。当我们拥有了马克思主义的立场、观点和方法，就会如恩格斯所说，能够"把现代社会关系的全部领域看得明白而且一览无遗，就像一个观察者站在最高的山巅观赏下面的山景那样"[①]。马克思主义的如此地位与作用，说明它从根本上规定了各个学科自主知识体系的理论性质和理论立场。

从一般意义上说，每一种宏观的或总体性的"主义"或理论体系，都有自己看待世界本质、社会本质、人的本质以及世界、社会与人之关系的基本观念、基本方法（其实就是一种"哲学观"）；或者说，每一种宏观的或总体性的"主义"或理论体系，都有一套考察、分析、阐释相关对象的总体观念、理论、方法范式。这样的"主义"范式，决定和影响着它对各个具体社会领域、各种具体社会活动的解释立场、解释方式和解释结果。尽管存在着不同的总体性的"主义"范式，但经验事实与学术研究实际上都已告诉人们，它们的解释力是有差别的，甚至存在着正确性的区别、合理性的差异。因此，在知识论视野中，持有一种合理的、正确的并且能够不断完善发展的"主义"范式或理论体系，对于总体的哲学社会科学知识体系建设以及一定学科知识体系的建构具有至关重要的作用。

对于中国来说，伴随现代社会的展开过程，经过长期的探索以及各种"主义"的相互碰撞，中国共产党人最终发现，只有马克思主义才能真正指导解决中国革命、建设和发展问题。因而，坚持马克思主义的总体指导地位便成为中国人的坚定选择，马克思主义也自然成为建构当代中国总体哲学社会科学自主知识体系以及各个具体学科自主知识体系的指导思想和

---

① 马克思恩格斯全集：第21卷[M]．2版．北京：人民出版社，2003：363．

理论立场，自然也成为总体性的世界观和方法论。可以说，马克思主义在中国的发展过程，也是中国自主知识体系的建构过程。

事实上，我们已经看到，在当代中国，伴随中国式现代化的历史展开，马克思主义始终都在演进发展进程中，形成了不同历史阶段马克思主义时代化的新表现、新成果。① 与此相应，包括新闻学科在内，也形成了具有不同时代特点的哲学社会科学基本知识体系以及各个学科知识体系的构成方式。我们虽然不能说，每一历史阶段都形成了完备的自主知识体系，但每一历史阶段，都有学科自身知识架构、知识体系的内容特征和表现形式。自主知识体系的马克思主义理论性质，使得在中国化马克思主义与各个学科自主知识体系建构之间形成了一种规律性的关系，这就是：中国化马克思主义的整体发展水平，决定着各个学科自主知识体系的发展水平。这其实也是当代中国哲学社会科学自主知识体系发展的典型特征。当然，这一规律性关系也说明，每一学科自主知识体系的建构过程，也是中国化马克思主义的发展过程，每一学科自主知识体系的优良发展，都可以为中国化马克思主义的整体发展做出自身的贡献，增加和丰富马克思主义思想体系、理论体系、知识体系的实质内容。马克思主义的发展不是抽象的而是具体的，必须落实在马克思主义哲学、经济学、政治学、社会学等各个具体的学科领域。

对于当代中国新闻学来说，理论属性上的马克思主义性质从根本上决定了，马克思主义的时代性发展必然促成新闻学自主知识体系的时代性发展。具体而言，这样的理论性质决定了马克思主义新闻观必然是当代中国新闻学自主知识体系的灵魂，是贯穿整个自主知识体系的红线。因此，如

---

① 就马克思主义在当代中国发展的实际情况看，到目前为止，已经形成了前后相继、一脉相承、不断创新发展的几个基本历史阶段：毛泽东思想（毛泽东思想形成于延安时期，发展于中华人民共和国成立之后）、邓小平理论、"三个代表"重要思想、科学发展观和习近平新时代中国特色社会主义思想。

何建构当代中国马克思主义新闻观思想体系、知识体系、理论体系、方法体系，其实是建构当代中国新闻学自主知识体系的关键所在，二者本质上是统一的。进一步说，从马克思主义理论立场出发建构当代中国新闻学的自主知识体系，关键在于运用马克思主义的基本原理、基本观念、基本方法去分析人类新闻现象、新闻实践，特别在于运用中国化马克思主义探索和阐释当代中国新闻活动的特征，揭示中国以"党媒"系统为核心的新闻活动的基本规律。而就当前来看，如何以马克思主义的理论立场建构起能够反映数字时代、智能时代的新闻学知识体系，是当代中国新闻学自主知识体系建构的主要任务。数字时代的当代中国新闻学，应该呈现为马克思主义理论性质的数字时代的新闻学知识体系。而这对当代中国新闻学来说，还是刚刚起步的事情。对此，后续关于自主知识体系建构内容的研究中将会有专门深入系统的探讨。

二、当代中国新闻学自主知识体系建构的价值立场

以人民为中心，为人民服务，是当代中国新闻学自主知识体系建构过程中的根本价值立场。知识是主体人的创造物，天然包含着主体的意向性，承载着主体的价值追求和价值理想，并不是纯粹的对客观对象的镜像式反映和呈现。如果说自然科学具有更为突出的"物理"性，更具客观性，揭示的是自然事物运行的内在机制，那就可以说，哲学社会科学具有更为突出的"事理"性，更具主体性，揭示的是人作为主体的社会活动的内在机制，其中包含着人的价值立场与信念。任何自然科学知识从本性上说都具有人类意义的普遍性，但对人文社会科学知识而言，从本性上说其更加具有的特征是一定范围的普遍性（特殊性）。因而，人文社会科学的知识生产、知识体系的建构，往往有着为谁服务的明确价值立场。

更进一步，从学术角度说，知识属于公共产品，但就现实情况而

言，哲学社会科学知识作为公共知识，确实具有一定的适应范围，并不像自然科学知识，从原则上说具有遍及人类、超越具体社会人群的世界性的公共属性。也就是说，哲学社会科学知识作为公共知识，很多内容甚或在整体上说，都有自身适应的主要社会范围。因而，一种知识体系主要为什么人服务，也就是站在谁的立场上生产、创造相关知识体系，常常成为哲学社会科学领域知识生产中的重大问题。正如有人所说，"为什么人的问题，是一个根本的问题、原则的问题，是检验一个政党、一个政权性质的试金石，也是衡量一种思想理论先进性的根本尺度"[①]。就当代中国新闻学自主知识体系的建构而言，其基本价值立场就是"人民中心"立场。

"人民中心"的价值立场，在根源上是由马克思主义的历史主体观决定的，也是由作为马克思主义政党的中国共产党的奋斗目标决定的。在马克思主义的历史唯物主义视野中，人民群众是历史发展的主体，是创造历史的主人和英雄，人民性是马克思主义的本质属性。因而，在客观的历史进程中，人民群众理应成为历史的中心，人类的一切活动从原则上说理应围绕人民的利益而展开。对于任何政党来说，只有真正以人民为中心，才有可能得到人民的真实拥护，才有可能把自身的"党性"与"人民性"真正统一起来。中国共产党就是这样的政党，它把人民的利益作为自己唯一的、至上的奋斗目标。中国共产党的马克思主义性质，为人民利益奋斗的政治目标和社会理想，从源头上决定了在其领导下的所有事业，都必然会以人民为中心，会站在人民的立场上，制定国家、民族、社会发展的战略、路线、方针和政策。落实到精神世界和知识生产领域，必然会要求站在人民的价值立场上，去建构能够满足人民合理利益需要的知识体系。因

---

① 刘光明. 深刻把握习近平新时代中国特色社会主义思想的世界观和方法论[N]. 光明日报，2022-11-02(11).

而，就当代中国新闻学自主知识体系的建构而言，"人民中心"的价值立场，也就是党的立场，而党的立场、人民的立场，也就是当代中国的价值立场。我们完全可以说，以中国价值立场建构的当代中国新闻学知识体系，就是我们所说的新闻学自主知识体系。人民立场、党的立场和中国立场是一个立场，它们是内在统一的。

由上面的初步分析阐释可以看出，以人民为中心的价值立场，在理论原则上相对比较好讲，那就是建构出来的知识体系应该是站在人民立场上、为人民服务的知识体系。但在具体层面上，到底什么样的知识、知识体系才是以人民为中心的知识体系，什么样的新闻学知识体系才是以人民为中心的知识体系，并不是一目了然的，而是需要深入探讨的关键问题。如果以当代中国新闻事实、中国新闻经验为核心参照，我们可以对人民中心、人民立场的新闻学知识体系的基本内涵做出以下阐释。

其一，人民立场的新闻学自主知识体系，是能够科学、真实反映以人民为主体的新闻活动实际情况的知识体系。

以人民为中心的新闻，是能够以新闻方式真实、全面反映和呈现人民群众生产、生活最新变动情况的新闻，是能够以新闻方式为人民利益服务的新闻；以人民为中心的新闻学知识体系，是能够以知识方式、理论方式真实反映当代中国人民新闻事业（也是党和政府的新闻事业）、新闻活动实际情况的知识体系，这是自主知识体系得以建构的基本前提。不能比较全面、深入、系统地反映中国新闻实际、中国新闻经验特征的知识体系，在属性上不属于当代中国新闻学自主知识体系。

知识体系的可靠性、合理性，在于其对相关客观事实认识反映的正确性或真理性。那些能够正确反映当代中国新闻业的客观表现、人民群众新闻活动实际情况的认识成果，才能成为建构符合人民利益的新闻学知识体系的基础材料。"一切脱离人民的理论都是苍白无力的，一切不为人民造福的理论都是没有生命力的。"① 因此，站在人民立场上建构新闻学自主知识体系，首要的工作是知识建构主体能够以科学合理的方式掌握并理解当代中国新闻活动的实际情况，努力达到规律性的认识水平。由于新闻活动的内容、形式都是历史性的，相应的认识也是历史性的，因而，自主知识体系的建构是一个历史的过程，不可能一劳永逸，需要不断地更新和完善。

在当代中国新闻活动与人类新闻活动一起开启并展开"后新闻业时代"的大背景下②，应该说，人民群众的新闻活动方式正在发生翻天覆地的变化，他们不再是"传统新闻业时代"那种相对被动的、单一的以收受新闻为主的角色，而是在技术赋能的情况下，迅速转变成为现实空间与网络空间中主动的、积极的、富有创造性的"产-销"一体化的新闻活动主体。人民大众作为个体、群体已经成为互联网结构中不同类型的"节点"，与专业新闻媒体、平台媒体、机构媒体以及智能行动者生成了前所未有的新闻生态系统、媒介生态系统。③ 能够比较及时、全面、准确反映和呈现当今数字环境中新闻现象、新闻活动的迅速变化，才是当代中国新闻学自主知识体系建构的核心所在。④ 只有这样的自主知识体系初步建构起来，我们才能说，建构起了时代性的以人民为中心的自主知识体系。显然，这是一个艰难而复杂的巨大工程，需要我们做出持久艰苦的努力。

其二，人民立场的新闻学自主知识体系，是能够真实反映和呈现人民合理新闻需要的知识体系。

---

① 刘光明.深刻把握习近平新时代中国特色社会主义思想的世界观和方法论[N].光明日报，2022-11-02(11).
② 杨保军.再论"后新闻业时代"[J].编辑之友，2022(10)：5-13.
③ 杨保军."共"时代的开创：试论新闻传播主体"三元"类型结构形成的新闻学意义[J].新闻记者，2013(12)：32-41.
④ "新闻理论创新应站在数字文明转型的角度，即从文明的视角出发，特别是中华文明新形态的角度，分析数字新闻实践在当下存在的价值与意义。"参见吴飞.将数字文明融入新闻理论创新[N].中国社会科学报，2022-11-29(A1).

人民群众对新闻事业及新闻有着怎样的期望，特别是对以"党媒"为主导的新闻生产传播有着怎样的期待，应该成为当代中国新闻学自主知识体系建构中的重要内容。与揭示当代中国新闻活动的实际情况相比，真实反映广大人民群众对当代中国新闻的期望其实更难，它在一定程度上反映和体现着自主知识体系面向未来的价值诉求。

在当代中国新闻学自主知识体系中，不只是要反映和呈现人民群众新闻活动的实际情况，同时还要反映人民群众对优良新闻活动的价值期望。如果说上面一条强调的是自主知识体系建构的真理性问题，那么这里强调的是自主知识体系建构的合理性问题。新闻学自主知识体系只有实现了合规律性与合目的性的一致或统一，才会成为真正有用的、能用的和愿意运用的知识体系。在新闻学自主知识体系中，把"是什么"与"应如何"有机统一起来，才是完整的、有指向的知识体系。

人民群众需要什么样的新闻业，需要什么样的新闻，当前的新闻业存在什么样的问题，人民群众对当前的新闻生产传播活动还有什么样的不满，什么样的新闻才能以新闻方式促进中国社会的优良运行和发展，促进中国式现代化的健康发展，促进实现人民期望的美好生活，都是不容易回答的问题，同时也是事关新闻业未来发展的重大问题。事实上，传统新闻学对这些问题做出过明确回答，但它针对的主要是传统新闻业时代的实际情况，而当今的新闻生态环境发生了天翻地覆的变化，曾经的认知更多具有的是参考价值，很难直接指导新的实践、解决当下的问题。因此，对这些问题的回答，需要在知识论视野中对既有的观念、理论或整体的知识体系展开批判和反思，需要反映人们在新兴环境中对新闻的期望。这就是说，当代中国新闻学要想建构时代性的、面向未来的自主知识体系，就必须使知识体系认识和反映新兴数字环境中广大人民群众对新闻的新要求、新期待。只有把这样的内容有机建构在自主知识体系中，它才是站在人民立场上的自主知识体系。

其三，人民立场的新闻学自主知识体系，必须是人民群众能够在新闻活动中理解的知识体系、能够掌握的知识体系、能够运用的知识体系。

站在以人民为中心的价值立场上，核心是满足人民的需要。在新闻学视野中，这不仅要求新闻生产传播应该维护公共利益、满足人民的需要，同时要求我们建构的新闻学自主知识体系也能够满足人们理解新闻现象、参与新闻实践、改进提升新闻活动质量的实际需要。

自主知识体系应该是人民能够自主运用的知识体系。理论观念、知识工具只有转换为实践观念、活动手段时，才能产生和发挥感性的、实际的作用和价值。知识体系不仅是揭示客观实际特征和规律的理论观念体系，更应该成为能够指导实践、改变实际的实践观念体系。这是马克思主义内在精神的根本要求，马克思曾说："哲学家们只是用不同的方式解释世界，问题在于改变世界。"[1] 能够从理论观念转换为实践观念的认知成果，才是有实践价值的理论观念。对于一种系统的知识体系来说，同样如此。一套知识体系，只有能够结合实际，转换成能够指导人们实践活动的方案、蓝图，才是有用的知识体系。对于应用性、实践性突出的新闻学知识体系来说，更应如此。

从知识生产的直接现象上看，似乎一种知识体系只是为知识生产者群体以及相应的实践领域的工作主体服务的，但实际情况并非如此。从普遍性上看，一定学科领域生产传播的知识、建构的知识体系，不仅会影响相关的知识与实践领域及其相应的社会人群，也会通过不同学科之间的关系、不同社会领域之间的关系，影响到整个社会，影响到所有人的相关观念和活动。知识或知识体系的公共性内在地决定了这一点。人们很容易看

---

[1] 马克思恩格斯文集：第1卷[M]. 北京：人民出版社，2009：502.

到，不管是政治学、经济学、社会学等知识或知识体系，还是法学、管理学、新闻学等知识或知识体系，都会得到人们不同方式的学习和运用，或者说，这些知识或知识体系都会以直接的或间接的方式，影响到所有人的工作和生活，差别可能在于影响的方式不同、程度不同而已。

就新闻学知识、新闻学知识体系而言，如果说在传统新闻业时代，理论化的新闻学知识运用主体主要是直接的知识生产主体与职业新闻工作主体，那就可以说，在当今数字新闻、融合新闻环境中，广大人民群众已经普遍成为新闻学知识及其知识体系的学习者和运用者。我们很容易就可看到，在今天这样的互联网时代、媒介化社会中，广大的人民群众不仅普遍需要一般的媒介素养、技术素养、新闻素养知识，而且需要新闻生产传播以及一般信息生产传播的基本理论知识、操作知识、伦理法规知识等，这里的根本原因在于新的媒介时代或者以互联网为基础设施的后新闻业时代，已经把社会大众造就为"全能"的新闻活动主体、传收一体化的主体，互联网已经激活和解放了社会大众的新闻生产传播热情与能力。这意味着，在新的媒介环境中，新闻学知识、新闻学知识体系已经越来越成为真正的、广泛的公共化知识和知识体系。因此，当代中国新闻学自主知识体系的建构，不再是针对范围狭小的相关知识群体、职业新闻生产传播主体之需要的建构，而是原则上针对满足全体社会大众、全体人民群众需要的建构。实际上，人民群众不仅是新闻学知识、新闻学知识体系的学习者、运用者，也是新闻学知识创造、新闻学知识体系建构的积极参与者，他们与其他类型的主体一起构成了共同的新闻学知识生产主体、新闻学知识体系建构主体。

三、当代中国新闻学自主知识体系建构的学术目标

从知识生产角度看，知识体系的构建首先属于学术问题，它的第一目标应该是学术目标。因而，建构比较完备的、符合新时代特点的新闻学知

识体系，是建构当代中国新闻学自主知识体系的基本学术目标，也应该是优先目标。学术能否自主，最重要的衡量标准就是，有无自主建构的科学的、合理的能够体现自身立场、反映自身实际情况、满足自身合理需要的自主知识体系。进一步说，在学科意义上，学术自主的重要标志就是，能够建构起用来反映和解释学科研究对象、学科领域实际情况的自主知识体系，也即关于学科研究对象、学科领域实际的学术体系、话语体系。具体一些讲，当代中国新闻学自主知识体系，至少应该基本实现以下几个方面的学术目标。

首先，当代中国新闻学自主知识体系，是能够科学、合理反映和解释中国新闻现象、新闻活动、新闻业的知识体系。自主知识体系最重要的是能够反映中国事实、中国经验，能够解决中国问题。当代中国新闻学自主知识体系建构的学术着力点在于三个大的方面：一是关于新闻领域自身的知识建构，这是新闻学自主知识体系的基础和核心。当代中国新闻学，只有建构起关于中国新闻学比较系统的新闻史、新闻理论、新闻应用等知识体系，才有资格和底气说建构成了自主知识体系的奠基部分或主体（本体）部分。[①] 二是建构关于新闻与社会整体关系特别是新闻与经济、政治、社会、文化等各个领域具体关系的知识体系，这是当代中国新闻学自主知识体系建构中比较繁难的部分，也是目前看来相对比较薄弱的部分，但这一部分其实是我们下文将要论述的自主知识体系建构的实践目标得以实现的关键所在。三是建构新闻与人民群众日常生活关系的知识体系，这是当代中国新闻学在传统新闻学阶段没有给予足够重视，但在当今互联网普及、媒介化社会成型的背景下却显得越来越重要的部分。

[①] 事实上，当代中国新闻学在"前当代新闻学"阶段，更准确地说在"后新闻业时代"开启之前，也就是新闻学界习惯所说的"传统新闻学"时代，已经建构起关于中国新闻的基本的、自主的知识体系，已经形成了新闻史、新闻理论和新闻实务比较完备的知识体系。现在的核心任务是尽快建构起适应新兴数字环境的新闻学知识体系。

其次，当代中国新闻学自主知识体系，是能够以中国立场、中国观念、中国方式科学、合理反映和解释人类新闻现象、人类新闻活动、人类新闻业的知识体系。"随着中华民族日益走近世界舞台中央，随着中华文明日益获得世界影响，中国知识体系也面临在解决世界性问题的过程中获具新的普遍意义。"[1]尽管如上所说，当代中国新闻学以当代中国新闻活动为主要研究对象，在学术上以发现中国新闻活动特征、揭示中国新闻活动特别是"党媒"体系新闻活动规律为主要任务，在学术追求上以建构关于中国新闻活动的知识体系为主要目标，但在全球化的宏观背景下，在人类命运共同体的历史形成过程中，当代中国新闻学必然同时关注整个人类新闻活动的发展变化，必然注意探索整个人类新闻活动的特征与总体演变趋势，力求建构比较完整的当代中国新闻学知识体系。新闻现象是人类现象，新闻活动是人类活动，新闻交流本身就是人类交流的基本方式。在更宏观的层面上看，新闻是人类不同文明、不同文化间交流的重要中介，是不同国家、民族、社会间交流的基本桥梁，其在交流、解决人类面对的诸多共同问题的过程中，发挥着越来越重要的作用和影响。当然，我们也不会否认，一些新闻也是造成人类诸多关系紧张、误会甚至矛盾斗争的因素。因此，以中国立场、中国观念、中国方式考察、分析、阐释这些关系以及新闻在全球事务、人类活动中的各种功能、作用和影响，是当代中国新闻学自主知识体系建构中不可缺少的部分。当代中国新闻学自主知识体系建构不仅要有中国根基，同时要有世界眼光、人类胸怀，"中国新闻传播学知识体系，应既具有自主性、中国性，又融通中外，具有世界意义，能够为解决全球范围的重大问题提供中国原创性理论贡献"[2]。

---

[1] 韩蒙.中国知识体系的自主性问题：基于哲学视角的思考[N].中国社会科学报，2022-10-27(3).

[2] 高晓虹，涂凌波，郑石.建构中国新闻传播学知识体系的思想方法与基本路径[N].光明日报，2022-11-04(11).

最后，当代中国新闻学自主知识体系，是能够科学、合理反映和解释中国新闻与世界新闻关系的知识体系，是内在包含比较新闻学的知识体系。新闻关系以及以新闻关系为表现形式的各种关系，诸如舆论关系、文化关系甚至是外交关系、政治关系等，已经成为当今世界各国关系乃至全球各种关系中的重要关系形式。因此，中国新闻与世界新闻的关系问题，是当代中国新闻学必须在学术上关注的重要问题。实际上，世界各国之间信息产业领域的关系、新闻传媒领域的关系、新闻媒体间的关系，交织在其中的各种物质利益关系、政治利益关系，以及蕴藏在这些关系背后的各种观念、理念关系，都是当代中国新闻学应该关注的问题，对这些问题的认知与看法，也应该成为新闻学自主知识体系的有机构成部分。在以往的新闻学知识体系建构中，当代中国新闻学对世界意义上的新闻关系问题没有给予足够的重视，即使有关注，也主要把目光投注到西方发达国家新闻与中国新闻的关系上，这显然是有偏颇的。在多极化国际关系中，在全球治理的民主化进程中，当代中国新闻学应该更加关注中国新闻与发展中国家新闻的关系，应该积极建构中国新闻与发展中国家新闻之间关系的知识体系。

需要特别说明的是，上面关于当代中国新闻学自主知识体系建构学术目标的分析阐述，主要是出于解释说明的方便，分成了几个不同的要点，并将每个要点进一步分成了不同的侧面，但就知识体系本身来说，所有这些内容在整体自主知识体系的建构中，应该是统一的，是融为一体的。而且，如何将这些不同要点的知识体系整合成为统一完整的新闻学知识体系，本身就是知识"体系"建构中需要完成的任务。

四、当代中国新闻学自主知识体系建构的实践目标

建构自主知识体系，目的不仅在于知识目标，更在于通过知识体系的指导和运用，追求更加有效的实践目标，这也是知识生产、知识体系建构的终极目标。从总体上说，任何理论探索、学术研究、知识体系建构的直

接目标都是实现对客观对象的观念把握，即能够以认识论为主的方式理解客观对象的运行特征、机制与趋势（规律），但人类认识客观对象的目的不会停留在解释对象上，人类是"做事"的存在、"实践"的存在，因而会进一步追求知识的实践目标，即运用体现认识成果的知识去指导改造客观对象、创造新的事物，以满足人类的各种需要。就当代中国新闻学自主知识体系建构的实践目标来说，主要包括以下几个方面。

首先，为新闻教育实践、新闻科研实践服务，是当代中国新闻学自主知识体系建构的学科实践目标。作为知识创造，知识体系建构直接的目的是为知识发展、知识传承服务。依据新闻教育、教学、科研的实际情况，这大致可以分为两个方面。

一是为新闻教育、新闻教学实践服务，这是当代中国新闻学自主知识体系建构最为直接的目标。当代中国新闻学自主知识体系，是建构当代中国新闻学学科体系的实质内容。在新闻教育、新闻教学视野中，建设系统的新闻学学科体系，需要以新闻学自主知识体系为基础。新闻学自主知识体系，实际上体现在每一个学科分支上，体现在不同学科分支的统一上。只有建构起丰富的新闻学自主知识体系，学科分支的建构才有基础，没有比较丰富的知识做支持，即使设立各种名目的学科分支也是空洞的，学科体系的建制要基于系统完整、专业严谨的知识体系。当然，我们也可以反过来说，只有学科的各个分支知识体系建构充实，整体的新闻学知识体系才能建构起来。建构系统的新闻学教材体系，更是需要以新闻学自主知识体系为前提，自主知识体系的内容就是新闻学各种教材的实质性内容。因此，只有知识体系建构达到比较高的水平，有新的更为科学合理的新闻学知识生产出来，才有可能产生高水平的新闻学教材。新闻学的学科体系、教材体系，说到底乃是新闻学自主知识体系的体现。二是为新闻科研实践提供基本框架及目标指向。既有知识体系会对相关科研的范围、问题选择、价值取向形成一定的约束和引导,从而有利于既有知识体系的充实和完善。与此同时,既有知识体系的稳定性或保守性,也会约束和限制学术研究的创新。因而,突破既有知识体系的模式或研究范式,始终是知识体系整体更新中最为艰难的工作。当代中国新闻学自主知识体系建构中的核心任务之一,就是在继承中突破传统新闻学的既有知识体系,尽快建构起符合新兴媒介环境、新闻活动实际和新的发展需要的知识体系,这是一个建构新的新闻学概念体系、问题体系、理论体系、方法体系的艰难学术实践过程,也是形成新的当代中国新闻学学术体系、话语体系的过程。

其次,为中国的新闻实践服务,为新兴环境中的中国新闻业发展服务,即为当代中国新闻业的健康发展提供学术支持、理论指导,这是当代中国新闻学自主知识体系建构最主要的实践目标。

任何一个学科的知识运用,首先指向的都是学科所根源的实践领域。新闻学的知识体系来源于新闻实践,然后再回到新闻实践,这是新闻学知识体系最重要的"循环",也是最根本的目的。在互联网崛起与快速演进过程中,在数字技术、智能技术日新月异的进化升级进程中,人类整体的生产方式、生活方式已经与传统工业时代不同了,整个社会的运行方式也与传统工业时代产生了巨大的差异,网络、信息、资讯、新闻、媒介等无不成为社会运行、生活运转的基本要素。至于新闻活动领域、新闻活动方式(主要包括新闻生产方式、新闻传收方式、新闻消费方式、新闻管理控制方式等),更是发生了天翻地覆的变革,大众传播模式主导的传统新闻业处于深深的危机之中,依据传统职业新闻活动建构的传统新闻学知识体系同样面临着整体性的危机局面。[①] 数字时代的新闻业以及普遍的社会化

---

① 杨保军,李泓江. 新闻学的范式转换:从职业性到社会性[J]. 新闻与传播研究,2020(8):5-25,126.

新闻活动，呼唤当代中国新闻学加快建构适应新的时代要求的知识体系。可以说，如果我们能够建构起开放的、符合时代要求的、自主的新闻学知识体系，当代中国新闻业就能得到新的知识支持和自觉指导，就有可能超越传统新闻业时代相对于西方的落后状态，领跑数字文明时代世界新闻业的发展。果真如此，我们所期望的国际传播、全球传播就能得到更好的实现，我们所期望的以新闻方式传播好中国声音、讲好中国故事、解释好中国特色就能够得到更好的实现，展现可信、可爱、可敬的中国形象就有更大的可能。而在国际范围内，时代性的新闻学知识体系一定能够为当代中国新闻与世界新闻的有效对话、交流、博弈和斗争提供思想武器和方法智慧。进一步说，我们所创造的新闻学知识体系也有可能被与中国国情相似的国家学习和借鉴，以指导它们的新闻实践活动。所谓中国知识、中国学术、中国理论、中国智慧等说法和诉求，实质就在于从中国立场出发，生产创造出中国自主的知识体系，这样的知识体系不仅可以指导解决中国问题，也可以成为其他国家解决相似问题的重要参考。

最后，在更宏观的层面、更普遍的意义上，当代中国新闻学自主知识体系的建构，可以通过知识方式特别是以新闻实践、新闻业为中介的方式，为党、国家和社会各方面的事业服务，为中国式现代化的整体发展服务。

在网络化、信息化、媒介化社会中，新闻学知识（体系）的实践价值不再限于新闻教育科研实践领域，不再限于新闻实践领域，而会波及、扩散、渗透到整个社会的所有领域，会影响到政治、经济、文化、科技、军事、外交、体育、卫生等方方面面，新闻学知识（体系）不仅能够为新闻实践、新闻业的优良运行服务，也能够为新闻成为促进社会整体优良运行和发展的重要力量提供知识服务。毫无疑问，当新闻对政治、经济、文化乃至整个社会的作用与影响越来越普遍、越来越大时,新闻学知识(体系)的实践价值和意义也就会越来越普遍、越来越大;当新闻生产、传播、消费、运用越来越成为广泛的、日常的、弥漫性的社会现象时,新闻学知识(体系)也就日益能够为社会大众的媒介化生活、新闻生活提供服务。作为知识的新闻与关于新闻的知识,对今天人们的日常生活来说,无疑会产生广泛的作用和影响,新闻学知识、新闻学知识体系也将获得日益广泛的公共属性、公共服务功能。

五、总结

当代中国新闻学自主知识体系的建构,是建构中国特色哲学社会科学自主知识体系的有机组成部分。新闻学是"打造具有中国特色和普遍意义的学科体系"[1] 中具有支撑作用的学科之一,理应在整体的知识体系建构中走在前面,做出自己的特有贡献。

当代中国新闻学自主知识体系的"建构立场"与"建构目标"问题,是事关自主知识体系建构出发点与归宿点的重要问题,具有特别的地位和意义。坚持以马克思主义为指导,是建构当代中国新闻学自主知识体系的基本理论立场;以人民为中心,为人民服务,是当代中国新闻学自主知识体系建构过程中的根本价值立场,也就是当代中国新闻学自主知识体系建构的"中国价值立场"。建构比较完备的、符合数字文明时代新特点的新闻学知识体系,是建构当代中国新闻学自主知识体系的基本学术目标;而为新闻教育、新闻教学、科研实践服务,为新闻实践活动服务,为新兴环境中的新闻业发展服务,为中国式现代化的整体发展服务,是当代中国新闻学自主知识体系建构的实践目标。

---

[1] 习近平.习近平谈治国理政:第2卷[M].北京:外文出版社,2017:345.

第三节　构建中国新闻传播学自主知识体系的基本逻辑

2022年4月25日，习近平总书记在中国人民大学考察调研时指出，加快构建中国特色哲学社会科学，归根结底是建构中国自主的知识体系。没有知识体系这个内涵，三大体系就如无本之木。习近平总书记的这一重要论述，为中国特色新闻传播学学科体系、学术体系、话语体系建设指明了方向。当前，面向新时代国家社会发展的任务需求、面向新媒介技术的结构性改造、面向全球化背景下人类文明交往的新形势，新闻传播学科面临转型升级的历史性任务，新闻传播学的知识体系也需要以此来锚定坐标、厘清内涵外延。本节试图从元问题的探讨出发，从新闻传播作为一种社会实践活动的本质特征和核心价值入手，分析中国特色新闻传播学所需要面向的基本问题，并围绕这些问题列出知识创新的焦点领域，为中国特色新闻传播学知识体系的建构理清逻辑，进而探索一条实践进路。

一、回到元问题：新闻传播学的本体和实质是什么？

新闻传播学的发展与新闻传播实践活动是密不可分的。在过去的一百多年中，报纸、广播、电视、通讯社、杂志等风起云涌，推动了以大众传播为主体的职业新闻传播事业的迅猛发展。这种实践层面的动向也必然反映到理论层面，催生新闻传播学并促进新闻传播学的发展。如果从1918年北京大学成立新闻学研究会算起，新闻学在中国的发展已逾百年，传播学全面进入中国学界的视野也有超过四十年的历史。1997年6月，国务院学位委员会在其颁布的研究生专业目录中，将新闻学由过去的二级学科调整为一级学科，列为"新闻传播学"，下设新闻学和传播学两个二级学科。随后，1998年7月教育部公布了《普通高等学校本科专业目录》，将文学学科门类中原来的"新闻学类"改为"新闻传播学类"。① 新闻学和传播学这两个密切相关的学科至此正式以"新闻传播学"的统一面目出现。在长期的发展过程，新闻传播学形成了以历史、理论、业务三大板块为支柱的知识图谱，并在各专门领域垂直深耕，形成了蔚为壮观的学科阵列。以目前的教育部《普通高等学校本科专业目录》为例，新闻传播学类包括新闻学、广播电视学、广告学、传播学、编辑出版学、网络与新媒体、数字出版、时尚传播、国际新闻与传播和会展 10 个专业，这些专业构成了新闻传播学知识图谱的纵深。

应该说，已有的发展为构建中国特色新闻传播学知识体系提供了良好的基础，但离自主知识体系的要求尚存在不小的差距。主要表现在：长期跑马圈地扩张而以添砖加瓦方式累积形成的知识碎片如何成为有逻辑的知识图谱？主要面向大众传播而形成的知识概念何以适应新媒体时代传媒业结构性变革的新要求？多源流汇聚、面向多学科开放而形成的知识框架如何彰显本学科的主体性？马克思主义新闻观作为"中国特色"的灵魂如何全面融通进入知识体系？这些问题的解决必须超越各种表层因素，从元问题出发并以其作为逻辑起点展开整个知识体系的构建。

新闻传播学的元问题是什么？对这个问题的探讨首先要回到本体论层面。顾名思义，新闻传播学研究的对象是信息传播，这也是作为实践层面的新闻传播事业的主体特征。有组织的信息传播的根本意义不在于信息内容本身，而是以对话、交流促进社会的沟通，"回溯百年来的中国新闻业，以沟通为核心的新闻实践，是中国新闻事业的核心理念之一，其尊重彼此、协商、获取最大共识的内涵，经受住了历史检验，更符合东方和谐秩

---

① 赵玉明，郭镇之. 中国新闻学教育和研究 80 年：上 [J]. 现代传播，1999（2）：94-100.

序的文化传统,为中国社会进步发挥了重要作用"[1]。但对话与沟通并不是问题的终结,其最终指向的是人的关系:个体与个体,个体与群体,民族与民族,文明与文明。自工业社会和大众传播事业开启以来,新闻在推动人的关系建构方面就发挥着越来越重要的作用,新闻媒体对客观世界的理解通过新闻世界的建构与传播,转换成人的主观世界的认知。也因此,新闻构建了人类自客观世界到主观世界的中间环节,新闻传播成为人的关系建构的一种路径和方法。新闻世界通过"对话和沟通"提供了"合法的""社会共识"标准,吸引更多人认可和接受"社会共识"。就这个意义而言,新闻传播学的一个重要特质就是关注"对话与沟通"及由此对"共识与秩序"的促成,进而推进人类文明和文化的理解与融合。

在今天的社会语境下,对于新闻传播的这一本质意义的认识是重建学科逻辑的关键。总体上,目前新闻传播的所有知识,主要是围绕以大众传播为主体的职业新闻传播活动得来的,工业化的新闻生产和传播过程,塑造了新闻传播学的基本知识体系。特别是新闻学,长久以来建立在职业语境之上,职业新闻主体从事的新闻活动、新闻实践,是新闻学关注的基本对象。职业新闻在新闻图景中占垄断性地位的时代,这种目光向内的学术研究当然有其应然性和必要性。但这也在一定程度上将自身局限在狭窄的理论空间和知识话语之内,进而无法在更为基础、更为深广的话语平台、理论平面上进行知识的拓展与创新。而在当今的新兴技术革命中,新闻活动从职业语境走向社会化语境,职业新闻主体因其他主体被赋权而被降维至众多主体之一,新闻活动发生了根本的、革命性的转变,如何摆脱新闻学诞生时期的工业化痕迹成为一个迫切的现实问题。如鲍曼(Bauman)的液态社会理论所描述的,现代社会逐渐从一种沉重的、规则界限分明的

---

[1] 王润泽,谭泽明. 沟通:百年中国新闻实践的核心理念 [N]. 中国社会科学报,2018-10-12 (4).

固态样态转变为一种轻灵的、边界消弭的、社会生活重构的液态样态。在新闻领域表现出来的就是：职业新闻活动与非职业新闻活动共同构成了一种弱边界、高融合的社会化新闻活动。因此，立足于职业新闻活动的新闻学也必须实现根本性转换，将目光投向更广阔的人类的传播实践，"将新闻学建立在作为人之存在方式、作为一种与人之生活世界紧密相连的'新闻'基础之上，建立在新闻、人、事实和生活世界之间相互交错的深厚土壤中"①。有学者将这一转变称为"作为范式的新闻学实践转向"。与传统新闻学实践指向的是新闻业务能力和技巧不同，"在这一视域下，新闻学研究的客体从技术、制度、文本、产品、受众、传播等领域扩展到整个新闻实践的全过程，大大拓展了新闻学研究的边界。但新闻学的实践转向还应向人文学科更进一步，将新闻与人的个体解放、群体正义和社会公平相关联，延展新闻学大工业时代的诞生记忆，贯通到包括信息文明的整个人类历史层面，在新闻实践中构建的新闻世界是未来新闻学知识创新的窗口"②。

由此，新闻传播学研究本体应当从侧重工业化生产的大众传播活动转向更为广阔的信息传播活动，主要包括组织化的大众传播、半组织化的基于平台的传播、自组织的群体传播。当然，无论哪种传播，新闻传播学主要研究的是成"体系"的信息传播，而不是单个的、孤立的个体信息传播，即使是个体的信息传播，我们研究的也应该是个体信息传播所集成的整体（群体）。而这种信息传播活动的实质也就构成新闻传播学研究的元问题：新闻传播作为一种以体系化的信息传播为取向的实践活动，如何通过影响人的个体发展以及人与社会关系的构建，促进人与社会的良性发展

---

① 李泓江，杨保军. "液态"理论的旅行及其对新闻学研究的启示[J]. 社会科学战线，2019 (9)：254-261.
② 王润泽. 实践转向与元问题聚焦：对新闻学知识体系创新的思考[J]. 新闻记者，2022 (2)：14-19.

以及信息传播体系自身的进化?

二、从元问题出发:新闻传播学知识体系的基本面向

构建中国特色新闻传播学知识体系是历史发展的必然。其"特色"气质具有时代、文化和功能三个方面的内涵:其一,时代之"特"。现代新闻业诞生于大工业时代,具有鲜明的职业化特征。随着当前职业新闻工作语境的重大变化,新闻传播学科面临的是由工业化向后工业化时代的转变。其二,文化之"特"。受西学东渐影响而发展起来的中国现代新闻传播事业经过逾百年的历程,逐渐形成由实践而理论的"中国特色"意识。伴随国家现代化进程,新闻传播学科以产出能够回应、解释、解决实践问题的知识,培养适应新闻传播实践需求的人才为导向,在中西互动中进一步探索确立本学科的主体性。其三,功能之"特"。从中国近现代新闻史的百年视野看,中国共产党领导的新闻事业无疑是主题主线,这一实践领域的独特财富,是新闻传播学科"中国特色"重要的底蕴。

基于上述特色,我们可以从元问题出发确立新闻传播学知识体系构建的基本面向。前文对元问题的表述包含了对内和对外两个维度:对内,即信息传播体系自身的建设;对外,即这一体系及其实践活动的外部影响。事实上,这也是新闻传播学科在面临转型升级的历史时刻重塑主体性的关键所在。新闻传播学科的主体性,体现为其不可替代的独特性价值。对这一问题的解决,既需要从学科自身的内在逻辑上也需要从本学科与外部诸元素的互动关系中寻找答案,通过对内重构、对外拓展实现学科的转型升级。一方面,在马克思主义新闻观统领下,以中国特色新闻传播学体系和"新文科"为导向的教育教学体系建设为抓手,重塑学科内在知识图谱和发展逻辑;另一方面,着眼于新闻传播学科与国际同行、他学科以及外部社会的关系建设,凸显本学科的独特贡献和外溢价值。这一切的实现,都需要知识体系作为基础性的支撑。而知识体系的内外两个基本面向,则可

以"概念体系+问题域"来勾画,概念体系解释、回应、解决新闻传播实践置身于社会大体系中所面对的外部需求,问题域则以外部需求牵引新闻传播学概念体系的创新发展,二者形成内外呼应联动的有机整体。

(一)对内重构:中国特色、普遍意义的概念体系

元问题的内向维度反映了新闻传播学自身的知识底色,这主要表现在其概念体系上,一套理论要有一套自己的概念系统。

从新闻理论的角度而言,新闻事实、新闻价值、新闻真实、新闻自由、新闻道德、新闻伦理等问题都需要通过概念来建构。中国新闻学的概念体系具有特殊性,在表达形式上与西方新闻学的概念有重要区别。其中,一部分是普遍运用的概念被赋予了中国含义。例如,新闻真实性概念,西方新闻学强调天然的具体真实(现象真实),而相对缺少中国新闻学所强调的具体真实与整体真实的辩证统一[1];又如新闻价值,西方强调公共价值,我们强调人民价值,公共价值和人民价值在一般意义上的理解是相通的,但它们之间仍有差别,因为人民概念在中国不只是一个学术概念,有特定的政治概念包含于其中[2],是政治和学术的某种统一和互嵌互用。另一部分则是具有中国特色的特殊概念。比如,"新闻舆论"这一概念就具有鲜明的中国特色,新闻舆论在中国是和社会舆论对应的,我们所说的舆论引导主要是指通过新闻反映舆论、塑造舆论、引导舆论,社会舆论是新闻舆论引导的对象,因而中国的舆论观和西方是不一样的。[3]

同样,传播学的基础理论和话语也亟待创新。之前主流的传播研究受

---

[1] 杨保军. 当代中国新闻真实观的变迁、走向及内在规律[J]. 新闻大学, 2022 (1): 59-71, 122-123.

[2] 杨保军, 王敏. 论中国马克思主义新闻价值观的典型特征[J]. 山西大学学报(哲学社会科学版), 2018 (6): 63-71.

[3] 杨保军, 许鸿艳. 论我国党媒体系新闻舆论的特殊价值[J]. 南昌大学学报(人文社会科学版), 2021 (4): 70-77.

20 世纪以来大众传播的影响和信息论的影响比较大，将传播主要视为信息传递活动，且将大众传播媒介的特征凌驾于人类其他更一般的传播活动之上。随着传播格局的多元化，以大众传播为前提的传播理论很难解释今天纷繁复杂的媒介融合现象。尤其是中国正处在新媒体发展的前沿，许多新媒体实践已经走在世界前列，亟须超越美国传统主流传播理论的视角。随着传播研究的物质性转向，除信息以外，物质的传递、流通、运输、扩散、模仿、传染等现象也应该纳入传播研究视野，恢复传统的传播概念中精神交往加交通运输双轨并重的传统。在新媒体环境下，许多基础传播理论面临失效、失灵，亟须通过坚持问题导向，推进"传播学本土化"研究、观照传播媒介和媒介环境更迭下的理论创新、坚持理论实证结合等思路实现传播学基础理论的创新突破，形成鲜活的中国传播学理论。

除了新闻学与传播学自身发展所面临的挑战，二者如何在新闻传播学一级学科之下有机融通成为真正意义上的学科共同体，也是一个长期以来影响新闻传播学逻辑自洽的棘手问题。解决这一问题的曙光出现在舆论学领域。在新闻传播越来越深度卷入社会舆论生态建设与国家治理的当下，舆论学似乎有可能在新闻学与传播学之间建立一条使彼此更为融洽的纽带。因而，中国舆论学重大基本问题的创新突破也有必要成为新闻传播学概念体系的组成部分。

（二）对外拓展：面向外部需求的问题域

元问题的外向维度描述了新闻传播作为一种实践活动在整个社会体系中的作用和价值。习近平总书记对此有高度凝练的概括："党的新闻舆论工作是党的一项重要工作，是治国理政、定国安邦的大事"[①]。党的十八大以来，习近平总书记、党中央对新闻舆论工作、新闻传播事业做过多次

---

① 习近平. 习近平谈治国理政：第 2 卷 [M]. 北京：外文出版社，2017：331.

重要指示和一系列重要部署，主要集中在三个向度上：

一是加强舆论与国家治理。2016年2月19日，习近平总书记主持召开党的新闻舆论工作座谈会，强调要尊重新闻传播规律，创新方法手段，切实提高党的新闻舆论传播力、引导力、影响力、公信力。同年4月19日，习近平总书记在网络安全和信息化工作座谈会上讲话指出，要"建设网络良好生态，发挥网络引导舆论、反映民意的作用"[①]。2019年10月31日，党的十九届四中全会通过《中共中央关于坚持和完善中国特色社会主义制度、推进国家治理体系和治理能力现代化若干重大问题的决定》，提出要"完善坚持正确导向的舆论引导工作机制"[②]，将舆论引导工作置于推进国家治理体系和治理能力现代化的战略布局之中。

二是加强国际传播能力建设。2021年5月31日，中共中央政治局就加强我国国际传播能力建设进行第三十次集体学习。习近平总书记强调："要深刻认识新形势下加强和改进国际传播工作的重要性和必要性，下大气力加强国际传播能力建设，形成同我国综合国力和国际地位相匹配的国际话语权，为我国改革发展稳定营造有利外部舆论环境，为推动构建人类命运共同体作出积极贡献。"[③]

三是加强新型主流媒体建设。2014年8月18日，中央全面深化改革领导小组第四次会议审议通过了《关于推动传统媒体和新兴媒体融合发展的指导意见》，强调要着力打造一批形态多样、手段先进、具有竞争力的新型主流媒体。2019年1月25日，中共中央政治局就全媒体时代和媒体融合发展举行第十二次集体学习，习近平总书记强调："我们推动媒体融合发展，是要做大做强主流舆论，巩固全党全国人民团结奋斗的共同思想

---

① 习近平. 习近平谈治国理政：第2卷[M]. 北京：外文出版社，2017：335.
② 中国共产党第十九届中央委员会第四次全体会议公报[M]. 北京：人民出版社，2019：12.
③ 习近平. 习近平谈治国理政：第4卷[M]. 北京：外文出版社，2022：316.

基础"①。2020年6月30日,中央全面深化改革委员会第十四次会议审议通过《关于加快推进媒体深度融合发展的指导意见》,其后,中共中央办公厅、国务院办公厅就此发出通知,要求各地各部门结合实际认真贯彻落实。

党中央的顶层设计就是时代对新闻传播事业的最强使命召唤和最大需求,也在外部维度上成为新闻传播学知识创新的动力之源。由此,以新时代国家社会发展需求为导向,可以确立中国特色新闻传播学知识体系构建的三个问题域：舆论与国家治理、国际传播与中国话语构建、全媒体与融合新闻生产。

"舆论与国家治理"指向"中国舆论学"的知识体系建设。"中国舆论学"的提出,一是强调舆论具有强烈的导向和价值观属性,马克思主义是中国舆论学的指导思想和最根本标志；二是强调其是以中国目前的舆论现实为背景的,是以当下中国从传统社会向现代社会转型为逻辑起点的,是在社会舆论生态和国际话语权斗争发生重大变革时提出的新型舆论学研究体系。当前,舆论生态已成为国家治理现代化的重要影响因素,从舆论与国家治理的角度开展理论研究、人才培养、智库建设等全方位的中国舆论学建设,是彰显新闻传播学科服务国家基本价值的有效路径。

"国际传播与中国话语构建"则着眼于全面梳理国际传播的核心概念与知识逻辑,构建中国话语和中国叙事体系。通过比较中西方审美、道德、宗教、科学等文化因素,在经典哲学、政治学、社会学等文献中提炼总结中西方在底层的"相通"之处。结合当前世界的新趋势、新潮流、新时尚,打造融通中外的新概念、新范畴、新表述,建构具有指导性意义的中国话语和叙事体系顶层设计,发挥新闻传播学科对其他学科的理论输出

---

① 习近平. 习近平谈治国理政：第3卷[M]. 北京：外文出版社,2020：316.

和支撑能力，为各学科开展国际传播工作提供学理支撑。

"全媒体与融合新闻生产"是对新闻传播学知识体系三大传统支柱之一业务板块的激活与创新，其聚焦的核心问题是中国的"新型主流媒体建设"。这一问题域下有多个分支，比如主流媒体的内容生产（融合新闻）、机制体制改革、平台建设、经营管理等，可以把采写编评等新闻业务技能、新媒体技术、新传播形态、效果评估、媒体治理等相关知识概念进行统合。当然，它的指向是很明确的，并不止于业务层面，而是考虑新型主流媒体建设和国家治理的相互影响和嵌入。新型主流媒体如何建设？它在国家治理现代化进程中的角色、任务、责任是什么？如何发挥其功用？这些问题的探讨将最终导向对国家战略的响应与服务。

事实上，上述三个问题域虽各有侧重，但又相互关联，从不同维度指向营造良好舆论生态，进而指向人类命运共同体这一终极命题，是元问题在实践层面的外化。"造就一个繁荣、健康的中国新闻业，建构一个有机互动的舆论场，使新闻业、新闻舆论在总体上有利于中国社会的良性运行与发展，有利于公民自由权利的较好实现，有利于中国讲好自己的故事、传播好自己的声音、解释好自己的特色、增强自己的国际话语权，从而与整个世界展开更为平等有效的交往交流和对话。"①

三、动力之源与知识创新：新闻传播学自主知识体系建设的焦点领域

时代是最好的出题人。学科转型发展的内在逻辑与新时代国家社会的使命召唤是新闻传播学知识创新的动力之源。正是由于我们遇到的那些问题，才唤起了人的自觉醒思和主动的思想理论建构。从问题出发，当前新闻传播学知识体系的构建迫切需要在一些焦点领域形成突破，产生有解释

---

① 杨保军.当前我国马克思主义新闻观的核心观念及其基本关系[J].新闻大学，2017（4）：18-25，40，146.

力的创新性知识成果。

(一) 中国特色新闻传播学基础理论建设

中国的历史、中国的新闻传播实践赋予知识概念以特殊含义,如何将这种"中国特色"阐述清楚,是新闻传播学理论首先要解决的问题。"新闻理论研究的当代中国特征,绝对不是中国学者凭空臆造出来的,而是深植于中国文化传统、迎合时代发展需要、立足中国基本国情的实实在在的现实特性。"[1]"中国特色"强调对中国问题、中国历史传统和现实特征的观照,但这绝不是自我封闭的目光向内,而是要处理好中国经验与世界理论的关系。"建构自主的知识体系应该是一个对话的过程。马克思主义基本原理同中国具体实际相结合、同中华优秀传统文化相结合的过程,是吸收、转化、融入的过程,从学术上讲,实际上是马克思主义与中国传统对话、与中国现实对话的过程。建构自主的知识体系应该关切、关怀人类共同的问题和命运,这就要以产出中国知识、提供全球方案、彰显世界意义为目的,在古今中西的十字路口展开对照和对话。"[2]

1. 马克思主义新闻观与中国新闻学

长期以来,新闻传播学科高度重视马克思主义新闻观的研究,产生了丰富的成果。但是,在解决了马克思主义新闻观缺位、失语的问题后,还需要在全面融通上下大功夫。作为中国新闻学的灵魂,马克思主义新闻观不能成为被表面尊崇实则割裂的"特区""飞地",而应"脱虚向实",真正贯穿本学科的知识图谱。这就需要将马列关于新闻传播的经典论述与中国共产党从其领导下的百年新闻事业中不断总结提炼的新闻理论相结合、

---

[1] 杨保军,李泓江. 新闻理论研究的当代中国特征[J]. 新闻界,2018(2):23-39,46.
[2] 胡百精. ["三大体系"建设大家谈] 马克思主义新闻观的历史传承与当代发展[EB/OL]. (2022-06-08)[2023-09-01]. http://ex.cssn.cn/xwcbx/xwcbx_pdsf/202206/t20220608_5411611.shtml.

与中国历史传统特别是优秀传统文化相结合。

一方面，加强对马列原典的研究，以更好地正本清源。习近平总书记指出："对马克思主义的学习和研究，不能采取浅尝辄止、蜻蜓点水的态度。"① 对于马克思主义新闻观的研究者来说，应该认真学习和深入研究马克思和恩格斯的一些主要论述，才能领会马克思主义新闻观的真谛，也才能将马克思主义新闻观准确地运用到中国特色社会主义新闻传播的实践中。目前，教育部组织有关高校开展马克思、恩格斯、列宁关于哲学社会科学及各学科重要论述摘编工作，新闻学位列十个学科之中，这将成为本学科知识体系构建的基石。以摘编工作为基础，进一步开展相关研究，以准确、完整、系统的马恩列新闻舆论思想开启中国新闻学理论的逻辑链条。

另一方面，立足当下、放眼百年甚至中国古代舆论思想的历史纵深，加强对中国共产党新闻宣传理论的系统研究。百年来，中国共产党新闻舆论思想在传承中不断发展，成为党的重要理论创新和精神财富。80余年前《解放日报》改版全面确立了中国共产党新闻宣传工作的党性原则，深化了党的新闻舆论思想。在其后的革命、建设和改革的奋斗历程中，中国共产党不断推动新闻舆论思想与中国社会实践相结合，使其成为马克思主义中国化的典范之一。2016年2月19日，习近平总书记在党的新闻舆论工作座谈会上发表重要讲话，将中国共产党新闻舆论思想的内涵提升到了历史新高度。基于中国共产党百年新闻宣传史、着眼于历史传承与当代发展，马克思主义中国化新闻舆论思想将承继马克思、恩格斯、列宁的经典理论，以在地化、面向当代实践为特质构成中国新闻学观念体系的核心。当前，特别要立足于马克思主义新闻观与新时代中国新闻事业，加强对习

---

① 习近平. 在哲学社会科学工作座谈会上的讲话[M]. 北京：人民出版社，2016：12.

近平总书记关于新闻舆论工作重要论述的系统性理论阐释，全面梳理互联网环境下新闻实践的基本理念、原则、方式方法，充实和完善新闻学的本体论、认识论、方法论，构建系统较为完整的知识地图，这既是中国新闻学理论链条的最新一环，也将实现理论创新的层级跨越。

2. 中国传播学基础理论创新

与中国新闻学相对成熟的理论体系和鲜明的"中国特色"不同，相对年轻的传播学一直面临着基础理论创新乏力和以西方学术话语为主导的理论体系如何在地化的双重困境，而两者相互影响，使中国的传播学研究在很大程度上陷入在中国实践和西方理论之间互相验证的简单循环。当下，随着信息传播的技术发展，传播学知识生产数量增长，但缺乏对现实问题的关注，学科基础理论并未有明显创新，知识生产繁荣与基础理论创新止步不前形成鲜明对比。在对本学科缺少原创性基础理论贡献和面向中国语境解决现实问题乏力的情况下，目前所提的"中国传播学"似乎更多的还只是一种国别概念，离一种具有特殊历史内涵和鲜明时代感的理论体系尚存在较大差距。要实现真正意义上的"中国传播学"这一愿景，中国的传播学必须坚持问题导向，立足中国现实问题，开展基础理论研究和应用对策研究：一方面，扎根中国大地，形成具有中国特色、世界意义的原创性理论；另一方面，面向中国实践，形成一套有解释力的观念体系。如何寻求基础理论创新的新"十字路口"，是当下中国传播学研究亟须解决的问题，其突破方向主要在以下三个方面。

一是坚持问题导向，以"传播学本土化"为立足点加强理论原创。自20世纪80年代初传播学进入中国，传播学本土化一直是中国学者所追求的目标之一。此间需要把握的关键点是：问题必须出自本土，但要处理好本土与全球对话的关系。通过传播哲学、传播思想史与实证研究结合，新媒体与传媒实践、社区实践结合，以新传播研究为中心，以身体、物质性、交通等观念为切入点,并对大众传播理论思维定式、人类中心主义进行反思,形成具有较为普遍解释力的理论观点。

二是新传播媒介与社会环境更迭下的理论创新。传媒技术的飞速发展,新媒体实践应用的不断更新,互联网和大数据时代的到来,拓宽了传播学的研究领域和分支,出现了诸如网络传播、国际传播和跨文化传播等新内容,产生了新的传播现象和传播问题,对以往经典的传播学理论提出了挑战,如传播模式理论、传播控制理论、传播功能理论、媒介规范理论和传播效果理论等,都需要新的认识和转变。

三是发挥传播学的交叉性,开展跨学科理论创新。传播学是跨学科研究的产物,具有明显的跨学科性、交叉性和普适性的特点。传播学与社会学、心理学、政治学、经济学、哲学和语言学等学科有很深的渊源。如果能够利用传播学的交叉性特点,吸收并利用其他学科研究发展出新内容、新知识,对传播学的理论创新势必会产生新的刺激和影响。同时,还可以进一步扩大传播学理论创新发展的空间,与其他学科进行积极的良性互动,让传播学研究变得更具包容性和丰富性。如果将研究范围局限于"传播"之内,势必造成研究资源的缺失和贫瘠,让传播学理论研究陷入故步自封的误区。

3. 中国舆论学

随着信息时代和网络社会的不断发展,以互联网舆论为主要代表的社会舆论生态及其变化已成为社会发展的风向标、测速仪、安全阀和稳定器,新时代要加强和创新社会治理,最大限度地凝聚社会共识,"舆论"已成为必须要面对的重大问题。基于此,需要构建与之相适应的新时代中国特色舆论学,这既是对传统舆论学研究的继承与扬弃,也是对网络舆情最新研究的整合和升华,有着深刻的历史源流和鲜明的时代底色。中国特色舆论学的产生与形成是中国古代以来舆论思想的自然演进与西方舆论理论尤其是马克思主义舆论观的天然结合，是两者在新媒介环境下的交汇合流。① 当前中国社会正处于深刻的利益调整和社会转型期，急剧变动时期是各类新的研究命题不断被提出的丰厚土壤。2003年以后网络舆情发展方兴未艾，但相关研究众声喧哗，存在"学"为末、"术"为主的尴尬现实，舆论问题在很大程度上被简化为"舆情应对"，舆论研究越来越快餐化和浮躁化，失去了那种直抵人的内在精神状态、对道德规范和价值观念的深层探讨的力度，因而也难以承担凝聚社会共识、促进国家治理现代化的时代重任，亟须重建舆论学基础理论体系。当下中国社会正处于一种全方位的社会转型期，新时代向传统舆论学提出的问题需要新的舆论学内容体系来进行解答，概要言之就是：在马克思主义舆论观指导下，以互联网环境下舆论的八个要素（舆论的主体、舆论的客体、舆论的本体、舆论的数量、舆论的强度、舆论的周期、舆论的反馈、舆论的质量）和四个层次（信息、情绪、关系、行为）为核心内容，着力构建国家治理与全球数字领导力。

综上，中国新闻学、中国传播学、中国舆论学构成中国特色新闻传播学基础理论体系的"三驾马车"：新闻学聚焦相对专业化的新闻实践，研究新闻活动的自身特征、自身规律及其对于人类社会所具有的特殊意义和价值；传播学则指向更为广阔的信息传播领域，关注媒介、人与社会的连接和关系建构。如果说新闻学与传播学从不同视域关注沟通与互动的话，舆论学则解决的是在此基础上的价值认同与情感共鸣，进而指向国家治理、国际传播话语权等目标方向。因而，在新闻学与传播学之间，舆论学架起了一座面向社会应用的桥梁，成为二者社会价值外显的交集，同样，二者也为舆论学提供基础理论与研究方法的养分。三者互为掎角，形成一

---

① 李彪. 新时代中国特色舆论学：演进脉络、核心问题与研究体系[J]. 编辑之友，2021（9）：5-10.

套较为完整的中国特色新闻传播学理论体系，由此积淀而成的概念体系将构成知识体系的基础。

（二）面向问题域的知识创新

除了基础理论，在应用取向与宏大理论之间的空白地带是新闻传播学社会价值体现的重要场域。正如罗伯特·默顿（Robert Merton）从功能主义出发所提出的"中层理论"（theories of middle range）观点："中层理论"是指介于日常研究中低层次的与无所不包的系统化的统一理论之间的那类理论，即介于抽象综合性理论同具体经验性命题两者之间的一种理论，其宗旨在于架设一条社会理论"实用化"的桥梁，指导人类的经验实践特别是调查。中国社会正处于转型期，充满了西方社会较少见到的现象，给中国新闻传播学研究在理论建构上做出世界性贡献提供了机会。基于对国家社会重大需求的响应，前文概括了新闻传播学知识体系构建的三个问题域。在这三个领域，对一些亟待突破的热点问题、难点问题的研究，可以牵动从理论到方法的知识创新。按照前文对元问题的探讨，这些问题可归结为两大类。

1. 内在问题：如何促进信息传播体系自身的进化

这一类型的问题主要立足于新闻传播业自身的变革，首先就是全媒体内容生产与现代传播体系建设。其关注焦点在于，我国新型主流媒体在理论与实践层面的改革路径，以及新闻媒体如何通过自身的发展建设助力国家治理现代化。此外，国家对加强国际传播能力的使命召唤也对新闻传播业提出了新的更高要求，新时代中国的国际传播需要从器物的物质性传播转向中国思想、中国主张和中国智慧的思想性传播，从而达到深层次、直抵精神层面的文化交往与文明交流。这就需要基于学科交叉的国际传播与跨文化交流基础理论构建，从哲学、经济学、社会学、历史政治学等其他哲学社会科学学科中吸取营养，加强国际传播重大、基础性、前沿性理论问题的研究,产生一批原创性、体系化的标志性成果,实现从一般性国际交往到知识创造、从理论互动到以学科的力量介入全球行动的转向与超越。又如,新技术影响下传媒业的发展问题。目前各种人工智能技术已广泛运用到新闻领域乃至整个传媒产业,带来智媒化发展的大趋向,需要通过跨学科的视野梳理智能传播的基本架构以及知识体系,并在此基础上深入探究智能传播中的焦点问题:智能化媒体应用趋势、规律与影响,人工智能时代的算法[①],智能环境中的人与人机关系等[②]。对涉及新闻传播业自身发展的这些重大基本问题的探讨,在回应、解决本学科实践问题的同时,也将有助于本学科知识体系基础性内容的创新。

2. 外在问题:如何促进人与社会的良性发展

这一类型的问题立足于对新闻传播业外显价值的探讨,即在当前社会语境下,新闻传播业如何在社会大系统中更好地发挥独特作用。比如,网络舆论生态治理。无论在中国,还是在西方发达国家,网络舆论在社会动员、公众参与、社会治理等方面都产生了显著而深刻的影响,成为国家治理体系的重要影响变量,如网络舆论中的极化、数字鸿沟、网络舆论暴力、网络虚假新闻、网络隐私、算法编写和大数据处理引发的技术伦理争议等等。面对这些问题,网络舆论生态治理的理论建构显得极为迫切,特别在网络舆论生态治理政策、网络舆论算法传播的健康发展、网络舆论生态治理与新闻业的转型、虚假信息治理等方面亟待理论创新,以此为基础将可形成"互联网内容规制、传播伦理与立法"的知识群。又如,乡村振兴中的基层公共传播问题,在我国脱贫攻坚取得全面胜利的背景下,乡村振兴与可持续发展成为国家现代化进程中的一个重大议题,也为发展传播

---

① 彭兰. 生存、认知、关系:算法将如何改变我们[J]. 新闻界,2021(3):45-53.
② 安孟瑶,彭兰. 智能传播研究的当下焦点与未来拓展[J]. 全球传媒学刊,2022(1):41-58.

学这一传统的研究领域提供了创新的场域和动能,其关注视角包括数字赋能与人的现代化、传播与乡村共同体重构、乡村治理中的组织传播等等,涉及乡村民众的数字素养与数字实践、乡土社会中新旧家庭传播模式的调适等丰富议题。此外,健康传播也是当前新闻传播学科连接社会的研究热点。互联网的使用带来了健康议题从专业知识向公共知识的转变,新冠疫情等全球性的公共卫生事件更使得健康传播成为传播学研究的显学。在传播学的基础之上,结合计算机科学的研究范式,以健康传播的热点研究问题为驱动,将传统的实证研究方法与大数据技术相结合,使信息的传播路径、主体间的互动模式、健康行为效果、媒体的居间影响力等诸多因素贯通,以寻找到适合新媒体情境的健康传播研究综合范式,这不仅有利于健康传播研究自身,亦将为传播学整体研究方法上的知识创新做出贡献。对此类问题的探讨在不断拓展学科边界的同时,也从社会价值的角度进一步夯实本学科的主体性。

当然,上述的罗列只能是一种举一反三的提示,无法也不应该囊括所有可能,对这一话题的探讨应当是一个开放、持续的动态发展过程,亟待本学科的共同努力,不断丰富完善知识创新的问题单,以保持本学科知识体系的持续活力。

(三)中国新闻传播史的新书写:构建知识体系的基础资源库

在新闻传播学知识体系中,面向问题的创新理论是显在的内容,而创新需要坚实的基础资源作为支撑,这对新闻传播史研究的进一步拓展提出了新要求。作为中国新闻传播史的新书写,其主要内容包括:中国共产党百年新闻宣传史、改革开放以来媒体发展史、传播观念史、中国舆论思想史、媒介技术史、中国新闻传播学科史等。当前需首要加强的是中国共产党百年新闻宣传史特别是改革开放以来四十多年波澜壮阔的当代新闻传播史的体系化研究。只有将这部分历史与中国古代、近现代新闻传播史纵向衔接，与世界范围内人类新闻传播活动的历史做横向串联，才能真正把中国特色新闻传播事业发展的内在逻辑贯通，中国特色新闻传播学的理论体系才会有扎实的知识基础。

综上所述，中国特色新闻传播学自主知识体系构建基点的锚定，在于"以中国为根本，以世界为面向"，要充分了解、辩证看待世界，在广泛吸收人类文明优秀成果的基础上，回到本学科、本领域事业发展的历史和现状，回到中国的历史和优秀文化传统，以中国问题、中国现实为观照来构建自主知识体系，为推动中国更好地走向世界服务，为人类命运共同体做出贡献。

第四节 构建中国新闻传播学自主知识体系的实践进路

习近平总书记在中国人民大学考察时指出："加快构建中国特色哲学社会科学，归根结底是建构中国自主的知识体系。要以中国为观照、以时代为观照，立足中国实际，解决中国问题，不断推动中华优秀传统文化创造性转化、创新性发展，不断推进知识创新、理论创新、方法创新，使中国特色哲学社会科学真正屹立于世界学术之林。"[①] 这为加快构建中国特色哲学社会科学指明了方向、提供了遵循。立足本土实践，是形成中国特色哲学社会科学知识体系的基础。新闻学是实践性很强的学科，知识体系主要包括新闻历史、新闻理论、新闻业务等。实践不仅是提升新闻业务能力、创作出创新性媒介平台和新闻产品的实操性活动，也是开拓新的研究视角、加强新闻理论研究深度，进而构建中国特色新闻学知识体系的重要基础。

---

① 习近平在中国人民大学考察时强调 坚持党的领导传承红色基因扎根中国大地 走出一条建设中国特色世界一流大学新路：王沪宁陪同考察 [N]. 人民日报，2022-04-26 (1).

一、被窄化理解的传统新闻学"实践"与实践哲学

我们常说,新闻学是一门实践性很强的学科。这里的"实践"具体指向为一种实操性和动手能力的技能性内容,与传统哲学、马克思主义的实践哲学,甚至最近人文社会科学领域"实践转向"的理解并不在一个维度上。因此,传统意义上新闻学的实践,一般仅限于新闻学的业务领域,被理解为新闻采写编评等业务能力和需要掌握的技术技巧等;尤其是广播电视业出现后,面对较为复杂的专业机器和技术指标,媒体实践变得更为重要,实践课程成为新闻专业重要的教学内容,更加坐实了新闻学实践性所具备的实操性和动手能力的内涵,"实践"被窄化成与理论思想相对的操作手段。因此新闻学本身的实践性特征,使得实践在新闻学学术体系中——相对于哲学、社会科学,甚至其近亲传播学,被窄化和"降维"理解。

和近年来整个人文社会科学领域兴起的"实践转向"类似,新闻学的知识体系创新也需要转向实践。每个学科在进行实践转向时的"实践"所指并不完全一样,在新闻学科中,实践是构建新闻世界的文本客体和从事新闻活动的主体心态、职业等的产生和存在以及变化的基础,是新闻学知识体系中两大支柱——新闻理论和新闻史的创新的路径和方式。当然,实践并不具备统一的理论基础,"实践理论家不仅持有不同的研究方法、旨趣和目标,甚至对实践概念本身也远未达成共识"[1]。

我们熟悉的马克思主义哲学的"实践",并不是这个概念初始的样貌。从亚里士多德到德国古典哲学的漫长时段,"实践"在哲学家认知世界的范畴之内发展成为一个重要概念,但其内涵和指向并不稳定和明确,哲学

---

[1] 夏兹金,塞蒂娜,萨维尼. 当代理论的实践转向[M]. 柯文,石诚,译. 苏州:苏州大学出版社,2010:2.

家们对实践的理解也不尽相同。经过漫长的学术发展，实践一般拥有两种不同的理解路径，一种是以黑格尔为代表的形而上思辨的"道德实践论"，一种是以费尔巴哈为代表的直观唯物主义特征的"技术实践论"。这种比较明显的二元思考方式与传统哲学的基本问题相呼应。作为理论形态世界观的哲学，是从总体上研究人和世界关系的，其中最本质的方面就是思维和存在、精神和物质的关系问题。恩格斯在总结哲学史的基础上明确指出，全部哲学，特别是近代哲学的重大的基本问题，是思维和存在的关系问题。谁是第一位的答案决定了哲学所属的派别，即二元对立的唯心和唯物两种派别。消弭二元对立，拯救旧的传统哲学，得益于马克思对"实践"概念的创造性发展。

马克思实践哲学的诞生是对神学远亲旧哲学的有效补充，它以人的感性活动为本体论原则，对以黑格尔为代表和以费尔巴哈为代表的两种二元对立实践哲学观进行辩证综合，完成了对以往旧哲学的总体超越，开启了哲学发展史上的实践转向。马克思强调是生活决定了意识，作为感性的人的活动，以主体的对象性活动涵盖主观与客观的统一。所以马克思认为全部社会生活在本质上是实践的，包括物质实践、精神实践和交往实践的总体性实践。打通这些多元对立领域或交叉认知领域的，就是实践，它是打通物质—精神—物质完整循环的武器，从而达到实践的伟大目的，即改造世界而不仅仅是解释世界。马克思把实践提升为哲学的出发点、立足点和归宿，不仅提升了实践哲学的地位，而且贡献了实践范式的基础方法与路径，为未来多学科的研究提供了合法的理论基础，为后来海德格尔、维特根斯坦、布尔迪厄和吉登斯等学者关于存在主义哲学、语言哲学以及社会学领域的实践转向提供了最初的思想动力。

二、传播学和新闻学的"实践转向"史

新闻传播学的实践转向起步晚，影响没有其他学科大，但也已经开始

引发学界关注。值得注意的是，正如传播学和新闻学学科相关性分歧扩大，传播学和新闻学对实践转向上的提出路径和理解并不完全一致，部分内容甚至大相径庭。提出传播学实践转向的重要人物是英国的尼克·库尔德利（Nick Couldry），他在2004年明确提出尝试探索一种新的媒介研究范式——实践的范式。库尔德利"实践范式"的核心是改变对媒介内涵的理解，媒介从文本或生产结构的层面拓展到一种实践行为，"它研究的是以媒介为面向的或与媒介有关的所有开放的实践行为类别以及媒介在组织其他社会实践行为中所发挥的作用"[①]。这种对媒介的理解，实际上和詹姆斯·凯瑞提出新闻实践史研究范式时对新闻概念的修正有异曲同工之处。凯瑞也是将新闻从文本、产品层面提升到新闻实践的全过程层面。德布雷、延森等也都利用实践重构或拓展了传播学研究的具体面向和问题。但诡异的是，这些研究的过程和结论依然缺乏实践的接地性，表现出以实践作为新概念的思想思辨特征。目前传播学的实践转向在中国还处于介绍引进、吸收消化阶段，还只是一个学术倡议，其知识体系构建完善尚需漫长的学术研究过程。

与传播学"实践转向"路径倡导不同，新闻学的实践转向，是从新闻史的具体研究开始的。这倒是符合实践本身的特质——实践必须是已经发生的"过往历史"，这种过往的历史性特征使得实践和历史之间有天然的亲和力。在20世纪70年代之前，美国新闻史的研究在辉格主义、进步主义范式引领下已经走进了死胡同，学者普遍认为美国新闻历史被看作新闻行业的精英在不断地追求新闻自由、民主的进步过程，它是完整的、线性的、一脉相承的过程。美国学术界甚至认为因为新闻史不能再给新闻学带来新的知识，所以应该在它还没有长大之前，像一个婴儿一样体面地死

---

① 齐爱军. 尼克·库尔德利：媒介研究的"实践范式"转向[J]. 山东社会科学，2017（1）：151-155，192.

掉。他们甚至想在美国新闻传播学教育中剔除新闻史的课程。为此，詹姆斯·凯瑞提出新闻文化史的研究转向，在他的倡导之下，新闻的技术、商业、组织机构等新研究对象被纳入美国新闻史视野中，新闻记者不再是白人精英分子，而是包括了黑人记者、妇女记者、排字工人等，打破了新闻史研究中以辉格主义为代表的唯心历史观的垄断地位，是唯物主义历史观对它的祛魅作用的结果。他们关注到新闻业丰富多彩的变化过程。但是三十多年过去了，其他学者对新闻文化史的模糊、浮泛的批评和质疑也开始越来越多，对此，2000年前后，凯瑞提出新闻实践史的观念，其核心是关于新闻概念的重新界定："新闻是人类构建世界的一种主体性实践，这种实践不仅建构了我们对于世界的认识，而且构建了记者和新闻本身。"[①] 凯瑞完全突破了以往作为文本和产品的"新闻"概念，将新闻拓展为一种主客观互动的实践过程——这和他对媒介的认知异曲同工。因此，回归实践的新闻史具有更开阔的视野，超越以往的传播史、媒介史、技术史、社会史和文化史。但遗憾的是，美国"新闻实践史"也就停留于此，"实践史"只是打破学界对于文化史的批评和质疑，成为一种观念和研究指向。美国新闻史研究的三个关键词依然是民主、文化行动和公民的权利，在进一步推动知识体系创新方面并未产生典型的可借鉴性成果。正如凯瑞的学生戴维·诺德（David Nord）所评价的，"他的著作往往更多集中于新闻可以或者应该是什么样的，而非在历史中它已经是什么样"，他"并不是一个全国有影响力的文化历史学家"[②]。新闻文化史、新闻实践史以及"理解人的思想是新闻史的本质任务"等深度思考，为凯瑞赢得了"新闻史的哲学家"的称号，但他最终认定的"新闻是与民主相伴相生的人类实

[①] 方晨，李金泳，蔡博方. 忽略的维度：詹姆斯·凯瑞的新闻历史观及其批判[J]. 国际新闻界，2016（2）：131-149.

[②] 方晨. 詹姆斯·W. 凯瑞的新闻历史观研究[D]. 武汉：华中科技大学，2017：28.

践"的思想依然留存了辉格主义的基因。

其实凯瑞在1974年进行的新闻文化史研究路径的讨论,"已经提升了对精英的、机构化的新闻史的质疑,同时他提供了概念的桥梁沟通起社会学、文化学和知识史之间的最新发展","每个人都在讨论它,很多人思考它,还有一小部分开始实践它","很多历史学家得体地引用这些词语灌输到自己的文章和会议论文中",但"凯瑞的文化路径几乎没有引导稳固的历史研究"[①]。凯瑞的论证成为新闻史实践转向视域的一个研究的假设、论证、证据和案例,他对实践本身的理解隐藏着新闻实践转向的一个研究可能的结论。

三、中国新闻学的实践转向

与西方传播学特别是美国新闻学实践转向的学术路径不同的是,中国新闻学的实践转向是从新闻实践史的具体问题开始的,其目的也是实现新闻史研究的创新发展,让新闻史能提供整个新闻学知识创新的基础内容,而且是先有成果,后有归纳总结。

20世纪与21世纪之交关于新闻史研究范式创新的大讨论,表面上言辞温和,但学界对新闻史研究创新的期待非常高。改革开放以来,中国新闻史研究从编年史、革命史到社会史、思想史,进行了范式突破。学界曾一度把不属于报刊革命史的研究笼统称为"传播史",虽没有"新闻文化史"这样的提炼,但实际上研究范式的突破在一步步回归马克思主义唯物史观的原则和方法,是研究主体性的觉醒和回归。到新闻史研究的现代化的范式、本体史的范式成熟时,这种主体性已经慢慢确立起来。如果说现代化范式是新闻史研究主体意识的开端——正如费正清所言"所有行业的现代化都可以用本行业独有的概念来进行解释",那么新闻本体史的研究

---

① 方晨.詹姆斯·W.凯瑞的新闻历史观研究[D].武汉:华中科技大学,2017:142-143.

范式则确立了新闻史研究的主体意识，因为新闻本体史必须将新闻作为研究主体来展开。主体意识的深化实际上是实践史要求我们从实践过程中，真正汲取中国新闻事业发展变化的各个细节，从实践中总结中国的问题、道路、理论、立场和逻辑。因此，从新闻的现代化史、本体史到实践史，体现出研究主题和原创性的确立、发展和深化。主体性的回归，是弄清楚"鱼本身的历史"，而不是"鱼的故事的历史"的关键。① 这些研究路径或范式，已经形成了比较优秀的代表性成果可供参考。

除了新闻史和新闻业务领域得益于实践的转向，实践转向也有利于新闻理论，尤其是马克思主义新闻观的丰富和体系化。构成中国新闻学三大知识体系的历史、理论和业务，其中新闻史和新闻业务的知识体系发展，可以看作相对和谐的知识增量累加，即虽然有研究视角的不同，但基本呈现互相补充和映照的关系，少有根本性的冲突或二元对立。

但在新闻理论研究方面，毋庸讳言，在中华人民共和国成立以来就存在以苏联党报理论为基础结合自身实践发展的"党报理论"；在实证主义的北美传播学影响下的新闻传播研究，特别是以客观性为中心话语的美式新闻专业主义，以及后来传入的传播政治经济学、文化研究学派等。新闻理论研究上不同观点虽不如传播学各派别之间的差异性大，但明显表现出伴随社会变迁而此消彼长的波动性。尤其是最近几年，马克思主义新闻观和中国特色新闻学知识体系构建过程中，如何整合并超越新闻客观性等专业主义话语，是新闻理论建设面临的重要问题。实践转向可以突破理论构建过程中的框架性和概念性的思维藩篱，以问题为导向，以实践过程为内容线索，以生动的过程、变化和改造为阐述要点。因为实践的路径或范

---

① 这是詹姆斯·凯瑞的比喻，说明关于新闻实践史和新闻技术史、新闻制度史等的区别和联系，其中前者是"鱼本身的历史"，而后者则是"鱼的故事的历史"。

式，可以将理论的"大话"转化成具体问题。

因此，实践的转向并不仅仅对新闻史研究有重要的创新价值和意义，而且对新闻理论尤其是马克思主义新闻观的丰富和系统化具有重要价值和意义。但如果实践转向仅仅停留在新闻学三大知识体系的旧有框架中进行修补和完善——新闻业务的提升、新闻史对新知识的贡献、新闻理论的各观点整合，那实践的转向就还只是停留在初级阶段，无法超越新闻学知识体系创新的本土的、在地的、过程的、介入性与改变性的特征。这些在地经验更证明了新闻学在不同文化之下的"特色"呈现之必然。实践转向对于学科知识体系创新的优点却成了局限，即实践成为新闻学的经验主义模式的研究方法，无法跳出新闻学既有的话语和问题意识，缺乏人文关怀的终极价值，而使新闻学最终停留在社会科学的操作层面，其研究结论和思想形态也不能导向人文科学的深入和构建。实践转向后的研究不仅可以解决新闻学的各种二元对立问题，更有益于解决新闻学被困于"大众媒介"的二维世界的学科窄化问题。

四、新闻学元问题的聚焦

实践的转向，是为新闻学元问题的重新发现提供路径和理论支撑，是回归新闻学的人文属性。所谓元问题，就是关乎人的个体和人类群体存在与意识根本性的问题。"传统人文学科，解决的是人的本质、人的存在意义、社会的本质、如何认识人和人类社会等的基础问题，求问的是'本源性'问题。"[1] 新闻学的元问题不在新闻本身，而在于广义新闻与人的个体、群体、社会之间的关系。新闻学的元问题应超越新闻的叙述、生产、传播分发，以及资本、制度、控制、民主等问题。目前凯瑞给出的答案是

---

[1] 王润泽. 工业文明到信息文明转型中的新闻学创新[J]. 青年记者，2021（11）：47-49.

最具有元问题意识的,虽然本节无法全部认同他的"新闻是和民主相勾连"的结论,但同意他接下来的分析,"对话和沟通是其中的要义",因为中国百年新闻实践中的核心价值要素就是"沟通",而中国共产党新闻实践中一以贯之的新闻要做党和人民的"桥梁纽带",也是"对话"的另一种近似的话语表达。

目前的新闻学是大工业生产背景之下构建起来的社会科学,其核心概念和理论路径有着大工业生产的基因。从新闻本源"真实"的内涵和实践到新闻价值五要素等,都是在进行专业细分批量生产过程中通过对实践的总结提升和萃取而来的。但信息时代的到来,让新闻的文本、叙事、生产、传播以及媒介都发生了变化,自媒体的繁荣更是直接挑战新闻的专业属性,传统媒介和新型媒介在技术变革过程中的生产逻辑混乱、理性逻辑混乱的"乱世界",其实也提供了深入审视新闻学元问题的窗口。

自新闻实践诞生以来,人们就构建了一个新闻世界。所谓新闻世界,是通过新闻生产传播与新闻接受互动过程,新闻接受者选择性构建出来的主客观世界比较强调主流价值和尊严的时空环境。新闻世界的主体以个体的人为主,在一定条件下可以形成同频共振的主体人群。主体的人通过新闻世界的构建和修正,强化或改造自己的思想与行为,调整与他人和社会的关系,建构和增强人的主体性。新闻世界不是纯粹的主观世界,不是纯粹的客观世界,也不同于意义世界和生活世界,而是经由新闻生产传播和接受之后形成的一个针对同时空个体或群体的主客观相融合匹配的世界。客观世界的真实与存在是新闻世界的物质基础,而同样价值观和意义载体的文化观是新闻世界的黏合剂。新闻世界不是拟态环境,而是对拟态环境有主观性选择,或忽视或认同或否定之后的互动结果。在新闻世界里,新闻不再仅仅是专业机构的产品，不再仅仅是技术主宰或左右的行业，也不再仅仅是权力机制的产物，而且是构建人类新型关系——政治关系、阶层关系、经济关系、文化关系、价值关系等的重要内容。

构建新闻世界的意义在于构建、调整或修正人的社会关系。马克思认为人是社会关系的总和，"构建关系的不仅是血缘、政治、经济、宗教，实际上新闻和新闻媒体在近代以来的社会关系重构中发挥了重大的甚至是决定性的作用"①。比如说中国近代媒体诞生后，通过怎样的事实选择、叙事方式、观点提供重构出新的革命的和改革的社会阶层，瓦解了清朝社会？其中的作用机制是怎样发生的？新闻是如何将事实变成观念，将观念变成变革的力量的？话语制造事件和文本叙述方式如何转变为改变物质世界的精神力量？我们现在虽然已经有了很多新闻和技术、资本、意识形态相勾连的研究成果，但依然有继续深入的可能和必要。新闻世界是如何通过"对话和沟通"提供了"合法的""社会共识"标准，吸引更多人认可和接受"社会共识"的（当然也存在被"社会共识"异化的现象）？新闻世界是否可以以及如何通过"对话和沟通"机制推进人类文明和文化的理解与融合？

新闻学的元问题还应包括放置于更广阔的社会中来思索新闻到底是什么。新闻的概念从类似于"一切可喜可愕可惊之事"的描述式的到"新闻是关于最近发生事实的报道"的学术性的，从对新闻文本、新闻生产的界定到对新闻实践全过程的界定，已经一步步拓展了新闻学的边界，但依然没有与"人"发生勾连。虽然自新闻诞生以来，新闻对人的影响超过了现在学界已有研究现状，甚至超过了学界的想象，但新闻学的实践转向还应向人文学科更进一步，将新闻世界里的实践与人的个体解放、群体正义和

---

① 王润泽. 工业文明到信息文明转型中的新闻学创新[J]. 青年记者，2021 (11)：47-49.

社会公平相关联。实践的转向是知识体系创新的重要路径，以此促进信息时代新闻学更新换代，延展新闻学大工业时代的诞生记忆，贯通到包括信息文明时代的整个人类历史层面，在跨学科的发展和新文科建设中起到重要的引领作用，进而反哺哲学、历史学、社会学等人文社会科学。

第四章 中国新闻传播学自主知识体系的范畴新创

第一节 传播学研究的知识之维刍议

20世纪以前,出版是向整个社会传播知识的最有效手段,几乎可以同"大众传播"画等号。由于识字率较低,印刷、纸张成本较高,在相当长的时间里,出版往往和正式的知识传播联系在一起,甚至新兴的新闻行业,也用带有印刷出版观念的"press"表示。但是进入20世纪之后,随着媒介技术的发展、传播方式的丰富,电影、广播、电视等广播媒介(broadcasting media)普及,以及具有商业娱乐色彩的广电行业压倒出版行业,以电波通信形式存在的"信息"取代了"知识","大众传播"概念取代了"出版"概念。

时移世易,同样在技术和商业的推动下,今天以"信息"和"大众传播"为基础的传播,很可能在新一轮更剧烈的媒介技术革新浪潮中被新的观念和概念取代。这一天已经出现在地平线上,我们如何在剧变之中为传播找到一个稳固的基础?

一、连续与断裂:大众传播理论建构的困境

2001年,美国传播学者史蒂文·查菲(Steven H. Chaffee)和米里亚姆·梅茨格(Miriam J. Metzger)在《大众传播和社会》上发表了一篇颇具争议的文章《大众传播的终结?》,认为将大众传播媒介作为研究

的核心已经过时，应该将重点转向一般的媒介，改"大众传播"为"媒介传播"。① 到 2014 年后，又有一批文章回过头来重新检验评估这篇论文的观点，它们虽然肯定这篇文章提出的问题，但是均不接受其极端的立场。②

争论结果如何暂且不论，这篇论文提出了一个重要的问题：传播研究或大众传播研究关注的核心观念是什么？这里没有严格地区分传播研究与大众传播研究，因为在现有数字网络技术条件下，查菲和梅茨格的文章里提到的这两种传播的界限正变得模糊，他们用"媒介"来替代"大众"正是为了回应"现实-媒介"这个概念更具有弹性。但是需要进一步讨论的是，"媒介传播"是否能一劳永逸地解决问题，"媒介"是否抓住了传播中永恒不变的东西？

连续与断裂是传播研究元理论的一个重要维度。所谓元理论，是关于理论的理论，其中一个重要内容就是理论建构的规则与逻辑。注重媒介的传播理论，一般来说更偏向于强调断裂。因为要观察媒介如何对社会产生深远影响，必须要在不连续性中才能做到。这也就是为什么不论是开辟媒介环境学的哈罗德·伊尼斯、麦克卢汉，还是晚近强调媒介决定作用的基特勒、德布雷，都会考察较长时段，因为这样更易于对比不同媒介对社会所造成的差异性影响。

与断裂相对的建构理论的方式，是强调连续性。比如"大众传播"概念的本义便是强调连续性。从报纸、杂志等出版产业一直到广播电视、有线电视、卫星电视，虽然媒介在不断变化，但是作为一个产业化组织，集

---

① CHAFFEE S H, METZGER M J. The end of mass communication? [J]. Mass communication & society, 2001 (4): 365-379.
② WEIMANN G, WEISS-BLATT N, et al. Reevaluating "the end of mass communication?" [J]. Mass communication and society, 2014 (6): 803-829.

中地向一般大众提供信息的这一特征基本没有变化。[①] 正如查菲等人意识到的那样，数字及网络技术打破了这一连续性，我们再无法以"大众传播"的概念概括大众媒体与新兴的数字网络媒体的共同性。他们提出"媒介传播"概念，目的是用"媒介"的共性重建理论的连续性。

但是问题在于，媒介本就是一个变动不居的对象。正如媒介理论学者所论述的那样，不同媒介造就不同的社会情境，如果把它们等而视之，要么导致忽略这些媒介的差异性，要么导致理论无法一以贯之。总之，以断裂的媒介概念来建立理论的连续性，无异于刻舟求剑、缘木求鱼。

要寻找传播概念中的连续性因素，有三个维度可以考虑：连接、知识、权力。[②] 其中连接指的是通过媒介在人与人、人与物、物与物之间建立联系。这里所说的传播不限于信息的传播，也包括物的传递，如交通、物流、电力网络等基础设施以及病毒等。近年来以拉图尔（也译作"拉图"）的行动者网络为首，在原有的意义连接之外，增加了新的维度。权力指的是通过传播建立的关系中存在着不对称或不平等的一面，会形成某种从属或压迫关系。在批判理论的视野中，权力始终是核心问题。对于这两个维度，前人论述较多，本节重点论述知识这一维度。

二、当下传播研究中的知识概念

在传播研究中，"知识"并不是一个陌生的概念。哲学、（知识）社会学、人类学、管理学均对知识给出过不同的定义[③]，传统的传播研究基本上是从心理学的角度定义知识的，即知识可以被视为大众传播导致的认知

---

① TUROW J. Standpoint：on reconceptualizing "mass communication" [J]. Journal of broadcasting & electronic media, 1992（1）：105-110.
② 刘海龙. 中国语境下"传播"概念的演变及意义[J]. 新闻与传播研究, 2014（8）：113-119.
③ 崔迪. 媒介知识：传播学视野下的知识研究[M]. 上海：复旦大学出版社, 2019：4-5.

的结果。

在知沟（knowledge gap）、创新扩散、政治传播及健康传播等领域，知识获取都是传播过程中的重要指标或变量。比如知沟理论将知识定义为对公共事务和科技新闻的知晓。这些知识是同质性的，即它们具有客观标准，应该为所有公民拥有。[①] 其他几个领域对知识的定义大体类似，知识是对新信息的获得，具有客观的、可测量的定义，同时知识获得本身并没有太大意义，它只是一个中间过程，价值在于预测相关的态度或行为。因此，知识的维度在经验研究中被严重低估。

迈克尔·德尔利·卡尔皮尼（Michael Delli Carpini）和斯科特·基特（Scott Keeter）的《美国人对政治知道多少及其为何重要》是比较早专门研究政治知识的专著。他们发现，虽然美国公众的平均学历有了较大提高，传播技术环境与社会环境使得政治信息更容易获得，但是公民的政治知识基本没有太大变化。[②] 这本专著以政治知识为中心，但如果放到经验的政治传播的背景下，政治知识扮演的主要角色是政治态度和政治行为研究的跳板。这和20世纪60年代以来传播研究的认知转向有关。社会心理学领域发现在传播对态度和行为的影响中具有许多干扰因素，之后，其放弃过去的效果研究中直接研究行为和态度的部分，转而研究较少受既有态度及外部因素影响的认知领域。

从时间上看，哈罗德·伊尼斯是将知识置于传播研究核心位置的先驱。伊尼斯继承芝加哥学派的分析路径，将媒介放到更大的社会历史语境中分析。他明确指出，要关注"传播媒介对知识在时间和空间中传播产生的重要影响"[③]。比如口语传统"有利于传播媒介对于知识的性质、垄断

---

① 丁未. 社会结构与媒介效果："知沟"现象研究 [M]. 上海：复旦大学出版社，2003：42.
② CARPINI D, KEETER S. What Americans know about politics and why it matters [M]. New Haven: Yale University Press, 1996.
③ 伊尼斯. 传播的偏向 [M]. 何道宽，译. 北京：中国人民大学出版社，2003：27.

和等级制度的形成"①，而以廉价纸张和印刷术为基础的技术则会消解传统的知识垄断。媒介会改变知识的分配形式，进而影响权力对于时间和空间的管理，决定权力是否稳定。

伊尼斯开创了从媒介技术的角度讨论知识的新路径，但是他对于知识的理解还是比较简单的，基本上将它理解为系统的、正式的、客观的知识，并且承袭了启蒙时代培根所说的"知识就是权力"的观点，认为知识是构成权力的要件。在他看来，媒介并没有改变知识的性质，而只是改变了知识在不同群体间的分配。所以这一对知识的定义基本上还是以现代社会体制下的知识定义理解过去的知识，这样就基本上把媒介和知识的变迁等同于出版的演化史。

这样一种倾向在历史学家彼得·伯克的《知识社会史》中也有某种体现。所不同的是，伯克明确地将所考察的知识限定在西方学术知识上②，并且以这些知识的功能为参照，到历史中寻找那些与当下体系化知识具有相同功能的对应物。而这种正式知识的定义中最简单的就是印刷技术下的书籍，所以狄德罗主编的百科全书就成为伯克的知识社会史的中心，向上延伸到谷登堡的印刷术，向下延伸到谷歌，知识史就被简化成了出版史。其实这个现象也有其学科传统，在伯克所在的历史领域里，知识史和书籍史、书籍阅读史常常被画上等号。③ 当然，随着年鉴学派的加入，书籍史、书籍阅读史中知识的定义稍有改变，除了正式的知识外，也加入了底层大众文化的内容，比如达恩顿对于法国大革命前的禁书和畅销书的

---

① 伊尼斯. 传播的偏向 [M]. 何道宽, 译. 北京: 中国人民大学出版社, 2003: 2.
② 伯克. 知识社会史: 下卷: 从《百科全书》到维基百科 [M]. 汪一帆, 赵博囡, 译. 杭州: 浙江大学出版社, 2016: 6.
③ 戴联斌. 从书籍史到阅读史: 阅读史研究理论与方法 [M]. 北京: 新星出版社, 2017.

研究。①

上述两个传统对知识的看法都存在不足,要么将知识边缘化为中介变量,要么将知识等同于正式的知识或其他概念。它们并没有从传播与知识本身出发,找到二者的内在联系,这导致传播研究与专门的知识研究呈现出鸡犬之声相闻但彼此不相往来的状态。

但是这只是当下的状况。事实上,如果从历史上看,传播研究与知识研究在很长一段时间里被认为是同一个领域,它们都是"关于知识的知识",只是到了传播学关于知识的概念被信息及心理学概念替代后,传播学才和知识社会学渐行渐远。因此回到历史的分岔口,我们会发现,当时的选择在现在看来虽然有助于传播学另立门户、开宗立派,但却让传播学错失了与其他人文学科紧密合作的机会。

三、关于知识的知识

关于知识的研究源远流长。以西学为例,在古希腊时期,哲学家们就开始研究知识的性质,研究人如何能确定自己的知识。古希腊人将意见(opinion)和真知区别开来,前者具有主观性,变动不居,后者则固定不变②,因此柏拉图笔下的苏格拉底才对作为终极真理的知识孜孜以求。这一传统一直延续到今天,就像伊尼斯那样,将知识看作客观的真理。今天的经济学及管理学对知识的定义基本也是如此。知识被放到了数据、信息、知识和智慧这样一个逐级上升的金字塔的上层,作为系统化的数据与信息加以理解。彼得·伯克在《知识社会史》里也如此定义,知识被视为比数据和信息更高级的东西。③

---

① 达恩顿. 法国大革命前的畅销禁书 [M]. 郑国强,译. 上海:华东师范大学出版社,2012;达恩顿. 旧制度时期的地下文学 [M]. 刘军,译. 北京:中国人民大学出版社,2012.
② 柯林武德. 历史的观念 [M]. 何兆,张文杰,译. 北京:商务印书馆,1997:52.
③ 伯克. 知识社会史:上卷:从古登堡到狄德罗 [M]. 陈志宏,王婉旎,译. 杭州:浙江大学出版社,2016:12-13.

但是这一幻觉被尼采和马克思打破。尼采提出了作为隐喻的真理的概念。在他看来，最初的真理只是我们发明的隐喻，用来指代那些我们当时认为还算正确的知识。但是随着历史的推移，后来者逐渐忘记了这一隐喻的来源，弄假成真，将其作为真正的真理加以膜拜，误把一部分群体的真理当成了所有人的真理。[1] 马克思和恩格斯也提出了类似的观点，只不过其"虚假意识"更明确地指向了统治阶级所制造的知识幻象。[2] 这两个代表性的观点都将知识的起源问题作为研究的重点，这也影响到后来像知识社会学的主要建立者如舍勒[3]、曼海姆的观点，尤其是曼海姆在他的一系列著作中明确提出了任何知识都产生于特定群体并带有其视角的观点[4]。由于曼海姆在北美地区的知名度，关注知识的起源问题一度成为北美知识社会学的标签。

福柯则在尼采知识谱系学的传统之下，将知识与权力并置在一起，权力必须以一定的知识或话语存在，论证自己的合理性，所以权力不是压制性的，而是生产性的——它生产特定知识、规则、观念和道德，甚至生产主体。所以在福柯看来，知识是断裂的而不是连续的，它体现的是不同的治理方式和不同的权力。但是福柯所说的权力并不是尼采或马克思所说的特定群体拥有的权力，或者说福柯并不关心知识的起源问题、知识与特定群体的联系，而更关心知识的运作，以及知识扩散、弥散、展开的效应。[5] 在后现代主义者那里，像福柯这样通过知识批判当代西方文化的学者不在少数，德里达、德勒兹、利奥塔等皆把知识作为自己的中心议题。

---

[1] 斯平克斯. 导读尼采[M]. 丁岩，译. 重庆：重庆大学出版社，2014：40.
[2] 马克思恩格斯选集：第4卷[M]. 2版. 北京：人民出版社，1995：726；马克思恩格斯选集：第1卷[M]. 2版. 北京：人民出版社，1995：65-66，72-73.
[3] 舍勒. 知识社会学问题[M]. 艾彦，译. 南京：译林出版社，2012.
[4] 曼海姆. 意识形态与乌托邦[M]. 黎鸣，李书崇，译. 北京：商务印书馆，2002.
[5] 福柯. 知识考古学[M]. 谢强，马月，译. 北京：生活·读书·新知三联书店，1998；福柯. 性经验史：增订版[M]. 上海：上海人民出版社，2002.

法国学者布尔迪厄和拉图尔对知识的研究没有那么哲学化，他们选择了社会学路径，同时更关注传统的知识生产机构所产出的正式知识。但是这二者的议题和风格完全不同。布尔迪厄更重视高等学校中一般知识分子的知识生产，拉图尔更重视自然科学实验室的知识生产；布尔迪厄关注学术场域中外部因素对知识生产的影响，拉图尔关注的是人与非人构成的行动者网络在知识生产中发挥的重要作用。[①] 二者的差异还有许多，但是有一点是共同的，就是都认为貌似客观的学术生产其实都是由社会或文化建构的，其中充满着偶然因素的影响。

现象学及文化人类学虽然也强调知识起源问题，但是为知识问题提供了新的存在论的视角。比较有代表性的是伯格和卢克曼在《现实的社会建构：知识社会学论纲》中取法许茨的现象学社会学所建构起的现象学社会学的知识社会学。[②] 这一立场将知识社会学的关注重点由曼海姆讨论的政治意识形态转向日常生活中的意义建构，清理了曼海姆理论中残存的客观主义。知识的客观主义常常认为研究者超然于社会与政治之外，将他人观点视为群体偏见，而忽略了研究者自身的偏见。这一矛盾也被称为"曼海姆悖论"。这个说法对曼海姆有些不公平，实际上他已经意识到这一点，用不同偏见的相互映现，以及知识分子不属于固定群体、漂浮于阶级之上这两个理由为自己开脱，认为知识分子可以摆脱意识形态影响，但是这一理论中所固有的真-假之辨常常让其陷于政治争议之中难

---

① 布赫迪厄. 学术人[M]. 李沅洳, 译. 台北：时报文化, 2019；布尔迪厄. 科学之科学与反观性：法兰西学院专题讲座（2000—2001学年）[M]. 陈圣生, 涂释文, 梁亚红, 等译. 桂林：广西师范大学出版社, 2006；拉图尔. 科学在行动：怎样在社会中跟随科学家和工程师[M]. 刘文旋, 郑开, 译. 北京：东方出版社, 2005；拉图尔. 实验室生活：科学事实的建构过程[M]. 张伯霖, 刁小英, 译. 北京：东方出版社, 2004；拉图. 我们从未现代过[M]. 余晓岚, 等译. 台北：群学出版有限公司, 2012.

② 伯格, 卢克曼. 现实的社会建构：知识社会学论纲[M]. 吴肃然, 译. 北京：北京大学出版社, 2019.

以自拔。

现象学社会学受许茨"多重实在"观的影响，放弃了上述纠缠不清的客观知识标准，将研究重点放在人们在日常生活中如何建构社会现实的过程中。[①] 这种相对主义的立场承认所有的意义建构均有其合理性，同时也否认了人可以直接达到客观真相的可能性。文化人类学则进一步发展了建构主义立场。

人类学早期的研究带有西方中心主义色彩，在研究原始文化过程中预设了野蛮与文明的二分法。但是随着20世纪初功能主义的兴起，这一区分的基础开始动摇。人类学家发现原始社会具有与文明社会相同的结构。其后，结构主义人类学者列维-斯特劳斯也为知识的研究做出了巨大贡献。他在《野性的思维》中肯定了原始人类的知识与文明世界知识的同等地位，认为它们只不过是适用不同环境的产物，而没有高低之分。[②] 文化人类学家格尔茨在"地方知识"的概念下，进一步发展了建构主义的知识观，为不同群体所特有的知识正名，认为它们与主流的或者以普世的面貌出现的知识具有同等地位。人类学家要理解这些知识，不能骄傲地站在外来者的视角来评判，必须以内部视角，深入其文化脉络，进行厚重的描述，方能庶几接近本地人所共享的知识。[③]

当然，这些关于知识的探讨都着重于知识的意义或文化建构过程，但是除了拉图尔等少数学者外，其他人都忽视了媒介技术的影响。伊尼斯所开创的传统无疑值得重视，但是他的贡献似乎并未得到知识社会学研究领域的承认，除了这个理论本身由于初创显得粗糙外，也和知识社会学与传播学的相互隔阂有关。

---

① 许茨. 社会实在问题 [M]. 霍桂桓, 译. 杭州: 浙江大学出版社, 2011.
② 列维-斯特劳斯. 野性的思维 [M]. 李幼蒸, 译. 北京: 中国人民大学出版社, 2006.
③ 格尔茨. 地方知识：阐释人类学论文集 [M]. 杨德睿, 译. 北京: 商务印书馆, 2016.

四、从同根相系到形同陌路

如果抛开信息与媒介这样的概念，有人类伊始，就存在知识的生产、扩散及其影响。获得知识就是建构社会现实的过程。这个知识既包括正式的知识，也包括非正式的知识；既包括个体的知识，也包括公共的知识。除了获得关于现实的意义以外，对个人来说，知识还与行动相联系，是实践的依据之一。因此，本节所说的知识既是人类获得的关于外部世界和自我的意义，也是决策的根据。

和信息相比，知识在人类传播活动中的历史更加悠久。在相当长的时间里，知识社会学与传播学就被认为来自一个传统，是对交流内容、方式及后果的研究。例如1940年罗伯特·帕克的那篇开创性的论文《作为知识的新闻：知识社会学的一章》，从知识这一更为一般的角度讨论新闻的特征，他借用了威廉·詹姆士关于掌握的正式知识与了解的非正式知识两种知识类型的划分来定位新闻，认为新闻处于这两种知识之间。在文章的结尾处，帕克提到了《伯罗奔尼撒战争史》的作者修昔底德，并引用埃尔默·戴维斯（Elmer Davis）的评价，将修昔底德看作新闻记者。帕克认为像一些现实主义的作家如左拉、斯坦贝克，他们的作品亦具有明显的新闻特征。在帕克看来，新闻作为一种知识，未必是一个近代的产物，甚至未必局限于报纸或通讯社这样的正式机构所发布的内容。[①] 因此我们可以说，把新闻作为知识的历史要比作为社会科学研究对象古老得多。

社会理论大师罗伯特·默顿也认为，传播研究与知识社会学源自同一种学术旨趣，均关注社会结构与信息传递。所不同的是，传播研究是美国

---

① PARK R P. News as a form of knowledge: a chapter in the sociology of knowledge [J]. American journal of sociology, 1940 (5): 669-686.

的变种，而知识社会学是欧洲的变种。作为一个既从事过知识社会学（确切地说是传统的科学知识社会学）研究，又参与过拉扎斯菲尔德主持的哥伦比亚大学社会研究所的经验传播研究的学者，默顿在他的《社会理论和社会结构》一书中将知识社会学与传播研究放在一个部分，并写了很长的导言来讨论二者的异同（见表4-1）。

表4-1 默顿对知识社会学与传播学异同的总结

知识社会学	传播学
研究社会结构与信息传递	
欧洲变种	美国变种
总体论	经验论
追求重要	追求真实
知识的社会根源	公众信念的社会学研究
核心论题：（正式）知识	核心论题：公众意见
关注知识精英	关注大众
研究对象：知识（系统地联系在一起的事实和见解）	研究对象：信息（大众掌握的孤立的信息片段）
材料：不可靠的印象	材料：经验调查事实
车（理论）在马（材料）前，甚至无马	有马（材料）无车（理论）
长期的整体的问题	短期的孤立的问题

资料来源：默顿. 社会理论和社会结构[M]. 唐少杰，齐心，等译. 南京：译林出版社，2006：659-681.

在他看来，美国对于知识的研究带有实用主义和经验主义的特征，关注普通人而不是知识精英的知识，所以和欧洲传统渐行渐远。与此同时，他认为欧洲的传统亦有不足，最明显的就是过于主观，不重视受众研究。所以他建议用美国传播学求诸经验事实的方法来解决欧洲知识社会学的研究问题。这一解决方案很像拉扎斯菲尔德在论述管理研究与批判研究之区别时提出的方案：用管理研究的方法解决批判研究的问题。①这两个方案看似"取长补短"，其实割裂了理论与方法的内在有机联系。理论和方法的二分法加上信息与知识的二分法，加剧了传播学与知识社会学的分裂，知识与传播在美国体制化的传播学科中渐行渐远。所以与其说默顿的方案解决了问题，不如说其制造了更大的问题。

随着美国传播学的建立，以大众传播的效率问题为中心，形成了新的问题域。按默顿的评价，这一做法是有材料无理论，关注工具性的细节问题，忽略了对人的生存状态的关注。信息只是一个客观计量单位，无法让活生生的文化和实践向我们敞开。随着新媒体的涌现和传播形态的复合叠加，以传播者和大众媒介为中心的注重信息传输效率的传播研究逐渐捉襟见肘。而以知识为中心，传播研究可以超越具体传播技术，思接千载，将当下的传播放到漫长的人类文化与实践中考察，放到更开阔的人文社会科学的语境中理解，以凸显传播在社会中的核心作用。

五、知识与传播的交汇

所以，我们要为传播寻找一个新的支撑点，在"连接"与"权力"之外，"知识"是第三个支柱。要弥合默顿所描述的知识与传播间的裂缝，找到二者的连接点是重建传播的知识之维的关键。

在知识社会学中，知识的来源、扩散与后果是三个重要的主题，而这恰好能与传播的生产研究、效果研究建立联系。下面分别简述之。

（一）知识的来源

知识的来源问题是早期知识社会学的首要问题，尼采、马克思、涂尔干、韦伯、舍勒、曼海姆、阿尔都塞、伯格和卢克曼等均认为知识不是理

---

① LAZARSFELD P F. Remarks on administrative and critical communications research [J]. Studies in philosophy and social science, 1941 (9): 2-16.

所当然的，也不是现实的某种自然镜像，而是受到一定因素影响的，呈现倾向性。但他们对于造成知识出现偏差的原因的解释存在不同意见：这些决定因素是社会的还是文化的？持前一种观点的学者如尼采、马克思、舍勒、曼海姆、阿尔都塞等认为，知识的倾向与特定群体的利益息息相关，知识是相关群体进行统治的工具。持后一种观点的如涂尔干、韦伯、伯格和卢克曼、格尔茨、萨林斯等则认为，这些知识是对现实的一种集体表征或者意义建构，它们的偏向不是由物质的因素以及特定群体等造成的，而是由象征符号、文化、传播交流或者其他一些偶然因素导致的。[1]前者偏向批判的研究，后者则偏向对文化的研究。

除了知识的基础外，知识与基础的关系也存在争议。第一种观点认为二者之间是因果关系，基础决定着知识的内容及形式。第二种观点认为知识是其基础的一种功能，知识存在的作用在于维护其基础的地位。第三种观点认为知识与基础是符号与意义的关系，知识是其基础的一种符号表征，其基础赋予知识以特定意义。第四种观点认为二者的联系是间接的、模糊的，很难发现一种明确的模式将二者联系在一起，其关系充满偶然性，只是从结果上看，知识与基础存在一致性。

在知识的来源问题中，传播的影响过去曾被提起过，尤其是文化建构论比较重视传播在私人知识转变为公共知识的过程中所扮演的角色。这是下面要谈到的知识的扩散问题的主要内容。但是对于媒介及物质对知识的影响，传统的知识社会学较少提及。直到海德格尔、伊尼斯、麦克卢汉之后，这一问题才逐渐得到重视。伊尼斯是第一个明确提出该议题的人，不过伊尼斯还不是标准的知识社会学阵营的学者，而且他所关注的只是知识

---

[1] MCCARTH Y E D. Knowledge as culture: a new sociology of knowledge [M]. New York: Routledge, 1996: 12-23.

的分配问题，不涉及知识的性质问题。在知识社会学领域，拉图尔是比较明确地将非人的物和技术纳入知识的定义中的学者。他和同事所建构的社会行动者网络理论放弃了社会和文化客观存在的观念，强调连接与组合先于社会与文化，并且把非人也作为制造连接的行动者，承认它们在知识的生产中所扮演的重要角色。[1] 类似的是，近年来一些研究者提出的"媒介知识"概念中也包含这样的内涵，承认媒介作为行动者在知识生产中的中介甚至决定作用。[2] 这些观点不仅认为媒介影响知识的分配，而且认为媒介影响知识的形式及内容。

在传播学研究中，经验的媒介生产研究（或者传统所谓"把关研究"）明确地将大众传播内容（知识）的起源作为自己的研究对象，传播学界对此比较熟悉，这里不再展开。除了上面提到的伊尼斯开创的媒介技术对知识的影响研究外，传播政治经济学和文化研究也十分关注传播与知识的起源问题。传播政治经济学秉承经典马克思主义经济基础决定上层建筑的立场，认为经济上占统治地位的阶级最终会影响传播内容，并影响他们对世界的想象（即知识）。[3] 互联网及平台媒体的兴起并没有改变这一基本判断，只不过权力的操控更加隐蔽，以免费、共享、参与等形式让大众既生产知识，又消费知识，接受双重剥削，并通过经济模式塑造他们接触的知识。今天微信、微博、短视频平台等即体现了这一特征。

文化研究更加注重权力对传播内容及文化环境的影响。经典文化研究认为，大众传播通过编码与解码等一系列隐形机制，将意识形态从传播者

---

[1] 拉图. 我们从未现代过[M]. 余晓岚, 等译. 台北: 群学出版有限公司, 2012; LATOUR B. Reassembling the social: an introduction to actor-network-theory [M]. New York: Oxford University Press, 2005.

[2] 崔迪. 媒介知识: 传播学视野下的知识研究[M]. 上海: 复旦大学出版社, 2019.

[3] 莫斯可. 传播政治经济学[M]. 胡春阳, 黄红宇, 姚建华, 译. 上海: 上海译文出版社, 2013.

传送到接受者。为了进行得平滑而自然，这个过程不是强制性的，而是以协商的方式，找到意识形态与受众知识之间的勾连之处，最终建立起统治阶级对于文化的领导权。文化研究强调媒介在意识形态（即大众对于世界意义的想象的特殊知识）方面的重要中介作用，而不是后来一些文化民粹主义或修正主义所理解的受众具有自由解读的能力。大众传播除了塑造关于世界的知识外，还形成关于自我的知识，即后来文化研究所强调的身份问题。

通过以上的简单回顾可以看出，知识社会学与传播学在知识的起源方面有诸多共同之处，存在大量可以对话的空间。

（二）知识的扩散

知识扩散问题是美国主流传播学效果研究中的传统话题，比如传播流、创新的扩散理论、知沟理论、议程设置理论以及使用-满足理论等。涉及传播与认知方面的效果研究基本都与这个问题有关。虽然侧重有所不同，但多数理论的主要观点认为大众传播在知识的扩散中起着重要作用。比较例外的是传播流研究和创新的扩散研究中的一部分理论，在承认大众传播在知识扩散方面的影响的同时，更强调人际传播在知识扩散中的过滤与同化机制。

除了经验研究外，传播政治经济学和文化研究也关注传媒经济体制、传播政策、传播模式等对知识及意识形态扩散的影响。

在知识社会学中，知识的扩散似乎不是一个热门话题，但是20世纪后半叶随着知识社会学对知识的进一步反思，这个话题的研究开始多起来。首先是科学社会学（sociology of science）的研究领域。库恩在他的《科学革命的结构》中谈到范式革命时，就认为范式的转换不是一个理所当然的过程，而是一个科学共同体的心理选择，其中就涉及类似传播学所说的创新扩散的过程。① 在其他从群体文化入手的知识社会学的研究中，如对无形学院②、引证③的研究，也关注了知识扩散的问题。

其次是批判的知识社会学研究。福柯在知识考古学或知识的谱系学中，少有地把对知识的关注从起源上转到了时空扩散过程中，回到断裂的关键点，细察其是如何突然发生并被接受和自然化的。④ 深受福柯影响的萨义德也采取了类似的思路，探讨了东方主义的产生及其扩散过程。⑤

再次是历史研究中的思想史和社会史、文化史领域也有大量知识扩散的研究。⑥ 经典的观念史涉及观念在空间中和时间中的扩散，洛夫乔伊提出要进行跨文化的比较研究，追踪观念在不同民族间的扩散。⑦ 萨义德提出的理论旅行⑧、刘禾提出的跨语际实践⑨，均从话语研究的角度实践了这一倡议。年鉴学派提倡的心态史、社会史、文化史在很多方面甚至可以和知识的研究画等号，历史学对于知识的扩散过程有特别兴趣⑩，比如前面提到的伯克的《知识社会史》就专门关注了知识的储存及扩散过程。

最后，近年来还有一个传播学与社会学交叉的领域社会记忆研究，也

---

① 库恩.科学革命的结构[M].金吾伦,胡新和,译.北京:北京大学出版社,2003.
② 克兰.无形学院:知识在科学共同体中的扩散[M].刘珺珺,顾昕,王德禄,译.北京:华夏出版社,1988.
③ GRIFFITH B C, MULLINS N C. Coherent social groups in scientific change [J]. Science, 1972, 177 (4053): 959-964.
④ 福柯.知识考古学[M].谢强,马月,译.北京:生活·读书·新知三联书店,1998.
⑤ 萨义德.东方学[M].王宇根,译.2版.北京:生活·读书·新知三联书店,2007.
⑥ 伯克.历史学与社会理论[M].姚朋,周玉鹏,胡秋红,等译.上海:上海人民出版社,2010.
⑦ 洛夫乔伊.存在巨链:对一个观念的历史的研究[M].张传友,高秉江,译.北京:商务印书馆,2015.
⑧ 萨义德.世界·文本·批评家[M].李自修,译.北京:生活·读书·新知三联书店,2009:401.
⑨ 刘禾.跨语际实践:文学,民族文化与被译介的现代性:中国:1900—1937[M].宋伟杰,等译.北京:生活·读书·新知三联书店,2002.
⑩ 伯克.法国史学革命:年鉴学派:1929—2014[M].刘永华,译.北京:北京大学出版社,2016.

涉及知识的扩散过程。[①] 尽管小有区别，但社会记忆、集体记忆、文化记忆均关注存在于日常交流中的而不是以正式文献书写的历史，用于保存记忆的是活生生的表达[②]，这一过程必然涉及知识在人群中的扩散。

从以上可看出，即使在传播研究比较擅长的知识扩散领域，知识社会学亦有大量高质量研究，可为传播研究提供新的研究空间，近年来国内颇受关注的社会记忆研究已经反映出这种影响。

（三）知识的后果

传播的影响是经验传播研究和批判传播研究均关注的领域，经验学派的效果研究及文化研究都有大量经典的理论及成果，在任何一本传播理论教材里都可以找到大量例证，这里不再赘述。下面简单讨论一下知识社会学中有关知识后果的研究。

开创知识社会学研究新方向的社会建构论突破了实证主义的现实－观念符合论，认为现实是一个意义系统，它是由不同层次的知识建构而成的。通过典型化、体制化和正当化等不断地抽象，建立起一整套知识体系，从而将现实世界建构为一种客观秩序；反过来又通过"社会化"的过程，将上述知识内化为人的角色意识及身份意识，实现上述秩序。[③] 换句话说，知识既是原因也是结果，它把我们紧紧吸附于意义的网络之上。

关于社会记忆的研究，本质上也是知识研究。社会记忆是知识建构的结果，既有自上而下的"传统的发明"[④]，也有自下而上的民间的记忆。

---

① 李红涛. 昨天的历史，今天的新闻：媒体记忆、集体认同与文化权威[J]. 当代传播，2013(5)：18-21.
② 哈布瓦赫. 论集体记忆[M]. 毕然，郭金华，译. 上海：上海人民出版社，2002.
③ 伯格，卢克曼. 现实的社会建构：知识社会学论纲[M]. 吴肃然，译. 北京：北京大学出版社，2019.
④ 霍布斯鲍姆，兰格. 传统的发明[M]. 顾杭，庞冠群，译. 南京：译林出版社，2004.

当然，这一过程并不是一帆风顺的，其反映的是不同利益群体争夺与协商的结果。

六、结语：作为知识的传播

如果说在默顿区分传播研究与知识社会学的时代这二者有比较明显的差异的话，那么随着知识社会学从关注知识的来源问题逐渐转向关注现实的社会建构问题，从意识形态和专业的知识转向日常的知识，从非中介知识转向媒介知识，传播研究与知识社会学研究的界限已经逐渐变得模糊，用更一般的知识概念替代狭隘的信息概念便水到渠成。

通过前面的简单回顾，不难发现，其实知识的视角早已经渗透到传播研究之中，比如沉默的螺旋理论和第三人效果，关于其意见气候的知识就影响了个人的态度及行动，尤其是第三人效果，其将普通人关于他人传播效果的常识作为考察的内容，就涉及普通个体关于他人的知识，以及在此知识基础上的反思。这样一种被建构的知识，最后影响了人们的判断与行为。

框架理论也是一个关于媒介如何影响知识的理论。按照恩特曼的经典定义，架构是通过选择感知到的某个方面的现实，使其在文本中得到突出，让受众注意到对问题的某个定义、因果阐释、道德判断及解决方案。[1] 按照潘忠党的定义，架构是涉及人的知、言、行三个方面的重要过程[2]，从更哲学的层面将框架理论与知识、公共性等概念联系在一起。

前面提到的媒介生产研究、文化研究中，也有大量关于知识的倾向

---

[1] ENTMAN R M. Framing: toward clarification of a fractured paradigm [J]. Journal of communication, 1993 (4): 51-58.

[2] 潘忠党. 架构分析：一个亟需理论澄清的领域 [J]. 传播与社会学刊, 2006 (1): 17-46.

性、意识形态的内容，其中有不少就直接来自知识社会学研究。

近年来，国内的新闻传播学者也开始从知识的维度尝试拓宽本学科的视域。比如黄旦的《耳目喉舌：旧知识与新交往——基于戊戌变法前后报刊的考察》《媒介变革视野中的近代中国知识转型》[1] 等研究就突破了就媒介谈传播的老路，将媒介与知识观念嫁接在一起，别开生面。

国内传播思想史研究也大量借鉴知识社会学的理论与方法。虽然传播思想史是思想史研究与传播研究的交叉地带，还不是对传播问题的直接研究，但是从知识的角度分析传播学术研究，也给传播研究带来了许多新的发现。[2]

因此重回知识的传统，不仅是解决传播理论内部困境的一种努力，也是对现实中两个领域已经融合部分的肯定。詹姆斯·凯瑞曾提出"作为文化的传播"，以解决经验传播研究的盲点与困境。[3] 但是这一充满田园牧歌气息的方案过于理想化，它强调了共同文化的建构，却忽略了传播中的权力问题。这里提出的"作为知识的传播"，不仅包括凯瑞所说的文化建构，还具有更丰富的内涵，"作为知识的传播"中的"知识"具体来说有如下内涵。

(一) 建构意义与想象的知识

知识是我们建构世界、自我意义的基础。基于这一自我与世界的想象性关系，我们形成判断与行动。我们还通过对知识的分享，形成共同文化，产生共同体与身份认同。对于个人而言，这些知识是先在的，个体必

---

[1] 黄旦.耳目喉舌：旧知识与新交往：基于戊戌变法前后报刊的考察[J].学术月刊，2012 (11)：127-145；黄旦.媒介变革视野中的近代中国知识转型[J].中国社会科学，2019 (1)：138-158, 207.

[2] 胡翼青.传播学科的奠定[M].北京：中国大百科全书出版社，2012；刘海龙.重访灰色地带：传播研究史的书写与记忆[M].北京：北京大学出版社，2015.

[3] 凯瑞.作为文化的传播[M].丁未，译.北京：中国人民大学出版社，2019.

须在被客观化的知识的约束下生存，但是其又可以通过行动，不断诠释知识的意义，建构起新的知识。当新的知识通过传播被接受，由私人的知识转变成公共的知识，人与世界的新关系就被建立起来了。在这一遵守与重新建构的过程中，人与人之间复杂的传播与互动关系就成为我们要关注的问题。

（二）历史的知识

知识来自特定时空，有其谱系，要回到其历史语境中才能理解知识的真正意涵。知识是如何跨越时间延续下去的？在这个过程中何时发生了什么断裂？连续性与断裂性如何相互建构？为什么断裂会被误认为连续，连续又会被误识为断裂？不能抽象地谈论某一特定知识，必须通过知识考古方能对其做出更深刻的诠释。

（三）具有特定来源的知识

没有客观的知识，所有知识皆是对特定群体有效或是维护特定群体利益的。追溯知识的来源固然重要，更重要的是考察特定群体的知识如何为其他群体所认可，是什么机制导致知识的来源或服务对象被忽略。此外，下列问题也值得关注：作为知识来源的特定群体具有什么特征？是什么构成了群体身份的基础，阶层、国别、种族、性别、宗教、文化共同体还是其他？研究者如何辨识群体与知识的联系？如何对研究者所持的认识及角度保持反思？

（四）体现权力争夺的知识

知识和特定群体的利益联系在一起，知识本身也会作为福柯所说的知识/权力这种复合体对个体造成压迫。但是这一知识并不会理所当然地被所有群体接受，围绕特定对象的知识及其正当性，人们存在分歧，对知识及其意义的争夺也体现了知识的重要性。

（五）媒介化的知识

在知识的生产、扩散、存储、接受、再生产等过程中，媒介或中介始终扮演着重要角色，这也是传统的知识社会学研究的盲点。当传播学与知识社会学融合时，传播学的媒介敏感会为知识社会学带来新的空间。首先知识是经过媒介技术中介的。最早意识到这个问题的是伊尼斯，前面已经探讨过。近年来温伯格提出的"网络化知识"概念也强调技术对知识性质的深刻改变：分布式知识取代了集中式知识，被网络集结起来的集体智慧拥有更大潜力。[1] 除了技术的媒介外，语言、身体、空间、时间等都是知识的中介，维特根斯坦、海德格尔对语言的中介作用，本雅明、梅洛-庞蒂对身体感官的中介作用均有精彩论述。

质言之，将传播研究的核心关注对象从信息转换到知识，有利于超越变动不居的媒介技术，超越大众传播时代以来将传播概念建立在特定媒介上的做法，找到更稳定的一般人类观念作为传播研究的支点，同时实现学者们所呼吁的重建传播研究与人文学科的联系。反过来，将传播研究的观念引入知识的研究，也会为知识的研究提供新的思路。无论是"作为知识的传播"还是"作为传播的知识"，传播研究与知识研究的结合都打开了新的研究空间。

第二节　中国传播思想史的知识建构

伴随西方传播学引入中国四十余年，并形塑了概念、理论和方法诸领域的"话语霸权"，反思中国传播学的主体性逐渐成为学界普遍自觉。这种自觉激发了三项作为：一是重返西方传播学本源——芝加哥学派、哥伦

---

[1] 温伯格. 知识的边界[M]. 胡泳，高美，译. 太原：山西人民出版社，2014.

比亚学派、耶鲁学派、多伦多学派、欧洲诸批判学派等,或挺进学术史的"灰色地带",以重彰那些"不应退出历史舞台的范式"[①],重估西方理论的解释效力[②];二是主张以中国问题而非西方知识为逻辑起点开拓学术,"我们的'本土化'研究应该是从提问开始,是从中国的现实传播问题开始"[③],改变中国问题沦为西方理论佐证、佐料之窘境;三是连接政治话语与学术话语,倡导"把论文写在中国大地上",构建中国特色新闻传播学的学科体系、学术体系和话语体系。

这三种努力大抵可概括为重返西方源头、现实问题和中国立场,反映了学科主体性自觉的向度和进路。在此之外,尚须辟出重返中国传统这一脉络,以更好地理解历史,为传播学话语体系建构提供可接续、转化的传统思想资源。本节试图解决三个问题:面对传统思想的态度和方法,这是书写中国传播思想史的预先准备;开显传播思想史的"基源问题"——言说与秩序的关系及其若干子题——天命、道统、民意、言路、社会交往等,以整体呈现传统思想的本来面目和发生机制;探讨传统思想于融合对话中补给中国特色传播学学术话语体系建构的可能性。

一、重返传统与学科主体性的历史向度

自五四和新文化运动始,知识界惯以古今中西"十字路口"的说法比拟中国现代思想、学术处境。及至今日,向"西"、向"今"的维度持续铺展,向"中"的自觉亦日趋强烈,形成了以西学解释今日中国问题的理论局面,而向"古"的进路则未免迢阻曲折。传播学的境况亦如是,虽有少数雄心勃勃者复兴传统的努力,毕竟未能标画完整的思想地图,尚处清

---

① 胡翼青. 试论社会学芝加哥学派与传播学技术主义范式的建构[J]. 国际新闻界, 2006(8): 49-53.
② 刘海龙. 重访灰色地带:传播研究史的书写与记忆[M]. 北京:北京大学出版社, 2015: 1.
③ 黄旦, 沈国麟. 理论与经验:中国传播研究的问题及路径[M]. 上海:复旦大学出版社, 2013: 55.

理宗家文存、诠释只言片语阶段,"依然是一棵幼苗"①。单就知识生产而论,这固然与西学强势有关,如西学东渐日久、西学在思辨和方法上相对优越等,亦须省思学界对待自家传统的态度和方法。

最近百年间,知识界一度固执一种归因定式:将中国现代化进路的命运挫折归罪于传统思想文化,并因此形成了对传统的疏离、成见和忧惧。这也影响到传播学界对待传统的态度:时空和心理上的疏离,以及阅读古籍的能力一代不如一代造成的断裂;抱持传统已死、传统无用、传统并非"科学的理论"等成见;忧惧以理杀人、钳制舆论等传统糟粕的"复活"或"招魂"。在哲学史、思想史研究领域,这一定式于 20 世纪末有所松动。一些学者面对世界格局之变和中国现代化境遇,自觉反思、矫正五四以降"全盘反传统"倾向。他们的努力未足以抵消对传统的疑虑,其间部分共识却值得传播学界重视。

一是传统是否断裂、已死或无用的问题。几乎所有思想史研究都面临远距离发问、破除时空障碍、弥合思想断裂的任务,不唯传播学如此。有些传统确乎已死,有些则根深蒂固。我们天然生活在传统遗存——哪怕是废墟之上,以之为理解现实、开启未来的起点。韦政通认为重述思想史的价值在于"历史乃生命之师",虽不能决定未来,却可减少未来之路不必要的错误和浪费。② 林毓生主张重返"有生机的传统",促成传统的创造性转化(creative transformation),以维持社会稳定和文化认同。③ 他举证说,欧洲现代化并未让传统退场,而是贯通了传统与现代,中国亦应接续、转化传统,避免断裂、"空心"的现代化。

---

① 谢清果.2011—2016:华夏传播研究的使命、进展及其展望[J].国际新闻界,2017(1):101-117.
② 韦政通.中国思想史:上[M].长春:吉林出版集团有限责任公司,2009:2.
③ 林毓生.中国传统的创造性转化:增订本[M].北京:生活·读书·新知三联书店,2011:4-5.

二是传统的学理性、理论化问题。对于中国传统思想在智性、思辨性上是否够得上"科学的理论",学界早有深切反思。西学筑基于逻辑学、认识论而达于形而上学、人生哲学,中国传统学问则直由本体论、宇宙论通于人生哲学、政治学,"罕有如西方哲人之一以纯粹真理为鹄的者"①。独立、纯粹的智性活动不常有,逻辑化的理论分析亦匮乏,"不足以培养出戡天役物的动机"②。但是,中国思想亦有其独特禀赋和气质,如整体论、秩序观、人文主义、入世精神和生命直觉意识等。儒家思想虽短于西学式的思辨和实证,却是中国人于千百年间不逃向自然、虚空和观念游戏,"硬挺挺地站在人类的现实生活中"的主要价值之源和实存经验。中国人以之安身立命,度过眼前苦难,答复终极追问,"担当人类现实生存发展的命运"③。为此,理应亲近、同情和理解历史,复正和再造传统思想中独特、合理、优越的质素,以求文化命运自主。

三是重返传统的风险问题。直面传统并非照搬或"招魂",不是把古人拉到现在来改造,或回头扮演古人;也不是自恃传统、隔绝西学,试图脱离世界建造一个孤立的"中国思想中心"。徐复观提出要廓清传统思想的源流迁转,明了、批判其"在当时的意义及在现代的意义"④。韦政通认为,"理想社会之造成,则有待于固有学术之复兴与西方文化之吸收"⑤。他们相信,接续传统、根本稳固的中国思想,可与西学形成彼此辉映、环抱的文明整体气象,造福本土且关怀世界。

以上讨论也为传播思想史——中国思想史的一条支脉明确了态度和调性:亲近、理解、同情、批判、中西互镜、创造性转化,为生产具有全球

---

① 唐君毅. 略论作中国哲学史应持之态度及其分期 [J]. 学灯,1940(12).
② 韦政通. 中国思想史:上 [M]. 长春:吉林出版集团有限责任公司,2009:14.
③ 徐复观. 中国思想史论集 [M]. 北京:九洲出版社,2017:代序11.
④ 韦政通. 中国思想史方法论文选集 [M]. 上海:上海人民出版社,2009:134.
⑤ 同②.

价值的在地知识提供思想资源。这一态度已为部分传播学者所接受。余也鲁、罗文辉主张开掘传统价值，养成中国传播学理论的胚胎，"在中国的泥土上复验、光大传播学"[①]。关绍箕、陈国明、邵培仁等亦持此论，倡导清理、研判纵贯两千年的经典文献，确立中华传播理论范式，构建"概念清晰、体系井然的中国传播理论"[②]，与西学之间"提供与接收必要的双向贡献"[③]。各家共识是向历史讨要资源，补给知识建构，助益中西对话。孙旭培的说法最为妥帖：既不能"传播学只是西方传播学"，也不应"创立一套完全不同于西方传播学的中国传播学"[④]。

态度明确之后，便是方法选择。近年学界重返传统传播思想的努力之所以不尽如人意，除前述偏见、误解和忧惧外，另一主因便是尚未获得整全观照、操舟得舵的知识建构方法。方法之困导致诸多成果止步于寻章摘句式琐细清理，鲜见累若贯珠的历史解释和全局理论安排。姚锦云、邵培仁等注意到了本土传播理论建设的知识论和方法论问题，认为若犯下方法论错误，本土化尝试的热情不过是"盲目跟进"[⑤]。惜乎他们也未能深究、拣择中国传播思想史的研究方法。

治思想史的方法，既要符合史学通则，如梁启超所谓实事求是、无证不信；亦应考量思想史之特质，如冯友兰、唐君毅、熊十力、韦政通等人操持的系统研究法、发生研究法、解析研究法等。比较之下，劳思光提出的基源问题法对传播思想史研究最为适切。劳思光认为打理思想史的好方法应满足三个条件：事实叙述的真实性，理论阐释的系统性，全面判断的

---

① 宣伟伯. 传媒、信息与人：传学概论［M］. 余也鲁，译述. 北京：中国展望出版社，1985：3.
② 关绍箕. 中国传播理论［M］. 台北：正中书局，1994：11-13.
③ 陈国明. 中华传播理论与原则［M］. 台北：五南图书出版公司，2004：17-21.
④ 孙旭培. 华夏传播论：中国传统文化中的传播［M］. 北京：人民出版社，1997：4.
⑤ 姚锦云，邵培仁. 华夏传播理论建构试探：从"传播的传递观"到"传播的接受观"［J］. 浙江社会科学，2018（8）：120-128，159.

统一性。此三项综合了发生、系统和解析诸路径,并统归为基源问题法。这一方法的要旨在于:既然"一切个人或学派的思想理论,根本上必是对某一问题的答复或解答",那么治思想史的第一步便是寻找、开显真实的基源问题;基源必有分流,引出许多次级问题,"每一问题皆有一解、一答,即形成理论的一部分",此为第二步——子题阐释与局部理论构造;第三步乃排布各时代基源问题,循证思想脉络生成、延展的整体趋势,再施加合理设推,便可形成统摄事实与阐释的统一判断。[①]

若将基源问题法应用于传播思想史研究,则可提出如下切实的学术计划:首先,确认中国传播思想的基源问题——什么问题在历代持续、显著存在或反复涌现,且被循环追问和回应?其次,这一问题又可分解为哪些关键子题?对子题的响应如何铺展、连缀成传播的观念世界和意义之网?最后,对基源问题及其子题的排布、统观可达成怎样的整体理解和判断?

更进一步,可将创造性转化之态度与基源问题法连接、整合为一体,形成操作化的理论设计:开显基源问题并以之为统领,铺展子题、旁枝并以之为经络,勾连中国传播思想史的知识谱系,进而促成共时和历时的思想对话。本节倾向于将所谓创造性转化理解为一种对话方案,即传统思想诸范畴之间、传统思想与历史实践之间、传统思想与现实问题之间的对话,以重建有生机的传统。就思想史而论,所谓"有生机"就是"可对话",于古今中西对话中促进中国传播学术体系建设。既有传播思想史研究恰失之于此:基源问题缺失,主脉不清,而求诸子题、旁枝;古今中西对话缺失,而付苦功于孤悬的历史文本。苦功虽巨,却少生机。

[①] 劳思光. 新编中国哲学史 [M]. 北京: 生活·读书·新知三联书店, 2015: 10-13.

二、言说、秩序与价值共识优先

"中国的哲学家普遍相信政治的目标是形成'治世'而避免'乱世'。"[①] 太平或和谐秩序始终是中国思想的一个强烈主张，政治、社会和个体行动皆以之为起点和归宿，宇宙论、政治学、伦理学、人生哲学亦以秩序问题为运思纲目和重心。传播思想也不例外，且因言说与兴亡治乱关联甚切而成为历史持续涌现的观念史主题。从先秦文化可察，自中国文化童年期始，言说便普泛介入了宇宙论之人天关系，政治学之君臣关系、政权与民众关系、伦理学之人际与社会关系，以及人生哲学层面的自我体认和日常生活建构。此中，言说与秩序的交互建构关系——言以载道、道以言成、建构秩序、达于治世，正是历代循环反复求索、优先响应的基源问题。它普遍、稳定、显著地存在着，要求人们在不同时势下重返传统，或给出新的解释。

《尚书·虞书·舜典》开篇讲尧禅位于舜，此前经过三年"询事考言"，循名责实，方许以帝位。此中不免有三问："言"何以成为与"事"（政绩）同等重要的考察标准？言说的目的、功能是什么？何为合格、胜任的言说？作为中国现存最早的经典，《尚书》大体回答了这三问，也牵引了传统言说、传播思想的原初线索。

通观《尚书》对上古政治的叙述，行事或事功并非政治和权力合法性的唯一来源，天命、道德及其承载、彰化的工具——言说亦属合法性的柱石。赵鼎新认为，"在西周之前的古代中国，政绩合法性并不是政权合法性的一个重要方面"，所谓商革夏命、周革商命之"天命流转"才是合法性的核心依据。[②] 天命之外，克明俊德的个体德性，亲睦九族的人伦，平

[①] 赵汀阳. 天下体系的一个简要表述 [J]. 世界经济与政治, 2008 (10): 57-65, 5.
[②] 赵鼎新, 龚瑞雪, 胡婉. "天命观"及政绩合法性在古代和当代中国的体现 [J]. 经济社会体制比较, 2012 (1): 116-121, 164.

章百姓、协和万邦的公德同为合法性的关键支撑。而落实到政治、社会和人生实践，天命、道德何以显化作用、凝聚共识？除了行事，便是言说——借由言、传、布、宣、扬、告、诏、交、通、辩、教、游说和日常交往，承载、表达和建构天命与道德。

这就生发了此后两千余年一以贯之的言说观念：言以载道，道以言成，交互建构而生成秩序。言以载道强调言说乃显化天命、世道、人伦的载体和工具；道以言成指明道统依靠言说成就，直至道统本身也成为一套言说体系或策略；基于载道成道，言说服务于政治、社会、人伦、人天秩序的生成和维护。从传播主位来看，中国传播思想史的基源问题正是言说何以成就秩序？

言说、传播对秩序的建构，常与各种政治、社会和文化手段合力为之，但也有自身独特的禀赋和取向，要言有三：一是诉诸说服效力而非强制、压服之力量，故以共识为秩序之基；二是鉴于言说乃人之内在规定性和基本在世状态，故对规范、秩序的建构须渗透至实用日用的生活世界，而不可空悬于上层建筑或全然系于规程化的制度安排；三是言说同时关乎人之自由权利和维系秩序之责任，故以政治合法性和社会整合视角观之，自由与秩序关系的平衡乃传播思想的枢机所在。中国传播思想史对这三种取向皆有明确响应，并表现出价值共识优先、实用日用优先、教化德化优先、和合创生优先等禀赋和特质。

言说与秩序关系的生成，是以天命观为逻辑起点的。《尚书·虞书·大禹谟》云："嘉言罔攸伏，野无遗贤，万邦咸宁。"倘若嘉言无遮、贤人尽用，则天下安宁秩序可期。何谓嘉言？上应于天、下合于德，格于上下、与道相接之言。这就牵涉到天命、道德和言说的关系问题。中国上古所称的天命，既与古希腊的诸神意志——人格化上苍的神秘主宰有相通之处，也指向了不可悖逆的宇宙自然法则。可是天道玄远，难以协和世间繁复的关系和秩序,古人便将神谕和自然法则化用于俗世道德规范。言说乃转化的媒介,表达天命、道德所向,且照应、连接二者。譬如将"天行健"与"自强不息"之君子人格,"天地不言"与"讷于言"之君子操行接榫并置。而言说亦属世俗致用之物,故应由天命、道德规约之,以成就嘉言,塑造人天、人我秩序。

如此便形成了一个清晰的秩序链条:天命主导道德,道德规约言说,言说又反身建构前二者。三者同源相应,却非简单的决定论关系。"天聪明,自我民聪明;天明畏,自我民明威。达于上下,敬哉有土!"(《尚书·虞书·皋陶谟》)天之明察一切,乃于民众意见中得来;天之扬善惩恶,亦从民之所愿。天命显现与民意表达交感互通,故持国者应敬天保民。《尚书》再三申明天命民意一体关联,"天畏棐忱,民情大可见"(《尚书·周书·康诰》),"天视自我民视,天听自我民听"(《尚书·周书·泰誓中》)。周成王甚至直接以民意替代了天命:"人无于水监(通鉴),当于民监。"(《尚书·周书·酒诰》)

《尚书》对夏商周政权更迭的解释,大抵都反映了这种天命、道德和言说同构的思想:顺承天命、克明俊德、嘉言广布、稽于民意以维系政权合法性和权力秩序,反之则获罪于天、招怨于民。后世经典对《尚书》嘉言观借用、转化颇多。《诗经·大雅·板》云:"天之方难,无然宪宪。天之方蹶,无然泄泄。辞之辑矣,民之洽矣。辞之怿矣,民之莫矣。"前半部分申明天道昭彰,后半部分将言辞问题上升至安民治国大计。唐孔颖达疏曰:"王者若出教令,其辞气之和顺矣,则下民之心相与合聚矣。"(《毛诗正义·卷十七·十七之四》)《左传》《战国策》记述了大量透过言辞以察家国命运的故事,且多采用"其辞顺,犯顺不详"(《左传·襄公二十五年》)或反向的命定型叙事。孔子就此发出千古之叹:一言可以兴邦,亦可丧邦(《论语·子路》)。法墨诸家也有类似说法,如申不害提出:"一言

正而天下定,一言倚而天下靡。"(《申子·君臣》)

秦短暂统一天下,通过"书同文"等语文和传播政策强力推行社会与思想整合。汉初恢复并强化了先秦天命观。魏晋、隋唐、五代、宋元、明清亦较少逸出始自先秦、成于秦汉的言说与秩序观念。这并非一个保守的判断。韦政通认为中国思想素有"强烈的合模要求","战国之后,基本的变动并不大"①,总是在几个古典问题中打转。然而历代时势毕竟不同,思想文化必有迁转损益。反映到传播思想领域,便是天命融摄地位坚实稳固,而天命内涵则有多元趋向,并影响到言说建构秩序观念的历史偏向。举证在兹:

一是融摄万有的神格化天命。董仲舒及其前后的陆贾、贾谊、公孙弘等人为解决汉初天下"居马上得之,宁可以马上治之乎"(《史记·郦生陆贾列传》)的问题,确立了天命、世道、人伦一体的国家意识形态。② 董仲舒在《春秋繁露》中提出了为人者天、天人交感等观念,由天子而至庶民,乃至一切造物,莫不法天。董仲舒之天命观,以神格化天命为起点,从宇宙时空之阴阳、五行、八卦到四时、十二纪、二十四节气,再到世道、人伦、言动,和合而成一体同源的"常道"。③ 常道及其主导的意识形态,既是言说的内容和规范,也是言说的产物——基于日益完整、周全的言说策略加以表达、凝固和常识化。这一常识的证式是,天命乃社会交往、人天感通、万物齐一的超越性价值基准,"多元"不过是作为"一统"在自然和人间的显现与作用。

二是作为宇宙自然法则的天命。老庄、孔孟荀皆有视天为客观、超越性存在的自然论倾向,秦汉及魏晋在某种程度上阻塞了这一思想源流。当

---

① 韦政通. 中国思想史:上 [M]. 长春:吉林出版集团有限责任公司,2009:4.
② 葛兆光. 中国思想史:第1卷 [M]. 2版. 上海:复旦大学出版社,2013:234-253.
③ 冯友兰. 中国哲学史 [M]. 北京:中华书局,1947:491-524.

然也有例外，如扬雄、王充、仲长统、范缜等皆欲重彰天道自然论。及至唐，韩愈、李翱等为反击佛教思想之凌驾，转而假借先秦儒家道统重振自然天命观。"日月星辰经乎天，天之文也；山川草木罗乎地，地之文也；志气言语发乎人，人之文也。"（《李文公集·卷五·杂说》）人言之理衍生于天地自然之理，言说的价值在于阐释天之规律、法则和"定数"，同时也反过来建构宇宙观，生成自然的人格化与人的自然化交融的观念系统。这也为社会交往和共同体存续提供了先验价值规范，表达、交往及共识仍由天命母题统摄，只是题旨远了神谕，近了自然。

三是与心性本体相契不二的天命。宋明之后，儒释道三家渐呈汇流心性哲学之势。理学所称的心体、良知、心即理、性与天道同一，与禅宗的佛性、如来藏、本来面目，以及道家的道、太极皆指向了人之心性本体。天命不外在于人，而是心性的本然和扩充。天人合一而人居主位。落实到言说思想上，三家皆强调言为心声、言以养心，主张通过善用或节制言说以发明人人本具的心性。如北宋程颢认为"言语必正者，非是道独善其身，要人道如何，只是天理合如此"（《二程遗书·卷第二上·二先生语二上》）。明王阳明亦称"精神、道德、言动，大率收敛为主，发散是不得已，天地人物皆然"（《传习录》卷上）。倘若人人见道知性、体认同一，任三千大千世界万象森然，却同归一个理。一即多，多即一。以此为终极价值凭据，芸芸众生则可和睦交往相待，和合共生互济。此一凭据不再是外在形而上的神格化天命或自然法则，而是人之内在形而上的心性本体。

三种天命观形塑了不同的言说观念，却共同赋予中国传播思想一个显著特征：以凝聚价值共识为优先安排，强调天命统摄、道德至上、眷顾人情、深耕心性，主张个体、共同体对超越性价值的体认同一。谓之优先，乃相对西学逻辑、工具或程序理性至上而言。自后苏格拉底时代起，西学的主脉强调基于概念、逻辑推演，或对话、辩论的形式发展形而上的认识论，共识主要源自论证逻辑、程式及其抵达的确定知识。中国思想则更关切那些有强烈人文主义倾向、偏重直觉和体认的价值规范，尤重在本体论层面为言说、交往和共识提供超越性价值来源。

三、实用日用优先、教化德化优先、和合创生优先

始自先秦的民本主义舆论观，真切体现了中国传播思想的价值共识优先主张。中国文化所称的"天下"，不只是受命于天的人类所居世界，人心比土地更重要，所谓"得天下"主要是指"获得绝大多数人的民心"[①]。《国语》云："民所曹好，鲜其不济也；其所曹恶，鲜其不废也。故谚曰：'众心成城，众口铄金'。"（《国语·周语下》）老子说："圣人无常心，以百姓心为心。"（《老子·第四十九章》）管子认为，"政之所兴，在顺民心。政之所废，在逆民心"（《管子·牧民》）。孟子、荀子一反一正指出："失天下，失其民也；失其民者，失其心也"（《孟子·离娄上》）；"取天下者，非负其土地而从之之谓也，道足以壹人而已矣"（《荀子·王霸》）。

事实上，民本主义只是传统舆论观的一张面孔。先秦诸家在强调民心作为执政基础和天命投射的普遍价值的同时，也意识到了另外两个更加现实的问题：民意可惧、民智不足用。关于民意可惧，即召穆公所谓"防民之口，甚于防川"（《国语·周语上》）。商鞅认为众口乃祸乱之源，故应避免怨民祸国（《商君书·更法第一》）。素重民本主义的儒家知识分子也对民意心怀忧惧，"夫众口毁誉，浮石沉木"（《新语·辩惑》），谤讪、猜毁之言"一入于人，治乱不分"（《六箴·口箴》）。关于民智不足用，韩非认为民智"犹婴儿之心也"，缺少远见和大局观，"未可与为治也"（《韩非子·显学》）。《吕氏春秋》认为"世之听者，多有所尤"，且"因人所喜""因人所恶"，导致罕有完整的理解力和判断力，"东面望者不见西墙，南

---

① 赵汀阳. 天下体系的一个简要表述[J]. 世界经济与政治，2008（10）：57-65，5.

乡视者不睹北方，意有所在"（《吕氏春秋·去尤》）。这就引发了传统舆论观的"疏堵悖论"，民心至上要求开明疏导，民意可惧、民智不足用又常致"强力制之"的封堵。

由是观之，形而上、超越性的价值理想尚须连接政治和社会现实，以涵化日常生活方式和实用交往规范。说到底，价值理想不能仅供士人咏叹，其说服力亦不可局限于精英内部，且须满足多元主体实用日用的交往需求。中国思想尤其儒家思想素有致用、实用倾向，试图将人天、体用、本末一体化。譬如在孟子那里，仁既是抽象的心体和价值理想，也是可切实体验的实践真理。仁乃人之普遍天赋——"恻隐之心人皆有之"（《孟子·告子上》）、"仁是性"（《二程遗书·卷第十八·伊川先生语四》），亦为可感可欲的自我体验和实践，故为"具体的普遍性"真理。"就主体而言，仁可以涵摄众德；就人我之间的沟通而言，则众德皆为仁之分化，又皆得仁之一体。"①

体验真理与西学游离于实践之外的自明真理、思辨真理大不同。在自我沟通、自我实现层面，体验真理靠个体直觉、体契贯通普遍与具体；在社会交往层面，它主要凭借礼治、教化、和而不同的交往原则来连接终极与日用、价值理想与沟通实践。以下分而述之。

一是礼治、交往与意义之网的构建。礼最初反映的是人天沟通秩序："礼，履也，所以事神致福也。"（《说文解字·示部》）先秦儒家视礼为仁的外化，宋明理学主张礼义一体。而当礼成为一种治道，它又逸出价值之域，成为维系人伦和社会秩序的程式、规则与制度性安排。礼乃"定亲疏、决嫌疑、别同异、明是非"（《礼记·曲礼上》）的人伦规范，亦为"经国家、定社稷、序民人、利后嗣"（《左传·隐公十一年》）的公约。礼

---

① 韦政通.中国思想史：上[M].长春：吉林出版集团有限责任公司，2009：55.

还提供了言说和社会交往中实用日用的微观方案，周详规定了日常交往中的言动、仪容、仪典、符号和意义。到了清代，戴震等重申"礼理同源""理存于礼"①，以确保礼体用兼备、形名相符，而不致沦为纯粹的外在仪节。

实际上，礼连接了形而上价值与形而下规范、内在情智与外在程式、普遍德性与具体体验，架设了价值理想与日用规范、道德主张与交往实践、精神象征与制度器物之桥。"桥"的比喻并不恰切，礼及其与义、法的结合编织了一张天地人尽覆其中的意义和关系之"网"。在历代持续称颂和修补中，这张网经纬天命、世道、人伦，直至成为本来如此、尽皆认同、不可悖逆的交往规范和秩序。华夷、邦国、君臣、父子、夫妇、兄弟、朋侪、乡党，人与人之间生成了绵密的礼式节文和言说规范，以期"礼之用，和为贵"（《论语·学而》）。此中，共识的来源亦由形而上神格化天命、自然法则、心性本体拓展至形而下的日用交往规范。言之成理与交往有礼不可偏废，价值共识优先与实用规范优先并行不悖。

二是言教、教言与言说规范的构建。同中国传统政治、社会和文化思想的大脉络一致，教化也是传播思想的重要主题。教化首先表现为一套关于天命与世道、人伦与个体存在的价值话语体系，并通过特定言说、沟通策略引导个体进入主流社会化和礼治体系，此即"言教"。当然，言说——如何说话、交往亦为教化的重要内容，此可谓"教言"。言教与教言观念在历代反复被重申，相关经典一再被诠释，直至凝结为文化惯习、集体记忆和可习诵的秩序纲纪。

在儒家治理思想中，教化乃达于理想政治——王道最重要的手段。"政有三品，王者之政化之，霸者之政威之，强者之政胁之。夫此三者各

---

① 徐道彬. 论戴震礼学研究的特色与影响[J]. 安徽大学学报（哲学社会科学版），2015（1）：100-108.

有所施，而化之为贵矣。"(《说苑·政理》)说服、教化民众远比权力威之、暴力胁之更优先，也更持久有效。至于教化方案，乃先成就君子，再化育小民，且以德化优先。子曰："君子之德风，小人之德草。"(《论语·颜渊》)风行草偃之下，君子教化小民近道明伦、知耻守格。具体至言教和教言，君子要慎言嘉言、明理存道，再施教扬声、导愚教陋、化育小民。

最初的慎言观乃"天地不言而万物生"的宇宙观、"巧言令色鲜矣仁"的伦理观、守拙明道的人生观在言说、交往领域的体现。加之"言行，君子之枢机。枢机之发，荣辱之主也"(《周易·系辞上》)的实用主义考量，便形成了由先秦延展至今的慎言传统。儒家挺立《左传》而贬抑《战国策》，理由正是前者丰德慎言，后者离经叛道、纵辞以辩。庄子认为"辩无胜"，有胜负也不足以决是非："既使我与若辩矣，若胜我，我不若胜，若果是也，我果非也邪？"(《庄子·齐物论》)关尹子的看法与此相类，"甲言利，乙言害，丙言或利或害，丁言俱利俱害"(《文始真经·九药》)，说来说去，徒费口舌。佛教认为辩论易犯妄语、恶语诸戒，甚或堕入"拔舌地狱"。总之，发言如蹈水火，"言有宗，事有本。失其宗本，伎能虽多，不如寡言"(《通玄真经·精诚》)。

基于慎言慎辩观，士人群体发展了一套繁复、绵密的教言之道，并试图通过言传身教普及社会。如五伦五事、六德六逆、八观九征之说，极至则有明代敖英提出的十贵、二十二戒之论。各种家训、族训、乡约、门规罗列了繁细的交往仪规，以安顿自我、协调我他情感和利害。以五事——貌、言、视、听、思为例，每一事皆有明确禁忌，细微至言谈交往时如何坐立、倾听、反馈，调适语气、腔调、表情及体情契心。

而慎言慎辩并非不说，实则也不能不说。早在先秦，语言即被视为人之独特禀赋和人之存在的规定性。《穀梁传》提出："人之所以为人者，言也。人而不能言，何以为人？"（《榖梁传·僖公二十二年》）人之所见，必有明昧长短，又不得不辩。孟子云："予岂好辩哉？予不得已也。"（《孟子·滕文公下》）墨子的态度更为积极，他认为辩论"摹略万物之然，论求群言之比"（《墨子·小取》），可实现六种功能：明是非、审治乱、明同异、察名实、处利害、决嫌疑。后期墨家发展了辩学，达及先秦哲学尤其逻辑学的巅峰。"古代哲学的方法论，莫如墨家的完密。"[①] 邹衍认为辩论可使言者"不务相迷""不相害""不相乱""明其所谓"（《资治通鉴·周纪三》）。王充也主张"两刃相割，利钝乃知；二论相订，是非乃见"（《论衡·案书篇》）。

既要慎言慎辩，又不得不为之，便应确立言说、辩论的原则与规范。《周易》讲"修辞立其诚"，孔子发挥此义，将立诚、修辞与进德、修业看作同等大事："君子进德修业。忠信所以进德也。修辞立其诚，所以居业也。"（《周易·乾·文言》）修辞之诚，首先是人天相通的德性，"诚者天之道也，思诚者人之道也"（《孟子·离娄上》）；其次是于人忠信，"诚者，信也"（《说文解字·言部》）；最后为不自欺，"所谓诚其意者，毋自欺也"（《礼记·大学》）。在立诚原则下，儒家主张"文质彬彬，然后君子"（《论语·雍也》）。而当文质难以兼顾，则应坚决站在质一边。文胜质不仅因文害意，且在心性和道德修养上亦可疑。王应麟认为，"修其内则为诚，修其外则为巧言"（《困学纪闻·易》）。朱熹也指出，文气太盛、文辞太丽皆因言者"心不定"，"是他心不在此"。

始自先秦的名实之辩最能体现如此偏向。名者，名称、符号、概念、能指之谓；实者，即实存、实物、事实、所指之谓。春秋天下纷争四起，传统权力秩序崩塌，礼乐道德大废，"上无天子，下无方伯，力功争强，

[①] 胡适. 中国哲学史纲[M]. 上海：上海古籍出版社，1997：163.

胜者为右"（《战国策·序》）。逢此乱世，孔子提出正名思想，主张名副其实，以期天子、诸侯各归其位，重建道统、权力和伦理秩序。"名不正，则言不顺；言不顺，则事不成"（《论语·子路》）。之后，墨荀、齐国稷下学宫围绕名实问题展开激辩。各家所论殊异，但总体同意"名实当则治，不当则乱"（《管子·九守》）。若二者冲突难消，则应"修名而督实，按实而定名"（《管子·九守》）。

之后两千余年，因正名与正德、正教、正统关联甚切，历代多有学者加入名实之辩。言说、修辞显然是在名相上做功夫，稍不诚敬谨慎便游离现实建立相对独立的语言和观念世界。在传统秩序观下，一个脱实向虚、自成一体、背离正统的思想、言论世界，自然不足取。一个典型事件是，北宋以富弼、司马光、欧阳修、邵雍等为代表的洛阳知识分子集团自恃掌控"道统-学统"话语权，挑战汴梁皇权"治统"，被认为是离散中央意志、导致变法失败的主因。王安石对此叹曰："一人一义，十人十义，朝廷欲有所为，异论纷然，莫肯承听。"（《文献通考·选举考四》）

三是自由、秩序与和合创生格局的构建。合模、求同确为中国思想文化的显著特征，但并非全部。无论个体心灵还是外在秩序，传统思想皆留有一定的自在、自为和自由空间。儒释道三家为个体心灵自由提供了充裕的思想资源和修行、体契方法，以达成致中和、明心见性和大道逍遥的自由之境。而外在的自由预期，主要体现在对和而不同理想秩序的设计上。和而不同乃中国传统思想之精魄所在，是处理人际关系、个体与共同体关系、群际乃至天下关系的核心原则。

西周太史伯阳父最早区分了"和"与"同"的差异，"和实生物，同则不继"（《国语·郑语》）。"和"承认万物的差异性、多样性，强调共生、互生、创生；"同"则不然，趋同、雷同恰可能导致万物无以相生相济、存续与共。和而不同旨在处理"一"和"多"的关系，以一摄多而又各美其美，达及和谐共生、协同创生的秩序。这就为多元主体预置了自在、自为空间，这一空间的边界是不失序；秩序亦有其边界，即共在者和谐交往而不强求同一。在不致失序、不强求同一的理想状态下，和而不同有望平衡多元与一体、自由与秩序的紧张关系。

在伯阳父之后，孔子提出"君子和而不同，小人同而不和"（《论语·子路》），并将之操作化为仁与恕的道德主体意识和交往原则：仁者爱人，己欲立而立人，己欲达而达人（《论语·雍也》）；恕者宽容，己所不欲，勿施于人（《论语·卫灵公》）。这二者被认为是儒家交往思想的金律，一个标出了上线，一个确立了底线。清初孙奇逢在《孝有堂家规》中说："仁且恕，世岂有外焉者乎？"

20世纪八九十年代，费孝通基于国家现代化和全球化的未来趋势，多次重申了三个概念：和而不同、多元一体、天下大同。从他讨论三个概念的原初语境和文本看，和而不同着眼于人际和社会关系处理，多元一体旨在建构民族国家秩序，天下大同偏向多元文明与国际关系协调。三者——后二者实为和而不同观念的递进扩充——为在现代语境下重构个体、族群、国家之间的"一""多"关系提供了思想参照。费孝通重返中国思想史以观照未来的做法鼓舞了学界，而21世纪以来的全球社会发展境况也印证了这一学术努力的重要性。无论一国之内还是多元文明之间，何以尊重"多"，同时维系必要的"一"，再度成为重大、基本的现实问题。

四、对话、转化与中国传播学的未来选择

中国传播思想对待天命（今日常表述为天下大势、历史使命、客观规律、民心所向等）、道统（传统价值、主流价值、共同价值等）、政治和权力合法性、民心所向与舆论建设、个体存在与社会交往的核心观念，以及秩序优先、价值共识优先、实用日用优先、教化德化优先、和合创生优先

等基本主张，仍可启迪中国传播研究的未来之路。所谓启迪，并非对传统抱持乡愁式眷恋，讨来吉光片羽装点今日的理论话语。关键在于开辟一条通古达今的思想之路，在古今中西"十字路口"的对照、对话中，促成有中国特色兼备全球价值的知识生产和理论建设。

20世纪80年代初，林毓生认为全盘否定传统不仅无法解决由历史延展至今的老问题，且将导致全盘西化、断裂的现代化等新问题，故明智之选乃"创造性转化一些传统文化的符号和价值"[1]。面对现代化、全球化和互联网革命引发的复杂思想境况，国家层面近年也明确提出了传统思想文化的创造性转化问题："一个不记得来路的民族，是没有出路的民族。"[2] 那么，何以促成传统的创造性转化？本节倾向于将传统的创造性转化理解为一种对话方案。有生机的传统即可成为对话主体，提供对话资源，重现历史场景和脉络，开启未来之路的思想力量。近年学界重返传统传播思想的努力之所以不太成功，除了各种偏见、误解和忧惧的阻碍，主因仍在于尚未真正重返有生机、可对话的传统：观念之间的意义之网、观念与实践之间的逻辑链条、大问题与小问题的思想谱系仍处历史旧尘遮蔽之中。

以对话的观念、态度和方法进入传播思想史研究——不妨称之为"对话-转化"方案，则可获得如下切实的理论计划：共时和历时的观念之间的对话，以呈现、阐释观念之间呼应、交织、融汇所生成的意义之网，而非孤立、静态地清理一家一宗一时的文本遗存；传统观念与历史实践的对话，审辨二者彼此投射、交互驱策的动力机制和逻辑关联，而非如现象学一般分置观念与实践、意识与实存，张扬前者而悬搁后者；基源问题与子

---

[1] 林毓生. 中国传统的创造性转化：增订本[M]. 北京：生活·读书·新知三联书店，2011：328.

[2] 习近平. 在纪念红军长征胜利80周年大会上的讲话[M]. 北京：人民出版社，2016：11.

题、子题及其旁枝之间的对话，以观其骨骼和经络，而非不顾问题导向，或溺于表面、片面、时兴问题而唐捐其功。此三种对话乃中国传播思想史内部的知识建构，属向"古"之维的专门努力，即从基源问题出发，探究传播思想中天命观、秩序观、嘉言观、舆论观、言教观、教言观、交往观、修辞观、辩论观的历史根源和发生谱系，以及这些观念与特定文化价值、历史情境、关键事件和代表人物之间的实质关联。

当然，更重要的对话应发生于古今中西的"十字路口"，促成传统传播思想与"今""西"的连接，立足"中国泥土"构建传播学理论，生产在地知识并增益全球价值。这自然是一个多级、多维、多节点的对话过程。择其要者，以下"对话-转化"方案乃必然之选。

一是重构基源问题，平衡自由与秩序的关系。传统传播思想的一个卓越禀赋是关怀重大、基本问题。这种关怀，试图在本体和日用层面统观言说与天命、世道、人伦的关系，寻求整体的理解和判断，强调产出思想、道理和价值。比照之下，今日传播学聚焦中层理论和微观问题，重视产出具体、确定知识，而对诸如国家和社会治理等宏大、主流问题，人之在世与生活世界的基本问题则未免忽视或力所不逮。传播作为个体的自我认同效能、共在者的交往方式、社会系统的运行机制、多元文化的共生策略，无疑是人类文明的重大、基本问题。与此相应，传播研究亦应在"大根本"处运思、发力，而不耽溺于对中微观现象和问题的追问。传统传播思想的"大问题意识"和整体论智慧，若与今日传播学对话、结合，或可形成"顶天立地"的创生格局，纾解传播研究中道与术、体与用分离之困。

对话首先要在基源问题上破题。中国传播思想史抱定不放的言说、自由与秩序关系问题，不仅延展至今，且因现代认同危机的加剧而上升为民族国家和全球社会的普遍关切。自由与秩序同为人类公共生活中的可贵价值,却常相抵牾。过度自由则失序,强为秩序则无自由。中国思想主张秩序优先、和合创生优先和内在面向的个体心灵自由,而制度安排、权利设计上的表达、行动自由则相对欠缺。自由与秩序关系的紧张在今日国家现代化进程中日益显现、加剧。古希腊开启了西方自由主义传统,主张保障个体言说权利,使个体有能力凭借良善修辞来保全自我、发现真相和真理、参与公共生活。及至现代,西方自由主义及与其啮合的个人主义、多元主义渐成泛滥之势。"如果不存在秩序、一贯性和恒久性的话,则任何人都能不从事其事业,甚或不能满足其最基本的需求。"[1]

显然,单一的思想方案已难解决全球范围内的自由与秩序、个体与共同体的关系问题,唯有在中西对话中寻求可能的价值共创。言说、传播既为自由权利的表现和保障,亦为秩序的建构者。这就为传播学关怀、介入现代社会的重大、基本问题提供了主流且充裕的空间。对中国传播学而言,主动作为的可能性包括:以问题为导向促进传统秩序观合理质素的创造性转化,以对话的观念借鉴包括自由精神在内的人类共同价值,以和而不同、多元一体、天下大同原则为自由与秩序提供价值边界和基准。以问题为导向意味着转化而非照搬传统,对话式借鉴强调取补而非照搬西方,和而不同则潜蕴多元个体互为主体、和合创生、持续超越的价值主张。加之重振传统传播思想中妥当处理人天关系、心灵自由问题的思想成分,则有望输出更丰沛的思想资源:重构内在与外在、个体与共同体、人与自然之间的自由与秩序关系,以达成完整、纵深、有机的动态平衡。

二是重振人文主义、价值理性与"人学"意识。同中国思想史的主调一样,中国传播思想总体上亦属人文主义一脉:抱持强烈的人文主义立场和致知取向,强调对宇宙、社会、人生及其价值规范的深层体认,关切言

---

[1] 哈耶克. 自由秩序原则 [M]. 邓正来, 译. 北京:生活·读书·新知三联书店, 1997:199.

说与天命、道德、心性的同源互构关系。思想家们并不太在意建构一套邃密的认识论体系，而将心力花在了透过言说参验天命、道德和心性，建设清明政治、理想社会和君子人格上。对言说本体论尤其是德性本质的追问和日用考量，压倒了纯粹智性思辨。在方法上，体认倚重的是直觉、参悟和默识，致知与修养不二，形成了"求知方法与修养方法的同一"[①]。这一方面导致中国传播思想短于逻辑化、学理化，难以形成西学意义上的严整理论和方法，一方面却也挺立、存养了价值理性。

这种价值理性试图摆放天地人三者的正当位置，并提供三参一体的合理化交往规范。这些规范织就了礼教言教的罗网，但毕竟凝结了悠远世代言说、交往的经验和智慧，含藏着无数人历经忧喜悲欢、得失进退、福祸荣辱而淬炼的精神遗产。有一些言说规范并无趋福避祸的功利考量，而是强调体情契心、安身立命之道——直抵人之存在和命运感，指向了"心灵开拓和精神升进之路"[②]。如明代田艺蘅论及人际交往经验时说，"笑之频者，泣必深"（《玉笑零音》），既体现了交往识人的智慧，亦对人之命运抱以深切悲悯。确如赵汀阳所言，中国哲学虽不似西方哲学那样注重"把是的说成是的"——寻求思辨逻辑和确定知识，却因对价值和意义的强烈关切而直面人的命运问题。[③]

今日传播学尤其是美国主导的经验主义、功能主义范式长于精致的理论化，但过度科学化、实证化、计量化则导致工具理性至上，超越性的价值来源隐匿不彰，或断开了与日常生活、社会交往的连接。传播研究的另一个相关问题是日渐远离"人学"——论题繁细、论证周延、方法规范，而"人"却后退或离场了。单以方法选择为例，实证主义尤其是量化方法

---

① 张岱年. 中国古代哲学的基本特点[J]. 学术月刊, 1983 (9): 5-10.
② 韦政通. 中国思想史: 上[M]. 长春: 吉林出版集团有限责任公司, 2009: 13.
③ 赵汀阳. 知识, 命运和幸福[J]. 哲学研究, 2001 (8): 36-41.

盛行导致大量研究仅亲近"可测量的问题",而关于传播作为人之生命历程和具身体验的大部分问题则遭冷遇。对研究者而言,学问亦难再与自身的修养同一,沦为外在的谋生事业。

人文主义传统乃中国传播思想的重要特质,亦应成为今日传播学之中国特色、中国气派的重要支撑。传播学创新的未来之计,理应重彰价值理性,并与工具理性两厢靠近、对话,以涵养整全、充盈的理性。同时也要重申"人学"意识,将"人"请回传播学主场,关怀人及其作为共在交往者的生命体验,响应传播境况的变化"对人类究竟意味着什么"[①]。在方法上,则应推进科学与人文、实证与体认的交融。实际上,技术驱动的传播体系越发达,人作为道德主体的直觉和体认之功就越重要。

三是重返现实问题,生产在地知识与开显全球价值。此一努力旨在促成传统思想与"今""西"之维的互动,以期古今接续、中西互镜。但"对话-转化"的重心不是古典观念连接当代观念的"知识的空转",亦非对西学知识和问题的中国化响应,而是从中国的传播问题或传播学可介入的现实问题出发,构建有中国特色兼备全球价值的传播学术体系。唯有参与针对现实问题的多元多维多节点对话,传统思想方可摆脱孤悬、获得生机,传播学的未来才能避免空转、扎下根基。此中要务包括而又不限于以下几点。

首先是从现实问题出发,考辨传统思想可直接接榫、作用、转化之处,或避开传统早已昭示的"浪费"、迷障和陷阱。譬如探究传统民意观下的国家治理缘何总是进入历史的死胡同,可知民本思想应由为民作主转向由民作主、人民当家作主;言路建设应由对为政者的道德寄望、对民众的德化教化转向现代民主政治尤其是协商民主机制的完善;民意表达、公

---

① 黄旦,沈国麟. 理论与经验:中国传播研究的问题及路径[M]. 上海:复旦大学出版社,2013:55.

共讨论中的逻辑理性和公共理性训练亦势在必行。

其次是基于解释、解决现实问题之需，间接、抽象继承传统思想，促进古今通则和理路的交汇。冯友兰在 20 世纪 50 年代提出了对待传统的"抽象继承法"①，即未必"照着讲"传统的具体知识，却可以"接着讲"那些有用的抽象意义和普遍规范。譬如传统的礼式节文不必也不可能全部复活于当下，但借由礼来养成、连接社会交往的价值理性和程式理性，乃古今一贯的治理之道。再如尽管天命、道统、心性内涵迁转流变，但历代探寻恒常价值及其凝聚共识、整合社会、协和天下之功的理路，亦可补给今时治道。

最后是观照中国自己的问题，亦应关怀人类共同体的命运，并于此中养成基于自明的文化自信和自觉。费孝通认为文化自觉并非武断、狂妄的自尊，首先要通过对话、互通获得自知之明。② 譬如以思辨、逻辑品质观之，中国传播思想的学理性无疑是成问题的，但它所倡扬的价值理性成功避开了西学形式逻辑和辩证法抵达"无人之地"和"无根的形而上学"的思维陷阱。此一陷阱正是海德格尔极力批判的西方现代性危机的根源之一——人脱离诗意的"大地"，游荡于无根的虚空而无家可归。

此等自明乃自觉自信的前提，两厢明朗或可辟出理性讨论与会合的余地。如是，所谓"十字路口"乃对话、创造的学术道场，齐举在地知识与全球价值，而非古今疏隔、一路向西的畸形学术场域。当然，重返传播思想史，补足历史向度的思想资源，乃对话、会合的必然选择之一。离开悠远、丰厚的传统，既无法完整理解现实，亦难平衡观照中西，遑论开启有生机的未来。

---

① 俞吾金. 如何继承中国传统哲学的遗产？：从冯友兰先生的"抽象继承法"说起 [J]. 社会科学，2013（5）：101-110.

② 费孝通. 关于"文化自觉"的一些自白 [J]. 学术研究，2003（7）：5-9.

第三节　建设面向未来的国际传播学

2021年5月31日,中共中央政治局就加强我国国际传播能力建设进行集体学习。习近平总书记指出,要加强高校学科建设和后备人才培养,提升国际传播理论研究水平。党的二十大报告对"加强国际传播能力建设"再次作出强调。在此背景下,国际传播学科建设迎来了一个全面提速升级的历史性机遇。从历史的纵深来看,这也是国际传播教育响应国家社会发展不同阶段需求而成长积累的一种历史必然。百年间,我国的国际传播教育在经历了密苏里模式、战时宣传模式、苏联模式后,逐步走出一条以中国为根本、以世界为面向的发展道路。

一、历史源流:国际传播教育在我国的缘起

一个学科专业的发展,离不开内外两方面的因素。作为主要在新闻传播领域发展起来的一个学科专业,国际传播教育在我国的缘起是新闻实践与新闻教育相互促动的结果。

(一)打开国门看世界:萌芽期的国际传播教育

国际传播教育的萌芽,是在近代中国救亡图存的大背景下生发出来的。基于当时的形势,国际传播的一个重要使命就是帮助国人打开国门"看世界",以了解国际局势、学习西方先进经验。与之相应,国际传播人才培养也以复刻欧美新闻教育模式为主,其中有代表性的学习样本就是密苏里大学新闻学院。

从《新青年》的创刊到1919年五四运动的兴起,越来越多的有志之士意识到新闻事业的发展于国家兴衰的重要性。当此之时,中国虽为世界上的重要国家,但鲜为各国新闻界所关注,且中国新闻业尚处在萌芽阶段,难与世界接轨、同步信息,急需培养驻外记者等国际传播人才,加强

与世界的联系,所以,系统化建设新闻学科、培养高质量新闻人才成为时代任务。1920 年后,国内无论大学还是专科职业学校均开始探索新闻学教育。通过获取欧美等国家新闻教育的兴办与改进信息,中国新闻学界开始以复制学习的方式探索本土的新闻学教育。当时有研究者指出,世界新闻学教育大致分为"学术与实习并重"的德国派、"重实习副学术"的美国派和"重实习"的英国派;而"东方之新闻学设施,方在萌芽时代"①。国内较早系统培养具有国际传播能力新闻人才的院系当属燕京大学新闻学系。燕京大学新闻学系于 1924 年创立,后因故停办。1926 年,密苏里大学新闻学院院长威廉姆斯来华时与该院毕业生黄宪昭见面,两人感慨"中国需要一代既能掌握中、英文,又能了解中国情况的中国记者,从事对外宣传工作"②。1929 年,密苏里大学与燕京大学合作成立密苏里-燕京新闻学院,恢复新闻教育。由于有英文和中文的最低限度规定,学生英文课程的修读率为 100%,第二外国文课程则主要涉及德文、法文、日文和拉丁文四种。除课程外,燕京大学新闻学系承袭密苏里大学新闻学院的重实践传统,十分注重学生的实习,最早的方式为组织燕京通讯社和自办定期刊物。

此一时期,我国的国际传播学科建设尚处在萌芽阶段,但已经显示出一些鲜明特征:首要的是,明确了作为学科的重要使命在于沟通中外,让国人了解世界的同时向世界发出中国声音,而在中国日益打开国门向世界的情况下,"向世界发出中国声音"这一任务在此后的岁月中变得愈发突出。与之相应,"重外语""重实务"成为这一时期国际传播人才培养模式的特点,旨在帮助学生学习西方先进经验,提高外语语言能力后投身到新

---

① 鲍振青.欧美新闻教育之概况:二[J].坦途,1927(4):17-19.
② 黎秀石.三十年代初期的燕大新闻学系[M]//燕大文史资料编委会.燕大文史资料:第 7 辑.北京:北京大学出版社,1993:109.

闻业务中。这种对外语和实践能力的强调亦在此后的国际传播人才培养中被延续。当然，复制西方新闻教育的缺陷也是明显的：现留存的燕京大学新闻学系毕业论文中，此阶段涉及国际新闻研究者，多关注外国新闻事业及外国人在华新闻事业，且多用英文写作，这一方面可见学生扎实的外国语言能力和国际化程度，但另一方面也在某种程度上反映出学生对中国现实问题的关切不足。当然，这一点在此后的发展中不断得到修正。

（二）发出中国声音：作为战时宣传的国际传播

九一八事变后，国内新闻业急需转变目标，"用报纸来唤起全国民众，共赴国难，抵御外侮"①，燕京大学等从事新闻学教育的院校为顺应社会现实需要，开始注重培养具有采集与编辑才能且熟悉社会政治、经济等调查方法的人才，以期更好服职于社会公众事业机关②。同时，因长期"中国的国际宣传，向无人注意，致国内新闻，只得由他人任意颠倒黑白，而不能一揭开其真相与世界"，燕京大学新闻学系持续加大对宣传研究和教学课程的重视，走"宣传救国"路线，以期利用其外国语言教育优势，训练国际宣传人才。③ 1933 年，江绍厚发表 20 篇关于北平各报所载国际新闻译电的谬误检阅记录，提出当前国际新闻存在的不少错译、漏译问题。由此，《燕京报》提出改进北平报纸国际新闻现状，需要各报社招募多位译员负责译电，聘请对国际问题确有研究者为编辑，并建议译电记者专修一两年国际知识，尝试翻译一些外国报纸中"金本位""华盛顿经济会议"等国内急需的材料。④ 面临华北危机，燕京大学新闻学系时任系主任梁士纯认为让学生掌握"应付国难的实用宣传学"至关重要，"国

---

① 成舍我．我所理想的新闻教育 [J]．报学季刊，1935（3）：105-115．
② 北平私立燕京大学本科各学院学系概要（布告第十三号第十七届）[A]．北京：北京大学北大文库藏，1932：7．
③ 中国新闻教育之使命 [N]．燕京新闻·新闻学讨论会特刊，1934-11-10．
④ 北平报纸国际新闻改进问题 [N]．燕京报，1933-05-01．

际宣传的重要性自不待言，不能不强调这方面的研究和人才培养"，为此在燕京大学增设实用宣传及社会关系一课，以期未来"不仅可以服务新闻界，更可以做更广阔更实用的宣传工作"①。1937年日本发起全面侵华战争，中国迫切需要借助新闻、广播等对外传播工具，求得国际社会对战事的关注，但包括燕京大学在内的新闻学研究及教育机构遇到不同程度的发展困境。"由国际宣传的立场上看来，可以知道新闻事业的重要与新闻教育的急需。"② 1943年至1945年间，当时的国民党中央宣传部国际宣传处与美国哥伦比亚大学新闻学院合办中央政治学校新闻学院（又称重庆新闻学院），旨在培养国际宣传人才。重庆新闻学院共开设两期，招募英语能力较好且"于国内外大势有概要认识的青年"，经过一年学习训练和半年国内国际宣传及新闻机构实习后，择优推荐至哥伦比亚大学新闻学院继续深造，以极高的效率培养了57名国际宣传高端人才。③ 时任负责人认为，国难当头，急需"用强化办法培训一批能用英文写作的新闻记者和报人，来报道中国的艰苦反侵略战争"④，坚持将"直面问题""提高报纸信誉"作为赢得国际尊重和扩大国际宣传效果的有效路径⑤，"国际宣传高端人才"应掌握明悉国策国情、了解国际形势、熟悉驻在国文化风俗、熟练运用驻在国语言文字和具有采访新闻之敏感和处理新闻之技能⑥。延续美国"以实习为求学方法"的传统，重庆

---

① 张咏，李金铨. 密苏里新闻教育模式在现代中国的移植：兼论帝国使命：美国实用主义与中国现代化[M] // 李金铨. 文人论政：知识分子与报刊. 桂林：广西师范大学出版社，2008：304.
② 新闻教育特刊发刊词[N]. 大公报，1936-05-09.
③ 邓绍根. 论哥伦比亚大学新闻学院与民国新闻界的交流合作及其影响[J]. 新闻与传播研究，2014（12）：80-89.
④ 全国政协暨北京、上海、天津、福建政协文史资料委员会. 建国初留学生归国记事[M]. 北京：中国文史出版社，1999：98.
⑤ 马大任. 回忆抗战时期的重庆新闻学院：并怀念国际宣传史上的一群小兵[J]. 传记文学，1998（1）：101-106.
⑥ 曾虚白. 中政校新闻学院之产生及其未来[M]. 中国新闻学会年刊，1944（2）：95-97.

新闻学院的培养体系重实践，要求学员每周参加国民政府的一次政治外交记者招待会和一次军事记者招待会，且在完成学业后在国际宣传处实习。

除燕京大学新闻学系和重庆新闻学院外，中国共产党领导下的新闻教育机构也为抗日战争输送得力的新闻干部。新华社除了报道各解放区战报和根据地建设情况，还有来自国民党统治区的消息和国际新闻。[①]为提高对外新闻宣传质量，新华社任用国际部编辑、记者时，要求其应具备调查研究能力，即熟悉所负责的研究问题、经常搜集材料，能"提出问题，解释问题"，并能基于问题写出评论和报道、短评或论文。[②]这一时期，中国共产党领导下的对外广播事业也开始起步。1941年12月3日，延安新华广播电台（中国国际广播电台的前身）首次进行日语广播，对瓦解侵华日军起到重要作用。其后，英语口播节目也开始播出，更直接、迅速地把中国革命的形势和解放区的情况介绍给国内外进步人士。1946年，《解放日报》发表社论《改进我们的通讯社和报纸》，指出目前新闻干部在质和量上均有不足，"新闻干部的配备、培养、训练和爱护，应该是干部工作和干部教育工作的重要任务之一"[③]。由此，华北联合大学接受新华社和晋察冀日报社委托，在晋察冀日报社所办的训练班基础上成立新闻系，主要使用新华书店印刷的《列宁的新闻学》为学生讲授新闻学概论、编辑、采访等课程，先后派学生去《晋察冀日报》等报纸和前线军事记者团实习。1947年至1949年开设的延安大学新闻班旨在"为陕甘宁边区及各个解放区培养新闻干部"，授课内容分为政治课、专业基础课和业务课，包括解放区介绍、中国革命基本问题、国际现象等多门兼具国际视野和本

[①] 边江，郭小良，孙江. 延安大学新闻班：中国共产党创办的第一个大学新闻专业[M]. 北京：新华出版社，2020：35.
[②] 解放日报社、新华社关于编辑、记者的任用、培养、提拔暂行办法[A]. 1946-04-05.
[③] 改进我们的通讯社和报纸[N]. 解放日报，1946-09-01.

土关怀的课程。①

这一时期，由于时局的风云变幻，国际传播人才培养的目标定位和价值内涵更加鲜明，人才培养更加紧密地指向国家的重大现实需求，国际传播之于舆论斗争、对外传播中国声音展现中国形象的必要性进一步凸显。教学内容上，在外语与新闻专业技能之外，政治、经济、社会等多学科知识的补益开始受到重视。教学模式上，面向实践的应用能力进一步得到强调，教学与实践更加深度结合乃至无缝衔接。在"战时宣传模式"培养下，很多学生毕业后都走上了涉外岗位，成为战时中国急需的实践性国际新闻宣传人才。

二、现实基础：本土化的国际传播教育体系的确立

中国共产党历来高度重视对外传播工作，相应的，对外宣传和国际传播人才的培养也成为党领导下的新闻教育事业的重要内容。1949年，中华人民共和国成立后的第一次全国教育工作会议召开并制定了"以老解放区新教育经验为基础，吸收旧教育有用经验，借助苏联经验，建设新民主主义教育"②的方针，各大学新闻学系和新闻专科学校开始以苏联高校体系为蓝本进行不同程度的改造与调整。改革开放以来，一度停滞的新闻教育事业与国家社会各项事业同步快速发展。1997年，"新闻传播学"成为一级学科，整合新闻学与传播学两个二级学科，为国际传播的学科发展提供了更为坚实的基础和广阔平台。与之相应，随着国家综合实力的不断提升，国际传播的使命任务亦日趋丰富。特别是2009年以来，随着"提升媒体国际传播能力"工程的稳步推进，我国初步建立起了多主体、立体化

---

① 边江，郭小良，孙江. 延安大学新闻班：中国共产党创办的第一个大学新闻专业 [M]. 北京：新华出版社，2020：185.

② 中华人民共和国教育部办公厅. 教育文献法令汇编：1949—1952 [M]. 北京：人民教育出版社，1958：8.

的大外宣格局。在文化软实力和国际影响力有了一定程度提升的同时，国家对多元化国际传播人才的需求日益增大，由此也对国际传播教育提出了更高要求。

(一) 学习与改造：苏联模式下的本土化

以燕京大学新闻学系为代表的一般大学新闻系，在中华人民共和国成立后根据新民主主义教育原则及人民新闻事业的实际需要，全面修订课程，加强政治和业务课的学习，要求掌握现代宣传工具及宣传技术，熟悉苏联及新民主主义国家的宣传及新民主主义中国的国际宣传。[①] 其他课程较中华人民共和国成立前也增设了列宁新闻学理论、苏联报业发展简史等内容。其时，由于培养新闻专业人才的高等院校数量少，每年培养的人才数量远远不够，中国人民大学新闻系[②]（简称人大新闻系）应运而生，于1955年成立。人大新闻系是中华人民共和国成立后中国共产党创办的第一所高等新闻教育机构，在中国人民大学办新闻系是"党交给的一项任务，即用马克思列宁主义、毛泽东思想建立适合中国形势的一个新闻教育阵地"[③]。在此阶段，中国人民大学的教育方针是"教学与实际联系，苏联经验与中国情况相结合"，所聘请的苏联专家无论在人数、层次还是学科覆盖面上，均位于当时全国高校的前列，国内其他高等新闻院校的多名教师曾到中国人民大学听苏联专家讲授新闻理论。

1958年，由燕京大学新闻学系合并而来的北京大学中文系新闻专业并入人大新闻系。自此三源合流，人大新闻系成为全国规模最大的新闻系。由于旧有的新闻学教材难以适用，合并后的人大新闻系面临着如何吸

---

① 燕京大学新闻学系概况 [M]．北京：燕京大学新闻学系，1950．
② 1988年，中国人民大学新闻系改名为新闻学院。
③ 安岗，等．成长的岁月：中国人民大学新闻系早期师生忆往事 [M]．北京：学苑出版社，2008：4-5．

收和改造原燕京大学西方的新闻教育机制、如何结合中国实际融入马克思列宁主义理论和苏联新闻学教育的先进经验等问题,本土化的新闻学教材编写、学科建设成为此阶段的重要任务。秉承苏联经验与中国实际相结合的原则,人大新闻系整理了马克思主义经典作家马克思、恩格斯、列宁等关于新闻报刊工作的相关论述,同时多次组织师生前往地方考察新中国的新闻工作实际,为编写本土化教材收集资料。几年内,人大新闻系各教研室所编写的《新闻写作讲义》《通讯写作讲义》《中国现代报刊史》《列宁论报刊》等多本新闻学内部教材相继出版。张隆栋、林珊等留学归来的学者,将"报刊的四种理论"、舆论学、传播学等重要学术观念体系较早引入国内。由师生创办的教学和实习专用报纸——《新闻与出版》,向国内新闻教育界广泛介绍社会主义国家、亚非国家和西方国家等世界各国的新闻出版事业、新闻教育状况和经验。1961年,由张隆栋主编的人大新闻系内部刊物《国际新闻界简报》①创刊,主要介绍国际新闻界的动态和有关资料。

这一时期国际传播教育的一个突出特征是对扎根中国大地办教育在思想上的进一步觉醒和在行动上的实质性推进。一方面,通过加强政治理论、马克思主义新闻理论的学习树立学生坚定的政治立场;另一方面,在学习苏联经验和吸收西方经验的基础上,立足中国实际,以自编教材为突破口开始教学体系的本土化改造。

(二)从学别人走路到走自己的路:本土化体系的确立

改革开放以来,我国新闻传播事业和新闻传播学科建设经历了历史性的新飞跃。随着全球化进程加快,中国的国家实力与国际地位日渐上升,与世界各国的交往越发紧密、层次越发丰富,特别是北京成功举办奥运会

---

① 该刊后发展为国内新闻传播学著名期刊《国际新闻界》。

后，国家形象研究和国际新闻传播教育蓬勃发展，急需建设适应时代需求的中国特色国际新闻传播教学研究体系。

1. 国际传播学科建制逐步明晰

1983年5月，中宣部和教育部联合召开中华人民共和国成立后第一次全国新闻教育工作座谈会。随后，两部联合发出《关于加强新闻教育工作的意见》，提出要加速发展新闻教育、积极进行新闻教育改革等意见，并指出少数有条件的院校应当逐步增设国际新闻、新闻摄影、新闻事业管理、广播电视和广告专业。[1] 自此，由一批国内综合性大学和外国语言类大学率先开启，国内诸多院校纷纷加大了国际传播学教学科研的力度，本土化的国际传播人才培养体系渐趋成熟。2019年，教育部在新闻传播学类下增设"国际新闻与传播"本科专业。此外，一些新闻院校近年来纷纷以自设二级学科或学科方向的方式加强国际传播学科建设。"国际传播"在新闻传播学学科体系内的发展进一步正规化。

2. 以"新闻""外语"为核心要素的跨学科人才培养模式趋于成熟

在国际传播学科建设中，外国语言类院校是涉足较早的。如上海外国语学院于1983年开设该校首个复合型专业——国际新闻专业，设在英语系下，随后设立"英语＋国际新闻"双学士专业班。北京外国语大学、四川外国语大学、广东外语外贸大学在1985年后也相继在英语系设立国际新闻专业。总体来看，外国语类院校培养国际传播人才的模式以在英语系设立国际传播方向为主，即作为英语语言文学学科的分支，形成语言为主、新闻为辅的培养模式，优先培养学生的外语能力，新闻作为提升能力的学习材料和应用场所。在改革开放初期，这种强调语言能力的教学路线训练出一批拥有坚实语言基础、走向国际传播岗位的新

---

[1] 贾培信. 加快造就大批合格的新闻干部：全国新闻教育工作座谈会提出新闻教育发展规划和新闻教育改革意见[J]. 新闻战线，1983（7）：4.

闻人才。

与外语类院校的"外语＋新闻"模式不同，北京大学、清华大学、中国人民大学、复旦大学、中国传媒大学、武汉大学、厦门大学等一些综合性大学的国际传播人才培养则多采用"新闻＋外语"模式，即以语言拓展新闻传播能力。早期主要表现为，在新闻传播院系开设英美报刊选读、中西新闻比较、英文新闻写作、国际新闻媒介等国际化课程。2001年，恰逢北京申奥成功、中国加入世界贸易组织等历史性事件，中国急需"向世界说明中国"，因而也急需大量既有国际视野又有家国情怀的国际传播人才，这为新闻传播学科的人才培养提供了重要的方向，本硕博各类不同学历层次的国际传播人才培养项目纷纷开办。在培养模式上，"外语"与"新闻"的融合逐渐成熟，进而加入国际政治、经济学等多学科元素，开始趋向跨学科综合发展。

3. 人才培养类型不断丰富

在跨学科复合型培养的同时，人才培养层次也更加立体，由早期的零散项目逐步变为体系化的集群。以中国人民大学新闻学院为例，学院基于国际传播二级学科框架，实现了本硕博贯通的培养体系：本科层面，设有"国际新闻与传播"专业；硕士层面，开设有培养国内学生的国际新闻硕士项目和专门招收"一带一路"沿线国家媒体骨干高层的"一带一路"全球传播全英文硕士项目，二者形成内外联动；博士层面，学院与国家外文局联合开办国际传播博士项目，采用学界和业界双导师制，培养国际传播领域的高端人才。

这一时期，国际传播教育的本土化体系基本确立。主要表现在：学科地位进一步明晰，国际传播学术研究和本硕博各层次人才培养开始有了明确的专业建制；人才培养的模式在传承既往历史经验的基础上进一步完善，以新闻和外语的融通为核心、兼收并蓄其他跨学科养分达成共识；人才培养对实践领域需求的响应速度和力度大幅提升，人才培养规模显著扩大，成为新闻传播学彰显服务国家社会价值的重要领域，与之相应，人才培养的类型开始跳出新闻传媒领域，显现出面向当前国际传播多元应用场景的趋势。

三、未来发展：新时代国际传播学科建设的经纬坐标

纵观国际传播人才培养历史，中国的国际新闻传播教育模式不断推陈出新，从"引进西方经验""仿照西方教学方案"到今天建设中国特色国际传播学科，走出了一条兼具"世界观照"与"本土关怀"的发展之路。面向新时代国家社会发展的重大需求、面向新技术的革命性挑战、面向全球化的深刻变局，国际传播学科的未来发展要锚定"以中国为根本，以世界为面向"这一基点，秉持开放的主体性。具体而言，可从纵横两个维度构建学科建设的"经纬坐标"，即面向实践界、他学科、国家社会，在多元应用场景（技能）、多学科的综合（智识）、基于中西方文化的底层逻辑（德性）等方面加强学科建设的宽度、厚度和深度。

（一）拓展"宽度"：适应多元应用场景的技能训练

新时代对国际传播人才提出了更高的能力要求，需要进一步提升培养质量，建设系统、多层次的课程体系和与之相匹配的教材体系，培养具有国际传播战略思维的、适应新时代国际传播多元应用场景的复合型国际传播人才。

一是多场景：拓展应用领域。从以媒体专门人才培养为主、较为单一的应用场景拓展为面向政府机构、中央媒体、国有企业、国际组织等广泛领域的多元国际传播人才培养模式。二是多语种：增加语种数量。加强与政府部门、媒体机构合作，在英语之外，以定制化方式培养适应多元应用场景的多语种人才，特别是面向欧洲等国际传播重要战略方向的法语、西班牙语、俄语及因应急需的特殊小语种人才。三是多层次：丰富培养层

次。在全日制学历教育以外，定位于国际传播领域从业者职业成长的可持续发展，建立非全日制专业硕士、专业博士、短期培训等多层次的终身伴随式教育模式。面向中央和地方外宣、外交、外事、文化部门及央企，从实践领域比较成熟的国际传播人才中选择生源，以培养理论与实践相结合的国际传播高层次领军人才。

为了支撑以上人才培养需求，建设中国特色的国际新闻与传播教材体系已刻不容缓。当前，急需研发国际新闻与传播教材核心概念、知识谱系与核心内容、质量与形式标准、使用与评价机制等，在国际传播史、国际传播理论、国际传播实务等方面推出一批引领性的国际新闻与传播教材，为构建规范、高质量的课程体系打下基础。

（二）提升"厚度"：多学科综合的智识培养

当前，国际传播学科人才培养不断整合国际政治、经济学、法学、社会学、哲学等多个人文社会科学学科，促进跨学科融通培养，开启"1＋1＋N"培养模式（即新闻、外语与其他学科），围绕国家战略传播实践需求，以多学科交叉协同推动国际传播的人才培养和创新研究。如财经类院校的"新闻＋外语＋经济学/管理学"模式、体育类院校的"新闻＋外语＋体育学"模式、综合类院校的代表模式"新闻＋外语＋政治学"等。这无疑为满足基于多元应用场景的国际传播人才需求提供了良好的支撑。但是，目前仍需继续解决从简单相加到真正相融的问题。跨学科交叉培养模式下，围绕各学科的主体性必然产生一系列现实问题。如何让"西红柿炒蛋"产生真正的化学反应而不是"西红柿"与"鸡蛋"的物理相加？这需要从人才培养的一些基本要素上去解决，即在培养目标上，坚定以学生为中心，建立适应学生个性化成长和因材施教需求的生态型培养机制；在课程体系上，从人才培养目标出发确立整体逻辑，据此匹配和建设具体课程，避免拼盘式的课程组合；在跨学科合作机制上，要寻找和确立彼此被需要的兴趣点，形成合作的深层和持久动力。

（三）强化"深度"：从器物到观念的德性养成

新时代中国的国际传播需要从器物的物质性传播转向中国思想、中国主张和中国智慧的思想性传播，从而达到深层次、直抵精神层面的文化交往与文明交流。利用学科交叉优势，通过比较中西方审美、道德、宗教、科学等文化因素，在经典哲学、宗教学、政治学文献中提炼总结中西方在底层的相通之处，加快构建中国话语和中国叙事体系，打造融通中外的新概念新范畴新表述。通过学科交叉，从哲学、经济学、社会学、历史学、政治学等其他哲学社会科学学科中汲取营养，从人类文明交往与文明共生的历史逻辑、理论逻辑、实践逻辑构建中国的国际传播理论体系，在国际传播重大、基础性、前沿性理论问题的研究上产生一批原创性、体系化的标志性成果，实现从一般性国际交往到知识创造、从理论互动到以学科的力量介入全球行动的转向与超越，为增强中国国际传播的亲和力和实效性、更好推动中华文化走出去提供理论基础。同时，加强国际传播效果的研究和评估体系建设，特别是新媒体环境下国际传播格局和规律的研究，在此基础上，构建国际传播效果的评估体系，为改进国际传播效能提供理论支撑。在此过程中，新闻传播学科要发挥对实践界、他学科和国家社会的理论输出能力，为其开展国际传播工作提供观念层面的学理支持。

当前，国际传播格局出现了一系列新特点、新变化、新需要，全球化趋势加速、人类命运共同体构建、国际舆论战态势加剧等，对国际传播能力提出了全方位的新要求，需要在学科建设上强化顶层设计，形成更为有力的支撑。基于多元应用场景、多学科交叉的发展，在响应国家社会现实需求中更好地彰显学科价值，将是未来国际传播学科建设的努力方向。

第四节　建设新时代的中国特色舆论学

随着信息时代和网络社会的不断发展，以互联网舆论为主要代表的社会舆论生态及其变化已成为社会发展的风向标、测速仪、安全阀和稳定器，对经济、政治、社会和生态文明建设产生了复杂而深刻的影响。新时代要加强和创新社会治理，最大限度地凝聚社会共识，必须关注舆论生态的变化与发展，基于此，需要构建与之相适应的舆论学研究体系和开展与之相适应的基础理论建设，即区别于传统舆论学研究的"新时代中国特色舆论学"。"新时代中国特色舆论学"作为新概念，是传统舆论学发展面临困境和舆情乱象丛生的时代背景下的必然产物，这一概念既是对传统舆论学研究的继承与扬弃，也是对网络舆情最新研究的整合和升华。"新时代"与"中国特色"是中国当代舆论学发展的两大基座，是支撑中国传统舆论学进行理论创新和学科转向的基本社会语境，新时代中国特色舆论学的提出并非空穴来风，其有深刻的历史源流和鲜明的时代底色。

一、新时代中国特色舆论学的历史源流与演进逻辑

在人类社会思想发展史上，任何一个思想或理论学说的形成和发展，都必须经历一个较为漫长的涵化和培养的过程。中国特色舆论学的产生与形成是中国古代以来舆论思想的自然演进与西方舆论认知尤其是马克思主义舆论观的天然结合。

（一）中国特色舆论学是中国古代以来舆论思想的结晶与升华

在中国，"舆论"一词可追溯至《三国志》《梁书》，其最初意义出现在"舆人之诵""舆人之议"，特指下层民众的意见、看法。其主体"舆人"通用于商代至春秋时期，表示做工职事之人。至战国社会阶层起落，

"舆人"扩展至一般民众（包括士农工商），"舆论"即为"众人之论"[①]。进入封建王朝，帝王一直将"舆论"作为其统治地位合法性的重要考量。有学者甚至认为中国封建王权便是通过舆论实现了合法性建构[②]，如西汉董仲舒提出"天人感应"和"君权神授"等观点，并进而演化为封建社会的"三纲五常"，宋明理学提出了"存天理，去人欲"……这些进一步演化为内圣外王的思想，在宋代王安石变法后变化出了"正君心"的哲学理念，成为整个封建社会纲常秩序以及官僚体系的维系力量，一方面以制约君权，一方面训导百姓，服从治理。民众也借助民谣、谶辞等舆论形式来表达自己的不满、抗议和抗争，如"王侯将相，宁有种乎"等。从某种意义上说，中国古代走了一条区别于西方的独特的舆论制衡政治之路，对最高权力的制衡主要是道义制衡，道义制衡建构在"道高于君"的认识基础上。[③]

及至近代，国门大开，国人开始"睁眼看世界"，一批传统知识分子向近代转型，开始吸纳借鉴国外舆论思想为我所用，魏源的"夷情备采"主张、王韬的"强中诎远""义切尊王"思想、郑观应的"通民隐、达民情"舆论观，某种意义上是历史循环论的世界观在新闻舆论思想上的反映；而严复的"通中外之故"、谭嗣同的"通上下之情"、梁启超的"去塞求通"等舆论主张，一定程度上受到了从西方引入的庸俗进化论对政治哲学的影响，如果说"言论独立""舆论之母""新闻自由"等概念带有浓厚的西方资产阶级舆论学色彩，那么"耳目喉舌""去塞求通""史家办报"等则是中国近代资产阶级报人，根据国情提出的具有中国特色的办报理论

---

① 唐海江."造健全之舆论"：清末民初士人对于"舆论"的表述与群体认知：兼论近代中国舆论的难局及其历史走向[J].新闻与传播研究，2016（12）：67-84，127-128.

② 谢清果，王昀.华夏舆论传播的概念、历史、形态及特征探析[J].现代传播，2016（3）：32-40.

③ 彭安玉.论中国古代王权制衡现象及特征[J].湖北行政学院学报，2003（4）：85-90.

与舆论思想。①

甲午中日战争以后新式报章杂志迅猛发展，各类新知识、新思想、新观念大举进入中国，在言论先锋梁启超的影响下，"舆论"一词开始频繁地出现在普通读者面前，而舆论的影响及作用也逐渐为更多人所了解和接受②，开始了在近代社会的"正当化"的过程③，人们感受到的"舆论"远非传统社会那种虚无缥缈的"天意"，在内核上舆论被注入了民主、自由、平权的内涵，突破了传统舆论观朴素的民本观念，将舆论重新定义为"针对政府和社会的一般人民的公论"。"舆论"从传统社会的话语中脱颖而出，被社会重新建构为一个具有现代性和革命性的"新词"，完成了一次深刻的概念转型。这一时期民主革命先行者孙中山更加重视舆论与政治的关系，他主张"舆论归一"，即"舆论一律"，提出"报纸在专制时代，则利用攻击，以政府非人民之政府；报纸在共和时代，则不利用攻击，以政府乃人民之政府也"④。多灾多难的近代中国，"启蒙变革""救亡图存"的社会责任和国家命运使得中国近代报刊从出生起就承担了政治的宣传媒介和舆论工具功能，这种传统一直延续至中华人民共和国成立。

在新文化运动以及五四运动前后，民主与科学的观念引入中国，被知识分子广泛传播，陈独秀、李大钊等思想言论界的代表人物纷纷参与到社会舆论问题的探讨中。这一时期的舆论讨论也受到了不断传入的马克思主义思想的影响，李大钊结合平民政治以及无产阶级专政等理念，深化了对"舆论"的思考。他将西方政治学中的舆论观点与马克思主义相结合，提

---

① 朱清河. 中国特色新闻学本体论话语的历史变迁与价值体现 [J]. 新闻大学，2020（4）：19-35，119-120.

② 段然. "舆论/public opinion?"：一个概念的历史溯源 [J]. 新闻与传播研究，2019（11）：94-110，128.

③ 林荧章. 清末民国期间关于舆论和舆情认知的分野与演变 [J]. 新闻界，2019（7）：91-100.

④ 孙中山全集：第2卷 [M]. 北京：中华书局，1981：348-349.

出了一些试图建设社会主义政治中公正的、合理的社会舆论的调和方案，丰富了时人对"舆论"的认知。

（二）中国特色舆论学是西方舆论学尤其是马克思主义舆论观的继承与发扬

当下学术界所说的"舆论"，源于拉丁语中的 opinio，是指众人的、没有得到充分论证的不确定的判断，因此，希腊哲人最早批判了舆论所缺乏的知识特性。[①] 柏拉图在他的《理想国》中认为舆论是一些变化无常的判断，介乎有知和无知之间，不能和知识相提并论，一个统治者如果不去致力于自身品质的提升，而去迎合民意，那他就不是一个合格的领袖，是蛊惑家。而后亚里士多德开始肯定舆论的一些价值，他认为理想的治理方式是法治，但如果不得已而求其次，那就是舆论，因为就多数而论，其中每一个别的人常常是无善足述的，但他们合而为集体时，却往往可能超过少数贤良的智能。[②] 在这里，亚里士多德将舆论等同于价值观、规范和文明的品味。马基雅维利在《君主论》中则认为舆论是变幻不定、非理性的，且具有潜在的爆发性，领导者要警惕地关注舆论。

随着工业革命开启，民众开始脱离封建君主得以独立存在，洛克使舆论从语意上摆脱了最初的"不可靠的判断"这一略带贬义的含义，而承认公众舆论是一种合法标准，可以用来衡量法律和政府行为。神法作为第一种法律关系，构成了政治权力的合法基础。民法作为第二种法律关系，可使统治者支配人民行动。而舆论作为第三种法律关系，则以历史积淀而成的民俗风尚为尺度，判断一切个人和国家行为的好坏及合法性。孟德斯鸠、伏尔泰、狄德罗等启蒙思想家则突出洛克舆论法则中舆论的社会控制

---

① 段然."舆论/public opinion？"：一个概念的历史溯源[J].新闻与传播研究，2019（11）：94-110，128.

② 亚里士多德.政治学[M].姚仁权，编译.北京：北京出版社，2012.

功能，进一步强调了民意的立法功能。

19世纪世界交往体系形成，使舆论迅速成为一种国民的普遍观念。马克思和恩格斯走上社会时，就意识到舆论在社会交往中的重要作用。马克思把舆论视为"一般关系的**实际的体现**和**鲜明的表现**"①，恩格斯讲得更为直接和明确："世界历史——我们不再怀疑——就在于公众舆论"②。虽然他们没有对舆论进行过集中论述，但从他们对舆论概念的运用和分散论述中，已足以勾画出他们对舆论的基本认识。马克思称舆论是一种"普遍的、悟性的和强制的力量"，他确信民主制（和其他形式的政治一样）正在被资本主义力量腐蚀，民主制与资本主义相伴而生，但民主的理想却正在被消费文化侵蚀，现代西方福利国家中的公民，正在把思想自由看成一种消费选择，即有权利在各种产品和生活方式中选择，而对于严肃的关于言论自由的讨论则不太关心。在《德意志意识形态》中，马克思和恩格斯提出，普通民众倾向于模仿统治阶级——有钱有势者的意见，工人阶级没有很多政治权力，因为他们认识不到自己的利益，而认为统治阶级知道什么是最好，这一过程被称为"霸权"，进一步明确了舆论的价值观和导向问题，具有强烈的阶级性。以后的共产党人，无论是列宁，还是毛泽东、邓小平都强调了舆论导向，习近平更是明确认为"好的舆论可以成为发展的'推进器'、民意的'晴雨表'、社会的'黏合剂'、道德的'风向标'，不好的舆论可以成为民众的'迷魂汤'、社会的'分离器'、杀人的'软刀子'、动乱的'催化剂'"③。习近平的这些形象而生动的比喻和表述，深刻阐明了社会舆论所具有的强大影响力和重要作用。

新时代中国特色舆论学正是以上两大源流（中国古代舆论思想与西方

---

① 马克思恩格斯全集：第1卷[M]. 2版. 北京：人民出版社，1995：384.
② 马克思恩格斯全集：第47卷[M]. 2版. 北京：人民出版社，2004：198.
③ 中共中央文献研究室. 习近平关于社会主义文化建设论述摘编[M]. 北京：中央文献出版社，2017：38.

舆论思想尤其是马克思主义舆论观）在新媒介环境下的交汇合流，既需要吸纳和凝练中国古代舆论思想中接近中国文化本源的养分，也需要在旗帜鲜明地继承和发扬马克思主义舆论观的基础上汲取西方舆论思想中有益的成分，进而构建新时代中国特色舆论学学科体系、学术体系、话语体系。

二、新时代中国特色舆论学需要回答的核心问题

新时代中国特色舆论学是时代的需要和现实的选择，而这一命题和概念能够成立还必须回答以下"时代之问"，回答好了这一命题自然能够立得住，回答不好这一命题就是自娱自乐，这些问题本身也是新时代中国特色舆论学研究的核心问题。

（一）舆论学研究对象的变化：从话语表达到文本书写

传统舆论学研究对象是基于舆论主体——公众的话语表达，虽然舆论概念的外延一直存在争议——没有表达出来的话语属不属于舆论，但大多数研究者都将舆论的研究对象界定为话语、言说，是一种表达出来的话语。网络时代来临，公众将互联网作为主要的话语表达空间，更多是以文字（跟帖评论、社交语义链等）、短视频等新型文本来呈现，呈现介质与形式的不同从根本上改变了传统舆论学的解释力和适用范围。根据麦克卢汉"媒介即信息"的哲学意涵，承载意见信息的载体和介质的差异决定了公众对舆论认识论上的根本差异，舆论介质促使舆论学理论体系必须进行范式转型。

（二）舆论学传播环境的变化：从大众传播到社群传播

传统舆论学中的表达主体是社会个体，是原子一样的存在，个体之间互动交流的范围和频度较低，主要依靠大众媒体提供信息来认识世界，传统舆论学也是基于大众传播时代而产生和发展的。但随着社群时代来临，社会个体越来越以社群化生存而存在，民众开始依靠人际关系网络、依靠所处的社群来观察和认识世界，社群就像隔离在传统媒体与用户个体之间的"中介",其自身成为一种"媒介",为关系传播时代的消费单元。① 传统媒体如果想将信息送达普通民众,就必须"破圈",揳入人际关系网,进入社群才能将内容传达给用户,这就可以解释为什么传统媒体的舆论引导能力在下降,传统舆论学视域下提出的舆论引导手段在社群传播时代就会显得力不从心,需要进行根本性的范式调适和创新。

(三)舆论学研究视角的变化:从"报刊的有机运动"到"后真相"

"报刊的有机运动"是马克思在1843年提出的,经过多次论述,形成了一种较为完整的关于报刊报道新闻的过程理论。② 马克思认为每篇新闻报道由于侧重面的不同,单独看起来可能是片面的和有偏差的,但只要报刊的有机运动在正常地运行,事件的真相就会逐步清晰地展现出来。并且在马克思看来,报刊是作为社会舆论的纸币流通的,是舆论最重要的载体,在这种媒介环境下,舆论引导问题,更多着眼于方式、方法,只要将事实真相通过报纸等大众媒体传播开去就可以,"真相"的解释权掌握在报刊和官方手中,民众只需要接受就可以了。而在新媒体环境下,报纸不是舆论唯一的载体,对舆论的传播效果而言,媒体从原来的常量变为变量。新媒体影响舆论的维度、方式和效果成为必须要解决的理论和现实问题。③ 另外一个巨大变化就是"事实真相"的解释权下放给了民众,民众对真相进行支离破碎的拼接中并不关注"真相"本身了,更多注重的是追求真相过程中的情感宣泄、价值共鸣和社群归属,真相本身并不显得那么重要了。

---

① 李彪. 未来媒体视域下媒体融合空间转向与产业重构[J]. 编辑之友,2018(3):40-44,85.
② 陈力丹. 马克思和恩格斯关于报刊规律的思考[J]. 东南传播,2013(10):25-28.
③ 喻国明. 传播视野与协同实践:新媒体环境下马克思主义舆论观的新探索:评《社交媒体的舆论引导研究:理论分析、效果影响因素与实践模式》[J]. 新闻知识,2018(6):54-55.

（四）舆论学研究视域的变化：从国内舆论场到国内外两个舆论场融通

传统舆论学研究主要是基于一个国家（地区）内的意见流动场域而展开的，无论舆论的表达主体多么多元、多层次，舆论的管理主体都相对具有唯一性，舆论客体也具有相对固定性和同一性，因此传统的舆论学研究体系相对比较单薄，只需要解决国内舆论场引导与管理的问题即可。随着互联网时代来临，整个世界在虚拟空间成为一个相对完整的舆论场，尤其是 2020 年伊始，新冠疫情肆虐，疫情与舆情叠加，国际与国内两个舆论场基于共同的疫情、中美经贸等话题而被打通，但由于长期以来国内国际两个舆论场的断裂，两者呈现出异幅共振的态势，形成了"全球超级舆论场"。全球舆论生态发生重大变化，已成为后疫情时代的中国舆论生态治理的新常态，传统的舆论学研究已经不适应全球舆论场的新变化，尤其无法回答在国内国际两个舆论场融通后的中国国际话语权重构与提升，以及中国作为新兴大国如何塑造数字传播时代的全球数字领导力等核心"问题单"。

（五）舆论学研究现状的变化："学"为末、"术"为主、"策"为上

2003 年以后网络舆情发展方兴未艾，整体研究呈现出众声喧哗，但还存在"学"为末、"术"为主、"策"为上的尴尬现实。"学"为末主要是因为舆论学研究的三大体系建设不够，网络舆情相关的书籍虽然源源不断上市，但具有学理性的基础理论的研究著作还比较鲜见，相关研究者多是从短平快的案例研究出发，材料堆砌为主。因为案例具有时效性，再加上新媒介技术的迭代速度加快，还有部分研究过于细碎，故而得出的结论不具有宏观价值。"术"为主是指目前网络舆情研究的手段不断引入计算机科学、社会学等学科，各类研究手段层出不穷，舆情报告越来越厚，各类图表越来越多，柱状图、饼状图等形式越来越花哨，在某种意义上舆情

报告已经成为各类舆情方法的试验场，形式意义已经大于实质内容。"策"为上是指目前的舆论学研究主要指向的是危机管理与应对，在某种意义上目前网络舆情监测产业的热闹一定程度上是现实需求，尤其政府部门和企业的经济利益驱动的结果，舆情监测已经作为一些舆情软件服务商、主流媒体舆情监测部门的香饽饽，从而促使舆论研究越来越快餐化和浮躁化。因此，这种现状亟须舆论学的基础研究和理论体系的构建。

（六）舆论学研究方法的变化：从单一手段到多元多层次手段

传统舆论学在研究手段上主要以抽样＋问卷调查为主，无论是入户还是计算机辅助电话调查系统（CATI），归根到底都是源自乔治·盖洛普（George Gallup）1936年发明的民意测验手段，在这个方法论的基石上构建了现代舆论测量体系和范式，但随着2016年美国总统大选前民意调查预测的失败，一定程度上说明传统舆论调查范式受到了极大挑战。基于全样本数据的大数据技术等新技术手段不断涌现，传统的舆论研究范式在样本的代表性和结论的解释力等方面都受到了影响，而研究方法和研究范式是理论创新的基石，因此需要构建与大数据时代舆论监测相匹配的新的理论体系和学术范式。

时移世易，变法宜矣。以上这些变化都是时代对传统舆论学提出的新的挑战与疑问，必须在传统舆论学的基础上进行范式创新和思维转换，构建与现实情境、新型研究范式相匹配的中国特色舆论学研究体系和内容体系。

三、新时代中国特色舆论学的内容体系

时代向传统舆论学提出的问题单需要相应的内容体系来进行解答，基于此，需要对传统舆论学的研究内容进行"腾笼换鸟"和范式转移，构建新时代中国特色舆论学的内容体系。具体来说，新时代中国特色舆论学内容体系主要包括以下几个部分。

(一) 新时代中国特色舆论学的指导思想是马克思主义舆论观

马克思与恩格斯均十分重视对舆论的研究与论述,在他们的著作中,"舆论"的概念出现了 300 多次。[①] 他们主要从社会发展的视角,论述了舆论的本质与特征、舆论的主要载体和巨大作用,强调舆论具备一定的阶级性和不稳定性,其表达与政治意识发展密切相关,初步形成了马克思主义舆论观。

(二) 新时代中国特色舆论学的八要素

传播学研究恰恰因为拉斯韦尔明确提出"5W",将传播学研究的五要素予以明确才得以形成系统的研究体系。传统舆论学研究一直有"三要素说""五要素说""七要素说"和"八要素说"。在互联网传播时代,舆论传播依赖的环境越来越复杂,涉及的要素越来越多,我们更倾向于"八要素说"。概括起来主要有以下八个要素。

1. 舆论的主体

传统舆论学认为舆论的主体必须是公众,即一群具有一定的思考力和判断力、能够自主进行社会参与活动的社会个体。从这个意义上说,社会组织和网络水军等均不属于舆论的主体。而在马克思主义新闻观体系下,由于党性和人民性是相统一的,作为政府一方的"党的声音"和与之相对的一方"民众的声音"在本质上来说也应当是统一的。同时,由于坚持党性原则为新闻舆论工作的"第一原则",这也要求党对新闻舆论工作有绝对的领导权。从这个角度来说,马克思主义新闻观下的舆论主体,不再清晰地将"政府"与"公众"对立开来,一定程度上扩大和丰富了舆论主体的范围和内涵。并且,随着新媒体的到来,网络媒体为民众的意见表达提供了更加便捷和直接的渠道,让舆论主体进一步复杂

[①] 陈力丹. 精神交往论:马克思恩格斯的传播观 [M]. 北京:中国人民大学出版社,2008:7.

化。在这样的环境下，舆论的主体逐渐成为"以人民群众为主体的各类社会主体"[①]。多重主体对话语权的争夺和博弈，不但体现出舆论主体的复杂构成，也为舆论的研究提供了新的视角——宏观来看，舆论成为人民、媒体、政治运作之间的一种"互动过程"[②]。对网民群体（或者其中特定群体）、网络意见领袖、网络搬运工、网络水军、社交机器人等的研究均属于舆论主体的研究范畴。

2. 舆论的客体

传统舆论学中的舆论客体主要是一些看得见的事件、人物或者社会问题，因为涉及公共利益或者谈资，很容易成为公众谈论的对象，进而形成了一定范围内的意见气候。随着网络社区的崛起，隐性的社会规范和伦理道德可能成为民众关注的焦点，再加上一些小范围内形成的亚文化，也有可能成为一定范围内的舆论焦点和谈论对象，舆论客体可以是人、事，也可以是价值、观念、制度、规范、文化。因此从这个意义上说，舆论的客体的外延得到进一步延展，变得越来越隐形化和多样化。对热点事件、知名人物、社会规范、价值观念和亚文化等的研究均属于舆论客体的研究范畴。

3. 舆论的本体

舆论的本体是一种意见表达和意见信息。在外显形式上，传统舆论学主要是指话语言说或者问卷调查中的答案数字，但随着互联网时代来临后民众将话语表达转移到网络空间，舆论本体越来越呈现出多元化的复杂特征，可以是一段文字，也可以是一段音频、视频，在社群中更可能是一段对话甚至是点赞、转发等行为。因此，舆论的本体的外延不断延展和泛

---

① 杨保军."共"时代的开创：试论新闻传播主体"三元"类型结构形成的新闻学意义[J]. 新闻记者，2013（12）：32-41.
② 陈力丹. 舆论学：舆论导向研究[M]. 上海：上海交通大学出版社，2012：6.

化，并且在极端情况下，舆论的本体会以网络谣言、网络流行语和网络表情包等网络流行风尚形式出现，另外舆论的本体还有多种存在形态、多种不同的信息形态等。对舆论的形态、舆论文本、网络谣言、网络流行语、网络表情包等的研究均属于舆论本体的研究范畴。

4. 舆论的数量

舆论的数量是舆论在多大范围内的一致性，是衡量舆论规模最直观的指标。传统舆论学研究者根据运筹学计算结果即黄金分割比例的 0.618，认为如果在一定范围内，有 38.2%（三分之一多）的人持某种意见，则这种意见在这一范围内具有相当的影响力（但尚不能影响全局），而若有 61.8% 的人持某种意见，则这种意见在这一范围内将成为主导性舆论，即上升为民意。[1] 但这种划分不具有实际意义，中国互联网络信息中心 (CNNIC) 发布的《第 46 次中国互联网络发展状况统计报告》显示，截至 2020 年 6 月，我国网民规模达 9.40 亿，理论上讲每个热点事件需要约 3.1 亿的网民讨论才能生成舆论，这是不现实也是不可能的。[2] 在现实研究中，舆论的数量用参与讨论的主体的绝对数值进行比较衡量就可以了，不需要计较是否达到了总体的三分之一（因为互联网上根本无法得到准确的总体范围），只要网民感觉到这个事件的意见气候特征及基本观点结构就已经形成了舆论。

5. 舆论的强度

传统舆论学研究认为舆论的强度有两种表现方式：一种是用行为舆论表现，强度程度大；一种是用言语表情和内在态度表现，其强度程度量级需要通过舆论调查来测量。但随着互联网时代来临，舆论的强度可以通过舆论的声量，即参与相关事件转发、评论等外显行为的公众数量来衡量，

---

[1] 刘建明，纪忠慧，王莉丽. 舆论学概论 [M]. 北京：中国传媒大学出版社，2009：4.
[2] 李彪. 社会舆情生态的新特点及网络社会治理对策研究 [J]. 新闻记者，2017 (6)：66-71.

这是一级强度的舆论；在虚拟空间形成了一定的集体行动或者流行风尚，这是二级强度的舆论；线上与线下空间进行勾连，并进行互动甚至是共振，线上虚拟空间延展到线下空间行为，这是三级强度的舆论。舆论的强度对研究社会运动、社会动员及群体极化具有非常重要的作用，因此也是中国特色舆论学重要的要素之一。

6. 舆论的周期

传统舆论学对舆论周期的关注不是很多，主要是因为在报纸电视时代，信息的流动速度较慢，舆论的形成和扩散都是一个漫长的过程。互联网时代来临，意见信息流动速度和迭代速度不断加快，舆论存活周期短则几个小时，长则多年，如"周正龙拍老虎"，与舆论客体的情况有关。中国人民大学舆论研究所的研究结果表明，近年来舆论存活周期不断变短，从原来的两周缩短到一周以内。① 这一方面与舆情事件频发有关，另一方面也与后真相时代的"社交茧房"有一定的关系。

7. 舆论的反馈

在传播学 5W 要素中有一个很重要的要素就是反馈。舆论作为一种意见信息，自然也会对舆论客体产生影响，传统舆论学研究也认为反馈是舆论存在的综合表现，是能够以自在的方式，直接地或间接地、明显地或隐蔽地影响着舆论客体。互联网时代，由于网络上众声喧哗，很容易短时间内在网络上形成民意的啸聚，舆论当事方会在短时间内受到极大的社会压力和遭到上级指责，更容易道歉和对事件进行处理，舆论的反馈更加迅速和有效。因此舆情事件发生后当事方的行为及举措也是中国特色舆论学研究的重点，如情况通报如何写、舆情举措如何展开等，"解

---

① 喻国明，李彪. 中国社会舆情年度报告 [M]. 北京：人民日报出版社，2020.

惑"重要还是"解气"重要[①]，这些都属于中国特色舆论学中的反馈研究。

8. 舆论的质量

传统舆论学研究认为舆论的质量是指舆论所表现的价值观、具体观念及情绪的理智程度。一般说来，舆论是多数公众的意志，应当尊重，但舆论是一种群体意见的自然形态，带有较强的自发性和盲目性，文化和道德的传统对它的影响巨大，同时各种偶然的外界因素也会经常不断地引起它的波动，这种自然形态决定了舆论总体上是一种理智与非理智的混合体。舆论本身作为一种意见信息，与表达主体的固有价值观和伦理观紧密相关，因此舆论的质量在互联网时代大多是非理性的和应激性的。对网络表达中的杠精、键盘侠、民族主义、网络民粹等的研究均属于舆论质量的研究范畴。

（三）新时代中国特色舆论学的四个层次：信息—情绪—关系—行为

传统舆论学研究主要将舆论视作一种意见信息，主要探讨其传播过程与传播规律。互联网时代来临后，舆论不再是简单的信息流动，其背后具有更加复杂的动因。

1. 舆论的基本表征是意见信息的流动

舆论作为一种意见信息，首先符合信息传播的基本规律，因此舆论学是新闻传播学的重要分支，舆论引导与舆论管理也主要从信息流动的角度提出对策，传统舆论学研究也是基于意见信息流动基本研究假设提出，但意见信息流动只是舆论的基本表征。

2. 舆论的底层动因是情绪宣泄和情感传导

民众对信息的消费大抵经过了量—质—情三个阶段。在信息渠道匮乏

[①] 李彪. 霸权与调适：危机语境下政府通报文本的传播修辞与话语生产：基于44个引发次生舆情的"情况通报"的多元分析[J]. 新闻与传播研究，2019（4）：25-44, 126.

阶段，无论生产出来什么样的信息都有人阅读和观看。在信息渠道丰足阶段，民众获取信息的成本下降，他们选择内容质量高的信息来阅读。随着后真相时代来临，目前处在第三个阶段，即民众不是追求信息的渠道多权威、内容质量多优质，而是关注信息是否与我有关、是否能满足我的情感需求；舆论表达不是为了追求事实真相，而是在追求真相过程中获得情感宣泄、价值认同和社群归属。众声喧哗的背后是情感的泛滥和宣泄，如果只是对表层信息进行抓取与研究，而忽略了背后的情感和情绪，很容易造成隔靴搔痒、找不到问题症结，只有让民众对舆论引导主体产生情感依赖和价值共鸣，不论引导者向其传播什么内容，他们都会无条件地喜爱。感情通了，诸事皆通；感情不通，诸事不通。吆喝的声音再响也没人应和。

3. 舆论的传播结构是社会关系网和社群

社交网络的崛起使得人类社会得以重新部落化、网络化和关系化。人类基于血缘（如家族群）、地缘（如老乡群）、学缘（如班级群）、业缘（如记者群）和趣缘（如驴友群）在虚拟社会空间得以重新部落化、圈群化。并且，随着社群的兴起，人们越来越依靠人际关系网来获取信息，"关系"本身成为一种媒介，意见信息不再依靠传统媒体进行传递，而逐步向社群、关系网传播转移，意见信息传播表面上杂乱无章，但其背后主要是依赖关系网，因此研究社群时代的虚拟关系网就可以抓取舆论传播的底层架构。

4. 舆论的最高表达形式是群体极化和社会行动

以上三个层次都是舆论的初始阶段，在社群的关系结构中，在情感和情绪的动力机制下，社群成员很容易造成群体极化，进而进行线上线下行为的勾连和动员，最终从线上虚拟空间转移到线下现实社会。虽然这一层次并不会在每个舆论中存在，但虚拟社群中的群体极化是常见的。基于此，这是舆论发展的最高层次，但不是必要层次。

（四）新时代中国特色舆论学的价值转向：国家治理与全球数字领导力

舆论学从产生起就具有鲜明的应用属性，服务于现在的政治民主建设，具有强烈的价值导向。新时代中国特色舆论学是在新的媒介环境中和中国新的发展阶段背景下提出的新理论体系，在价值导向上也存在一个空间转向的问题。

1. 从舆论引导到舆论生态治理与社会治理共同体构建

传统媒体环境下，由于意见信息流动的速度和规模都有限，无论是舆论的层次性、涉及主体的数量还是影响的范围都很有限，因此对舆论的干预主要是基于"舆论引导"的诉求而展开的。舆论引导虽然是个政治价值诉求，目的是塑造良好的舆论环境，改变意见相左的意见气候，但价值指向相对比较单一和低层次。互联网时代舆论的传播速度不断加快，涉及的主体方方面面，很难回答舆论被引导的客体是谁、在哪里。社会各阶层参与的舆论表达话语场已经成为一种舆论生态，其中不同的主体扮演不同的角色，拥有不同的舆论生态位，从以往单一层次的舆论引导转向构建健康的舆论生态，从以宣传部门一家为主转向社会治理共同体建设，既要尊重多元意见主体的表达权又要在全社会范围内尽量形成最广泛的社会公约数。在当前网络社群裂变和价值观多元的大背景下，形塑有利于社会主义建设的意见气候是新时代中国特色舆论学的第一个价值转向。

2. 从主流媒体建设到现代传播体系与公共传播体系建设

马克思与恩格斯基于其生活的媒介环境提出了"报刊是作为社会舆论

的纸币流通的"①的形象比喻，生动地说明了报刊对于舆论传播的重要社会职能。在传统媒介环境下以报纸为代表的主流媒体的确发挥了强大的舆论动员和社会整合作用，但随着多元传播主体的加入，主流媒体的社会角色与职能发生了变化，从原来民众与事实之间的唯一传者转变为事实的二传手角色；主流媒体在强化其"破圈"传播、传递主流价值观的同时需要强化现代传播体系建设，即将不同传播主体的角色进行职能界定，通过体制机制的建设，让不同传播主体各司其职、有条不紊地进行社会沟通和公共传播。因此，构建适合传播现实的现代传播体系是新时代中国特色舆论学的第二个价值转向。

3. 从国家治理到国际话语权重构与全球数字领导力构建

正如前文提及的，以往的舆论管理与舆论引导面临的是并不复杂的国内舆论场，基于权力的合法性和有效性，舆论引导是有效和有力的。但是，随着国内外舆论场的打通，以及中国在国际舆论场逐步从幕后走向台前，国内舆论的治理已经成为新时代中国特色舆论学的一个价值面向，需要从以内为主向内外兼顾转变，尤其需要在国际舆论场重构中国话语表达体系和国家话语权，构建与中国国际地位相匹配的全球数字领导力，这是新时代中国特色舆论学的第三个价值转向。

基于以上的论述，可以将新时代中国特色舆论学的内容体系概括为"房屋理论"，即整个内容体系好比一所房子（见图4-1），地基是马克思主义舆论观，是指导思想、是灵魂、是底色；舆论八要素和舆论研究四层次是房子的"四梁八柱"；房顶是国家治理与全球数字领导力构建，是整所房子的帽子，也是创新之处。

---

① 马克思恩格斯文集：第2卷[M]．北京：人民出版社，2009：179．

价值指向　　　　　国家治理与全球数字领导力构建

四层次　　　　　　信息—情绪—关系—行为

八要素　　舆论的主体｜舆论的客体｜舆论的本体｜舆论的数量｜舆论的强度｜舆论的周期｜舆论的反馈｜舆论的质量

指导思想　　　　　马克思主义舆论观

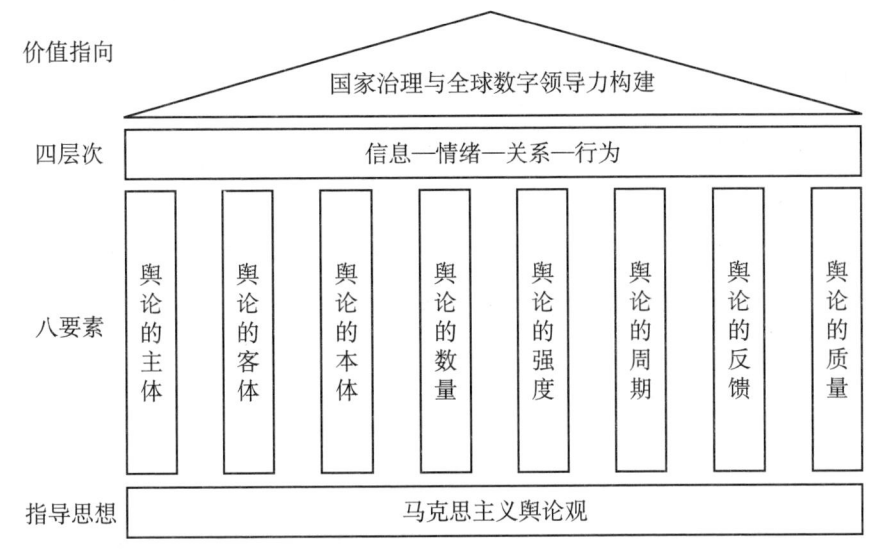

图 4-1　新时代中国特色舆论学的内容体系

因此，从这个意义上说，之所以称之为"中国特色"，一是强调舆论具有强烈的导向和价值观属性，必须是以马克思主义作为指导思想的，这是中国特色舆论学的底色和最根本标志；二是其是以中国目前的舆论现实为背景模板的，是以当下中国从传统社会向现代社会转型期为逻辑起点的，是在社会舆论生态和国际话语场发生重大变革时提出的新型舆论学研究体系。

四、结语

因此，从社会背景上看，中国社会正处于深刻的利益调整期和社会转型期，急剧变动的时期是各类新的研究命题不断被提出的丰厚土壤。正如在 20 世纪 20 年代，美国社会形成了长达七年之久的"柯立芝繁荣期"，在这种剧烈的社会变化的冲击下，原有的道德规范被迅速瓦解，人们的内在精神状态无形中开始失衡，社会文化全面转型。作为文化的重要组成部分的社会舆论与道德，在这场转型中表现出对传统道德规范深层次、全方位、综合性的挑战和反思，对美国社会影响深远，直接促成了美国现代生活方式的形成，出现了诸如李普曼的《公共舆论》（1922）、伯内斯的《舆论的结晶》（1923）。当下的中国社会，也处于一种全方位的社会文化转型期，需要与之相匹配的舆论学研究，新时代中国特色舆论学的构建与研究可以说正当其时。

通过以上分析，"中国特色舆论学"这一概念和命题，不仅是一个真命题、真概念，而且是一个体现了鲜明的时代特征和包含了丰富的历史底蕴、立足当下、放眼未来的大命题。构建鲜明的新时代中国特色舆论学更是时代交给我们现代新闻传播学人的历史使命，中国特色舆论学建设将突破对西方舆论学理论范式的模仿与追随，不断推进其学科体系、学术体系、话语体系建设和创新，努力构建一个全方位、全领域、全要素的中国特色舆论学全新体系，致力于开创中国特色舆论学建设的新局面。从这个意义上讲，可以考虑将舆论学从二级学科新闻学中独立出来，与新闻学、传播学一起成为二级学科，构成新闻传播学的"三驾马车"。这是因为其解决的问题与新闻学和传播学不一致，新闻学解决的是新闻生产的问题，传播学解决的是沟通与互动的问题，舆论学解决的是价值认同与情感共鸣的问题。

第五节 建设中国特色的互联网新闻学

当下的互联网环境呈现移动化、社交化、智能化交互影响的特征。从这个历史的也是技术的时点上看，新闻学作为一个学科面临着新的挑战：一方面，新闻传播的形态越来越多样，新闻业的实际影响越来越大，新闻研究与社会、历史、文化、互联网技术等的关系勾连越来越多，新闻学的知识创新有充分的潜质；另一方面，什么是新闻、新闻价值的判定依据是什么、如何看待作为职业规范的新闻客观性等经典新闻学的问题不再有明确而唯一的答案，新闻学原有的概念、议题、结论在新的社会环境和媒介环境下越来越难讲清楚，新闻学知识似乎更难以对新的实践进行解释和引领。

新闻学作为一套知识体系、一种研究领域，在国内的发展沿袭着一种以规范性知识为主的路径，不仅是党报理论中的规范性部分沉淀为新闻学知识的重要内容，西方新闻学知识在被引介到国内的教学科研中以后，也被框定为以规范性知识为主的面貌（典型代表是把传媒的四种理论作为西方新闻学的主要知识进行介绍分析），而对其主要观点和结论背后的理论前提、认识论、方法论、经验证据以及这些新闻学知识赖以生存的现实社会条件和学术思潮背景缺乏充分探讨和理性反思。特别是一些教科书把这些规范性知识默认为是整个新闻学的主要面貌和"知识地图"，影响了专业从业者对新闻学的认知框架和学科印象，新闻学似乎成为一种抽象的、静态的知识信条，既与生动发展的新闻业现实没有充分互动，也鲜有开展其他各学科演进中都必不可少的学术史、知识论意义上的梳理和省思。本节旨在从一个侧面对新闻学知识的这种路径依赖现象进行反思：从当下的新闻传播现实状况出发，探讨原有的新闻学知识在当下的社会条件和媒介环境下面临着怎样的"失灵"场景，进而反思新闻理论与新闻传播现实之间的矛盾，表明新闻学知识体系在建构逻辑上有什么样的"盲点"，以及我们应该如何结合新闻教育的困境去完善和发展新闻学知识体系。

一、新闻教育的困境与知识体系转型

新闻学科目前面临的问题，一方面是研究的问题，另一方面是教学和人才培养的问题。科学研究需要提供原创知识，为学科发展注入创新的能量，而教学和人才培养需要把研究成果转化为学生的能力和素养，涵养他们面对新问题、解决新问题的本领。从基础层面来讲，新闻学的转型以一项项具体研究的深入开展所提供的创新成果为支撑，但同时，学术体系、学科体系的发展也依赖于对现有成果组成的知识体系进行创新。新闻学知识体系是这个学科科学性的直接体现,也是年轻一代接受新闻教育的直接来源,然而现有的新闻学概念、逻辑、知识架构等方面与已有的相当丰富的学术资源和实践资源呈现出不相匹配的状态,我们认为这是新闻教育面临的一个迫切而重要的问题。[①]

(一)新闻教育的"供给侧"乏力

当前,新闻教育面临"骨感"太强的现实。一方面,现实社会中以互联网媒体和公民新闻为代表的新的新闻传播现象越来越多;另一方面,能够解释、分析这些现象的理论工具、方法和现成的学理论断又相对匮乏,新闻学还是以传统的新闻机构、新闻生产、新闻从业者为核心组织起来的一套知识体系。

在新闻学教学层面,知识体系的历史路径依赖非常明显。就本科层面而言,体现在有关知识较多依赖原有的党报理论模式,缺乏对历史语境的激活和对当下现实的延展。党报理论的创立和发展有其对应的中国共产党新闻实践的历史环境,尽管其中的核心理念一直在延续和与时俱进,但得出具体结论的媒介现实已有较多变化,理解这些具体提法需要对历史语境有深入细致的了解。在相当多的教材中只见其结论而难见对其生成语境的梳理和引入,所以学生听了后拿今天的新闻现实去套原有的理论是有困难的。新闻学教学面临一种外热内冷的情形:很多新闻院校启动了"部校共建""卓越人才计划"等项目计划,改善了硬件设施,开展了系列活动,做了不少工作,但实际上根据我们走访了解的情况,学生对新闻学课程的抬头率、兴趣点、认可度往往没有明显的提升。

[①] 对于新闻教育面临的问题,有很多讨论,例如新闻教育与新闻业界的关系不够密切,其中的一种典型观点是高校教学内容跟不上业界现在的现实发展、高校培养的新闻人才无法适应媒体需求等。我们认为这类观点存在谬误,对新闻教育乃至高等教育的理解较为狭隘。但本部分讨论的重点不在于此类问题,而是新闻教育本身应该做却做得还不够的方面,其中一项就是对新闻学知识体系的梳理、架构和呈现。

在新闻研究层面，新闻研究面临视野约束的问题。目前，新闻研究对以互联网新闻为代表的新现实的认知还未能形成体系性的洞察，主要有两个方面的原因。一是已有研究的社会视野相对欠缺，较多沿袭媒体中心主义的视角，主要关注主流媒体的内容、人员、影响等方面，对机构性、建制化以外的媒体即更广泛意义上的社会场域中的媒介的关注和研究有限，比如自媒体、政务媒体、平台型媒体、算法与数据等新闻场域中的新行动者。二是已有研究的比较视野相对欠缺，目前的新闻研究较多将视野放在国内这个特定媒介体系中展开，或者是以既定的主要媒体机构为默认研究对象，对新闻真实、新闻客观、新闻从业者的职业认同等问题的比较分析较少。跨国、跨体制比较新闻研究领域，可以生发出诸多可深入探究空间的议题。[①] 由于身处其中而不自知，研究者对新闻现象的深层结构性因素发掘得不够，新闻研究容易局限于就事论事甚至是经验总结和政策解读的层面，影响了对研究问题进行分析和解释的丰富性和深刻性，不利于形成多维度的分析视角。

（二）新闻学知识体系亟须充实

上述新闻教育困境折射出的是新闻学知识内在的逻辑问题。其一，理论维度方面，一些新闻学论著和教材中呈现的理论知识相对欠缺时间标度和空间维度。新闻理论知识如缺乏时间和空间的边界限定，所做出的诸多命题在表述上则是全称判断、在逻辑上则是高度抽象，貌似放之四海而皆准，却难以看出其生发的历史时期、实践的地域范围、成立的社会条件。其实不仅仅是新闻理论，传播理论也有类似问题，在教学中把沉默的螺旋、议程设置等理论变为绝对定理，重点放在了解释和记忆它们的核心观点上，而忽略了这些理论（或假说）提出的社会背景和研究者的问题意

---

① 单波，林莉. 比较新闻学的新问题与新方法 [J]. 山西大学学报（哲学社会科学版），2016 (4): 76–83.

识。学术研究的历史情境被抽离,学科知识既与现实有一定距离,又没有还原出其作为一种思维训练素材的生成情境,因而难以受到"95后""00后"的青睐,他们难以从这样的理论教学中提升研究问题和分析问题的能力,只好关注新闻传播中的一些显问题、浅问题,对现象进行描述而没有深入地分析。

其二,知识类型方面,新闻学介绍的主要是"弱知识"。一是知识外延经历着迅速扩张,但"这些知识不是按照统一的话语语法生成的,造成知识生成逻辑的混杂,来自不同学科方位的知识之间难以实现话语逻辑上的自洽"[①]。二是知识内核缺乏必要的反思和升级,对现实生活的解释力捉襟见肘,成为僵化的知识信条。比如新闻学必然会讲新闻人的工作,除了工作内容和工作流程,还应涉及职业意识、职业认同、职业角色扮演,以及延伸到新的工作内容和流程如何影响职业观念,如果只讲前者就无法理解和分析一部分职业新闻人在新媒体环境下的离职、创业等"转场"行为,也就把新闻学知识降维成了仅仅是关于新闻工作基本情况的职业知识和行业知识。再比如讲新闻生产,除了讲清楚经典的新闻生产研究所揭示的时间常规、空间常规、消息源常规、新闻价值的协商等基本结论,还要引入新媒体时代新闻生产的基本流程是什么,其中的主要权力关系有没有发生改变、算法应用到新闻生产之后会引发前述主要结论怎样的连锁反应等。对于新闻价值、新闻真实、新闻生产、新闻工作等新闻传播基础问题,如果没有基于学术研究梳理出立体的、有深度的内容体系,新闻教育就只能把新闻学变成包括新闻理论、新媒体、新闻业务、媒介经营管理等各种内容的"大杂烩"。新闻学对本领域核心议题的学理性解读不够深入、不够充分,也不够有说服力,这是新闻学知识体系存在的一个很大的问题。

---

① 张涛甫. 新闻传播学:话语生产与话语权力[J]. 全球传媒学刊,2015(3):18-25.

综合供给与需求两方面的对比，当下新闻教育面对的一个基本现实是，新闻学的社会需求广泛强劲和学科智识供给不足形成了较大的张力。尽管新闻传播专业的毕业生中，就职于传统意义上的机构性媒体[①]的人数开始减少，机构性媒体在社会中的影响力也在收缩，但从另外一个更宽泛的角度来看，新闻传播适用的领域非常广泛，特别是就基于事实性信息达成意见协商、舆论引导、社会认同的层面而言，在转型期社会中为政府、企业、社会组织（NGO）等所共同需要。新闻学科的诞生与一个职业的发展相对应。基于记者、编辑或出版者的工作需求、工作流程、社会角色等，新闻教育提出了一系列的知识诉求，包括具体操作技能、行业运行原理和职业理念。但新闻职业本身正在发生剧烈变化，基于职业需求建构出来的学科体系也体现出较大的动荡。因此有些新闻教育工作者提出，应该把新闻教育从职业教育、行业教育拓展为素养教育、通识教育、公共教育。

今天，新闻专业在国内就业的面向变广，人们对于新闻教育的理解在发生变化：新闻教育不只是为媒体机构培养职业型人才，更是培养基于新闻事实进行发现、核实、表达（包括文字、数据、视觉、虚拟等各种形式）的人才，对新媒体环境下的信息传播现象具有认知力、理解力和批判力的人才，对于社会公共沟通有整体性的洞察力和参与力的公民，追寻这些理念培养出来的人才在转型期社会和信息化社会中有很大的价值实现空间。但新闻教育能够与时俱进的前提是它首先处理好内在问题，重思对新闻传播基本原理的合理建构，强化新闻学知识的逻辑性和适用性。

[①] 本书提到的机构性媒体，有时也被称为建制内媒体（institutional media）、传统媒体（legacy media），一般是指由职业化的人士运营的、有明确的组织架构和生产流程的、有盈利的媒体，具备专业化、制度化、商业化/市场化的特征。

二、互联网环境下的新闻学反思维度

目前，新闻学知识体系的内在逻辑不够严整、外在的用户界面不够友好，这是由学科发展的历史路径造成的，与多种因素有关。本节关注的是如何在新的传播现实中撬动其变革，提升新闻学知识体系的合理性和适用性。互联网已成为社会运行的底层构造，互联网的嵌入性、参与性和开放性等特征给新闻业带来了很多新的可能。这些特征也为我们理解和分析互联网新闻业提供了更多的认知框架、认知角度、认知策略，可以对现有新闻学当中一些核心命题进行迭代、完善，将经典新闻学拓展为互联网新闻学。[①]

需要说明的是，本节所指的互联网新闻学不是互联网的新闻学，并非某些研究所提倡的"网站新闻学""手机新闻学""客户端新闻学""智能媒体新闻学"等传播介质意义上的分支新闻学或新领域新闻学，而是互联网环境下新闻学的新面貌。换言之，互联网新闻学并非一个与经典新闻学彻底不同的、全新的研究领域，它关注的是新闻学基础议题在互联网环境下的新形态、新机制、新影响等新内容。本节提出互联网新闻学，并非为了建立某种新学科的建制化目标，而是意在将互联网作为一种语境、一种场域，较为系统地检视新闻学既有知识体系的概念、逻辑以及方法论。在互联网环境下，对新闻学原有知识体系的反思可从其研究对象、研究视角、研究范式三个维度展开。

（一）互联网新闻学更注重新闻业对于情境的敏感性

新闻研究的对象既包括新闻事实，也包括围绕新闻事实展开的新闻活

[①] 我们所指的互联网新闻学在内涵上接近于英语文献中的"digital journalism studies"（常被译为数字新闻学或数字新闻研究）。由于数字新闻业在中文语境中更多被理解为与数字技术有关的新闻业，相对而言，互联网新闻业更有涵盖力，既包括了直接在数字技术影响下进行的新闻生产、分发与消费现象，也包括了在数字化、移动化、社交化、智能化等多层面的互联网环境下既有新闻业的转型发展，因此本书使用互联网新闻学来指称对更宽泛意义上的新闻业的研究。

动情境。新闻研究范围应当注意适度拓展，从关注抽象化的新闻事实到思考对由新闻勾连的日常生活的还原。

在经典的新闻定义中，把事实和报道作为最基础的关注对象，由此延伸确立的一系列新闻学的问题域也与事实及其报道有关。然而，新闻事件本身是具体的、鲜活的、复杂的，在新闻学谋求学科化、学术化的进程中，对这些研究对象所做的必要的抽象处理便带来了相应的问题，在对抽象事实进行讨论的同时，可能会忽略事实的生成环境和交流语境。新闻学知识体系中较为核心的一条主线是基于对事实的发现、发掘、核实和表达而组织起来的客观性、真实性、平衡策略等新闻操作规范，我们通常把这里的事实理解为客观存在的事实，不包含人对其介入的成分。但在互联网环境下，事实的生成和传播是嵌套式的，环境和语境不仅与事实本身难以区分，甚至在构成新的事实。以微信为例，人们在获知某个新闻的时候首先看到的不是新闻本身，而是微信好友在分享这条新闻时附加的个人评论、表情、留言等嵌套式信息，这些认识性和评价性的信息与原有的新闻文本一并置入下一环接收者的视野中，对互联网新闻用户理解特定的新闻事实产生影响。因此有学者提出"作为交往的新闻"，"用于概括社交媒体新闻高度情境化的特征，因为人们不仅利用社交媒体订阅、转发自媒体内容，而且在交往中定义新闻、生产新闻"[①]。

嵌入性是理解互联网的基本维度之一。将其引入新闻研究，带来的首要变化莫过于在互联网环境下继续观照事实，且重视事实对于情境的敏感性。比如新闻业的情感问题是近几年国际上新闻研究的一个热点话题，如果把事实当作新闻学的核心对象甚至唯一对象，那么记者报道中的情感卷入和情感劳动问题、受众在接触和使用新闻中的情感体验问题，就不能很

---

① 谢静. 微信新闻：一个交往生成观的分析[J]. 新闻与传播研究，2016 (4): 10-28, 126.

好地融入现有的理论知识中，也就不会引起很大的关注和深入的研究。事实上，在现有的传播环境下，新闻生产和情感生产是并存的，且互相交叉影响，情感与事实互相包裹成为人们认知世界的对象，也成为报道和研究的对象。特别是重大突发事件发生时，首先进入公众认知视野的是大量事实不充分、情感较泛滥的新闻文本，简单套用客观性等知识来分析、评判一些新闻是不是新闻职业行为、符不符合新闻规范并不是很合理，因为这些既定知识的前提条件和适用边界并没有明示，对新闻现象分析得出的结论也就不容易令人信服。

近年来，多起新闻事件中出现对重要新闻文本的热议和对新闻记者的讨论（如澎湃新闻对长江沉船事件的报道、《南方周末》对北大自杀女生的报道等），不管是评价当下职业新闻人的专业化程度，还是分析自媒体在新闻领域的失范行为，都经常会用到"新闻专业主义"这一概念，然而人们对其内涵和标准的理解却有较大差异，更重要的是使用这一概念参与讨论的一些人并未准确了解西方新闻业界和学界使用这一概念的原初环境是什么。如果仅从高频引用的几个定义把新闻专业主义当作一种标准化的知识去套用，那会屏蔽很多在判别是否职业化、是否规范之外的更有价值的议题。比如，我们可以提出这样一系列的相关问题：所谓的新闻专业主义是通行的职业守则还是差异化的职业实践？各国新闻从业者遵循基本相似的职业规范吗？如果有差异，这些差异是如何造成的？它们之间有没有对话空间？新闻专业主义的含义和促使它成型的历史-社会环境有什么内在勾连，与当时美国社会科学研究中的主要思潮有什么联系？对这个理念进行差异化使用的分别是什么样的人群和场合？互联网新闻业的实践可以给新闻专业主义带来什么新的思考支点？如果把新闻专业主义理解为商业化媒介发达以来进行职业规范的一种自我规训和完善机制，互联网新闻业是否应该以及是否能够建立一种超越它的、新的职业规范？事实上，很多经验研究已对新闻专业主义的这些差异化理解与实践做了探究，在全球各地的比较中可以发现这一概念的多重指涉。① 这些追问与探究，对这一术语及其语境有更开放的理解，也可以激发学生基于情境的思考和培养辩证看待问题的能力。

即使去掉互联网这一个变量，我们依然可以发现新闻学知识对情境的敏感性。这与学科的历史发展路径有关，最初的一批新闻研究都是为总结新闻职业的操作、规范新闻工作的标准而兴起的，即遵循一种"先有术、后有道""职业为先、学理为后"的以归纳经验式为主的知识生成模式。无论是西方的新闻专业理念与操作还是中国的党报理论体系，都是从特定历史时期总结出来的抽象知识，对这些知识的理解需要回到原来的实践语境和学术研究语境中去。同时，它们还需要与当前阶段互联网环境下的新闻实践对话，激活学生对普遍性命题的兴趣和对当下现实进行理性分析的能力。因此，中国新闻学的知识体系建构需要有理性自觉，基于历史阶段框架书写的新闻学知识应该对历史情境进行充分的介绍和解释，基于理论体系框架书写的新闻学知识应该结合现实情境做必要的降维解析，如此，才能避免新闻学知识的僵化和无力。更进一步讲，把研究对象从单纯而抽象的事实扩展为事实和事实的情境，才可以发掘更多值得探讨的理论维度，延展新闻现象的认知宽度。新闻学的绪论除了讲清楚传统意义上的核心知识"作为事实的新闻"和"作为报道的新闻"，还会介绍"作为意识形态的新闻""作为社会机制的新闻""作为知识的新闻""作为对话的新闻"，以及前述"作为交往的新闻"等对新闻业和新闻学的基础性、前提性的多元认识，随着互联网新闻业的发展，这一认知光谱还将继续丰富。

---

① WAISBORD S. Peinventing professionalism: journalism and news in global perspective [M]. Malden, MA: Polity Press, 2013: 17.

（二）互联网新闻学更注重新闻业作为整体的关联性

新闻研究的视角应当从以传统的机构性媒体为中心转向全面关注新闻业的行动者及其网络化实践（networked practice）。新闻学的视野应该全面反映新闻场域的系统性变革，既看到专业性新闻生产，也关注协作式新闻生产、开放式新闻生产，还要关注新闻生产与新闻分发、新闻使用/消费的互相影响，以及洞察新闻生产变革背后的支撑性因素，如数据、算法、平台、社会关系等对既有新闻业运行的调节作用。

传统新闻业的主角是职业化程度较高的专业媒体，新闻研究的重心也是围绕媒体机构展开的，新闻学的成果聚焦在新闻生产、新闻内容、新闻的社会影响等方面，而后两者又以新闻生产为前提，所以新闻学的学科内容除去规范性的知识以外，其学理性强的内容长期以来聚焦在专业媒体的新闻生产上，也即研究清楚职业化的媒体是如何通过例行的/常规的新闻采集和制作把外部社会的大千世界转化成媒介呈现的世界的。这也造成了传统新闻学的研究视角存在以媒介为中心的路径依赖。

互联网环境下新闻业的基础性变革首先体现于新闻业行为主体的多元化。传统意义上的新闻业行为主体是以新闻机构为代表的职业化、专业化或建制化的媒体。除此之外，随着新兴媒体在政务、商业、生活中的广泛渗透和深度使用，还有更多的行为主体涉足新闻生产。[①] 一是机关媒体，非新闻单位开办的传统媒介或新媒介，比如公安部门、卫生部门的"两微一端一抖"。这些单位包括政府部门、企业、社会组织等，尽管它们并不都具有新闻采编资质，但是业务领域与公共利益密切相关，通过发布本行业、本单位的信息，实际上起到了新闻传播以及舆论引导的作用，并且交通、健康、司法、教育等特定领域的信息内容已经具有较强的权威性和及

---

① 张志安，汤敏. 新新闻生态系统：中国新闻业的新行动者与结构重塑 [J]. 新闻与写作，2018（3）：56-65.

时性，在社会公众中已经形成了较强的信息接收习惯。二是各类自媒体，不论是个人主办的微博、微信账号，还是团队化运作的品牌，自媒体都已经不局限于在金融、医疗、母婴等垂直内容领域拥有话语权，而是追求在与其相关的社会公共事务中快速、积极地发声。三是平台型媒体，尽管平台型媒体会避免自己被公众称为或被政府部门认定为新闻机构，但事实上它们在很多时候已经介入新闻的生产和传输，尤其是平台型媒体的显著传播效能和占据信息传播"最后一公里"的位置，为用户对社会现象的认知起到了算法把关的信息过滤作用。

（1）新闻研究要对新闻机构以外的其他类型的行为主体分别进行深入研究，逐次厘清各类行为主体的传播理念、社会资源、生产流程、表达风格、影响力机制等基本要素。除了上述机关媒体、自媒体、平台型媒体等在我国新闻业中已相对较为可见和成型的行为主体，值得关注的还有新闻业中随着技术因素凸显而衍生出的一些行动者，比如提供各类数据监测和分析服务的公司、舆情服务机构、媒体转型咨询机构等。2016 年，路透新闻研究所通过调查全球 130 位来自传统媒体与数字媒体的管理人员，发现 65% 的媒体使用第三方数据分析平台 Chartbeat。[1] 随着新闻业中"闯入者"的种类与数量不断增多，"闯入者"和闯入型媒体（interloper media）的内涵更加丰富。原本属于新闻业外部但能影响传统新闻生产的平台、技术、个人等均可以被视为"闯入者"。它们可能不再声称自己属于新闻行业，但是却实际地推动新闻业变革，例如新闻业中的算法，被定义为社交媒体的微博、微信等。此类"闯入者"具备特定的能力与资源并能创造新价值，它们被传统的媒体机构与编辑记者接纳与使用，在新闻业

---

[1] Reuters Institute for the Study of Journalism. Journalism, media and technology prediction [EB/OL]. [2019-04-13]. http://hffay733c388a03364c96skw0bwnuu0fnn6bwk.fgfx.libproxy.ruc.edu.cn/sites/default/files/2017-06/Journalism%2C%20media%20and%20technology%20predictions%202016.pdf.

的链条中拥有独特的位置。

（2）新闻研究要关注互联网环境下各类行为主体之间的复杂关联。行为主体的多元化使新闻业内部的结构、关系、功能发生相应变化。其中最基本的问题，也就是行为主体之间的关系问题尚缺乏足够的分析。

一方面是横向关系，各类主体间正在形成协作式、开放式的新闻生产格局。专业化的媒体机构和从业者从社交媒体获得新闻线索、新闻内容，甚至在某些情境下把用户生产内容（UGC）直接作为新闻的一部分予以报道呈现。同时，其他类型的主体也在打破原有的专业化媒体垄断新闻生产的格局，例如政府部门的微博"@平安北京"可以在第一时间处理突发事件、传达重要事实信息，它已越过党报、都市报的议程设置，在第一时间促成公众对社会安全类议题的基本认知。这些协作式生产、开放式生产意味着我们原有一些基本理论的前提发生了变化。媒体的议程设置功能是假定信息从消息源流向媒体，再从媒体流向公众。新闻业传播主体的多元化使得原有的信息流和影响流被打断，议程不再是由大众媒体帮助公众设置，而是由政府机关或企业自行设置，这些机构既是新闻事件的消息源，向媒体提供新闻线索，同时也是直接面对公众的新闻发布者，消息源和公众的对接反过来又对媒体的新闻报道形成了倒逼机制，对媒体报道的时效、落点、形式等都有所影响。

另一方面是纵向关系，多元主体的行动使得新闻的生产、分发、消费等各环节混杂交错。行为主体多元化的结果是新闻业各环节的互相交叉，原来以内容生产、内容分发、内容产品消费/使用等生产流程划分看待新闻业的视角开始失效。很难判断某一个主体扮演的角色是纯粹生产型的还是纯粹消费型的。以数字化环境中的新闻用户为例，他们处于新闻消费端，他们打开新闻链接的时段、停留在新闻阅读上的时长、关闭某条新闻后转向其他哪些新闻等使用行为具备了可测量、可追踪的特质。这些网络分析

（web analytics）会即时传输给新闻编辑部，对新闻采编人员的新闻价值判断和新闻选择产生影响，因而消费新闻的用户其实也具有了生产的性质。

因此，多元主体参与的新闻业拥有相互交错的多个信息采制节点、多条新闻生产流程线、多层信息流和影响流，已经成为一种网络化的实践。显然，今天的新闻学知识体系要处理的对象不仅是传统的经典的职业化新闻机构，也是互联网环境下整体意义上的新闻业。

（3）新闻研究要关注新闻业的系统性变革和作为整体的新闻业。互联网对新闻业的影响并不是简单局限于技术层面，互联网时代来临以后社会生活中个体的传播意识被激活、传播能力被赋权，个体与个体、个体与群体、群体与群体的社会关系和社会交往都发生了显著变化，服务于公共沟通的新闻业也正在经历系统性的变革。就新闻业运作的模式而言，传统意义上以内容采集为核心，形成了一个严整的行业流程：大众传播媒介采用师徒制和条线的把关进行内容采集，将纷繁复杂的大千世界转化为新闻事实、新闻报道或新闻产品，然后媒体机构建立发行或传播的渠道进行内容分发，采用以广告为主的商业模式。然而新的行动者加入新闻业以后，在为原有运作模式增加新元素的同时，也逐步形成了与之并行的其他完整运作模式，常见的有服务模式和技艺模式。[①] 就服务模式而言，其以平台型媒体为基础，不直接生产新闻，但有自己的业务链条和信息传输、生产变现的流程，通过新闻聚合、算法和数据进行内容采集，通过 BuzzFeed、今日头条等平台型媒体进行内容分发，采用平台流量变现、数据发掘、电商等商业模式。就技艺模式而言，通过社区、超本地、合作社进行内容采集，通过蓝鲸、无界等进行品牌化内容的分发，采用众筹、付费、基金、赞助、打赏等商业模式（见图4-2）。在新闻消费方面同样出现了多样化

---

① 李莉，胡冯彬. 新闻业的黄昏还是黎明？：罗伯特·皮卡德谈变化中的新闻生态系统[J]. 新闻记者，2015（3）：13-19.

的样态①，除以上模式之外，还存在其他发展中的模式。

传统模式	内容采集	内容分发	商业模式
传统模式	师徒制、条线的把关	媒体机构建立发行渠道	广告为主
服务模式	新闻聚合、算法和数据	BuzzFeed、今日头条	平台流量变现、数据发掘、电商
技艺模式	社区、超本地、合作社	蓝鲸、无界	众筹、付费、基金、赞助、打赏

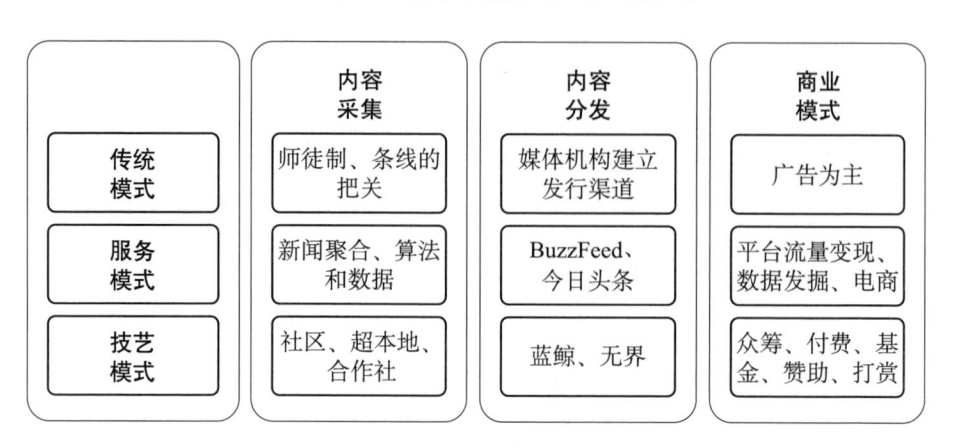

图 4-2　互联网环境下新闻业的多样化运作模式

从上述分析可以看出，互联网时代的新闻业不是仅仅在传播介质、商业模式等方面发生了变化，而且是在职业理念、传受关系、社会角色等方面都在经历大众报业诞生以来的一个重要的调适期。不管人们是认为当下的新闻业正在经历一种迥异于传统新闻业的剧烈变革，还是认为这只不过是新闻业长期以来演化发展进入一个新时期的阶段性特征，人们在新闻生产、新闻分发、新闻效果等方面积累的知识都已经不能反映复杂而生动的互联网新闻业现实图景。在面对新闻业的整体性变革时，应避免认知的单一维度，研究应引入新闻生态、新闻场域、行动者网络等更具有系统性观照的研究视角，避免（专业化）媒体中心主义的习惯思维。这些新视角的引入需结合具体的互联网新闻业场景进行细致辨识，以便更好地理解和分析研究对象。比如新闻场域与新闻生态都看重行为主体之间的关联性，但二者的侧重点是有区别的。场域是内生性的视角，生态则是外生性的视角，用这两种不同的认知策略看待平台型媒体和机构性媒体之间的关系，

---

① 王斌，程思琪. 反推式变革：数字环境中的新闻消费特点和转型路径 [J]. 编辑之友，2018 (12)：65-74.

会得到不同的分析结果。对于拒绝承认自己的新闻媒体身份、推崇自动算法、尽量不雇用新闻人的脸书（Facebook），学界使用新闻生态系统而不是局内人视角的场域理论对其进行定位；而对于愿意接受新闻业监督和自身谋求新闻业承认的 BuzzFeed，学界则更多使用场域和边界概念来分析，以新闻业传统的专业信条衡量这些聚合平台。①

（三）互联网新闻学更注重新闻业运行的透明性

从注重新闻的传播结果到注重新闻传播过程中的意义协商和社会关系调整，从注重研究新闻业自身的职业行为规律与职业规范建构到更关注在新的社会环境中新闻职业的开放与反思及其与社会各界的对话建立，新闻研究的范式须立足于呈现新闻业主体的能动性、主体间性、行动者之间的互动等复杂层面，在认识论和知识论层面进行拓展，从文化、实践的立场来丰富对于不确定性环境中多样化的新闻创新与转型现象的认知视域。

传统的新闻业以专业化媒体的活动为中心，社会事实的采集、社会现实的判定、社会世界的呈现都打上了媒体的烙印。不过，媒体的工作是一个"黑箱"，以新闻生产社会学为代表的一批新闻学成果尽可能地解释了这一"黑箱"的运作机制和社会影响，也延伸出了媒介批评和媒体改造运动等社会监督方式，但囿于没有其他力量能代替专业化媒体的社会分工及其长期积累的工作优势，新闻职业规范始终是一种局内人的讨论和促进新闻业变革的内生性力量。新闻业包括其从业者也正是凭借对这一核心环节——由外在的社会世界向公众的认知世界的转换——的掌控而建立起相应的社会角色和职业权威的。

近年来，随着互联网技术所提供的参与性和连通性以及互联网文化带

---

① 陶文静.结盟、重组、民主功能坚守：欧美数字新闻创业机构研究中的专业建构转向[J].新闻记者，2017（9）：53-64.

来的社会扁平化程度的加深,新闻业最核心的生产机制走向开放和透明。新闻生产的"黑箱"开始以某种方式主动或被动地、深入或表浅地向社会披露,在一些热点事件中公众有可能了解到新闻报道和新闻从业者的工作"后台",人们谈论本属于新闻业自身事务的专业操作行为、职业伦理规范等成为新常态。学界已对此进行了诸多分析,如用"可视化""液态""深后台"等概念分析新闻业后台的前置和暴露及其带来的职业理念挑战和职业权威调适。[1] 在新技术提供参与性的背景下,专业化媒体日常运作的"黑箱"在社会公众中的能见度提升,媒体行业也因而呈现某种程度的"祛魅"和专断话语权的消减。媒体传播领域的透明性所带来的研究问题并不仅仅是披露与展现新闻生产的"后台",更深层的意义是提示人们将新闻业的行为主体与其社会实践之间的关系视为一种研究和反思的对象,新闻学要对新闻从业者和新闻机构的身份认同、工作边界、社会角色等进行考察,特别是在新闻业走向协作化生产、社会化生产的过程中上述领域被注入了新的成分和内涵之后,也牵动了新闻业作为一个整体与政治、经济等社会子系统之间的关系嬗变,这有助于人们把新闻业作为一种社会机制(social institution)而不只是一种工作种类来看待,进而增强对其的反思意识和反省能力。

互联网时代的新闻业可谓"腹背受困":往前走,虽然有对话新闻、解困新闻、建设性新闻、社区新闻、非营利新闻等多种尝试的样态,但目前尚没有成型、成熟的新闻创新模式可以作为新的职业理念的建构来源;往后看,既有的新闻生产体系不断在技术的浸润下不同程度地暴露

---

[1] 周葆华. 从"后台"到"前台":新媒体技术环境下新闻业的"可视化"[J]. 传播与社会学刊, 2013 (25): 35-71; 陆晔,周睿鸣. "液态"的新闻业:新传播形态与新闻专业主义再思考:以澎湃新闻"东方之星"长江沉船事故报道为个案[J]. 新闻与传播研究, 2016 (7): 24-46, 126-127; 王斌,李岸东. 隐蔽的"深后台":开放式新闻生产中的传受关系:以《中国青年》对卓伟的报道为个案[J]. 国际新闻界, 2018 (4): 144-161.

在公众的审视、监督和评议之中，职业神秘感和权威不断消减。在充满不确定性和透明化的生存环境中，新闻业的人与事之变革不是小修小补，而是触及了新闻业运行的底层逻辑，因此沿用原有的研究范式可能会"失焦"，新闻学有完善研究认识论的必要。如何发展新的分析框架来理解新闻业的多样化形态？如何批判性地看待并不符合既定理想规范的新闻业实然现况？如何统摄新闻业与社会之间的诸多矛盾和冲突？如何做好对新闻业自身职业建构历程的反思？研究这些问题不能只关注客体，更需要关注主体的认知和行为，关注面对客体时的主体间性，关注新闻从业者与新闻实践的互相建构。新闻业与社会的关系在调整中，这也意味着研究新闻业的范式需要随之调整。需要借鉴人文社会科学中几十年来面对社会变革所积累的智慧和共识，提升新闻学科对新闻传播现实的洞察力、解释力和超越力。近年来在新闻研究中兴起的文化和实践的研究立场有效凸显了新闻业行动主体的异质性、建构性、反思性的面向，值得进一步深入应用和发展。尽管对于新闻传播研究中是否存在范式、有哪些成型的范式还未达成共识，但并不影响在这里使用范式这样的表达来提示这些研究进路对于新闻学研究在认识论和方法论意义上的开拓。

　　第一个层面，是文化范式新闻研究的勃兴，这种考察新闻业的视域指向的是新闻业的建构性和反思性，注重对新闻业运行中的意义发掘和分析。一般来说，我们都认可这样的前提，即新闻业的运作是基于事实性信息处理的，但是新闻工作者是活生生的有主体意识的人，他们如何理解事实、如何解读事实、如何看待受众、如何看待自身的工作，这些对于新闻业的实际运作影响深远。当我们只以基于新闻事实和报道行为的立场来研究新闻业时，可能会把以客观性为代表的规范性诉求作为主要甚至是唯一的认知尺度，也就难以观照与事实性信息采制并行的意义生产和传播。

这一研究范式并非数字化环境下的全新视域，至少已经有二十多年的发展：早在20世纪90年代，就有学者开始用"阐释共同体"（也译作"阐释社群"）来分析新闻记者面对新闻事件时的意义建构和协商活动；随着社交媒体的深入使用，媒体从业者在推特（Twitter）、Facebook、微博、微信等平台不仅可以采集新闻线索和推广新闻报道，也可以通过这些社交媒体部分地披露其工作情况和个人看法；最近几年世界范围内的新闻业普遍在经历较为显著的结构性调整，新闻人在职业环境中的创新、退出、转场等变动增多，其在社会环境中对职业的言说更为频繁、可见，这些给文化范式的新闻研究提供了发挥空间和可行性。一方面，学者围绕热点事件和热点时刻的新闻业话语展开了卓有成效的文化-意义层面的研究，如针对特定事件的媒体记忆、针对特定行动的从业者叙事、针对争议性问题的职业群体讨论等进行文化社群分析。① 另一方面，面对生产模式和社会职能扮演进入新阶段的新闻业，也可以通过对职业边界、职业权威层面的分析，从整体上对职业群体的文化症候进行描摹，特别是对其危机话语和创新话语进行解读，从"元话语"层面刻画新闻业在转型期的内在文化机理。② 文化范式的新闻研究可以阐释新闻业主体行动者的认知差异和意义协商，其所带来的视域

---

① 张志安，甘晨. 作为社会史与新闻史双重叙事者的阐释社群：中国新闻界对孙志刚事件的集体记忆研究［J］. 新闻与传播研究，2014（1）：55-77，127；白红义. 新闻权威、职业偶像与集体记忆的建构：报人江艺平退休的纪念话语研究［J］. 国际新闻界，2014（6）：46-60；李红涛. "点燃理想的日子"：新闻界怀旧中的"黄金时代"神话［J］. 国际新闻界，2016（5）：6-30；陈楚洁. "从前有一个记者，后来他去创业了"：媒体创业叙事与创业者认同建构［J］. 新闻记者，2018（3）：4-22.

② 丁方舟. 元新闻话语与新闻社会学研究的文化路径：卡尔森《元新闻话语与新闻业的意义：定义管理、边界工作与正当化》译评［J］. 新闻记者，2019（8）：74-81；潘忠党. 在"后真相"喧嚣下新闻业的坚持：一个以"副文本"为修辞的视角［J］. 新闻记者，2018（5）：4-16；周睿鸣. "转型"：观念的形成、元话语重构与新闻业变迁：对"澎湃新闻"的案例研究［J］. 国际新闻界，2019（3）：55-72.

开拓在于"聚焦探讨的问题是新闻业的社会意义、文化价值、正当性的当代重构"①。

从文化建构的进路出发，亦可以观照新闻研究基本问题的新面向。例如对于新闻价值的研究，一般是从事实层面的素质说和认知层面的标准说来界定的，前者认为新闻价值存在于事件本身，后者认为新闻价值存在于新闻工作者的认识当中，有赖于决定一件事是否成为新闻的一套系统化的评价标准。随着数据、算法和社交关系在新闻业中应用的深入，新闻的表达及呈现环节对于新闻价值的发掘具有了实质性的影响，从专业化媒体来看，《财新周刊》在其经典的数据新闻报道中凸显了数据可视化对于揭示整体事实关系的价值；从平台型媒体来看，BuzzFeed创造的清单体可以将新闻文本塑造成全网络流行热点，通过算法强化新闻议题的可分享性，这一新闻分发的样式为新闻议题赋予极大的可见度，也成为其独有的媒体竞争力②。因而在上述物质维度和认知维度以外，又出现了新闻价值的话语维度研究。这一进路强调话语言说对新闻价值的影响，认为新闻话语可以表达、指示、强调或突出某些新闻价值，新闻价值包括通过话语表达和阐释的价值，可以在新闻框架化、视觉呈现、语言风格中体现出来。③

第二个层面，是实践范式新闻研究的勃兴，这种考察新闻业的视域指向的是新闻业的开放性、动态性。如果说文化范式的新闻研究侧重对新闻业转型中的意义体系的描摹和解读，那么实践范式的新闻研究则更侧重指

---

① 陈楚洁. 意义、新闻权威与文化结构：新闻业研究的文化-社会路径 [J]. 新闻记者, 2018 (8)：46-61.

② 王斌, 李峰. 平台型媒体的运营模式分析：以新闻聚合网站 BuzzFeed 为例 [J]. 新闻战线, 2015 (15)：52-55.

③ CAPLE H, BEDNAREK M. Rethinking news values: what a discursive approach can tell us about the construction of news discourse and news photography [J]. Journalism, 2016 (4)：435-455.

向这些意义体系背后的多种元素互动过程以及话语和行动的交互影响。社会科学研究中的实践理论主要源自布尔迪厄、吉登斯等学者对于整合宏观社会结构和微观社会行为的努力，他们肯定了社会行为既具制约性又具能动性的特点，试图从理念上打通主客体的融合关系。英国学者尼克·库尔德利较早将实践理论引入媒介研究领域[①]，他提出传播领域的实践研究取向，试图探究人们进行的多种混杂的社会活动、话语体系以及媒体消费，以研究取向开放性著称的实践理论特别适合于研究"不太确定的实践"。实践取向的研究范式要求充分注意多元的行动者根据自身情境进行的多样化探索，这些行动及其话语不一定同步，各类实践活动也体现出差异化，凭借这样的视域看到的新闻业不是规律化的、结构化的，而是生成性的和涌现性的，这与互联网时代社会生活本身的权变性和迭代性也是有内在契合关系的。互联网新闻业不只关乎新闻生产本身，更涉及用户参与、媒介机构、技术平台、互联网治理政策等多重构成因素，符合实践理论强调多种主体互动过程的特征。驯化、中介化、行动者网络、物质性等理论视角的引入都是与实践取向的认识论密切相关的具体研究进路。

实践范式的新闻研究对于互联网新闻业的最显著启发在于其对开放性和动态性的理论自觉。首先，实践取向要求打破新闻与新闻业的先验性定义，敞开视域观察自下而上的新闻实践现象，认可新闻活动的多样性、异质性。在新闻生产走向开放和协作的大背景下，什么是新闻、什么是新闻业、谁是记者等这些基本问题都不再有唯一确定的答案，这些基本问题应该是研究的结果而不是研究的起点和前提。目前新闻学教科书上的概念多数还是以大众报业时代为主要历史参照系建立起来的，用这些概念去套用

---

① COULDRY N. More sociology, more culture, more politics: or, a modest proposal for "convergence" studies [J]. Cultural studies, 2011 (4/5): 487 - 501.

互联网新闻实践活动，必然会有诸多不适和矛盾之处，以这些先验的立场作为出发点，会使我们对新闻业产生固化的偏颇看法。其次，实践取向关注的对象是新闻业主体怎么说与怎么做二者间的联动，需要关注话语与行为的动态变化和权变关系。如果用简化的方式做归纳，可以把传统的新闻研究视为对客观对象的研究，既包括了新闻信息的生产和流通，也包括了新闻从业者的观念和行为，其中对于主体的认知世界是缺乏观照的，而文化范式建基于建构主义的认识论，可以视为对新闻从业者如何看待客观世界的分析，既包括他们如何看待新闻工作、新闻传播规律，也包括他们如何看待自身的职业身份和职业行为。实践理论的关注点更深入一步，也更复杂，它看到的是实践者如何通过他们的言行来争论和协商新闻实践的不同内容，也就是如何处理思与行、说与做的关系，由此我们可以看到新闻工作者的自我理解及其实践是如何错综复杂地相互联系和构成的，这才能更好地解释新闻业的新形态和新模式。因而有学者提出，新闻研究也可以被当作探究记者如何"将其激情付诸实践"的学问。[①] 正是主客观协调过程的多样性带来了互联网新闻业实践的异质性和差异化。

　　沿着以上两个研究范式所展现的研究视域，我们可以看到互联网环境下新闻业的底层运行中具有的开放与透明所带来的重要变革。文化范式侧重于意义的内在构造、意义的生成与呈现；实践范式侧重于如何看待与处理意义，新闻研究借此从对事的关注扩充到对人的关注，对人与物、人与事的关系的关注，关注作为主体的人如何把意义世界和客观世界整合在一起。如果说传统新闻学更注重新闻业本体的研究（新闻理念、新闻生产、新闻文本等），互联网新闻学则更注重新闻业关系的研

---

① WITSCHGE T，HARBERS F. Journalism as practice [M] // VOS T P. Journalism. Berlin: De Gruyter Mouton，2018：105 - 123.

究，包括但不限于新闻业的社会角色重塑、新闻业的液态化和开放性、新闻职业身份建构、新闻业与社会的互动等议题。我们需要关注新闻媒体拥有的社会事实采集与呈现这一关键机制是如何从一项公共需求转变为一个行业的专属职业行为的，在专属化的进程中是如何建立起职业边界与职业认同的，而这一专属行为和专属权威又是如何在开放性及协作性的新闻生产环境中发生重构的。新闻研究从立足行业自身、探究职业规律转向从社会外围审视新闻业的运作，从着力于建构职业权威走向搭建新闻业与社会的对话与互动。

关于新闻业与社会的关系，是一个在新的社会条件下亟待推进研究的领域。原因就在于这一话题的研究存在路径依赖所造成的结论固化：在规范性研究的视野中，对这一主题的展开相当程度上是对报刊的四种理论打补丁，难脱窠臼，而通过媒体体制的比较研究来理解当前的互联网新闻业又失之于宏略，针对于新闻场域的新兴行动者力有不逮；实证性研究范式主要沿用结构功能主义及其调适者的立场，其分析与处理问题的层次局限于中观和微观，在理解新闻业与社会关系这样的问题上有天然的盲区，难有突破性的作为。运用文化的、实践的认识论立场，与规范的、经验的既有新闻研究进路相结合，才能看到数字化及智能化环境下新闻业发展中形态多样的媒介创新理念及行为背后的内在机理，超越单从媒体融合话语看待新闻业变革的局限，才能关注到新闻业的职业边界游移和职业权威重塑，以及洞察到新闻业转型中容纳的经济、政治、公众、技术等不同社会领域进行合作与创新的多重可能性，特别是能把技术因素、物质因素纳入新闻业变革的研究视野当中来。新闻业是社会的一套"文化装置"，既是一种组织形态，也是一种文化形态，新闻业的转型是信息传播领域的一种系统性的社会文化实践。考察当下的新闻业转型需要从新闻生产层面的媒体融合迈向更广阔的视野①，关注文化参与和公共沟通的背景变革，识别和理解新闻业转型背后的社会结构重组、社会利益调整、社会文化嬗变。

三、新闻学知识体系的迭代路径

从前述对新闻教育困境和新闻学知识体系"盲区"的分析中可以看到，新闻理念、新闻职业规范、新闻生产的具体操作等新闻学知识是在行业变革中动态演进的，在知识迭代的同时更需关注生成这些知识的社会情境、学术思潮以及如何完善其背后的认识论与方法论。我们认为，未来的新闻学知识体系需要在问题意识、知识逻辑、知识类型、价值旨归这几个方面有所推进，以便实现其在互联网环境下的迭代。

第一是要强化问题意识，通过问题意识的培养激发研究者的专业兴趣和提高其思维深度。作为经验问题研究的新闻学科需要回答新闻业现象中的疑惑、矛盾，特别是新闻实践中值得学理深究之处，形成认知新闻业的问题域和判别尺度，在提供分析思路和解释框架的过程中建立自身的学科底蕴。需要说明的是，新闻学的问题意识并不等同于简单地关注实践，对新的新闻现象捕捉和应对的热衷，花费大量精力收集资料、展示案例、描述现实未必能有效提升对新事物的认识能力和把握水平。作为一种因应职业化发展而建设起来的学科，新闻教育要观照现实，但更要有对新闻传播现象的洞察力和思考深度，否则难以超越成为职业教育的局限。

以假新闻为例，我们现有的新闻学知识中主要是对假新闻的定义、种类、防治方式等进行了较为系统的梳理和评述，但这些具体的界定和措施的情境性很强，假新闻也从最初的所谓造假的新闻演变为多种表现形态，

---

① 王斌，翁宇君. 中国新闻改革中的"嵌入"与"脱嵌"关系[J]. 山西大学学报（哲学社会科学版），2016（6）：36-42.

更为重要的是假新闻的生成与传播对应着新的社会生活场景和社会意识、社会心理。今天再讨论假新闻这个议题的时候，不仅需要把新媒体环境下的新闻造假途径和事实核查的新方法、新机制归纳分析清楚，更要拓宽假新闻的分析视野，把在原有知识体系中主要从新闻生产环节和新闻职业规范的视野中看待假新闻拓展到在更开阔的社会环境中审视假新闻的生产、传播与社会后果。在技术层面，要看到UGC的兴起、社交媒体分享、算法个性化推送给假新闻的生成带来的新影响；在用户层面，要看到所谓"后真相"情境下情感认知与事实认知的交互；在媒体层面，要看到传媒业在困境中的转型和事实核查作为一种媒介创新途径正在发生的从理念到范畴的嬗变；在社会后果层面，还要看到假新闻不仅是一种对事实的认知活动，也是一种对现实的建构活动，要注意到公众赋权以后的社会话语权轮替和社会共识达成模式的变化。同时还要注意到围绕假新闻的职业话语和学术话语也在发生的转型，比如美国社会中频繁使用"fake news"时的媒体-政治关系以及"fake news""misinformation""disinformation""post truth"这些术语有所区别的适用对象。本节在课堂上还会讨论互联网"大V"治理、粉丝控评、浮生日记等与此有关的新现象，但引入这些新现象的目的是锻炼学生的问题抽绎意识和在现象与理论之间建立关联的能力，如此可以实现学生的沉浸式思考，使他们在课堂、学校以外遇到新问题时，逐步形成自己的分析和解释。

第二是要完善知识逻辑，提升新闻学科的学术规范水平和逻辑自洽水平。新闻学尽管是偏向于应用性的学科，但是作为学习领域和学术领域就要讲学理，要有学术规范，要有逻辑自洽的意识和能力。新闻学的科学性长期以来处于争议之中。从知识体系角度看，主要在于一方面未能有效地把新闻现象问题化、学理化，无法超越实务工作提出有解释力和启发性的分析；另一方面过度追求自身的完整和独特，不指涉具体的新闻现象，也不汲取人文社会科学研究的常识，孤立地自话自说，成为一种既无法"烛照"新闻业也无法与人文社会科学"通约"的"玄学"。新闻学不能形成有效的知识体系乃至学术体系，长远地看，无助于培养和增强学生的理论思维，因为其知识是碎片化、弱联结的。知识体系的核心在于其逻辑性，从概念、判断、关系等基本元素入手，构建知识与现实的互相参映，进而对现实提出理性的、批判性的分析，提升人们对现实的认知和省思。如前文所述，新闻业和新闻传播现象是在历史发展中更迭的，新闻活动的主体在实践中丰富和改写着新闻的基本内涵，因而新闻学知识体系并不是静态的、单一的纯理论构建，而是蕴含了实践逻辑、历史逻辑、形式逻辑等不同面向的生动形态。完善新闻学的知识逻辑，核心在于讲道理，让人觉得对新闻传播现象的研究言之有据、言之有物、言之有理，能够自圆其说。

需要注意的是，新闻传播业的理念和模式与特定的政治体制和历史阶段相适应，各个时期的政治制度、政党理念、政策文件与新闻职业有诸多联系，但这并不意味着仅用政策文件就能架构新闻学的知识体系、话语体系乃至学术体系。政策文件是新闻研究的对象而不是新闻学知识本身，照搬照用各时期的文件政策来解释新闻现象、建构新闻学说，无助于提升新闻学的逻辑性，反而可能带来很多人为制造的自相矛盾之处。从事新闻学知识体系的建构，尤其应历史地、辩证地梳理和辨析中西之间以及我国近现代以来不同时期的新闻观念、制度、模式、文本等方面的异同，不能把对学术研究的探索混同于对文件政策的解读和宣传，那样很难提出富有创新意义的新闻学理分析，也无助于提升理论自信。

第三是要平衡知识类型，充实经验性的知识，夯实新闻学知识的立论基础。迭代知识体系需要回答一个基础问题：新闻学知识应该从哪里来？

这里有两种基本的路径，一种是规范性的路径，一种是经验性的路径。目前的新闻学知识体系是以规范性知识为主的，且这些规范性知识的基本框架源自西方的新闻学，因此在分析和解释中国的新闻业现象特别是互联网环境下的新闻传播实践时有较为明显的不合理之处。要增强新闻学对现实的解释力就需要在规范（应然）话语的基础上夯实经验（实然）话语，对于当下在社会转型和技术创新中经历剧烈变革的新闻业，首要任务是运用科学有效的方法调查其运行机制，并通过概念、判断、模式等理论构想来归纳其规律、特征，然后再在规范性层面进行价值判断和讨论。

近年来国内外对于互联网新闻业的研究已经有了较为丰富的实证研究成果，既有新议题和新结论，如数据新闻的生产模式、编辑部对于网络分析的采纳、新闻算法对公共议题的认知影响等，也有对既有知识的检验和更新，如对新闻价值内涵变化的测定、受众在社交媒体环境下对新闻真实的感知、新兴媒体中记者对职业角色扮演的认识与实践等，遗憾的是这些经验性知识在主要的新闻学教材中鲜有踪迹，这类对新闻学知识体系的论述依然以规范性文献为主要基础。比如对于新闻判断和新闻价值，通行的教材一般都是从抽象层面谈其重要性，再示以具体的案例进行说明，但是对于新闻的时新、重要、反常等维度最初是如何被发掘和测量出来的，为何是这些维度而不是其他维度构成了新闻价值的主要方面，互联网环境下这些维度的重要性有何更替、新的新闻价值维度是哪些等都语焉不详。事实上这些基本维度被纳入新闻学知识都是从经验研究开始的，并且一代又一代的经验研究在完善或重写这个命题的基本结论，正如对于把关人和议程设置的研究，至今仍在发展之中。新闻学知识中对其发展脉络、主要结论、方法论和局限性等没有梳理和解读，就无法呈现有机和立体的知识体系，没有这些经验研究作为立论基础，新闻学知识容易形成随意得出结论的印象，研究者也不能很好地辨识在不同情境下新闻研究基本问题的变与不变。如果新闻学的知识来源仅仅是从书本到书本、从理论到理论，如果新闻学知识的生产方式主要是依靠理论演绎和逻辑推导，那么新闻学知识体系就难免呈现呆板、陈旧、难以取信于人的面貌。

第四是要明确价值旨归，新闻学要立足中国现实开展学理建设。我国的新闻学科在升级转型中需要突破原有的"内卷化"倾向，扩大其知识来源，一方面加强与世界新闻业和新闻学术的对话，另一方面加强与中国新闻实践的结合。前者是解决学术共识问题，汲取、借鉴带有共同意义的有益经验。将"西方媒体在报道中妖魔化中国"这类命题转化为对新闻框架、新闻文化的研究，才能摒弃可能存在的先入为主的立场而去仔细比较各类媒体所谓"妖魔化"的程度和边界、评判其职业化行为和非职业化行为的区隔所在，进而对新闻生产中的文化层面建立起具有通用价值的分析基点。只有在历史时空的坐标上和跨国跨地域比较的视野中，才能培养新一代学生在新闻领域的立体化的价值观而非简单说教造成的刻板认识。后者是解决学术旨归问题。新闻学是因应一个职业而发展起来的学科，这种知识生产路径决定了其不应该也不可能是一个建造"空中楼阁"的理论赏玩领域，它不同于社会理论在整个人文社会科学中的定位。即使新闻学的研究对象和研究范式在发生变化，不再是单纯围绕主流媒体机构的新闻生产而展开，但其重要职责仍然是描述、分析与洞察人们身边的新闻传播现象。新闻学的升级与改造需要关注信息技术带来的新问题和催生的新方法，更需以研究与解决中国问题、解释与阐述中国情境为导向，进而为新闻业的多样化和新闻研究的多元化提供可能的方案。但是研究中国问题和解释中国特色不是唱卡拉 OK 般自娱自乐，搭建新闻学知识体系的最终目标是让学者和从业者都能在相对抽象的层面上更深刻地理解和把握作为世界新闻业一部分的中国新闻业。因此，本节提出的新闻学知识体系迭代就有了一些基于中国场景的研究问题域。

例如：中国共产党党报理论的学理支撑点有哪些？这些支撑点在互联网环境下如何改变或不变，如何在这些点上与当今世界主要国家的新闻研究进行异同比较？在此比较基础上，如何在新闻生产、受众观、舆论形成、社会认同等基本议题上挖掘和探讨中国新闻业中具有与西方新闻学说"功能等价性"的基础概念？如何从社会转型看待中国特色的新闻业，中国新闻业的体制和运行机制与诸如金砖国家等其他发展中国家的差异在哪里？在媒介变革环境下，新闻业的职业化进程何处进何处退，职业边界与职业权威如何重构，其与国家、社会、市场、技术、公众等领域的规范性关系应该如何建构？数据、平台、算法等互联网要素引发的中国新闻业转型在哪些层面是世界性的"先行先试"？如何将有关用户控评、新闻反转、原生内容、自媒体洗稿等新媒体的新闻现象转换为社会科学意义上的实践（practice）进行分析，中国的互联网新闻生态可能提供哪些先导性、前摄性的职业理念和规范作为参照以供分析整体意义上的数字新闻业？

对于新闻学学科建设和新闻学学术发展的讨论已经持续了几十年，其中对新闻学的一些乐观看法带有美好的期待和愿景，但我们如果把新闻学看作一套知识体系、一种研究领域，就必须从知识社会学的意义上关注它的合理性与合法性。时代在变，新闻业在变，但新闻学的知识体系似乎没有发生太大的变化。这并不意味着它没有问题，只是我们缺少一个时机去进行比较系统的清理和检视，去锚定新闻学的逻辑起点、探究方式、分析对象及议题，看看到底有哪些变与不变。互联网时代的到来就是这样一个时机，新闻理论中的问题集中爆发，这个时候是艰难的，但也有它的价值——促使我们去正视问题、解决问题。

互联网并不仅仅是一种新的传播介质和媒介形态，其对新闻业的影响是系统性的。互联网环境下新闻业有了诸多新现象，新闻理念从新闻客观性到新闻透明性、新闻功能从专业独白到促进对话、新闻内容从机构性媒体主导到社会多元供给、新闻生产从新闻生产常规延伸出的新闻价值判断到聚合平台基于算法的智能推荐等，新闻业正在发生的这些变化与历史上信息生产从教廷到印刷所的扩散、从政党报刊到商业报刊的转变等现象有同等重要的研究意义。我们今天看到的新闻业无论在职业理念、生产模式、商业形态还是社会角色方面并不是历史上一直如此，同样，未来新闻业也不会是当下状况的线性延展。提出建设互联网新闻学，其使命不是直接预测未来，而是对互联网环境下新闻业的剧变提供理性的描摹和分析，并且在历史与现实、现实与未来之间建立某种逻辑关联，这就是其对新闻学知识体系进行激活的核心意义所在。

第五章　中国新闻传播学自主知识体系的现实引领

第一节　新时代中国人权话语的建构与国际传播

鉴于中国在社会制度和文化传统上与西方之间存在着差异，西方国家多从国家利益、政治偏向和"普遍性"角度对中国人权进行批评和干预，中国有必要主动回应，以中国方式传播中国特色人权。目前，关于中国人权话语和传播的研究文献主要来自中国学者，国外学者对这一话题关注较少。国内的研究主要集中在话语体系培育、话语权构建和具体的人权话语文本分析等层面，专门探讨中国人权国际传播的研究并不多。已有研究往往从国际关系、国际政治角度，从规则制定等路径展开分析，或者结合传统的议程设置理论进行探讨，缺乏从跨文化传播、中西方文化差异角度对中国人权国际传播进行的研究。国外学者虽然对中国如何传播人权不感兴趣，但对中国人权却有较多研究，主要是中西方人权理论和人权概念的比较、中国人权与其他议题的关系、西方媒体关于中国人权的报道等。西方学者认为西方国家之所以批评中国人权，主要缘于西方媒体惯有的新闻批评文化和中国国力上升给西方带来的威胁。西方学者带着焦虑的情绪将中国人权议题与中国追求软实力、参与全球治理、争夺国际话语权等议题放置在一起，并显现出西方学术话语的霸权底色。在他们看来，中国越是强调人权应与中国国情相符合，就越是背离国际人权标准。中国对人权的解释非但没有提升中国人权话语的正当性，反而成为西方学者给中国人权扣上违反"普遍性"人权帽子的理由，体现出对中国人权集体不认同的基调。

在西方学者、媒体、政府合力构筑的人权话语霸权下进行中国人权话语建构和国际传播，就必须回答以下问题：第一，西方人权话语霸权的实质和内在生成逻辑是什么，有何缺陷？第二，中国人权话语传播什么，是否具备了有关人权的自主话语？第三，基于中西方文化差异，应该采取怎样的传播措施，包括如何建立合理的话语秩序，怎样与西方互动，以何种方式言说？

一、西方人权话语霸权的非合理性

以美国为代表的西方国家在国际社会借助联合国等国际平台和机制，将西方人权提升为全球人权标准，形成话语霸权，具有鲜明的西方中心主义特征。显然，西方的人权话语并不能解释和回答中国人权发展的诸多问题，对中国人权问题的理解必须放置于中国自身的现实语境中。然而，西方人权话语霸权是中国人权国际传播绕不过去的必须面对的现实问题，因此对其本质和缺陷的认识尤为必要。

（一）西方人权话语霸权的本质

话语是演讲、书写构成的相关陈述体系，通过语言进行知识生产和意义生产从而对社会实践产生真实影响和效果。[①] 人权话语作为与人权相关的陈述体系和意义生产，是特定历史条件和具体语境的产物。第二次世界大战后，基于对纳粹暴政的反思，国际社会逐渐形成了以个人权利为核心的欧美人权话语模式。西方国家借助国际组织形塑了人权话语的权力、等

---

① STUART H S, GIEBEN B. The west and the rest: discourse and power [M]. Cambridge: Polity Press, 1992: 165.

级和能力分配，构建了人权话语的言说方式，确定了人权话语的边界，确立了人权话语霸权，进而对差异性和异质性人权话语进行管控①，且从国家利益和政治目的出发，以"普遍性"人权价值观为名，利用联合国等平台批评发展中国家的人权状况②。

"西方一些国家对中国人权状况歪曲攻击，强化国际社会对中国人权的'制度偏见'，肆意炒作一些极端的人权个案，无理指责中国在人权领域的外交政策。"③ 美国倡导"人权高于主权""人权无国界"，以人权普适性为借口对中国内政外交指手画脚，以人权为名对中国进行人道主义干涉④，人权成为西方国家遏制中国的政治工具。2019年底美国国会相继通过所谓"香港人权与民主法案""维吾尔人权政策法案"。2020年初正当中国人民全力抗击新冠疫情之时，美国媒体指责中国的防疫措施"侵犯人权"，某些国家还出现了针对中国和华人的歧视性言行，颠覆了平等、不歧视的人权价值观。美国政客和媒体将人权议题作为攻击中国的符号工具，中国人权屡遭西方话语霸权的"污名化"。

出于国际战略部署的需要，美国政府将人权视为构建新国际秩序的关键要素，并将人权与商业利益和政治目的结合起来。老布什担任美国总统时曾认为：要想取得商业上的利益，任何人都会更加重视人权。⑤ 2000年美国成立了一个专门委员会，监控中国各个方面的人权状况，包括宗教自由、工人权利、民主管理的权利、知识产权、政治犯的待遇、西藏的权利

---

① BAXI U. Voices of suffering, fragmented universality, and the future of human rights [M] // WESTON B H, MARKS S P. The future of international human rights. New York: Routledge, 1999: 163.
② 范国祥. 人权、主权、霸权 [J]. 国际问题研究, 2000 (2): 9-14.
③ 邱昌情. 中国在国际人权领域话语权：现实困境与应对策略 [J]. 人权, 2018 (3): 63-77.
④ 袁正清, 李志永, 主父笑飞. 中国与国际人权规范重塑 [J]. 中国社会科学, 2016 (7): 189-203, 209.
⑤ 黄友义. 美国是怎样把人权理念转化成公共外交工具的？：评《完美的幻觉：美国政府是如何选中人权外交的》[J]. 公共外交季刊, 2012 (3): 112-117.

和台湾地区的民主等，这些人权内容与美国的商业利益、国家安全紧密相关。因此，对人权问题的认知，不能仅停留在将其视为西方人权全球化和普遍化的结果层面，也不能简单地将其看作实现人的尊严和幸福生活的公民权利问题[1]，而应认识到这是与国际政治和国际经贸等纠缠在一起的问题。

(二) 西方人权话语的散溢化与"普遍性"人权话语的缺陷

传统人权话语围绕欧洲中心和国家中心逻辑展开，现代人权话语包罗万象，呈现散溢化（discursively）特征，并逐渐由 NGO 和政府协商形成，人权话语呈现多元化趋势。[2] 地方人权话语而非西方人权话语更具有意义，人权话语走向地方自我裁决。国际人权话语的主导者——西方国家的人权话语，如今只能在服务于欧洲-大西洋共同体利益的话语中找到。[3]

阿根廷法学家爱德华多·拉博西（Eduardo Rabossi）认为人权话语的普遍性与人权实践的具体语境相冲突[4]，在现实世界中推动"普遍性"人权话语落地面临诸多困难。在这个意义上，人权话语成为抽象的存在，很难将其落实到具体语境中。人权话语的全球化和普遍化进程并非伴随着人权话语的同质化和统一化，其中包含着矛盾性和自反性。[5] 因此，要警惕人权被西方国家以"普遍性"之名来区分人性和非人性，从而获得西方人权话语的全球霸权。

"与西方人相比，中国的价值观、秩序观、体系观自成一格，中西在

---

[1] IGNATIEFF M. Human rights as politics and idolatry [M]. New Jersey: Princeton University Press, 2003: 28.

[2] BAXI U. Voices of suffering, fragmented universality, and the future of human rights [M] // WESTON B H, MARKS S P. The future of international human rights. New York: Routledge, 1999: 173, 183, 185-188.

[3] 同①.

[4] RORTY R. Human rights, rationality, and sentimentality [M] // SHUTE S, HURLEY S. On hman rights: the Oxford amnesty lectures. New York: BasicBooks, 1993: 116.

[5] 同②.

意识形态、价值观念、发展道路等方面的差异、冲突和隔阂由此变得更加深刻，源于两种不同的文化秩序和社会秩序，两者在各自不同轨道上自我演进。但在中国现代化进程中，两种体系有了正式的正面互动。但是，这种互动对西方而言是主动，对中国而言则是被动。"①世界互动秩序延续至今，然而，信息全球化开启了一个新的时代，将各国之间的距离历史性地拉近，使得共建全球新秩序的必要性在扩大。

在全球新秩序构建过程中，中国的国际地位和影响力日渐提升。与此相应，党的十八届五中全会提出构建中国在全球经济治理中的"制度性话语权"，标志着中国在国际体系中正在从"规则参与者"转变为"规则制定者"。一方面，西方人权话语自身带有缺陷，例如"普遍性"人权观的不切实际，以及现代人权话语的多元化趋势对传统话语造成冲击，为打破西方历史形成的人权话语霸权提供了契机；另一方面，中国在全球格局中的地位和角色发生变化，面对西方的人权指责，打破西方话语霸权、重塑人权话语秩序，成为中国参与构建全球新秩序的题中应有之义。

二、以发展权确立中国人权话语主体性，更新人权话语体系

全球化将20世纪之前的海洋变成了"内海"，开始了"全球律则"时代。在方法论上讲，欧洲资本主义在海洋内海化过程中通过对无限性的消解和"祛魅"，以理性建构的方式，给世界强加一套规则体系。②显然，对于中国来说，"西方的强权是建立在中国缺乏主体性和不自信的结合体之上的，将中国主体性塑造成西方投射政治想象的载体"③，因此中国人权话语建构首先要确立中国人权话语的主体性，这

---

① 袁鹏. 我们正面临世界秩序的第四次变迁[N]. 北京日报，2018-03-12(16).
② 汪晖. 两洋之间的文明：上[J]. 经济导刊，2015(8)：10-21.
③ 贝尔廷. 现代主义之后的艺术史[M]. 苏伟，译. 北京：金城出版社，2014：147.

关涉突围西方话语霸权的核心问题：如何成为世界人权理念的主要输出者。

中国和西方世界处于不同的话语体系之中，双方的概念、范畴和表述缺乏充分有效的融通和对接。因此，面对西方人权话语霸权，"我们需要确立自己的主体性，但是这个主体性不可避免地包含了他人的要素"[1]。我们要有自己的世界视野和关于世界普遍性的辩解，不是民族主义，不是把中国和西方对接，而是以另一种普遍性和现在占据主导性地位的"普遍性"进行对话，突破二元对立和狭隘的民族主义，从中国立场出发，具有世界眼光。[2] 历史上，美国话语霸权确立的根本，在于其一方面挖掘自己的本土文化，与欧洲拉开距离，另一方面在与欧洲对话和交融的过程中将自身价值进行输出。[3] 鉴于此，中国在确立人权话语主体性过程中，既要参照"普遍性"人权话语，也要考量自身特性，以包容和开放的思维，全力挖掘中西文化中关于人权的价值共性、文化共性、道德共性，推动本土原创概念和特殊概念的国际表达，更新人权话语体系。

人权话语体系，是人权理论、人权观点的系统化和理论化，与具体的社会、政治、经济、历史、文化和价值体系等紧密相关，处于不同历史发展阶段和不同文化背景中的人，有着不同的人权诉求，对人权的理解和实践也不同。[4] 人权话语无论是在概念层面还是在实践层面，都无法脱离具体语境而存在，因此，不能也不应将某些国家的人权标准绝对化，要求所有国家遵照执行。生存权和发展权是中国人权的主要内容，区别于西方从

---

[1] 汪晖. 两洋之间的文明：下 [J]. 经济导刊，2015 (9)：14-20.
[2] 赵月枝，胡智锋，张志华. 价值重构：中国传播研究主体性探寻 [J]. 现代传播，2011 (2)：13-21.
[3] 贝尔廷. 现代主义之后的艺术史 [M]. 苏伟，译. 北京：金城出版社，2014：130.
[4] ANGLE S C. Human rights in Chinese thought: a cross-cultural inquiry [M]. New York: Cambridge University Press, 2002: 2.

"天赋人权"和"人人乃上帝子民"等角度阐发的人权话语。

1991 年中国发表第一份《中国的人权状况》白皮书，突出人民的生存权。发展至今，白皮书作为中国人权话语体系的重要组成部分，其侧重点已由生存权转向发展权。新时代中国人权话语体系是以概念人权到制度人权再到文化人权为基础，构建以发展权为核心的新人权理论、观点和思想。[①] 将发展权作为人权话语体系的核心，不仅符合中国作为发展中国家的国情，即必须把发展作为解决所有问题的关键和作为促进其他各项人权实现的保障，而且是对以个人自由权利为核心的西方人权话语体系的超越。这里强调发展权不是对西方人权话语的抛弃，而是将发展权提升至人权话语体系的核心位置，并将个人自由权利作为实现发展权的支持性权利[②]，以此确定中国特色人权话语意义来源的统一性以及言说的方法体系和命名体系，建构统一连贯且有体系的话语组合，从而对全球人权话语进行完善和补充。

2017 年在联合国人权理事会第 34 次会议上，"人类命运共同体"理念被纳入国际人权话语体系，会议发表题为《促进和保护人权，共建人类命运共同体》的联合声明，将"人类命运共同体"包含的主权平等、对话协商、合作共赢、交流互鉴、绿色发展等理念作为推动国际人权事业发展的思想支撑。习近平总书记在致首届"南南人权论坛"的贺信中提出："以合作促发展，以发展促人权，共同构建人类命运共同体。"[③] 多年来，中国坚持把人权普遍性原则同中国实际相结合，以开放对话姿态，与全世界共享中国人权建设经验，就国际社会关注的人权问题，积极发表中国观

[①] 刘志强. 新时代中国人权话语体系的表达[J]. 法律科学（西北政法大学学报），2018（5）：14-23.
[②] 常健. 以发展权为核心重构人权话语体系[J]. 前线，2017（8）：111-112.
[③] 习近平. 首届"南南人权论坛"《北京宣言》[N]. 人民日报海外版，2017-12-09（3）.

点①，尤其是"中国以'不干涉内政''创造性介入''构建人类命运共同体'等话语超越西方人权观，赋予人权话语以更多的中国元素，为全球人权治理贡献中国方案"②。

三、以制度方式成为人权规则制定者，确立人权话语秩序

西方人权话语霸权遵循着"理念—规则—机制—实施"的生成路径，首先以《联合国宪章》进行理念输出和理论供给，然后通过联合国等国际机构进行规则制定和规则解释，再通过人权机构实施监督和设置议题。③

以发展权为核心的人权话语体系关涉的是理念输出。第二次世界大战时期，在英、美、苏等26国的倡导下，尊重和保障基本人权逐渐成为抵抗法西斯势力的重要思想武器。随后西方国家对人权侵犯行为进行了反思，1945年《联合国宪章》将尊重人权确定为其第1条所规定的四项宗旨之一，1946年成立了联合国人权委员会，1948年通过了国际人权文件——《世界人权宣言》，确立了人权话语权的规则保障，基本上确定了国际人权规范发展的谱系，借此完成了人权从理念输出到制度建立的过程。在此过程中，西方国家不仅主导了人权理念和标准的制定，还主导了国际人权机制的建立和规则的运行，掌握了法律优势、人力优势（尤其是规则制定和文件起草等关键岗位的人力优势）和监督优势，以法官和监督者的角色，对发展中国家的人权议题进行点名和羞辱，从而使发展中国家处于话语劣势。④

因此，中国若想彻底改变在人权领域的话语弱势和话语劣势，需要从根本层面入手，以制度形式参与国际人权话语秩序的建立：切入世界人权

---

① 吴凡．论新时代中国特色社会主义人权思想创新［J］．理论月刊，2018（12）：13-19.
② 邱昌情．中国在国际人权领域话语权：现实困境与应对策略［J］．人权，2018（3）：63-77.
③ 毛俊响．国际人权话语权的生成路径、实质与中国的应对［J］．法商研究，2017（1）：153-163.
④ 同③.

规则的制定者圈层，主动提供人权问题的应对方案、规范，在成为人权理念输出者的同时，成为人权规则的制定者和解释者。长期以来，人们"认为通过身影的出现，就可获得话语权，各色形式的话语公关，暴露着自身的迷茫、不适应、焦灼和不自信的自以为是"①。新时代中国人权话语的国际传播不能停留在身影层面，而是要上升到制度层面，参与确立合理的人权话语秩序。

人权话语秩序需要在一定的规则、程序和规范内确立，"话语的秩序由一系列的约束规则构成：话语的外部规则、话语的内部规则以及话语主体的使用规则"②。中国日渐增强的国际影响力，为中国以制度方式确立人权话语秩序提供了可能性。但是，可能性需要与现实结合。在西方人权话语霸权下，西方人权机构主导着人权标准和规范的制定，意味着中国需要在西方既定标准内进行人权话语和秩序的建构。在国际范围内，通常国家会通过参考规范来证明自己行为的正当性，以获得国际社会的认可，以辩论、阐述和劝服等话语策略介入国际人权机构对人权规范的制定。③

在国际社会无政府状态下，国际组织和国际议题仍以规则作为"绑在其背后的推手"来处理问题。从历史经验和现实来看，全球议题的处理一靠大国、二靠平台、三靠规则，其中规则是合作机制的重要保障。④ 积极参与国际人权规则制定有助于重构话语秩序，增强中国在国际人权话语场域内的议程设置能力，以"发展权"形成对国际人权规范的竞争性解释，去除西方人权话语霸权带来的制度成本和制度束缚。

---

① 贝尔廷. 现代主义之后的艺术史 [M]. 苏伟, 译. 北京：金城出版社, 2014：486.
② 陶然. 从话语分析到权力分析：论福柯《话语的秩序》[J]. 青年文学家, 2011 (10)：145 - 146.
③ FOOT R. Rights beyond borders: the global community and the struggle over human rights in China [M]. Oxford: Oxford University Press, 2000: 8 - 10.
④ 刘建飞, 谢剑南. 全球治理体系变革与中美新型大国关系建构 [J]. 太平洋学报, 2018 (1)：47 - 63.

四、在与西方人权话语对话和互动中，实现人权话语认同

在多元文化格局中，进行人权话语对话，需要面对文化差异问题。在尊重东西方人权思想、历史和现实差异的基础上，主动传播中国特色人权，既要承认人权作为人类共同理想和价值准则的普遍性权利属性，同时也要强调人权发展的阶段性和历史文化传统，从中国哲学、历史文化和"人类命运共同体"等角度消解西方国家的人权偏见。"让中国文化以自身的历史价值、伦理哲学、现实连续性展开，而不是被强行纳入到一种西方强势的话语和思想体系中"[1]，以文化自主和自信打破西方话语背后隐含的单一性和压抑性。

强调中国特色人权话语，并非刻意强调它的特殊性，而是在与西方人权话语的对话和互动中，在与"普遍性"人权话语的联系中，争取建构自主话语。中国人权话语并非孤立存在，而是处在与其他人权话语的复杂互动关系中，并将其他话语带入自己的意义之网，确定人权话语言说的领域和范围，提供人权话语新的意义和认同的来源。

关于话语和认同之间的关系，米歇尔·福柯认为话语与主体有关，内含着认同，与规范内在化区分开来。[2] 因此，人权话语传播的起点是认同的构建，不是从外部强制灌输和强迫他人接受，而是他人主动内化和接受，这取决于话语主体及其话语在多大程度上被主动认可和承认。他者如果认同话语主体及其话语，会主动将自己塑造成支持者而非对抗者。

德国哲学家哈贝马斯认为主体以语言为媒介，通过交往活动中的协

---

[1] 张旭东. 全球化时代的文化认同：西方普遍主义话语的历史批判[M]. 北京：北京大学出版社，2005：1.

[2] EPSTEIN C. The power of words in international relations: birth of an anti-whaling discourse [M]. Cambridge, MA: MIT Press, 2008: 15.

调、理解关系达成一种有关社会规范体系的理解，形成交往理性和规范共识。① 中国人权话语的建构与传播，需要将福柯的话语理论和哈贝马斯的"话语中的权力"理论结合起来，一方面关注人权话语权力关系网，思考权力关系网由哪些不同主体组成，不同主体之间存在何种互动和博弈关系，有着怎样的人权话语结构，进而分析中国人权话语的传播存在怎样的可能性；另一方面从具体微观且策略性的层面入手，在交往活动中构建规范共识和意义共享，"积极参与国际人权对话与合作，构建与国际社会沟通的价值体系，实现与国际人权话语体系的'互联互通'"②。

这种"互联互通"首先取决于互动的可能性，没有互动，就无意义共享，也无法实现规范共识和认同的获得。由于哈贝马斯的交往行动理论具有理想化特征，对处于互动关系中的话语主体要求较高，而在国际利益博弈和政治力量失衡的话语场域内，审议性讨论和交往理性失去了其存在的前提。由此，在国际话语场域内，中国要实现人权话语的意义共享和规范认同，构建人权话语共同体，就不能是对人权内在秩序和意义内涵的简单重复，而是围绕人权话语秩序的形塑展开策略性对话与合作，这一过程包含以下四个步骤：第一，采纳（adoption）和战略性谈判过程；第二，道德意识提高、辩论、对话和说服的过程；第三，制度化和惯习形成的过程；第四，认同和行为规范的内化与制度化过程。③

在上述过程中，需要借助具体的对话机制和意义生产机制来实现意义共享，适时择机展开不同人权议题的对话交流。但是，由于我们"急于与欧美平行的运行系统和机制进行对话，往往由于过于明确的利益指

---

① 傅永军. 哈贝马斯交往行为合理化理论述评 [J]. 山东大学学报（哲学社会科学版），2003 (3)：9-14.
② 邱昌情. 中国在国际人权领域话语权：现实困境与应对策略 [J]. 人权，2018 (3)：63-77.
③ RISSE-KAPPEN T, ROPP S C, SIKKINK K. The power of human rights: international norms and domestic change [M]. Cambridge: Cambridge University Press, 1999: 11.

向和价值诉求而流于空谈,由于缺乏微观的切入和从实际问题出发的思考,从而为实践者注入虚妄的幻想"[1]。人权对话需要的是:基于对现实人权问题的思考,提供一种真实的有关对错的人权话语,从而为国际社会提供有关人权的思维范式和言说范围,逐渐形成人权话语共同体和话语联盟。

"信任与说服,并不是一种权力,而是一种思想或情感过程,这一过程在关系中确立,通过说服、议程建构和吸引力等同化方式来影响他人,塑造他人最初的行为偏好,进而实现价值认同。"[2] 有关人权的价值认同产生于互动和关联中,人权话语的国际传播要锁定他国具体的言说对象,即受众,要"明确价值观和利益观的目标,列出可以明确言说的对象和可以利用的资源目录,评估言说对象的目标和偏好,选择可行的言说策略",进行针对性传播,从而实现国际社会的话语认同,破解西方人权话语的污名化。

五、以共享文化破解西方话语的污名化,讲好中国人权故事

1963年美国社会学家欧文·戈夫曼(Erving Goffman)提出"受损的身份"概念,用于描述遭受污名体验的各类社会越轨者在其他人眼中被贬低和被贴标签的社会现象。[3] 西方一些国家站在自身立场上对中国人权进行指责和贬损,常以消极、冲突、专制和不平等的思维看待中国人权,凭借话语霸权进行污名化,以西方人权优越论区隔和贬低中国人权。美国媒体在报道中国人权时多使用"concern"(担忧)、"abuse"(滥用)、"violation"(违背)、"terrible"(恐怖的)、"shortcoming"(缺陷)、"questiona-

---

[1] 贝尔廷. 现代主义之后的艺术史[M]. 苏伟, 译. 北京: 金城出版社, 2014: 179.
[2] 奈. 论权力[M]. 王吉美, 译. 北京: 中信出版社, 2015: 前言 xiii, 246.
[3] GOFFMAN E. Stigma: note on the management of spoiled identity[M]. New York: Simon & Schuster, 1963: 155.

ble"（有问题的）、"ruthless"（无情的）等词汇，并将中国人权与战争、身体部位、自然现象、动物、儿童、妇女等话题连接起来。① 有学者总结得出西方对中国人权实施污名化的议题偏好包括：异见人士议题、民族宗教问题、国际/海外议题、社会发展问题、法治议题、经济与贫困议题等等。② "推动中国国内人权问题'政治化'（如中国的宗教自由问题）以及政治主权问题'人权化'"③，是西方的惯常做法，以此强化国际社会对中国人权的制度偏见。

目前的国际传播格局仍是"西强我弱"。2013 年 8 月 19 日，习近平总书记在全国宣传思想工作会议上强调："要精心做好对外宣传工作，创新对外宣传方式，着力打造融通中外的新概念新范畴新表述，讲好中国故事，传播好中国声音。"④ "讲好中国故事"成为我国突围话语权困境的基本策略。讲故事并不简单，是给周围世界和生活赋予意义和秩序的过程。好的故事不仅引人入胜，而且可以建立归属感，组织人类经验，形成集体记忆。⑤ 我们需要反思的是：近年来，中国为"讲好中国故事"投入（人力、物力和财力）不少，为什么效果却不佳？中国向世界讲述的人权故事存在什么问题？

一般而言，我们致力于讲述中国在人权方面付出的努力和取得的成就，讲述中国承担的国际责任和国际义务。实际上，中国人权话语劣势并非源自传播技术的薄弱和话语数量的不足，而是在讲故事时出现了思维误区和视野偏差，缺少世界主体性意识，只讲跟中国有关的人权故事而较少

---

① 朱海蓉. 美国媒体中国人权形象批评话语分析 [J]. 新闻研究导刊, 2018（11）：17-18, 21.
② 史安斌, 王沛楠. 断裂的新闻框架：《纽约时报》涉华报道中"扶贫"与"人权"议题的双重话语 [J]. 新闻大学, 2019（5）：1-12, 116.
③ 邱昌情. 中国在国际人权领域话语权：现实困境与应对策略 [J]. 人权, 2018（3）：63-77.
④ 习近平. 习近平谈治国理政：第 1 卷 [M]. 2 版. 北京：外文出版社, 2018：156.
⑤ BRUNER J. The narrative construction of reality [J]. Critical inquiry, 1991（1）：1-21.

考虑世界普遍性问题。习近平总书记在亚洲文明对话大会开幕式上的主旨演讲中指出："今日之中国，不仅是中国之中国，而且是亚洲之中国、世界之中国。未来之中国，必将以更加开放的姿态拥抱世界、以更有活力的文明成就贡献世界。"① 中国故事不仅要有内容上的创新，更要有思维和视野上的转换，贯通中国与世界：在世界中思考中国，在中国思考世界。世界主体性意识在于思考如何通过中国的努力，解决世界普遍存在的人权问题，从而让世界变得更加美好。

讲述中国人权故事离不开对世界其他国家故事逻辑和文化特色的了解，不同的新闻文化会产生不同的人权故事框架。了解受众的故事主题偏好，而后进行定制传播，使用隐喻、典故和事例，激发一种新的思考方式②，不失为一种好的选择。阻碍国外受众接受中国人权故事的并非是信息的不畅，而是根深蒂固的文化观念和固有偏见。将故事嵌入传播对象身处的社会文化环境中，观照个人视角、普通人的价值观和日常生活，在公众话语中进行转换③，才能讲好中国人权故事。爱德华·霍尔（Edward T. Hall）认为，有效的跨文化传播的本质更多的是准确地回应传播对象，而不是正确地传播信息④，关键在于理解对方所处的社会文化语境，以及理解这种语境所包含的核心价值体系——包括种族认知、行为规范、信仰、审美标准、思维模式和交流方式等，这些都是特定群体为确保生存而逐渐形成的，传播对象以他们既有的思维模式、情感结构和行为方式来解

---

① 习近平. 深化文明交流互鉴 共建亚洲命运共同体：在亚洲文明对话大会开幕式上的主旨演讲[N]. 人民日报，2019-05-16（2）.

② NISBET M C. Communicating climate change：why frames matter for public engagement[J]. Environment：science and policy for sustainable development，2009（2）：12-23.

③ ARNOLD A. Climate change and storytelling：narratives and cultural meaning in environmental communication[M]. Houndmills, Basingstoke：Palgrave Macmillan，2018：21-23.

④ HALL E T, HALL M R. Understanding cultural differences：Germans, French and Americans[M]. Maine：Intercultural Press，1990：4.

读故事。①

传播关乎文化，美国学者詹姆斯·凯瑞将信仰共享作为传播仪式观的核心，可见传播的起源及其最高境界并非是信息的传递，而是建构并维系一个有秩序、有意义、能够用来支配和容纳人类行为的文化世界，传播是创造、修改和转变一个共享文化的过程，是共享信仰的创造、表征和庆典，将人们以共同体或团体的形式聚集在一起。② 这启示我们，讲故事的终极目标是要营造一种共享的信仰，创造一种共享的文化，要寻找到与其他国家文化之间的可通约性，弥合文化差异带来的理解鸿沟。

总体上，讲好中国人权故事，要注意几点：一是要在传播对象的"文化地图"上寻找到合适的经纬线和坐标，精心选择能够在不同政治体系和文化主体之间达成互惠性理解的故事，选择人类普遍关注的人性、人道、人爱等主题③，将人权话题转化为有意义且容易掌握的故事；二是要讲述真实可信的故事，既要有宏大叙事，也要有微观叙事，以具体的小故事回应宏观的大战略，将人权故事与普通老百姓及其日常生活结合起来，以普通人的视角讲述真实个体在实际生活中与人权相关的际遇和情节；三是要以传播对象易于接受的方式讲述中国人权故事，充分考虑对方的信息需求和语言习惯，从而产生意义共享，形成积极正面的集体记忆；四是要将人权故事的讲述当作共识获取的过程，其中传递的价值观要符合传播对象的文化和世界观，淡化政治和意识形态色彩，以文化间性和文化包容诉诸情感认同，寻求不同文化之间的最大公约数。

人权故事讲述作为一种新闻生产，不是填补信息空缺的工具性存在，

---

① HURN B J, TOMALIN B. Cross-cultural communication: theory and practice [M]. Houndmills, Basingstoke: Palgrave Macmillan, 2013: 4-5.
② 樊水科. 从"传播的仪式观"到"仪式传播"：詹姆斯·凯瑞如何被误读 [J]. 国际新闻界, 2011 (11): 32-36, 48.
③ 苏仁先. 讲好中国故事的路径选择 [J]. 中国广播电视学刊, 2016 (2): 43-45.

而是将离散的事件转化为如詹姆斯·凯瑞所说的有意义的共享文化和信仰的叙述过程。[1] 如果没有社会文化意义的支撑,人权故事的国际传播就只会是一系列数字、模式和事件的堆砌。

"落后就要挨打,贫穷就要挨饿,失语就要挨骂。"目前我国解决了挨打和挨饿的问题,但是由于"话语权长期受制于西方话语霸权,挨骂问题仍有待解决,这一点在人权问题上体现得尤为明显"[2]。

本节回答了开篇提出的三个问题。第一个问题关乎语境:中国人权话语处在何种话语场域内,如何认识西方话语霸权的本质以及目前遭到的反抗,我们需要认清问题、困难和挑战。第二个问题关乎话语内容层面,更关乎传播自主性和理论准备层面:强调对西方人权理念和知识体系的解构与重构,这样才不至于在面对西方的指责和批评时,陷入"哑口无言、词穷理亏和词不达意"的困境。第三个问题关涉传播方式:在廓清西方人权话语霸权本质和做好自身理论准备的前提下,还要思考作为抽象理论的人权话语体系如何付诸话语实践。这关乎中国人权话语权的生成路径,须从根本层面入手,通过参与制定规则以制度的方式重构人权话语秩序。从话语策略来讲,用讲故事的方式以共享文化化解西方的人权偏见。二者都以构建认同为起点强调与西方的对话与互动。上述三个问题构成了本节论述的逻辑,也是中国构建人权话语并突破西方话语霸权取得制度性人权话语权的关键。

概言之,国际人权话语权是抽象的,也是具体的,并不存在一劳永逸和一成不变的策略。具体而微的话语策略还需回归新闻传播、国际政治和国际关系等综合领域内,回到切切实实的人权话语实践中去摸索、

---

[1] JACOBS R N. Producing the news, producing the crisis: narrativity, television and news work [J]. Media, culture & society, 1996 (3): 373 - 397.
[2] 任丹红,张永和.论中国人权话语体系的建构与国际话语权的争取 [J]. 西南政法大学学报,2019 (1): 64 - 73.

提高和凝练。

第二节 新时代中国大国形象的建构与传播路径

大国是国际社会中地位最显耀、最具影响力也最容易受到国际社会影响的行为主体。[①] 历史上的大国崛起伴随着纷争，中国的崛起亦不例外。习近平总书记在党的十九大报告中指出："中国特色社会主义进入了新时代，这是我国发展新的历史方位。"[②] 面对中国的和平崛起，一些西方国家和周边国家出于各种考量，对中国进行新一轮"妖魔化""污名化"。习近平总书记在2014年中法建交50周年纪念大会上说："中国这头狮子已经醒了，但这是一只和平的、可亲的、文明的狮子。"[③] 中国的和平崛起离不开良好的国际舆论环境，需要自身设计国家形象，进行国家品牌建构，让良好的国家形象服务于政治、经济、外交、文化等多方面的国家利益。同时，良好的国家形象为中国履行大国责任、推进"人类命运共同体"国际共识与务实的国际合作贡献力量。

大国成长是物质性成长与社会性成长的统一，社会性成长又体现为大国的合秩序性发展、大国形象塑造以及对战争的合法性限制。[④] 物质性成长是大国成长的基础，没有强大的综合国力等物质基础作为支撑，就不可能被视为大国。但仅有物质性成长，大国地位和身份也是不稳固的。在社会性成长中，大国形象是重要因素和构成部分。在利益博弈与纷争中，塑

---

① 李格琴.大国成长与中国的国家形象塑造[J].现代国际关系，2008(10)：41-46，54.
② 习近平.决胜全面建成小康社会 夺取新时代中国特色社会主义伟大胜利：在中国共产党第十九次全国代表大会上的报告[M].北京：人民出版社，2017：10.
③ 习近平.在中法建交五十周年纪念大会上的讲话[N].人民日报，2014-03-29(2).
④ 郭树勇.大国成长的逻辑：西方大国崛起的国际政治社会学分析[M].北京：北京大学出版社，2006：228.

造良好的国家形象是新兴大国面对的重要而棘手的问题，因为这不仅关涉自身发展，还关涉是否被国际社会认可。经过改革开放 40 多年的发展，中国的大国成长初步完成，中华民族伟大复兴的中国梦即将实现，中国需要与之匹配的国家形象，但现实并不乐观。

国家形象具有二元性，不仅包括一国的自我认知，还包括国际上其他行为主体对它的认知，因此是自我认知与他人认知的结合。① 习近平总书记指出："在全面对外开放的条件下做宣传思想工作，一项重要任务是引导人们更加全面客观地认识当代中国、看待外部世界。"② 中国"期待外界能够更多以客观、历史、多维的眼光观察中国，真正认识一个全面、真实、立体的中国"③。

作为中国大国成长的关键阶段，新时代为中国国家形象的构成与传播提出了新命题。中国应以何种国家形象走向世界舞台的中央？在国家形象传播中，应采用何种路径和方法传播好中国的大国形象？这些问题亟待回应和探讨。本节通过梳理毛泽东、邓小平、江泽民、胡锦涛、习近平等党和国家领导人的大国形象观，重点基于习近平的相关论述，分析新时代中国大国形象的构成维度及传播路径。

一、中华人民共和国成立以来的大国形象定位

中国自古以来在世界政治、经济格局中都是大国。然而近代以来，中国的对外大国形象是衰微的、动荡的：清末是羸弱的大国，民国是动荡的大国。1949 年中华人民共和国成立以后，中国"脱胎换骨"，面临被世界承认和接纳的问题。建构何种国家形象，如何与世界互动、交往，是中国

---

① 张蕴岭. 国家形象是一种软实力 [J]. 世界知识，2017 (23)：16-18.
② 习近平在全国宣传思想工作会议上强调 胸怀大局把握大势着眼大事 努力把宣传思想工作做得更好；刘云山出席会议并讲话 [N]. 人民日报，2013-08-21 (1).
③ 习近平. 在德国科尔伯基金会的演讲 [N]. 人民日报，2014-03-30 (2).

外交面临的重要问题。从毛泽东到习近平，我国党和国家领导人的国家形象观既适应特定的历史时空方位，也有承递和发展。总体来看，以改革开放为界，中国的国家形象可以分为独立自主的社会主义新中国和改革开放的中国特色社会主义国家两个阶段。

（一）独立自主的社会主义新中国

1949年中华人民共和国成立后，如何与旧中国划清界限，在国际上展示独特的中国大国形象，是随着国家内政外交政策一步步完成的。这一时期国家形象有三个关键词："新中国""社会主义""独立自主"。

毛泽东曾说："中国的面貌，无论是政治、经济、文化，都不应该是旧的，都应该改变，但中国的特点要保存。"① 之所以强调"新"中国，是因为在中国共产党的领导下，中国人民站起来了，建立了自己的人民民主政权。新中国通过新的政治经济秩序、推行新的社会改革、塑造新的国际形象来完成"新"的形象塑造。"社会主义"是新中国与旧中国的本质区别，中国"站在以苏联为首的和平民主阵营之内"②。"独立自主"作为国家主权的重要体现，是国家按照自己的意志依法自主地处理内外事务而不受任何外来干涉的神圣权利，突出表现为国家的主权独立和领土完整。③ 在外交方面，1953年底提出的和平共处五项原则是中国独立自主处理外交事务的重要原则。在冷战的特殊历史背景下，中国塑造的"独立自主的社会主义新中国"形象在不同阵营中的感知是不同的。

总体来看，以毛泽东为主要代表的中国共产党人对中国国家形象进行

---

① 毛泽东文集：第7卷 [M]. 北京：人民出版社，1999：82-83.
② 周良书．"新中国"观念的生成和国家形象的初步建构 [J]. 北京师范大学学报（社会科学版），2016（4）：67-75.
③ 庞仁芝．论新中国与日俱增的国际形象 [J]. 中国延安干部学院学报，2015（2）：15-24.

除旧布新，提出了"另起炉灶""打扫干净屋子再请客""一边倒"的外交政策，对新中国的国际形象进行了清晰的定位。

（二）改革开放的中国特色社会主义国家

改革开放初期，中国的形象因经济转型和国内稳定任务凸显，需要重新被世界认识。① 以邓小平为代表的中国共产党人将和平发展、改革开放、安定团结作为国家形象的核心要素，指出要"维护我们独立自主、不信邪、不怕鬼的形象"②，"要给国际上、给人民一个改革开放的形象，这十分重要"③。在和平与发展的框架内，凸显改革开放的国家形象。④

以江泽民为代表的中国共产党人认为，对外宣传工作的着力点应该如下：继续向世界说明我国改革和建设的伟大成就，说明邓小平开创的建设中国特色社会主义道路的正确性，充分展示中国人民坚定不移地走自己的路、实现社会主义现代化的形象；继续向世界说明我国改革开放的方针政策，充分展示中国人民坚持实行改革开放的形象；继续向世界说明我国反对霸权、维护和平、支持国际正义事业的立场，充分展示中国人民爱好和平的形象；继续向世界说明我国政治稳定、经济发展、社会进步、民族团结的局势，充分展示中国人民为维护安定团结和实现繁荣富裕而不懈奋斗的形象；继续向世界说明我国社会主义民主法制建设的成就，充分展示中国人民依法治国、建设社会主义法治国家的形象。⑤

---

① 王东红. 论习近平的当代中国国家形象思想 [J]. 中国延安干部学院学报，2018（2）：12-20.

② 邓小平文选：第3卷 [M]. 北京：人民出版社，1993：320.

③ 同②315-316.

④ 金正昆，徐庆超. 国家形象的塑造：中国外交新课题 [J]. 中国人民大学学报，2010（2）：119-127.

⑤ 江泽民在全国对外宣传工作会议上强调 站在更高起点上把外宣工作做得更好 [N]. 人民日报，1999-02-27（1）.

以胡锦涛为代表的中国共产党人认识到,"当代中国同世界的关系发生了历史性变化"[①],"我们要坚持统筹国内国际两个大局,不断提高外交工作能力和水平,努力使我国在政治上更有影响力、经济上更有竞争力、形象上更有亲和力、道义上更有感召力"[②]。坚持韬光养晦,积极有所作为;坚持全面维护国家利益,积极拓展发展利益;坚持全面推进外交工作,充实完善外交布局;坚持维护我国海外利益,加强维权能力建设;坚持推动建设和谐世界,不断提高我国软实力。[③]

在这个时期,中国致力建构的是改革开放的、爱好和平的、不懈奋斗的、现代化的中国特色社会主义国家形象。

二、新时代中国大国形象构成的四个维度

2010 年中国超越日本成为世界第二大经济体,与美国的差距逐渐缩小。2020 年中国全面建成小康社会,2035 年将基本实现社会主义现代化,21 世纪中叶,中国的目标是成为"富强民主文明和谐美丽的社会主义现代化强国"[④]。面对新的时空方位,习近平总书记在十八届中共中央政治局第十二次集体学习时提出:"要注重塑造我国的国家形象,重点展示中国历史底蕴深厚、各民族多元一体、文化多样和谐的文明大国形象,政治清明、经济发展、文化繁荣、社会稳定、人民团结、山河秀美的东方大国形象,坚持和平发展、促进共同发展、维护国际公平正义、为人类作出贡献的负责任大国形象,对外更加开放、更加具有亲和力、充满希望、充满活力的社会主义大国形象。"[⑤] "文明大国""东方大国""负责任大国"

---

① 胡锦涛文选:第 3 卷 [M]. 北京:人民出版社,2016:235.
② 同①236.
③ 同①236-245.
④ 习近平. 决胜全面建成小康社会 夺取新时代中国特色社会主义伟大胜利:在中国共产党第十九次全国代表大会上的报告 [M]. 北京:人民出版社,2017:28-29.
⑤ 习近平. 习近平谈治国理政:第 1 卷 [M]. 2 版. 北京:外文出版社,2018:162.

"社会主义大国"这四个形象构成了新时代中国大国形象的四个维度,涵盖文化层面、社会层面、外交层面和制度层面。与之对应的是四个自信(见表5-1)。

表5-1 中国大国形象的构成维度

维度	层面	内涵	自信层面
文明大国	文化层面	历史底蕴深厚、各民族多元一体、文化多样和谐	文化自信
东方大国	社会层面	政治清明、经济发展、文化繁荣、社会稳定、人民团结、山河秀美	道路自信
负责任大国	外交层面	坚持和平发展、促进共同发展、维护国际公平正义、为人类作出贡献	理论自信、道路自信
社会主义大国	制度层面	对外更加开放、更加具有亲和力、充满希望、充满活力	理论自信、制度自信

"文明大国"的定位体现了中华民族历史的悠久、文化的多样,中华文明是人类文明的重要构成,是人类共同的遗产。多元文化和谐共存,各民族情同手足、融为一体。在世界范围民族、宗教、种族冲突不断的大语境下,"文明大国"是中国的重要财富和国家形象中最厚重的部分。

"东方大国"的定位回应了历史上的"东方大国",借助了历史上世界对东方的"想象",勾连过去与现在,而当今这个东方大国政治清明、经济发展、文化繁荣、社会稳定、人民团结、山河秀美,也正是这个动荡世界的人民所期盼的社会形态。

"负责任大国"的定位是由中国所处的时空方位决定的。2005年中国明确提出"负责任大国"的身份诉求与定位。作为全球第二大经济体,应在全球治理中坚持和平发展、促进共同发展、维护国际公平正义、为人类作出贡献。"负责任大国"的国家形象定位也顺应了国际舆论对中国崛起的期待。中国在国际安全、共同发展方面发挥负责任大国的作用是符合国际社会期待的。

"社会主义大国"是中国在制度上区别于世界上大多数国家的本质特征。中国的社会主义不同于其他国家的社会主义,是中国人民在中国共产党的领导下,坚持走中国特色道路的社会主义。"社会主义大国"是中国的制度特色带给中国的独特国家形象。

总体来看,"文明大国"和"东方大国"利用了中国自身的民族性、文化性以及历史的"原型","唤醒"国际公众对中国的重新认识。"负责任大国"是中国自我的国际角色意识与国际社会期待在中国崛起背景下的体现。"社会主义大国"是中国迥异于西方强国的政治特征和国家形象。在这四个维度中,习近平总书记从文化、社会、外交、制度四个不同维度,用"文明大国""东方大国""负责任大国""社会主义大国"四个词对新时代中国应有的国家形象做了高度概括,既尊重了中国的历史,又体现了中国的现代特性;既回应了国际社会对中国的某些质疑或期待,又坚持了中国的文化自信、道路自信、理论自信、制度自信,也为新时代中国国家形象传播提出了议程设置的系列主题。

三、新时代中国大国形象的传播路径

国家形象的建构离不开传播,其逻辑不是"建构—传播"的线性思维。复杂的传播生态决定了传播策略的复杂性,也决定了影响传播效果因素的复杂性。通过对习近平总书记相关论述的梳理,本节认为新时代中国大国形象的传播路径可概括为本质主义路径和建构主义路径(见表5-2)。

表 5-2 国家形象传播的路径

	本质主义路径	建构主义路径
逻辑	事实	身份
主体	媒体、企业、公众	政府
方法论/理念	讲好中国故事、传播好中国声音	命运共同体、负责任大国
性质	公共外交	外交

(一) 基于事实的传播：中国大国形象的本质主义传播路径

本质主义的传播逻辑是基于事实的传播，与本质主义的国家形象观密切相关。本质主义国家形象观是将国家形象根源于、建基于客观实在，即本身固有的根本属性和要素、由自身所规定的实物——国家的客观状态。[1]

国家形象的构建不是凭空而来，不是无源之水、无本之木，必然依据一定的物质基础和现实情况。因为公众感知别国形象，可能是间接听闻（如通过媒体、朋友），也可能是直接体验（如旅游、留学、移民）。在信息交流不发达的时代，政府和媒体对信息流动的控制力占主导地位，一国针对自身形象的"化妆"有时会取得成功。被"化妆"的国家形象会成为一种美好的"想象"存在于对象国公众的认知中。在全球传播时代，每个人都是传播者，地理上的国界对信息流动而言没有实质意义，如果没有客观实在作为感知的基础，塑造的国家形象就不会成功和长久。由于"想象"和"现实"的落差，还会带来对该国国家形象更负面的评价。党的十

---

[1] 李智. 本质主义与建构主义：国家形象研究的方法论反思[J]. 新视野，2015 (6)：124-128.

八大报告对推进中国特色社会主义事业提出经济建设、政治建设、文化建设、社会建设、生态文明建设"五位一体"总体布局，为国家形象构筑了客观实在基础。

习近平总书记认为，"现在，国际上理性客观看待中国的人越来越多，为中国点赞的人也越来越多。我们走的是正路、行的是大道，这是主流媒体的历史机遇，必须增强底气、鼓起士气，坚持不懈讲好中国故事，形成同我国综合国力相适应的国际话语权"[1]。

在大众传播层面，通过主流媒体构建现代传播体系，提高国际传播能力，增强国际话语权，进而传播良好的国家形象。2016年2月19日，习近平总书记在党的新闻舆论工作座谈会上发表重要讲话，指出："要加强国际传播能力建设，增强国际话语权，集中讲好中国故事，同时优化战略布局，着力打造具有较强国际影响的外宣旗舰媒体。"[2] 他希望中央电视台北美分台"用好国际化传播平台，客观、真实、生动报道中国经济社会发展情况，传播中国文化，讲好中国故事，促进外国观众更多更好了解中国"[3]。2015年5月在《人民日报海外版》创刊30周年之际，习近平总书记作出重要批示，希望《人民日报海外版》"用海外读者乐于接受的方式、易于理解的语言，讲述好中国故事，传播好中国声音，努力成为增信释疑、凝心聚力的桥梁纽带"[4]。

企业品牌是企业走向世界的通行证，是国家品牌的重要组成部分，是国家展示形象的名片。在组织传播层面，应将中国品牌视为中国名片，重

---

[1] 习近平.加快推动媒体融合发展 构建全媒体传播格局 [J].求是，2019 (6)：4-8.
[2] 习近平.习近平谈治国理政：第2卷 [M].北京：外文出版社，2017：333.
[3] 习近平在党的新闻舆论工作座谈会上强调 坚持正确方向创新方法手段 提高新闻舆论传播力引导力：刘云山出席 [N].人民日报，2016-02-20 (1).
[4] 习近平就人民日报海外版创刊30周年作出重要批示 用海外乐于接受方式易于理解语言 努力做增信释疑凝心聚力桥梁纽带：刘云山也作出批示 [N].人民日报，2015-05-22 (1).

视中国品牌对国家形象的改善和提升作用。2014年5月10日,习近平总书记提出了"三个转变"的重要论述,即"推动中国制造向中国创造转变、中国速度向中国质量转变、中国产品向中国品牌转变"①。

在人际传播层面,习近平总书记重视人文交流,重视人际传播在国家形象传播中的重要作用。在对外交流中,习近平总书记指出:"民间外交要开拓创新,多领域、多渠道、多层次开展民间对外友好交流,广交朋友、广结善缘。要以诚感人、以心暖人、以情动人,拉近中外人民距离,使彼此更友善、更亲近、更认同、更支持,特别是要做好中外青少年交流,培养人民友好事业接班人。"②

习近平总书记一直强调"讲好中国故事,向世界展现一个真实的中国、立体的中国、全面的中国"③。这既是讲好中国故事的目标,也是大国国家形象传播的目标。

如何传播好中国的大国形象呢？通过对习近平总书记相关论述的梳理,本节将具体策略概括为讲好故事、融通话语、阐释特色。

习近平总书记指出"讲故事,是国际传播的最佳方式。要讲好中国特色社会主义的故事,讲好中国梦的故事,讲好中国人的故事,讲好中华优秀文化的故事,讲好中国和平发展的故事。讲故事就是讲事实、讲形象、讲情感、讲道理,讲事实才能说服人,讲形象才能打动人,讲情感才能感染人,讲道理才能影响人。要组织各种精彩、精炼的故事载体,把中国道路、中国理论、中国制度、中国精神、中国力量寓于其中,使人想听爱

---

① 习近平在河南考察时强调 深化改革发挥优势创新思路统筹兼顾 确保经济持续健康发展社会和谐稳定 [N]. 人民日报,2014-05-11 (1).
② 习近平. 在中国国际友好大会暨中国人民对外友好协会成立60周年纪念活动上的讲话 [N]. 人民日报,2014-05-16 (2).
③ 同②.

听，听有所思，听有所得。"①

在融通话语方面，习近平总书记强调："要精心做好对外宣传工作，创新对外宣传方式，着力打造融通中外的新概念新范畴新表述，讲好中国故事，传播好中国声音。"②"在构建对外传播话语体系上下功夫，在乐于接受和易于理解上下功夫，让更多国外受众听得懂、听得进、听得明白，不断提升对外传播效果。"③

中国特色是中国区别于其他国家、其他社会主义国家的重要"标记"。通过对中国特色的阐释，可以让国际公众深入认识中国、理解中国、认同中国。习近平总书记指出："宣传阐释中国特色，要讲清楚每个国家和民族的历史传统、文化积淀、基本国情不同，其发展道路必然有着自己的特色；讲清楚中华文化积淀着中华民族最深沉的精神追求，是中华民族生生不息、发展壮大的丰厚滋养；讲清楚中华优秀传统文化是中华民族的突出优势，是我们最深厚的文化软实力；讲清楚中国特色社会主义植根于中华文化沃土、反映中国人民意愿、适应中国和时代发展进步要求，有着深厚历史渊源和广泛现实基础。"④

综上所述，遵循本质主义、基于事实传播的国家形象传播路径，强调主流媒体、企业、个人等多元主体共同讲好真实、立体、全面、生动、易懂的中国故事，阐释清楚中国特色。

（二）基于身份的传播：中国大国形象的建构主义传播路径

中国的大国形象传播仅依靠本质主义路径是不够的，因为一国综合国力与该国的国家形象并不是正相关的。一个国家的客观物质状况或社会体

---

① 中共中央文献研究室. 习近平关于社会主义文化建设论述摘编 [M]. 北京：中央文献出版社，2017：212.
② 习近平. 习近平谈治国理政：第1卷 [M]. 2版. 北京：外文出版社，2018：156.
③ 习近平. 加快推动媒体融合发展 构建全媒体传播格局 [J]. 求是，2019 (6)：4-8.
④ 同②155-156.

制的改变与其国家形象的变化之间也不存在同步性。①

同一个国家在不同国家公众心目中的形象存在差异。2017 年 BBC 发布的全球民意调查显示，墨西哥、秘鲁、巴西、希腊、俄罗斯、尼日利亚、肯尼亚、巴基斯坦等国家的公众对中国的整体印象偏积极，加拿大、美国、英国、法国、德国、西班牙、土耳其、印度尼西亚、印度等国家的公众偏消极，澳大利亚公众两方意见相对持平。皮尤国家形象全球调查显示，日本、越南等亚洲国家对中国的评价最负面。如果客观实在可以被客观认知，为何会发生这种偏差？本质主义的逻辑无法对这种现象进行合理解释，建构主义提供了洞察这一问题的新思路。

1989 年尼古拉斯·奥纳夫从国际关系学角度提出了"建构主义"（constructivism）的概念。建构主义的核心观点是：社会世界是施动者在客观环境中建构的世界；国家间的关系也是相互建构的；国际关系体系结构不仅取决于客观存在的物质结构，更大程度上取决于共有观念（shared-ideas）；观念建构身份，身份决定利益。②

在建构主义的视野中，国家形象不是一个客观既定或先天预定的、有待如其所是地（as it is）去传播的个体实物③，同样，它也不是一个自我设计的产物，而是国际社会集体实践建构的产物。作为国家身份的国家形象实质上是一种"关系"，即国际或国家间的相互认同关系，而不是一种独立自存的实体或对实体的反映。④ 因此，同一个国家在这个世界上会有不同的形象。而国家形象传播则希望能够通过各种手段管理"形象"，尽可能让国际公众对自身有一个全面、系统、客观的认知。建构主义路径依

---

① 李智. 本质主义与建构主义：国家形象研究的方法论反思 [J]. 新视野，2015 (6)：124-128.
② 秦亚青. 建构主义：思想渊源、理论流派与学术理念 [J]. 国际政治研究，2006 (3)：1-23.
③ 同①.
④ 同①.

靠对国家身份的管理来实现对国家形象的管理，其核心是了解他国对本国身份的认知并力求影响之。

中国的身份是多维的：中国是世界上最大的发展中国家，是社会主义国家，是正在崛起的大国，是综合国力世界第二的大国，是联合国安理会常任理事国……身份的建构不仅取决于现世的国家利益，也取决于过往的历史经验、意识形态甚至刻板印象。比如社会主义国家的标签往往被西方国家视为"他者"；正在崛起的大国，被守成大国感知为"威胁"；周边国家因中国的崛起而心生忧虑。

面对复杂的国际社会环境，中国的大国形象传播需要解决身份上的三个问题：（1）稳固、加深既有正向身份认同；（2）改变已有身份的负面内涵，淡化负面内涵，去"污名化"；（3）创造新的身份，寻求一种广为认同的共有观念。在建构主义传播路径中，重要的方式就是外交。其实，塑造国家形象历来是一国外交的基本目标之一。[①] 而国家关系也是影响国家形象的重要变量。基本的逻辑是外交—身份—形象，即通过外交行为建构自身身份，通过身份建构形象。

具体到微观的国家关系层面，中俄是新时代全面战略协作伙伴关系，中美是建设性合作伙伴关系，中英是全面战略伙伴关系，中巴是全天候战略合作伙伴关系，等等，都是"伙伴"，但等级不同。

稳固、加深既有正向身份是针对第三世界国家而言的。在与发展中国家的关系上，坚持把发展中国家作为对外政策的基础，坚持正确义利观，永远做发展中国家的可靠朋友和真诚伙伴。中国的身份是"发展中国家的可靠朋友和真诚伙伴"。

---

① 金正昆，徐庆超. 国家形象的塑造：中国外交新课题 [J]. 中国人民大学学报，2010（2）：119-127.

改变已有身份的负面内涵，淡化负面内涵、去"污名化"，针对的是大国关系和周边国家。不同于过往的大国崛起，习近平总书记指出："中国坚定不移走和平发展道路，既通过维护世界和平发展自己，又通过自身发展维护世界和平。"① 在与大国的关系上，"中国重视各大国的地位和作用，致力于同各大国发展全方位合作关系，积极同美国发展新型大国关系，同俄罗斯发展全面战略协作伙伴关系，同欧洲发展和平、增长、改革、文明伙伴关系，大家一起来维护世界和平、促进共同发展"②。中国的身份是"和平崛起的新兴大国"。在与周边国家关系上，坚持与邻为善、以邻为伴，坚持睦邻、安邻、富邻，突出体现亲、诚、惠、容的理念。中国的身份是"好邻居""好伙伴"。

在创造新的身份上，中国倡导"人类命运共同体""一带一路"建设，将中国置于一个更广阔、更有普遍意义的身份"地球村的村民"之中。用一种共有观念将国际社会中的不同利益相关者凝聚在一起。自2017年以来，人类命运共同体载入联合国多项决议，进入国际话语体系，获得了广泛的国际认同。中国近年来在全球治理中的努力，在调查数据中也有体现。2019年2月，盖洛普发布的中、美、德、俄四国全球领导力调查显示：在133个国家和地区的受访者中，34%认可中国的领导力，这是中国自2009年以来的最高认可度，而认可美国领导力的比例为31%，中国对美国的优势逐渐扩大。报告称，这显示出各国软实力的变化。③

自2020年1月新冠疫情暴发以来，习近平总书记和多国首脑通话，介绍中国经验，阐述中国方案，提出中国倡议，推动国际社会携手战

---

① 习近平. 习近平谈治国理政：第1卷[M]. 2版. 北京：外文出版社，2018：265.
② 习近平. 弘扬和平共处五项原则 建设合作共赢美好世界：在和平共处五项原则发表60周年纪念大会上的讲话[N]. 人民日报，2014-06-29 (2).
③ RAY J. Image of U. S. leadership now poorer than China's [EB/OL]. [2023-09-09]. https://news.gallup.com/poll/247037/imageleadership-poorer-china.aspx.

"疫"。3月26日，习近平总书记在二十国集团领导人应对新冠肺炎特别峰会上表示，"中方秉持人类命运共同体理念，愿同各国分享防控有益做法，开展药物和疫苗联合研发，并向出现疫情扩散的国家提供力所能及的援助"[①]。中国领导人表达的合作愿望，亲自推进的合作行动以及中国政府、企业等大规模的对外援助行动，彰显了中国作为负责任大国的形象。

无论稳固正向身份、改变现有身份的负面内涵，还是创造新的身份，都需要面向不同区域、不同国家、不同人群，针对不同语境精准施策。新时代中国大国形象的四个维度可以看作中国的四种身份。

"文明大国"身份和"东方大国"身份相对更容易被世界理解和接受，但中华文明以及东方文化的价值观与精髓则需要中国基于对传播对象更深入的了解和对中华文明、东方文化更深刻的理解，选择最有意义的部分进行精准传播。

"负责任大国"体现的是国家对世界的贡献，是容易被世界理解的国家身份，中国需要在行动和传播层面致力于建构"负责任大国"形象，但值得注意的是，中国已经为世界作出的贡献是否充分被世界感知到、世界对中国贡献的期待是否大大超出了中国的贡献能力是值得研究的问题。

"社会主义大国"的国家身份可能是最难以被世界理解和接受的身份，其中重要原因是冷战时期社会主义与资本主义两大阵营的意识形态之争所形成的世界（尤其是资本主义世界）对社会主义根深蒂固的刻板印象，这使社会主义被视为与资本主义对立的"他者"而受到质疑，这种对立在中

---

① 习近平. 携手抗疫 共克时艰：在二十国集团领导人特别峰会上的发言[M]. 北京：人民出版社，2020：3.

国改革开放后因为强调合作与发展而有所淡化，但在中国成为世界第二大经济体后，这种对立因为有些国家感受到"中国威胁"而重新凸显。进入新时代的中国需要在道路自信的引领下展示"社会主义大国"的领导力、影响力、感召力，刷新国际社会对"社会主义"优越性的认知，展示"社会主义大国"的魅力。

总之，不同的国家身份面对的问题不同，需要选择恰当的国家身份建构与传播路径。

四、结语

中国正在以不同于历史过往的和平方式崛起，在这个过程中大国形象的建构与传播直接关乎成长环境和国家利益，也关乎国际社会共同利益，因为大国的兴衰会直接波及世界的兴衰。因此，中国应从战略的高度认识新时代中国国家形象的构成与传播路径。文明大国、东方大国、负责任大国、社会主义大国是新时代中国大国形象的四个维度，涉及文化、社会、外交、制度诸多层面。在传播路径上，一方面，新时代大国形象传播的两种逻辑不仅是做好大国形象传播的方法论，更让我们意识到大国形象传播的复杂性、艰巨性和挑战性。另一方面，本质主义的传播路径与建构主义的传播路径并非相互矛盾，而是并行不悖的，因为基于身份的传播也必须基于事实，身份的建构是基于对身份定位的事实选择，这在面对具有泛在性的国家元素选择、面对传播对象有限的注意力时是必须的也应当成为自觉的传播行为。

复杂的问题必然要求用复杂的方法去解决，国家形象传播问题既需要国家从顶层进行设计，也需要实践者用正确的传播理念和有效的传播策略"落地"。国家形象的改善与改变需要一个长期的过程。构建新时代的中国国家形象已经有了明确的方向，接下来需要的是有效的传播路径，一以贯之、坚持下去。

第三节　新时代国家话语权力博弈的机制与路径

一国的国际话语权通常被视为该国国际影响力、控制力的主导因素和一国软实力的重要构成和体现，是该国在国际社会展现其地位作用、展示整体形象或国际社会对其进行整体判断的重要组成部分。随着全球化深入发展，各国综合实力对比不断发生消长变化，国际话语权竞争的领域变得越来越广泛。在当今全球市场催生统一规则、高新技术及相关产业迅猛发展的背景下，技术规则已被政治化，从而具有了明显的权力意涵：谁掌握了技术标准的制定权，谁就拥有了获得与使用重要技术资源、干预或约束其他国家技术活动的权力。国际技术规则话语权之争已超越产品、技术、品牌等层面的竞争，成为大国博弈中更高层次的竞争形态与竞争手段。

技术规则与技术的发展紧密关联。技术（technology）是人类为了满足主观目的性和需求（如改造或者控制周围环境）而有意识地使用某些工具或手段的一种实体性的实践活动[1]，同时也是关于人类如何行动的知识。技术规则（technological rules）是技术活动为了达成对客体的改造必须遵照的行动规则[2]，其外延相对较广，泛指人类在生产等技术活动中需遵循的各种技术规范，具体可体现为技术法规、强制性技术标准，以及非强制性的自愿性标准、技术章程或文件等。

随着技术的发展以及技术与社会间相互影响日益加深，对于技术的社会学研究逐步形成了技术社会学（sociology of technology）这一分支。技术系统理论（theory of technical system）依托于技术社会学"乌普萨拉学派"提出的行动者-结构动力学（agency-structure dynamics），将"技

---

[1] 胡必希，王国豫. 技术评估的方法与价值冲突 [J]. 自然辩证法研究，2005 (12)：40-43，61.

[2] 潘天群. 论技术规则 [J]. 科学技术与辩证法，1995 (4)：52-56.

术"理解为一种规则体系,而非一种单纯的知识及其成果的社会应用。①因此,"技术规则"包括以下多重维度:第一,技术是一种理性规则,遵循技术规则行事,能优化行为并保证其合理性;第二,技术规则与权力相关,具有构建、控制并分配机会与资源的权力,驱使社会成员遵从;第三,技术规则是一个动态系统,需随着技术的发展进行调适与更新;第四,技术规则有待于规范,由于知沟的存在,已有的技术规则或出现落后,需要补充、改进与革新;第五,技术规则的变动会引起整个社会结构变化,全新技术引进与发展、创新常常会与既有的规则相矛盾,易使社会结构的基本形态发生变化。

技术发展与社会进步紧密关联,其中作为技术活动主体和社会能动个体的人,串联起了技术规则与社会结构。凭借效用性、支配性、标准性等特征,技术规则内化成为理性社会行动中自觉或不自觉遵循的准则。换言之,技术已演变成一种具有深刻影响力的主导规则,成为整个社会和人类思维的基础。故而技术作为规则拥有更大的支配性,从而进一步演变为一种合理化的目标或完善的理性,作为社会内蕴的深层规则支配着社会。②现代社会中,技术日益成为社会运转的潜在规则和方式,并成为具有深刻社会影响的优先、首要规则。此外,实践中技术的变动、发展与创新影响着社会系统内部的决策制定与结构调整,而不同行动主体倡导的技术规则系统不可避免存在差异,致使规则系统内部以及规则系统之间产生冲突与斗争,从而形成一种特殊的"政治学"。③上述技术规则系统的冲突与角力,在国际社会中即体现为国际技术规则构建中的国家话语权力博弈。

基于国际技术规则话语权竞争与日俱增的现实,本节将对国际技术规

---

① 伯恩斯,等. 结构主义的视野:经济与社会的变迁 [M]. 周长城,等译. 北京:社会科学文献出版社,2000:192-196.
② 张军. 21世纪技术规则经营的理论与策略 [J]. 财经科学,2004 (4):113-116.
③ 王丽. 技术规则理论评析 [J]. 科学学研究,2002 (2):118-122.

则话语权发展的历史轨迹及博弈手段变迁进行回顾与梳理,对国际技术规则话语权博弈的影响因素以及作用机制进行分析,并结合中国参与国际技术规则构建的现状与挑战提出未来路径选择。

一、国际技术规则话语权博弈的历史轨迹及手段变迁

技术规则是伴随人类社会发展与技术实践的典型技术现象,与技术的发展和应用、生产力和产业变革紧密关联。技术与工业生产结合为工业时代的到来埋下了伏笔,伴随着多次工业革命,技术在工业生产中的核心地位逐步凸显,技术规则逐步从非自觉、无意识行为演变为行业技术规范,其影响伴随着工业革命与技术进步的扩散逐步扩大。在新技术和分工协作需求的推动下,技术规则经有组织协商逐步形成,随着相关国际组织与机制的建立健全,在全球范围内以国际标准的形式制定并施行,形成国际、地区、国家和企业等多个层次的技术规则体系,并在经济全球化的推动下成为国际市场竞争与国际话语权博弈的前沿。

(一)工业革命先发技术优势带动技术规则输出与扩散

18世纪晚期的第一次工业革命通过蒸汽机改变了传统的手工制造方式,开启了机械化生产时代。英国是世界上最早实行工业革命的国家,其工业革命于18世纪60年代从棉纺织业开始,而后遍及工业各部门以及农业、交通运输等产业部门,至19世纪40年代基本完成,凭借先发优势成为"世界工厂"。就其国内而言,蒸汽机广泛应用于纺织、煤炭、钢铁、交通运输等产业,机器制造、大机器工业替代了手工工业占主导地位,纺织、煤炭、冶金成为英国在工业革命中建立起来的三大支柱工业,为带动其他部门的发展奠定了基础。此外,在机械化和蒸汽动力的推动下,英国的铁路、运河以及其他各种工业也得到了长足的发展。就国际范围来看,英国在工业、贸易、运输、科技等方面均领先于世界其他各国,在工业品输出和先进技术输出方面也具有垄断地位。随着英国机器制造业的发展,机器生产规格

化，英国机器制造业生产的蒸汽发动机、纺织机和蒸汽机车等开始向国外出口。1825 年，英国废除了机器出口禁令，输出的机器不断增多，机器制造业成为英国重要的出口工业部门之一。当时世界其他资本主义国家的工业生产水平还比较低，而英国的机器制造业比其他国家发展得早，且具有较高的技术水平，因此英国的机器制造业产品在世界市场上占有垄断地位，其机器、机床和机车在许多国家畅销。从 1845 年到 1870 年，英国的机器输出量增加了 9 倍。19 世纪中期，除了向国外倾销工业产品外，英国还向外国输出资本和技术，欧洲许多国家的铁路由英国承包建造。

第一次工业革命后，得益于铁路的修建，跨地区、跨国界的交通运输迅速发展，跨地域产业分工成为可能。由于该时期英国在技术和工业生产等方面具有绝对先发优势，其技术规则作为伴随商业发展出现的非自觉、无意识行为，随同其工业产品和工程向世界其他国家的强势输出而扩散。当时的企业主认识到，在诸如零件尺寸、火车轨距等领域达成共识，能保证产品间可互换或通用，有助于获取更多利润。对机器零件标准化生产方式的采用和推广，在促进机器制造业发展、推动机器普及的同时，也使技术规则在地区和国家间进一步扩散开来。譬如，标准轨距由最先使用铁路的英国提出。世界"铁路之父"乔治·斯蒂芬森沿用电车轮距提出了 4 英尺 8.5 英寸（1 435 毫米）的铁轨间距，并成功说服火车制造商生产该轨距的机车及车辆。1845 年英国皇家专员建议用 4 英尺 8.5 英寸作为标准轨距。1846 年英国国会通过法案，要求将来所有的铁路都使用标准轨距。该轨距标准随着英国承建的铁路向其他欧洲国家输出，在欧洲形成了统一的标轨体系，并传播到西亚和东亚地区。铁路在单线铁路与网络拓展过程中，形成了明显的"路径依赖"。[1] 该时期的技术规则多在企业、行业层

---

[1] 王成金，李绪茂，陈沛然，等. 基于轨距的亚欧大陆铁路地缘系统格局及形成机理[J]. 地理学报，2020（8）：1725-1741.

面形成并通行，但仍处于一种模糊朦胧的萌芽状态。例如，由于产品尺寸规格缺乏统一标准，不同工厂生产的产品，甚至同一工厂不同批次的产品都可能出现规格不一致的情况，这在广泛使用钢铁构件的建筑业和造船业中尤为明显。[①] 这种源于生产的现实需求对技术兼容性和零件可互换性提出了具体要求，推动了后续技术规则标准化的进程。

（二）电气化进程推动结盟与协商实现技术规则国际化

19世纪70年代开始的第二次工业革命，通过电气化的广泛应用和流水线大幅度提高了生产效率，推动了社会生产力发展。该时期科学技术应用于工业生产的重大成就主要有两项：一是实际可用的发电机问世、远距离输电技术出现，电力开始成为补充和取代蒸汽动力的新能源，在生产和生活中得到广泛的应用，电灯、电车、电影放映机相继出现；二是内燃机的创新和使用，其工作效率远远高于蒸汽机，在提高工业部门生产力的同时也推动了交通运输领域的革新，内燃汽车、远洋轮船、飞机相继出现并迅速发展，进而推动了石油开采业的发展和石油化工工业的生产。同时，科学技术的进步也带动了电信事业的发展，电话和无线电报的发明，使迅速传递信息成为可能，世界各国的经济、政治和文化联系进一步加强。

电信业变革带来的便利与商机使人们对商业的关注远胜于政治，电缆的所有权被视为小问题，因此当时的电信网络更多是商业性设施。19世纪40年代，英国、美国先后发明了电报技术并架设了电报线路，电报系统开始走向实用阶段。欧洲各国紧随英美，纷纷办起了电报公司，各国之间产生了频繁的电报业务往来。由于多个不同的电报系统并存，电码和费率不一致，欧洲的电报系统使用不便，建立统一标准的需求日益凸显。1865年，经由法国政府提议，来自20个欧洲国家的代表在巴黎举行会议

---

① 苏俊斌. 现代标准化组织的起源及其意义［J］. 自然辩证法研究，2008（10）：58-64.

决定成立国际电报联盟并发布了《国际电报公约》及其附件《电报规则》，就欧洲电报系统的电码和费率达成了统一的规则与标准，国际电报联盟亦成为最早的国际技术规则组织。

19世纪末的美西战争打破了各国对"电缆中立"的幻想，也证明了保持电信基础设施优势可有效打击地缘政治竞争对手，具有重要的政治意义。因此，建立信息通信网络并主导制定技术规则成为国家在国际竞争中获取主动权的新途径。1895年，意大利工程师伽利尔摩·马可尼在英国皇家海军的支持下发明了无线电报，解决了电缆通信系统存在可能因电缆被切断而完全中断的风险、船只在海上联系受限等问题。英国随后与马可尼合作成立了马可尼公司，在无线电通信方面占据了垄断地位。此外，英国通过私营企业铺设跨大西洋海底电缆，为电信企业提供补贴，逐步将电缆铺设至全球，占有当时全球海底电缆网络的60%，进而控制了全球的通信网络，成为主导国际通信市场的国家。德国为了摆脱英国的控制，开始大力发展自己的无线电技术，成功复制了马可尼的设计并在德国本土获得了专利，建立了自己的无线电通信网络。然而，马可尼公司凭借其先发优势使其远程无线电技术成为全球标准，推行与非马可尼无线电运营商的"不互通"政策，因此德国只能被迫使用英国马可尼的通信系统。对此，德皇威廉二世下令加强德国的工业政策，推动原先在无线电业务上相互竞争的西门子-哈尔斯克和德国通用电气公司联合创立德律风根公司，以抗衡英国的标准；同时通过向南美和非洲出售其技术以拓展自己的电信网络，开拓新兴市场。1906年，德国在柏林组织了首届国际无线电大会，讨论无线电标准。会议签署了《国际无线电公约》，禁止了马可尼的"不互通"政策，打破了英国的垄断，英德"双头垄断"的局面形成。1932年，国际电报联盟的70多个会员国在马德里召开第5届全权代表大会，决定把原有的两个公约合并为《国际电信公约》，制定了新的电报、电话、无线电规则，并将国际电报联盟更名为国际电信联盟（ITU）。正是由于电报电信业务在全球的不断扩展，在商业竞争与政治竞争的推动下，技术规则通过结盟与协商的方式在国际层面上得以制度性确立。

随着商业联系和技术交流日益频繁，技术规则从生产和工程领域分离出来，成为一种相对独立的技术载体和有价值的知识载体，并可作为一种特殊商品通过市场手段进行交换。电气时代系列技术成果的推广和应用要求人们必须遵行统一的标准，对技术规则拥有权利的各类标准化组织开始出现，其初衷旨在通过制定统一的技术规则促进统一的生产秩序形成，提高劳动生产率、降低生产成本，提升产品的通用性和互换性。在1887—1900年间召开的6次国际电工会议上，与会专家一致认为有必要建立一个永久性的国际电工标准化机构，以解决用电安全和电工产品标准化问题。1906年6月，13个国家的代表集会伦敦，起草章程和议事规则，国际电工委员会（IEC）正式成立，技术规则的国际化进程得到了进一步推进。

（三）技术进步与全球化推进技术规则国际组织机制形成

二战结束后，人类进入了现代科学技术发展的黄金时代，各领域科研突飞猛进，引发了一场信息控制技术革命。与此同时，全球经济也进入了增长期，国际贸易和交流不断扩大，科技与经济的融合日渐深入。全球范围内技术活动与社会实践的开展，解决不同生产系统之间技术和业务两个方面兼容性问题的现实需求日益迫切，需要提升国际技术规则标准化水平并扩大其范围，制定、发布和推广国际标准。1946年10月，来自中、英、法、美等25个国家的64名代表聚会于伦敦，决定成立国际标准化组织（ISO），以便于国际物资交流和服务，并扩大在知识、科学、技术和经济领域中的合作。ISO是世界上最大的国际标准化机构，参加者包括各会员国的国家标准机构和主要工业和服务业企业，负责当今世界上绝大部分领域的标准化活动，主要出版物包括国际标准及可公开获取的规范、技术规范、技术报告等。ISO 与 IEC、ITU 组成了世界三大国际标准化机构，其制定的技术规则在全球范围内成为"通用语言"，为促进国际物资交流和服务、扩大科技和经济领域合作提供了制度保障。此外，世界上还活跃着数十个国际性专业标准化组织[①]，其制定的专业技术标准在全世界得到广泛应用；各区域标准化组织[②]和行业标准化组织[③]也在相应区域和行业内发挥着技术规则制定者与发布者的角色，其制定的技术规则也在世界多国通行。

在全球化浪潮的推动下，国家间依存度趋强，国际规则涉及领域增多，国际规则逐渐成为各国博弈的手段。具体到国际技术规则领域，其体系涉及范围广泛、参与主体多元、技术要求明显，ISO、ITU、IEC 等国际标准组织制定的国际标准绝大部分是技术性标准，具有"国际软法"的约束力。技术标准作为技术规则的实现形式，出现了新的发展趋势：一是标准化涵盖领域越来越广，突破了最初实现技术规则国际化的电信与工业领域，覆盖了农业生产、工程建设、信息服务等各行业，囊括了质量管理、环境保护、信息化、安全和应急响应、企业诚信与社会责任等产业链的各环节。二是标准趋同速度加快，各个国家和地区的标准通过直接采用或转化采用的方式在向国际标准靠拢，越来越多的国家、地区和企业希望

---

① 国际性专业标准化组织如国际化学纤维标准化局（BISFA）、国际食品法典委员会（CAC）、关税合作理事会（CCC）、国际照明委员会（CIE）、国际无线电干扰特别委员会（CISPR）、国际原子能机构（IAEA）、国际航空运输协会（IATA）、国际民用航空组织（ICAO）、国际辐射单位和测量委员会（ICRU）、国际乳品联合会（IDF）、国际图书馆协会和机构联合会（IFLA）、国际制冷学会（IIR）、国际劳工组织（ILO）、国际海事组织（IMO）、国际橄榄油理事会（IOOC）、国际辐射防护委员会（ICRP）、国际法制计量组织（OIML）、国际葡萄与葡萄酒组织（OIV）、国际兽疫局（OIE）、国际铁路联盟（UIC）、联合国教科文组织（UNESCO）、世界卫生组织（WHO）、世界知识产权组织（WIPO）等。

② 区域标准化组织如欧洲标准化委员会（CEN）、欧洲电工标准化委员会（CENELEC）、欧洲电信标准学会（ETSI）、太平洋地区标准大会（PASC）、泛美技术标准委员会（COPANT）、非洲地区标准化组织（ARSO）等。

③ 行业标准化组织如美国电气电子工程师学会（IEEE）、美国材料与试验协会（ASTM）、美国机械工程师学会（ASME）、美国石油协会（API）等。

直接参与国际技术规则的制定。三是各国的标准管理体制和标准体系趋同，如在欧盟框架下欧洲各国的标准机构转向以制定欧盟标准或国际标准为主，苏联解体后东欧各国向国际标准管理体制和标准体系过渡。四是标准出版的形式增多，制定周期缩短，更新速度加快。五是国际标准组织与政府间的合作更加紧密，与包括联合国和世界贸易组织在内的政府组织在技术规则方面达成了密切合作关系。

（四）高新技术与全球化催化国际技术规则博弈白热化

20世纪下半叶以来，信息与通信技术（ICT）迅猛发展，人类社会活动日益精密。进入21世纪，既有制造范式基于数字制造、智能制造等现代制造技术得以改进，新型制造范式开始出现，并以制造的数字化、智能化和个性化为核心特征。德国在2013年汉诺威工业博览会上正式提出了"工业生产4.0"的概念，世界各主要工业国家也提出了自己的工业发展战略，如美国的"工业互联网"、中国的"中国制造2025"等，均以高新技术及其应用为着力点。在此背景下，技术规则和技术标准的作用和地位开始发生变化：通过技术规则中的技术要素与技术指标，规则的制定者可以建立市场准入与技术壁垒体系，从而获取最大利益。换言之，谁掌握了技术规则话语权，谁就在国际市场竞争中掌握了主动权。而在经济全球化的推动下，国际技术规则的重要性也进一步凸显。一方面，全球化催生了"标准经济"，统一的全球市场催生了统一的规则。面向全球市场的商品和服务需要保持质量上的一致性，贸易的全流程各环节也需要保持规则和标准上的一致性，因此需要制定、推广并应用符合国际通行规则的技术规则、产品标准、管理和服务标准等。另一方面，全球化时代全球市场份额的扩张已经从单纯的产品流动演变成以产品为载体的专利与技术标准的扩张，"规则之争"取代"产品之争"，将技术规则推向国际市场竞争前沿。世界贸易组织《技术性贸易壁垒协定》（TBT）等协定的出炉，使技术标准成为国际贸易规则的重要组成部分，技术规则成为各国贸易措施的技术依据。因此，技术规则作为技术成果的规范化与标准化，不仅成为企业间争夺市场份额的新手段，也形成了国家间竞争全球市场的贸易壁垒，被赋予了前所未有的战略意义。

在高新技术与全球化的双重催化下，国际技术规则博弈走向白热化，国际产业竞争呈现出"技术专利化、专利标准化、标准许可化"的趋势，发达国家对他国企业频频发起标准战和专利战。企业层面，利用技术或信息优势构建专利联盟、制定技术标准成为企业实施技术规则经营的主要手段。企业或企业联盟凭借自身超前技术创新能力、全球市场操控能力或所属政治联盟的综合影响力，将自身开发或购买控制的技术标准体系提升并锁定为全球行业或市场通行的技术标准，由此获得、维持、巩固和强化自身在全球市场竞争中的持续性竞争优势和对全球市场的垄断力和控制力。[1] 技术规则经营在以"知识型产品"为主的高新技术领域尤为盛行，市场份额优势可以通过形成"路径依赖"转化为"赢家通吃"的局面，赢家的技术规则也因此成为事实上的通行标准。典型的如 USB 接口标准化 1994 年由英特尔、康柏、IBM、Microsoft 等多家美国公司联合提出，并于 1996 年颁布 USB 1.0 标准，目前符合该标准的接口已取代了多种计算机接口。为顺应技术复杂性增强、迭代周期缩短以及产业分工精细化的新趋势，某一技术领域内掌握核心专利技术的厂商通常通过协议结成专利池[2]，以其拥有的核心专利为资本进行专利许可，降低专利许可交易成本，保障专利技术及时实现产业化，同时巩固核心成员厂商已有的垄断地位，遏制

---

[1] 张军，吴贵生，彭翔. 中国信息产业技术规则经营的理论与模式研究 [J]. 科技管理研究，2007 (4)：15-18.

[2] 专利池（patent pool）指两个或两个以上的专利权人达成协议，相互间交叉许可或共同向第三方许可其专利的联营性组织，或者是指这种安排之下的专利集合体。参见詹映，朱雪忠. 标准和专利战的主角：专利池解析 [J]. 研究与发展管理，2007 (1)：92-99.

新技术规则出现。如诺基亚和高通每年通过专利许可赚取数十亿美元，其竞争对手制造的手机不得不依赖于这些专利技术使用授权；中国加入WTO后，曾接连在数码相机、数字电视、DVD、MP3等领域遭受发达国家的大规模专利收费。

为竞争全球市场、维护基于先发优势形成的技术规则和产业霸权，发达国家动用国家机器打压他国企业的行为屡见不鲜。20世纪80年代，日本半导体产业在政府和企业巨大的研发投入支持下迅速崛起，在技术制造能力、产品质量、市场份额各方面皆呈现出赶超美国之势，美国芯片企业相继出现亏损。为全面打压日本半导体产业，美国将经济问题政治化，以日产存储芯片会严重危害其国家安全为借口，动用政府力量对日本产品收取100%高额关税、否决日本富士通收购美国仙童半导体公司、以盗取IBM技术为由逮捕了日立的6名高管、指控东芝向苏联出口精密机床，并签署《广场协议》迫使日元大幅升值，以削弱日本产品的出口竞争力。2013年，全球电力能源与轨道交通工业巨头法国阿尔斯通集团亦遭遇"美国陷阱"，其锅炉部全球负责人皮耶鲁齐在纽约转机时被美国逮捕，被控涉嫌违反美国《反海外腐败法》，随后阿尔斯通的多位高管也因同样的理由被美国逮捕。在美国的施压下，阿尔斯通被迫支付了7.72亿美元的巨额罚款，其核心的能源业务被主要竞争对手美国通用电气公司强制收购。美国司法部门和商界勾结制造阴谋，阻断他国技术发展、围猎他国企业的事件频频上演。5G技术被视为信息时代的"工业革命"，围绕其主导权的竞争日益激烈。在近年的5G国际标准制定中，中国华为的Polar方案和美国高通的LDPC方案分别赢得了控制信道编码和数据信道编码投票，考虑到高通LDPC方案的很多专利已经或即将过期，中国在5G通信标准的争夺中占得上风。2018年，美国又如法炮制，给华为下套。美国还分别在软件和硬件两方面向华为断供安卓系统和芯片，并敦促或强制其盟友封杀或拆卸华为设备、拒绝让华为参加各国建立5G移动网络投标，意欲通过制裁华为扼断中国5G技术发展。面对美国不择手段的阻击，华为启动系统"备胎计划"开发鸿蒙系统，中国开始大力支持国产芯片研发，积极应对司法战、外交战、舆论战，并通过多主体、多场合重申立场力挺华为，指出该事件本质是针对中国公民、旨在打压中国高新技术企业的政治迫害。2021年9月下旬，美国政府又以"应对全球芯片危机、提高芯片'供应链透明度'"为由，强势要求包括台积电、三星在内的多家半导体企业向其提供商业机密数据，通过对其他芯片企业进行施压，以在未来6G及其他高科技领域取得主导权与控制权。美国标榜的所谓公平竞争的虚伪性，以及凭借其霸权不择手段争夺国际技术规则话语权的意图暴露无遗。

二、国际技术规则构建中国家话语权博弈的影响因素及作用机制

国际技术规则的构建涉及不同国家倡导的技术规则系统之间的协调，不同技术规则系统之间产生的冲突与斗争直接驱动了国际技术规则构建中国家话语权的博弈。一国在国际技术规则构建中话语权的大小与其技术性权力和制度性权力紧密关联：技术的历史积累以及现实开发应用能力是一国掌握并提升国际技术规则话语权的必要基础和根本条件，凭借在特定行业的技术先发优势，一国可把他国对本国技术的路径依赖转化为对国际技术规则的主导权。在技术性权力的基础上，一国若能推动本国的技术规则进入国际议程并提升到国际规则层次从而成为普遍性标准，就能掌握国际技术规则话语权。

（一）国际技术规则构建中国家话语权博弈的影响因素

国际技术规则的构建涉及市场、政府、企业及企业联盟等诸多利益相关方的互动，因此与之相关的国家话语权博弈受到"宏观—中观—微观"多个层次因素的影响。

1. 宏观因素：国际综合实力与国内政策环境

一国的国际技术规则话语权与其综合实力和国际地位紧密关联，影响因素除了常规的 GDP 总量、进出口总额等经济指标，以及科研经费投入、科研团队规模、标准与专利数量等科技指标，还有对国际标准组织的介入深度与任职数量等制度指标。新兴经济体在经济发展速度方面占优，但受限于历史因素，西方国家由于率先开启了工业化进程，依靠技术沉淀形成了先发优势，推动了近现代国际技术规则体系的形成与发展，故而在国际技术规则话语权博弈中掌握主导权。例如，绝大多数国际标准由发达国家制定，ISO 和 IEC 技术委员会（TC）和分技术委员会（SC）大多数由发达国家承担。[1] 国际标准组织的话语权在很大程度上由发达国家控制，ISO 和 IEC 的主席、秘书长、TC 和 SC 秘书处相关职位多由美、德、日等国占据。

一国的产业发展战略和直接决定该国投入标准化工作的资源以及相关的政策导向，对企业的战略决策和研发投入产生引导性的影响。就发达国家而言，国际标准竞争的现实主体大多是归属该国的跨国公司，同时政府也会向制定技术规则的名义主体——各类公益性标准化民间机构提供政策和财政支持，像英国标准学会（BSI）、法国标准化协会（AFNOR）、德国标准化研究院（DIN）等都受政府承认与支持。德国及欧盟通过充分利用国际标准组织"一国一票"制，提高了德国标准体系以及欧洲标准体系的国际地位。相较之下，发展中国家具有直接参与国际技术标准竞争力的企业则相对缺乏，其国内的技术规则影响力也比较有限，无法直接上升到国际标准层次，需要政策扶持驱动其技术规则体系发展，待其成熟后再参与国际技术规则竞争。

---

[1] 张定康，辛效威，任翔. 从国际 TC/SC 分布格局看我国国际标准化工作[J]. 中国标准化，2018（17）：71-75.

此外，庞大的国内市场是一国参与国际技术规则话语权博弈的"压舱石"，能为一国参与全球化竞争提供回旋的余地。海外市场充满的不确定性使其更容易受战争、灾害或国际竞争的影响而产生剧烈波动，庞大的国内市场可以消减外部波动造成的风险，同时成为对外战略博弈的重要筹码。例如，美国虽然遭受全球金融危机冲击，但其庞大的国内市场仍然驱动了产业技术进步与升级，并通过操纵国内市场准入直接影响世界政治经济，进一步巩固其霸权。新兴市场国家则凭借其规模更为庞大的内部市场，近年来通过"金砖国家"等国际合作机制开始在国际政治经济舞台上崭露头角，是未来参与国际技术规则话语权博弈的主力。

2. 中观因素：行业环境与产业化竞争力

全球工业已经进入技术主导的时期，技术迭代的加快意味着产品和技术标准的更新也在加速。与传统的劳动密集型和资金密集型产业相比，技术密集型产业对技术的依赖性更强，以技术产品的快速更新为主要特征，因此产业内难以维持长期稳定的技术规则垄断，为具有后发优势的技术实践主体提供了参与技术规则话语权竞争的机遇和空间。以 ICT 产业为例，通信技术、软件技术、硬件技术都有相关的标准，建立技术标准对企业、整个产业甚至国家都具有深远的意义。因此，近年来的国际技术规则话语权博弈多发生于高新技术产业，例如早前 3G 移动通信国际标准中欧洲和日本共同研发的 WCDMA 与中国提出的 TD‐SCDMA 之争、无线通信国际标准中美国的 Wi‐Fi 与中国的 WAPI 之争，以及近年的 5G 标准争夺战等。高新技术标准网络外部性较强，多数具有互通性与兼容性，因此相关技术产品能否实现规模经济效益是决定技术标准能否在全球市场扩散并得以实施的关键。

产业化水平主要体现为国产设备的市场占有率以及国内企业在全球产业链中的具体分工，前者是自有先进技术应用于生产实践的直接体现,后者则与国际技术规则的话语权直接关联。技术标准只有在应用于产品生产并在国内外市场通行,才能为标准的提出者与采用者带来利润,进而激励企业开展新技术研发。产业链完整与否以及是否掌握核心技术,是本土技术标准能否形成、实施并扩散的关键因素,故而有"一流企业做标准,二流企业做品牌,三流企业做产品"的说法。产业化水平较低或者处于产业链上游链环的行业由于与技术研发间存在较为明显的脱节,因此通常在技术标准的选择中处于被动地位。此外,技术标准在推向外部市场的过程中,还需要上下游企业提供配套产品或资源,因此产业配套能力也影响企业对标准的选择,进而影响国际技术规则话语权的实际大小。

3. 微观因素:企业经营管理与技术研发能力

企业作为技术研发与生产实践的主体,其实力直接决定了其参与国际标准竞争的动机和能力,进而决定了标准竞争的成败。企业的实力强弱体现在资产规模和盈利能力等方面,决定了企业能否承担在全球范围内开发与推广技术标准的成本及风险,从而获取高额利润、建立或维护其在行业内的领先地位。国际标准竞争是一个长期而复杂的博弈过程,企业需制定相应的经营战略,使新技术或新产品开发战略与营销战略相协调,确保占领市场份额,同时与各合作方形成优势互补、发挥各自的关键能力,并为后续技术研发提供人力保证。

企业的研发能力主要包括创新能力与制造能力。创新能力是企业核心能力的体现,也是其技术能力与竞争能力的根本来源。企业通过技术创新可以形成兼具先进性和效用性的新技术标准,从而相对现有技术标准形成比较优势,摆脱历史形成的路径依赖。制造能力则是技术创新产业化的关键转化环节,新技术应用于生产可提高产品性能、降低制造成本,从而形成竞争优势。

(二) 国际技术规则构建中的国家话语权博弈机制

在技术积累与技术创新、国家政策安排与产业发展的协同作用和共同驱动下，技术规则得以制定和制度化。在国际技术规则领域，由于各国技术规则体系之间存在明显差异，各国之间更多充斥着各种冲突，通过围绕国际技术规则展开国家话语权力博弈，就其构建达成一致或妥协。当今国际技术规则话语权博弈已并非单纯的技术性和市场性的竞争过程，更是一个政治性的竞争过程。本节归纳出如图 5-1 所示的博弈机制，它涉及技术规则构建的多元主体、多类影响因素和多重手段。在技术标准生命周期中的标准形成、标准实施和标准扩散[1]各阶段相互关联，呈现出创新技术化、技术专利化、专利标准化[2]、标准产业化、产业市场化的特征。

技术标准生命周期	标准形成阶段		标准实施阶段	标准扩散阶段	
博弈环节	技术创新 ➡	专利申请 ➡	标准制定 ➡	标准推广 ➡	市场锁定
直接行为主体	核心企业	核心企业 管理部门	核心企业 管理部门 标准联盟	核心企业 管理部门 标准联盟 社会团体	核心企业 管理部门 标准联盟 社会团体 政府机构

图 5-1　国际技术规则构建中的国家话语权博弈机制

标准形成阶段始于技术创新，以标准制定为界，该阶段的博弈主要围

---

[1] 胡武婕, 吕廷杰. 技术标准竞争关键影响因素及其作用机理 [J]. 现代电信科技, 2009 (10): 38-44.

[2] 张军, 吴贵生, 彭翔. 中国信息产业技术规则经营的理论与模式研究 [J]. 科技管理研究, 2007 (4): 15-18.

绕技术标准文本展开。具体而言，在技术和产品快速更新换代的行业环境下，企业需通过技术创新积极适应市场需求。企业的创新能力和资源投入，决定了其自主创新后续能否实现技术化与专利化、技术专利能否实现标准化。而企业创新投入的决定因素除了其自身的规模和盈利能力外，也包含其从政府创新环境建设扶持政策中获取的资金财税等资源支持。经过专利管理部门为技术化的创新提供制度性保障，核心专利知识产权得以确认，掌握研发能力和核心知识产权的核心企业即可在市场竞争中赢得先发优势。技术专利向标准转化，需要大量的资金和人力投入，且不确定性较高，为分散风险、分担成本，行业内除个别垄断企业外的核心企业倾向于结成企业标准联盟，从而在限定范围内实现知识产权的共享，以提升技术标准的兼容性与开放性。各企业或标准联盟基于自有研发成果形成技术标准并形成竞争，之后通过标准化组织的协调达成一致，技术规范得以确定，公认标准得以形成。影响标准形成的直接因素主要包括技术标准自身特性和标准提出者的影响力两方面：前者包括技术标准的先进性、兼容性以及开放性等；后者则包括国内维度下核心企业或标准联盟在国内市场的地位与话语权，以及国际维度下一国在国际标准组织的地位与话语权。

标准实施阶段始于标准制定，以标准推广为界，该阶段的博弈主要围绕技术标准的商业转化展开，即新标准间的横向竞争，实质上为争夺早期市场。标准制定后，其自身特性需通过标准试验产品得以体现。其中，早期市场可为调试标准试验产品提供"试验田"，成为后续大规模推广的基础；标准试验产品的性能直接反映了技术标准的商业价值，是标准实现商业转化的前提。以上两个方面将影响用户预期，从而决定早期安装基础。在该阶段，企业的制造投入直接关系到其通过实施标准获得的技术知识应用能力和水平，企业可积累制造经验转化为先发优势。企业标准联盟通过内部分工，承担标准产品不同组件的生产任务，以分散制造成本投入，缩短标准产品开发周期，根据共享数据提升产品性能，并通过争取政府扶持获得在标准试验产品试运行期间的政策优惠，从而提升联盟的竞争实力、扩大安装基础。同时，具备相应专业技术能力、标准化工作能力和组织管理能力的学会、协会、商会、联合会等社会组织[①]通过制定团体标准，对已有行业标准形成补充，在规范竞争秩序、提升产业质量水平、推动产业结构升级的同时，进一步推动了标准的实施与扩散。

标准扩散阶段始于标准推广，以市场锁定为界，该阶段的博弈主要围绕技术标准对主流市场的锁定展开，亦即技术标准向国际标准转化，最终得以制度化并以国际技术规则的形式得以确立。技术标准市场锁定形成后，技术标准的制定者和拥有者可以凭借技术标准的网络效应获得巨大的市场份额，并通过专利池等手段进行专利授权许可获取可观的经济收益，成为技术标准市场锁定的最大受益者，因而其促成并维持技术标准锁定的动机最强烈。为此，技术标准的制定者和拥有者需在标准竞争中取胜，再通过马太效应、规模效应、累积效应等启动正反馈机制促成并巩固标准锁定。[②] 在此过程中，技术标准或产品的先进性能、配套产品的种类和数量、用户安装基础等都直接影响着标准扩散。而核心企业、管理部门、标准联盟、社会团体和政府机构亦形成合力，旨在取得标准竞争的胜利。企业通过组织产业链、建立大规模生产线，提高产业化能力、控制成本，可提升标准商用产品的性价比与竞争力。企业标准联盟继续发挥促成成员企业优势互补、提升用户预期、扩大安装基础的作用，从而促进标准扩散与

---

① 王益群，杨天乐，刘哲，等. 团体标准推广应用模式研究与实践 [G]. 北京：标准化助力供给侧结构性改革与创新：第十三届中国标准化论坛，2016：7.
② 陶爱萍，井姗姗，宋秋菊. 技术标准锁定的影响因素和形成机理研究 [J]. 工业技术经济，2015（2）：63-70.

市场份额提升。社会团体与国内市场形成合力，可助推本土标准安装基础达到临界值从而向外扩散，吸引国外企业采用相同标准，从而扩大产业市场规模。在此过程中，政府在履行引导并管理产业发展职能的同时，一方面可以通过政府采购、设置准入技术门槛等手段为本土标准提供市场空间，另一方面可以通过提升对国际标准组织的介入深度与任职数量、增加本国技术标准提案数量等手段助推其技术标准对主流市场形成锁定，实现自主创新与商业利益的双重收益，在其经济发展、产业优化以及国家安全等各方面形成保障。

三、中国参与国际技术规则话语权博弈的路径选择

随着综合实力与科技水平的快速提升，中国在国际技术规则构建中的角色正逐步从跟随者向领跑者转变，但与发达国家相比仍处于劣势，面临被发达国家"标准合围"或"标准锁定"的风险。中国需要从技术性权力、制度性权力、解释性权力等维度入手，提升自身的国际技术规则话语权。

（一）中国参与国际技术规则构建的现状与挑战

自工业革命开启工业化道路以来，由欧美发达国家主导制定的工业技术标准形成了一个无形的规则体系，反映出由西方技术专家主导达成的共识，支撑着全球市场的运行。中国实行改革开放后，在发达经济体的促使下开始采用全球标准，并在长期由西方主导的规则体系中逐步成长为世界上最大和增长最快的经济体之一。中国参与构建国际技术规则的必要性日益凸显，其进程也可以据此大致分为"学习采标、积累经验"和"重点突破、主动引领"两个阶段[1]：前一阶段时间跨度为中国加入 ITU、ISO、IEC 至 20 世纪末，该时期中国的经济和科技发展水平较低，参与国际标

---

[1] 从"引进来"到"走出去"：中国标准国际化之路 [J]. 中国标准化, 2015 (3): 14-31.

准化的重点任务主要包括学习并采用国外先进标准、了解并跟踪国际标准化发展前沿，从而提升自身标准化水平、为积极参与国际标准化工作积累经验。第二阶段时间跨度为中国 2001 年加入 WTO 至今，该时期中国深化对外开放，进一步融入经济全球化大潮，开始寻求从国际技术规则"追随者"到"领跑者"的转变，推动中国标准"走出去"、引领高新技术产业等关键领域的国际技术规则制定，通过实质性参与国际标准化活动提升中国在国际技术规则构建中的话语权，成为该阶段的重点任务。

中国近年参与国际技术规则构建和国际标准化的实践主要呈现出以下特点：一是在国际标准化活动中的地位提升明显，对国际标准组织的介入深度与任职数量快速增长，先后成为 ISO 和 IEC 的常任理事国以及 ISO 技术管理局的常任成员，来自中国的技术专家相继当选 ISO 主席、ITU 秘书长和 IEC 主席，承担 ISO、IEC 技术机构的主席和秘书处相关职位分别从 2002 年的 3 个和 6 个增加到 2019 年的 70 个和 88 个，主导制定 ISO、IEC 国际标准 297 项，成功承办了第 39 届 ISO 大会、第 83 届 IEC 大会等国际标准化重要会议。二是国际标准化活动范围扩展，积极与世界其他国家和地区的标准化机构签署合作协议，实现了对亚洲、欧洲、美洲、大洋洲主要贸易伙伴国的覆盖，通过与俄、美、英、法、德、欧盟、东北亚、南亚建立双边和多边合作机制，推动新能源、新材料、智能制造以及基础设施建设等专业领域的国际合作，并与"一带一路"沿线国家签署《关于加强标准合作，助推"一带一路"建设联合倡议》。三是积极主导国际标准的制定与修订工作，涉及农业、能源、原材料、传统工业以及先进装备制造、高新技术、新兴产业以及节能环保、社会治理等领域，并在中医药、烟花爆竹、海洋技术、特高压输电、智能电网、节能、品牌等优势特色领域实现国际标准化突破，成功组建 ISO 和 IEC 相应技术机构，在具备产业优势和后发优势的领域形成了一批由中国主导的国际标准提案,近年在 ISO 和 IEC 提交并立项 200 余项国际标准项目,国际标准提案数量连续多年领先。四是中国标准海外应用不断拓展,与英、法等国开展中外标准互认,与俄罗斯开展标准互换,多项中国标准在蒙古国被采用为国家标准、在土库曼斯坦和塔吉克斯坦获得注册认可或被采纳,通过对"海上丝绸之路"沿线国家开展农业标准化培训,实现了近百项中国标准在东南亚国家农业标准化示范区的推广使用。

国际技术规则的竞争,实质上是各国科技实力与话语权力的竞争,而一国在国际技术规则构建中的话语权大小则由技术和历史两个因素共同决定。纵向来看,中国参与国际技术规则构建的历程反映了其综合实力与科技水平的快速提升,以及在长期被欧美发达国家主导的国际标准竞争中寻求从跟随者到领跑者的角色转变。然而,横向来看,中国提交 ISO、IEC 并正式发布的国际标准占比目前仅为 1.58%,与其世界第二大经济体、第一大贸易国的地位极不相称。[①] 这反映了由各国技术历史积累决定的国际技术规则权力格局,技术先发国家凭借诸多技术专利拥有了国际技术规则的创制权,并借此机制对后发国家的技术专利申请和标准创制进行打压。中国除了在参与国际技术规则构建中仍然面临被发达国家"标准合围"或"标准锁定"的风险外,对 ISO、IEC 等国际标准组织的介入深度较发达国家也仍处于劣势,在提案介入和国际标准互认等方面面临较大阻力,其标准国际化战略仍需完善、国际技术规则话语权仍待提升。

随着中美步入新一轮激烈博弈期,美国在各领域把中国当作"假想敌",渲染"中国威胁"以遏制中国发展、维持美国全球霸权地位。拜登

---

① 毛芳,盛立新. 国际标准化发展新趋势背景下中国标准国际化的现状及路径完善[J]. 标准科学,2018(12):88-91.

政府在使出最新一波对华组合拳中,加码科技战博弈,科技成为中美竞争无法回避的领域。美国参议院于2021年6月8日表决通过了《2021年美国创新和竞争法案》,该法案以《无尽前沿法案》为母本,扩充了《2021年战略竞争法案》《应对中国挑战法案》等内容而形成。法案授权动用约2 500亿美元振兴半导体制造业、促进科学技术研究、维护网络安全、推进5G网络建设,构建新一轮科技与产业的"举国体制",以恢复美国日显式微的技术优势和影响力。法案以提升美国在全球的科技创新竞争力为名,强调通过战略、经济、外交、科技等手段同中国展开竞争,"对抗"中国日益增长的影响力,行遏制中国发展之实,以人权宗教为借口干涉中国内政,以科技、经济脱钩等手段剥夺中国正当享有的发展权利。国际技术规则话语权再次成为两国战略竞争与博弈的前沿。

(二) 中国参与国际技术规则话语权博弈的战略与路径

国际规则直接影响着世界各国间的利益分配,且决定了一国在国际社会中的地位和角色。国际技术规则因具备"国际软法"的约束力驱使各国遵从,因而具有明显的权力内涵:谁制定了技术规则和技术标准,谁就拥有了获得与使用重要技术资源的权力,以及干预或约束其他国家技术活动的权力。因此,标准之争已超越产品、技术、品牌等层次的竞争成为更高层次的竞争形态;国际技术规则构建中的话语权争夺,不仅是作为市场主体的企业实现技术创新成果转化的商业需求,更是世界各国出于维护国家利益的现实选择,是企业、行业联盟、标准组织以及政府等多方力量复杂博弈的过程。美、德、日三大"制造强国"均以空前力量争夺国际标准制高点,用自身经济实力、技术创新、国际关系等影响标准国际化进程。[1] 中国在市场规模、商业模式创新等方面具有天然优势,

---

[1] 刘淑春,林汉川. 我国制造业标准国际化战略对策[J]. 宏观质量研究,2020 (6): 80-95.

技术研发水平目前虽与发达国家存在一定差距，但在新技术领域后发优势明显。因此，积极参与国际技术规则话语权博弈，是中国在技术标准方面实现从"被动追随"到"主动领跑"的切入点和突破口，以防未来受制于人。

首先，掌握核心技术、提高技术创新能力，是掌握并提升国际技术规则话语权的前提与基础。新技术是美国在过去几十年中保持经济繁荣的主要驱动力，也是美国赢得同苏联冷战、对日竞争的重要原因。美国国家层面的科技战略以及国家力量的介入，也是不可忽视的重要因素。美国遭受苏联第一颗人造卫星上天的"斯普特尼克冲击"后，创建了国家航空航天局（NASA）、国防高级研究计划局（DARPA）等机构并大幅度增加研发支出，出台支持STEM（科学、技术、工程和数学）教育的政策举措，扭转了竞争的被动局面，为其在科技领域保持全球领先地位奠定了重要基础。20世纪80年代以后，以自由市场为主导的创新、研发成为美国科技领域的主流，但当美国在与日本半导体产业的竞争中处于下风时，美国政府积极出手介入，成立由14家美国半导体公司组成的半导体制造技术战略联盟（SEMATECH），先后提供8.7亿美元资金支持，推动了美国半导体产业在20世纪90年代的复苏，也创造了有利于联邦政府和私营部门之间形成成功伙伴关系的技术生态系统。现阶段，美国政府全面介入中美科技竞争的趋势明显，其在规划和执行技术战略方面丰富的实战经验应引起中国高度重视。中国需要通过国家制定科技大战略，基于人力资本、基础设施、投资、税收、监管政策和制度等一系列全方位的措施和手段提升自身技术实力，需要加强激励技术创新的顶层设计，在国家层面研究制定统一规划，加强政府部门与产学研各方的协作与联动，形成创新合力并提升国家技术实力，重点支持芯片、人工智能、量子计算机、5G等领域的技术研发。具体而言,一方面要加大政策倾斜力度,形成鼓励创新的制度环境和激励机制,通过提供金融、税收等方面的优惠政策,激发核心企业技术研发活力;加大对基础性科研院所的政策与资金支持,推动基础科研攻关为技术创新提供理论支撑与智力支持,促进科研成果转化应用;支持企业、产业联盟、科研机构与标准化机构协同与合作,推动基于自主创新研发的优势技术标准向国家标准、国际标准转化。另一方面,需要加强人才队伍建设,通过实施激励性、包容性的制度安排,培养、引进、保留专业性技术人才;完善人才激励机制,为相关领域高端人才提供资源支持、表彰激励和收益回报;实施国际人才"引智工程",大胆引进国内急需的国际杰出人才,实现对国外先进技术的引进、消化吸收和再创新。

其次,通过积极的国际社会参与提升在相关技术标准组织或机制中的制度性话语权,是巩固国际技术规则话语权的制度路径。一国的制度性话语权主要体现为该国政府在基于国际经济政治安全制度安排的国际事务中对相关国际标准、国际规则、国际秩序的定义权、制定权、评议权、裁判权以及话事权、决断权、主导权等,具体到国际技术规则领域,则体现为一国在国际标准和技术规则的制定中掌握的主导权。在增强技术实力与创新能力的基础上,中国应寻求制度性权力的提升。一方面,要主动加入各大国际标准组织和相关行业协会、标准联盟,积极介入相关活动、谋求承担或设立相关秘书处,推荐中国专家在相关国际组织或机制中任职,支持掌握核心技术的中国企业加入各类国际性和地区性标准化组织和行业协会并导出技术规则和标准,从而保障中国提出的技术标准与技术规则能够进入国际议程。另一方面,利用已有的双边和多边合作平台,通过"循序渐进"的模式推动本国专业技术标准在周边国家采用,并通过平等、开放的协商使之成为地区标准,之后再向升级为国际标准进发,利用特定国际组织或机制中的"一国一票"原则,实现中国标准的国际化。此外,还要重视对世界贸易已有框架与协议中知识产权相关政策的挖掘与阐释,充分利用 WTO 协议中的优惠规则、例外条款等协调和保护中国企业的知识产权。在完善知识产权执法的基础上,积极参与 WTO 规则中知识产权相关协定的制定。例如,针对高技术智能产品在消费者知情权与隐私保护等方面权责界定模糊、法规尚未完善的现状,适时提出"消费者人权保护"概念[1],以西方通用的话语观念推动中国技术规则向国际规则拓展,从而提升中国在知识产权技术规则方面的制度性话语权。

在实现技术性权力和制度性权力双重保障的基础上,对本国技术标准、共享价值理念的有效阐释与推广,是实现国际技术规则话语权威及其正义性全球认同的现实路径。虽然技术本身是中性的,但在技术实践中,不同行动主体倡导的技术规则不可避免存在差异并产生冲突,不同的技术标准也被政治化,故而其蕴含的价值理念与价值判断也会影响一国在该技术领域的话语权威及其正义性。对本国的技术标准、价值理念与价值判断进行有效阐释与推广,需遵循从具象到抽象、从实践到观念的认知路径:一是要在制造话题、设置议程的基础上转换叙事方式,以适应对方的文化背景的话语方式讲述中国标准的技术优势与实际应用价值,以其可实现的现实收益阐释中国技术价值判断,以最大限度获取对方的理解与认同。二是要充分利用国内外社交平台,由制定技术规则的多元主体形成传播矩阵,扩大中国技术标准及其价值理念的影响力;明确与潜在合作方的共识点并加以强化,诠释自身的合理性与合法性;面对来自冲突方的偏见与质

---

[1] 张军,吴贵生. 技术规则经营:美国战略与中方选择 [J]. 科学学研究,2005 (5):635 - 640.

疑时，官方话语可与民间话语配合，借助专业领域意见领袖、科普自媒体等第三方放大自身话语体系"音量"予以回应，向国际公众传播本国的技术标准、价值理念，以获得国际公众的认可。三是要形成崇尚科学、技术向善的技术发展观念，与中国倡导的"命运共同体"共赢共享理念协同形成对外话语体系，积极动员技术实践与技术规则构建中的多元主体，以技术交流、企业对外投资以及其他公共外交形式实现中国技术规则及其价值理念的对外传播与认同。

下篇 中国新闻传播学自主知识体系的实践创新

　　中国新闻传播学自主知识体系不可能凭空建构。它一方面取源于古今中西伟大文明的学识积累，即那些已经成为人类共同财富的智慧共识。另一方面，知识的有效性更深深地扎根于这一体系赖以生存的历史和土壤。中国新闻传播学自主知识体系的提出与创建，本身就是新时代中国特色社会主义的历史时机所赋予的。知识所具备的时代性，让历史与现实、传承与创新、过去与未来一定会在知识的变革中交汇。中国新闻传播学自主知识体系的最终创立，离不开这一知识体系在实践领域的应用和调适，以及在此之后的再度反思与革新。

作为一个具有强烈实践倾向的学科，新闻传播学在自主知识体系的创建上将会时刻关切知识的实践领域。人类社会日益扩充的智识、变迁的媒介技术、现代化的中国语境，构成了新闻传播学自主知识体系的实践背景。新闻传播业已经受到冲击，它们要求新闻传播学自主知识体系解释这一震荡的缘由，以缓解晕眩、重觅希望。媒介社会变化之迅速要求知识与实践的即刻回应，这给了学界与业界一个携手铸造新的自主知识体系的契机。

在已然被媒介化的当代人类社会，新闻传播学自主知识体系的实践性还体现在新闻传播学有可能深入探寻当代人类的存在境况。互联网、5G、AR/VR、元宇宙……人类社会从来没有像如今这样为媒介所渗透、改变与塑造。在万物皆媒的时代，人类生活在媒介之中、媒介成为人的延伸；同时，人又被媒介化、人成为媒介的延伸。这一双向命题的成立，预示着这个时代的新闻传播学注定要发展出属于自己的自主知识体系。而当代中国，又是世界范围内最具媒介前瞻视野、创新意识和生活实践的国家。扎根于此，中国新闻传播学一定能回应时代需求，突破西方理论的禁锢，建构起自主知识体系。

第六章　中国新闻传播学自主知识体系与新闻业的革新

第一节　新闻传播教育与实践的辩证

作为传播学的主要奠基人，施拉姆（Wilbur Schramm）在1959年描述了传播学的历史方位：十字街头。[①] 新闻学素来被公认为杂家之学，向社会和历史敞开自身。与二者的学术属性和学科属性相应，新闻传播教育一直身处多元交叉地带，常为时势、技术和外学科的近邻所冲击，以致"边缘化""再出发""整体性否思"甚或"颠覆"之音不绝于耳。持续的身份焦虑和认同危机形成了"领域的骚动"[②]，骚动的实质，便是要走出"十字街头"，确立新闻传播学科的自主性和合法性。

及至今日大数据、泛媒介、万物互联时代，这种主体性和合法性欲求显得更加汹涌，远非"机遇与挑战并存""变与不变统一"之类的老话所能平抑。大量论文和演说在检讨新闻理论和实践的"专业主义"，反思传播学的主体性、西方进路和中国化，探讨新闻传播教育的改变与改造。"十字街头"看起来辉煌又幻灭，前后左右皆可挺进而又令人迷失。这就要以更开阔的观念、视野来重估新闻传播教育的历史方位。本节着眼高等

[①] SCHRAMM W, RIESMAN D, BAUER R A. The state of communication research: comment [J]. The public opinion quarterly, 1959 (1): 10-13.

[②] 龙强，吴飞. 认同危机与范式之惑：传播研究反思之反思 [J]. 国际新闻界，2018 (2): 73-84.

教育现代化进程中三种模式的更迭，从主体性、正当性、有效性等维度切入，辨析多元关系的夹缠、对立和对话，进而提出构建敞开型、生态型学科体系的可能性。生态型的主旨在于强调新闻传播教育的未来之路是坚守而非走出"流动的"十字街头。

（一）大学教育现代化与学科合法性危机

在教育思想史领域，人们对现代大学及其知识生产模式的回溯，往往将起点置于洪堡时代和洪堡理想。1809年，深受启蒙思想熏染的洪堡（Wilhelm Humboldt）创立了柏林大学，他主张大学应出于人的"好奇心"而非功利主义培养人、治学术和服务社会。这一主张后来被表述为著名的洪堡理想（Humboldt ideal）：造就自由、自主、平等、心智高贵的人；坚持"纯科学模式"，而不必以事功介入社会。大学以涵养纯粹心智为中心，舍此便是脱轨或大学精神的堕落。

教育学界将洪堡理想指引下的大学理念和知识生产模式称为高等教育现代化的"模式1"。它放弃了中世纪大学的神学本位教育，转而挺立人的主体地位，开启了大学教育的现代化进路。"模式1"被认为大抵持续至二战后，至今仍有人牵念不忘。及至1861年创办的美国麻省理工学院已然挑战了洪堡模式。这所"新式大学"的校徽出现了两个人物形象：一位是手持经卷的思想者，尚有洪堡理想的余绪；另一位则是工程师，拿着象征工业文明、意在改造世界的工具，大学经世济用之意昭显。稍后创办的美国霍普金斯大学（1876年）、威斯康星大学史蒂文斯波因特分校（1894年）则被认为是大学真正走向经世济用、开启"模式2"时代的标志。及至20世纪六七十年代，西方大学彻底卷入现代化洪流，经受了世俗化和市场化的剧烈改造。学术资本主义和工程师主义逐渐凌驾于洪堡理想之上，"模式2"已然成为大学知识生产和人才培养的主流。

"模式2"主张大学积极介入社会，从专注心智和真理的"象牙塔"

转向一切可能的"应用情境",解释和解决国家和时代遭遇的现实问题。为此,大学要生产有用的知识,培养有专业技能的人才。系科和专业分工日趋繁复精细,以契应工业社会的结构与功能之需。模式1向模式2的转变体现了现代性强烈的进步意志和效率追求,有人认为此乃大学现代化的必然选择。① 批评者则指控大学在变得"更现代""更有用"的同时,背叛洪堡求索高深知识、高贵心智之初心,投靠了学术资本主义。②

美国正规新闻教育肇端于20世纪初,当时正处于"模式2"萌芽阶段,最早创建的密苏里大学新闻学院(1908年)和哥伦比亚大学新闻学院(1912年)皆表现出强烈的务实和实务取向。1917年,北京大学开设新闻学课程,并于次年组建了新闻学研究会。及至20世纪20年代,芝江大学、上海圣约翰大学、燕京大学等正式开办新闻系或新闻专业,它们普遍借鉴甚至直接引渡了美国模式。"中国的新闻教育是从美国横向移植过来的。"③ 譬如,燕京大学新闻学系素有"小密苏里"之称,以提供"急契报界之需"的知识和具有"即战力"的专业人才为办学宗旨。④ 显然,民国大学的新闻系科因其"美国横向移植者"身份和救亡图存的国情而带有"模式2"强烈的实用主义色彩。

改革开放后,伴随国家现代化进程,中国新闻传播学科以产出能够解释、解决新闻传媒和舆论宣传实践问题的知识,培养适应新闻传播实践需求的人才为导向,并在中西互动中全面拥抱了"模式2"时代。新闻传播

---

① 李志峰,高慧,张忠家.知识生产模式的现代转型与大学科学研究的模式创新[J].教育研究,2014(3):55-63.

② 吴洪富.理性大学·学术资本大学·民主大学:大学转型的知识社会学阐释[J].高等教育研究,2012(12):9-16.

③ 张咏,李金铨.密苏里新闻教育模式在现代中国的移植:兼论帝国使命:美国实用主义与中国现代化[M]//李金铨.文人论政:知识分子与报刊.桂林:广西师范大学出版社,2008:281.

④ 张如彦.新闻教育[M]//方汉奇,王润泽.中国人民大学图书馆藏燕京大学新闻系毕业论文汇编:第15册.北京:国家图书馆出版社,2014:283.

教育总体上以有用的专业知识生产为职志,重视学生的专业抱负、智识和技能训练。反映在系科设置上,便是响应、对应传媒与传播形态设置精细的专业、方向和人才培养类型。譬如,中国教育部设立的新闻传播学专业目录包括新闻学、广播电视学、广告学、传播学、网络新媒体、编辑出版学、数字出版,一些体量稍大的专业之下更依据传媒生产领域或环节不同而细分若干方向。在理论建设上,即使对新闻传播问题的哲学反思、范式讨论以及对职业理想、伦理的考察,亦强调其实操标准和多元情境下的适用性。

然而,新闻传播教育对业界和社会的持续主动响应并未真正缓解身份焦虑,至少未能确立学界普遍期待的自主和独立地位。相反,认同与合法性危机常在教育政策制定与资源分配、跨学科比较与评审、传媒与传播实践变革、技术创新与社会转型等紧要关头显现和发作。所谓合法性危机,即特定主体在核心价值、存在理据和行动正当性上遭遇的挑战、威胁或颠覆,往往表现为主体性、有效性和正当性等三个方面的缺失、薄弱或偏差。对照工业社会的整体安排和"模式 2"原则,新闻传播学科遭遇如下三重合法性危机实属必然。

一是主体性危机。"模式 2"强调每一学科皆应具足独特的核心价值和清晰的外部边界,以在系统分工中确立其主体地位。从学科内部的生成、生长情况看,长期置身于"十字街头"的新闻传播学确实存在核心概念、经典理论不足和方法薄弱、专业知识和技能门槛低嵌的窘境。"新闻无学论"从未止歇,传播学则更像施拉姆所称的"租界"——很多人来了又走,很多学科穿插而过。[①] 人文学科针对新闻与传播问题的哲学批判、修辞与叙事研究、历史分析并不逊于新闻传播学界的努力,甚或在某些纵

---

① SCHRAMM W, RIESMAN D, BAUER R A. The state of communication research: comment [J]. The public opinion quarterly, 1959 (1): 10-13.

深领域占据话语霸权；政经法、社会学、心理学和新近崛起的计算科学在介入新闻学、传播学议题时亦有令人瞩目的作为，至少表现出方法上的显著优势。对此，凯瑞（James Carey）在讨论"新闻教育错在哪里"时说，人文社会科学甚至"以新闻学为耻"[①]。而新闻传播学者一旦将研究议题挺向中心地带，反而"一不小心"就进入了近邻学科的领地。当喧嚣的"十字街头"容不下独立、专属的理论大厦和知识殿堂，学科主体性危机便呼啸而至了。

二是有效性危机。按照"模式2"要求，大学分科须与社会系统分工大体匹配，以供给可用、好用的专业知识和人才，而业界对新闻传播教育最常抱怨的是"理论无用""理论落后于实践"。业界的指责在中国新闻教育早期即已存在。1932年4月，《大公报》主笔张季鸾在燕京大学新闻学系演讲时便提出了"大学何以开展新闻教育"的疑问，他自称二十年"凭一管笔与社会相见"，"却未曾读过一部新闻学的书"[②]。当时很多报界名流都认为大学新闻系未能提供可用、好用的知识和人才，知识难以"契切急需"，人才缺少"即战力"。实际上，每当社会和技术变革潮起，业界便牢骚炽盛，于今更加甚嚣尘上。在大数据、泛媒介、万物互联的时代，新闻传播领域的内容生产、运营管理、技术革新一时由业界主导，大学由观念和知识的启蒙者、"立法者"沦为旁观者和追随者，学术生产和人才培养面临整体性重构的挑战。若全然以有效性的标准度量之，挑战必然引发危机。

三是正当性危机。正当性亦为合法性的重要范畴，包括经验和理性两个维度的正确性与合理性。就经验而论，正当性表现为行动主体获得广泛

[①] CAREY J W. 新闻教育错在哪里[J]. 李昕, 译. 国际新闻界, 2002（3）: 8-11.
[②] 张季鸾. 诸君为什么想做新闻记者？[M]//燕京大学新闻学系. 新闻学研究. 北平: 良友公司, 1932: 5.

的社会认同和尊重；在理性层面，正当性即经过主流道德准则或道德哲学检验而获得信任和确证。新闻传播教育近年遭遇的正当性批评，主要有学生专业理想黯淡、职业伦理训练不足、专业教育薄弱，以及学界对业界的道义冷漠——譬如当业界遭逢规治上的"艰难时刻"，学界被指为"集体失语"。不唯如此，新闻传播实践领域出现的信念缺位、伦理失范或在道德"灰色地带"的妄言与劣迹，亦常被溯源、归因于早年新闻传播教育的亏欠。而在民族国家和人类共同体层面，新闻传播教育对主流意识形态、公共伦理、共同价值的灌输方式和涵化效果亦常遭到质疑。

以上指向主体性、有效性、正当性的学科合法性危机，既是实存的，也是建构的，反映了学界的焦虑、自省和改造的决心。惜乎这样的决心尚未有效解决实存的问题。譬如新闻传播"中心理论"的创新及其向教学实践的创造性转化依然任重道远，反思仍胜于实绩；过度响应业界动态而增设新专业、新方向、新课程的做法难以为继，驰逐于变化莫测的实践前沿未免消解大学教育传统，加剧知识碎片化；专业信念、理想和伦理教育仍主要停留于书本和课堂讲授，知识训练与人格训练融合的"大培养"格局仍缺少坚固柱石的支撑。当"模式2"框架下的新闻传播教育还在深受合法性危机之困时，大学教育的"模式3"时代降临了。

（二）多元对话与敞开的学科主体性

"模式3"是带着诸如后现代、后工业、全球化、网络革命、知识集群、跨界融合等标签到来的。在2003—2012年间，来自美国华盛顿大学、斯坦福大学的卡拉雅尼斯（Elias Carayannis）和坎贝尔（David Campbell）等发表了《创新网络和知识集群中的知识生产、撒播和应用》《模式3和四重螺旋：走向21世纪分形创新生态系统》等多部（篇）著述，提出并详述了"模式3"的核心主张和逻辑。新模式直面后工业时代的思想和技术革命，不反对"模式2"对分工和应用情境的追求，但更关切多样连接、跨界融合、网络化创新和生态式成长。

"模式3"的核心特征是"多层次、多边化、多形态、多节点",强调多元主体在复杂场景下的开放性、包容性对话与合作,以实现"创新驱动"和"协同放大"。[①] 循此原则和路径,学科主体性不再表现为独善其身的能力、自恃自足的价值、专属的领地和边界,而恰为进入多元学科生态、向关联学科敞开、助益融合创新提供必要性与可能性。换言之,学科主体性走出了传统上精细分工的自我建构,转而寻求一种"主体-主体"关系,即培育学科主体间性。理论与实践、学界与业界的关系亦不再两厢分立,而是在不同层次、形态和节点上拓展多样共生、彼此增益的合作场景。

在空间维度,"模式3"主张跨界、跨学科、跨文化的一切可能的链接,以建立"全球-在地"的知识集群。与此相应,学科正当性将接受多元主体在更广阔范围内的持续检验,直到将自身的正当性契入公共性。而公共性乃多元主体通过对话形塑的互为主体性,在经验和理性上表现为基于多元共识的公共利益、公共精神和公共伦理。在时间维度,"模式3"是一种动态更新、实时共享、同步反馈的知识生产机制,强调多元主体对应用场景的灵敏响应和适应。为此,学科及其知识生产的有效性首先表现为动态更新、实时共享的能力,进而要在复杂的具体情境中评价其效用。

显然,"模式3"的时代标签今日已打在新闻传播学科身上,并且具化为算法、大数据、社交网络、人工智能、媒介融合、万物互联等更贴合学科属性的印迹。按照"模式3"的逻辑,新闻传播学科应从平衡如下多重关系入手,重构学科主体性、有效性和正当性。

一是重构学科间关系,构建敞开的学科主体性。如是敞开,包括内部

[①] CARAYANNIS E G, CAMPBELL D. Open innovation diplomacy and a 21st century fractal research, education and innovation (FREIE) ecosystem: building on the quadruple and quintuple helix innovation concepts and the "Mode 3" knowledge production system [J]. Journal of the knowledge economy, 2011 (3): 327-372.

融通和外部拓展两个指向。向内者,即打破学科内部的专业壁垒,人才培养机制由"专业-方向"转向"项目-任务"或"兴趣-专长",知识生产机制亦然。目前,新闻传播学科仍主要依照媒介和传播形态划分专业领域,每一教师皆归属于特定教研室或系科,每一学生皆进入特定专业及其细分方向。这种壁垒分明的专业分工,限制了融媒体、公共传播时代人才培养、学术创新的想象力和现实选择。新闻传播学科理应穿越乃至取消内部的专业边界,依据学生的兴趣和专长,设立承载特定培养任务的人才项目。这些项目以学生为中心,尊重其自由选择,包容其禀赋和气质,因材施教、个性化培养,进而将之培育为兴趣、任务导向的学术共同体和成长共同体。

向外者,即主动敞开自身,寻求跨学科对话与合作。"模式3"提出的融合创新理念没用多久便成为高等教育界的共识。新闻传播教育自然也认识到了学科开放的重要性,却未免担忧本学科在边界突围、多元融合中持续弱化自身的独立自主地位——"十字街头"的焦虑由来已久。而若将大学现代化视为一个整体性的历史进程,将"模式1""模式2""模式3"的次第更迭理解为这一进程中的必然安排,即可得出两个基本判断:新闻传播学科在"模式2"阶段于大学教育中获得了一席之地,但并未完成自身主体性建构,"十字街头"的处境持续引发合法性危机;而在"模式3"时代,学科主体性不再完全源于固守堡垒、看护边界的能力,而是寻求在多元对话中成就开放、共享的价值,"十字街头"恰好可以转换为对话、合作、融合创新的场景。往昔走出"十字街头"的焦虑和冲动,自然亦应转换为构建敞开的主体性或曰学科主体间性的动力。

二是重构理论与实践、学界与业界关系,拓展多元、多维、多节点的应用场景。互联网革命引发了新闻传播教育和业界的剧烈变迁,二者所遭遇的巨变既有相同的结构和方式,亦有不同的逻辑和进路。除了各自应变,教育与业界的关系也处于调整、重构之中:"人才供给-人才使用"

"学术引领-实践转化"的传统关系变得紧张,理论与实践、学界与业界的鸿沟或有加深之势。从教育一端看,有效性危机诸如"理论无用"、"理论落后于实践"、人才缺少"即战力"的批评再度盛行。所谓有用与无用、引领与落后之争,一方面表达了人们对教育的忧思,另一方面也犯了简单二元论的错误。学界与业界未必是非前即后的二元关系。在人才培养方面,大学教育有时恰要守在原地,不忘立德树人之初心,致力于培养有抱负、有德性、有担当、有美感的年轻人,而不是为业界输送生产车间的技工;在理论研究方面,学术的也未必领跑业界或尾随其后做出总结,而应站在高处,或批判其在规律、德性和文化上的偏差。业界及其实践亦有自己的价值、功能和逻辑,不必成为学界某些概念和理论的操演场,正如大学教育不应成为业界的前置车间或技校。

由于共同面临着信息传播技术革命带来的颠覆性巨变,新闻传播教育界和业界之间对话、合作的需求比以往任何时候都更强烈和迫切。对话尊重多样性和差异性,进而谋求复调和共生的可能性,而非一厢投向另一厢的怀抱,在迎合中丧失自主的凭据。根据"模式3"的主张,教育与业界应基于有效对话,共同创造新型知识生产体系。这一体系承认多样性和差异性,坚持问题导向,构建创新驱动的关系网络,针对关键节点寻求可能的突破。为此,教育与业界应拓展多维度、多层次合作空间,如团队和实验平台共建、数据与知识产权共享、课程与产品联合开发,并根据具体应用场景动态调整合作内容和方式。

三是重构公共伦理、大学精神与专业理想之间的关系,确立后真相时代的学科正当性。"模式3"描绘了一个无边界、全链接、开放性、包容性的知识创新网络,进入其中的多元主体必然面临价值协商和校准问题。每一主体皆有其价值排序和正当性追求,这就要求基于多元对话寻找共同价值、培育公共伦理。具体到新闻传播学科,对专业理想、职业伦理的研究和教育亦应契入公共性的价值安排和伦理选择，持存个性而又不悖公共性。正是在二者的平衡中，学科正当性得以确立。"传统新闻职业道德的演进趋势，很可能是两个方向：一是新闻职业道德要求的公共化、大众化，二是新闻职业道德进一步窄化、专业化。"[1] 值得深究的是，"模式3"在拓展"模式2"的同时，确乎存在进一步疏离、背叛"模式1"洪堡理想的风险。它更关切知识创新的场景和路径，而相对忽视传统大学精神的生成和持守。卡拉雅尼斯等也承认，"模式3"将引领大学趋向"学术企业"。[2] 那么，洪堡理想所召唤的求真、独立、自由、平等和批判精神何以安立？这些精神与新闻传播教育所倡导的专业理想和伦理准则高度契合，也是重振学科正当性的重要价值依据。在今日泛媒介、后真相时代，造就追求真理、独立思考、自由表达且有批判精神的专业人才，仍为新闻传播教育使命之所系。

每一种模式皆有其局限。"模式1"倡扬的大学理想总能令人生起信念或道德正当性上的"归乡感"，但它很难支撑当代大学合法性中的有效性；"模式2""模式3"逐步推动大学趋向"接地气"的功利主义效用，而正当性困境则可能持续加剧。在此背景下，今日新闻传播学科正当性的建构实则面临两种选择：一方面拥抱新时代、新形势，对外积极介入、参与公共性的培育；另一方面则不妨做保守派，无论时势、技术和知识生产模式经历何等剧变，皆护持大学知识生产和人才培养的初心。两种选择看似矛盾，但若假以融合发展的眼光，未来大学的知识生产和人才培养未必因循线性更迭模式，亦不应受限于非此即彼的二元论。三种模式的差异和

---

[1] 杨保军. 公共化或社会化："后新闻业时代"新闻道德的一种走向 [J]. 编辑学刊，2010 (3): 32-36.

[2] CAMPBELL D, GUTTEL W. Knowledge production of firms: research networks and the "scientification" of business R&D [J]. International journal of technology management, 2005 (1/2): 152-175.

矛盾正是对话、融合的张力、动力之源。照此理解，未来新闻传播学科的正当性培育，既非重返、固守启蒙时代的洪堡理想，亦非滑向"学术企业"的事功和逐利精神，而是二者的对话、平衡与共创。

（三）马克思主义新闻观与中国新闻传播教育改革

以上从三条纵线——"模式1""模式2""模式3"切入，结合三个平行维度——主体性、有效性、正当性的考察，初步解释了新闻传播教育变革与学科合法性问题。若将这一分析框架应用于中国情境下的新闻传播教育改革和创新，则可得出一些共性结论和特殊判断。而在讨论这些结论和判断之前，尚须确认一个前提：就历史方位而论，中国高等教育尤其是大学新闻传播教育是否也正在经历新一轮现代化进程？或者说，是否也面临由"模式2"向"模式3"的演进？

从历史层面和经验层面回答这个问题并不困难。早在民国时期，新闻教育已经提出服务国家现代化、建设现代社会、启蒙大众、促进民主等带有鲜明现代性色彩的办学宗旨。改革开放四十多年来，新闻传播教育及其对应的新闻舆论工作始终是中国现代化事业重要而特殊的组成部分。党的十八大以来，新闻舆论工作的地位上升至"治国理政、定国安邦的大事"，构建现代新闻传播体系成为国家战略。及至2018年9月全国教育大会召开，教育现代化、创新驱动、协同发展、"互联网＋教育"成为大会主题词，并被写入"中国教育2035行动计划"。教育部、中宣部下发的"卓越新闻传播人才教育培养计划2.0"则可被视为官方推进"模式3"时代新闻传播教育的行动纲领。从新闻传播教育近年的改革实践看，诸如专业融合、跨学科培养、技术导入、创新创业等"模式3"意义上的举措已取得实绩。当然，全国600余家新闻传播院系、1 200余家学科点发展并不均衡，部分仍处于专业初建、资源积聚阶段，从"模式2"迈向"模式3"尚有力所不逮处。而一些条件充裕的后来者譬如清华大学、上海交通大学等理工科为主型高校创办的新闻传播院系，则善用后发之势，顺势进入了"模式3"情境。

综上可知，中国新闻传播教育亦处于现代化进路之中，同样面临"模式2"向"模式3"的转换。既确认如是，以下便探讨新时代、新模式下新闻传播教育改革的可能方案。

一是学科正当性建设。立足中国国情考察新闻传播学科的合法性和可持续发展，首先应面对的是学科正当性问题，而这一正当性的首要来源乃中国特色社会主义意识形态所确立的马克思主义新闻观。这是中西新闻传播学科建设的根本差异所在。以美国为代表的西方新闻传播教育和实践奉行新闻专业主义（journalistic professionalism），强调客观性、独立性和自由主义的新闻传播原则。中国共产党基于唯物史观和长期革命、建设经验提出，应坚持党的领导与新闻传播规律、党性与人民性、舆论引导与舆论监督相统一的马克思主义新闻观。据此，新闻媒体是党和人民的耳目喉舌，新闻传播教育应构建中国新闻传播学术话语体系，培养中国新闻舆论事业的建设者和接班人。在党的十九大宣告中国特色社会主义和国家现代化建设进入新时代之后，马克思主义新闻观对新闻传播教育和实践的指导、统摄地位得到进一步强化。习近平总书记在关于新闻舆论工作的系列重要论述中指出，马克思主义新闻观是"灵魂""旗帜"和"定盘星"。[①] 这是事关新闻舆论事业扎根何处、方向何在的大问题。具体到新闻传播教育，坚持马克思主义新闻观的首要任务是重返大学立德树人本位，培养中国特色社会主义新闻舆论事业的合格建设者和可靠接班人。这些人坚持党性原则，以人民为中心，尊重新闻传播规律，有深厚的家国情怀和开阔的国际视野，在事业发展中能够高举旗帜、服务大局、明辨是非、凝聚共

---

① 中共中央宣传部. 习近平新时代中国特色社会主义思想三十讲[M]. 北京：学习出版社，2018.

识、沟通世界。同时，要以马克思主义新闻观为指导构建中国特色新闻传播的概念、知识和理论体系，把论文写在中国大地上，解释、解决中国新闻舆论实践发展中的重大、基本问题。

事实上，"模式 1"的出现乃欧洲启蒙运动和现代化转型进程中神学思想退场、人本主义成为时代主流价值的产物；"模式 2"的形成与美国工业化、城市化进程中实用主义哲学的主流化紧密相关；"模式 3"则与全球化、互联网革命引发的创新思潮相呼应。如是而观，每一种模式皆有其诞生和发展的时空语境，皆响应了特定时代主题的召唤。中国有自己独特的意识形态和文化传统，有自己的道路选择和历史使命，新闻传播学科的正当性亦应深植本土情境，反映中国的主流价值和时代主题。同时，随着中国深度介入全球化和加快推进现代化进程，新闻传播教育亦应观照人类社会发展的普遍规律和共同价值，主动适应、引领"模式 3"时代的知识生产和人才培养机制变革。

在坚持马克思主义新闻观的前提下，新闻传播教育应进一步平衡公共伦理、大学精神和专业理想之间的关系，铸就"专业之魂"，培养有信仰、有理想、有操守、有仁爱之心、有责任感和使命感的新闻传播专业人才，避免出现学科建设和人才培养中的"重物质轻精神""重技巧轻操守""重知识轻道德""重现实轻理想"[①]。在今日人人皆可成为内容生产者、传播者的时代，信念、德性和专业理想教育更应成为大学新闻传播教育的本职、底线和正当性基础。而欲为学生铸魂，师者及学术共同体则须率先养成崇高的大学精神、学术理想和堪为世范的德性。此外，当公共议题和业界发展需要学界做出响应时，则应担起"社会良心"之职，以智识的力量探求真理、澄清谬误，以道义的力量增益公共精神。

---

① 张昆. 铸魂：新闻传播教育的天职[J]. 新闻与写作，2016（9）：72-74.

二是学科主体性重构。前文论及对内专业融通、对外学科拓展以构建敞开的学科主体性，兹举数例，以为扩充。中国人民大学新闻学院近年逐步突破新闻学、广播电视学、广告学和传播学等传统的"专业-方向"模式，建立了跨学科、跨界、跨文化的生态型人才培养体系。学院在本科层面创办了"新闻学-法学"、"新闻学-国际政治"、创意传播、未来传播学堂、学术拔尖人才成长计划、明德明新厚重人才成长计划等培养项目，在硕士层面增设了"大数据与新闻传播""战略传播""一带一路新闻传播全英文硕士"等培养项目。这些项目以"双一流"为目标，最大限度尊重学生的自主选择权，基于学生的个性、兴趣、专长因材施教，训练团队，培育成长共同体。复旦大学新闻学院推行了跨专业、跨学科的本科人才培养"2+2"模式——本科学习的前两年系统选修某一非新闻传播学科课程，后两年再重返本专业学习；在专业型硕士层面，复旦大学新闻学院也实施了跨学科、跨界联合培养，并着力提升学生的国际化水平。

需要指出的是，对外拓展应坚持"固本"优先。中国人民大学新闻学院的做法包括：实施"新闻传播核心课程创新计划"，每年重点建设5门以上学科基础课，以通过5年左右时间建成、完善承载本学科核心理论、知识、技能的30余门专业课程；裁减传统专业和细分方向下的部分边缘、琐细和重复性课程，以释放跨学科联合培养的学分空间；重构课程体系，力图使全部史论、实务课程整合成完整的知识地图，以培养学生的整体理解力和判断力。

三是理论与实践、学界与业界对话、合作的新机制构建。无论技术引发怎样的变革，学界和业界首先应各守本位。前者要对知识训练和人格训练负责，对人的自由、解放和全面发展负责，对学术规律、理论创新负责，对中国和人类命运共同体重大、基本的理论问题负责；后者要对内容生产、运营管理、技术创新负责，对专业规范和伦理负责，对新闻舆论事业的发展和进步负责。同时，变革也敦促二者建立"模式 3"时代的新型对话、合作关系，在知识生产、人才培养和社会服务诸领域确立创新驱动的生态型合作机制。从麻省理工学院建立跨界跨学科的未来媒体实验室、斯坦福大学与谷歌等硅谷公司的合作经验看，管理机制设计乃关键所在。中国传媒大学、上海交通大学传媒学院在建设产学研平台、联合培养人才方面取得了系列标志性成果，一个重要原因也是设计了适合国情、校情的有效合作机制。

综上所述，所谓生态型新闻传播学科体系可从历史-逻辑、结构-功能、知识生产-人才培养等维度描述如下：它是"模式 1""模式 2""模式 3"三种大学现代化进路在新闻传播学科的贯通和延展，此中既有纵向的观念更迭，也有多元逻辑之间的对话与融汇；它强调构建敞开的学科系统，在系统内部打破结构性的专业壁垒、知识边界和理论阈限，在系统外部参与跨学科共创、介入实践应用场景，进而基于多样共生、边界互通、彼此增益的生态原则，寻求学科主体性、正当性和有效性。显然，生态型学科体系不再完全按照线性历史观铺展自己的演化进路，也不再彻底服膺工业社会的结构-功能主义，而是主张历史与现实、系统内部诸要素与系统外部诸主体之间敞开、动态、均衡地对话。正是基于多元对话，学科主体性、正当性和有效性才得以确立和延展。

行文至此，有必要澄清一个历史细节：施拉姆在论及传播学的"十字街头"处境时，一方面表达了多元交叉、缺少"中心理论"的遗憾，一方面也专门使用了"great cross"这个词组强调传播学乃人类研究、人之存在研究的"伟大路口"。这个路口一度为学科主体性、正当性和有效性带来巨大挑战，如今则提供了构建学科与学科、理论与实践、专业性与公共性、中国与世界之间连接、互通、共创的生态型学科体系的现实可能性。因此，新闻传播学科和教育的未来之路不是走出"十字街头"，而恰是安身立命于"伟大路口",于多元生态中自利利他、融合共创。

第二节 国际传播的理念破局

随着中国综合国力的稳步提升,加强我国国际传播能力建设,形成同我国综合国力和国际地位相匹配的国际话语权成为当务之急。自俄乌冲突爆发以来,围绕俄乌冲突的舆论战如同一面镜子,再次提醒我们加强国际传播能力建设的重要性和复杂性。

经过多年努力,尽管我国主流媒体在国际传播力上有了长足进步,但始终未能从根本上占据有利的舆论高地,究其原因内外有之。但无论是外因还是内因,本质上是一体两面的问题:西方资本主义国家实施的文化帝国主义侵蚀阻断了其他国家的文化身份认同和历史文化的连贯性,进而压制、弱化、湮灭其表达力。以美国为首的西方国家在国际舆论场域话语霸权的建立源自历史上的文化殖民,本源在于资本主义国家早年建构起来的信息传播结构的不平等,以西方文化霸权的实现为指向,导致信息诠释的同质化。东方主义背景下的文化价值理念西化和西方统治性话语强权,使发展中国家无法用自己的"语言"表述自己,只能屈从于他人的话语叙事和认识体系。

一、全球传播的失衡:文化霸权与认知失调

(一)西方话语霸权:战后传播格局的不平等和文化理念的全盘西化

赫伯特·席勒 1976 年在《传播和文化统治》中首次概括了文化帝国主义理论,将其呈现为"在国内和国际层面建构权力的基本关系"模式。[①] 两次世界大战后,美国通过经济力量与信息控制之间的勾连,将信

---

① 潘慧琪.不平等的世界传播结构:"文化帝国主义"概念溯源[J].新闻界,2017(12):11-16.

息和受众商品化,因战后技术和经济上的不平衡,利用信息的自由流动遮蔽向其他国家输出生活方式和价值观的事实。① 二战后的新兴民族国家虽然实现了主权独立,但是在经济与文化上还是严重依赖部分资本主义强国,这些社会的统治阶层被动或自动卷入了一场现代化演变体系中,以至于塑造出的社会机制适应甚至促进了处于中心位置的统治国家的价值观和结构。② 国际文化生产与传播中的结构性不平等,扩大并加强了这一新型的跨国支配。虽然汤林森在论述"文化帝国主义"时强调受众的差异和解码的自主性,但是文化的传播带有价值观偏向,其结构性不平等指向的是文化霸权的实现,葛兰西认为这是一种通过人民群众的"自愿""认可"和"同意"来取得统治地位的方式。③ 冷战过后,美国通过好莱坞电影、迪士尼乐园、可口可乐等大众文化消费产品在世界范围内传播美国文化,倚仗先进的媒介技术和教育资源,培养了大批美式思想的传播者。今天,这种文化霸权的影响借助互联网平台更加隐蔽,它通过大众文化的娱乐性和多元选择的假象,用以遮蔽裹挟在文化产品中的西方价值输出,其本质是实现从军事殖民转向文化殖民的现实意图。正如萨义德所指出的,西方通过将东方塑造成低于西方的他者,来建立一种优于东方的话语霸权。这种二元对立的建构,使得东方无法独立表述自己的观点,而不得不屈服于西方话语。在他看来,东方学是一种西方处理东方的机制。换言之,其既是一种研究门类也是一种思维方式。在这套话语中,被客体化和异化的东方从一开始就失去了平等对话的机会。文化作为各种政治的、意识形态力量较量的舞台,利用现代化的信息传播,甚至更为隐晦的学术交流,在看

---

① 潘慧琪. 不平等的世界传播结构:"文化帝国主义"概念溯源 [J]. 新闻界, 2017 (12): 11-16.
② 孙晶. 文化帝国主义与文化霸权思想考察 [J]. 北京理工大学学报 (社会科学版), 2004 (1): 43-47, 50.
③ 齐峰, 贾中海. 文化霸权解构与多元文化建构:从葛兰西到萨义德的文化霸权批判理论探究 [J]. 北方论丛, 2015 (2): 134-139.

似平等的交流中将霸权演变成了一种日常渗透。①

（二）话语霸权下的全球化危机

随着全球化等资本主义世界产生的话语开始在国际场合成为最具解释力的"元话语"，全球化成为一种资本主义文化霸权的隐蔽表达，文化全球化与多元文化的悖论开始受到学界关注。在西方"普世价值"框架下，世界陷入了全球化困境，其主导的全球化呈现单向、排他、碎片化趋势，从而造成了不平等和不合理的文化等级。这样的文化样态和文化"现代化"的秩序特征，通过消费商品的隐性、知识分子的权威与媒介的技术霸权在世界范围内实施文化殖民，诱发了第三世界国家历史虚无主义的碎片化叙事，阻断了多元共生的文化发展格局。② 先进的媒介技术推动全球文化范本在经济领域和意识形态范围实现双重侵略，而文化产业是经济与意识形态之争的中轴线。

随着对西方文化霸权传播现代化"普世价值"的反思和批判，互联网时代西方强权国家开始转变策略，通过陌生化的视觉修辞手段以更隐蔽的方式来建构网络上的文化霸权。利用叙事民族志影像等具有纪实和学术意义的表达形式进行文化话语重构，将价值观念合理化。③ 在全球化浪潮下，研究者通过批判以美国为首的西方文化霸权、网络时代的意识形态霸权，论述多元文化发展的必要性，从文化战略的视野出发探讨第三世界民族文化的危机与创新、国家文化安全和文化主权的维护。

（三）文化影响叙事话语

打破西方长久话语霸权的根源在于打破不平等的传播格局和挣脱原东

---

① 李晓光，冯大彪. 从西方文化霸权探析中华民族文化安全性隐忧：萨义德东方主义、文化帝国主义之阐释与警示 [J]. 学习与探索，2014（4）：18-22.
② 赵雪，韩升. 全球化视阈内历史虚无主义思潮的生成与批判：兼论世界文化的现代秩序 [J]. 内蒙古社会科学，2020（6）：53-59.
③ 张骐严. 西方民族志影像的话语策略与互联网时期的文化霸权 [J]. 广西民族研究，2018（4）：74-78.

西方二元对立的认识框架。全球化是要用多元视角理解世界的，发展中国家文化观念的输出要从自己的传统文化理念开始。

文化作为一种背景和语境在传播中存在，不仅是理解文本的一种视角，也影响着内容的生产及其传播；文化作为一种中观认识系统，是造成现今国际舆论场上诸多偏见性叙事话语形成的原因，也是西方受众采取对抗式解码我国相关信息的深层原因。近年来，我国在"人类命运共同体"的框架下提出"和而不同""美美与共"的文化理念，在某种程度上可以视为从文化层面进行话语调适的一种努力。但要转变海外受众的接受方式，或使其进一步理解表征背后的内涵，需要我们的内容生产基于"和""美"的文化理念去展示更多元的叙事和话语，提供更多真实和美的现实素材去打破偏见，用多元的呈现方式去破解东方学滤镜下单调偏狭的叙事。

近年来，我国的有些报道在国际舆论场表现出水土不服，没有真正融入海外公共话语空间，例如发出了声音，却未被正确接收；报道量爆发式增长，但对转变友好态度却收效甚微……更为严重的是，2016年以来中美贸易争端引发舆论战，美国对我国新闻系统实行限制，还在 Twitter 等社交平台上给我国外宣媒体打上"政府所属"的标志，借此降低海外民众对我国媒体内容的信任度，让沟通和对话失去了土壤。面对日益恶化的国际舆论环境，中国的主流媒体遇到了"资源调配失灵和传播话语失效的困局"[1]。

二、跨文化话语调适：文化理念转译与跨文化共情实现

面对国际传播场域的瞬息万变，近年来国家主流媒体开始进行全面视频化转向，"强调多层次、分众化、立体式、情感化、日常生活

---

[1] 史安斌，童桐．世界主义视域下的平台化思维：后疫情时代外宣媒体的纾困与升维［J］．对外传播，2020（9）：4-7，1．

化的传播"①。在后现代社会文化向图像转向的背景下，以互联网短视频为代表的视听传播在以"文"传声讲好中国故事、传播中国声音方面发挥独特作用，多样化的主题和视角为世界呈现了一个立体鲜活的中国，成为一种深入持久、润物无声、进入生活常态的公共外交新样态。这一叙事方式的改变远远超出了文本形态层面的意义，更指向文化层面，体现出一种与跨文化情境相适配的话语变迁。

近年来短视频成为视听行业的主要应用。作为一种内容生产、文化表征的当代手段，短视频在感官层面引发全球范围内用户共鸣的同时，其社会表达和日常信息传递的常态化也在潜移默化地构建出具有普适和共享意义的全球化生活场景，进而形塑一种具有全球化特征的文化气质，在国族观念之外，基于群体成员间意义共享形成的圈层文化成为新的文化样态，为全球文明交流互鉴打下意识形态层面的基础。跨文化传播的事实和经验表明，强势文化往往拥有强大的物质基础、技术力量和优秀的文化传统与表达艺术。②讲好中国故事，形式上的短视频化是表达方式的选择，但真正影响话语权力的是其背后传递的文化理念。因此，跨文化话语调适既涉及外在的视频化转向，更应注重如何利用视觉修辞，完成精神文化层面的意识形态传递。

（一）和而不同：传播矩阵合力转译"和"文化理念

讲好中国故事需要建立在讲述中国事实的基础上，弥合跨文化的差异，寻找文化共性。"和"是中国传统的文化精义，也是对外传播理念，其与西方的"和平""多元共存"理念相融通。"和"文化区别于"文化趋同"，全球化不应该是西方文化对世界的同化；亦有别于"多元文化主义"的内部封闭性，囿于捍卫文化的独特性难以应对全球化时代的跨文化流动

---

① 张志安，潘曼琪. 抖音"出海"与中国互联网平台的逆向扩散 [J]. 现代出版，2020 (3)：19-25.

② 赵启正. 跨文化传播中的话语力问题 [J]. 甘肃社会科学，2020 (5)：1-6.

现实。和而不同，是从多样性和多元文化中寻找构建人类命运共同体的基因。西方的"多元文化共存"与"和"具有一定的相似性，都承认差异化之下创造性的动态发展、融合共存。但东方的"和"在兼容并蓄外，还有共存共享、休戚与共的哲思。"和"不仅是我国传统文化中的精义，也是深入民心的处世人情，是具有东方特色的文化思想，人类命运共同体的创新理念更是将"和"思想提升到具有全球普遍意义的高度。有研究者提出，应以"和主义"（Hehism）作为对外传播和公共外交的思想，认为"和"思想、"和"文化作为传统的价值观，要回答世界对中国今日之问，就要对"和"的传统精要进行历史的挖掘和现实的展开。[①] 我国对外传播要讲好和而不同的文化理念，需要在明确不同传播主体特点的情况之下，找准其在对外传播矩阵中的位置，形成目标多层、主体多元、渠道多样、形式多种的"复调"传播格局。[②]

当前，我国对外传播主体主要有三类：一是代表国家意志和主流价值观的机构媒体；二是拥有专业视频内容生产素养和背靠公司化运营的自媒体；三是分享日常生活片段的普通用户。差异化传播主体在内容生产的过程中承担着不同功能。对外传播矩阵如何从不同维度去传递"和"文化理念？我们抓取了三类代表性的短视频内容，试图通过对其主题和传播数据的考察，探讨不同主体在对外传播中的特点与适配方向。研究样本分别为：Facebook上CCTV（英文版）[③] 发布的100条视频内容；YouTube中

[①] 赵启正. 向世界传播"和主义"[J]. 公共外交季刊，2015（2）：1-3，124.
[②] 唐润华，刘昌华. 大变局背景下国际传播的整体性与差异化[J]. 现代传播，2021（4）：75-79.
[③] 选择CCTV（英文版）账号作为主流媒体短视频内容进行分析的原因在于，Facebook是经营多年的主流媒体，与我们想要研究的短视频社交平台匹配。在此平台上，新华社更多关注中国和世界动态、时事、观点等，《人民日报》偏向国内的政治新闻报道。CCTV（中文版）的受众更多是海外华人，CCTV（英文版）背靠擅长生产视频内容的中央电视台，且做出了"熊猫频道"（iPanda）出圈产品，短视频的传播数据在主流媒体中具有代表性。

国区粉丝量排名前十的 PUGC 创作中李子柒和滇西小哥的短视频内容；我国平台出海的典型代表 TikTok 打造的中国内容池"我们来自中国"主题标签下点赞量排名前 100 的普通用户生产者的短视频内容。

1. 宏观：重大主题结构定性"和"文化理念

主流媒体拥有强大的资源，能宏观建构文化理念的整体输出，定性何为"和"文化。在 CCTV（英文版）样本中，约 50 条视频内容出现在"大咖说中国""Xi in My Eyes"等栏目下，这类短视频通过邀请外国政要、国际组织领导人、专家学者、商界名人等以讲述中国政策、中国文化的方式，借海外公众所熟知的各界名人之口讲述我国人类命运共同体构建、一带一路建设、中国贤能执政等话题，从宏观视野定性中国文化理念。从对样本的分析可以看出，主流媒体已经初步完成了从宣传片到故事片的过渡。样本中有 21 条与新疆相关，反映出主流媒体在舆论主战场上直面舆论热点的功能特性。这些短视频讲述了中国少数民族地区普通百姓的人生故事，全面鲜活地呈现出当地人民的日常生活、民族特色和文化传统。由此可见，主流媒体在坚持直面重大主题宣传的同时，表达方式上越来越从说理转向讲故事，从而"影响有影响力的人"，在对外传达"和"文化理念方面具有宏观结构定性的作用。

2. 中观：场景故事演绎"和"文化语境

如果说主流媒体讲的是大而全的中国文化和社会，李子柒、滇西小哥等"中华田园生活"类的自媒体达人[①]则是从中观视野演绎了兼具共同体

---

① 根据对第三方数据平台 Social Blade 统计的 YouTube 中国区作者数据的考察，截至 2021 年 11 月 27 日，YouTube 中国区粉丝量排名前十的中国作者分别是：李子柒（Liziqi，订阅数 1 640 万）、办公室小野官方频道（Ms Yeah Official Channel，1 050 万）、滇西小哥（Dianxi Xiaoge，816 万）、吃货老外（The Food Ranger，532 万）、老高与小茉（Mr&Mrs Gao，391 万）、小颖美食（339 万）、小高姐的 Magic Ingredients（235 万）、美食作家王刚（182 万）、李永乐老师（180 万）、宇哥讲电影（165 万）。

和独特性双重特性、极具感染力的生活场景。虽然画面呈现的人物故事情节具体而微，但是从传播效果来看，其诠释了"和"文化的一种具体语境，起到了帮助海外受众通过多向度的视听语言理解抽象文化概念和文化符号的作用。

有研究者在分析李子柒短视频下的高赞评论时认为，她通过平和的情绪输出满足了现代人对平静生活的追求。全景式的田园诗意生活蕴含着对传统中国的想象，独立的现代女性形象展现了现代中国的内涵。[①] 在这类短视频中，"和"文化和"和"思想没有平铺直叙，但是和谐、平和的感觉无处不在，它是生活的多维度、多面向的呈现。与主流媒体相比，自媒体的个体生产规模较小，但由于这一群体庞大，其内容的多样性和去中心化优势明显，而相对专业化的生产方式又使其比纯粹的民间个体生产更稳定、产品质量更高，其隐含的主题设计也使传播效果更好。这些介乎专业与业余之间的自媒体产品，构成了对外传播矩阵的中间层，在讲述自己生活的同时委婉传达了中华文化的气质、理念，在日积月累中构建文化语境。

3. 微观：生活碎片复现"和"文化符号

普通用户的短视频内容分享在文化深度和审美高度上都无法与前两者媲美，更多的是单维度的生活标记。但由于数字生活标记的无处不在及其呈现的"亲密感"，其反而带有原生态的真实美感。日常生活叙事提供的事实碎片，如涓涓细流，融通传统东方主义对于东方社会事实缺失而造成的偏见鸿沟，为从宏观建构和中观视点诠释文化语境提供了培根铸基的内容池。这些信息的海量重复传播，让中国文化标志、文化理念不断出现，在各垂直门类短视频的受众圈层中沉淀为碎片化的"东方图谱"，通过社

[①] 刘朝霞. 第四消费时代的现代性反叛与田园想象：以李子柒海外走红为案例的分析 [J]. 现代传播，2020（9）：60-67.

交平台人际互动的连接逐渐缝合成一张完整的文化地图，使受众看到一个整体的东方世界。

"和"文化的传播矩阵，从国家战略层面的意识形态传播、中观层面的哲理和体悟、微观层面的普通人日常生活的自我呈现，全面、立体、鲜活地展开。

(二) 与人共"美"：审美情境是实现跨文化共情的可能路径

叙事视频化转向和话语调适的最终目的是海外公众对中国态度的转变，而要完成从"说得出去"到"听得进去"，需要我们的内容编码完成从自说自话到跨文化共情的转变。2018 年 3 月 5 日，《人民日报》推出国家宣传短视频《中国一分钟》，在国内全网收看量突破 1.58 亿次[1]，而在海外社交平台 Facebook 上的观看量却只有 2 000 多次。而同日在同一海外社交平台，李子柒上传的短视频《女人最好的礼物——大马士革玫瑰酱》的播放量是《中国一分钟》的 1 280 倍，分享频次和评论量是其 700 余倍。研究者认为，一个内容作品要最大限度地避免信息解码过程中的意义折损，需要完成两个维度的建构，除了纵向深度价值的操作，也需要有横向宽度价值的连接能力与共振效果，使不同文化属性的人在同一个内容作品中实现情感共振和关系认同[2]，即跨文化共情。

1. 跨文化共情语境的构建

共情是我们跨越了自己的意识边界，富有想象力地进入另一个人的世界，站在他者的立场或环境理解他者，能够建立信任和尊重，从而实现共享意义空间的构建可能。布鲁默认为，要实现跨文化的共情，第一，需要

---

[1]《中国一分钟》点赞这五年 全网观看量突破 1.58 亿 [EB/OL]. (2018 - 03 - 07) [2023 - 09 - 09]. http://big5.news.cn/gate/big5/www.xinhuanet.com/zgjx/2018 - 03/07/c_137021301.htm.

[2] 喻国明. 跨文化交流中的三个关键性传播节点：关于减少和消除"文化折扣"的传播学视角 [J]. 新闻与写作，2020（3）：62 - 65.

认识到它是在互动中产生的，从不断近似中修补我们的理解；第二，要专注于弥合差异，而不是依赖和停滞在相似性中，因为跨文化接触中个人难以调动共同的经验来获得理解感；第三，要将视角从以自己的经历为中心转向对方的生活世界；第四，要将对方的言行置入他的生活背景、经历、环境中去理解；第五，努力综合观点，不要求放弃个人立场而是寻求共同的理解。弗雷德·卡斯米尔等使用"第三文化"一词来描述不同社会的个人之间由于无法舒适地运用任何一种文化，因此共同创造一种全新文化，第三种文化的出现是跨文化共情的核心动力，对成功的跨文化交流至关重要。[1]

跨文化传播要实现共情，需要传播主体通过营造审美情境，使观看者进入独特的文化语境，在互动中动态修补理解。有研究通过对 YouTube 李子柒短视频下方的评论进行情感分析发现，2万多条高赞评论中涉及"美"的共 2 893 条；其他涉及情绪美体验的关联词汇"爱""平静""放松"等均高频出现。[2] 短视频的竖屏观看方式和频繁出现的第一人称视角画面，让受众体验到自然代入具身体验的真实感。高语境化编码的叙事呈现，让解码变得更加多元，国外受众通过社交平台进入新的文化场域，即在社交媒体平台上通过点赞、评论等进入这个文化场域。[3] 这种审美视角下文化符号的沉浸式氛围体验，带领不同地域同样身处加速社会压力下的人们短暂逃离现实，从而使人们产生情感共鸣、审美通约和文化认同。

2. 审美情境融合文化理念

通过对比分析爆火出圈的短视频达人与 TikTok 上 #我们来自中国# 标签下排名靠前的用户生产的短视频内容发现，普通用户的内容生产同质

---

[1] BROOME B J. Intercultural empathy [M]. John Wiley & Sons, Inc., 2017.
[2] 刘朝霞. 第四消费时代的现代性反叛与田园想象：以李子柒海外走红为案例的分析 [J]. 现代传播，2020（9）：60-67.
[3] 姚添伦. 跨文化传播视域下李子柒短视频出海策略分析 [J]. 视听，2021（8）：134-136.

性很高。如点赞前100名的短视频内容中，最热门的是首饰工艺、果雕艺术、花样游泳技艺、瓷盘画等，但它们都只是从不同的侧面体现了相对单一的审美取向。而短视频达人的审美维度是复合多向的。如李子柒与滇西小哥短视频中传递出的田园牧歌式的原生态生活，巧妙地融入了中华传统服饰、时令美食、民族音乐、山川景致，其所营造的影像之美、自然之美、生活之美和心灵之美是多维度的文化语境，无论是视频叙事的节奏美、画面整洁的视觉美，还是家人亲情的道德美、平凡生活带来的情绪平和的美，多层面的美感能够引发多维度的共鸣。西方观众通过这些短视频，既感受到差异化的审美文化，也基于对美好事物的共鸣、心灵的相通得到心理情感状态的满足。目前来看，在官方主流媒体容易被标签化而民间个体零散化的情况下，这种居于中区的准专业化自媒体是对外传播中的一支重要力量。为壮大这支力量，一方面应采取措施鼓励、培育其发展，广泛发动各种社会力量，统合内外部资源；另一方面，也要保护其原生态气质，避免其被意识形态标签化。

3. 跨文化共情的现实背景是权力

理论上，营造审美情境对实现跨文化共情语境搭建和在多维语境下理解文化理念提供了可能。但真实世界跨文化传播的一个背景要素是权力。有批评者指出，将跨文化共情考虑为一个共建意义的过程，假定了以相互理解为目标的开放沟通，任何跨文化或社会群体的共情都要谨慎考虑权力动态。[1] 主导权力方往往不会主动了解权力弱势方，强势文化群体对弱势文化常常采取忽略的态度，更难以谈主动的共情。所以跨文化共情更大的现实语境是国家话语权的整体提升，如何实现国家意图的隐性表达需要强大的物质基础和技术力量。面对文化全球化过程中的霸权和平等双重逻

---

[1] DETURK S. Intercultural empathy: myth, competency, or possibility for alliance building? [J]. Communication education, 2001 (4): 374.

辑,全球化的公共交往平台是实现文化平等的重要物质载体和技术保障。[①]

三、国家意图的隐性表达:平台出海构建互联网共同体的数字图景

数字化时代,意识形态和价值观的出场常常隐藏在信息终端界面上,国际大型互联网平台作为经济组织,是传播实践的行动者也是传播秩序的构建者。在原有东西方不平等传播格局的背景下,互联网平台化主导下的信息传播,只是将西方主宰的传统秩序、规则迁移到了网络空间,并有进一步放大的趋势。要想构建更公平、有利于我国跨文化传播的信息传播秩序,"需要在平台社会语境中重新思考国际传播战略与路径选择,通过互联网平台把讲述中国故事纳入到全球公共话语和平台公共领域的对话中"[②]。提升我国国际话语权和影响力,除了从内容维度打造有影响力的媒体集群之外,也必须从渠道维度打造供内容出海的自主可控平台。中央媒体和自媒体内容生产者在国际互联网平台 Facebook、Twitter、YouTube 上持续发布的短视频内容让中国故事讲到了国际上,以 TikTok 为代表的短视频社交平台则让我们在内容突围之外看到了渠道突围的可能性。App Annie 发布的 2021 年移动市场报告显示,在 2020 年社交应用排行中,TikTok 的月活跃用户数在阿根廷、巴西、加拿大、墨西哥、美国均跃居第一;其用户的使用时长在热门社交应用中遥遥领先,反映了用户参与的深度与广度。[③] 与此同时,TikTok 与热门在线视频应用的共同用户增多,跨应用使用行为同比增长。通过对 TikTok 平台的参与式观察发现,其上汇聚了非常多展示中华优秀传统文化的短视频,与中国相关的主

[①] 张慧慧. 霸权与平等:文化全球化的双重逻辑 [J]. 探索,2013 (6):108-114.
[②] 张志安,潘曼琪. 抖音"出海"与中国互联网平台的逆向扩散 [J]. 现代出版,2020 (3):19-25.
[③] App Annie:2021 年移动市场报告 [EB/OL]. (2021-05-29) [2023-09-09]. https://www.sohu.com/a/469099179_121094725.

题标签下的短视频内容观看总量约416亿次。① 文化交融的前提是提供等量齐观的内容池，在技术平台、物质基建平等的情况下，才有对视和对话的条件。技术平台促成了短视频内容产品在互联网世界的流动，文化理念在内容扩散的过程中完成渗透。

四、结语

习近平总书记指出："要更好推动中华文化走出去，以文载道、以文传声、以文化人。"② 在加强国际传播能力建设这一问题上，文化既是背景，也是内容，更是目标。对中华文化的理解、接受、喜爱是国际传播达成效果的终极体现。在"和"文化理念的转译中，我国对外传播的多元主体占据着不同的战略位置，全方位的内容输出扩大了中国声量，但要转变受众态度还需要传播主体关注受众反馈，注重合意空间的搭建。过往的实践表明，审美情境的搭建对引发情感共振和文化认同起到了良好效果，为触发跨文化共情提供了可能的路径，自主可控的平台出海和建设将为这一路径的实现提供技术保障。

第三节 新闻消费方式的转向

一、引言

随着智能算法新闻推送和社交媒体平台不断发展，民众的新闻资讯获取越来越呈现出圈子化和社交化的趋势。据中国人民大学舆论研究所2004年和2015年对北京地区居民的信息源结构的调查结果，新闻媒体在

---

① TikTok 数据采集时间为2021年12月23日，与中国相关的标签和观看数据分别为：#中文# 4.974亿次，#Chinese# 123亿次，#Learn Chinese# 8.065亿次，#中国# 15亿次，#China# 264亿次，#Study Chinese# 0.938亿次。

② 习近平在中共中央政治局第三十次集体学习时强调 加强和改进国际传播工作 展示真实立体全面的中国 [N]. 人民日报，2021-06-02 (1).

其中的占比已由 2004 年的 76% 左右下降到 2015 年的 29.4% 左右，以微信群、朋友圈为代表的人际关系网成为民众获取信息的第一大渠道（42.8% 左右）。① 圈子本身成为一种媒介，社交网络与智能算法分发的"合谋"，一方面在社群内部的"过滤气泡"和回声室效应下，使得社群自身越来越兼具新闻把关人的作用，并且相较于"信息茧房""社交茧房"更易于形塑新闻消费者的内容偏好；另一方面，信息流的暴露过快过多，使得新闻消费者无时无刻不在新闻的冲击下，新闻过载与新闻回避似乎成为当代新闻消费者的时代宿命。牛津路透研究院发布的《2019 年数字新闻报告》显示，全球范围内有 32% 的人表示正在主动拒绝阅读新闻，这一比例比 2017 年增长 3%。学者的调查证实了资讯过载与信息回避的普遍性②，而 2020 年的新冠疫情更加剧了新闻回避趋势。

在社交分发与智能算法分发的双重夹逼下，新闻消费方式的新变化应该成为新闻生产的价值原点，而以往媒体融合更多从生产端进行变革，往往忽略了客户端（消费端）。因此，本节对重构新闻生产具有本体论上的意义，掌握新型分发环境下的新闻消费方式变化对重构新闻生产、实现新闻媒体"反推式变革"③ 具有重要作用。

本节在压力源-心理反应-行为结果（stressor - strain - outcomes，SSO）理论下构建新闻过载、倦怠感、新闻消费方式之间的理论模型。SSO 模型中的压力源（stressor）指导致压力的因素，心理反应（strain）指个体因感知压力而产生的心理变化，行为结果（outcomes）是个体心理反应导致

---

① 喻国明. 当前新闻传播"需求侧"与"供给侧"的现状分析 [J]. 新闻与写作，2017（5）：44-48.

② YUICHI S, DAISUKE K, SATOSHI K. Unfriend or ignore tweets?: a time series analysis on Japanese Twitter users suffering from information overload [J]. Computers in human behavior, 2016, 64: 914-922.

③ 王斌，程思琪. 反推式变革：数字环境中的新闻消费特点和转型路径 [J]. 编辑之友，2018（12）：65-74.

的行为变化。[1] 目前SSO模型已应用于技术压力[2]、感知过载（信息过载、社交过载、系统过载）[3]、社交媒体倦怠、社交媒体不连续使用[4]等变量相关关系的研究。需要说明的是，SSO模型用于研究新闻信息时，信息过载往往是一个重要变量。如研究发现，过载的新冠疫情信息引发了用户的倦怠情绪和抗拒心理，进一步引发了他们对于相关信息的忽略行为和屏蔽行为。[5] 本节尝试在更普遍的日常化新闻消费中使用这一模型。

二、文献综述与研究问题

（一）社交媒体环境下的新闻过载与新闻同质化

新闻作为信息的一个类别，它同信息一样存在过载的现象。信息过载被广泛定义为信息输入超过人类信息处理能力的状态。[6] 以此类推，新闻过载是指人们接收到的新闻数量超过了自身的认知和处理能力的状态。由于不同个体对新闻的处理能力不同，因此测量个体对新闻过载的感知比测量个体阅读新闻的数量更有效。[7]

---

[1] ZHANG S W, ZHAO L, LU Y B, et al. Do you get tired of socializing? An empirical explanation of discontinuous usage behaviour in social network services [J]. Information & management, 2016（7）：904-914.

[2] RAGU-NATHAN T S, TARAFDAR M, RAGU-NATHAN B S, et al. The consequences of technostress for end users in organizations: conceptual development and empirical validation [J]. Information systems research, 2008（4）：417-433.

[3] 同[1].

[4] 牛静，常明芝. 社交媒体使用中的社会交往压力源与不持续使用意向研究 [J]. 新闻与传播评论，2018（6）：5-19.

[5] 王琳，朱可欣. "新冠肺炎"信息疫情对大学生社交媒体用户信息行为的影响 [J]. 图书馆杂志，2020（7）：83-94，123.

[6] EPPLER M J, MENGIS J. The concept of information overload: a review of literature from organization science, accounting, marketing, MIS, and related disciplines [J]. The information society, 2004（5）：325-344.

[7] SONG H, JUNG J, KIM Y. Perceived news overload and its cognitive and attitudinal consequences for news usage in South Korea [J]. Journalism & mass communication quarterly, 2017（4）：1172-1190.

使用社交媒体获取新闻是引发感知新闻过载的重要原因。2018年的一项调查发现，约68%的美国人通过社交媒体获取新闻。[1] 而在信息爆炸及注意力经济模式的影响下，媒体为吸引受众的注意力且满足受众的要求，不对海量信息进行验证与筛选，导致了社交媒体平台假新闻泛滥以及新闻报道的情绪化。这使那些以Facebook等社交媒体为新闻来源的人更为明显地感知到新闻过载。[2] 人们越频繁地使用社交媒体获取新闻，感知到的新闻过载程度则越强。[3] 也有研究发现，即使不同的社交媒体均和新闻过载相关，但是Twitter用户抱怨新闻过载的程度最大。[4] 同时，年龄、性别、个人效能、新闻偏好、获取新闻的活跃程度等也影响人们对新闻过载的感知。[5]

新闻内容的同质化是导致新闻消费者感知新闻过载的原因之一。[6] 它指的是不同媒体发布的内容在多个方面具有相似性。此前有研究表明，不同报纸同质化水平较高，报纸内容和新闻网站内容也具有较高的相似性。[7] 新

---

[1] SHEARER E, MATSA K E. News use across social media platforms 2018 [R]. Pew Research Center, 2018.

[2] HOLTON A E, CHYI H I. News and the overloaded consumer: factors influencing information overload among news consumers [J]. Cyberpsychology, behavior and social networking, 2012 (11): 619-624.

[3] CHEN V Y, CHEN G M. Shut down or turn off? The interplay between news overload and consumption [J]. Atlantic journal of communication, 2019 (4): 1-13.

[4] BONTCHEVA K, GORRELL G, WESSELS B. Social media and information overload: survey results [J]. Computer science, 2013.

[5] HOLTON A E, CHYI H I. News and the overloaded consumer: factors influencing information overload among news consumers [J]. Cyberpsychology, behavior and social networking, 2012 (11): 619-624; SCHMITT J B, DEBBELT C A, SCHNEIDER F M. Too much information? Predictors of information overload in the context of online news exposure [J]. Information, communication & society, 2018 (8): 1151-1167; CHEN V Y, CHEN G M. Shut down or turn off? The interplay between news overload and consumption [J]. Atlantic journal of communication, 2019 (4): 1-13.

[6] RENJITH R. The effect of information overload in digital media news content [J]. Communication and media studies, 2017 (1): 73-85.

[7] BOCZKOWSKI P J, SANTOS M. When more media equals less news: patterns of content homogenization in Argentina's leading print and online newspapers [J]. Political communication, 2007 (2): 167-180.

闻网站需要保持一定的更新频率和更新数量，在原创稿件有限的情况下，它们不得已采用"改编"模式、"复制"模式或"聚合"模式。① 这一现象延续到社交媒体中，因为新闻生产节奏太快，微信公众号只能靠转载来填补空白。针对以上现象有人提出"转引式生产"的概念，即新闻看似数量很多但消息源仅局限于特定几个。② 该现象的产生是技术变革、经营需求、生产常规等多方因素的共同作用，在全球范围内具有共性。有学者对比了瑞士七家报纸在 2012 年至 2018 年的新闻后发现，不同媒体的内容相似度逐年提升。③ 需要指出的是，相关量化研究大都基于报纸和网站展开，并未将社交媒体考虑在内。

（二）社交媒体环境下的新闻消费方式

社交媒体环境下，新闻过载降低了人们获取新闻的效率，因此人们需要控制其感知过载的程度。这也可以理解为，新闻过载影响了人们的新闻消费方式。④

目前关于新闻消费方式的划分主要有三类：一是新闻回避、选择性接触、新闻付费⑤；二是主动寻求和新闻回避⑥；三是主动获取与被动获取

---

① 李艳红. 重塑专业还是远离专业？：从认知维度解析网络新闻业的职业模式 [J]. 新闻记者，2012 (12)：42 - 48.
② 王辰瑶，汪子钰，苑明. 内爆：不确定时代新闻生产的逻辑：从马航客机失联报道谈起 [J]. 新闻记者，2014 (5)：52 - 57.
③ VOGLER D, UDRIS L, EISENEGGER M. Measuring media content concentration at a large scale using automated text comparisons [J]. Journalism studies，2020 (11)：1459 - 1478.
④ YORK C. Overloaded by the news：effects of news exposure and enjoyment on reporting information overload [J]. Communication research reports，2013 (4)：282 - 292.
⑤ LEE S K, KIM K S, KOH J. Antecedents of news consumers' perceived information overload and news consumption pattern in the USA [J]. International journal of contents，2016 (3)：1 - 11；LEE S K, LINDSEY N J, KIM K S. The effects of news consumption via social media and news information overload on perceptions of journalistic norms and practices [J]. Computers in human behavior，2017，75：254 - 263.
⑥ STRÖMBÄCK J. News seekers, news avoiders, and the mobilizing effects of election campaigns：comparing election campaigns for the national and the European Parliaments [J]. International journal of communication，2017 (1)：237 - 258.

（也称之为偶遇接触）[1]。随着社交媒体环境下新闻回避现象愈加明显，这一问题已受到国际学者关注，但尚未在我国进行充分讨论，因此本节将新闻回避纳入研究范围。同时，选择性接触的意涵较为广泛，主动接触和偶遇接触均可视为选择性接触的类型。此外，由于推广原创新闻付费模式存在一定障碍[2]，且目前新闻付费在我国并非主流的新闻消费方式，本节将不对此进行探讨。因此，本节将新闻消费方式划分为主动接触、偶遇接触、新闻回避。

主动接触指用户在社交媒体上有意图地寻找与浏览新闻。社交媒体环境下，新闻消费者有较强的主观能动性，他们关注特定新闻平台，擅长从中寻找自己感兴趣的内容。[3] 有研究发现，为了降低感知到新闻过载的程度，人们通过订阅相关话题、阅读特定媒体内容的方式，过滤那些他们不需要的内容，这也称之为"新闻策展"。[4]

偶遇接触是指社交媒体上无意图的新闻接触行为，如人们在社交媒体上从事其他工作时无意间看到新闻，此时社交媒体好友扮演着新闻把关人角色。有学者因此提出"新闻找到我"（news finds me）效应：即使用户很少主动寻找新闻，他们也能够通过社交媒体及其关系网络获取新闻。[5] 这一行为虽然和新闻曝光正相关，但不利于增加政治知识。[6] 也有学者发现用

---

[1] 张迪，古俊生，邵若斯. 健康信息获取渠道的聚类分析：主动获取与被动接触 [J]. 国际新闻界，2015（5）：81-93.

[2] 朱鸿军，张化冰，赵康. 我国推行原创新闻付费的障碍与路径创新研究 [J]. 新闻大学，2019（7）：83-95，123-124.

[3] TRILLING D, SCHOENBACH K. Skipping current affairs: the non-users of online and offline news [J]. European journal of communication, 2013（1）：35-51.

[4] SONG H, JUNG J, KIM Y. Perceived news overload and its cognitive and attitudinal consequences for news usage in South Korea [J]. Journalism & mass communication quarterly, 2017（4）：1172-1190.

[5] TOFF B, NIELSEN R K. "I just Google it": folk theories of distributed discovery [J]. Journal of communication, 2018（3）：636-657.

[6] ZÚÑIGA H G, WEEKS B, ARDÈVOL-ABREU A. Effects of the news-finds-me perception in communication: social media use implications for news seeking and learning about politics [J]. Journal of computer-mediated communication, 2017（3）：105-123.

户感知到新闻过载后更喜欢通过社交好友获取新闻。[1] 比起新闻组织发布的新闻，美国的 Facebook 用户更相信好友转发的新闻。[2]

新闻回避指新闻消费者主动避免接触特定新闻。回避策略是处理信息超载最常见的策略之一[3]，也是减轻认知负担最简单的方法。有学者针对荷兰用户研究发现，11%的人完全回避新闻，他们不使用任何方式获取新闻，并且这群人更年轻、受教育程度更低、更喜欢娱乐内容。[4] 同时，对新闻过载的感知使人们更倾向于否认新闻消费的必要性[5]，这也进一步导致人们远离新闻。比如新闻消费者对新冠疫情信息感知过载程度越强则越容易对相关内容产生防御动机，进而引发回避行为。[6]

（三）社交媒体倦怠与新闻倦怠

倦怠（fatigue）是一个复杂的概念，是一种基于自然主观经验下的个体感受。[7] 也就是说，即使在相同环境下，不同个体也会表现出不同的倦怠感。

社交媒体倦怠可以视为一种纯粹的心理感受，即社交媒体使用过程中产生的疲劳、无聊、冷漠和低兴趣等负面心理。[8] 目前针对社交媒体倦怠

---

[1] PARK C S. Does too much news on social media discourage news seeking? Mediating role of news efficacy between perceived news overload and news avoidance on social media [J]. Social media and society, 2019 (3): 1-12.

[2] OWEN L H. Avoiding articles from "the Creep": people trust news based on who shared it, not on who published it [R]. Nieman Lab, 2017.

[3] SAVOLAINEN R. Information behavior and information practice: reviewing the "umbrella concepts" of information-seeking studies [J]. The library quarterly, 2007 (2): 109-132.

[4] TRILLING D, SCHOENBACH K. Skipping current affairs: the non-users of online and offline news [J]. European journal of communication, 2013 (1): 35-51.

[5] ALDOORY L, VAN DYKE M A. The roles of perceived "shared" involvement and information overload in understanding how audiences make meaning of news about bioterrorism [J]. Journalism & mass communication quarterly, 2006 (2): 346-361.

[6] 陈琼，宋士杰，赵宇翔. 突发公共卫生事件中信息过载对用户信息规避行为的影响：基于 COVID-19 信息疲情的实证研究 [J]. 情报资料工作，2020 (3): 76-88.

[7] YU D S F, LEE D T F, MAN N W. Fatigue among older people: a review of the research literature [J]. International journal of nursing studies, 2009 (2): 216-228.

[8] 刘鲁川，李旭，张冰倩. 基于扎根理论的社交媒体用户倦怠与消极使用研究 [J]. 情报理论与实践，2017 (12): 100-106, 51.

的研究集中于引发这一状态的原因及其后果。在诱发因素方面，基于个体的感知过载是重要原因。此外，关系性压力[1]、个体的自我效能[2]等都能引发社交媒体倦怠。在影响与后果方面，社交媒体倦怠导致用户的消极使用行为，其可以根据影响程度分为三种：调整或改变自己的社交媒体活动，如选择潜水和沉默[3]；暂时中断社交媒体活动，即社交媒体的中辍行为[4]；由于负面心理和情绪过于强烈导致其完全转移或放弃社交媒体活动[5]。针对这一变量，本节对其测量主要集中在社交媒体倦怠诱发因素方面，探究由于新闻引发的感知过载与社交媒体倦怠之间的关系，同时也将探究感知新闻同质化与社交媒体倦怠之间的关系。

新闻倦怠与社交媒体倦怠类似。对于社交媒体用户而言，过载的新闻如同噪声，容易使其产生焦虑、无聊、厌倦等负面情绪，因此新闻倦怠在本节中指用户对新闻消费感到厌倦的主观感觉。[6] 一方面，新闻倦怠与社交媒体使用密切相关。由于社交媒体成为人们获取新闻的主要渠道，因此用户在感到社交媒体倦怠时也可能会感到新闻倦怠。另一方面，新闻倦怠和新闻内容相关，它是社交媒体用户在感受到新闻过载与新闻同质化后产生的心理结果。研究表明，"复制性传播"是助长社交媒体中"集体性倦

---

[1] 赵启南. 关系性压力下青年使用者社交媒体倦怠影响及其行为结果 [J]. 新闻与传播研究, 2019 (6): 59-75, 127.

[2] 陈昊, 李文立, 柯育龙. 社交媒体持续使用研究：以情感响应为中介 [J]. 管理评论, 2016 (9): 61-71.

[3] OSATUYI B. Is lurking an anxiety-masking strategy on social media sites? The effects of lurking and computer anxiety on explaining information privacy concern on social media platforms [J]. Computers in human behavior, 2015, 49: 324-332.

[4] 张敏, 孟蝶, 张艳. S-O-R 分析框架下的强关系社交媒体用户中辍行为的形成机理：一项基于扎根理论的探索性研究 [J]. 情报理论与实践, 2019 (7): 80-85, 112.

[5] 代宝, 邓艾雯. 社交媒体用户不持续使用和转移行为的影响因素分析 [J]. 情报科学, 2018 (5): 64-70, 89.

[6] SONG H, JUNG J, KIM Y. Perceived news overload and its cognitive and attitudinal consequences for news usage in South Korea [J]. Journalism & mass communication quarterly, 2017 (4): 1172-1190.

息"的重要原因，而一旦在社会上建立起这样的信息氛围，那么即便是重要的、有价值的新闻，也再难引发人们的关注[1]，人们回避新闻也将成为常态。不仅如此，新闻倦怠还会导致新闻消费者个人分析能力瘫痪（analysisparalysis）。[2]

（四）研究问题与研究假设

本节基于文献提出两个研究问题，通过 H1～H3 回答 RQ1，H4～H13 回答 RQ2。

RQ1：感知新闻同质化与感知新闻过载/新闻倦怠/社交媒体倦怠是什么关系？

H1：感知新闻同质化正向影响感知新闻过载。

H2：感知新闻同质化正向影响新闻倦怠。

H3：感知新闻同质化正向影响社交媒体倦怠。

RQ2：SSO 模型下感知新闻过载、倦怠感、新闻消费行为呈现出何种关系？

H4：感知新闻过载对新闻倦怠具有显著的正向影响。

H5：感知新闻过载对社交媒体倦怠具有显著的正向影响。

H6：社交媒体倦怠对新闻倦怠具有显著的正向影响。

H7：感知新闻过载通过社交媒体倦怠正向影响新闻倦怠。

H8：感知新闻过载对新闻主动接触具有显著的正向影响。

H9：感知新闻过载对新闻偶遇接触具有显著的正向影响。

H10：感知新闻过载对新闻回避具有显著的正向影响。

H11：新闻倦怠对新闻主动接触具有显著的正向影响。

H12：新闻倦怠对新闻偶遇接触具有显著的正向影响。

---

[1] 刘鹏，方师师，王侠.2020 年传媒伦理问题研究报告 [J]. 新闻记者，2021（1）：3-22.
[2] SONG H, JUNG J, KIM Y. Perceived news overload and its cognitive and attitudinal consequences for news usage in South Korea [J]. Journalism & mass communication quarterly, 2017（4）：1172-1190.

H13：新闻倦怠对新闻回避具有显著的正向影响。

需要补充说明的是，社交媒体环境下同时存在新闻过载与新闻同质化现象，感知过载已被研究证实是典型的压力源，但是新闻同质化作为压力源变量并未得到前人研究的验证。因此，为了保证本节构建的理论模型的合理性与可靠性，我们在 SSO 模型中仅将感知新闻过载视为压力源，而将感知新闻同质化作为一个重要变量另行处理。同时，由于 RQ2 涉及的变量较多，一般的相关分析和回归分析无法同时处理，本节尝试建立结构方程模型，各变量之间的具体关系如图 6-1 所示。

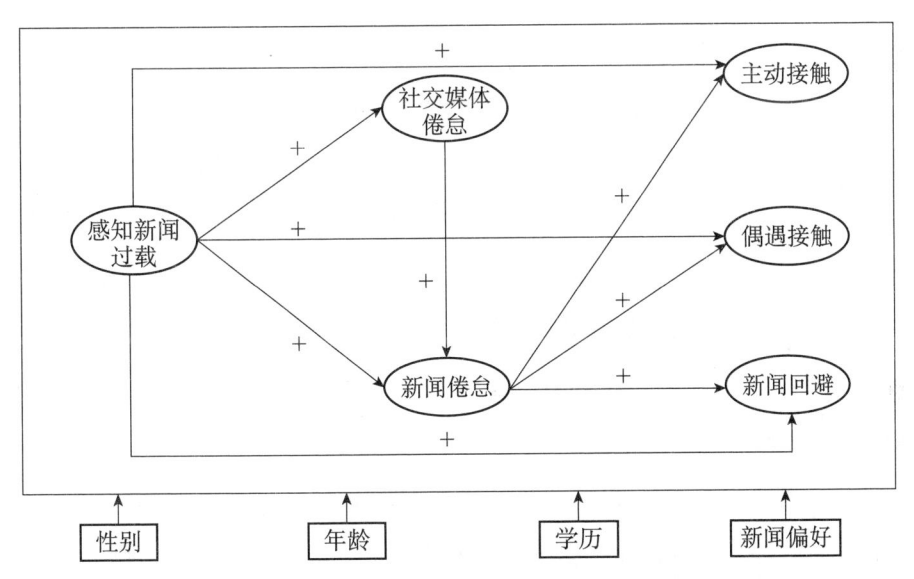

图 6-1　SSO 模型下感知新闻过载与新闻消费方式关系的结构方程模型

三、研究方法

根据相关研究，社交媒体用户以年轻人为主，我国年轻群体使用社交媒体的比例高达 98.2%[①]，社交媒体在年轻人群体中渗透率最高，也有研

[①] 凯度. 2018 年中国社交媒体影响报告 [EB/OL]. (2018-11) [2020-10-30]. https://mp.weixin.qq.com/s/rxjg1esMJR2us00R_aNcTw.

究证实年轻人新闻过载水平更高①。年轻群体是一个比较宽泛的概念，其并不像国家统计局对于青年群体的年龄有清晰限定（15～34 岁），以往的研究中也有学者将年轻群体限定在 20～39 岁。② 根据中国互联网络信息中心（CNNIC）对样本调查的年龄划分阶段（10 岁以下、10～19 岁、20～29 岁、30～39 岁、40～49 岁、50～59 岁、60 岁及以上），为方便使用 CNNIC 的网民总体结构数据，本节选择 20～39 岁年轻群体为研究对象进行调查。同时，为确保调查对象是社交媒体用户，问卷设置了甄别选项（"我经常使用以下哪些 App 和网站"，选择社交媒体的用户方可成为目标调查对象）。

　　本节采用了配额抽样的方法，力求达到接近分层抽样的效果。这一抽样方法是按照某些控制变量对总体进行分类，然后再通过立意抽样等方式，在每个类别里挑选一定数量的个体，使得每一类别的样本个体在样本里所占的比例接近于该类别在总体里所占的比例。③ 在媒介接触和社交媒体使用研究中，由于概率抽样存在困难，研究者常以配额抽样为替代方式。④ 本节将 CNNIC《第 47 次中国互联网络发展状况统计报告》中的网民性别、年龄和受教育程度作为配额标准。

　　本节的预调查于 2020 年 10 月 19 日进行，共回收 80 份有效问卷，信度和效度良好。正式调查时，为确保配额标准能够准确执行，我们使用调研家（SurveyPlus）的在线样本库服务。该服务根据配额标准的目标人群

---

① HOLTON A E, CHYI H I. News and the overloaded consumer: factors influencing information overload among news consumers [J]. Cyberpsychology, behavior and social networking, 2012 (11): 619-624.
② CHAE J. Explaining females' envy toward social media influencers [J]. Media psychology, 2018 (2): 246-262.
③ 陈阳. 大众传播学研究方法导论 [M]. 2 版. 北京: 中国人民大学出版社, 2015: 86.
④ 周裕琼. 数字弱势群体的崛起: 老年人微信采纳与使用影响因素研究 [J]. 新闻与传播研究, 2018 (7): 66-86, 127-128; 杨洸, 佘佳玲. 算法新闻用户的数字鸿沟: 表现及影响 [J]. 现代传播, 2020 (4): 145-154.

推送微信问卷,理论上讲,95%置信区间和5%抽样误差情况下的样本数量满足384个即可。① 为方便配额抽样计算,本节将目标样本数设定为1 000,因为是购买的样本数据库,要求线上调查委托方须严格按照配额抽样标准中的性别、学历和受教育程度来执行;测试后发现,认真完成问卷至少需要50秒钟,因此剔除了问卷填答时间小于50秒的样本(剔除无效样本后,均要求委托方予以补充执行,直到满足表6-1中配额数量为止)。

表6-1 样本配额结果

		学历									合计
		小学及以下		初中		高中		大学专科		大学本科及以上	
		男	女	男	女	男	女	男	女	男	女	
年龄	20~29岁	45	44	96	92	49	47	25	24	22	21	465
	30~39岁	53	51	110	105	56	54	29	28	25	24	535
	合计	98	95	206	197	105	101	54	52	47	45	1 000
	合计	193		403		206		106		92		

注:在问卷设计上,除人口统计学变量外,其余所有题目均采用李克特七级量表。

新闻过载量表改编自Song等②和Chen等③的研究。问项包括:社交媒体上的新闻很多,但我阅读新闻的时间有限;社交媒体上的新闻很多,我无法全部浏览;社交媒体上的新闻很多,我无法全部了解;社交

---

① 李国安,李建峰.满意度市场调查中最小样本量的计算公式[J].高等数学研究,2016(1):101-103,108.

② SONG H, JUNG J, KIM Y. Perceived news overload and its cognitive and attitudinal consequences for news usage in South Korea [J]. Journalism & mass communication quarterly, 2017 (4): 1172-1190.

③ CHEN V Y, CHEN G M. Shut down or turn off? The interplay between news overload and consumption [J]. Atlantic journal of communication, 2019 (4): 1-13.

媒体上的新闻很多,要了解全部新闻是有困难的;社交媒体上的新闻很多,要了解全部新闻是有负担的(M=5.418,SD=1.003,Cronbach's alpha=0.931)。

新闻倦怠量表改编自 Song 等[1]的研究。问项包括:我对接收和处理新闻感到厌烦;我因为太多新闻感到疲劳;有时获取到的新闻让我感到无趣;有时获取新闻让我感到筋疲力尽(M=4.554,SD=1.314,Cronbach's alpha=0.873)。

社交媒体倦怠量表改编自 Zhang 等[2]的研究。问项包括:有时使用社交媒体让我感到厌烦;有时使用社交媒体让我感到无趣;有时使用社交媒体让我感到筋疲力尽;有时使用社交媒体让我感到疲惫;有时使用社交媒体让我感到焦虑(M=4.606,SD=1.298,Cronbach's alpha=0.913)。

主动接触量表改编自 Lee 等[3]的研究。问项包括:当有重大新闻发生时,我会阅读特定媒体的报道;我有自己一直关注的媒体;我根据新闻重要性选择要浏览的内容;我习惯性地阅读一些媒体的报道;我在社交媒体上有主动关注新闻的习惯(M=5.162,SD=1.102,Cronbach's alpha=0.856)。

偶遇接触量表改编自 Park[4]的研究。问项包括:我的好友会将新闻推

---

[1] SONG H, JUNG J, KIM Y. Perceived news overload and its cognitive and attitudinal consequences for news usage in South Korea [J]. Journalism & mass communication quarterly, 2017 (4): 1172-1190.

[2] ZHANG S W, ZHAO L, LU Y B, et al. Do you get tired of socializing? An empirical explanation of discontinuous usage behaviour in social network services [J]. Information & management, 2016 (7): 904-914.

[3] LEE S K, LINDSEY N J, KIM K S. The effects of news consumption via social media and news information overload on perceptions of journalistic norms and practices [J]. Computers in human behavior, 2017, 75: 254-263.

[4] PARK C S. Does too much news on social media discourage news seeking? Mediating role of news efficacy between perceived news overload and news avoidance on social media [J]. Social media and society, 2019 (3): 1-12.

荐给我；我会阅读社交媒体上好友喜欢的新闻；我会阅读好友转发的新闻；社交媒体上的好友让我知道正在发生的事情（M＝4.729，SD＝1.174，Cronbach's alpha＝0.915）。

新闻回避量表改编自 Pentina 等[①]的研究。问项包括：我想减少在社交媒体上阅读新闻的数量；我想减少在社交媒体上阅读新闻的时间；我不想在社交媒体上浪费时间阅读新闻（M＝4.001，SD＝1.431，Cronbach's alpha＝0.899）。

本节对新闻同质化的测量建立在 Vogler 等[②]、吴信训等[③]、Baden 等[④]的研究上。问项包括：社交媒体上的新闻消息来源具有相似性；社交媒体上的新闻话题具有相似性；社交媒体上的新闻体裁具有相似性；社交媒体上的新闻表现形式具有相似性；社交媒体上的新闻叙事方式具有相似性（M＝5.484，SD＝1.031，Cronbach's alpha＝0.946）。

本节的控制变量除了性别、年龄、受教育程度以外，还有新闻偏好，这是因为个人喜好往往影响其行为和选择，这又将进一步影响人们对相关事物的感知。已有研究证实，用户的新闻偏好与其对政治新闻的兴趣影响他们对新闻消费平台的选择和政治参与意愿。[⑤] 以此类推，新闻偏好同样

[①] PENTINA I, TARAFDAR M. From "information" to "knowing": exploring the role of social media in contemporary news consumption [J]. Computers in human behavior, 2014, 35：211-223.

[②] VOGLER D, UDRIS L, EISENEGGER M. Measuring media content concentration at a large scale using automated text comparisons [J]. Journalism studies, 2020 (11)：1459-1478.

[③] 吴信训，陈未. 同质化竞争下新闻网站信息资源经营策略探析 [J]. 新闻大学, 2005 (2)：66-71.

[④] BADEN C, TENENBOIM-WEINBLATT K. Convergent news? A longitudinal study of similarity and dissimilarity in the domestic and global coverage of the Israeli-Palestinian conflict [J]. Journal of communication, 2017 (1)：1-25.

[⑤] PRIOR M. News vs. entertainment: how increasing media choice widens gaps in political knowledge and turnout [J]. American journal of political science, 2005 (3)：577-592；周葆华. 算法推荐类 APP 的使用及其影响：基于全国受众调查的实证分析 [J]. 新闻记者, 2019 (12)：27-37.

影响人们更广泛意义上的新闻消费行为。例如，已有研究发现用户的新闻偏好的确影响了他们偶遇新闻的概率。[1]

一直以来，新闻可以被笼统地划分为软新闻和硬新闻，本节以此将新闻偏好划分为硬新闻偏好与软新闻偏好。硬新闻被描述为更具重要性，它往往和公共事务与公民知情权相关；软新闻被描述为更具娱乐性、趣味性，它和个人生活相关度较高。[2] 具体来说，硬新闻是关于政治、公共事务、经济、科技等主题的报道，软新闻是关于名人、人文、体育等娱乐性内容的报道。[3] 基于此，本节通过"我对轻松的话题感兴趣""我对娱乐新闻感兴趣""我对消遣性的新闻感兴趣""我对体育文化类的新闻感兴趣"四个题目[4]测量软新闻偏好（$M=4.814$，$SD=1.313$，Cronbach's alpha $=0.858$）。同样，本节通过"我对时事新闻感兴趣""我对涉及公共利益的新闻感兴趣""我对涉及社会经济发展的新闻感兴趣""我对国家大事感兴趣"四个题目测量硬新闻偏好（$M=5.454$，$SD=1.087$，Cronbach's alpha $=0.910$）。

四、数据分析

（一）数据质量分析

本节使用 SPSS24.0 对问卷信度和效度进行分析，用 Cronbach's alpha 信度系数法验证问卷内部的稳定性。本问卷各变量的该项系数均在 0.8 以上，表明问卷量表稳定性高，满足下一步研究的条件。效度分析主

---

[1] GOYANES M. Antecedents of incidental news exposure: the role of media preference, use and trust [J]. Journalism practice, 2020 (6): 714-729.
[2] 塔奇曼. 做新闻 [M]. 麻争旗, 刘笑盈, 徐扬, 译. 北京: 华夏出版社, 2008: 65.
[3] CURRAN J, SALOVAARA-MORING I, COEN S, et al. Crime, foreigners and hard news: a cross-national comparison of reporting and public perception [J]. Journalism, 2010 (1): 3-19.
[4] HOLTON A E, CHYI H I. News and the overloaded consumer: factors influencing information overload among news consumers [J]. Cyberpsychology, behavior and social networking, 2012 (11): 619-624.

要通过 KMO 样本测度及 Bartlett 球形检验来进行测量。本节 KMO 样本测度为 0.887，Bartlett 球形检验的卡方统计值的显著性检验为 0.000，其显著性小于 0.05，符合分析要求，说明问卷的效度良好。

（二）针对 RQ1 的回归分析

本节使用 SPSS24.0 回归分析验证了 H1～H3。其中，感知新闻同质化对感知新闻过载的影响最强烈（=0.555，p<0.001），这说明新闻同质化是导致年轻群体感知新闻过载的重要原因。感知新闻同质化对社交媒体倦怠的影响强度最大（=0.483，p<0.001），对新闻倦怠的影响强度次之（=0.404，p<0.001）。

（三）针对 RQ2 的结构方程模型检验与校正

针对 H4～H13，本节通过结构方程模型进行检验。本节通过 AMOS24.0 极大似然法得到结构方程模型结果，所有显变量与隐变量的载荷系数在 0.001 水平显著，卡方检验 2（DF＝760）＝874.112，p＝0.000，RMSEA＝0.058<0.08，SRMR＝0.000<0.09，模型的 CFI 为 0.964，TLI 为 0.923，均大于 0.8，模型拟合结果不错。

本节基于路径分析结果对模型进行修正（见图 6-2），删除感知新闻过载与新闻回避之间的路径（拒绝 H10，虚线显示），删除新闻倦怠与主动接触、偶遇接触之间的路径（拒绝 H11、H12，虚线显示）。其他路径的载荷系数在 0.05 水平显著。

针对 H7，本节以感知新闻过载为自变量，社交媒体倦怠为中介变量，新闻倦怠为因变量，参照海因斯（Hayes）提出的 Bootstrap 方法进行中介效应检验，在原有样本的基础上重复抽样 5 000 次，置信区间为 95%，中介检验的间接效应不包括 0（LLCI＝0.111，ULCI＝0.307），同时直接效应不包括 0（LLCI＝0.033，ULCI＝0.311），表明社交媒体倦怠对感知新闻过载与新闻倦怠的关系具有部分中介效应。

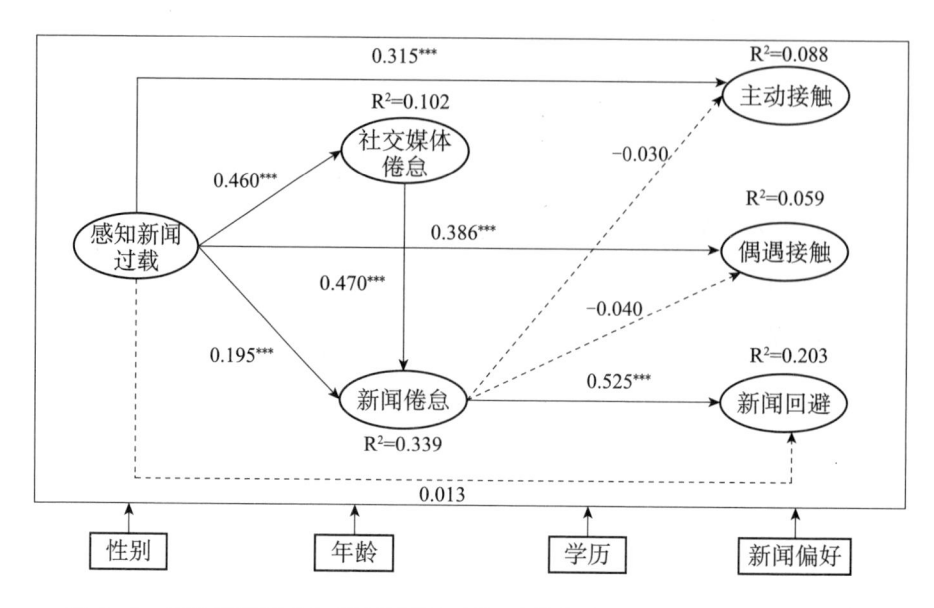

图 6-2　SSO 模型下感知新闻过载与新闻消费方式关系的结构方程模型修正

（四）控制变量分析

本节通过独立样本 T 检验和单因素方差分析进行了控制变量分析。第一，年轻群体的年龄与偶遇新闻行为关系显著（p<0.05），年轻群体的年龄与主动新闻接触、新闻回避无显著关系。通过比较各组间的均值，30～39 岁的年轻人偏爱偶遇接触方式（M=5.008），20～29 岁的群体偶遇新闻接触的平均值为 4.428，均值明显下降，这可能是由于该群体更注重游戏、短视频等感官性信息消费，他们使用社交媒体的时间及用于阅读新闻的时间相对有限，因此这一新闻消费方式并未在该群体中广受欢迎。第二，性别与各变量之间的关系均不显著。第三，受教育程度与社交媒体倦怠关系显著（p<0.05），大学本科及以上学历的人与其他学历的人相比更容易感到社交媒体倦怠（M=4.924），这可能与这一群体接收的信息相对冗余与多元有关。

对新闻偏好进行分析后发现，硬新闻偏好仅与感知新闻过载、感知新闻同质化、主动接触、偶遇接触正相关，软新闻偏好仅与主动接触、偶遇接触、感知新闻同质化正相关。硬新闻偏好与主动接触、感知新闻同质化的正相关关系强于软新闻偏好与这两个变量的关系,且感知新闻过载仅与硬新闻偏好相关(见表6-2)。可见喜欢硬新闻的年轻群体更容易感知到新闻过载和新闻同质化。这可能是因为硬新闻与软新闻相比包含的信息更多且相对枯燥,所以更容易引发读者的负面反应。

表6-2 新闻偏好与各变量间的相关关系

	感知新闻过载	新闻倦怠	社交媒体倦怠	主动接触	偶遇接触	新闻回避	感知新闻同质化
硬新闻偏好	0.266***	-0.005	0.036	0.544***	0.217***	-0.051	0.241**
软新闻偏好	0.091	0.040	-0.020	0.120**	0.278***	0.009	0.162***

* $p<0.05$;** $p<0.01$;*** $p<0.001$

五、结论与讨论

本节研究了年轻群体在感知新闻过载情况下的心理反应与新闻消费方式,同时考察了感知新闻同质化与感知新闻过载、新闻倦怠、社交媒体倦怠的关系。

(一)社交媒体好友作为新闻把关人:趋于流行的偶遇式新闻消费方式

本节发现:第一,在不设置任何情景条件下,年轻群体偏爱主动接触的新闻消费方式,然而在年轻群体感知到新闻过载且尚未引发新闻倦怠的情况下,他们倾向于将偶遇式新闻消费方式视为首选(=0.329,$p<0.05$,接受H9)。这可能是因为,偶遇式新闻消费方式能够在帮助年轻群体有效筛选新闻的同时满足他们的社交需要。第二,软新闻偏好与偶遇接触具有显著的正相关关系,且这一关系强于硬新闻偏好与偶遇接触的关系,与之相反,软新闻偏好与主动接触的关系弱于硬新闻偏好与主动接触

的关系。这说明喜欢软新闻的年轻群体可能更多基于社交关系与社交媒体好友获取软新闻,喜欢硬新闻的年轻群体可能更青睐主动寻求的新闻消费方式。

由此可见,当年轻群体感到新闻过载或他们更喜欢软新闻时,社交媒体好友越来越频繁地扮演起新闻把关人角色。在社交媒体上新闻过载具有一定普遍性的情况下,未来社交媒体好友在此方面发挥的作用可能会不断扩大。需要注意的是,偶遇式新闻消费方式虽然能够增加新闻曝光的可能性,但同时也导致新闻消费者产生新闻无论如何都会被自己看到的错觉,而这实际上却没有促进他们知识的增加。典型的体现是在政治新闻方面,该新闻接触方式被证实有碍于新闻消费者学习政治知识。[①]

(二)能动的新闻消费者:新闻倦怠影响下从管理新闻到回避新闻的转向

社交媒体营造了弥散式的新闻环境,但新闻的丰富性和获取新闻的便利性并不一定具有正面影响,反而引起了负面效果。这表现为年轻群体在新闻过载环境下感到社交媒体倦怠、新闻倦怠(接受 H4、H5);当年轻群体对新闻过载的感知控制在一定范围内时,他们将主动管理新闻,这具体表现为有意识地扩大新闻接触范围,通过增加对新闻的主动接触与偶遇接触进而过滤新闻,他们并不会因此回避新闻(接受 H8、H9,拒绝 H10);然而一旦年轻群体对新闻过载的感知达到阈值并引发新闻倦怠情绪,他们将不再管理新闻转而回避新闻(拒绝 H11、H12,接受 H13)。

该结论与前人研究有两点不同之处。第一,前人认为管理新闻和回避

---

① LEE S. Probing the mechanisms through which social media erodes political knowledge: the role of the news-finds-me perception [J]. Mass communication and society, 2020 (6): 810 – 832.

新闻均为应对感知新闻过载的有效方法[1]，而对我国的年轻群体而言，管理新闻比回避新闻更有效。这可能是因为目前年轻人感知到的新闻过载仍在可忍受程度之内；也可能因为年轻群体具有一定的媒介素养，他们意识到浏览新闻的重要性；还可能因为年轻群体具有错失焦虑心理（fear of missing out），他们不想错过重要的新闻，也不愿错失与朋友在生活工作中的谈资，此前也有研究表明错失焦虑心理使用户在社交媒体上花费更多时间。[2] 第二，前人发现在社交媒体倦怠情况下，用户迫于工作学习等压力仍然持续关注社交平台上的信息更新[3]，本节的结论与之不同。本节推测，相比于社交媒体中紧迫、必要、更具吸引力的事项，新闻的重要性在年轻群体心中比较有限，因此他们更倾向于通过停止使用、停止阅读等方式缓解自身倦怠。这也说明新闻并非人们日常工作生活中必不可少的信息，而是人们茶余饭后消遣娱乐的"增味剂"。

基于以上结论，从另一个角度分析可以发现，年轻群体在倦怠感影响下新闻消费方式的转变体现了人作为主体的能动性。

第一，管理是一种主动的、有目的的选择，它本身就是主体能动性的体现。尤其是在社交媒体环境下，获取新闻的便利性使年轻群体表现出强烈的自我掌控与自我管理意愿。[4] 年轻群体对于新闻的管理体现在其选择

---

[1] SONG H, JUNG J, KIM Y. Perceived news overload and its cognitive and attitudinal consequences for news usage in South Korea [J]. Journalism & mass communication quarterly, 2017 (4)：1172-1190；PARK C S. Does too much news on social media discourage news seeking? Mediating role of news efficacy between perceived news overload and news avoidance on social media [J]. Social media and society, 2019 (3)：1-12.

[2] OBERST U, WEGMANN E, STODT B, et al. Negative consequences from heavy social networking in adolescents: the mediating role of fear of missing out [J]. Journal of adolescence, 2017 (1)：51-60.

[3] 杨邦林，叶一舵，邱文福.社交网络中上行社会比较对大学生焦虑的影响：链式中介效应分析 [J]. 信阳师范学院学报（哲学社会科学版），2017 (4)：1-6.

[4] 任琦.数字世代的新闻消费观：对浙江、美国两项受众调查的分析 [J]. 新闻记者，2015 (5)：66-69.

不同的新闻消费平台与新闻内容。其一，年轻群体和众多新闻用户类似，他们通过变换新闻消费平台管理新闻，如从传统媒体转移到社交媒体，从某一社交媒体转移到另一社交媒体或多元社交媒体。① 其二，年轻群体对于新闻的管理体现在基于个人喜好浏览新闻。早期研究显示，出于对娱乐新闻、体育新闻的兴趣，年轻群体对此类新闻的消费占其整体新闻消费的49.7%②，而目前年轻人则倾向于通过社交媒体获取更多实用性和操作性的新闻信息③。与以上不同的是，本节从新闻消费方式的角度探讨年轻用户对于新闻的管理行为，再度说明了年轻群体新闻消费的能动性。

第二，从管理新闻到回避新闻的转变更进一步阐释了年轻群体的能动性。早期的研究显示，社交媒体具有"社会麻醉剂"功能，尤其对于大学生而言，较高的社交媒体卷入度让他们面临被社交媒体异化的风险。④ 而本节从社交媒体新闻消费的角度提供了相反的证据。随着社交媒体深度嵌入日常生活，人们基于社交媒体的新闻消费虽然只是社交媒体使用的一个方面，但其仍能反映出一些规律性的内容，即人们对社交媒体的使用将根据个人感受调整到相对舒适的状态，人们不会任由感知过载、倦怠感等控制个人生活，也不会任由倦怠感发展为个人分析能力的瘫痪。进一步看，新闻消费者在被社交媒体控制到超过自身可忍受的阈值后，主观能动性将促使他们摆脱被新闻环绕与被社交媒体控制的状况。

（三）失灵与再调适：倦怠心理影响下新闻分发的双重可能

本节发现，社交媒体倦怠的诱发因素包括感知新闻同质化和感知新闻

---

① 刘德寰，等. 媒体边界的模糊：从消费者行为视角看信息传播趋势 [EB/OL]. (2021-01-15) [2021-03-17]. https://mp.weixin.qq.com/s/6JZw0fmma7sWmTsTBSsncQ.
② 张开. 青年人新闻消费调查与研究 [J]. 现代传播，2007 (5)：124-127.
③ 喻国明，刘淼. 媒介动机如何影响人们的媒介使用：基于"全民媒介使用与媒介观调查"的描述与分析 [J]. 新闻爱好者，2020 (6)：10-15.
④ 李彪，杜显涵. 反向驯化：社交媒体使用与依赖对拖延行为影响机制研究：以北京地区高校大学生为例 [J]. 国际新闻界，2016 (3)：20-33.

过载（接受 H3、H5），社交媒体倦怠可以引发新闻倦怠（接受 H6），并且社交媒体倦怠对感知新闻过载和新闻倦怠的关系具有正向的部分中介作用（接受 H7）。年轻群体作为互联网的"原住民"，他们拥有数字化的生存方式，其使用社交媒体的时间更久、频率更高，其使用目的、使用情景也更加多元，因而他们本就更容易对社交媒体感到倦怠。而本节的模型也证明，在新闻过载的环境下，加之年轻群体因人际关系、工作、学习等其他原因对社交媒体感到倦怠，这一倦怠感将会传导到他们对新闻的心理感知，进而加剧他们对新闻的倦怠感，这将继续转化为他们回避新闻的行为。

消极地看，在倦怠感的直接影响下，未来社交分发失灵的可能性值得警惕。一般而言，社交分发有助于激活受众，实现新闻报道的病毒式传播，出现点击量百万乃至千万的"爆款"文章。虽然目前社交媒体是人们获取新闻的重要渠道，但因社交媒体倦怠而离开社交媒体平台的现象却越来越普遍。早在 2013 年就有研究发现，61% 的受访者自愿离开 Facebook 休息一段时间，20% 的人因厌倦了社交媒体上的消息而完全放弃使用这一平台。[1] 在意大利、澳大利亚和巴西等国，社交媒体作为新闻来源的增长势头已经停滞，甚至出现份额缩水的情况。[2] 近几年，我国微信、微博的活跃度相比往年也有所下降。在这一背景下，一旦新闻消费者的倦怠感达到一定程度，社交分发对于提升新闻传播效果的有效性将减弱，未来新闻媒体通过社交分发提升传播效果可能愈加困难，并且新闻消费者的新闻回避行为可能导致网络公共领域更加难以形成，也可能造成信息茧房、观点极化、社会分化等更严重的社会性问题。

但乐观与长远地看，社交分发的有效性降低或将成为未来新闻分发权

---

[1] RAINIE L, SMITH A, DUGGAN M. Coming and going on Facebook [R]. Pew Research Centers Internet & American Life Project, 2013.

[2] 方师师，周炜乐. 艰难转型中的新闻业：皮尤、路透新闻业报告综述 [J]. 新闻记者，2017 (7)：45-50.

再度调适的起点。此时占据分发主导权的社交媒体不过是彼时同样流行的电视、广播、报刊,未来传播权力更迭将再次发生。目前,社交媒体分发新闻建立在由科技公司开发的基础设施上,科技平台实际控制新闻分发权。它们使新闻媒体心甘情愿地为其生产新闻并使新闻媒体逐步边缘化。① 更宏观地看,科技平台成为控制公共生活的决定性力量,使互联网公共领域呈现出"再封建化"的趋势。② 然而,由于社交媒体倦怠、感知新闻过载、新闻倦怠成为普遍状态,社交分发的有效到达率降低,这些现状迫使新闻媒体不断探索社交媒体之外的传播渠道,从而降低对社交分发和科技公司的依赖,这些探索实则为新闻媒体再度掌握新闻分发主导权与重建网络公共空间提供机遇。

(四)源头治理:以降低新闻同质化促进新闻业的健康运行

本节发现,年轻群体对新闻同质化的感知具有一定的敏感性,他们对新闻同质化的感知能够引发他们对新闻过载的感知、新闻倦怠和社交媒体倦怠(接受 H1、H2、H3)。年轻群体对新闻同质化的感知可以归因于两个方面。一方面是新闻生产的原因。目前新闻媒体似乎并没有意识到新闻同质化引发的负面影响。它们仍然不假思索、无意识地模仿相似媒体,延续着直接复制的逻辑。③ 即使媒体组织并不精确地知晓其模仿行为是否提升了消费者满意度、是否增加了流量④,它们仍然乐此不疲。另一方面是年轻群体社交媒体好友的原因。由于社交媒体好友具有同质性,共同的兴趣和

---

① 李彪,喻国明. 新闻2.0时代硅谷如何驯化美国新闻业[J]. 江淮论坛, 2018 (3): 166-170.
② 史安斌,王沛楠. 传播权利的转移与互联网公共领域的"再封建化":脸谱网进军新闻业的思考[J]. 新闻记者, 2017 (1): 20-27.
③ 博奇科夫斯基. 工作中的新闻:信息充裕时代的模仿[M]. 周亭,译. 北京: 北京大学出版社, 2020: 79.
④ 李艳红. 在开放与保守策略间游移:"不确定性"逻辑下的新闻创新:对三家新闻组织采纳数据新闻的研究[J]. 新闻与传播研究, 2017 (9): 40-60, 126-127.

相似的社会背景导致他们对新闻的偏好在一定程度上具有相似性，因而对于以偶遇接触为新闻获取方式的人而言，同类新闻的叠加效应将更为明显。

在本节中，新闻同质化可以被视为引发一系列负面连锁反应的源头因素，因此也应相应地在此方面采取治理措施。在健康的新闻运行系统中，新闻媒体不应只模仿竞争对手、对高流量内容趋之若鹜，理想的状态是新闻媒体具有收集信息、过滤信息、解释信息、传播信息的能力，帮助那些被信息淹没的人理解信息，帮助人们将信息转化为理解世界所需的知识，以此来彰显新闻媒体的不可或缺性。[1]

新闻媒体无法控制引发社交媒体倦怠的其他因素，但可以从新闻生产源头弱化年轻群体对社交媒体的倦怠感，进而帮助新闻业实现其社会职能。对新闻生产主体来说，提高新闻内容质量，实现新闻质量与数量间的平衡是可以选择的路径。如美国已出现"慢新闻运动"，即商业平台向用户提供高级新闻筛选服务（如 Yahoo News Digest、Flipboard），致力于解决新闻过载问题。在具体实践中，新闻媒体可以调整生产流程、考核标准、组织架构等，建立降低新闻同质化的机制保障。在内容生产上，新闻媒体要注意新闻供给的类型、频率，降低选题的重合度。也有研究表明，视频和图片可以降低人们对新闻过载的感知，因此新闻从业者可以利用新技术报道新闻，减轻人们的认知负担。[2] 此外，新闻媒体应发挥教育的功能，鼓励年轻群体迈出他们的社交好友圈，以"出圈"的方式扩大新闻获取范围，提升其接触内容的多元性。

对于社交平台来说，它们需要改变目前圈子相对比较封闭的技术底层设计。相关平台在保持社交属性不变的前提下，需要不断优化信息流，完

---

[1] NORDENSON B. Overload! Journalism battle in a age of too much information [J]. Columbia journalism review, 2008 (12): 30-38.

[2] CHEN V Y, CHEN G M. Shut down or turn off? The interplay between news overload and consumption [J]. Atlantic journal of communication, 2019 (4): 1-13.

善立体多元的新闻推送服务体系,从而缓解甚至消除平台属性与用户需求的冲突,破解社交茧房化。

当然,本节作为一项探索性研究存在以下不足:本节采用配额抽样的方法,尽管其具有一定的适用性,但仍为一种非概率抽样,所以样本的代表性还有待提升与完善;问卷调查是受访者对个人情况的自我报告,这可能与他们的真实行为存在差异;本节虽然尝试向受访者解释新闻与社交媒体的含义,但他们对具体概念乃至具体题目的理解可能存在差异;本节在测量时将各类社交媒体视为整体并未加以区分,未来可以探究用户在不同社交媒体平台中的新闻消费情况。此外,本节的研究对象是年轻群体,未来可以拓宽研究对象的类型,对老年群体、新闻从业者展开相关研究。

第四节　主流媒体的融合发展

现代媒体是技术发展的产物,更是社会文化传播的重要载体。著名传播学者尼尔·波兹曼(Neil Postman)曾提出:"媒介是文化能够在其中成长的技术。"[1] 数字技术所带来的边界消逝使媒体形态和信息传播模式发生深刻变革,并推动着社会结构和功能的变革,媒体融合正是这些变革的必然要求,也反过来影响社会结构,呈现出技术与社会的互生共存现象。"从历史的角度看,媒介融合可以被理解为一种交流与传播实践跨越不同的物质技术和社会机构的开放式迁移。"[2]

2014年8月18日,习近平总书记主持召开中央全面深化改革领导小组第四次会议,审议通过了《关于推动传统媒体和新兴媒体融合发展的指

---

[1] POSTMAN N. The humanism of media ecology [R]. New Jersey: Keynote Speech at the First Annual Convention of the Media Ecology Association,2000.

[2] 延森. 媒介融合:网络传播、大众传播和人际传播的三重维度 [M]. 刘君,译. 上海:复旦大学出版社,2012:41.

导意见》①，开启了中国全面深化推进媒体融合的进程。2019 年 2 月至 4 月期间，本节作者对位于长江三角洲的上海、江苏、浙江三省市 12 家主流媒体的新媒体平台进行调研，发现主流媒体融合已经从初期的内容生产和人才融合开始步入较全面的资源整合和产业平台发展阶段，探索以传统媒体的品牌优势带动新媒体平台建设、小区域合作模式等；但发展中的困境甚至危机同样凸显，如建设思路与路径的分歧、媒体融合的表面化与浅层化、全国新媒体平台重复建设与资源浪费、人才流动的社会结构性阻力等问题突出，显示当下中国主流媒体融合转型正进入关键期，呈现出技术、传播与社会共同作用的结果。

一、多阶段多态势发展：中国主流媒体融合的历程和现状

媒体融合已成为全球传媒业通行的操作模式，体现为新闻机构把报纸、广播电视、互联网等采编作业和各种新媒体形态融合起来，资源共享共创，形成多形态新闻信息产品并通过多种终端和平台传播给用户。与媒体融合相伴而生的，是技术、产业和社会的变革。

（一）历程：中国主流媒体融合的三大阶段

从媒体融合提出至今，我国主流媒体融合经历了三个主要阶段。

第一阶段为"互联网＋"阶段，即主流媒体利用互联网技术创办新闻网站，将纸媒内容照搬到互联网上，新闻信息采编依然各自为战，此类新闻网站与市场化网络新媒体难以在一个数量级上竞争。

第二阶段为"中央厨房"阶段，该阶段打破传统媒体的壁垒，再造新闻采编流程，采集、加工和发布环节专业分工和一体运行，形成传播合力。主流媒体融合向平台、渠道、终端拓展，建立新闻客户端，进军移动

---

① 中央深改小组第四次会议关注媒体融合[EB/OL]. [2023-09-09]. http://media.people.com.cn/GB/22114/387950/.

信息市场。

　　第三阶段为"沉浸新闻"阶段，该阶段大数据、云计算、人工智能等技术推动媒体向智媒体发展，实现场景、细分和垂直、个性化服务。[①] VR新闻、机器人写作、网络直播、360度全景视频等开始变为主流新闻形态，推动新闻的内容、呈现时空、制作主体、制作过程的变革。"新闻不再是对事实的直接记录，变成沉浸式体验、参与式创作，变成全民直播的狂欢。第三媒介时代的沉浸传播生态系统，产生的是深度彻底的融合媒介，即把所有过去、现在及未来的媒介形态融为一体，引发新闻体制和社会传播的大变革，使新闻真正变得无时不在、无处不在、无所不能，成为一种新新闻"[②]，即"沉浸新闻"。

　　但实际的媒体融合进程不会如此分明，并不完全是先后承接的关系，而更多的是在同时发生、各自推进[③]，同一历史阶段也形成多层级发展。

（二）现状：主流媒体发展的三个态势

　　中国幅员辽阔，各地经济技术和媒体发展基础不一，媒体融合有先行先至者，也有动力不足的行动迟缓者，大部分地区处在探索阶段。位于经济社会发达地区的长三角总体来说发展领先，媒体融合呈现出三大发展态势。

1. 第一态势：以旧媒养新媒，推动融合演化

　　长三角的主流媒体，总体而言融合推动较早，不过大部分目前仅实现部分融合，处于"旧媒体"养"新媒体"的阶段，且"爆款"产品难以为媒体融合发展提供强大而持久的推动力，需要从融合的机制、流程和产业

---

① 石磊，田丹丹. 智媒体推动媒体融合向纵深发展［J］. 新闻论坛，2019（2）：7-11.
② 李沁. 沉浸新闻模式：无界时空的全民狂欢［J］. 现代传播，2017（7）：141-147.
③ 许颖. 互动·整合·大融合：媒体融合的三个层次［J］. 国际新闻界，2006（7）：32-36.

层面寻求更大突破。

部分地区主流传统媒体历来较强大，但基于其上的新媒体转型却负担较重，如江苏的《苏州日报》《南通日报》等，传统媒体的品牌优势突出，积极支持新媒体起航，但媒体融合目前仍处于传统媒体支撑新媒体的阶段。苏州日报报业集团把报纸和新媒体中心全部打散，重新整合，组合成19个采编中心。在内容生产上由日报编辑中心、晚报编辑中心、数字编辑中心（新闻网站和新闻客户端）承担日报与晚报新媒体平台的核心工作。南通日报报业集团新媒体平台已初步建成，2009年正式开办南通网。目前，南通日报报业集团的资产总规模有6亿多元，其中媒体主营收入（广告+发行）占六分之一，新媒体平台盈利模式正在形成。另有一些媒体融合起步较晚，但具有后来居上的势能。如浙江宁波日报报业集团旗下新媒体端"甬派"，在内容生产发布上，创建了"快讯+详讯+解读"的有效传播模式；在媒体运营上，上线第一年就通过广告投放、平台合作、资源置换等方式实现盈利，2018年利润达2000万元。

2. 第二态势：新媒体破茧重生，旧媒体或成掣肘

曾拥有先发优势的主流新媒体平台，面临着新一轮的技术迭代与新传播模式的冲击，再次承受巨大发展压力。《浙江日报》《解放日报》等基于传统媒体的品牌优势，媒体融合起步较早，已建成有影响力的新媒体平台和客户端。浙江日报报业集团新媒体平台盈利已占集团总收入的20%，客户端2019年在省级App中下载量排名第一，累计用户达1920万。解放日报报业集团推出的"上观新闻"（原名"上海观察"）2014年元旦正式上线，客户端下载量超1000万。"上观新闻"对文字、图片、融媒体产品等坚持传统三审制（栏目主编—频道总编—副总编辑），注重传播质量和社会效益。

新媒体平台建设离不开持续的技术支持，媒介技术更新快，有些曾经

领先的技术平台在新一轮技术迭代中出现资金、人才的匮乏，难以吸引顶尖技术高手，目前在5G、人工智能、语音识别等新兴技术上主要依靠合作方式来完成。有些新媒体依托原主流媒体平台，其根深蒂固的新闻生产与传播模式在新的市场竞争中较为被动。

与传统媒体完全剥离的新媒体平台，呈现出更具沉浸传播特质的全新特点。有代表性的当属"澎湃新闻"客户端，自2013年上海报业集团成立起，澎湃新闻就进入筹备期，2014年7月正式上线，2016年底其母报《东方早报》关闭，全体人员转至新媒体或离职，实现整体转型。截至2019年2月底，澎湃新闻客户端用户数达14 750万，海外用户数为500万，移动端整体日活跃用户数为1 050万。澎湃新闻的视频生产能力居于全网前列，每周生产原创资讯视频超过500条，在今日头条2018年上百万人次观看的视频直播中，澎湃新闻仅次于央视位居第二。

3. 第三态势：新媒体平台实现全媒体融合，新旧媒体良性互动

处于这一态势的主流媒体，其新媒体平台建设上基本实现全媒体融合，形成"报网端微"（报纸、网站、客户端、微博和微信公众号）融合发展、协调并进的传播格局。新媒体与传统媒体之间形成良性互动，新媒体对传统媒体产生了反哺作用，取得了较显著的经济效益和社会效益。

省级主流媒体作为统合全省资源的重要舆论端口，在媒体内容、技术创新、制度管理上改革创新，形成较强的用户总量和平台影响力。上海东方传媒集团（原上海文广集团）融媒体中心2016年6月成立，将原"看看新闻"网、国内部、国际部、卫视编播部、深度部合并后成立Knews中心，打通网端与传统电视端的技术平台，集中核心新闻资源在Knews中心，电视端从网端获取内容，流程上保证移动优先。江苏广播电视集团旗下的"荔枝新闻"客户端2013年8月上线，已经历了六个大版本和112个小版本的升级迭代，共上线28个频道，截至2019年10月，下载量突

破2 350万。江苏新华报业集团及其新媒体平台目前已有纸媒、网站、客户端、微博、微信公众号、户外屏等六大传播平台,交汇点新闻客户端下载量逾2 000万,建有微信公众号91个、微博账号18个,《新华日报》官方微博的粉丝量为709万,在报纸微博百强榜上,@新华日报位列省级党报第一。

地市级主流媒体的新媒体平台总体而言处于省级和县级的夹层当中,但是长三角地区部分新媒体平台通过技术创新与模式推广找到了发展机遇,突破了地域性限制,实现了全国性的辐射。苏州广播电视集团2011年着手建设客户端"无线苏州",搭建智慧云城市,并向全国推广复制。苏州广电还巧妙进行影视城、苏州传媒广场等共60多亿元的投资,实现了主业和产业基本均衡。杭州广播电视集团"交通之声"FM91.8所制作播出的节目连续十年占据杭州收听市场份额半壁江山。"交通之声"FM91.8依靠自身技术开发"开吧"客户端,并为全国70多家电台提供平台服务,目前总用户数达260余万,每日互动量100多万。

当然,也有部分地区的主流媒体融合仍处于试水阶段,融媒认知不足,生产管理能力较弱,内容陈旧呆板,难以引起用户关注。由于舆论生态、媒体格局、传播方式发生深刻变革,部分主流媒体的新媒体平台虽然起步较早,但如何持续创新机制,找到适应未来媒体生态的路径,仍是有待解决的问题。

二、技术、传播与社会的碰撞:主流媒体融合的困境

有学者指出:"两个多世纪以前,传播概念通过'道路'进入到现代性之中,而以非物质网络和不可触摸流动为特点的后现代时代的来临又在高速公路网络的隐喻下得以完成。"[①] 媒体融合过程中,技术理性和社会

---

① 马特拉. 传播的世界化[M]. 朱振明,译. 北京:中国传媒大学出版社,2007:121.

多元的矛盾、数字传播无边界和媒体管理归属的矛盾等都在加剧，特别是主流媒体与纯商业媒体位于不同标准的监管环境，资金技术和人才等资源匮乏，党政自媒体与主流媒体的功能重合，等等。

2019年2月至4月，我们对长三角地区主流媒体从业人员发放调查问卷，收回488份有效问卷，分析发现主流媒体融合面临不少困境，集中体现在发展思路与路径的分歧，呈现出媒体融合的表面化与浅层化、省内或市内新媒体平台重复建设与资源浪费等。新媒体平台建设面临的阻力，在数个选项中比例最高的是传统媒体和新媒体融合不力，比例较高的是媒体技术投入不当、管理层发展思路不清晰（见表6-3）。

表6-3 新媒体平台建设面临的阻力

	A. 总体政策理解不到位	B. 地方扶持配套不够	C. 媒体技术投入不当	D. 资金较为短期	E. 管理层发展思路不清晰	F. 传统媒体和新媒体融合不力	G. 从业人员专业能力有限
江苏	30.52%	31.82%	43.51%	37.66%	38.96%	50.65%	40.91%
上海	22.50%	21.67%	38.33%	47.50%	44.17%	35.83%	32.50%
浙江	34.21%	24.56%	41.23%	28.07%	50.88%	54.39%	28.07%

	H. 人才培养滞后	I. 原有员工安置不当	J. 缺乏多元化经营	K. 考核激励政策不到位	L. 难以顺应受众需求	M. 市场竞争力不足	N. 其他
江苏	37.66%	5.19%	33.12%	32.47%	18.18%	27.27%	0.65%
上海	37.50%	2.50%	32.50%	44.17%	23.33%	24.17%	0.00%
浙江	25.44%	5.26%	31.58%	38.60%	34.21%	28.07%	0.00%

同时，主流媒体融合发展仍存在一些问题，如总体竞争能力偏弱、媒体同质竞争严重、广告量下滑、人力资源流失等等。

（一）新媒体平台建设的路径与认知分歧

主流媒体的新媒体建设应"做大"还是"做小"？是应该退回到纯内容生产的提供者，专注主流意识的宣传，还是应该在市场上放手一搏，增强整体实力和影响力？对此，被调研单位的认知出现明显分歧。市场能力较强的主流媒体希望政策松绑；而经营困难的主流媒体尤其是部分地市级报纸，则出现希望政府"包养"的心态。

市场化盈利该不该作为主要指标来衡量主流媒体？这是另一个出现显著分歧的关键问题。比如新媒体初创期，资金人力投入较大，浙江日报报业集团5年间累计投入约1亿元，领导层提出前三年不考虑盈利问题，不做广告，坚守内容品质，生产主旋律和符合市场规律的内容，履行其媒体职能。但也有媒体选择提前布局，发展房地产业、文化产业等，形成自身小规模产业链并不断寻找新的投资方向，如今在广告营收严重下滑的局面下，这些媒体逐渐实现了依靠产业营收满足新媒体发展的自给自足。从长三角地区范围看，对于未来媒体融合发展的重点是什么，逾八成的受访者认为是"优质内容的生产"，过半的受访者认为"技术平台建设"相对重要，而"资金投入"则显得较为次要。调研发现新媒体建设思路与实际完成效果存在差距，面临的阻力与新媒体建设的重点有一定的重合。

（二）发展需求与体制、资金掣肘的矛盾，使媒体融合表浅化

传统媒体对媒体融合的理解长期停留在内容生产环节和资源整合层面，很少深入到产业布局和社会发展层面。调研发现，由于知识、资金、人才、技术的匮乏，以及认知的局限，部分传统媒体对媒体融合止于表面化与浅层化，如一些主流媒体的"移动优先"浮于表面化，认为将稿件内容优先在新媒体平台刊发、打通采编流程、改变审稿流程即实现了新媒体平台的优先，并没有落实到新媒体平台建设的全局策略上，对媒体与社会互动作用的认知不足。

调研发现，新媒体平台技术开发成本较高，传统主流媒体技术支撑能力弱，自我资金投入缺口大，外部资金支持较少，内容生产和经济生产的矛盾较大。一些自主研发的主流新媒体平台技术相对落后、创新应用能力有限、各个平台之间缺乏深度合作。整体来看，长三角地区工作人员对工作中各部门与平台合作陈述的认同度较低，从一个侧面说明新旧媒体合作不够，融合度还不高。

引进人才面临体制和社会结构性阻力。主流媒体目前采取事业化单位企业化管理、市场化待遇等运行机制与形式，在行政体制改革上滞后于市场需求。如有些主流新媒体平台已实行公司制，原则上可以自主进行人员招聘，但受上层集团规则、人才的社会化流动和成本限制，员工规模和质量实际上很难提升，与市场化媒体抢人才缺乏竞争力。然而这些主流媒体融合中提出的新方式、新项目却急需人才，由此导致项目进展不力，市场化尝试被迫搁浅，甚至陷入恶性循环。

（三）党媒和政务发布的矛盾，省市县竞争，加剧重复建设与资源浪费

人人媒体时代，党媒职能与政府发布职能存在一定的重复，主流新媒体平台难以整合资源。以宁波为例，地方政务平台"宁波发布"、各个政府部门创立的官方微信公众号等在业务上与宁波日报报业集团的"甬派"客户端之间存在同质化问题。政务信息需先发布在"宁波发布"，一定程度上使"甬派"客户端作为党的喉舌的地位被削弱。"甬派"与"宁波发布"的关系，体现了当下不少地方政务平台与主流新媒体平台之间的合作与竞争关系。同时，一些党委政府垄断封闭式服务，卫生、教育、交通等政府部门在各自平台开通在线民生服务，不仅造成政府资源的分散和平台重复建设，也对老百姓使用这些便民服务造成困扰。

各地省市县主流媒体都在进行媒体融合技术开发和云平台建设，从全国大局来看存在严重的重复建设和资源浪费。有的地方财政支持或媒体自筹资金能力强，平台技术开发先进，产生了良好的媒体融合功能。有的地方条件不够着急上马，资金投入如打水漂，技术开发仅得雏形，后续发展乏力，融媒平台徒有其表。另外，有些主流媒体把媒体融合业务外包给商业性技术服务公司，但如何保证对技术的控制力和安全性，并及时实现技术迭代更新，这是一个难题。

（四）媒体融合意识转变不统一，全媒体人才培养非一日之功

媒体竞争关键是人才竞争，融媒体发展的核心为是否有全媒体记者。全媒体记者不仅有扎实的采编功底，还熟练掌握各种传播手段，能做到"一次采集，多次发布，多媒体传播，全媒体营销"。调研发现，各地全媒体人才匮乏，现有主流媒体记者的理论知识、思维模式、操作技能等不能满足媒体融合发展的需要。

对媒体融合认知不统一，有部分媒体管理人员认为将有限资金用到新媒体中是做无用功。部分媒体试图通过人员转型、培训等来摆脱全媒体人才缺乏的困境，但从调研结果看，从业人员转型难，其困难因素中比例最高（超过七成）的是创新缺乏动力和固有的工作习惯难以改变，其后是薪资保障不够到位、从业人员观念老化，比例最低的是原有员工安置不当。

（五）地理性边界归属与虚拟无边界竞争的矛盾，发展需求与政策缺失的矛盾

由于数字媒体带来边界的消逝，主流媒体面临竞争升级，媒体的地理性边界管理归属并不代表其所面对的实际竞争市场。主流新媒体平台不仅要面对与传统媒体之间的纵向发展压力、与互联网公司之间的横向竞争压力，还要面对全国性媒体与省级媒体、地市级媒体和县级媒体之间的竞争压力，以及媒体本身为了实现迭代的人才、技术、资金压力，总体形势较为严峻。

对长三角地区主流媒体的调研发现，媒体融合发展相关政策存在缺失或落实不到位。目前中央已提出县级融媒体政策，明确其走向，不少地方准备出台对接纲要，但地市级媒体融合发展指导意见亟待出台。另外有些主流媒体呼吁多给一些发展空间，以应对商业媒体的直接竞争，如杭州广播电视集团"交通之声"FM91.8因缺乏网络视听许可证而不能进行视频直播，对其发展限制较大。

整体而言，主流媒体融合面临的主要问题集中于新技术带来虚拟与现实世界的融合，并进而带来社会的变革，反射到媒体上则呈现出体制、资金、技术、人才、竞争的结构性矛盾。其中，接近六成的管理人员表示存在体制问题。

三、重构媒体要素和社会关系：主流媒体融合的主要模式

媒体融合，从某种程度上说，也是社会各种关系网络的重新调整，正如马克·波斯特（Mark Poster）所说："信息保存和传输的每一种方法，都深深地交织在构成一个社会的诸种关系的网络中。"[①] 调研发现，各地主流媒体融合探索过程中，基于传统媒体品牌优势带动新媒体平台建设、小区域合作等初步形成了以下代表性模式。

（一）顶层设计先行模式：打破壁垒，整合资源

打破传统媒体与新媒体之间的壁垒，打破媒体与社会的物理性界限，形成统合资源的复合效应。顶层设计包括将内容、服务、舆论融为一体，形成"内容＋服务"等复合型模式。如浙江日报报业集团提前布局，在新媒体内容生产发布的同时，拓宽新媒体平台的服务功能，在其客户端平台

---

① 波斯特. 信息方式：后结构主义与社会语境［M］. 范静哗，译. 北京：商务印书馆，2000：15.

建设"起航号"政府服务一站式入口，将"浙江发布"、其他政务部门新媒体等都收录其中。

服务加监督是主流媒体的核心功能。如"甬派"创立新闻解读模式，关注新闻背后的新闻，并创建时事新闻写作小组，给新媒体留下足够的创新空间；社会新闻方面利用舆论监督，基于新闻爆料奖励，建立了众筹新闻机制，实现多项联合监督，2018年共曝光29名干部，党媒舆论监督功能重新唤醒。

（二）沉浸云平台模式：技术推动变革，内容生产无处不在、无时不在

从长三角地区来看，媒体融合有效推进的关键因素是媒体技术的投入，其次是管理层的专业能力和领导能力、国家宏观政策和转型期资金支持。在已经采用的媒体技术和内容生产形态中，目前"中央厨房"是比较主要的融媒体运作模式；在将要采用的媒体技术中，大数据成为最热门的选择，其他新媒体技术和形态如人工智能等的运用也开始推进。

以大数据、VR和人工智能支撑的沉浸式传播平台正在成为继"中央厨房"后的新发展方向。江苏广电以"荔枝云"统合平台资源，带动各个平台的发展。2012年江苏广电上线"全媒体新闻联动平台"，招募大众通过平台为新媒体供稿，目前已从最初的PC端扩大到两微一端。2019年初成立江苏广电融媒体新闻中心，整合全台新闻板块采编力量近800人，全员转型为全媒体记者。此外还发展了300多名特约记者、通讯员，1 000多名大学生记者和5 000多名市民记者，日均发稿250条。江苏广电2016年实现移动直播功能，2017年荔枝新闻和江苏卫视合作，对跨年演唱会进行多讯道＋VR直播，设置七大视角让用户360度观看跨年演唱会，获得7 000万次的点击和300万条的弹幕；2019年推出"荔枝特报""我苏特报"，在全国和全省重大事件中打响了品牌，产生了多个"100万＋"

"1 000万+"爆款产品，大力度策划推出原创融媒体内容，丰富网上正面舆论，形成无时不在、无处不在的沉浸传播效应。

（三）用户思维模式：从受众思维向用户思维转换，线上线下带动用户参与

媒体融合面临的问题已经由如何和受众建立联系转变为如何把用户吸引进来，共同参与内容创造，实现有效融合，其关键是从受众思维向用户思维发展。

调动用户参与积极性的主要突破口在于选择与用户相关性高和话题性高的题材，采用便捷通用的参与形式。杭州广播电视集团"交通之声"FM91.8借鉴视频直播模式，开设了维权、问答、资讯等板块，为用户开辟社会热度话题讨论的空间，用户可通过带图评论、投票等反映问题，"开吧"热心网友看到后可互相支招；还邀请律师、专家等为大家提供专业的解决方法。

（四）薪酬激励模式：创新绩效考核制度，激发新媒体人才的积极性

人才是事业发展之本。苏州广电以高于商业媒体的薪酬标准吸引和留住人才，从而形成竞争优势；同时实行用人筛选机制，在用人制度上共设有7层岗位，每年对员工业务进行数字化考核：对未完成指标的员工直接换岗，对完成指标的员工进行相应经济激励。浙江日报报业集团自2019年起，实现采编分离、网站独立，对转型和直接招聘的人才采取薪资一致政策，鼓励传统媒体人才积极转型新媒体，同时调整考核机制，对新媒体稿件按同等传统媒体稿件考核。

从人员管理制度上建立起保障新媒体平台优先发展的机制，加强对从业人员和相关政府部门人员的新媒体培训，实现从上到下统一认知，提高各层管理人员的新媒体素养，强化新媒体各部门人员的专业能力。"上观新闻"目前有采编人员约150人，鼓励全社员工在移动客户端上自创栏目做主编，激发员工积极性，推动向新媒体转型。"澎湃新闻"管理岗位与采编、经营、技术岗位之间，核心人才、业务骨干与一般员工之间年龄分层大，存在着较大的需求差异，突出人才差异化激励。"澎湃新闻"坚持核心技术掌握在自己手中，逐步建立自己的技术团队，2016年底基本实现技术自由。

（五）内容为王模式：以传统媒体的品牌带动新媒体

传统媒体长期实践积累的品牌优势，对新媒体平台的建设起着重要带动作用，尤其是有品牌的优质内容是新媒体平台建设的重点。

整体来看，江浙沪三省市主流媒体融合的优势主要集中于优质内容、采编队伍以及公信力三点，而盈利模式、资金、受众稳定、发行渠道、以往经验和政府支持方面，在未来还有进步空间。扬州广电、杭州广播电视集团"交通之声"FM91.8将电视或广播名牌栏目与名主持人直接引入客户端，以品牌优势带动客户端的栏目建设。在内容布局上，澎湃新闻专注时政与思想，大力发展深度调查报道，整合运用文字、图片、音视频、直播、交互等融媒方式。

（六）地方文化模式：以地方特色为纽带增强用户黏性，强化本土优势

媒介不仅可调和"个性化"与"社会化"的矛盾，而且可以通过共同的文化拉近彼此在社会上的关系结构，形成地方文化模式。调研发现，部分省市的主流媒体利用新媒体传播规律，能在短时间内吸收大量本土用户，实现新媒体端内容生产的快速盈利。

如苏州广电为满足居民的精神文化需要，减缓用户流失速度，在节目内容上进行了大规模改革，对不适应现状的节目全部整改，提升质量，并推出方言节目，使本土居民产生归属感和亲切感。苏州作为全国第二大移民城市，吸引外来"新苏州人"结合字幕学习苏州话，更好地了解苏州文化和融入苏州。目前，融合媒体平台"看苏州"的用户占苏州市总人口的一半左右。

（七）服务优先模式：整合公共资源，增强主流媒体的公信力和吸引力

主流媒体的核心竞争力之一是其强有力的公信力，这与媒体的服务功能相吻合。不少主流新媒体平台通过整合社会公共资源，以引入政务服务和社会服务为主要模式，提升自身的服务属性。

如杭州广电在与用户沟通中发现，用户的维权诉求常没法满足，因而开创"我的汽车有话说"等用户维权类栏目。用户还可通过杭州广电新媒体平台提出投诉问题，新媒体平台对4S店形成监督，督促其尽快解决问题，逾期将对店家进行曝光，同时与用户建立起最直接有效的反馈机制，由此该类问题解决率由原来的15%上升到98%。目前全国此类节目达27个。

（八）抱团取暖模式：创新性探索小区域合作

主流媒体融合正在形成小范围的区域性联合模式。我们在扬州广播电视台调研中了解到，宁（南京）镇（镇江）扬（扬州）三家广播电视台打通，形成宁镇扬抱团取暖模式，在内容、广告、品牌、产业等方面联手，以技术共享、联办栏目、资源共享等方式合作，降低各自成本，迅速扩大了用户规模，增强了各自的影响力。由南京台牵头，宁镇扬三台成立了联合制播平台，节目统一包装、统一板块，同期播出。宁镇扬三台共同谋划重大选题、联手打造的《最美宁镇扬》节目于2019年1月推出，每两周一期；三市"两会"期间三地演播室连线互动，从三地政府报告看如何推进"宁镇扬一体化"；联合制播三地春节晚会，三台主持人共同主持，现场与三地连线，取得了良好的收视效果。2019年春运期间，三地交通频率合作，连续40天推出"春运三地路况联动"播报，增强了交通服务功能。宁镇扬三台还展开了新媒体技术平台、广告合作，宣传城市品牌，策划名品会和文化主题三地巡展。

约书亚·梅罗维茨（Joshua Meyrowitz）在《消逝的地域》一书中，认为媒体与其观众的奇特关系极其明显地重整了社会秩序。梅罗维茨的观点基于欧文·戈夫曼的思想，认为媒体使日常生活中彼此分离的人们混合起来，从而改变了社会。① 媒体小区域抱团取暖模式，体现的正是在影响力降低、营收下降的困境中，联手共享用户、共创资源，形成新的社会性关系。

四、提升中国主流媒体融合发展的路径

2019 年 1 月 25 日，习近平总书记在中共中央政治局第十二次集体学习时指出："推动媒体融合发展，要坚持一体化发展方向，通过流程优化、平台再造，实现各种媒介资源、生产要素有效整合，实现信息内容、技术应用、平台终端、管理手段共融互通，催化融合质变，放大一体效能，打造一批具有强大影响力、竞争力的新型主流媒体。"②

我们研究发现，当下中国主流媒体融合实践在形成有效模式的同时，较深层的矛盾也凸显出来。面对其背后复杂的技术、传播与社会的共同作用力，要催化媒体融合质变，必须在破除旧媒体思维和实践壁垒的基础上，打通新的路径，包括制定有利的政策、优化市场环境、整合政府资源等全力助推媒体融合发展。

（一）从顶层设计上进行资源整合，集中党政资源支持主流媒体发展

政务服务等政府公共资源是重要信息资源，可以形成支撑主流媒体发

---

① MEYROWITZ J. No sense of place: the impact of electronic media on social behavior [M]. New York: Oxford University Press, 1985: 6.
② 习近平在中共中央政治局第十二次集体学习时强调 推动媒体融合向纵深发展 巩固全党全国人民共同思想基础 [N]. 人民日报, 2019-01-26 (1).

展的稳定动力。党政资源应尽量留给党媒，并统一信息输出口。"学习强国"App充分整合了全国的媒体资源，形成党媒占据舆论引导主阵地的巨大传播优势，上线以来，始终占据应用商店下载量第一。如果同样资源分散发布，则难以形成如此强大的聚合力，会有资源重复浪费，也会分散用户流量。

建议集中卫生、教育、交通等政务服务内容于主流新媒体平台，以设置链接或开放窗口的方式，形成"新闻＋服务"一站式服务。政府只需建立一个出口，将信息与服务集中传输，让原本较为封闭独立的服务联动起来。此举可有效集中政府公共资源，并为主流新媒体平台建设提供持续、有力的支撑。

（二）技术开发全国一盘棋，杜绝重复建设与资源浪费

建议中央有关部门设立新媒体平台建设标准，重点支持几家技术先进、发展快速的省市级云平台，进行全国辐射，提供模式复制和服务输出。如可仿效江苏省的做法，江苏省主推江苏广电开发的"荔枝云平台"，该平台核心技术为自主开发。2014年江苏广电创新构建出"公有云、私有云和专属云"三云互联，基础服务层、平台服务层、软件服务层三层架构协调配合的新型融合媒体基础架构，并以此为基础，联合行业内外多家顶尖公司，着力打造"荔枝云"新闻制播分发平台，建立"多来源内容汇聚、多媒体制作生产、多渠道内容发布"的全新生产模式。2018年江苏省委宣传部指定其为江苏唯一的县级融媒体中心建设省级技术支撑平台。中国广播电视社会组织联合会技术委员会的鉴定显示，"荔枝云平台"走在了全国前列，达到了国际领先水平。

在江苏广电总台县级融媒体建设项目团队的帮助和"荔枝云平台"的技术支撑下，截至2019年12月，江苏省已有50家县级融媒体中心挂牌，其中41家已经同步完成了融媒体技术平台的搭建和移动客户端的开发等

工作，逐步实现"一次采集、多种生成、多元传播"的融合新闻生产机制。"荔枝云平台"模式在江苏全省的成功复制和推广，大大减少了该省各级新媒体平台的重复建设。如果"荔枝云平台"在全国推广则可减少其他一些省份的重复建设，节约国家资源。

（三）从政策层面打造有利于主流媒体发展的市场环境

目前，媒体监管标准对商业媒体较宽，对主流媒体过严。建议对主流媒体管理进行政策创新，给予相对宽松的环境以鼓励积极探索。

建议同时发挥政府和市场"两只手"的作用。若条件允许，可实行主流媒体和商业媒体统一监管标准，鼓励平等竞争，增强和提升主流媒体的市场活力和效率。主流新媒体平台相较商业媒体，更大的竞争力在于其公信力和内容的可信度。建议给予主流新媒体更大容错空间，鼓励其在发生重大舆情事件时及早发声，引领正能量传播，否则拱手将引导舆论的力量给了商业媒体，无形中使商业媒体做大。另外，条件成熟时，可允许体制外的资金以市场化形式流入传统媒体矩阵，提升主流媒体运营管理效率和资本活力。

（四）改革人才制度，激活主流媒体的内在动能和社会人才支撑机制

针对传统主流媒体组织架构的问题，进行人员管理机制改革。我国新闻管理机构有着体制机制的特殊性和中国特色新闻事业的双重影响，目前广播电视管理体制虽进行"局台分离"的改革尝试，但国家对传统媒体仍以行政管理为主，经营管理和技术管理为补充。建议继续加强去行政化，深化"事企分离"改革，全面推进人事制度改革。针对融媒体环境对新闻工作者业务能力要求的提高，深化竞争上岗的聘任制；媒体负责人"去官员化"，引入良性竞争机制，优化配置。

将"移动优先"从内容层面扩展到人才层面，以差异化、薪酬激励和人员引进制度等方式，让主流媒体在社会人才市场竞争中占据有利位置。

（五）打造沉浸传播平台，提升主流新媒体在重构全球传播秩序中的作用

不少省市级主流媒体国际传播能力强，在新媒体边界消逝的沉浸传播时代，以互联网传播规律运作的新媒体平台在技术上完全可以实现数字传播的无限时空。如"荔枝新闻"从立足江苏到放眼全国乃至全球，用内容连接场景，打造沉浸传播平台，设置新闻、电视、随身听、直播四大模块，视野和影响力不断扩大。澎湃新闻收入中新媒体创造的利润超过50%，澎湃新闻在深度报道上着力布局，尤其专注国内外时政，其深度调查报道团队人数最多、投入最大，产生的传播效果十分显著。像荔枝新闻、澎湃新闻等主流新媒体平台，其客户端已非地域性媒体，具有跨越边界的国际化传播能力，但现有机制使其国际传播能力未能充分发挥。

建议在考虑国际信息安全的前提下，进行相关政策设计，帮助符合条件的主流新媒体平台打破现有壁垒，打造无时不在、无处不在的沉浸传播平台，使其能在国际化信息传播中发挥生力军作用。

当下中国主流媒体融合的实践，呈现出技术、传播与社会共同作用的特征，初步形成具有典型意义的成功做法，但也面临技术迭代、模式更新等严峻形势，处于转型发展的关键时期，急需从国家层面进行政策引导，消除体制障碍和社会壁垒，形成全国一盘棋格局，增强主流媒体的自我发展能力和传播影响力。

第七章　中国新闻传播学自主知识体系与社会治理的完善

第一节　媒介社会的治理实践

十九届中央政治局就全媒体时代和媒体融合发展举行第十二次集体学习时提出："媒体融合发展不仅仅是新闻单位的事，要把我们掌握的社会思想文化公共资源、社会治理大数据、政策制定权的制度优势转化为巩固壮大主流思想舆论的综合优势。"[①]"四全媒体"概念，即全程媒体、全息媒体、全员媒体和全效媒体的提出为媒体深度融合指明了新方向。2020年9月出台的《关于加快推进媒体深度融合发展的意见》，明确了媒体深度融合的总要求。[②] 随后，媒体融合纵深化发展被写入《中共中央关于制定国民经济和社会发展第十四个五年规划和二〇三五年远景目标的建议》，该建议要求"推进媒体深度融合，实施全媒体传播工程，做强新型主流媒体，建强用好县级融媒体中心"[③]。

媒体融合经历了初期基于 WTO 背景下媒体并购的跨媒体阶段到基于

[①] 习近平. 论党的宣传思想工作 [M]. 北京：中央文献出版社，2020：356.
[②] 中共中央办公厅 国务院办公厅印发《关于加快推进媒体深度融合发展的意见》[EB/OL]. (2020-09-26) [2023-09-09]. http://www.gov.cn/xinwen/2020-09/26/content_5547310.htm.
[③] 中共中央关于制定国民经济和社会发展第十四个五年规划和二〇三五年远景目标的建议 [EB/OL]. (2020-11-04) [2023-09-09]. http://yuqing.people.com.cn/big5/n1/2020/1104/c209043-31918159.html.

介质融合的融媒体阶段,再到融入国家治理体系的全媒体阶段,可以说媒体深度融合的下一站即媒介化治理阶段,媒体融合不再只是媒体自身的事情,更是社会治理现代化的重要构成。

一、媒体融合进入媒介化治理新阶段

媒体融合进入媒介化治理新阶段,媒介化治理是国家治理、媒介生态、人工智能等政策语境与技术语境下的媒体融合新阶段,包含两个层面:媒体通过融合深化实现自我更新与高质量发展。与此同时,作为智能中介的媒介组织通过促进社会其他行业的融合深化,最终实现社会治理、国家治理的智能化、精细化、现代化。

(一)媒介化治理是媒体自我更新与高质量发展的新需求

媒介化治理关涉媒体自我治理与迭代更新。在媒体融合深化过程中,媒体自身始终面临着自我治理与迭代更新:媒介融合从介质相加到介质相融、媒介运营从单打独斗到融媒体合力共振、媒介生产经由流程再造由内容搬运到内容整合、媒介用户管理由分拣读者来信到大数据用户画像、媒介分发由单一渠道到多元渠道、媒介消费由单触点传播到场域传播、媒介内容呈现由单介质传输到融媒体表达。

媒体自身融合深化的历程促进了媒体高质量发展。在5G、人工智能等具体媒体应用、模式方面,媒体要有自主研发、自主创新能力;在媒介内容的生产与消费上,要不断自我更新、流程再造,提高传播效率,提升传播效果,以适应媒介新生态与国际国内传播新形势。后真相时代,媒体必须担当起对信息进行核查与甄别的重任,不仅能够发现真相,还有能力将真相报道广远,让事实占据舆论场,让负责任的报道成为主流声音。①

---

① 栾轶玫. 把握媒体融合高质量发展的新契机[N]. 中国社会科学报,2020-04-01(3).

(二) 媒介化治理有利于各行各业高质量发展

国家级融媒体高质量发展，将经历"合而能融、融而能通、通而能连、连而能动"四个阶段。前两个阶段指向媒介自身，后两个阶段则涉及媒介机构与外部的连接，包括与用户、社会其他子系统的连接与联动，促成人的全面发展与社会进步。[①] 5G 带来万物互联，技术赋能下的媒介能在更广阔的维度连接起受众、组织和社会机构，在媒介与用户间、媒介与社会组织间、机构与机构间，信息的触达和意义的沟通能够顺畅、泛在、多维进行。随着物联网、车联网的广泛运用，媒体在其中发挥的作用越来越大。随着信息化社会的到来，媒介化治理将带来社会各行业的高质量发展。

(三) 媒介化治理助推社会治理现代化

媒体融合进程中媒介功能逐渐外显。中国加入 WTO 后带来媒介生态改变，使得媒体通过融合参与市场竞合，之后随着媒体融合不断深化，媒介机构更多参与到社会治理、城市建设中来，形成包含"中央厨房"、省级融媒体中心、市级融媒体中心、县级融媒体中心在内的由中央统领、省市兼容、县域纵深的层级布局。[②] 媒体融合四级布局已搭建，媒体作为社会治理的中介，以其信息化、智能化、平台化特征，实现深层而广泛的联动，推动社会治理，促进建设服务型政府。

二、人工智能是媒介化治理的客观情境

媒介化治理之所以能够在媒介机构内部发生，并在社会层面积极推进，在于人工智能技术的发展为其提供了客观情境：人机协同使得主流媒体可通过重大主题报道引导舆论、形成舆论合力、促成社会共识，最终实

---

① 栾轶玫.把握媒体融合高质量发展的新契机 [N].中国社会科学报，2020-04-01 (3).
② 栾轶玫.从市场竞合到纳入国家治理体系：中国媒介融合研究 20 年之语境变迁 [J].编辑之友，2021 (5)：13-25.

现社会治理的精细化、现代化。

(一) 人工智能是媒介化治理的技术语境

媒介的发展与技术的升级紧密联系,传播方式的变革依托于技术的发展。从口语传播时代、印刷时代、大众传播时代到移动传播时代,技术不断催生新的媒介形态,由单向传播到多向可见的精准传播。近年来,随着人工智能技术和5G技术应用的升级,人工智能技术逐渐成为媒介与社会发展的底层支撑,带来媒介生态变革。机器人写作、AI主播播报、社交机器人等的创新性应用,使内容生产效率大为提升,媒体由此进入智能传播时代。人工智能技术目前正处于机器感知阶段,下一步将进入人机协同的高级阶段,"人机协同将是未来传媒业的主流形态"[①]。未来发展中,人机协同除强调机器的计算与人的意识彼此相融外,更强调以人工智能技术的充分运用为基础,实现人与机器联通共生,传感器附着于人身,人与机器越来越一体化,实现人、机、环境协调共处。人的智能与机器的智能协同相融,将机器的超级计算能力与人的价值意识能力相匹配、内嵌。媒体融合深化将调动更多智能元素集聚,在技术驱动下走向智能融合,媒介化治理也将在这一智能化技术语境下展开。

(二) 人工智能是媒介化治理的传播情境

人工智能技术在媒体领域的广泛应用,使得眼见未必为实。新技术的加入,如AI换脸通过机器深度学习,不断调整面部神态的精度,受众对于真人假人的识别难度加大;又如深度伪造技术,其利用人工智能软件巧妙控制视频和音频的人工合成逼真图像技术,能混淆现实与虚拟场景,模糊真实与虚拟的边界,让人难以判断视频内容的真实性,从而加剧虚假视

---

① 喻国明.人工智能的强势崛起与新闻传播业态的重构[J].教育传媒研究,2018(1):95-96.

频的泛滥。加之信息消费具有情绪偏好特征,即人们对于信息的消费偏重情绪而非事实,这一消费偏好使得一段信息若能有效唤起人们的情绪,就可对受众产生影响并促发其行动,事实变得无关紧要,而这无疑降低了公共信息的可信度。

人工智能是媒介化治理的传播情境,包含三个层面:首先,人工智能时代,媒介机构在使用智能技术时,要有清晰的判断力与传播边控意识,避免落入技术"黑箱",引发信息传播的失范与失控;其次,媒体应担负提升公众智媒素养的责任,智媒素养的提升贯穿信息获取—信息分析—信息判断—决策与行动—创造性使用媒介全过程,技术赋能带来的以"组合拳"形式出现的信息呈现,有拟真—逼真—以假乱真的传播假象与新闻失真,加之后真相时代,公众信息消费的情绪偏好,使得智媒素养的提升变得非常迫切;最后,人工智能时代的媒介化治理还包含媒体与社会其他子系统合作时,在创造性使用媒介实现社会协同治理时关注智能技术的边界,将信息置于人/机综合系统中统筹考量,从而做出有利于社会治理与和谐进步的决策与行动。

三、重大主题报道是媒介化治理的重要抓手

重大主题报道是围绕党和政府的重大决策、战略部署、社会热点等展开的战役性报道,对宣传党的政策、引导社会舆论、展现主流媒体权威性具有重要意义。① 重大主题报道往往围绕重大严肃的国家议题展开,具有广泛影响力与极高关注度,能够塑造媒体权威、凝聚民众思想。秉持客观、真实的报道理念,有助于确保传播内容的导向正确,推动思想宣传与舆论引导。

正如本节开篇所言,媒介化治理包含两个层面,一是媒体自身的治理

---

① 朱胜伟. 重大主题报道的表达创新[J]. 新闻战线, 2017 (19): 121-123.

与自我更新,二是媒体推进社会治理现代化。重大主题报道是社会的重要命题,能有效引导舆论;能利用最新技术提供好的体验,从而吸引更多受众,实现受众规模增长;可赋能媒体高质量发展,为国家现代化与社会文明进程贡献力量。重大主题报道因其自身特性,在三个方面发挥着重要作用。

(一) 重大主题促进跨平台传播

(1) 重大主题报道适合融媒体传播。重大主题报道是聚焦国家政治经济生活、社会发展中的特定主题而展开的选题策划、报道实施、内容生产与分发的重要媒介应用。重大主题报道记录国家重大事件、描绘新时代发展图景、展现人民风貌,并广泛触达受众,具有权威性、重大性、典型性、广泛性特点。单一媒介难以形成报道声势,产生社会影响。重大主题报道常常是多介质、复渠道、跨平台的,以融媒体矩阵与跨平台的报道方式,形成传统媒体和新媒体、中央媒体和地方媒体、主流媒体和商业平台、专业媒体和大众媒体多方呼应、互为配合、和谐共振的传播局面。借由重大主题报道这种融媒体、跨平台传播形式,促进媒介与其他社会组织间的互动,加强机构与机构间的合作。

(2) 重大主题报道有利于舆论引导。重大主题报道担负着传递主流价值观、凝聚社会共识、引导社会舆论的责任。首先,重大主题是关系国计民生的重要议题,在面临具有争议性的社会热点事件时,重大主题报道可进行内容引领,占领舆论高地,促成社会共识;其次,重大主题报道的基石是传统的优秀文化,有利于传递主流意识形态,弘扬社会主义核心价值观,形成良好社会风尚,实现价值引领。与此同时,重大主题报道有利于提升民众素养,筑牢信仰之基,弥合社会分歧,促成社会整合,从而实现媒介化治理。

(3) 重大主题报道易形成宣传声量。重大主题报道因主题重大、内容权威、具备相当的社会关注度，易于形成宣传声量，能有效"提高党的新闻舆论传播力、引导力、影响力、公信力"[①]。扩大宣传声量符合媒体深度融合阶段对主流媒体应形成强大影响力的发展要求，顺应了融媒体进入"四全"阶段后融合深化的重点之一——"正面融"，即用积极的建设性语态引导舆论，促进公共讨论，弥合社会裂痕，表现乐观进取的积极情绪与积极舆论。[②] 重大主题报道的融媒体呈现、多渠道分发、跨平台传播的联动优势，容易在公众中形成引导力。

（二）触点多元扩大媒体增量受众

传统媒体要想在技术驱动和形态演变中保留本质内核和不可替代性，唯有求新求变，融合深化，在保持存量受众的同时拓大增量受众，维持在人群中的既有影响力，搭建可持续发展的营销生态链。

重大主题报道可借助人工智能技术挖掘重大活动、重大事件、重大理论等极具传播效应的选题，让重大主题能够深入人心，提升内容趣味性与受众关注度。借助算法对用户数据进行追踪，给用户画像，根据用户兴趣进行精准分发与个性推荐。此外，利用新技术挖掘用户背后的各类社交关系，拓展用户群体，将重大选题、时代关切与用户旨趣精准匹配并拓展推荐。与此同时，重大主题报道因题材重大、内容具有时效性、社会热度高，可在某一时段将适宜的内容通过适宜的形式推送，使多介质多维度的信息不断堆叠，形成信息场景，激发受众信息需求与分享愿望，在场景消费与社交分享中不断扩大受众规模。

此外，重大主题报道可利用人工智能技术对各类数据进行分析，对报道全流程进行实时监督、动态反馈，通过媒介机构快速反应的即时优化策

---

① 习近平. 习近平谈治国理政：第2卷 [M]. 北京：外文出版社，2017：331.
② 栾轶玫. 媒体"四全"阶段融合新方向：跨界融 智能融 结构融 正面融 [J]. 军事记者，2019（3）：10-12.

略，实现编辑部与用户的交互，更大范围、更迅速地调动受众的参与热情，释放受众的参与动能，在提升受众规模的同时，增强受众黏性。此外，借由传感器、移动终端、大数据等技术，人机协同赋能可更好地实现报道内容与受众间的适配，以平和的姿态触达受众，黏住受众。重大主题报道可利用最新技术创新传播场景，以多元触点扩大增量受众，实现受众的多触点延伸，促进受众规模增长，占领舆论阵地，提升媒体的社会协同与治理能力。

（三）重大主题报道促进媒体深度融合

重大主题报道可推进媒体高质量发展。首先，在人机协同背景下，媒体可在重大主题报道上尝试智能化、场景化、沉浸化融合生产，变革自身生产流程与受众体验；其次，借助重大主题报道这一抓手，媒体经历从内部自我革新到与社会其他子系统相连接的过程，能更好地发挥中介、桥梁、发动机的作用，助推媒体参与社会精细化治理。

（1）重大主题报道的智能化融合。智能化融合强调人工智能技术为媒体高质量发展赋能。随着 5G、人工智能、大数据、云计算、物联网等技术的不断发展，重大主题报道在人机协同情境下，实现对人工智能技术的优化利用。以一年一度的"两会"报道为例，由于 5G 大规模商用，AR（增强现实）、MR（混合现实）、VR 技术得以在报道中规模应用。AI 主播、AI 虚拟演播室等智能化应用在 2021 年的"两会"报道中尤为突出，AI 主播应用面更广，断句更精准，语态更自然，表情更逼真。此外，有媒体在重大主题报道中，依托"台、网、端、微"传播矩阵，利用 AR 技术，让评论员、情景演员等真人与虚拟元素进行虚实结合、同屏共振，此类实景＋虚拟产品，通过科技感建立亲切感，增加传播点，拓展年轻增量受众，高效引导舆论。通过人机协同赋能，重大主题报道能为受众提供便捷服务，解决场景之需，以亲民姿态触达受众，在硬技术、软语态上全新发展，推动媒体深度融合。

（2）重大主题报道的场景化融合。重大主题报道场景化融合，强调借由传感器、移动终端、大数据等技术，让场景与用户深入适配。借助人工智能技术进行切片化传播，借助LBS技术将场景与受众高效适配。重大主题报道因题材重大、内容具有时效性、社会热度高，所以在某一时间段，多介质、多维度的复合传播可有效形成信息场景，让合适的内容以合适的形式找到合适的受众，当受众处于这一信息场景中，易被激发出更多的信息需求。场景化融合包含场景叙事，场景叙事可将重大报道的时间轴、空间轴贯通，打通线上与线下，形成立体叙事，通过延伸阅读、背景材料、多媒体链接、可视化等方式增加重大报道的厚度，通过二维码、AR实景等方式增加重大报道的活性与连接度。此外，场景化融合还包含场景导流，处于信息场景中的受众容易被激发出信息需求，主动搜索更多的信息。场景化融合中，既可建立线上信息场景，又可连接线下物理场景；既可聚焦当下报道的主题，又可激活以往相关主题的历史记忆。

（3）重大主题报道的沉浸化融合。AR、VR、MR技术带来的再现传播力，使得现实与虚拟、现实与现实叠加呈现，除提供身临其境的沉浸体验外，再现传播力可将过去、当下、未来连接，可将眼前所见与未见的背景资料叠加呈现，使得信息的接收更复合、多时空、多梯度、多触发点。

首先，沉浸化赋能重大主题报道内容再现。重大主题报道可通过VR、AR、MR技术进行模拟再现，通过场景还原打造出沉浸式体验，受众在沉浸式场景中能更深入地体会传播主题。依托计算机技术、全息投影技术，在立体多维的虚拟空间，立体化、可视化地呈现重大主题内容。如在展示《红岩》等革命主题时，可连线《红岩》数字博物馆，利用全息投影、互动触摸体验、熔融堆积式 3D 打印，让读者重游革命故地，并与历史人物互动，从而更深刻地理解革命精神。而在展示中华传统文化重大主题时，也可利用环幕投屏、AR、实时跟踪等技术，赋能重大主题的内容再现。如中央广播电视总台推出的《典籍里的中国》，通过打造沉浸式场景，以主持人讲解、演员表演及戏剧、专家学者访谈等形式，进行多维解读与穿越时空的对话，引领观众浸入场景架构中，层层深入，创意性地再现内容，革新了受众的内容体验，吸纳了多元受众参与，扩大了重大主题报道的影响力，助推了媒体融合深化发展。

其次，沉浸化为用户提供受传新体验。其一，沉浸化提供互动体验。在基层党建主题报道中，结合 VR、AR、MR、动漫、游戏等形式，让用户能参与具体的报道，通过行动加深认识，改变单一的党建报道形式。一些重大主题报道还可通过提供融媒体产品，如"三维码融媒书"进行多介质传播、多类型互动。其二，沉浸化唤起深度传受体验。传承优秀文化、呈现发展风貌、弘扬创新精神的重大主题报道内容可通过 AR、VR、MR 技术，构建立体化、沉浸式场景，受众通过可穿戴设备进入在视觉、听觉、嗅觉等方面有着丰富感官体验的仿真世界。沉浸化极易唤起入脑入心的深度传受体验，如《人民日报》在"一带一路"国际合作高峰论坛期间推出的《快来！张骞邀你穿越丝绸之路》等重个体、重互动、重参与、重体验的重大主题报道媒介产品，可使用户略过基础信息的梳理而进入媒体渴望引导的目标中来。

四、重大主题报道提升媒介化治理能力

中共中央、国务院《关于加强基层治理体系和治理能力现代化建设的意见》提出，"力争用 5 年左右时间，建立起党组织统一领导、政府依法履责、各类组织积极协同、群众广泛参与，自治、法治、德治相结合的基层治理体系"，"建立健全基层治理体制机制，推动政府治理同社会调节、居民自治良性互动，提高基层治理社会化、法治化、智能化、专业化水平"①。根据中央的顶层设计，"市、县级政府要将乡镇（街道）、村（社区）纳入信息化建设规划，统筹推进智慧城市、智慧社区基础设施、系统平台和应用终端建设，强化系统集成、数据融合和网络安全保障。健全基层智慧治理标准体系，推广智能感知等技术"②。媒体融合深化有利于加强基层智慧治理能力建设。县级融媒体中心建设最初的目标即担当社会治理的智能中介："县级融媒体可以担负起'智能化社会治理中介'的作用，它利用媒体自身的介质特征，可以在政治、经济、文化等社会各方面鼓励公民参与到社会治理中来。这个平台是一个信息平台，同时又是公共服务平台，它能更方便地聚集县域民众，作为县域的社会组织，协调社会行动，促进公民主动协同，增强社会凝聚力，群策群力，共管共治，推进社会治理，维护社会稳定。"③ 媒介化治理是媒体深度融合的新阶段，这一阶段，媒体需站在更广阔的视角进行自我更新，协助参与社会治理，发挥社会公器的作用。媒体助推社会治理的过程，也是实现自身融合深化的过程，媒介化的历程也是媒体融合的高阶阶段。重大主题报道作为媒介化治理的重要抓手，在社会治理中发挥着积极作用。

（一）连接属性助推社会治理

重大主题报道可以发挥连接属性，实现上情下达、下情上达、内外沟通、内外协同，媒体在人工智能技术支撑下实现跨领域联动，通过多元受众搭建社会治理网络，形成多元治理格局。

重大主题报道可推进基层法治和德治建设，培育践行社会主义核心价

---

① 中共中央 国务院关于加强基层治理体系和治理能力现代化建设的意见 [EB/OL]. (2021-07-11) [2023-09-09]. http://www.gov.cn/zhengce/2021-07/11/content_5624201.htm.
② 同①.
③ 栾轶玫. 信息传播与公共服务：县级融媒体中心建设中的"双融合" [J]. 传媒经济与管理研究，2018（1）：109-116.

值观，开展道德模范评选表彰活动，注重发挥家庭、家教、家风在基层治理中的重要作用。

重大主题报道"跨平台、跨圈层、贯层级"多方联合的融媒体社会化生产，有利于连接属性作用的最大发挥。在重大主题报道中，媒体既可以横向联动多家平台，快速集纳各类信息，又可纵向沟通省市县多级融媒体中心，构成一条信息自由流动、高效传递的双向横纵贯线。由于受众广泛的参与度与能动性，受众在生产信息的同时也消费了信息，主流媒体在整合信息生产的同时，润物细无声地引导了舆论，有效提升了媒介化治理能力。

重大主题报道有利于数据的收集与整合。媒体在"互联网＋基层治理"行动中大有可为，可发挥中介特质，实行基层数据的综合采集，加强基层治理数据资源建设，共建全国基层治理数据库，推动基层治理数据的资源共享，从而推动基层政务信息数据的共建共享。目前全国的县级融媒体中心及各级媒体的数据资源联网共享机制，可为共建全国基层治理数据库贡献力量。

在社会分层多元化、社会资源多样化、媒介业态多平台化的当下，借助重大主题报道，媒体可更好地集纳个体内容、用户画像。随着移动媒体的兴起、社交媒体的活跃，越来越多的用户开始自发生产内容，刻画自我，记录生活。个体描摹成为重大主题报道的重要组成部分，以往重集体轻个人的群像镜头逐渐让位于个体的肖像镜头，在重大主题报道中有无数个由个体片段构成的基础数据与用户画像。在新冠疫情报道中，人民网为用户提供方便上传且易于分享的生产平台，发动公众贡献内容，分享信息，媒介机构整合用户生成的UGC，实现了PUGC的社会化新闻生产。PGC与UGC相结合的PUGC，作为兼容并包的社会化生产有利于媒体在"互联网＋基层治理"中发挥作用，提升媒介化治理能力。

（二）多元受众搭建社会治理网络

重大主题报道传递真知、真理、真识，记载和跟进社会治理的发展，承载社会治理的智慧与思想。通过重大主题报道，提升受众的文明素质与理论根基，引导受众形成正确的世界观、人生观、价值观，从而形成和睦融洽的社会氛围。《关于加快推进媒体深度融合发展的意见》中提到，要大兴"开门办报"之风，将党的优良传统与新技术手段结合，媒体与受众连接，以开放姿态吸引用户参与。重大主题报道在满足受众信息需求的同时，还能动员受众参与社会治理实践，搭建起多元受众社会治理网络，吸纳多方参与协同共治。

（1）"可写"的文本赋能公众发声。在技术门槛降低的当下，重大主题报道的文本不仅"可读"，也"可写"，重大主题报道赋予每位公民在公共平台针对重大事件发声的机会，从而使其主动协同参与到社会治理中来。

（2）"可亲"的呈现吸引公众参与。重大主题报道除语态、视角的亲民呈现外，更重要的是让民众成为报道主体，使民众参与到媒介生产中来。新闻不仅仅是"人民关心的新闻"与"关于人民的新闻"，还是"人民参与的新闻"。

（3）跨平台受众构建公共治理空间。重大主题报道的受众通常是跨平台的，主流媒体活跃于微博、抖音等社交媒体平台，跨平台受众的共存与互动有利于促进舆论的良性汇聚，构建民主开放的互联网公共话语空间，促进协同治理。

（4）高卷入度受众促成主动协同治理。重大主题报道的受众是信息消费的高卷入度人群。高卷入度即卷入人数多、范围广，卷入的意愿高。主要表现为公众生产信息的欲望强烈，信息的生成数量较多和生成频率较高，参与公共讨论与决策的意愿也高。高卷入度受众是实现主动协同社会治理的重要保证。

（三）跨领域联动促进社会治理精细化

社会治理精细化是社会治理的一个重要转向。党的十八届五中全会提出："推进社会治理精细化，构建全民共建共享的社会治理格局。"① 党的十九届五中全会通过的《中共中央关于制定国民经济和社会发展第十四个五年规划和二〇三五年远景目标的建议》提出社会治理重心要向基层下移，"构建网格化管理、精细化服务、信息化支撑、开放共享的基层管理服务平台"②。社会治理精细化的本质是将人民群众放在中心，考虑人民群众的需求。社会治理精细化的特征表现为协同化的组织、专业化的队伍、信息化的手段、规范化的过程、标准化的运作、人性化的服务、数据化的结果。③ 这一点与媒体融合纵深化发展进程相符合，媒体可实现信息传播与公共服务双融合的功能，作为智能化社会治理中介，不断提升基层治理水平。④ 重大主题报道可作为媒介化治理的重要抓手，促进社会治理精细化。

（1）跨领域联动推进基层智慧治理。根据中央的顶层设计，市、县级政府要统筹推进智慧城市、智慧社区基础设施、系统平台和应用终端建设，强化系统集成、数据融合、网络安全保障，健全基层智慧治理标准体系，推广智能感知等技术。⑤ 县级融媒体中心建设的最初目标，即担当智

---

① 中共中央关于制定国民经济和社会发展第十三个五年规划的建议 [EB/OL]. (2015-11-03) [2023-09-09]. http://cpc.people.com.cn/n/2015/1103/c399243-27772351-8.html.
② 中共中央关于制定国民经济和社会发展第十四个五年规划和二〇三五年远景目标的建议 [EB/OL]. (2020-11-04) [2023-09-09]. http://yuqing.people.com.cn/big5/n1/2020/1104/c209043-31918159.html.
③ 朱瑞, 刘辉. 社会治理精细化的理论构想 [J]. 社会治理, 2016 (4): 70-78.
④ 栾轶玫. 信息传播与公共服务：县级融媒体中心建设的"双融合" [J]. 视听界, 2018 (5): 37-40.
⑤ 中共中央 国务院关于加强基层治理体系和治理能力现代化建设的意见 [EB/OL]. (2021-07-11) [2023-09-09]. http://www.gov.cn/zhengce/2021-07/11/content_5624201.htm.

能化社会治理中介，协调社会行动，促进公民主动协同，增强社会凝聚力，推进社会治理，维护社会稳定。此外，当重大突发事件发生时，重大主题报道除能迅速传递信息外，还能实现线上线下连接，为受众提供公共服务，且发挥勾连作用，构建机构与机构间融合的渠道，为公众提供贴身化服务，提升办事效率。如新冠疫情期间，一些媒体推出通过扫描二维码进入义诊专区的应用，都是媒体整合资源、跨领域联动提升基层智慧治理水平的有效实践。

（2）覆盖多元受众实现精细化治理。大数据、云计算、物联网等信息技术使社会治理能够更加精准分析、精准服务、精准治理、精准监督、精准反馈，能更好地服务不同社会群体。[1]重大主题报道凭借人工智能技术如用户画像，使过去模糊的群体清晰可见，据此提供有针对性的内容和便捷的服务。借助算法的短视频可更好地实现多样化场景的内容分发，触达多圈层人群。如新冠疫情期间，人民网、人民视频将直播内容进行切片化剪辑和编排，结合图片与文字直观呈现一线情况，并在微博、微信、抖音等平台进行复次发布，覆盖了多元受众，在抗击疫情中更有效地动员受众，激发人们主动协同参与社会治理。媒体通过提升政策宣传力、民情沟通力、便民服务力等基层政务服务水平，促进基层政务高质量发展，助推基层治理的精细化。

五、结语

媒体深度融合既是顶层设计，又是时代所需，重大主题报道因主题重大、权威性和前沿性较强成为媒体深度融合深化的主要抓手与重要着力点，在人机协同驱动下，借助重大主题报道，媒体经历着从内部自我革新到与社会其他子系统相连接的由点至面、由内而外的高质量发展过程。随

---

[1] 杨雅厦. 应用大数据提升社会治理智能化水平［N］. 光明日报，2017-04-10（11）.

着媒体融合深化，媒介机构必将更多地参与社会治理、基础政务、城市建设，形成包含"中央厨房"、省级融媒体中心、市级融媒体中心、县级融媒体中心在内的由中央统领、省市兼容、县域纵深的层级布局的媒介化治理新局面[1]，通过重大主题报道，进一步提升媒介化治理能力，促进基层政务与社会治理的高水平发展。

第二节 智库全球治理的能力培育

当前，人类社会面临自第二次世界大战以来最严峻的全球性危机，世界各国亟须加强对话与协作，全面提升全球治理能力，应对人类面临的共同挑战。对于中国而言，全球治理既是国际秩序新格局重构的客观需要，也是中国经济社会改革与发展的内在要求，更是中国塑造负责任的大国形象、应对全球性挑战的战略选择。

本节在国内外学界现有研究基础上提出"智库全球治理能力"分析框架，并对中、美、英三国智库的全球治理实践进行比较分析。

一、研究现状

近年来，智库与全球治理这一交叉领域受到了来自政治学、国际关系学、传播学等多学科学者的关注。全球治理超越了传统意义上的国际关系范式和民族国家界限，强调非国家行为体的协同参与，将民族国家、跨国家行为体、非国家行为体有机结合，从多元层面寻求全球性问题的解决方案。在全球治理的多元主体中，智库作为具有较强公信力的政策研究机构和典型的非国家行为体，通过其思想创新、舆论传播、跨国智库网络建构

---

[1] 栾轶玫.信息传播与公共服务：县级融媒体中心建设中的"双融合"[J].传媒经济与管理研究，2018（1）：109-116.

和全球公共产品供给，弥补了主权国家在全球治理中的不足，为世界各国共同应对全球性问题提供了一个进行协商、对话与合作的可能路径。

（一）全球智库研究的多元发展

当前，全球智库的理论研究与实践发展相辅相成，在多学科理论的交叉视域下呈现出多元发展态势。国外学界的全球智库研究主要沿着历史路径、实证主义和国际比较研究三种研究传统，近年来又逐渐兴起批判研究与文化研究，主要围绕智库的运行机制、影响力传播机制、功能角色等维度进行。

关于运行机制，国外学界结合美国、澳大利亚、德国、英国等不同国家的智库实践对智库的资金来源、组织架构、人员构成进行个案分析或国际比较研究，总结智库发展的个性与共性经验。近年来，除传统智库大国外，研究者也将视野拓展至北欧等智库规模较小的国家。有学者指出，智库在瑞典政治环境中的角色取决于其历史背景与资金来源，政府资助型智库在政策制定过程中更易起到促进协商一致的作用。[1] 也有学者研究发现，丹麦智库资金来源是否具有公共性并不会对其在媒体与政治中的可见性产生影响。[2] 美国布鲁金斯学会创始人将独立性视为智库的核心价值之一[3]，近年来学界对智库组织方式的研究在一定程度上打破了智库"独立性"的神话，推动社会各界对智库价值的多维思考[4]。

关于影响力传播机制，"如何影响政策制定者"是智库研究领域经久

---

[1] ALLERN S, POLLACK E. The role of think tanks in the Swedish political landscape [J]. Scandinavian political studies, 2020 (3): 145-169.

[2] KELSTRUP J D, BLACH-ØRSTEN M. Public and private think tank visibility in the Danish parliament and media [J]. Scandinavian political studies, 2020 (3): 170-186.

[3] 参见布鲁金斯学会官网：http://gfgga115ca449a3ca469cs59x6q55nvon96wv0.fhaz.libproxy.ruc.edu.cn/。

[4] JEZIERSKA K, SÖRBOM A. Proximity and distance: think tanks handling the independence paradox [J]. Governance, 2021 (2): 395-411.

不衰的命题。近年来，国外研究聚焦于智库与外部政治环境、媒体环境的互动，运用多元的理论框架和实证主义的研究方法，对智库在政策制定过程中的作用机制进行深度探讨。有学者通过实证研究发现，智库在媒体中出现的频率越来越高，全球多个国家的媒体将智库作为其重要信源，为智库创建了良好的政治参与和政策协商渠道。[1] 澳大利亚学者马克斯·格伦平（Max Gromping）等认为，"媒体关注"是智库快速融入政策议程的关键要素，智库有望通过吸引"媒体关注"，整合"政府关注"，建立长期且稳定的政策协商路径。[2] 新媒体时代，研究者将社交媒体作为智库实现政治参与和议程设定的新变量，对智库在新媒体环境中的发展进行探讨。有研究者通过对 Twitter 的研究认为，Twitter 为智库提供了全球传播平台，扩大了其全球影响力。[3] 尽管智库在公共政策中的角色越来越重要，学界对于其在公共政策中的贡献仍然存有争议。澳大利亚智库研究者伯特·弗劳森（Bert Fraussen）等认为智库在战略决策中有着突出贡献，但其作用的发挥受研究能力、自主能力和政策视野的影响。[4] 还有研究者借鉴知识社会学的最新发展，重申了资助者对智库政策生产的干预问题。[5]

关于功能角色，国外研究者在智库三大传统角色的基础上进行延伸与

---

[1] CASTILLO-ESPARCIA A, GUERRA-HEREDIA S, ALMANSA-MARTÍNEZ A. Political communication and think tanks in Spain. Strategies with the media [J]. El profesional de la información, 2017 (4): 706 - 713.

[2] GRÖMPING M, HALPIN D R. Do think tanks generate media attention on issues they care about? Mediating internal expertise and prevailing governmental agendas [J]. Policy sciences, 2021 (4): 849 - 866.

[3] TCHUBYKALO E, SÁNCHEZ J, GIMÉNEZ J. Think tanks and political influence. How influencer networks and the specialization of power are represented on Twitter [J]. Trípodos, 2019 (45): 111 - 131.

[4] FRAUSSEN B, HALPIN D. Think tanks and strategic policy-making: the contribution of think tanks to policy advisory systems [J]. Policy sciences, 2017 (1): 105 - 124.

[5] HERNANDO M G, WILLIAMS K. Examining the link between funding and intellectual interventions across universities and think tanks: a theoretical framework [J]. International journal of politics, culture, and society, 2018 (2): 193 - 206.

适当批判，借鉴跨学科领域的前沿成果进一步丰富智库的应然角色。英国智库问题专家戴安·斯通（Diane Stone）较早对智库的三大神话进行批判与反思，为智库研究带来批判主义视角。"智库是桥梁、智库为公众利益服务、智库思考问题"①，为智库活动提供了合法性，但智库的实际活动又大大削弱了上述说法的有效性。近年来，"边界组织"的理论被频繁应用于智库角色的研究中，为智库研究提供了新思路。有研究者将智库视为活跃于多个领域的"边界组织"，提出智库的边界工作在于转化政治资本、经济资本、媒体资本和学术资本。② 也有研究者借用"边界组织"的理论解释智库的功能定位。研究认为，智库在多个领域间的游走及边界工作为其塑造了一个运作空间，并依托知识、社会、媒体和政治领域的资源构成了一个独特的实体。③

国内对于智库的研究起步较晚，始于20世纪80年代，在研究视角上呈现跨学科交叉的特点，多位研究者将研究视野投注于公共外交、国际关系等多个领域，全面建构智库研究的理论体系。近年来，随着中国特色新型智库理论与实践的发展，国内智库研究突飞猛进，呈现出三种研究趋势——在国际比较分析视野下进行国外智库先进经验总结、在跨学科视野下构建中国智库理论体系、以实践为导向探索中国特色新型智库建设的优化方略，为全球智库研究注入了新活力。

在国内引进国外智库理念的早期，薛澜、袁鹏、孙哲、朱旭峰、王莉丽等学者从专家决策咨询、公共政策议程设置、"旋转门"机制等方面对美国智库进行了深入研究，并从比较的视角，结合中国历史传统对中国智

---

① 王莉丽. 智力资本：中国智库核心竞争力 [M]. 北京：中国人民大学出版社，2015：7.
② OLEKSANDRA K，OLENA C. Think tanks in a limited access order：the case of Ukraine [J]. East European politics & societies and cultures，2021（3）：790-811.
③ JEZIERSKA K. Dangling in a vacuum：a presentation of Polish think tanks in political life [J]. East European politics & societies and cultures，2021（3）：812-836.

库的发展提出了建设性意见。近年来，中国学界除了关注美国、英国、加拿大等西方智库大国外，也对金砖国家、亚太地区国家的智库进行了研究分析，关注不同类型智库的发展以及对华态度。有研究者对日本智库内部网络进行分析，认为政策专家之间的社会网络维持了议题流动与智库的知识生产，是其影响力发挥作用的关键要素。① 也有研究者对中国、美国、菲律宾、越南四国智库在南海议题上的表现进行国际比较分析，认为中国智库相对于其他三国智库来说，在该议题上的产出数量丰富，但与国际媒体的互动有限，导致其国际影响力和国际议程设置能力受到限制。② 还有研究者对金砖国家的智库建设进行了比较分析，发现金砖国家智库在发展模式上受国内环境的影响呈现出不同的特点，但都面临国际话语权有限以及智库发展水平进入瓶颈期两个相同的困境。③

当前国内智库研究的理论体系构建主要在国际关系、公共外交、全球治理等学科交叉视域下进行。笔者之一提出"多元公共外交"理论框架，将智库纳入公共外交主体之列，认为政府、智库、媒体、企业以及普通公众形成了多个相互独立的中心并进行多元的舆论互动，其中，智库是多元公共外交体系的思想源泉，也是最具公信力的行为主体。④ 智库公共外交的核心是思想的双向对等交流与舆论传播，其影响力通过弥散性的意识形态权力和其在公共政策舆论场的舆论聚散核心地位实现思想向权力的转化而实现。⑤ 也有学者基于智库服务政府决策的角色，从治理理论的角度对

---

① 胡令远，王梦雪．智库中的政策专家社会网络分析：以日本国际问题研究所为例[J]．日本学刊，2018（6）：30-48．
② 吴瑛．中国智库的国际议程设置能力研究：对中美菲越四国智库的比较[J]．太平洋学报，2018（11）：87-100．
③ 谭玉，朱思慧，张涛．金砖国家顶级智库建设的比较及对中国的启示[J]．情报杂志，2018（4）：42-47，79．
④ 王莉丽．"多元公共外交"理论框架的建构[J]．中国人民大学学报，2018（2）：116-123．
⑤ 王莉丽．智库公共外交：概念、功能、机制与模式[J]．中国人民大学学报，2019（2）：97-105．

智库的治理能力进行界定，认为智库的治理能力包括独立性、高质量和影响力三个方面[1]，但未进行进一步的理论建构。

以实践为导向探索中国特色新型智库建设的优化方略是近年来国内智库研究的主要方向，研究者结合新时代国内外政治环境、经济环境和媒体环境的新发展，对中国特色新型智库建设的实践进行了有益探索。朱旭峰等认为，社交媒体的迅速发展带来了国家社会治理关系的转变，也为智库影响力的有效发挥提供了新契机。[2] 对于新时代中国智库的传播力与影响力，胡钰等认为，提升智库传播力是建设中国特色新型智库的重要内容，也是打造国家软实力的重要途径。[3] 在具体的对策建议方面，有研究者提出，智库应制定差别化的新媒体运营策略，提高智库信息传播网络的连通性和稳定性，充分发挥意见领袖的舆论引导作用。[4] 也有研究者建议中国智库建立国际传播新媒体矩阵，依托现有外宣媒体对智库人员进行业务培训。[5]

（二）"智库"与"全球治理"的概念界定

近年来，随着全球治理多元权力中心的崛起，智库作为重要的非国家行为体和政策研究机构，在全球治理中的角色与影响力逐渐进入学界的研究视野。

当前，国内外学界对智库概念的界定大体上沿着功能作用以及机构属

---

[1] 刘海峰，刘畅，曹如中．智库治理能力的内涵与机理研究：基于智库服务政府决策视角[J]．情报杂志，2018（3）：193-199．

[2] 朱旭峰，赵静．社交媒体时代中国智库发展面临的机遇与挑战[J]．治理研究，2021（1）：90-97．

[3] 胡钰，赵平广．中国智库传播力的评价与提升：以中信改革发展研究基金会为例[J]．现代传播，2020（1）：78-83．

[4] 李中梅，张向先，郭顺利，等．新媒体环境下智库信息传播网络结构实证分析研究[J]．情报科学，2021（2）：146-156．

[5] 庄雪娇．论中国智库的国际传播新媒体矩阵：现状与未来[J]．智库理论与实践，2021（2）：24-32．

性划分路径，充分肯定其在知识创新、舆论影响方面的重要功能，但在智库机构属性的界定上存在一定的分歧。美国学者安德鲁·里奇（Andrew Rich）明确强调智库是独立的、不以获取经济利益为目的的非营利组织，通过提供专业知识和建议而获得支持和影响决策。[①] 美国智库研究者詹姆斯·史密斯（James Smith）和唐纳德·埃布尔森（Donald Abelson）也同样强调智库的非营利组织属性，认为智库是非营利、非党派的研究机构，其首要目的是影响公共舆论和公共政策。[②] 相比较而言，欧洲和亚洲学界对智库概念的界定较为宽泛，更加注重智库的功能与实际效用，而不是一味强调其非营利组织和非党派属性。日本学界在对智库的研究和分析中普遍把企业附属研究机构纳入智库类别。欧洲智库则是整体上形成了与政党共进退的传统，有很多党派智库发挥重要的政策影响力。近些年来，中国学界对智库的研究逐渐深入。薛澜指出，智库主要指以影响公共政策为宗旨的政策研究机构。[③] 王莉丽认为，智库是指诞生在特定的政治、经济、文化土壤中，服务于国家利益和公共利益，以影响公共政策和舆论为目的的非营利性政策研究机构。[④] 我们以此概念为基础，从国际比较研究的视角分析智库的全球治理能力。

治理理论兴起于20世纪90年代，面对政府和市场在解决各种公共事务和全球性问题时的失灵，西方政治学界在公共选择理论、新自由主义思潮等理论基础上提出了治理理论，提倡政府、市场和社会多元主体合作、共同管理和解决公共问题。1995年，联合国全球治理委员会发布报告

---

① RICH A. Think tanks, public policy, and the politics of expertise [M]. Cambridge University Press, 2004.
② SMITH J A. Idea brokers: think tanks and the rise of the new policy elite [M]. Free Press, 1991; ABELSON D E. American think tanks and their role in U. S. foreign policy [M]. MacMillan Press LTD, 1996.
③ 薛澜. 思想库的中国实践 [J]. 瞭望, 2009 (4): 21-22.
④ 王莉丽. 智力资本：中国智库核心竞争力 [M]. 北京：中国人民大学出版社, 2015: 3.

《天涯成比邻》，提出全球治理主要是指公私机构管理共同事务的诸多方式的总和，是使相互冲突或不同利益得以调和并且采取联合行动的持续过程。① 自此之后，国内外学界从治理主体、治理目标等方面不断丰富全球治理概念的内涵。治理理论的主要创始人之一詹姆斯·罗西瑙（James Rosenau）认为，全球治理是由共同目标驱动的活动，并不一定依靠国家的强制力量而实施，政府在其中并不具有不可替代性。② 有学者指出，以主权国家为主体的全球治理出现了集体行动困境，使得治理主体由传统的主权国家向多治理主体转变。③ 俞可平认为，从治理目标的维度，全球治理是指通过具有约束力的国际规则和有效的国际合作，解决全球性政治、经济、生态和安全问题，以维持正常的国际政治经济秩序。④

综合国内外学界相关权威概念，我们认为：全球治理是指为应对日益复杂的全球性问题和挑战，国际社会中的多元行为体通过协商、对话和合作，共同维护全球秩序和共同利益而采取的治理体系。

二、"智库全球治理能力"分析框架的提出

作为一个重要的学术交叉领域，智库与全球治理的相关研究在最近十年间才开始逐渐增多，这一方面是因为智库成为一门跨学科显学，其在政治实践和国际关系中的重要作用得以显现；另一方面是因为全球化、信息化的高速发展加深了各个国家相互交往与依存的程度，同时也产生了大量的全球性矛盾和问题，而对这些全球性问题的解决，进一步凸显了政府和市场的失灵，迫切需要智库这样具有较强公信力、研究能力和社会影响力

---

① 卡尔松，兰法尔. 天涯成比邻：全球治理委员会的报告 [M]. 中国对外翻译出版公司，译. 北京：中国对外翻译出版公司，1995：2-3.
② 蔡拓，杨雪冬，吴志成. 全球治理概论 [M]. 北京：北京大学出版社，2016：26.
③ 于宏源. 全球气候治理伙伴关系网络与非政府组织的作用 [J]. 太平洋学报，2019（11）：14-25.
④ 俞可平. 全球治理的趋势及我国的战略选择 [J]. 国外理论动态，2012（10）：7-10.

的非国家行为体在全球治理中发挥作用。综合来看,国内外学者对于智库全球治理能力的分析主要借助于案例分析的方法,以探讨智库在全球治理中的角色、作用以及影响力发挥的路径,但目前尚未提出系统的理论分析框架。理论研究的滞后性一定程度上限制了智库在全球治理领域充分地发挥其应有的作用。我们在多学科理论基础上结合现有研究提出"智库全球治理能力"理论分析框架。

(一)角色功能视域下的"智库全球治理"研究

从整体的研究体量上看,国内外学界对该领域的研究尚属起步阶段,研究数量和研究深度都较为有限。有学者认为智库在全球治理中承担着政策生产者的角色。澳大利亚学者伯特·弗劳森等以澳大利亚智库为例,探究智库在政策制定方面的作用,认为智库高水平的研究能力和专业知识、高度的组织自主性和立足长期的视野构成了其在全球政策制定方面的直接影响力。[1] 也有学者认为智库在全球治理中的主要角色是话语协商者,即通过搭建话语协商平台来提供思想、监督执行和协调政策。[2] 还有学者认为智库在全球治理中发挥政策影响者的角色,通过施加其认知性影响力、手段性影响力、社会性影响力、资源性影响力和象征性影响力进行政策议程设置,从而影响政治决策过程。[3] 也有学者从权力资源拥有与运用的角度分析智库参与全球治理的能力,认为智库拥有政策供给、理论供给、人才供给、平台供给与舆论供给五种资源,通过影响本国决策、影响他国决策和塑造国际议程三种方式运用权力资源以实现全球治理的国际话

---

[1] FRAUSSEN B, HALPIN D. Think tanks and strategic policy-making: the contribution of think tanks to policy advisory systems [J]. Policy sciences, 2017 (1): 105 - 124.

[2] STONE D. The Group of 20 transnational policy community: governance networks, policy analysis and think tanks [J]. International review of administrative sciences, 2015 (4): 793 - 811.

[3] KECK M E, SIKKINK K. Transnational advocacy networks in international and regional politics [J]. International social science journal, 1999, 51: 89 - 101.

语权。①

有中国学者延续西方学者对影响力的划分方法,对美国智库的具体治理实践进行分析,认为智库通过议题引领和举办主场会议提升手段性影响力、开展权威性和系统性研究强化智库认知性影响力、通过把握政治机会和塑造共识增强象征性影响力。②也有学者以全球互联网治理中的美国智库为例,认为美国智库在全球互联网治理中承担了战略献策者、合作参与者、政策解读者、治理方式探索者以及美国全球互联网治理霸权鼓吹者角色。③有研究者聚焦智库网络,认为其在全球治理中起到过滤议程、搭建非正式外交平台和均衡治理能力的作用。④还有研究者以 G20 峰会机制中的跨国智库网络为例,认为其承担了政策创新者和监督者的角色,在全球治理中发挥知识转换与整合、政策倡议与监督的功能。⑤

(二)"智库全球治理能力"分析框架

智库作为一种不具备行政权力的政策研究组织,其核心竞争力是由人才、制度与传播构成的智力资本。其中,人才资本是智库思想创新的源泉和基础,传播资本是智库影响力实现的传播网络。⑥智库人才资本构成的核心是具有知识分子和学术权威双重身份的政策专家。知识分子作为专业化的文化生产者与传播者,塑造了我们对现实的理解。⑦在全球治理中,

---

① 张骥,方炯升.中国外交安全智库国际话语权分析 [J]. 国际展望,2018 (5):75-94,160.
② 李昕蕾. 美国非国家行为体参与全球气候治理的多维影响力分析 [J]. 太平洋学报,2019 (6):73-90.
③ 罗昕,李芷娴. 外脑的力量:全球互联网治理中的美国智库角色 [J]. 现代传播,2019 (3):74-77,104.
④ 唐立辛."全球智库"的发展及其对全球治理的影响与作用研究 [D]. 上海:上海社会科学院,2016.
⑤ 安德万. 跨国智库网络参与 G20 峰会机制建设研究:基于"边界组织"的视角 [D]. 上海:上海外国语大学,2020.
⑥ 王莉丽. 智力资本:中国智库核心竞争力 [M]. 北京:中国人民大学出版社,2015:36-37.
⑦ 斯沃茨. 文化与权力:布尔迪厄的社会学 [M]. 陶东风,译. 上海:上海译文出版社,2006:1-3.

智库所拥有的专家学者和其所掌握的专业知识与公信力构成了其在全球治理中的话语权基础。

从公共管理学的角度，美国学者埃莉诺·奥斯特罗姆（Elinor Ostrom）提出的"多中心治理理论"确立了智库参与全球治理的合法性基础。智库作为政府之外的社会力量，以平等、合作、互信为关键行动要素，通过发挥自身优势参与公共事务的管理。[①] 王莉丽提出的"公共政策舆论场理论"进一步从舆论学与公共政策的视角明确了智库在公共政策舆论场中处于舆论聚散核心地位：智库一方面生产舆论，另一方面传播和影响舆论，并与政府、利益集团、媒体、公众等各种舆论主体进行舆论的互动。[②]

国际关系三大主流理论之一的建构主义理论构成了智库能够在全球治理中发挥重要作用的核心理论支撑。新现实主义和新自由主义理论强调权力和利益是国际政治的核心动力，观念只能起到无足轻重的解释作用，可以弥补物质权力和利益解释能力的不足。[③] 建构主义理论则认为，权力的意义和利益的内容在很大程度上是由观念决定的。换句话说，权力和利益之所以具有意义和内容并产生作用是因为观念使然。[④] 在全球治理中，智库所能够发挥作用的基础要素就是其研究公共政策和提供全球公共思想产品的能力，而智库所提供的全球公共思想产品正是建构主义理论所强调的"观念"。国际社会中，行为体之间的交往互动形成共有观念，共有观念建构了国际体系的结构并使得这种结构具有动力。[⑤]

[①] 奥斯特罗姆. 公共事物的治理之道：集体行动制度的演进 [M]. 余逊达, 陈旭东, 译. 上海：上海译文出版社, 2000: 22 - 50.

[②] 王莉丽. 旋转门：美国思想库研究 [M]. 北京：国家行政学院出版社, 2010.

[③] GOLDSTEIN J, KEOHANE R O. Ideas and foreign policy [M]. Cornell University Press, 1993.

[④] 温特. 国际政治的社会理论 [M]. 秦亚青, 译. 上海：上海人民出版社, 2014: 430 - 452.

[⑤] 秦亚青. 文化与国际社会：建构主义国际关系理论研究 [M]. 北京：世界知识出版社, 2006: 75.

"智库全球治理能力"是指在全球治理进程中,作为非国家行为体的智库与国家各自作为施动者与国际体系中的其他智库以及其他国家行为体进行互动,从而形成全球治理的结构。这一全球治理结构即行为体之间的交往互动形成共有观念,共有观念也被称为共有知识或共有文化,指行为体之间共同的和相互关联的知识或理念,建构了全球治理中国家与非国家行为体的身份和利益,并影响其行为,进而推动全球性问题的解决。在全球治理中,智库一方面生产观念,另一方面通过全方位的舆论传播和跨国网络的建构推动了各个国家之间的互动和共有观念的形成。"智库全球治理能力"具体分为全球公共思想产品供给、舆论影响力传播、跨国智库网络建构三个维度。全球公共思想产品供给是智库参与全球治理的核心能力,作为不具备行政权力的非国家行为体,其公共思想产品供给的方式主要体现为针对全球性问题组织会议、发表研究报告和政策评论。而利用官方网站、社交媒体与外部大众传媒进行的舆论传播是智库在全球治理中获得影响力的重要途径。通过跨国智库网络的建构,智库可以在全球治理中与各种国家和非国家行为体进行平等沟通与协商。

　　"智库全球治理能力"分析框架的提出,一方面弥补了当前知识界对智库与全球治理这一重要的交叉领域理论建构的不足,具有重要的学术增益;另一方面也有助于对该领域的实践发展进行分析,对进一步推进智库的全球治理实践有一定的指导意义。

三、智库的全球治理实践分析

　　基于我们提出的"智库全球治理能力"分析框架,本节结合智库的全球治理实践,从全球公共思想产品供给、舆论影响力传播和跨国智库网络建构三个维度进行分析。本节选取美国、英国和中国智库分别作为美洲、欧洲和亚洲区域的代表。美国作为全球第一智库大国,无论从数量上看还是从政策和舆论影响力上看都在全球遥遥领先。英国智库总数及发展水平也常年居于全球智库综合榜单前列,在欧洲地区处于领先水平。中国有着悠久的类智库历史传统,但严格意义上的现代智库的发展与改革开放同步,近十年来出现飞速发展,正以势不可当的发展趋势在全球享有较高声誉。

(一) 公共思想产品供给各有千秋

全球治理的本质就是治理主体通过供给全球公共思想产品,管制"公共劣品"[①]。当"供给能力"大于"供给意愿"时,全球治理将不可避免地滑向"金德尔伯格陷阱"[②]。智库作为不具备行政权力的非国家行为体,通过产出思想产品,为全球治理提供思想和政策支持。以全球新冠疫情为例,疫情暴发后,针对新冠疫情的全球蔓延,全球智库都展开了多元研究,以线上研讨会、研究报告、政策评论等形式为应对疫情所引发的全球卫生治理危机供给全球公共思想产品。

美国智库在该议题上的思想供给呈现出两极分化趋势。一方面,以布鲁金斯学会为首的智库立足全球化视野,从全球治理视角出发对美国政府在全球卫生治理中的缺位提出政策建议。根据智库网站发布的公开信息,布鲁金斯学会 2020 年 1 月至 2021 年 11 月在该议题上组织了 108 场研讨会、产出了 226 篇报告及 210 篇政策评论,针对疫情之下的国际医疗、疫苗开发、中美竞争与合作、政治经济秩序重建等多元议题展开讨论并提出具体政策建议。[③] 布鲁金斯学会专家在《美国曾与苏联合作对抗天花,现在也应与中国合作提供新冠疫苗》一文中,呼吁美国政府借鉴美苏两国在

---

① 宋效峰,付冬梅. 全球卫生公共产品供给:中国角色与路径 [J]. 社会主义研究,2021 (1):131-137.

② 源于美国经济史学家金德尔伯格的"霸权稳定论",作为一种理论由美国政治学家约瑟夫·奈 2017 年 1 月首次正式提出,指在国际体系中有领导能力却不愿承担领导责任和供给公共产品,从而使全球治理失序。

③ 参见布鲁金斯学会官网:http://gfgga115ca449a3ca469cs59x6q55nvon96wv0.fhaz.libproxy.ruc.edu.cn/events/.

冷战期间的疫苗合作先例，加强中美两国在新冠疫苗分发方面的合作。[①]拜登入主白宫后，布鲁金斯学会的专家在《美国对华政策的未来——对拜登政府的建议》系列长篇报告中进一步呼吁新政府停止指责中国、重返世界卫生组织并与中国就新冠疫情防控加强交流。[②]此外，以传统基金会为首的部分智库在针对该议题展开研究时，更加关切美国的自身利益，从政策批评视角探究疫情的应对策略，也不乏假借"新冠溯源"而指责中国的言论。传统基金会2020年1月至2021年11月针对新冠疫情共举办了25场研讨会，产出了52篇研究报告和165篇政策评论文章。传统基金会的专家在《世界各国抗疫政策方法的比较分析》一文中，考察了10个经济自由度不同的国家的抗疫政策，认为美国和意大利等国实施的全面封锁，不如韩国和冰岛等其他国家采取的更具有针对性的方法有效。[③]传统基金会的学者在《口罩强制令：还有其他办法控制疫情暴发吗？》一文中，进一步阐述过于依赖封锁和口罩规定的公共卫生战略所存在的不足之处，呼吁美国政府采取更有效的干预措施。[④]

英国智库针对疫情所产出的思想产品更加聚焦于疫情所引发的国际关

[①] HAYNES J, LI C. The US cooperated with the Soviets on smallpox-it should do the same with China on COVID-19 vaccine distribution [EB/OL]. (2020-08-27) [2023-09-09]. http://gfgga115ca449a3ca469cs59x6q55nvon96wv0.fhaz.libproxy.ruc.edu.cn/blog/order-from-chaos/2020/08/27/the-us-cooperated-with-the-soviets-on-smallpox-it-should-do-the-same-with-china-on-covid-19-vaccine-distribution/.

[②] HASS R, et al. The future of US policy toward China [EB/OL]. (2020-11-17) [2023-09-09]. http://gfgga115ca449a3ca469cs59x6q55nvon96wv0.fhaz.libproxy.ruc.edu.cn/multi-chapter-report/the-future-of-us-policy-toward-china/.

[③] DAYARATNA K, et al. A comparative analysis of policy approaches to COVID-19 around the world, with recommendations for U.S. lawmakers [EB/OL]. (2020-07-20) [2023-09-09]. http://gfgga5b3786f012df4d79s59x6q55nvon96wv0.fhaz.libproxy.ruc.edu.cn/public-health/report/comparative-analysis-policy-approaches-covid-19-around-the-world.

[④] BADGER D, MICHEL N J. Mask mandates: are there better ways to control COVID-19 outbreaks? [EB/OL]. (2021-01-15) [2023-09-09]. http://gfgga5b3786f012df4d79s59x6q55nvon96wv0.fhaz.libproxy.ruc.edu.cn/public-health/commentary/mask-mandates-are-there-better-ways-control-covid-19-outbreaks.

系、国家民主、全球经济等方面的次生危机，在国别上更关注疫情对欧洲、拉丁美洲和非洲的影响，呼吁全球加强抗疫合作。皇家国际事务研究所 2020 年 1 月至 2021 年 11 月在新冠疫情的相关议题上共发表了 111 篇政策评论文章和 7 篇研究报告，组织了 6 场网络研讨会，从经济、政治、医疗、国际关系等多个角度切入，探讨疫情带来的次生灾难。① 智库专家 2020 年 4 月在评论文章《指责中国是一种危险的干扰》中提出，全球的当务之急是面对新冠病毒所引发的健康与经济双重危机，并对此展开国际协作、加快疫苗研制，指责中国不仅毫无意义而且是一种挑起对立的危险行为。② 此外，智库学者在 2021 年 4 月发表的报告中，从医疗用品供应的贸易维度强调了合作对于国际经济重建的重要性。③

　　中国智库整体直面疫情危机，多次组织国际会议商讨应对措施。在疫情集中暴发的 2020 年，中国国际问题研究院设立了"新冠肺炎疫情形势下的中国与世界"课题组，推出 9 期《新冠肺炎疫情形势下的中国与世界》系列报告，分享中国抗疫经验。④ 在疫情得到有效控制后，中国智库又积极联络各方，与世界各国共享中国抗疫经验，向广大发展中国家伸出援手。全球化智库 2020 年针对集中暴发的新冠疫情共组织了 24 场线上研讨会，其中 10 场以抗疫合作为主要议题，14 场围绕疫情对大国关系、国际教育、经贸发展等的影响展开，旨在通过对话加强全球抗疫合作，商讨

---

① 参见皇家国际事务研究所官网：http://gfggafda8928ef76c445as59x6q55nvon96wv0.fhaz.libproxy.ruc.edu.cn/search/content_format/Article/topic/coronavirus-response-325。

② The Right Hon Lord O'Neill. Blaming China is a dangerous distraction [EB/OL]. (2020-04-15) [2023-09-09]. http://gfggafda8928ef76c445as59x6q55nvon96wv0.fhaz.libproxy.ruc.edu.cn/2020/04/blaming-china-dangerous-distraction.

③ EVENETT S J. Trade policy and medical supplies during COVID-19: ideas for avoiding shortages and ensuring continuity of trade [EB/OL]. (2021-04-08) [2023-09-09]. http://gfgafda8928ef76c445as59x6q55nvon96wv0.fhaz.libproxy.ruc.edu.cn/2021/04/trade-policy-and-medical-supplies-during-covid-19.

④ 参见中国国际问题研究院官网：http://gfggabe4808b294df47des59x6q55nvon96wv0.fhazlibproxy.ruc.edu.cn/yjcg/zzybg/202007/t20200710_984.html。

新冠疫情及其次生危机的解决方案，构建人类命运共同体。[1] 在"中国经验能否为世界所借鉴？疫情折射的全球化问题与趋势"研讨会中，全球化智库邀请了来自相关领域的专家、学者和企业家就疫情下的中国经验与国际合作、疫情对全球化发展的影响及其所折射出的全球化问题等展开交流研讨，为各国一道战胜疫情贡献智慧。[2] 此外，全球化智库2020年1月至2021年11月共发表150篇评论文章和2篇研究报告，从国际教育、贸易与金融、国际关系、全球气候等治理议题的角度思考疫情的影响，系统总结全球抗疫合作现状，呼吁联合抗疫的纵深推进。在《加强多层次国际合作，共抗全球疫情》研究报告中，全球化智库系统总结了中国抗击疫情的十条经验，并从世界经济、全球价值链、卫生及安全等多个角度为全球卫生治理提出建议。[3]

（二）国际舆论影响力传播仍待加强

在全球治理中，智库依托自媒体平台与外部大众传媒，通过融媒体传播的方式，在全球舆论空间传播其思想产品，最大化其舆论影响力，提高全球各界公众对人类面临的共同危机问题的关注和了解，从而为全球性问题的解决提供舆论空气和土壤。

1. 以官网为传播基点，以社交媒体为传播链条，构建融媒体传播矩阵

近年来，新媒体尤其是社交媒体的飞速发展和技术赋权为智库思想产品的全球扩散提供了便利，与此同时，传统主流媒体阐释意义的权威性与

---

[1] 参见全球化智库官网：http：//gfgga40040f12960842cdh59x6q55nvon96wv0.fhaz.libproxy.ruc.edu.cn/? s=%E7%96%AB%E6%83%85&cat=%E6%B4%BB%E5%8A%A8&start=&end=&tag=&stype=1。

[2] 全球化智库. 中国经验能否为世界所借鉴？疫情折射的全球化问题与趋势［EB/OL］.（2020-03-25）［2023-09-09］. http：//gfgga40040f12960842cdh59x6q55nvon96wv0.fhaz.libproxy.ruc.edu.cn/archives/1590。

[3] 全球化智库. 加强多层次国际合作，共抗全球疫情［EB/OL］.（2020-03-30）［2023-09-09］. http：//gfgga40040f12960842cdh59x6q55nvon96wv0.fhaz.libproxy.ruc.edu.cn/archives/57417。

唯一合法地位不断被消解,越来越多的公众将社交媒体作为获取信息的首要渠道。据调查,有55%的美国人通过社交媒体获得新闻,近些年这个数据还在呈现不断上升趋势。① 与此同时,西方社会的舆论传播进入了情感、观点驱动超过事实本身的后真相时代。正是在这样的背景下,全球智库构建了以官方网站为基点的一站式思想聚合平台,以各种社交媒体为传播链条,结合文字、图片、视频、音频等多元化传播方式在全球网络舆论空间扩大其影响力。

美国智库的官方网站打造了集官方网站、社交媒体、音视频媒体和信息聚类媒体为一体的传播矩阵,针对不同平台的传播特点,创新智库成果的表达形式。以布鲁金斯学会为例,在其官方网站上,布鲁金斯学会设置了智库历史、团队成员、研究成果、资金来源等多个栏目,设有英语、中文、西班牙语、阿拉伯语共四个不同的语种,以方便不同国家的用户浏览,增强其对全球舆论的影响力。据 Alexa 网站的统计数据,布鲁金斯学会网站全球互联网流量排名第 12549 位,非美国访问占比 53.8%。②

英国智库的网站建设和社交媒体布局与美国基本一致,但在网站传播效果及社交媒体活跃度上仍不及美国智库。以皇家国际事务研究所为例,据 Alexa 网站的统计数据,皇家国际事务研究所的官方网站在全球互联网流量排名中位列第 93360,来自美国和尼日利亚的访客各占 15.3%,3.2%的访客来自巴基斯坦。③

中国智库在媒体融合战略指导下积极寻求跨平台影响力,但在内容的国际传播与国外社交媒体布局上还有所欠缺。以全球化智库为例,全球化

---

① 王莉丽,张文骁.特朗普推特执政的政治修辞与政策合法性建构:以中美贸易战为例[J].现代国际关系,2020(7):17-24,59-60.

② 数据来源于 Alexa 网站:http://gfggaaf27add8c5c84bf2s59x6q55nvon96wv0.fhaz.libproxy.ruc.edu.cn/siteinfo/。

③ 同②。

智库除官方网站外还在微博、微信公众号、Facebook、Twitter、Youtube 等多个平台设有账号，但其海外平台的传播效果远不及美、英等国。据 Alexa 网站的统计数据，全球化智库在全球互联网流量排名中位列第 1739293[①]，非中国访问没有数据。

2. 借助外部大众传媒设置舆论议程，引导舆论走向智库与大众传媒之间处于一种互为需求的关系

美国智库早在 20 世纪 70 年代就认识到了这一点。唐纳德·埃布尔森曾指出，到国会听证会作证或者出版研究报告可能会在政策制定群体中赢得关注度，但是却不可能产生像在福克斯或者美国有线电视新闻网（CNN）发表电视评论，或者在《纽约时报》发表评论文章这样的大范围的关注度和影响力。[②] 近十年来，中国智库也充分认识到了智库与大众传媒合作的重要性。总体而言，全球智库都与本国大众传媒保持良好互动，通过提高媒体曝光度，增强对社会议题的影响力。

根据官网信息统计数据，美国传统基金会专家在 2020 年共参与 1 165 次电视采访和 3 426 次广播采访[③]，美国传统基金会还创建了"信号"新闻网站，在 2020 年全球顶级智库综合榜单中，被评为公共政策影响力最大的智库。[④] 布鲁金斯学会专家 2020 年接受了 66 次电视采访[⑤]，在美国

[①] 数据来源于 Alexa 网站：http：//gfggaaf27add8c5c84bf2s59x6q55nvon96wv0.fhaz.libproxy.ruc.edu.cn/siteinfo/。

[②] 王莉丽. 智力资本：中国智库核心竞争力 [M]. 北京：中国人民大学出版社, 2015：89.

[③] 传统基金会. 传统基金会 2020 年报 [EB/OL]. [2023-11-07]. http：//gfgga5b3786f012df4d79s59x6q55nvon96wv0.fhaz.libproxy.ruc.edu.cn/annual-report-2020/a-message-from-our-leadership/index.html.

[④] MCGANN J G. "2020 Global Go To Think Index Report. University of Pennsylvania" [EB/OL]. (2021-01-28) [2023-09-09]. http：//gfggaee7cdc257f9f4898s59x6q55nvon96wv0.fhaz.libproxy.ruc.edu.cn/think_tanks/18/.

[⑤] 参见布鲁金斯学会官网：http：//gfgga115ca449a3ca469cs59x6q55nvon96wv0.fhaz.libproxy.ruc.edu.cn/search/? s=&post_type%5B%5D=on-the-record&topic%5B%5D=&pcp=&date_range=custom&start_date=2020-01-01&end_date=2020-12-31。

主流报纸杂志发表了 293 篇评论文章①。英国皇家国际事务研究所的研究人员定期在媒体上针对国内外发生的重大政治问题进行背景分析和评论，每周向媒体发送一封电子邮件、每两周发布一次"媒体日记"，提供该所研究动态与研究进展等信息。据统计，该智库于 2020 年至 2021 年共被媒体提及 35 366 次。② 中国国际问题研究院的专家 2020 年接受了 154 次电视媒体采访③，在中国主流报纸杂志发表了 70 篇评论文章④。全球化智库 2020 年接受中国主流媒体采访 130 次。⑤

从以上这些数据可以看出，以美、英、中三国智库为代表的全球智库保持了较高的大众媒体曝光度。但是，从全球治理的视角来看，各国智库过于依赖本国大众传媒的舆论传播渠道，而甚少与国际媒体进行合作。在这一点上，中国智库尤其处于弱势。

(三) 跨国智库网络建构各具特色

智库作为非国家行为体在跨国空间塑造中所组成的各类跨国组织、伙伴关系网络、政策倡议网络、智库间认知网络具有卓越的跨国资源调动和组织能力，促进了知识与人才的全球流通，提升了其治理话语权。

---

① 参见布鲁金斯学会官网：http：//gfgga115ca449a3ca469cs59x6q55nvon96wv0. fhaz. libproxy. ruc. edu. cn/search/? s=&post_type%5B%5D=opinion&topic%5B%5D=&pcp=&date_range=custom&start_date=2020-01-01&end_date=2020-12-31。

② 皇家国际事务研究所. 2020—2021 影响力报告 [EB/OL]. (2021-07-14) [2023-09-09]. http：//gfggafda8928ef76c445as59x6q55nvon96wv0. fhaz. libproxy. ruc. edu. cn/sites/default/files/2021-07/2021-07-14-impact-report. pdf.

③ 参见中国国际问题研究院官网：http：//gfggabe4808b294df47des59x6q55nvon96wv0. fhaz. libproxy. ruc. edu. cn/sp/。

④ 参见中国国际问题研究院官网：http：//gfggabe4808b294df47des59x6q55nvon96wv0. fhaz. libproxy. ruc. edu. cn/yjcg/sspl/。

⑤ 参见全球化智库官网：http：//gfgga40040f12960842cdh59x6q55nvon96wv0. fhaz. libproxy. ruc. edu. cn/mtbd。

智库作为"领袖的外脑",其成立初期的活动范围大多局限在本国国界内,主要服务于本国利益。在全球治理不断发展的大背景下,智库顺应了全球化的转型,通过构建跨国智库网络寻求全球性问题的解决,并通过其全球影响力的拓展在竞争激烈的思想市场中获得优势。智库通过设立跨国分支机构和开展国际合作项目,一方面促进了信息、知识、人才的跨国流通,另一方面也为全球性问题的解决搭建了协商对话平台,确立其在全球治理中的权威地位。近年来,随着全球性问题的不断增多,全球智库都开始进行全球化布局。

美国布鲁金斯学会于2006年和2007年先后成立"布鲁金斯-清华中心"和"布鲁金斯-多哈中心"两个海外分支机构,提升其在全球性议题上的话语权,推动全球治理。自设立以来,布鲁金斯-清华中心聘请了中国学者担任中心主任,就中美两国面临的一系列问题进行研究、组织会议研讨、发布研究报告、影响全球舆论。英国伦敦国际战略研究所(IISS)在北美、亚洲、中东和欧洲均设有办事处,分别位于华盛顿、新加坡、麦纳麦和柏林。其中,"IISS-美洲中心"成立于2001年7月,是最早设立的海外分支机构,一直致力于地区安全与政策议题。位于新加坡的"IISS-亚洲中心"成立于2001年9月,随着亚太地区经济的崛起,该中心愈发成为国际战略研究所的部署重点。位于巴林首都麦纳麦的"IISS-中东中心"成立于2010年5月,关注巴林等中东国家的发展议题。2021年6月,在德国政府的财政支持下,国际战略研究所在柏林设立欧洲办事处,将其作为智库与欧洲各国接触的枢纽,积极参与德国和欧洲事务的讨论。[①] 中国的全球化智库在伦敦、柏林、纽约、温哥华、华盛顿等9处设

[①] 参见国际战略研究中心官网:http://gfggafc0da42c4a504b29s59x6q55nvon96wv0.fhaz.libproxy.ruc.edu.cn/press/2021/iiss-europe-office-berlin。

立了海外代表①，并与美国哈德逊研究所合作开展"中美贸易摩擦研究"，旨在为中美两国提供平等且长期的民间协商对话平台。中国国际问题研究院与保加利亚经济部市场研究所于 2019 年联合成立了"16＋1 全球伙伴中心"，后拓展为"17＋1 全球伙伴中心"，双方定期开展研究交流。

相对于发达国家智库的全球化，以中国为代表的发展中国家的智库更加倾向于通过交流与合作加强其与其他国家或地区的联系。智库发展的全球化不仅意味着如同跨国公司一样在全球"开枝散叶"，也意味着不同国家的智库走向联合，成为紧密的"联合体"。②东盟各成员国代表智库于 2003 年成立了"东亚思想库网络"（Network of East Asian Think Tanks，NEAT）③，旨在通过学术交流为东亚国家合作提供智力支持。中国于 2004 年、2013 年和 2015 年又相继成立了"10＋3"东亚思想库网络（NEAT）、"10＋1"中国-东盟思想库网络（NACT）和中日韩思想库网络（NTCT）三大地区思想库网络，搭建亚洲区域思想库网络，进一步促进亚洲智库的交流与合作，为地区合作及全球治理提供智力支持。此外，中国还在 2015 年推动建立了"一带一路"国家智库合作联盟，构建面向全球智库的开放型国际智库网络，不断强化智库的国际化与网络化。

四、结语

全球智库总数自 2008 年以来实现稳步增长，其中亚洲增幅最大，2020 年智库总数居全球首位。但全球智库的国别影响力排名与智库数量

---

① 全球化智库.2020 年报［EB/OL］.（2021－04－13）［2023－09－09］.http：//gfgga40040f12960842cdh59x6q55nvon96wv0.fhaz.libproxy.ruc.edu.cn/wp-content/uploads/2021/07/%E5%85%A8%E7%90%83%E5%8C%96%E6%99%BA%E5%BA%93%EF%BC%88CCG%EF%BC%892020%E5%B9%B4%E6%8A%A5%EF%BC%88%E4%B8%AD%E6%96%87%EF%BC%89.pdf.
② 唐涛.当前全球智库发展特点以及对中国的启示［J］.情报资料工作，2020（5）：37－41.
③ 参见 ISIS 官网：http：//gfgga2adb06c0fcfd4314s59x6q55nvon96wv0.fhaz.libproxy.ruc.edu.cn/2009/06/23/neat/#：~：text＝The%20Network%20of%20East%20Asian%20Think%2DTanks%20or%20%E2%80%9CNEAT%E2%80%9D,one%20from%20each%20APT%20country.

严重不对称，美国、英国智库全球影响力大大超过其他国家。其中，美国智库在历年排名中稳居第一，英国智库也在历年排名中居于前列。中国智库的影响力增长稍滞后于其总数增幅，但正随着智库全球化传播意识的增强而逐渐得到强化。在研究趋势上，一方面，随着中国综合实力与国际话语权的提升，美国等国家的对华战略产生较大转向，全球各国智库也加强对华研究，在涉华研究数量和研究议题上，呈现出高度聚焦和多元化特点；另一方面，全球智库正凭借其知识生产与舆论传播影响力，作为多元行动主体之一参与各类跨国行动与全球治理。

在世界各国智库中，美、英、中三国智库数量与影响力都居于全球前列，其全球治理实践中最具典型意义和代表性。以上对美、英、中三国智库全球治理能力的分析虽然无法反映智库参与全球治理的全貌，但对于我们理解当前智库作为重要的非国家行为体在全球治理中的作用和可提升的空间有着重要启示意义。通过研究可以发现，美、英、中三国智库全球治理能力各有千秋。美国悠久的智库历史为其智库全球治理能力奠定了良好的基础，美国智库因此构建了良好的跨国智库网络与舆论传播影响力，但其在全球公共思想产品供给中所体现出的"美国优先"的狭隘观念在一定程度上阻碍了其在全球治理中作用的发挥。英国智库的全球治理能力整体较为突出，不仅基于全球化视野积极供给全球公共产品，也借助舆论传播与跨国智库网络构建扩散其全球影响力，但相较于美国仍有一定差距。中国智库全球治理能力与美国智库在舆论传播、跨国智库网络构建能力上还存在一定差距，但中国智库基于人类命运共同体意识在政策制定与思想产出中发挥的协商作用及其所生产的公共思想产品有效弥补了部分国家在全球治理中的缺位。

当今世界，国际力量对比此消彼长，贸易保护主义、单边主义抬头，民粹主义与民族主义涌动，多边规则、国际秩序受到冲击，地区热点问题此起彼伏，不确定、不稳定因素激增，全球治理面对前所未有的困境与阻力。全球暴发的新冠疫情公共卫生危机以及由此产生的政治、经济、社会危机，进一步暴露了全球治理的无序和失灵。美国学者弗朗西斯·福山（Francis Fukuyama）在《政治秩序与政治衰败》一书中充分阐述了在全球治理失灵的情况下世界面临的种种问题，如公众将失去对国家的信任，进而导致国家失去权威和资源。[①] 而这种混乱和衰败是每一个国家都不愿经历和面对的。作为从事公共政策研究的知识密集型组织，智库通过专家知识与舆论权力的高度结合，构成了影响世界政治、经济发展和人类未来的重要力量。在当前全球治理正在进行深刻变化和调整的形势下，智库日益成为全球治理体系变革和人类命运共同体构建的动力之源。智库的专业性、独立性、开放性、创新性使其可以跨越民族国家的分歧，就人类面临的共同挑战，进行跨国别、跨领域的研究和对话，推动国际合作和全球治理的实现。近年来，随着综合实力的不断增强，中国在全球治理中已经从被动参与进入了主动引领的新阶段。面对百年未有之大变局和民族复兴的新时代，中国不仅仅是全球治理的参与者，更是引领者和塑造者。中国智库要不断提升思想创新能力，为全球治理机制的创新和全球性问题的解决提供更多公共思想产品；同时要不断加强全球舆论传播力，在全球范围内设置舆论议程、引导舆论思潮；要不断拓展跨国智库网络，为构建人类命运共同体提供思想交流的平台，推动国际合作的实现。

第三节　主旋律影视作品的治理逻辑

近年来，一批优质主旋律影视作品破圈传播，成为大众交口称赞的爆

---

① 福山.政治秩序与政治衰败：从工业革命到民主全球化［M］.毛俊杰，译.桂林：广西师范大学出版社，2015.

款。这不仅是因为作品"言之有物"，拥有过硬的艺术质量，还在于其"传之有道"，善于借助融媒体发展的东风，形成传播合力。在创作者、宣发方、平台方等多方的共同努力下，承载着主流价值观的剧集、电影、纪录片、综艺节目等深耕内在逻辑、话语体系、传播方式，不仅使主旋律作品的受众覆盖面越来越广，而且使其所承载的主流价值理念深入人心，逐渐在社会上形成了一种"主旋律创造高频率、正能量形成大流量"的新风尚。

一、更平实：具象宏大主题，助推口碑效应

近年来，随着艺术理念的不断进步，主旋律创作实现了巨大转变。以往主旋律影视作品更多地聚焦历史事件或者英雄人物光辉形象，以恢宏的场景、高大的形象、严肃的台词为常见要素，呈现风格偏绚丽、宏大。而今，大部分主旋律影像的叙事角度逐渐转为平视化，镜头开始有意识地捕捉大时代下的普通个体、大背景中的小切口，以平凡故事映射时代变迁，更容易吸引"自来水"，形成口碑效应。

在这样的变化之下，主旋律影视作品更重视对宏大命题的细腻化处理。作品的传播点、话题度不囿于遥远的历史岁月、抽象的政策理念，而是走向具体化、多维化。这一点在当前基于主旋律影视作品召开的各类研讨会、座谈会中，专家学者对作品角度多元、具体可感的评价中可以得到印证。以当代农村剧《幸福到万家》的研讨会为例，与会专家的评价在乡村振兴战略使农村获得新发展、农民呈现新面貌的大主题下，衍生出许多"小视角"：以何幸福为代表的女性角色的励志成长，农村法治文明建设现状，小人物塑造如何在不避讳缺点的同时闪现善良本性等，不一而足，对《幸福到万家》用"一人、一家、一村庄"的细微与真实勾勒出农民群像与乡村发展图景给予肯定。主旋律作品破除了艺术表达生硬、为说教而说教的藩篱，不回避现实问题，也不再视历史进步、社会发展为宏观抽象的

概念，而是将主题拆解出一个个生动的情节，塑造成一个个丰满的人物，为行业评价、口碑塑造提供了更多可以延伸的视角和话题。

在专业考量之外，主旋律作品的媒体发声、观众讨论也获得了更为广阔的拓展空间，使作品的口碑传播效应不断增强。讲述普通人的故事，使观众更容易带入自身的感受与情绪，领悟芸芸众生因奋斗而闪光、祖国河山因热爱而秀美的深层主旨。例如，《山海情》用"西海固"百姓的生活变化展现脱贫攻坚成果的大主题，以看似"土味"的真实收获媒体与观众的好评。在人物故事、西部建设等与剧情密切相关的话题之外，观众还在看到当年"西海固"人民尝试种植蘑菇、努力寻找销路时，慨叹当今直播平台的发展与交通系统、物流体系的健全，直观感受如今的幸福与发展成果来之不易。可见，用身边最简单、最直观的感受来激发观众奋斗的信念与动力，也能实现主旋律入脑入心的创作初衷。由此，主旋律影视作品的创作传播形成了一种正向的循环，即以扎实内容呼应正向主旨，让各个意义上的观众有更多真实的思考可以抒发，打造口碑效应的同时，又强化了影视创作的"根"和"源"。

二、更青春：更新话语体系，贴近年轻受众

随着受众群体更新迭代，年轻观众成为影视剧的重要观赏群。主旋律影视作品若想赢得年轻观众群体的青睐，需要在形式创新与内容创作过程中摸准观众的观赏诉求，让承载着主流价值观的宏大主题以青春态的话语体系跨越时空与地理间隔，走入年轻观众的视野中、心田里。

很多片方创新呈现方式，以适应年轻受众的喜好。比如在传播呈现移动即时性的背景下，满足大众的审美期待、适合新媒体平台传播特质的主旋律作品更容易在当前众多视听内容中脱颖而出。因此，贴近年轻受众碎片化、新奇化观看偏好的"小体量""新视角"，成为近年来创作领域涌现的一种有益尝试。纪录片《"字"从遇见你》采取5分钟的微体量，以生动的动画、诙谐的语调，追溯常用汉字的演变历史及其背后的文化密码，使当下容易提笔忘字的年轻观众重新认识汉字起源，继而提升文化自信。《美术经典中的党史》从一幅幅美术作品入手，让年轻观众在通过欣赏艺术获得美的享受的同时，了解中国共产党驰骋百年的恢宏历史，获得耳目一新的观赏体验。这种作品更容易在短视频、社交媒体形成话题效应，吸引年轻观众的关注。就如同一个窗口，很多人借助作品提供的线索探讨挖掘，从而对传统文化知识、主流价值观念形成更理性的认知。此外，主旋律影视作品将出现在课堂上、书本中、新闻里的著名人物、历史事件以影像化、故事化的手段再现，让脑海中的概念变成眼前立体生动的画面。重大现实题材剧《功勋》以"共和国勋章"获得者的人生经历作为故事内容，通过剧中的描写，观众发现：中国"氢弹之父"于敏是一个会给孩子做木头飞机的爸爸；科学家孙家栋也有莽撞的一面，因沉迷于看书未及时离场被关在了图书馆里，要不是钱学森拦着，他都想从二层楼上跳下去回家。通过作品的讲述，年轻观众发现，这些英模不再是存在于历史岁月长河里、祖国奋进征程中的一个个名字，而是鲜活饱满、可敬可爱的个体。他们在这种"沉浸式"的观看中，潜移默化地学习、思考，继而由人推己，追寻榜样力量激励自身前行。

还有很多创作者在打磨选题内容上下功夫，以期使作品与观众的情感同频共振。新近的很多作品在选材上不断探索主流价值观内容和提取年轻人情感认知上的"最大公约数"。例如节目《28岁的你》在建党百年的重要时刻，对准革命先辈们28岁时的重要经历，以"28岁"这一特殊节点跨越时空，联结不同年代群体的情感，引领更多年轻人传承先辈精神、秉持奋斗品质，在追溯过往的同时也回应了当代青年心声。电视剧《觉醒年代》、电影《1921》刻画了众多青年学子为国为民振臂高呼的热血群像，将青春的迷茫困惑、不断试错到坚定前行的过程呈现得淋漓尽致，给年轻观众以感同身受的激励与启发。青春书写使主旋律作品收获了更多青年观众的心。这些在互联网崛起背景下成长起来的网生代习惯评论、乐于分享、主动传播，甘愿充当"自来水"，助力主旋律作品抵达更广泛的受众群体。

三、更多元：拓宽平台渠道，叠加传播效果

当下的影视作品，包括主旋律影视剧都面临从长视频平台向短视频平台转化的挑战。随着短视频业态的流行与普及，各大短视频平台逐渐成为影视作品传播的重要阵地。诸如《长津湖》等电影纷纷在短视频平台开通官方账号，并利用短视频优势形成传播增量。此外，其他样式的新媒体思维也为主旋律作品的传播赋能：借助实时评论、弹幕等多元互动形式，抓住看点、制造话题、调动情绪、引发思考，吸引更多观众介入作品的播放场景。《觉醒年代》热播时涌现了"《觉醒年代》有续集吗？""你现在的幸福生活就是续集"的弹幕，电影《跨过鸭绿江》的评论以"如果信仰有颜色，那一定是中国红"的铿锵话语引发其他观众的情感认同。还有头像、表情包乃至文创产品、地标景点等衍生内容也在新媒体同步走红，让主旋律的宣传更自然地贴近日常，增强了二次传播效果。

各种"二次创作"也成为主旋律影视作品的重要传播通道。片方、自媒体人、粉丝对精彩片段、主题曲、预告片等内容进行"再加工"，使更多细节、材料有机融入，让作品承载的主题得到充分延伸。像年代剧《人世间》联合多个新媒体平台发起"人世间共剪百态人生"二次创作活动，覆盖影视、生活、手工、旅游、美食、音乐等多个方向，吸引观众参与。电影《我和我的家乡》"牵手"短视频平台，推出同主题系列广告片，展示重庆、天津、青岛、北京等地的乡音与家乡回忆，回应着观众的思乡之情。

酒香也怕巷子深，优质主旋律影视作品更要传之有道。随着传播理

念、传播方式的转变，传播与创作形成正向合力，使主旋律影视作品以更平实、更青春、更多元的面貌"飞入寻常百姓家"，让观众在主流价值与日常生活之间找到更紧密的联系，获得薪火相传、接续奋斗的精神力量。

第四节 短视频作品的治理原则

中国互联网络信息中心发布的《第 51 次中国互联网络发展状况统计报告》显示，截至 2022 年 12 月，我国网民规模为 10.67 亿人，其中手机网民规模达 10.65 亿人，网民使用手机上网的比例为 99.8%，使用台式电脑上网和使用笔记本电脑上网的网民比例分别为 34.2% 和 32.8%，列第二位和第三位。这些数字表明，普通网民更多地通过手机来接触网络视频。我国网络视频发展的社会背景已经从早期个人电脑时代迈入移动互联网时代。

一、95%的用户通过手机终端收看网络视频

移动互联网改变了网络视频的接收设备，产生的最直观的变化，就是我们从传统电影、电视和个人电脑端的横屏收看转向了手机端的竖屏收看。

电影一百多年的发展历史中，横屏一直是影像播放的标准格式，传统电视机也确立了横屏播放的行业标准。随着移动互联网时代的到来，竖屏视频逐渐兴起。2010 年，在美国只有 5% 的网络视频由手机竖屏播放，到 2015 年，已经有三分之一的网络视频由手机而非电脑或电视机播放。

伴随着智能手机的普及和上网费用的下降，越来越多的用户通过手机来收看网络视频。2014 年，我国 4.3 亿网络视频用户里，有七成用户通过手机收看网络视频。截至 2022 年 12 月，我国网络视频用户达 10.31 亿人。2020 年的数据显示，95% 的用户通过手机终端收看网络视频。移动

互联网时代，手机超过了个人电脑、平板电脑和宽屏电视，成为用户观看网络视频的第一选择，从而影响了网络视频的审美特征和用户的接收习惯。

为了满足用户的接收习惯，各大制作公司和互联网平台纷纷尝试制作竖屏剧、竖屏MV、竖屏访谈、竖屏综艺、竖屏广告等视频内容。电视机和电脑显示器厂家也推出屏幕可旋转电视机和竖屏显示器，配合手机无线传屏技术，原本在手机方寸之地播放的竖屏内容被投放到55寸大屏幕上，显示器与竖屏内容匹配，方便了用户收看竖屏视频。

二、竖屏视频有着重搞笑重社交、轻故事轻场景的创作特征

传统视频成像宽高比为4∶3或16∶9，横屏更符合人类左右眼对称排列的生理特征。横向画幅适合表现左右移动的视觉路径，根据黄金分割原理将人物放在画幅三分之一处，使得人物能够与场景充分互动，场景成为画面里不可或缺的构成要素，起到了渲染气氛、表现人物、推进情节的作用。

竖屏视频改变了传统画面宽高比，高度远远大于宽度，并不符合人们平时观察世界的习惯。竖屏视频表现了垂直方向的画面想象，能够展示的景别有限，擅长表现垂直方向的运动，比如直立状态的人物，或者自远而近走过来的人物。一个竖屏画面里，很少同时呈现三个以上的人物，也很少呈现人物群像，因此竖屏剧人物关系简单，适合直播式、生活化的镜头。

竖屏视频里，场景地位下降，画面缺乏空间的层次感与纵深感。传统电影公司一掷千金拍摄的动作画面和精美道具，在手机终端上并不能展现其优势，反而是人物占据的画幅更大。有些演员拍完竖屏剧之后，自嘲"以后再也不拍竖屏剧了，因为显得头大"。跟横屏视频相比，竖屏视频频繁使用特写镜头，依赖人物的对话动作来推进情节发展，故事进展节奏快。

手机屏幕远远小于电影银幕和电视屏幕，为了在方寸之地给观众留下深刻印象，演员需要具备独特的外形和夸张的演绎方式。移动互联网时代，最早的竖屏视频都是普通用户生产的内容，以搞笑段子为主。较之横屏视频，竖屏视频叙事单薄，人物关系简单，重视人物外表特征和表现力，用恶搞的形式营造喜剧效果，造成了竖屏视频类型化创作、圈层化传播的特点。

国内出现的有一定口碑的竖屏剧，时长都控制在 5 分钟之内。张艺谋团队拍摄的微电影《遇见你》，每集时长不足 4 分 30 秒；爱奇艺播出的《生活对我下手了》每集时长不足 3 分钟；以短视频起家的抖音和快手，提供了大量时长不足 1 分钟的竖屏短视频。

竖屏视频占据的存储空间小，时长短，用户可以在社交媒体里直接转发整段视频，从而增强了竖屏视频的影响力。同时，不少竖屏视频应用均采取了"上滑换集"的操作方式，单手即可操作，方便了用户只要有时间就刷一刷的习惯，那些能够在开头短短几秒之内就吸引观众、方便观众点赞和分享的竖屏视频更容易得到传播，反过来又强化了竖屏视频重搞笑重社交、轻故事轻场景的创作特征。

三、碎片化接收习惯和海量内容填充用户时间

竖屏视频应对移动互联网的需求而蓬勃兴起。收看竖屏视频的场所，不一定是固定的家庭或办公地点，公共交通和餐厅里随时能看到低头刷网络视频的用户，甚至马路上也常见到一边走路一边刷短视频的行人。

移动互联网挖掘和释放了过往潜藏的用户时间，手机用户习惯了多线程工作，即同时处理多项任务，观看网络视频穿插在其他活动之中。用户的注意力下降，不可能专心投入较长时间收看网络视频，碎片化接收竖屏视频成为新的用户习惯。

传统视频时代，普通用户接触的视频数量有限。随着互联网通信技术的发展，数据传递速度加快，带宽容量增加，移动互联网上的视频数量越

来越多，远远超出了普通用户的实际需求，海量内容成为网络视频平台的特征之一。2019年，仅一家视频应用，每日活跃用户数就超过3亿，共上传120亿条短视频。以每条视频时长1分钟计，一个人不吃不喝不睡觉，看完全部120亿条短视频，需要超过2.2万年。平台上传海量内容的目的，并非像传统视频时代那样满足用户多样化需求，而是增强用户黏性，让用户更多地停留在自家平台上，争取用户注意力，实现流量变现。

与海量内容相配套，在移动互联网时代，平台的重要性超越了内容的重要性。在我国，15岁至19岁的网民人均使用手机应用达83个，60岁及以上网民人均使用手机应用也有44个。每一个手机应用就是一个入口，无论多么优质的内容，如果不能在平台上夺取入口，那么很难被用户接触到，更遑论在用户群体里制造影响力。当前，各家互联网公司致力于发展成为平台。无论是综合性平台还是垂直性平台，网络视频都依赖平台入口跟用户见面，平台的议价能力越来越高，反过来制约了内容创作者。

碎片化接收习惯和海量内容填充用户时间，造成了网络视频质量难以提高。在移动互联网造就的竖屏时代，从商业的角度考量，高质量内容生产成本高、时间长，难以复制，经济上并不合算。中低质量内容生产门槛低，能够吸引用户停留在视频应用里，占据用户的时间。至于用户从网络视频里获得了什么样的审美体验和思想追求，并非视频平台的首要考虑。

四、不管横屏竖屏，创作的追求不能改变

如果说，个人电脑时代，把电影和电视作品"搬到"互联网上，就算实现了网络视频的传播，那么，移动互联网时代，网络视频面临着前所未有的挑战。竖屏对网络视频的挑战，表面看来是播放终端发生了转变，背后则是移动互联网超越了传统互联网，重构了既有传播方式和传播关系。

社交性成为未来网络视频发展的主要思路，即在创作者与用户之间建立社交关系，以及吸引普通用户之间直接通过社交关系传播网络视频。目

前我国手机网民经常使用的各类应用中,以微信、微博、QQ 为代表的即时通信类应用的每日使用时间最长。即时性、互动性、参与性成为移动互联网时代新型人际关系的特征。相应的,这些新特征要求网络文艺创作者改变以往对受众的看法,重新审视新环境下的"作者-读者"关系。

个人电脑时代,文艺创作者与接收者之间的关系并不对等。创作者拥有更多话语权,受众的反应不能及时反馈给创作者,受众很难干预文艺作品的创作和修改过程,创作者提供什么样的内容,受众就被动接受什么样的内容,即使受众对文艺作品有不满情绪,也难以动摇创作者的地位。

移动互联网时代,创作者与受众之间的关系发生了改变。受众公开表达自己的意见,这些意见能够被创作者和其他人看到,从而对文艺创作者造成压力,影响文艺作品的内容。网络小说作者响应读者要求改变故事情节和人物命运,网络综艺节目根据受众前期反应而调整后期内容边拍边改,网络影视剧改编自点击量和口碑均出色的网络小说,受众投票决定了网络真人秀里选手的去留,用户参与众筹出版图书和音乐作品,诸如此类的现象表明,受众话语权在增加,受众地位的上升意味着创作者地位相对下降。

在这样的背景下,网络视频创作者应该借助即时通信类应用的东风,不仅通过社交媒体入口获取用户,也要通过社交网络延长用户停留在网络视频上的时间,吸引用户参与网络视频的制作和传播,制造方便社交媒体讨论的话题,培育现象级视频作品。

为了表示对用户的友好,视频创作者可以针对同一内容,同时制作横屏版和竖屏版,让用户根据收看终端和喜好自主选择。横屏视频和竖屏视频各有千秋,在相当长一段时间内必将共存。创作者与其抱怨制作困难,不如考虑如何克服困难,探索适合竖屏视频的构图方式和镜头语言。竖屏视频快节奏、短时长的叙事风格,何尝不是对部分横屏剧啰唆冗长的一种反抗?

竖屏视频要走向精细化。视频创作者需深入洞察用户细分需求，提供精准化内容，有些节目也许更适合竖屏画面，比如脱口秀、单人为主的MV、一对一访谈等。创作者应该寻找合适的题材，挖掘内容的垂直化与精准化，匹配恰当的表现形式，形成专业化产业链，确立竖屏的行业标准，生产优秀的视频内容。

需要特别指出的是，不管横屏、竖屏，创作的根本追求都是不能改变的，包括对时代风云的洞察，对现实生活的关注，对法治精神的恪守，对道德伦理的遵循，对美好人性的颂扬等。

移动互联网时代，在"连接一切""永远在线"的背景下，网络视频不能安于固守传统阵地，而要借技术力量，突破既有创作限制，包容风格多样化的内容产品，推动跨平台的创作，建设更具多样性的数字环境。竖屏视频改变了既往接收终端和表现形式，重构了创作者、用户、平台之间的社会关系，用户接触视频的场景也被改造，从而为网络视频在新技术条件下的发展创造了新契机。

第五节　5G新闻业的新形态与新规制

经过了两年的商用试水和用户普及，5G应用呈现出规模化发展的新态势。2021年也因而被称为"5G应用规模化发展元年"。有关部门曾预计到2023年，5G网络接入流量占比将超过50%，5G个人用户普及率超过40%，用户数超过5.6亿。[①] 用户数的大量增加将赋予中国新闻业更为丰富的发展空间。技术是传播的前提，新闻业总是先进技术的率先实践者

---

① 十部门关于印发《5G应用"扬帆"行动计划（2021—2023年）》的通知［EB/OL］.（2021-07-12）［2023-11-07］. https：//www.miit.gov.cn/jgsj/txs/wjfb/art/2021/art_ccee7f20deb248358e2f348596e087da.html.

和受益者。技术的进步必然催动新闻业在生产、分发和消费等各个层面发生巨大的嬗变。本节基于 5G 背景下新闻业变化的必然性，根据 5G 的相关技术参数分析新闻业的新特征，进而探讨这些用于生产和实践的新特征的新进路，最终提出与之相匹配的体制机制应对策略。

一、5G 技术发展与新闻业的新形塑

正如唐·伊德所言，对于人类来说，没有技术的生存只是一种抽象的可能。[①] 从 2G 技术应用以来，历次通信技术变革都反复地证明，技术发展与新闻业革新之间存在着必然联系。新技术不断形塑着媒介的新形态，驱动新闻业出现具有划时代意义的创新与转型。

2001 年，我国彻底停用 1G 技术，全面进入以数字语音技术为核心的 2G 网络时代。2G 用户实际体验速率为 10Kbps，峰值速率可达到 100Kbps，能够支持用户在线浏览文字并传输几十 K 大小的图片。2G 的普及应用开启了电子阅读模式，促使计算机成为"第四媒体"，门户网站成为即时的信息资源聚合和服务平台，电子媒介打破了传统媒体上百年的垄断格局。

2008 年，3G 技术投入使用。3G 基础传输速率达到 384Kbps，峰值速率达到 2Mbps，能够支撑"点对点"传播的新模式，这使得 BBS、微博等个人门户成为个人与网络进行信息交换的"社交中心"，社会网络在此基础上蓬勃发展。[②]

2013 年，4G 移动通信时代全面开启。4G 技术拥有 100Mbps 的下行速率，10Mbps 到 20Mbps 的上行速率，能充分满足用户实时移动接入互联网的无线通信要求，并促进云计算算力大幅提升。4G 时代，社交媒体

[①] 伊德. 技术与生活世界：从伊甸园到尘世 [M]. 韩连庆，译. 北京：北京大学出版社，2012：14.

[②] 彭兰. 网站经营：从"内容为王"到"关系为王" [J]. 信息网络，2010 (5)：12 - 15.

通过营造社群关系来实现具有类似偏好的圈层内部信息传播，算法推荐则充分发挥个性化信息和精准传播的优势，起到构造流量入口、捕捉用户黏性的关键作用。① 4G 时代，手机等移动终端成为人们的首选媒介，移动新媒体对传统媒体格局造成了重度颠覆。

从 2G 时代到 4G 时代，虽然通信技术的迭代升级从参数上只是传输速率的提升，但每一次技术升级都会对传媒业产生革命性的影响。可预见的是，5G 时代技术发展仍将遵循上述规律，给新闻业带来颠覆性变化。

目前，新闻业已经开始尝试对 5G 技术的探索与应用。例如 2018 年底，中央广播电视总台联手三大运营商和华为公司共同搭建 5G 新媒体平台，完成了 4K、8K 超高清视频的制作与传输。2021 年牛年春节联欢晚会的舞台上，布置了上百台 4K 超高清摄影机，拍摄到的画面被瞬时合成为全景影像。用户能够自由切换观看视角，全方位欣赏节目。市场上也出现了 VR 眼镜等轻量化、便携化的终端设备。不过，当下 5G 在新闻业的应用发展较为缓慢，与智慧城市、智能交通等其他领域相比处于落后地位。这是因为 5G 技术商用还没有受到消费级用户需求的强烈驱动，也未达到运营商网络设备的自然更换周期。② 中国联通与华为共同发布的《5G 新媒体白皮书》认为，媒体行业将首先享受 5G 红利。③ 未来三到五年内，5G 技术必将以超乎想象的发展速度，成为重塑新闻业传播形态的重要力量。

---

① 喻国明，杨莹莹，闫巧妹. 算法即权力：算法范式在新闻传播中的权力革命 [J]. 编辑之友，2018（5）：5-12.
② 段鹏，文喆，徐煜. 技术变革视角下 5G 融媒体的智能转向与价值思考 [J]. 现代传播，2020（2）：29-34.
③ 新体验、新效率、新商业，5G 驱动媒体产业加速转型升级：华为与中国联通共同发布《5G 新媒体白皮书》[EB/OL].（2019-04-26）[2023-09-09]. https：//www.c114.com.cn/news/126/a1086303.html.

二、5G背景下新闻业的新形态和特征

目前，5G的关键技术参数已经全部公布，由此能够预测出新闻业未来可能的实践突破。相比于4G网络，5G网络具备增强移动带宽、超高体验速率、超低时延通信和万物互联四个核心特征。

第一，5G最主要的改变来自技术性能的提升。5G的非独立组网方式可将上行速率提升到100Mbps，下行速率超过1Gbps，最高可达10Gbps，比4G的传输速率提升了10到100倍。换算为下载1GB的视频，仅需零点几秒就能完成。另外，4G时延在20毫秒左右，严重影响VR和AR的使用效果。而5G时延可控制在毫秒级，足以响应VR和AR的播放要求。因此，借助5G的大带宽和高速率，超高清视频将彻底突破技术障碍，成为5G时代新闻产品的最主要形态，并在多维度感知和沉浸式交互上取得突破进展。VR新闻和AR新闻将取代当下最流行的短视频形态，成为5G时代的主流新闻产品。

超高清视频在增强视觉体验、拓展多元视野和获取细节信息三个方面较高清视频都具备更大优势。更加清晰、逼真的画面将引导用户从以文字为主的阅读模式彻底转移到以视频为核心的观看模式上来，形成新的"视频为王"时代。

业内对沉浸式视频的向往从当下火热的"元宇宙"概念就可见一斑。"元宇宙"是完全以立体沉浸式视频形态建设的虚拟空间，是互联网、虚拟现实、沉浸式体验、区块链、产业互联网、云计算及数字孪生等互联网全要素的融合形态，能够实现超越现实世界的"共享虚拟现实互联网"和"全真互联网"。[1] 互联网巨头Facebook不惜更名为"Meta"，整体转型建

---

[1] 喻国明，耿晓梦."元宇宙"：媒介化社会的未来生态图景[J]. 新疆师范大学学报（哲学社会科学版），2022（3）：110-118.

设"元宇宙"。尽管这一行为被业内认为是一场豪赌，但"元宇宙"代表了业内对 5G 时代新闻产品可抵达的沉浸式仿真极限的设想。

第二，5G 将进一步提升人工智能的运算能力，为传媒生态进一步智能化提供先决条件。边缘计算（EC）是一种比云计算更先进的运算形式，能够在数据源头的附近，就近直接提供最近端的服务。① 边缘计算可以降低人工智能运算过程中的延迟，更加迅速、可靠地满足多元信息服务需求。② 碍于 4G 技术的限制，边缘计算一直无法广泛应用于人工智能，影响了人工智能的发展步伐。5G 技术将为边缘计算提供足够的算力支持，打通这一被计算机界称为"人工智能最后一公里"的技术障碍。

边缘计算的赋能将全面介入新闻编辑室，为新闻业提供创作支持。"5G+AI"将实现包括智能感知与即时反馈、智慧场景塑造、数据解析和探测、智能内容生产等新的生产模式。其中，智能感知与即时反馈方式可随时随地收集数据反馈并即时分析，根据用户具体场景落实新闻策划。智慧场景塑造方式可根据场景感知驱动智能硬件和数据分配信息，提供个性化、定制化服务，实现基于触觉互联网的人机交互。③ 数据解析和探测方式能够有效识别新闻素材，既能替代人力审核监管海量视频，又能根据用户要求智能开展视频编辑创作，包括自动补帧增强新闻画面质量，色彩智能修复，通过语义解析技术实现新闻视频主题深度适配等。

第三，5G 的网络切片技术能够满足多形态智能终端的高速运转。网络切片技术能够将网络切割为相对独立的分层网络，提高网络资源的

---

① 项弘禹，肖扬文，张贤，等.5G边缘计算和网络切片技术［J］.电信科学，2017（6）：54-63.
② 施巍松，孙辉，曹杰，等.边缘计算：万物互联时代新型计算模型［J］.计算机研究与发展，2017（5）：907-924.
③ 胡泳.所到之处皆媒介：5G对媒体产业的影响分析［J］.新闻记者，2020（7）：59-69.

利用率，实现不同场景之间的联网服务。① 网络切片技术下，每平方公里内终端设备的连接能力从 4G 时代的 10 万台扩展到 5G 时代的 100 万台。

当下个人移动终端以智能手机和平板电脑为主。碍于 4G 的技术瓶颈，主要的技术革新只能围绕扩大屏幕面积和提升清晰度来进行。智能手表、智能眼镜等可穿戴设备更多的是作为附着性工具，无法彻底离身。② 而 5G 时代的智能终端设备将呈现形态多元化和高度联结的特征，直接以媒介终端的属性嵌入人类生活，将身体变成技术语言容易识别和掌控的存在。③ 人机交互方式也会发生跨越式转变，从当下的触摸屏幕操作逐步升级过渡到体感交互控制、自动追踪眼球、识别脑电波等无形互动方式。

三、基于 5G 的新闻业发展方向

第一，为匹配 5G 时代泛视频及其移动终端的特征，需要提升技术运用水准，打造和应用一批能够匹配 5G 技术发展的新型新闻生产工具，提早将超高清视频、VR 视频和 AR 视频的生产设备和生产环节作为新闻业升级的首要改造对象，引入云协同、云导播、云转码和多屏协同联动播出等新的新闻生产工具。例如，广泛引进 5G 视频采编背包、5G 超高清制播和 5G 轻量级演播室等先进制作编发设备或服务，搭建与超高清视频、VR 视频和 AR 视频相匹配的制作和渲染设备。在云服务平台上完成视频剪辑制作、渲染、存储、异地共享，以及在不同终端设备之间的切转和贯通等工作。

---

① 安琪，刘艳萍，孙茜，等. 基于 SDN 与 NFV 的网络切片架构 [J]. 电信科学，2016 (11): 119-126.

② 刘海龙，束开荣. 具身性与传播研究的身体观念：知觉现象学与认知科学的视角 [J]. 兰州大学学报（社会科学版），2019 (2): 80-89.

③ 常峥，孙翌闻. 生存在媒介之间的"人/技联合体"：基于都市青年智能可穿戴设备使用情况的实证研究 [J]. 新闻界，2021 (12): 95-104.

第二，结合5G时代终端设备更加多样化和高度联结的特征，传感器新闻这一新的新闻生产形态将得以普及，为5G时代的新闻产量带来爆发性增长。传感器的最显著特征是对海量信息的采集和分析。传统新闻策划多来自媒体从业人员自身的经验判断，人对事物的观察和选择总存在一定的局限性，而传感器可以拓宽信息采集的范围和视角。[1] 已有的公共采集设备、媒体传感器、定位系统以及无人机等都是传感器。4G时代，街头摄像头采集信息、路人随手拍等都可以成为新闻采集方式。5G时代，传感器的应用范围将不断扩展，以"万物皆接入点"的姿态成为无处不在的新闻采集主体。智能传感器还能够提升预测性报道的科学性和前瞻性报道的准确性。过往媒体囿于技术制约，只能将新闻生产重心放在业已发生的新闻事件上，对新闻现场尽可能进行复原再现，而智能传感器在帮助用户感知外界环境和使用场景方面更加专业，可以弥补人力之不足，更加专业而准确地在天气、流行病、经济发展等领域做出前瞻性报道，推动新闻的多样性和智能化。

第三，5G时代，新的新闻生产模式将彻底摆脱现有的生产流程，用网状生产方式取代线性生产流程。喻国明认为，媒介的概念从有限输入源、有限时空选择、有限内容到无限渠道、无时无刻、无限内容，加之个体化框架的内置，构成了一个生态级的复杂系统，这使得传统意义上将媒介看作信息传递工具的认知范式已丧失解释力。媒介的关系联结属性随着技术发展逐渐成为最关键的媒介形式逻辑。[2] 此前，4G时代虽然出现了新闻生产者的数量激增和新闻产品的极大丰富，但生产流程依然遵循"新闻生产者—编辑者—审核者—发送者"的线性顺序，新闻生产方式也仍然

---

[1] 谢耘耕，李丹珉. 传感器新闻的发展与风险规避研究［J］. 新闻界，2020（12）：28-34.
[2] 喻国明. 未来媒介的进化逻辑："人的连接"的迭代、重组与升维：从"场景时代"到"元宇宙"再到"心世界"的未来［J］. 新闻界，2021（10）：54-60.

处于严把关、精制作和线性流程的传统媒体专业生产范式下。可以说，4G之前的媒体更替只是新瓶装旧酒，只有存取媒体内容的载体发生变化[①]，而生产方式仍然是旧的。

5G时代的人机交互能力，能够以网状新闻生产方式取代传统的线性新闻生产流程，实现非线性生产流程和复杂的新闻交互生产。在网状新闻生产方式中，生产环节由虚拟层、算法层、实体层构成。虚拟层采集并存储新闻信息，算法层分析并处理新闻信息，最后交付给实体层进行输出。这一模式已经在计算机领域和工业领域得到了广泛应用和充分验证，也将在5G时代应用于新闻生产领域。复杂交互此前仅仅在大型网络游戏或远程医疗、工业物联网等领域应用，从未出现在新闻传播领域中。而5G技术将使新闻产品实现更多的复杂交互，出现大型"类游戏"新闻产品和沉浸式新闻场景。新闻生产流程将从"一对一"模式被重构为"多对多"模式，实现采集、制作、审核、编辑、分发等环节互相融合、交互进行。

四、5G背景下新闻业转型的治理建议

第一，为了促进5G时代内容产业的繁荣发展，必须厘清与5G技术相匹配的新闻生产策略，制定包括生产流程再造策略、人才培养策略和人工智能协同策略在内的与产业发展方向相匹配的生产策略。

其中，生产流程再造方面，需要按照网状信息流的生产模式进行供给侧结构性改革，重新定义新闻生产流程，实现"人工智能＋采集""人工智能＋内容输出""人工智能＋剪辑""人工智能＋审核""人工智能＋分发"的全链路智能化生产流程改造，使得新闻生产流程充分匹配新型新闻生产形态。人才培养方面，需要提升新闻生产者了解和使用新兴技术的能

[①] 詹金斯. 融合文化：新媒体和旧媒体的冲突地带[M]. 杜永明，译. 北京：商务印书馆，2012：44.

力，进一步培养具有复合媒体技能的新型传播人才，加强他们的数据应用能力、社交传播能力、移动化生产运营能力、交互产品制作能力、全息报道能力、人机协作能力、跨界整合能力、运营推广能力等，全方位适应"5G+4K/8K+AI"的时代需求。人工智能协同方面，需要充分利用人工智能优势，将人的智力与机器的数据处理能力进行有机结合和科学分配，将5G技术所能达到的AI功用发挥到极限。

第二，5G技术不仅引入了新的新闻产品形态，还驱动着新闻产业链的形塑。目前不同行业间技术终端和应用消费之间存在鸿沟，行业间沟通成本偏高。需要消除行业与产业的壁垒，加强传媒相关产业联动，构建互融互通的生态系统。

5G背景下，新闻业不再简单从属于新闻生产者，而是存在于通信设备商、电信运营商、终端制造商和内容服务提供商共同搭建的网络生态系统中。基于5G技术形成的生态系统可分为三个层级：上游是技术设计层，包括技术的基本原理、布局和标准；中游是具体应用开发层，负责研发基于该技术的具体应用；下游是应用消费层，使用中游提供的具体应用技术来生产对应产品。4G时代以来，新闻业一直身处下游的应用消费层，导致技术公司成了新闻内容类型和特征的决定者，给传播主导权和引导力带来了一系列后患。因此，5G时代需要有针对性地根据新闻业的需要，推动智能终端的设计和上市。更重要的是在新终端发明与投产过程中重构技术设计层、具体应用开发层和应用消费层之间的逻辑关系，从机制上保护传播力不受技术的过分干扰。

第三，5G背景下新闻产品的生产与传输效率达到极致，复杂的新闻形态更加真假难辨，公民隐私权将进一步受到威胁。因此，应该着重在法律层面做好防火墙和设立禁入线，构建与5G时代新闻业特征相匹配的约束机制。

由于相应措施的滞后，4G时代的技术滥用已经对新闻业造成了一定程度的破坏。英国的《在线安全法案》试图对非法或潜在有害的内容追究责任，处以高达全球年收入10％的罚款。中国的《互联网信息服务算法推荐管理规定》也做出了一系列的禁止性规定，如服务提供者不得干预信息呈现，不得实施不合理的差别待遇，不得影响网络舆论或者规避监管。① 这些法律法规都是为了补救4G时代已经出现的技术危害而出台的一些弥补性、追随式的措施。5G时代不能重蹈覆辙，而是要事先根据新闻业的发展轨迹以及由此发生的生产关系变化，先行制定一系列较为完备而规范的管理规制，把5G对新闻业的巨大影响力引导到正确的轨道上来。

新的管理规制包括准入门槛的设立、行业标准的出台和相关法律法规的健全。一是5G时代万物皆媒的特征极大地扩充了新闻发布主体的数量，因此必须先行设立准入门槛，防止新闻的滥发误发。二是标准先行是5G应用走向成熟的起点。目前5G技术尚不能在新闻业内充分发挥作用，与相关技术标准迟迟未定有很大关系。"5G＋工业互联网"面向航空、矿山、医疗健康等领域先后制定出台了十余项国家标准和行业标准，极大地推动了这些行业的发展。而新闻业技术标准的模糊使得整个产业处于观望状态，不敢贸然投入。因此，包括制播标准、技术发布标准、视频生产标准等具体标准须尽快出台，为5G技术在新闻业的广泛应用铺平道路。三是需要及时预见到先进技术对现有生活秩序和社会规范的冲击。例如AI视频换脸技术、全息技术等可能造成虚假新闻的泛滥。对此，需要建立健全新闻法律法规，先行约束新闻生产行为，避免技术在不经管控的前提下破坏现有社会运行秩序。

---

① 互联网信息服务算法推荐管理规定 [EB/OL]. (2022-11-26) [2023-09-09]. https://www.gov.cn/zhengce/2022-11/26/content_5728941.htm.

第八章　中国新闻传播学自主知识体系与媒介社会的蜕变

第一节　元宇宙空间与身体的虚实混融

无论元宇宙能否成为互联网的尽头，元宇宙概念的兴起及其热议，延续了互联网普及之初研究者最关注的话题之一，那就是虚拟与现实的关系。其中，在以往虚拟世界里相对缺位的空间与身体，在元宇宙应用中变得引人瞩目，它们也成为理解虚拟与现实新关系的重要线索。

一、虚拟空间与现实空间的新关系

（一）作为现实空间"孪生"对象的虚拟空间的兴起

互联网兴起之初，人们为了强调其虚拟性，将它称为"赛博空间"。"赛博空间"这个词来源于加拿大小说家威廉·吉布森（William Gibson）在 1984 年创作的科幻小说《神经漫游者》（*Neuromancer*）。在早期研究者看来，赛博空间是一种超越现实空间的由信息组成的虚拟空间，人们的直觉可以摆脱物质身体的束缚而在赛博空间中独立存在和活动，赛博空间可以突破物理世界的限制而穿越时空。[1] 在早期互联网应用中，现实空间的确是被淡化或消失的。

在元宇宙的设想中，空间概念被强化，虚拟空间与现实空间之间的对

---

[1] 冉聃.赛博空间、离身性与具身性[J].哲学动态，2013（6）：85-89.

应、映射关系也变得直接。数字孪生就是元宇宙空间与现实空间的一种典型关系。源于制造业的数字孪生是指与现实世界中的物理实体完全对应和一致的虚拟模型,它可实时模拟物理实体在现实环境中的行为和性能。① 数字孪生技术可以通过虚实交互反馈、数据融合分析、决策迭代优化等手段,为物理实体增加或扩展新的能力。②

虽然数字孪生概念的提出比元宇宙概念的兴起要早出很多年,但对于元宇宙的讨论使得"数字孪生"这一概念也变得更普及。在关于元宇宙的设想中,人们也开始从空间的角度来探讨数字孪生的可能方向。孪生空间意味着将自然实体(物理)空间的元素、关系、过程和格局映射到虚拟空间,从而建构起对自然实体空间进行模拟、仿真、重构、调控和优化等智能化操控的数字空间。③

在某种意义上,这样一种复制已经开始,地图类应用就是典型的例子。只是地图类应用大多停留在二维空间里,提供更多的是示意、导航等功能。而数字孪生的空间,则将用三维方式进行空间的真实再现。谷歌在 2022 年 5 月发布的新地图功能,便已体现了这种应用方向。

在今天,数字孪生的应用方向也与智慧城市等设想相关联,在研究者看来,城市的数字孪生将不仅仅是实体城市的复制和映射,还将基于真实的城市数据不断进化出智慧,最终成为一个承载人类物质世界、社会活动和集体心智的无限场域,城市将逐渐成为现实空间和虚拟空间交融的混合

---

① 庄存波,刘检华,熊辉,等. 产品数字孪生体的内涵、体系结构及其发展趋势 [J]. 计算机集成制造系统,2017(4):753-768.
② 陶飞,刘蔚然,刘检华,等. 数字孪生及其应用探索 [J]. 计算机集成制造系统,2018(1):1-18.
③ 李双成,张文彬,陈立英,等. 孪生空间及其应用:兼论地理研究空间的重构 [J]. 地理学报,2022(3):507-517.

空间。① 当然，智慧城市要真正实现，还有很长的路要走，但城市的虚拟化映射必将开始。

智慧城市的建设初衷主要是强化城市的管理和服务，对于生活在城市中的人们来说，智慧城市在一定程度上会提升他们生活的便利程度，也可以使他们借助孪生空间获得"增强"的服务与体验。但智慧城市所影响的不仅是城市的现实生活，它也会成为元宇宙的一种基础架构。

元宇宙之所以强调空间概念，特别是强化现实空间的孪生化，是因为空间带来了对身体的召唤，这是以往的虚拟空间少有的，出于种种原因，人们会对这种召唤做出积极的响应。

空间表征着一定的生活方式、状态、氛围，人们对空间的向往，往往源于对它所象征的生活的向往。某些时候，身体进入某一空间，也意味着生活目标的达成，当然这可能折射着人的整个生存实践，后文将进一步分析。在这方面，城市的孪生空间无疑具有普遍的诱惑，因此也最容易被开发者当成元宇宙的基本空间架构。同样，乡村的孪生空间，对于久居城市、向往田园牧歌式生活的人，也具有吸引力。

空间提供了身体的多维度体验与心理的满足，就像旅游一样，孪生空间中的身体体验也会意味着到达甚至征服的满足，即使满足感会打折扣，但相比纸上谈兵式的想象，或基于图片、视频的过眼瘾，元宇宙空间中的体验无疑会更丰满。

除了对身体的召唤外，空间还承载着更为复杂的社会意义，孪生空间能否继承或重塑空间的意义，也决定着它们对用户的召唤力。

（二）孪生城市中空间意义的继承或重塑

在所有空间中，城市空间的社会意义最为复杂，在孪生化的过程中它

---

① 杨滔，张晔珵，秦潇雨. 城市信息模型（CIM）作为"城市数字领土"[J]. 北京规划建设，2020（6）：75-78.

所承载的原有意义会发生什么演变，也尤为值得关注。

在现实中，人们的生活实践和社会关系都被置于一定的空间中，这样的空间不仅是地理空间，更是社会空间。如列斐伏尔指出，表示空间的各种词汇与空间的特定用途相对应，从而也与它们所表述和构成的空间实践相对应。① 空间把个体和集体这样的主体的行动联合在一起，社会空间充当了分析社会的工具。②

列斐伏尔由此提出了三位一体的空间概念。第一，空间实践（spatial practice），它包括生产与再生产，以及每一种社会形态的特殊位置与空间特征集合。第二，空间表象（representations of space），它们与生产关系以及这些关系所强加的"秩序"捆绑在一起，从而也与知识、符号、代码以及种种"台前的"关系捆绑在一起。第三，表象的空间（symbolisms），它们表现为形形色色的象征体系，有时被编码，有时未被编码，与社会生活隐藏的或秘密的方面相关联，也与艺术相关联。③ 虽然后来的一些研究者对于列斐伏尔理论的理解不尽相同，甚至也存在着一些理解的偏差，但无疑，列斐伏尔的研究激发了人们对于生产与生存、社会关系与社会结构、意识形态与知识、文化与符号表征等各层面的空间意义的关注。

20 世纪后期，对空间的研究进入深层，社会学者普遍认同，空间与生产、空间与权力、空间与政治、空间与经济、空间与文化等已经成为现实生活中的重要实践问题。④ 社会学领域的研究出现了一次"空间"转向，空间成为一种社会学的方法论。社会学领域关于空间研究的理论框架主要体现在下面几个层面：空间作为主体性存在的策略与场所、空间作为

---

① 列斐伏尔. 空间的生产 [M]. 刘怀玉，等译. 北京：商务印书馆，2022：52.
② 同①.
③ 同①51.
④ 陈忠. 空间生产、发展伦理与当代社会理论的基础创新 [J]. 学习与探索，2010 (1)：1-5.

社会权力关系、空间作为符号体系、空间作为情感体验。[1]

从空间角度来关注人的生存时,就会涉及列斐伏尔所提到的社会成员特有的空间资质(competence)及其运作/述行(performance)。[2] 对个体而言,现实空间承载着他们的社会关系,与空间相关的实践很大程度上也是生存的实践,现实的生存空间折射着自我目标设定和自我奋斗过程,空间的选择、进入与迁徙过程,空间的陈设等,也是个体能力、阶层、品位等的体现。进入某些空间并在此生存下去需要一定的经济能力、生存能力与策略支持,特别是对城市空间而言。人们不能轻易迁徙,不能随意选择自己想要生活的城市与空间,即使能在某个城市生活,但没有属于自己的住房,或者不能居住在一个理想的住房中,也是很多人日常生活中的主要困境之一。在城市空间中的生存,也是被空间体现的各种规则、规范约束的生存。

以往网络虚拟化生存与互动虽然创造了一种新的社会空间,但现实空间概念很多时候被淡化,这也意味着现实空间对应的生存能力与策略、社会关系、权力、阶层、共同体、象征符号、情感、记忆等概念的弱化,同时,虚拟化生存与互动对于现实生存的支持也是有限的。

城市空间的孪生化,使得基于空间的体验被强化,而现实空间所承载的那些社会意义,是将被淡化或抛弃,还是被部分继承或移植,抑或是会在某些方面强化?

从用户的角度来看,或许他们对数字孪生的城市最大的兴趣,来自对生存空间的自由性、流动性的向往。在元宇宙应用中,人们不仅有可能进入自己希望居住的虚拟城市,也有一定的自由度选择喜欢的居住区位、环境,并为自己设计适合的房子,按自己的喜好进行房间的布置。现实中空

---

[1] 潘泽泉. 当代社会学理论的社会空间转向 [J]. 江苏社会科学, 2009 (1): 27-33.
[2] 列斐伏尔. 空间的生产 [M]. 刘怀玉, 等译. 北京: 商务印书馆, 2022: 58.

间方面带来的种种限制，在元宇宙中有可能被打破，人们有了自主进行空间生产的可能，当然这些生产也需要付出一定的努力，但相比现实空间，努力要小得多。尽管在这样的空间中的生存体验与现实生存仍有差距，但元宇宙技术带来的沉浸感，可以使得人们获得接近真实的生活体验。空间作为个体存在的策略与场所的意义，会得到部分体现。

即使没有准入资格的限定，孪生的城市也会有自己的管理规范、制度，它们是会复制现实社会的规则，还是形成一套全新的系统，在今天也难以判断，但可以肯定的是，孪生空间不会是无组织状态，适应它的规则也会成为孪生空间生存的基础。

现实中，空间体现着社会群体及其关系。社会学者指出，我们所关切的社会阶层、社会阶级和其他群体的界限，以及其间的社会权力关系，都镶嵌在一定的空间里，并透露出社会界限与抗衡的界限所在，以及主体认同建构自我与异己的边界的机制。[①] 空间成为凝聚共同体的基本形式之一，如滕尼斯所说的邻里（地缘共同体）。[②] 不同的种族有不同的集中居住区域，地域界线往往也成为族群界限。空间差异有时也对应着落差或不平等，如穷人区与富人区、学区房与非学区房这样的划分。一些空间意味着等级或特权，例如某些特权场所、名流俱乐部等。

数字孪生空间是否会延续原有的地缘共同体？有研究者认为，元宇宙时代，人与人相互关系的建立、信息共享更有可能发生在虚拟空间，从而使社区可能与共同的地域空间脱钩，转向共同的志趣爱好、利益关系等。[③] 类似这样的观点在互联网兴起之初并不鲜见。以往的确有很多社交

---

① 潘泽泉. 当代社会学理论的社会空间转向 [J]. 江苏社会科学, 2009 (1): 27-33.
② 滕尼斯. 共同体与社会: 纯粹社会学的基本概念 [M]. 张巍卓, 译. 北京: 商务印书馆, 2019: 87.
③ 肖超伟, 张旻薇, 刘合林, 等. "元宇宙"的空间重构分析 [J]. 地理与地理信息科学, 2022 (2): 1-9.

产品打破了现实城市概念的社交,也淡化了空间概念的社交。在这样的社交平台,世界按照拓扑关系——关于连接和节点的结构关系——而不是地点来理解[1],这个拓扑关系也就是人们的社会网络。

但在社交产品发展过程中,也有以城市架构出现的虚拟社区,如国内的"第九城市",也出现了一些现实空间与虚拟空间交融的产品,例如门户时代的"业主论坛"、今天微信中的各种"小区群",地点不仅将人们连接在一起,而且成为人们讨论话题的焦点,现实空间中的群体关系也在虚拟空间中延续、拓展。因此在互联网的发展过程中,虚拟社区与现实社区并没有渐行渐远,反而在某些时候开始合流。

人们对网络社交平台的需求,是在逃避现实关系与回归现实关系之间来回摇摆,这也是一些时候会出现虚拟社区与现实社区同一化的原因之一。在现阶段,现实关系给人们带来的约束越来越大,逃避现实关系的动因就会变得强烈,这时人们期待通过元宇宙社区获得一个新的空间,但人们的需求不会止步于某个状态,而是会持续摇摆。可以预计的是,在过多脱离现实的社交互动之后,人们又会再次回归现实关系,而现实地域中的共同利益始终会是一种重要的纽带。因此,现实地域共同体有可能会再次在元宇宙应用中复兴,尽管这肯定不是唯一的共同体类型。

元宇宙中的数字孪生空间是否会延续现实空间中的阶层区隔?或许作为对新的乌托邦的向往,人们一开始会希望通过元宇宙打破现实阶层的区隔与落差,但在新的空间中,未必就不会形成新的阶层。这与使用者的能力和付出的努力的差异有关,在任何与技术相关的应用中,能力与努力的差异都可能带来用户的层级分化,这种层级分化也可能会在某些方面沿袭现实社会的资源、资本差异。而数字空间的运营者,也可能出于运营、管

---

[1] 亚当斯. 媒介与传播地理学 [M]. 袁艳, 译. 北京: 中国传媒大学出版社, 2020: 69.

理或其他目的，设置一定的等级制。因此孪生城市里也可能会出现三六九等的"市民"。阶层的等级差异，也可能会对应着空间上的权力差异。尽管现实空间所体现的阶层与权力不会直接复制到孪生空间中，甚至也会出现重新赋权的可能，但现实空间对应的种种权力意义及其"变现方式"，在孪生空间中并不会消失。

社会群体的分化，在更大的层面上也体现为城市之间的落差。在现实中，城市空间的发达程度不尽相同，城市的政治、经济地位不同，在中国也形成了从超一线城市到五线城市的区分。城市间的落差是会平移到孪生空间中，还是会发生改变？这种落差是否会转化为进入门槛的差别，是否会造成新的不平等？

早在2005年，就有研究者对中国互联网地区域名数量与人均地区生产总值的关系进行了分析，其发现赛博空间分布是对人均地区生产总值的反映，这证实了赛博空间与经济活动的紧密相关性。[①] 保罗·亚当斯也指出，手机、互联网和互联网主机的分布都与国家财富水平呈现正相关。[②] 可以预期的是，未来城市空间的孪生化程度，也会与城市的现代化程度、经济发展程度紧密相关。

进一步说，作为城市孪生空间的虚拟城市，是否会打破原有的城乡界限，为居住在城市之外的人群提供体验城市生活的机会？如果有这样的机会，这些人群是会只满足于在虚拟城市的居住，依赖这样的替代性满足，还是会因此而产生向现实城市流动的愿望？孪生空间的生存如何影响现实空间人们的生存实践，这同样是一个值得持久观察的问题。

空间的另一种意义，是它所创造的文化，城市空间的文化也是空间蕴含的权力关系、符号体系、情感体验等的综合体现，但却是难以直接孪生

---

① 卢鹤立，刘桂芳. 赛博空间地理分布研究 [J]. 地理科学，2005 (3)：3317-3321.
② 亚当斯. 媒介与传播地理学 [M]. 袁艳，译. 北京：中国传媒大学出版社，2020：67.

的，城市空间的文化即城市文化也将在孪生空间中被重建。这可能带来两种方向：一种方向是，虚拟的城市"居民"以新的方式延续、丰富与拓展原有的城市文化，给城市带来新的活力；另一种方向是，居住者在虚拟空间里颠覆甚至摧毁现有的城市文化，虽然这未必会影响到现实城市的文化，但也会在一定程度上改变人们心目中的城市面貌。

（三）虚拟空间中的场景与社会场景重建

由空间、空间中的物以及人共同构成的场景是空间的必要元素，是空间的"活"的构成部分，也是空间体验的一部分。例如，对一个咖啡馆这样的实体空间来说，这种场景要素既包含咖啡馆的空间设计、物品陈列，也包括咖啡馆中的店员和来来往往的人、别人的聊天甚至吵架、咖啡馆的总体氛围等。同样，在博物馆及其他旅游景点，熙熙攘攘的人群也是有意义的场景要素。

现实中的场景是"活"的、流动的，它们会不断给人们感官上的刺激，虚拟空间同样也需要用这样的场景要素激活。如果虚拟空间缺乏流动的、鲜活的场景因素，那么身在其中的人会很快陷入沉闷。而今天一些以3D或VR形式呈现的虚拟博物馆、在线旅游等，却忽略了场景的因素，这使得它们带来的真实体验感以及吸引力受到影响。

虽然现实空间可以被孪生化，但现实空间的场景却不能被移植到虚拟空间中，它们需要在虚拟空间中重建，这不应该是机械设计出来的，而是要由虚拟空间中用户的活动共同构筑，人们成为彼此的场景或背景，如同在现实空间中。

此外，一种空间也往往对应着一定的社会场景，这种社会场景如梅罗维茨所言，是一种信息系统，即人们接触他人或社会信息的某种模式，它形成了我们语言表达及行为方式框架神秘的基础。[1] 广播电视这样的电子

---

[1] 梅罗维茨. 消失的地域：电子媒介对社会行为的影响 [M]. 肖志军, 译. 北京：清华大学出版社, 2002: 32—34.

媒介带来了社会场景的变化,电子媒介创造的纽带及联系与特定地点中面对面交往所形成的纽带及联系产生了竞争①,电子媒介还带来了公共场景的融合、公开和私下行为的模糊以及社会地点与物质地点的分离等。②

互联网构建的虚拟空间进一步改变了社会场景,甚至在某些时候使得社会场景完全隐退。但数字孪生空间毕竟是现实空间的复制,在这里人们是否会意识到社会场景的存在,社会场景是否还会对人们的行为产生约束?如果人们把孪生空间当作纯粹虚拟空间看待,那么即使它拥有"教室""办公室"这样具有特定社会场景属性的标签,人们也会意识到这并非真实的现实空间,因而会较少受到原有社会场景中规范的约束。与此同时,人们的身体还处在某个现实空间中,这两种空间之间也有可能产生冲突,例如身在家中,进入的是虚拟的教室,这也会淡化"教室"这一社会场景的作用。在今天以视频会议形式进行的远程学习、工作中,这一点已经显现。但孪生空间是否会形成新的社会场景含义,形成与之相关的行为模式,或许还需要继续观察。

梅罗维茨所说的电子媒介带来的社会场景的变化,也与吉登斯所说的"脱域"过程相关。吉登斯指出,现代化的过程带来了"脱域"的结果,社会系统的脱域意味着社会行动从地域化情境中被"提取出来",并跨越广阔的时间-空间距离去重新组织社会关系③,同时又为它们的重新进入提供了机会,带来了再嵌入的可能④。网络环境也进一步推动了这种脱域与再嵌入。

但随着现实空间的某些维度在虚拟空间的投射甚至复制,一些原本脱

---

① 梅罗维茨. 消失的地域:电子媒介对社会行为的影响 [M]. 肖志军,译. 北京:清华大学出版社,2002:140.
② 同①65-120.
③ 吉登斯. 现代性的后果 [M]. 田禾,译. 南京:译林出版社,2011:46.
④ 同③124.

域的社会关系是否会在一定程度上重新回归到地域化情境中，这也是未来值得关注的一个问题。当然，这里的地域化情境并非指单纯的地理空间，而是包含了地理因素与社会因素、现实与虚拟复合的空间。

（四）现实空间与虚拟信息、虚拟空间的叠加或融合

元宇宙方向下现实空间的变化，不仅仅在于它的数字孪生化，虚拟信息对现实空间的补充、增强也是一个重要的方向。

作为公认的元宇宙方向下的重要技术，AR应用的一个重要目标就是在现实空间与环境中叠加虚拟的信息。空间的信息增强往往用于以下情境：人们需要实时了解与现实空间相关的背景信息、辅助信息，如开车、旅游、参观展览时；以现实空间为基底，营造新的视觉效果或互动方式，如舞台上虚拟人与现实人的同台或隔空合作；基于现实空间与环境提供虚实结合的互动方式，如AR游戏。

AR可以为人们提供新的感官刺激，带来新的服务体验，也会营造广告、营销的新路径。同时，对于未来的用户内容生产（UGC）与互动来说，这一技术也提供了基于空间的新表达方式，位置叙事就是一种可能的方向。

"位置叙事"主要是指以位置为中心的叙事。它将自然环境作为自己最重要的基点，在宏观上涉及人在自然界的位置，在中观上涉及社会群体和所处地域的关系，在微观上涉及个人与所在地的关系。[①] 位置叙事在以往主要是作为艺术创作的手段，但在今天也可以成为UGC的新模式。基于视频的地点打卡，已经有了一定的位置叙事意涵，但还只是一种简单的"位置＋身体"的叙事方式，而AR技术可以大大提高特定空间位置的信息延展性，赋予空间与虚拟信息之间丰富的联系，叙事可以有无限可能，

---

① 黄鸣奋. 增强现实与位置叙事：移动互联时代的技术、幻术和艺术 [J]. 中国文艺评论，2016（6）：55-66.

这也会激发普通用户位置叙事的创造力。

在更高的层面，今天开发者也在致力于增强现实型元宇宙的建设，目标是基于现实空间位置、环境进行新创造，形成可体验的、新的城市"虚拟＋现实"混合空间。目前，增强现实空间已应用于城市历史遗迹、文化展览空间、城市更新的商业空间等。①

元宇宙也会建构与现实空间没有关联的纯粹的虚拟空间。这种虚拟空间是对空间的全新生产，它可以弥补现实空间的不足，摆脱现实空间的天然局限，释放人们对空间的想象力。人们在这些人造的虚拟空间里，可以获得超现实的体验。但这些幻象空间的背后，仍然是人们的现实欲望与需求。

进入这些新的虚拟空间，一开始可能是无门槛的，用户的"群分"也未必很明晰，但就如互联网的既往发展逻辑一样，久而久之，人们仍然可能会因趣味、阶层甚至三观、立场的差异而走向不同的社区，形成虚拟空间的新"地域"。这种地域也是亚当斯所说的赛博空间（space）中的赛博地方（place），每个地方都产生于意义、自然和社会关系各要素之间的独特组合。②

元宇宙中的虚拟空间有时会与现实空间产生叠加，这也会带来一些冲突。在微观层面，常见的冲突之一是今天已经司空见惯的"在场的缺席"——人们身在现实空间注意力却在虚拟空间，或者反之，因为虚拟空间中 VR/AR 对身体动作的诱导，身体在现实空间中遭遇危险的概率也会增加。同时，线上、线下社会场景的冲突也会不断出现。而在宏观层面，则可能体现为人们的社会角色、自我认知、身份认同、生存实践等方面的

---

① 肖超伟，张旻薇，刘合林，等．"元宇宙"的空间重构分析［J］．地理与地理信息科学，2022（2）：1-9.

② 亚当斯．媒介与传播地理学［M］．袁艳，译．北京：中国传媒大学出版社，2020：113.

冲突或纠结。

（五）赛博空间的再认识

对元宇宙的讨论，使得"赛博空间"这个概念重回我们的视野，有些人将它与元宇宙基本等同，但在元宇宙方向下，对赛博空间的认识我们不能重走老路。即使我们仍将元宇宙方向下的虚拟空间称为"赛博空间"，我们也要意识到，这个空间将有着现实空间的深层嵌入。因此，我们需要在虚拟空间与现实空间融合的前提下，重新理解赛博空间的"空间"意义。

亚当斯指出，赛博空间不仅仅是一个技术现象、一个技术景观，它也是一套异质的符码、一个机构和使用者，它们以某种特定的社会、心理、符号和物质关系而结合在一起。[1] 赛博空间早就不仅仅是代码或信息空间，也是一种社会空间。当它与现实空间相互融合时，也会呈现出列斐伏尔所说的空间的三位一体性。

现实空间与虚拟空间的相互渗透融合，似乎提供了空间互补的可能，但这也可能会将两种空间原有的问题进一步纠结在一起。虚拟空间承载着现实压力，也会在某些方面帮助释放现实压力，但并不能解决现实中的一切问题，甚至还在制造新的冲突、矛盾，这些问题也会反过来向现实空间渗透。当虚拟空间引入现实空间这一"变量"时，更是会映射出现实空间中的权利与利益、权力结构、文化、资本等多重要素，它对现实的反作用方式也会更多元。

二、虚拟空间中现实身体的凸显

强调元宇宙应用中的空间，必然使与之相关的另一个对象凸显出来，那就是身体。在梅洛-庞蒂看来，空间是一种身体化空间（embodied space），并且"身体的空间性不是如同外部物体的空间性或'空间感觉'

---

[1] 亚当斯. 媒介与传播地理学[M]. 袁艳, 译. 北京: 中国传媒大学出版社, 2020: 113.

的空间性那样的一种位置的空间性，而是一种处境的空间性"[1]。今天当我们讨论元宇宙时，身体与空间的关系也是一个不可绕开的话题，技术的不断发展，也会不断刷新我们对虚拟空间中现实身体如何呈现、如何作用的认识。

（一）不断进入虚拟空间的现实身体

在早期对互联网的研究中，身体的消失一直被视作互联网环境中个体存在形态与社会互动的主要特点之一，这也是当初人们使用"赛博空间"这一概念的原因之一。人们在各种互联网空间里生产的内容、留下的痕迹，都是意识的产物，作为抽象的符号，它们脱离了身体而四处飘浮。

但事实上，即使在早期互联网的应用中，身体也没有完全缺席，但它主要是通过与机器（如键盘、鼠标、显示器等）的交互来体现自己的存在，并间接影响到虚拟空间的互动。例如，打字速度和阅读屏幕上信息的速度会影响到人们的交流，鼠标或键盘操作能力会影响到人们在游戏中的表现。但在虚拟空间中，各种符号互动带来的刺激主要在精神层面，这使人们忽视了身体的参与及意义，发生在人机交互端的身体行为往往被掩盖。

随着游戏的发展，化身开始出现。化身是一种虚拟的身体，它可以是与现实身体无关的形象符号，也可以是由人们的动作来控制的形象，在后一种情形下，现实身体与虚拟身体产生了直接联系。通过化身的方式，人的身体进入虚拟空间，宣示了自己的存在。但这样的化身体验只存在于部分游戏玩家，且它并非真正的身体，只是身体在某些维度的映射，有些方面也是对身体的再造。

移动互联网兴起后，带摄像头的手机以及视频通话应用的普及，使得

---

[1] 梅洛-庞蒂. 知觉现象学 [M]. 姜志辉，译. 北京：商务印书馆，2001：137-138.

一般人的身体开始直接展开互动,虽然是隔空相望,但身体的状态与姿态以及其他身体符号,重新扮演起类似面对面交流中的身体符号的角色。

当身体可以在虚拟空间中直接展示时,身体也变成了社交互动中一种普遍的表演手段。例如,人们通过照片或视频对身体进行展示。除了呈现身体的状态外,这种展示有些时候是为了证明身体在某个现实空间的在场,以表达某种成就感,赢得数字空间的存在感。这样一种参与到日常生活互动之中的身体实践方式,如吉登斯所言,也是维持一个连贯的自我身份认同感的重要构成部分。①

技术的发展推动了现实身体的全面数据化,从人脸、指纹、声音等身体"元件"到身体动作、表情甚至生理性状态,再到身体所处的空间位置及其他场景。身体作为一种媒介,传递与呈现着人的状态与需求,服务商通过身体数据来进行用户分析并提供相应的服务。但即使如此,在今天绝大多数的新媒体应用中,身体也还只是一种工具,身体本身的体验并没有成为产品或服务的目标。

(二) 虚拟空间中现实身体的体验增强

在元宇宙构建的新时空中,身体有可能用全息方式(而非二维或符号方式)还原,身体在互动与传播中的参与会更全方位,除了今天音视频交流中的声音、身体姿态、手势、面部表情、眼神等与身体有关的因素外,空间位置关系、距离等与身体相关的因素也会重新成为交流中的重要元素。

更重要的是,元宇宙虚拟空间的互动将给身体感官更多的体验,身体不再是人机交互的工具或传达信息的手段,身体的体验本身也会成为目的。虚拟技术也可以带来对现实身体的体验增强。

---

① 吉登斯. 现代性与自我认同: 晚期现代中的自我与社会 [M]. 夏璐, 译. 北京: 中国人民大学出版社, 2016: 91-92.

人们对虚拟空间中身体体验的需要，很大程度上是基于突破现实身体局限的愿望。例如，体验戏剧表演式的多重人生，到达现实中无法到达的空间，挑战现实中不敢尝试的冒险，在不同时代穿越。现实生活压力不断增大时，人们更希望通过虚拟空间的体验来逃避现实。当身体在虚拟空间中的体验达到一定程度时，用户就会产生沉浸感。

从真实感的角度看，这种沉浸感可以理解为 immersion，3D、VR、AR 等技术还原的空间，可以让人们的进入感、临场感增强。可穿戴设备等在人的感官上进行模拟与刺激，形成由一系列感官证据所构成的链条，在虚拟的空间中还原出人在现实活动中所具有的感受，而身体的知觉场在运作过程中，将虚拟现实技术所提供的诸感官证据集合统一在了身体知觉性的运动图景之中，使这些感官证据与体验者之间产生生存性的关联。[①]尽管这样的体验与现实体验可能未必完全一致，但有时也能让人真假难分。

而从注意力与精神状态角度看，沉浸感也对应于 flow，"flow theory" 在国内也被译为"心流理论"（另译为"流畅感理论"），由美国心理学家米哈里·契克森米哈赖（Mihaly Csikszentmihalyi）提出，是指一个人完全沉浸在某种活动当中而无视其他事物存在的状态。处于 flow 状态中的个体具有一些共同特征，如体验活动本身成为活动的内在动机、注意力高度集中、自我意识（如社会身份和身体状况）暂时丧失、行动与意识相融合、出现暂时性体验失真（如觉得时间过得比平常要快）等。[②]

元宇宙体验带来的沉浸感，既包含新技术下的 immersion 体验，也包含人们在此过程中产生的 flow 感受，从某个角度看，人们在此过程形成

[①] 索引，文成伟．从现象学的视角看虚拟现实空间中的身体临场感［J］．自然辩证法研究，2018（2）：26-30．

[②] ELLIOT A J, DWECK C S, COVINGTON M V. Handbook of competence and motivation [M]. New York: Guilford Press, 2005: 598-608.

的 flow 程度有多深，取决于 immersion 体验有多真切。当然，目前 VR、AR 等技术还不成熟，并没有带来完美的体验，这两个方面的沉浸程度都有限。

从技术发展的规律来看，当前在体验中出现的一些技术障碍都会扫清，未来会出现一种可能，人们可以自由选择进入那些美好的体验，根据自己的需要定制不同的体验配方，就像赫胥黎的《美丽新世界》中那"飘飘欲仙的、麻醉性的"，使人产生欢愉幻觉的"索麻"（完美的药物），它让人随时离开现实去度个假。① 但那时，人们是会真正获得享受幸福的自由，还是会失去对幸福的理解与感知？

人们在元宇宙中的沉浸，一个重要动力是寻找缓解现实生活困惑与烦恼的药物，在某些时候，人们的确也可能从中获得某些方面的缓解或慰藉，但就像游戏一样，这种药物是否在某些方面又可能成为毒药？

在哲学领域，有研究者担忧，当沉浸性发展到极端，让体验无比真实，彻底的沉浸能够满足所有世俗世界生人的现象需要、经验需要和感官需要时，在全身的沉浸性中绝对的现实摧毁了它自身，走向绝对的虚无。② 如果这样的情形发生，也就意味着元宇宙中的沉浸会变成一个吞噬人们的"黑洞"，虽然这不是未来唯一的可能，但无疑我们要警惕这一风险。

（三）赛博格化的身体与"身联网"

身体体验的增强需要以相关设备为支持，这些设备有些存在于外部环境，但未来也会越来越多地与人的身体形成密不可分的关系，人的身体与设备共同构成"赛博格"（cyborg）。诞生于 20 世纪 60 年代的"赛博格"这个概念，其基本含义是"控制论有机体"，在今天主要指由机器拓展而

---

① 赫胥黎. 美丽新世界 [M]. 李黎, 译. 广州: 花城出版社, 1987: 48-49.
② 刘永谋. 元宇宙的现代性忧思 [J]. 阅江学刊, 2022 (1): 53-58, 172-173.

超越人体固有局限的人的新身体。智能手机的普及,推动了人的赛博格化,未来的智能设备也必然会进一步推动这一趋势。

有研究者认为,赛博格所隐喻的是作为控制论主体的人,即通过通信-(反馈)控制而局部暂时抵抗熵增自然趋势的主体。赛博格化身体增强了人的自我控制,这也是一种自我传播,是一种反身性运动,"信息从系统流向观察者,但是反馈回路也可能回溯到观察者,将他们变成被观察的系统之一部分"①。当个体利用身体上的智能设备(如传感器)来了解自身的状态时,个体既是被观察者也是观察者,传感器将被监测的个体信息发送给同时作为观察者的个体,作为观察者的个体会对这些信息做出反馈,而这些反馈也会体现在作为监测对象的个体的身上。今天在一些人群中普及的"量化自我",也将这种反身性运动带向了新阶段。

与仅在人的身体内部进行的传统自我传播不同的是,由媒介中介的自我传播中,人们关于自我的认识、主我与客我的对话,在某些时候会被公开,如人们在社交平台的各种社交"表演"行为,很多时候是自我认知的外化,它们会与他人产生互动并反过来影响人的自我认知。而在元宇宙应用中,这样的自我传播外化会越来越多以身体化的方式来实现,如身体的状态、身体的运动,身体这一媒介将连接起自我传播与人际互动。

赛博格化的身体,不仅强化了自我传播,也增强了人的一些其他功能,例如获取信息的能力、筛选信息的能力、与外界连接的能力等,但这些能力都依赖外部设备,尤其是云端设备,身体与弥散的外部技术系统构成了一个更广义的赛博格,而过于依赖外部系统也可能意味着人体自身某些机能的萎缩,例如记忆。

今天,人与手机共存下的赛博格化身体也构成了公共信息传播网络中

---

① 海勒. 我们何以成为后人类:文学、信息科学和控制论中的虚拟身体[M]. 刘宇清,译. 北京:北京大学出版社,2017:12.

的节点，它们会影响到网络信息的流动，手机的断连会使得某一个节点停止工作。而手机是处于连通状态还是断连状态，既取决于手机本身（如是否有电、能否上网），也取决于人的身体对它的控制，因此每个节点都是人-机共生体。身体本身的状态、位置数据等，也通过手机时时汇入信息网络。

刘海龙等指出，人的身体能够生产数据、成为网络的义体，因此可以作为技术系统的"补丁"存在。与此同时，物质性的身体又能够切断与网络的连接，作为破坏网络秩序的"病毒"存在。① 但这仍是在现有的信息网络前提下的观察，而当身体上的智能设备越来越多时，身体数据本身将构成一种新的信息网络，"身联网"便代表这样一种趋势。

2020 年 7 月，世界经济论坛（WEF）发布了研究报告《身联网已来：应对技术治理的新挑战》（Shaping the Future of the Internet of Bodies: New Challenges of Technology Governance）。报告中对"身联网"的定义是，通过联网的传感器连接的身体及其数据网络，联网设备包括通过非侵入式部署或部分侵入式部署，用于监测人体生物特征和行为数据的医疗设备、健康状况跟踪设备、设置于身体内外的智能消费设备，以及在企业、教育、娱乐等场景中连接或嵌入身体的智能设备。②

"身联网"与元宇宙应用并非彼此独立，可以预见的是，在未来它们也会进一步相互嵌入、相互融合，身体数据不仅成为健康监测的依据，也会成为化身应用、沉浸式体验的基础。"身联网"虽然会带来一些便利，但也可能带来身体的新"物化"趋势。在"身联网"中，人的身体只是作

---

① 刘海龙，谢卓潇，束开荣. 网络化身体：病毒与补丁 [J]. 新闻大学，2021 (5)：40 - 55，122 - 123.

② WORLD ECONOMIC FORUM. Shaping the future of the internet of bodies: new challenges of technology governance [EB/OL]. (2020 - 07) [2022 - 05 - 29]. https: // www3. weforum. org/docs/ WEF _ IoB _ briefing _ paper _ 2020. pdf.

为像其他物体一样可以监测与计算的数据化对象，对身体的控制也并非总是个体基于自我经验与愿望的自主选择，而是在很多时候成为流水线上、统一量化标准下的机械操作，有时也变成外在力量暗示或胁迫下的自我规训。对身体量化的、精准的规训进一步被纳入身体的符号化、资本化的轨道。鲍德里亚指出："如今，与其说健康是与活下去息息相关的生理命令，不如说它是与地位息息相关的社会命令，与其说它是一种基本的'价值'，不如说它是一种赋值，在赋值的神秘主义中，它就是与美直接结合在一起的'状态'。它们的符号在个性化范围内相互交流，那是对功能/身体符号的迫切的至善论操纵。"[①] 当身体处于数据网络的监控下不断接近某种健康或美的"标准"时，身体也会更多地成为展示或换取社会资本、文化资本的"物"。

与此同时，身体所面对的外部控制、安全风险也必然会进一步加大。更有研究者担心，在"身联网"的前景下，当人与物、生命体与非生命体皆可被还原为信息网络节点时，世界也就由信息网络中的各个节点共同构造，人的中心地位和核心价值将会受到前所未有的冲击。[②] 这种担忧延续了赛博格、后人类、人工智能、人类增强技术等领域中一直存在的"是否应该坚持人类中心主义"这一主题。在以往的讨论中，研究者对此的态度各不相同，从中可以看出，人类中心主义这一曾经被认为亘古不变的真理已经受到了挑战。

今天研究者关于赛博格化的身体的观察主要基于手机、智能手环、智能手表等智能设备，但关于元宇宙以及赛博格的一种更激进的设想是，在未来的技术条件下向人体植入各种芯片，那时赛博格会达到一个新境界——个人与机器的整合达到"自体平衡"（homeostatic）和"无自觉"

---

① 鲍德里亚. 消费社会 [M]. 刘成富，全志刚，译. 南京：南京大学出版社，2014：132.
② 刘铮. "身联网"：发展状况与哲学反思 [N]. 中国社会科学报，2022-04-19 (6).

(unconsciously)的高水平，机器真的变成无须调动高级神经活动关注与操作的人的一部分。^① 如果那一天真的到来，身体的含义与意义会被进一步改写。

（四）身体与意识的分离？

元宇宙虽然在某些方面强调了现实身体在虚拟空间的存在，但它又带来另一种想象，那就是人的意识与身体的分离，例如通过脑机接口的方式，将大脑的信号上传到虚拟空间，让意识独立存在、自主发展。

在这个角度，一些研究者也将元宇宙与"缸中之脑"相关联。"缸中之脑"是哲学家普特南提出的一个思想实验设想：将人的大脑放入一个充满营养液的缸中，以便大脑维持长期生存，同时将大脑的神经末梢和一台超级计算机相连，计算机精准地提供各种电子脉冲信号给神经末端，让大脑主人保持一切完整的幻觉，让他觉得依然处于真实的世界中。^②

让意识脱离身体独立存在的设想能否实现，可以从涉身认知（也称具身认知）的角度来进行判断。

在认知研究中，有三种典型的研究进路，分别是认知主义、联结主义和生成认知。认知主义认为认知是作为符号计算的信息加工活动。联结主义认为认知是由简单成分构成的神经网络整体状态的突现。而生成认知则认为认知是一种生成活动，即一种主体与世界之间的结构耦合过程，其中的涉身认知理论的基本纲领是，认知科学需要把认知置入大脑中，把大脑置于身体中，把身体置于世界中。^③ 包括涉身认知在内的生成认知，在今

---

① 阮云星，高英策，贺曦. 赛博格隐喻检视与当代中国信息社会 [J]. 社会科学战线，2020（1）：30 – 37.
② 普特南. 理性、真理与历史 [M]. 童世骏，李光程，译. 上海：上海译文出版社，2016：7 – 9.
③ 孟伟. 涉身与认知：探索人类心智的新路径 [M]. 北京：中国科学技术出版社，2020：35 – 36.

天已经成为认知研究的主要进路。

人在认知中之所以需要身体,是因为身体不仅是客观的身体,也是现象的身体,后者是"我"所经验和经历的、承载着"我"的、介入自然和社会的有机体①,这些经历、经验以及"我"与自然、社会的关系,对认知产生着重要影响。身体也具有唐·伊德所说的三种意涵,既包括肉身意义上的身体,也包括社会文化意义上的身体(在社会性、文化性的内部建构起自身的存在物)和技术意义上的身体(在与技术的关系中,以技术或技术化人工物为中介建立起的存在物)②,这三个方面都会对认知产生影响。

关于意识脱离身体这一元宇宙想象,也与 20 世纪已经出现的后人类主义的想象形成了一些交汇点,后人类研究的代表性学者凯瑟琳·海勒认为,后人类更看重的是信息层面的"模式(有序)/随机(无序)"的辩证关系——控制论的研究正是致力于此,而非身体的"在场(有)/缺席(无)"。③但人类的身体是否因此失去意义?海勒认为,这并不意味着在场/缺席的辩证失去意义,"它将物质与意义连接在一起的方式,是模式/随机的辩证法不可能有的"④。"通过对文化意义共鸣的隐喻进行阐释,身体本身也是一种凝结的隐喻,一种物理结构,它的局限和可能性是通过进化的历史形成的,而这种进化史是智能机器无法共享的。"⑤可以看出,海勒对于身体意义的认识,与涉身认知的研究有着异曲同工之处。

---

① 梅洛-庞蒂. 知觉现象学 [M]. 姜志辉,译. 北京:商务印书馆,2001:538-540.
② 杨庆峰. 翱翔的信天翁:唐·伊德技术现象学研究 [M]. 北京:中国社会科学出版社,2015:94.
③ 海勒. 我们何以成为后人类:文学、信息科学和控制论中的虚拟身体 [M]. 刘宇清,译. 北京:北京大学出版社,2017:333.
④ 同③.
⑤ 同③385.

因此，至少到目前为止的研究普遍认为，意识不能脱离身体而存在，甚至未来身体对意识的作用会变得更为多样。

在元宇宙技术下，即使在虚拟空间中活动的身体，也会参与到认知的构建中。当身体借助可穿戴设备进入虚拟空间时，肉身在虚拟空间也有了感知、运动、控制等作用，但这时的身体进入，不只是肉身的进入，更是身体承载的意义的全面进入。这时的身体，同样也是梅洛-庞蒂所说的现象的身体，也具有唐·伊德所说的三种意涵。同时，在虚拟空间中的身体体验，也会融入、沉淀到身体的经验中，成为现象身体或文化身体、技术身体的一部分，影响着以后的认知。

三、虚拟空间中虚拟身体的两种走向

元宇宙应用不仅使现实身体在虚拟空间的存在意义及体验得到增强，也会用各种方式映射现实身体，甚至构建虚拟的身体。虚拟身体一方面是对现实身体的分化，另一方面是对身体的再造。

（一）元件化、分身化：虚拟空间中身体的分化

在今天，身体的映射主要体现为身体各种维度或各种"元件"的数据化，如身体状态、身体位置、情绪以及声音、人脸、指纹等身体"元件"的数据化。身体被拆解成了不同的"数字化元件"，以数据方式存在于虚拟空间，但这些数据又是对真实身体的反映。一些应用也可以通过对这种虚拟实体的研究，来分析、模拟人的需求与行为，甚至影响人们的需求与行为。在一些时候，这些元件也成为验证"我就是我"的重要手段，如人脸、指纹等。

元件化的另一种结果，是来自不同人的元件被组合，这种打破了原有身体界限的重组，不仅以深度伪造的方式干扰着人们的认知，也给当事者带来困扰甚至权利受侵害。

对于身体的元件化，人们在很大程度上是被动的，从人的身体分离出去的数字化元件，也会脱离当事人的控制，甚至在人离世以后，这些元件还可以继续独立存在。

身体元件化使得人作为一个整体的意义被削弱，人的背景、经历与经验、情感等因素更是被简化，身体变成了可拆解的物化对象，变成一段段的"代码"，不同的管理者或服务者只是按需提取人的某个元件用于特定目标，对这些代码进行计算、分析。

现实身体虚拟化后的另一种分化，是"衍生"出代表自我的数字形象，这种形象往往也被称为"分身"。

数字分身往往是对真实身体整体的模拟与仿真，今天所谓的数字人、虚拟人便是在二维空间里对人进行复制，未来这种复制将向三维方向发展。因此，一些研究者也将"数字孪生"这一概念应用到身体上，但在当下，与真人完全一致的三维虚拟身体对绝大多数人来说还无法实现，即使未来解决了身体仿真的问题，甚至可以直接复制人们的行为，但要完全用数字化方式复制人的意识，可能在相当长时间内还是不现实的，甚至是永远无法完成的任务。脱离了人的意识的虚拟体，能否称为"数字孪生人"，或许是存疑的。

人们之所以会接受分身，除了分身带来的新奇感受外，未来更多的理由可能是把它当作一种应对多任务挑战的策略，当作分解工作或社交压力的替身。分身可以脱离人的身体独立去执行某个任务，如参加会议、聚会，分身也可以帮助人们积攒与收割各种资源。但就像今天的真人视频录像一样，这样的分身应用是否会脱离本人的控制，被他人用于其他目的，甚至被他人操控？在元件化、分身化的前景下，人们是否应该拥有对自己各种元件以及分身的个人权利，如同今天的肖像权？对于类似这样的问题，我们也需要有未雨绸缪的前瞻与准备。

（二）数字化身：虚拟空间中身体的再造

今天人们在讨论元宇宙下的分身时，往往也会提到另一个词——"化身"（avatar）。"化身"这个概念来自游戏，它指的是以数字的方式呈现的感知形象，也可以说是人为自己所选择的一种数字化的形象。虚拟环境中的化身可以自定义，用户能随意设置身体属性、社会人口学特性以及其他外部特征。[①] 狭义的化身则是指行为动作由人控制的虚拟人。[②] 前者只是一种仿拟的身体形象，后者则真正具有了一定的身体属性。在元宇宙技术支持下，未来的数字化身将会越来越多地与身体产生直接关联。

虽然分身与化身听上去相似，但还是有必要对二者进行区分。分身是人们为了应对多任务挑战而进行的自我繁殖，因此，它们往往尽力模仿或复制人的身体原貌。而化身则是在不同情境下的表演躯壳，其并不一定在外表上模仿或复制身体原貌。与分身常常用于逃避现实任务、分解工作压力的情境不同的是，化身常常是人们主动选择的、具有享受性与娱乐性的存在形式，化身也更多地折射了人们的内在心理。

尽管今天化身体验还不普遍，但游戏领域对化身的研究，为我们理解未来化身普及时代人与化身的关系，提供了很多基本线索。

根据以往的研究，游戏玩家在虚拟环境中创建了许多不同于现实自我的化身，但他们经常使用在外表、理想自我等方面与自己相似的化身，这不仅使个体在虚拟环境中感到自我与化身之间身体与心理距离的缩小，而且可以促进两者的融合。[③] 游戏玩家在选择化身时，也会出现性别转换的

[①] YEE N, BAILENSON J N, DUCHENEAUT N. The proteus effect: implications of transformed digital self-representation on online and offline behavior [J]. Communication research, 2009 (2): 285-312.

[②] 任利锋，潘志庚，朱杰杰，等. 虚拟环境中化身技术的研究与进展 [J]. 计算机工程与应用，2008 (10): 1-5, 12.

[③] 衡书鹏，周宗奎，孙丽君. 视频游戏中的化身认同 [J]. 心理科学进展，2017 (9): 1565-1578.

现象，虽然男女玩家的性别转换行为表现出不同的动机，但都是作为一种性别身份展演策略，这既可能带来赋能效应，也可能抑制玩家基于真实身份的互动行为和人际关系网络的建构。①

可以看出，游戏玩家对化身外表的选择都会经过精心考虑，虽然化身不一定比真身更美，但它们总是与人们对自身身体的认识相关，也在一定程度上表达了人们对身体进行再造的愿望。

对于化身与真实自我的关系，有学者认为，化身会有意或无意地反映出个体真实的自我，也可以反映他们所幻想的、想象的或者是希望成为的人；化身是高度控制的信息传送器，非常适合策略上的自我呈现，可以被用于表达任何类型的自我。②还有研究者指出，化身可以传达关于个性的准确和独特的信息，某些个性特征比其他特征更容易从化身中推断出来，而具有某些性格特征的人创造的化身更有可能被准确地感知。③化身是否会创造新的人格？有些研究者给出肯定回答，有些研究者的答案则是否定的，这或许与化身应用的人群、情境、阶段相关。化身也会带来化身认同，在游戏中的人物角色就是玩家的自我化身，玩家将化身的特征融入自我。④在认同发生时，化身会替代个体的真实自我。⑤或许现有的任何研究都无法解释所有群体的行为，但这些研究从不同侧面反映了人们在化身上所做的自我塑造甚至自我突破的努力。

---

① 黄典林，张子萌，苏际聪. 在"他"与"她"之间：网络游戏玩家的性别转换与身份展演策略研究 [J]. 新闻界，2021（9）：34-43.
② BÉLISLE J-F, BODUR H O. Avatars as information: perception of consumers based on their avatars in virtual worlds [J]. Psychology and marketing, 2010（8）：741-765.
③ FONG K, MAR R A. What does my avatar say about me? Inferring personality from avatars [J]. Personality and social psychology bulletin, 2015（2）：237-249.
④ KLIMMT C, HEFNER D, VORDERER P. The video game experience as "true" identification: a theory of enjoyable alterations of players' self-perception [J]. Communication theory, 2009（4）：351-373.
⑤ COHEN J. Audience identification with media characters [J]. Psychology of entertainment, 2016（1）：183-197.

虽然化身会带有真实身体的浓重印迹，但或许人们并不愿意在所有化身中都采用自己的真实形象。从社交角度看，人们的匿名需求普遍存在，目前各种实名社交模式带来的社交压迫与倦怠与日俱增，逃离这样的社交的动力也会不断增加，元宇宙应用中匿名社交的需求仍然会广泛存在。受到现实身体控制的化身，是否也会具有"具身性"，或者说化身会如何传递现实身体的具身性，也将会成为一个新的身体研究话题。

如果元宇宙应用普及，人们也有可能在不同的空间中使用不同的化身，正如人们在今天各种不同的社交空间里有不同的"人设"一样。以往关于游戏的研究认为，人们在游戏情境中也可能使用多重化身，而多重化身也有可能带来自我认同感混淆。[1] 可以预见的是，元宇宙时代人们如果采用多重化身，也可能带来自我认同感的混淆，甚至产生错觉、焦虑、人格分裂。人们的真实身份与化身之间也可能产生冲突。在这样的困扰下，人们也会采取逃避、弃用化身等方式来保护自己。除了关注化身对自我的影响外，化身会如何影响人和人的交往质量、影响人与社会的关系，将是一个深远的问题。

元宇宙的各种应用设想，在很大程度上都试图拓展人们的生存与交往的自由度，这正如人们最初对赛博空间的期待。但赛博空间并非我们直观理解的那般自由，它把实在的僵局彻底暴露在我们面前，最终形成了一种无法忍受的禁锢。[2] 当元宇宙深层引入了空间与身体这两个重要现实"变量"时，也意味着与两者相关的各种影响因素被编织进来，现实与虚拟的纠缠变得更为复杂。元宇宙能否真正地解放空间与身体的现实约束？还是反过来，在更多方面对空间与身体施加束缚？现在我们还无法做出准确断

---

[1] 张自中，彭兰. AR 情景下的游戏玩家线下化身认同及其模式研究 [J]. 新闻界，2018 (6)：64-72, 100.

[2] 何李新. 齐泽克的赛博空间批判 [J]. 外国文学，2014 (2)：135-142, 160.

言,但以往互联网的实践告诫我们,新技术在打破一些旧枷锁的同时,也会给我们套上一些新镣铐。元宇宙会是例外吗?

第二节 知识付费产品定价的成本与感知

一、引言

自 2015 年"在行"开启知识付费业务,我国该行业迅速发展,2015 年至 2019 年,其总收益由 15.9 亿元猛增至 278 亿元,增长率达到年均 50% 以上,用户规模则由 0.48 亿人增长至 3.87 亿人。虽然该行业增速放缓,但根据前沿产业研究院的报告,2020 年中国知识付费市场规模突破 392 亿元,而因疫情因素,2020 年用户规模有望突破 4 亿人[1]。可以说,知识付费非但没有走向相关专家预期的"大灭绝",反而进入了"保鲜、平缓增长期"[2],行业发展依然整体向好。

然而,在知识经济市场逐渐变大的情况下,知识付费行业的定价问题却比较严重。知识产品本身的质量难以准确衡量,生产者与消费者很难达成一致判断,而且消费者作为一个群体,其个体成员对知识产品的兴趣、接受能力与评价等主观性都很强,整个群体较难对一款知识产品达成一致判断,由此卖方定价面临更大的困难。从实践看,目前市场上知识付费产品定价确实存在不少问题,价格与价值不符等现象普遍存在,而这种情形又直接影响了行业的发展——产品数量大,但消费量有限,最终该行业的发展就在相当程度上受到抑制。

---

[1] 2020 年中国知识付费行业市场分析:疫情下迎来发展契机 用户期望提高内容质量 [EB/OL]. (2020 - 04 - 13) [2020 - 05 - 13]. https://bg.qianzhan.com/report/detail/300/200413 - 3aba77d8.html.

[2] 2018,知识付费"保鲜"之年 [EB/OL]. (2019 - 02 - 07) [2019 - 12 - 15]. https://www.tmtpost.com/3749032.html.

应该说，知识付费产品定价作为一个动态过程，受到诸多可预见、不可预见因素的影响，而它要如何综合考虑这诸多因素，是根据成本定价还是根据价值定价，如何既能保证生产者获得相应收益，又使消费者获得与价格相匹配的效用等，对于这些问题目前即使在理论上也没有得到很好的解决。而这也正是本节写作的初衷。笔者认为，目前很有必要深入探究知识付费行业定价的影响因素及其作用机制，对各个因素进行指标归纳，最终构建出合理的定价模型。

二、概念及研究对象界定

本节所指的知识付费产品，指的是线上即互联网平台上的产品，不包括线下产品。就其内涵而言，学界与业界不同，学界大多从知识经济角度对知识付费进行界定。比如，目前比较广泛认可的界定——互联网知识付费行为是特殊的知识生产、交换和消费现象。[①] 业界则有直接对知识付费产品进行界定的，认为其源于"内容付费"，指的是"消费者以付费方式获取一些认知盈余者实践的总结、经验和体会等被个体自身认为有价值的非标准化的知识产品"[②]。不过随着线上付费的内容日渐标准化、系统化以及提供者日渐专业化、全职化，该定义已难完整覆盖全部知识付费产品，即不够全面。

本节所指的知识付费行为，其内涵比前述学界的狭窄，但比业界的要宽，指的是消费者为了增加认知、获得情感满足和群体归属等，以付费形式获取知识付费平台上生产者的总结、资料等知识的行为，具体如喜马拉雅等"知识课程"类和"音频分享"类、在行等"知识咨询"类、知乎等"知识分享"类平台上的内容，但不包含沪江网校等教育培训类、财新等

[①] 赵静宜，程明. 从共享化到秩序化：网络知识付费现象的知识经济学分析 [J]. 编辑之友，2019 (8)：60-65.

[②] 极光大数据：知识付费行业研究报告 [J]. 信息与电脑（理论版），2017 (7)：21-23.

数字媒体订阅类及 QQ 音乐和爱奇艺等音视频付费下载类产品。这些付费知识大多是 C2C 形式，作为商品在生产者与消费者之间直接传递。这些付费知识只需针对个体有价值即可，不一定针对大众有价值，价值大小由个体评价。需要注意的是，随着直播的发展，部分知识付费平台也开通了直播业务，支持付费打赏，如知乎直播支持用户充值购买"盐粒"进行打赏，但此类付费行为不属于本节所研究的定价行为，因此不在本节的讨论范围内。

三、知识付费产品定价的文献综述

随着知识付费行业的发展，知识付费产品定价引起学界关注，但目前相关研究成果较少。在国外，可以说尚无本节所说的"知识付费"概念，如有国内文献指出"知识付费"在国外指一种工资支付制度，是针对人支付工资，因此也尚未看到研究知识付费产品定价的文献。在国内，李国民、李洁璇基于 B-S 期权定价公式给出了付费知识内容独家刊载权价值的计算模型，构建了内容类型、内容质量、生产者知名度、居民消费能力、目标人群买单意愿与付费内容收益的回归模型[1]；张春晓从双边市场角度出发，构建了知识付费交易佣金模式中双边用户的收费模型，以佣金为中心构建价格与交叉网络外部性、知识质量、平台差异化程度及佣金的相关模型[2]；熊励等基于客户感知价值理论制定了互联网数据产品定价模型，构建了以情感价值、社会价值、功能价值、价格价值为自变量的价格公式[3]；陶峻、马力提出了知识密集型服务企业基于顾客价值的知识服务

---

[1] 李国民，李洁璇. 知识付费内容的价值评估方法探析：以"分答"平台为例[J]. 中国资产评估，2018（9）：12-16.

[2] 张春晓. 基于双边市场理论的知识付费平台定价机制研究[J]. 吉林工商学院学报，2017（4）：32-35.

[3] 熊励，刘明明，许肇然. 关于我国数据产品定价机制研究：基于客户感知价值理论的分析[J]. 价格理论与实践，2018（4）：147-150.

定价策略，解开了成本与价格之间的紧密联系，使顾客与服务提供商的目标相一致，实现了风险共担，但并未构建定价模型[①]。还有围绕网络信息服务定价策略，如按时间或租代售定价[②]，以及围绕知识付费意愿的影响模型建构展开分析的[③]。

现有文献中，仅有李国民、李洁璇的论文是研究知识付费产品本身的价值并据此构建定价模型的，但其仅适用于为与平台签约的生产者所生产的独家内容定价，无法涵盖其他类型的知识付费产品。总体而言，当前对知识付费产品定价的研究还远远不够，需要结合实际继续拓展。

四、中国知识付费市场现有定价模式的类别、特征及不足

(一) 中国知识付费市场定价模式的类别

当前中国知识付费产品有许多种类，如网课形式的知识付费视频、咨询问答和约见服务，读书会性质的领读课以及类似电子书的有声书等，而各种知识付费产品的定价模式更是多种多样。随着我国知识付费行业运作的时间变长，从定价主体的角度看，有三种定价模式成为主流，即生产者定价、平台定价与消费者定价。当然，定价主体虽然是定价行为发出者，但并非不受干扰地独自定价，往往要受到一定的且来自彼此的干扰，具体如下。

1. 生产者定价

生产者定价，指生产者依据自己的成本和预期收益确定价格，在实践中可以分为三种形式，即按时间定价、按问题定价与按项目定价。按时间定价源于服务业定价，是将定价与服务时间长短联系起来，主要存在于交易为"一对一"的模式中，即个人咨询类产品，如"在行一点"的付费问

---

① 陶峻，马力. 基于顾客价值的知识服务定价策略 [J]. 中央财经大学学报，2005 (3)：53 - 57.
② 张海涛，唐元虎. 知识产品的定价研究 [J]. 价格理论与实践，2003 (9)：54 - 55.
③ 周涛，檀齐，BAYAN T，等. 社会交互对用户知识付费意愿的作用机理研究 [J]. 图书情报工作，2019 (4)：94 - 100.

答等，一般时间越长价格越高。按问题定价如微博问答，它是由生产者设定每个问题的价格，消费者只要提问，不论问的内容是什么、问题难易如何等，都必须按既定价格付费。按时间定价与按问题定价本质上都属于静态定价，产品的内容及难度等不会影响价格，生产者若认为解答问题得不偿失，则不会选择回答，交易也就不会发生。按项目定价指按具体的一项服务确定价格，如喜马拉雅的"喜马讲书""完结小说"，蜻蜓FM的广播剧、有声书，以及知乎的"读书会"等，项目价格高低一般由规模决定，同时建立在生产者对成本严格测算的基础上，且通常消费者并不了解生产者所耗成本与价格之间的联系。

需说明的是，虽是生产者定价，但平台往往对价格设定上限，实践中不设上限的很少，因此这实际上是生产者在平台给出的范围内定价，是一种受限的定价。

2. 平台定价

平台定价又可分为特许经营权定价、会员定价及参与性定价。特许经营权定价是平台签约知识付费产品生产者支付签约费，再依据掌握的市场信息来定价，这类似于知识产权中的"特许经营权"模式或"内容独家刊载权"模式。如豆瓣时间和得到的"特邀嘉宾"模式，就是平台邀请学者和行业"达人"录制视频或音频，然后定价销售。这种定价方式，实际上是平台成了中间商，它先与知识付费产品生产者交易，然后再与消费者交易。会员定价则是指平台将会员资格定价，消费者通过购买资格，获得平台上全部或部分产品的使用权。在我国，平台的会员定价往往与知识付费产品单独定价并存，如喜马拉雅、知乎等平台上就是如此。会员定价严格说不完全是知识产品定价，因其往往包含平台装扮、去除广告等"权益"，而非仅仅知识付费产品本身的价值，有的甚或还要考虑平台的运营成本与广告收入等。不过，会员定价仍需考虑知识付费产品本身的价值与生产成本，且往往以其为基础依据，所以我们仍把它作为知识付费产品定价行为。另外，还有一类比较特别的定价方式是参与性定价，即前述平台设定知识付费生产者定价上限，这也是平台的一种定价行为，虽然在此过程中定价主体是生产者，即最终确定价格的是生产者。在实践中，随着平台对运营把控程度提高，其对定价的参与度逐渐增强，平台指导生产者定价的行为在增多，如知乎、喜马拉雅等。实践中平台在制定价格上限之外，还会提供建议价格供生产者参考，以促使定价专业化、标准化。

3. 消费者定价

消费者定价在实践中的形式是消费者彼此之间竞价，以决定产品最终价格，如美时美客的"时间竞拍"，就是在保证生产者成本的基础上，消费者依据该问题能为自己带来的效用在生产者给出价格的基础上加价。这种定价方式的前提是知识产品的实际效用大于"底价"，定价权实际被一分为二，由生产者制定底价后转移给消费者。若消费者预估的实际效用低于底价，则消费者不行使定价权，即其不会出价购买。此定价过程具体为：生产者先给出直播内容的底价，并规定每次竞拍的加价额度，消费者竞拍，最后价高者胜出，获得与生产者进行一对一视频私密直播或公开直播的机会。若选择私密直播，则内容不会被他人看到；若选择公开直播，则其他需求者也可以根据生产者设置的"门票"进行围观，同时，直播过程中围观者也可以打赏、送"鲜花"等，结束后竞拍成功者还可以根据生产者设定的"门票"、打赏收入的分成比例进行分成。[①] 这种定价方式本质上是消费者通过自身对效用的预测感知决定最终价格，当然，生产者给出了底价，所以这也可算是一种受限的定价。

在实践中，由于美时美客等平台生产者的知名度不高，消费者的加价

---

① 网络直播平台大洗牌 知识性网红会加速崛起[EB/OL]．(2017-05-21)[2023-09-09]．https：//hn.qq.com/a/20170521/011017.htm? qqcom_from=aio.

意愿不强，同时消费者很难获知产品的价值且具有风险厌恶心理等，因而一般消费者加价幅度较低，实际成交价仍基本上是生产者给出的底价。实践中，随着美时美客转型为会议直播服务商，消费者竞价的模式逐渐减少。

综上，为我国知识付费产品定价行为从定价主体角度做出梳理，同时，得出当前我国知识付费定价模式统计表（见表8-1）。

表8-1 我国知识付费定价模式统计表

定价主体	定价方法	代表平台
生产者	按时间定价	在行一点"问"模块
	按问题定价	微博问答、悟空问答、知乎付费咨询
	按项目定价	喜马拉雅、知乎读书会、蜻蜓FM、千聊、开氪、优米未来课堂、荔枝微课、核桃Live
平台	特许经营权定价	豆瓣时间、得到、看理想
	会员定价	喜马拉雅、知乎盐选、得到、蜻蜓FM
	参与性定价	喜马拉雅、知乎Live、荔枝微课、千聊
消费者	时间竞拍法	美时美客

（二）中国知识付费产品定价模式的特征

如前所述，中国知识付费产品的定价存在多种模式，但从本质上看，各模式可谓均以知识付费产品的成本与收益为基础依据或该成本与收益起码能发挥重要影响。

生产者定价完全是依据知识付费产品的成本与收益，其在生产成本的基础上加上预期利润形成价格。平台定价模式，成本与收益分析的主体变为平台，其成本组成更为宽泛，除知识付费产品的生产成本外，还往往包括平台运维成本等，收益形式更为多样，含消费者为内容付的费用、广告费以及平台知名度等非货币收益，平台综合考虑各项成本与收益定价，但不管怎样，知识付费产品的成本与收益是其基础依据。因此，生产者定价与平台定价均可谓以知识付费产品的成本与收益为基础依据。

消费者定价也包含了以知识付费产品的成本与收益为依据——生产者制定底价实质上就是其从生产成本出发制定的弥补成本、获取收益的价格。消费者竞价是消费者通过预估产品为其带来的效用来定价,但此过程中底价起到了重要作用——影响消费者竞价意愿与加价幅度。因此消费者定价是以生产者成本与收益为依据与消费者感知价值定价的融合,这是消费者定价与生产者定价及平台定价的区别所在,但在此模式中,以知识付费产品成本与收益为依据仍扮演重要角色,对消费者的定价行为产生重要影响。

总之,生产者定价、平台定价本质上是以知识付费产品成本与收益为基础依据,消费者定价则是以成本与收益为依据和消费者感知价值定价的融合,但前者发挥着重要影响。

(三) 中国知识付费产品当前定价模式的不足

经上述分析已知,当前定价模式主要以成本与收益为基础依据或其有重要影响,但从知识付费产品的物理特性看,以成本与收益为依据定价会有较大问题。同时,从知识付费产品运营实际看,现有消费者定价法也面临许多困难,具体如下。

1. 知识付费产品的成本与收益均难以准确衡量

知识付费产品本质上具有无形性、差异性、价值难衡量等与实物产品不同的属性,而关键是其生产投入的主要是脑力劳动,不同生产者脑力劳动的成果差别很大,极少出现不同生产者生产出同一知识产品的情况,这种脑力创造性劳动的唯一性决定了很难评估出无差别劳动力。所以,一个知识付费产品的劳动力投入很难与其他产品进行比较,它的成本很难衡量。同时,实践中知识付费产品生产者大多是分散的个体或小组,工作时长与产品时长均不同,因此也难计算平均劳动工资并据此定价。由此,知识付费产品的生产成本没有具体标准进行计算。

另外，知识付费产品的收益也难以准确衡量。在以成本与收益为依据的定价中，其收益体现在成本外的部分，即加成的部分，这部分是生产者提供知识付费产品获得的利润，加成多少由生产者依据市场形势以及对收益的追求等综合决定。如在市场形势方面，根据市场供求判断预期产量，然后把成本分摊到单位产品上，之后加上预期利润额，最终得出单位产品价格。但是，大多数生产者不具备获得市场供求数据的能力，也难以进行严密的成本分摊分析，因此难以进行准确加成。另外，实践中生产者一般以同类产品的加成比例为参照依据，并依据供求情况调整加成大小，但不同于实物产品交易过程中较为透明的行业利润率，极具唯一性的知识付费产品几乎不存在清晰可靠的行业利润率，因此生产者决定加成比例就无从参考。

综上，成本与收益难以准确衡量使以成本与收益为依据定价存在问题，很难准确对知识付费产品定价，而由此对其销售、对消费者的福利等就有不利影响。

2. 消费者定价主体割裂，双方都存在定价不准的情况

现有的消费者定价模式实际上是将生产者定价与消费者竞价两个过程割裂开，生产者独立制定底价，消费者独立进行竞价，二者之间缺乏关于产品实际价值的沟通和价格博弈。生产者仍然未考量消费者感知价值，他们从自身利益出发，按照成本加成的方式制定底价，此"底价"与生产者定价类的"终价"没有明显区别，因此也具有成本加成定价的弊端。而鉴于知识付费产品是经验品的特点，消费者在无法获知产品实际价值的情况下，难以确定超出底价的效用大小，由此容易使产品价格与质量相差过大，消费者剩余过低，同时也可能因出价低而丧失了消费机会。

五、知识付费产品定价模型构建

（一）知识付费产品定价的基本思路

如前所述，以成本与收益为依据等定价无法适应具有收益与成本难以

准确衡量等特性的知识付费产品。我们认为,知识付费产品定价的基本思路应该是依据成本与依据消费者感知价值两种形式相结合。

以生产成本为底线,能够保护生产者权益,避免买方投机主义。根据马克思剩余价值理论,简单再生产的必要条件是最低限度的劳动补偿[1],只有得到正常利润,补偿劳动成本并有一定收益,再生产才得以发生。知识作为人劳动的产物,要消耗人的劳动力,其定价也需要满足最低限度的劳动补偿,因此,以劳动成本为基础的成本定价法,在知识付费定价过程中具有基础性作用,提供了知识付费生产者所能接受的最低价格水平,确定了价格的底线。此外,由于每个消费者的接受度不同,知识在转移过程中可能出现价值损耗,损耗程度受消费者自身情况影响较大。例如,许多购买讲座课程的消费者可能并不能听完整个课程,或无法全身心投入到学习中,此时感知价值就会偏低。此时消费者可能将知识转移效率低的情况归咎于生产者,不愿支付相应费用,从而会使生产者面临回报少于应得回报的风险。因此,以成本为定价基础避免了买方投机主义损害生产者利益。

以消费者感知价值确定最终价格,可推动价格向价值靠拢,使其更为符合实际。16世纪贝纳多·达凡查提(Bernardo Davanzati)提出,商品的价值是以人们的愿望和需求为转移的;17世纪英国经济学家尼古拉斯·巴蓬(Nicholas Barbon)认为,商品的价值取决于它们的用途,商品的用途则取决于人们的主观评价。[2] 之后,效用价值论将使用价值抽象为效用,从消费环节定义价值,启发了消费者感知价值的研究。消费者感知

---

[1] 尤玉平,张岳恒. 论知识贸易中的古典式定价:劳动成本观点[J]. 华南农业大学学报(社会科学版),2002(1):42-47.

[2] 孙宗伟. 效用价值论,还是劳动价值论?:评经济思想史上关于价值源泉的争论[J]. 马克思主义理论学科研究,2016(3):28-38.

价值即消费者对商品有用性的主观评价，可以被量化并应用于定价行为中。高录问指出满足消费者精神需求的商品定价应该由效用价值论和收入决定[1]，明确了精神产品尤其是文化产业精神产品的定价策略。知识付费产品作为重要的精神产品采用消费者感知价值定价有其合理性与有效性。消费者感知价值定价法是从消费者的角度，将付出成本与感知收益进行比较[2]，根据消费者感觉产品给其带来的收益来决定产品价值并定价。其出发点是买方购买一项资产所付出的代价不应高于该项资产未来收益的现值。该方法从消费者的实际效用出发，能够衡量包含解惑、技能提升以及难以变现的心理满足等在内的价值，更适合为非标准化的知识付费产品定价。此外，消费者对产品的感知是消费者实施购买行为的决定性因素，也是生产者获得利润的前提条件，若以其定价，则会推动生产者在提供产品时更针对消费者的需求或者价值，从而更能实现消费者福利最大化与产销对路、市场均衡。

综上，知识付费产品的合理定价形式应为：利用成本加成定价法划定底线，在此基础上根据消费者感知价值确定最终的价格。两者结合有助于实现知识付费产品的合理定价，保障生产者和消费者双方利益，也能使产业真正实现良性发展。

（二）知识付费产品定价过程中的影响因素

基于上述分析，知识付费产品的定价过程主要应考虑两个维度：一个是成本，决定了价格的底线；一个是消费者感知价值，决定了价格的上限。

---

[1] 高录问. 企业商品定价策略的思考：基于效用价值论和劳动价值论 [J]. 山东纺织经济, 2017 (5)：54-56.

[2] ZEITHAML V A. Consumer perceptions of price, quality, and value: a means-end model and synthesis of evidence [J]. Journal of marketing, 1988 (3): 2-22.

1. 知识付费产品的成本分析

知识付费产品的成本包括固定成本与转移成本。固定成本是知识付费产品生产者在转移知识之前所付出的成本，用 C_k 表示，如对于知乎 Live 来说，生产者在进行直播之前的投入即为固定成本，包括平台佣金和生产过程中消耗的劳动力。而转移成本是在知识转移过程中需要额外付出的成本，比如知乎 Live 用户在直播授课时付出的时间及在评论区回复提问。买卖双方都需付出转移成本，对卖方来说，知识的转移过程需要付出时间和精力，再加上为了能让买方理解和掌握，卖方在转移知识的过程中会进一步对知识进行修正，耗费更多时间在抽象化知识和编码上，提升买方对知识的感知价值，所以存在知识的转出成本 C_{ts}。对于买方来说，理解和掌握知识需要耗费一定的精力，买方必须经历学习过程，才能完成知识的转移，存在知识的转入成本 C_{tb}。对同一产品而言，不同知识储备和理解力的消费者的转入成本不同。

2. 知识付费产品的消费者感知价值分析

消费者感知价值是消费者评估知识付费产品为自己带来的效用。由于无法在付费前就获得知识付费产品的全部信息来衡量效用，因此消费者只能根据生产者预估该知识能为消费者带来的效用来估计其实际效用，即用生产者预估的知识使用价值 V_s 估计消费者预期的实际效用，即消费者感知价值 V_b。

由于信息不对称，消费者在多大程度上信任生产者对产品的价值评估，即消费者对生产者的信任程度，会影响到知识付费产品的定价。谢雪梅和吴枝兼指出，信任在影响消费者付费行为的各项因素中占主导地位。[1] 消费者越信任生产者，其预期价值就越接近生产者的预估值，即 V_b

---

[1] 谢雪梅，吴枝兼. 信任视角下消费者在线知识付费行为影响因素研究 [J]. 情报探索，2019 (3)：11-17.

越接近 V_s。在这里，用 T_{jk} 表示信任程度。

另外，用 V_s 估计 V_b 的过程其实也是知识在不同主体之间转移的过程，其中存在转移的效率问题。知识付费产品的再学习过程中每个消费者对其的接受效率不同，消费者在多大程度上能够理解和掌握知识付费产品，使知识无损耗地转移，影响了消费者感知的知识价值。消费者和生产者之间的"距离"越近，转移的成本越低，消费者感知到的价值就越接近预期价值。博伊索特（Max H. Boisot）在研究知识的扩散和转移时认为知识的编码程度和抽象程度越高，知识就越容易扩散。[1] 认知心理学也在研究知识扩散和转移时提出了"认知距离"这一概念，认为知识的编码程度和抽象程度越高，知识就越容易扩散，认知距离越短，就越有利于理解学习。[2] 因此我们用认知距离对知识付费产品的可理解性和可掌握性进行度量，用 D 表示。

之所以提出认知距离和信任关系这两个因素，是因为在消费前，买方缺少对知识使用价值主要信息的掌握，其主要是通过信任关系和认知距离来对卖方预估的知识使用价值作出判断，信任关系决定了其在多大程度上认可卖方预估的知识使用价值，同时认知距离则影响其理解消化该知识的效果。[3] 这两个因素可以用来衡量前文提到的消费者实际感知价值和知识产品能够发挥的最大使用价值之间的差异。综上所述，成本、预期价值、认知距离和信任程度是影响知识付费产品定价的主要因素，如表 8-2 所示。

---

[1] 博伊索特. 知识资产：在信息经济中赢得竞争优势 [M]. 张群群, 陈北, 译. 上海：上海人民出版社, 2005：50-101.
[2] 陈搏. 基于知识价值理论的知识交易及管理研究 [D]. 上海：上海交通大学, 2007：75.
[3] NOOTEBOOM B, VAN HAVERBEKE W, DUYSTERS G, et al. Optimal cognitive distance and absorptive capacity [J]. Research policy, 2007 (7)：1016-1034.

表 8-2 知识付费产品定价过程中的主要影响因素

主要因素	说明
成本	生产成本 C_k，卖方在生产知识付费产品过程中耗费的劳动力等
	卖方的转出成本 C_{ts}
	买方的转入成本 C_{tb}
预期价值	卖方预估的知识使用价值 V_s
	买方预期的知识使用价值 V_b
认知距离	知识付费产品的可理解性和可掌握性，用 D 表示，影响转移成本
信任程度	买方对卖方的信任程度，用 T_{jk} 表示，影响用 V_s 推测 V_b 的过程

(三) 知识付费产品的定价模型

1. 消费者感知价值定价模型

前文提出消费者感知价值是消费者实施购买行为的决定性因素，因此在实践过程中，理应由消费者在使用产品、明确感知价值后对知识付费产品进行定价。然而在当前知识付费产品交易中为了保护生产者权益，基本不存在消费后确定价格、支付费用的情况，且因协商时间长交易成本高，生产者也很少在发布价格前与消费者进行价格博弈，因此由消费者制定价格是难以实现的，制定价格的权力仍然由生产者掌握。在这种情况下，需要生产者在消费者感知价值的指导下，在成本线上定价。

在消费前，生产者可以基于对产品的了解，预估产品能为消费者带来的实际使用价值，并据此定价。预估的使用价值与消费者感知到的使用价值存在差异，差异需要结合信任关系 T_{jk} 和认知距离 D 去度量。在这里，T_{jk} 的影响是正向的，D 的影响是负向的。当 T_{jk} 增加时，买方更愿意付费，买方认可卖方对知识未来使用价值的预估，感知价值增加，知识付费产品的定价 P 增大；当 D 减小时，说明知识的可理解性较高，买方较容易掌握该知识，感知价值增加，P 增大。基于此，本节借鉴陈搏提出的知

识产品定价公式,将信任关系与认知距离的比值作为系数,构造如下定价公式:

$$P = \frac{T_{jk}}{2^D} * V_s \tag{8-1}$$

其中,P 表示知识付费产品的定价,量纲为元;T_{jk} 表示买卖双方信任程度,通过评价矩阵来量化,范围为 [0,1];D 表示知识距离,通过转移概率计算或通过评价矩阵量化,范围为 [0,1];V_s 表示卖方基于消费者感知价值预估的价格,量纲为元。

王浣尘定义信息状态转移距离,是其转移概率倒数的对数值[①]:

$$\text{DIT}(x_i \to x_j) = d_{ji} = \log_2(1/p_{ji}) \tag{8-2}$$

因此可以认为知识付费的转移效率(p_{ji})是认知距离的倒数。在知识的转移过程中,知识距离最小为 0,即知识无损耗地被理解,此时 p_{ji} 为 1,代表知识的转移效率为 1。将公式(8-2)代入公式(8-1),可以得出公式(8-3),反映了价格与接收效率和知识付费产品内容可理解性的关系:

$$P = \frac{T_{jk}}{2^{\log_2(\frac{1}{p_{ji}})}} * V_s = p_{ji} T_{jk} V_s \tag{8-3}$$

公式(8-3)本质上是消费者感知价值定价,但还需考虑生产者的成本,只有当价格 P 能弥补生产者付出的成本时,才能使用该公式。换句话说,该公式需要满足一定的定价范围。若知识由一个主体转移给另一个主体,则价格需不小于生产者付出的生产成本和转移成本之和,即 $P \geqslant C_k + C_{ts}$。若为"1 对 N"的售卖,则需考虑销量 Q 对成本均摊的影响,此时需满足 $P \geqslant \frac{C_k + C_{ts}}{Q}$。实践中,部分平台为了保证讨论质量,会与生产者

---

① 王浣尘. 信息距离与信息 [M]. 北京:科学出版社,2006;池忠仁,王浣尘,陈云. 信息时代产品易用性的信息距离测度研究 [J]. 工业工程与管理,2007(6):66-72.

一起确定一个参与讨论的最多人数,如知乎 Live。另外,卖方追求的是利润的最大化,即使成本很低,只要卖方预计该知识付费产品能为消费者带来较高的效用,其往往也会制定高价,但此价格不能高于消费者感知价值的最大值 V_s(max),需要保证销售量至少为 1: $P \leqslant V_s$(max)。因此价格 P 需满足的定价范围为:

$$\frac{C_k + C_{ts}}{Q} \leqslant P \leqslant V_s (\max) \qquad (8-4)$$

综上,知识付费产品的定价流程如图 8-1 所示。

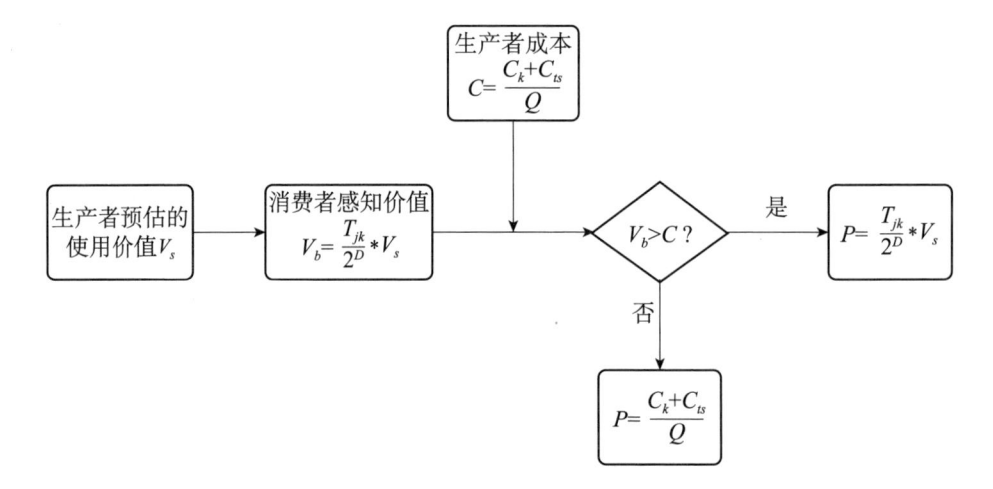

图 8-1 知识付费产品的定价流程

对于以上定价公式需做几点说明:

(1) 由上述公式可知,当消费者对生产者完全信任($T_{jk}=1$),且知识距离为 0($D=0$)、知识无损耗传递($2^D=1$)时,生产者预估的产品实际使用价值即为消费者感知价值,此时价格最高。因此,若想提升产品的价格,一方面需要增加信任程度,如提升生产者的知名度、美誉度和职业属性,另一方面需要降低认知距离,增大知识付费产品可以被理解和掌握的程度,使产品在形式和内容上与消费者接近。

(2) 当成本高于消费者感知价值时，需要按照成本定价。消费者的实际感知价值可模拟为正态分布曲线，生产者预估的使用价值（V_s）是该产品平均能够为消费者带来的实际收益，位于曲线中部。因此即使成本定价（C）大于平均的消费者感知价值（V_b），位于曲线右部，也可能存在部分消费者的感知价值高于成本，愿意为产品付费，此时按成本定价仍有利可图；但当成本（C'）低于消费者感知价值过多时，愿意付费的消费者极少，生产者将退出市场（见图 8-2）。

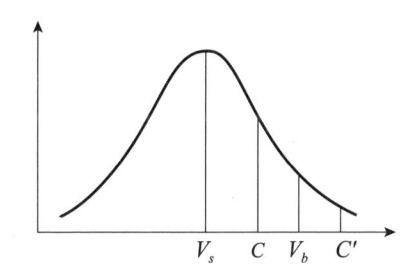

图 8-2　消费者感知价值正态分布图

(3) 本模型中 Q 的计算方法并不固定。知识付费产品一般分为限制最高销售量和不限制最高销售量两种，例如知乎 Live 为了保证听课质量和互动效率，会为部分产品限制最高销售量，一旦满员便无法再购买该产品，此时销售量 Q 可以依据该最大销售量确定；对于不限制最高销售量的产品，则一般根据市场上同类型产品的销售量来确定。此外，预售、试听课等手段可以帮助生产者预估大致销售量并以此定价。

(4) 知识付费产品定价需考虑信号显示机制。[①] 高水平的生产者通过释放传达效用的信号以示与低水平生产者的区别，如各类资格证书、工作年限、认证信息等，便于消费者识别知识的效用。这部分信号以影响信任指标的方式影响定价过程。价格本身也是判断服务质量的关键因素，是其

---

① 周波．知识交易及其定价研究［D］．上海：复旦大学，2006：143．

"信号灯"。消费者经常认为在一定范围内，相比其他产品，价格高的产品质量要更好，以价格作为质量的判断标准，并且参照价格对质量产生预期。因此知识付费产品的定价不能过低，否则会使消费者产生质量不高的错觉；同时又不能定价过高，否则会使消费者形成较高期望，以至于如无法达到该期望，就会损害知识付费产品提供者的信誉，影响下次销售。因此，对于知识付费产品而言，价格不仅意味着补偿成本支出，还要传递服务质量。生产者要诚信定价并释放传达效用的信号，即可以在合理的定价范围内，采取基于服务质量的高定价策略。

2. 模型指标的量化方式

知识付费产品的价格是产品、生产者、消费者、平台四者共同影响的产物。产品本身是否实用、生产过程中消耗的成本如何、生产者是否有足够的经验、其他用户的评价与反馈如何、知识付费平台是否可靠并值得信任等都会影响价格。[①] 产品本身的价值由生产者预估的消费者感知价值度量，信任关系调节了消费者与生产者对感知价值的度量差异，认识距离调节了知识价值的传递效率。

消费者感知价值的度量，往往需要利用联合分析法全面考察消费者感知价值的影响要素，再利用聚类分析法确定相关要素及其对定价的影响，得出消费者感知价值与价格的关系和模型。[②] 张雪桐对国内研究消费者感知价值的模型进行了总结，认为当前研究主要采用加法模型。[③] 加法模型的公式可以表示为：

$$CPV = \sum\nolimits_{n=1}^{n} W_c * V(C_i) \qquad (8-5)$$

---

① 刘雷. 知识付费行为的影响因素分析及发展对策探究 [J]. 中国管理信息化，2017 (21)：147-149.
② 刘瑞东. 基于顾客感知价值的图书定价方法研究 [D]. 大连：大连理工大学，2006：52.
③ 张雪桐. 基于顾客感知价值的网络信息产品定价策略研究 [D]. 哈尔滨：哈尔滨理工大学，2016：25.

其中属性集合 C_i 为消费者感知价值的维度集合，W_c 是对应不同感知价值要素 C_i 的权重向量，分别代表各个维度的权重，其中 $0 \leq W_c \leq 1$。

据以往研究基础，影响知识付费产品消费者价值感知的主要指标可归纳为内容类型、内容质量[1]、平台认可度、可替代性、情感价值[2]这几个指标。内容类型指不同类别的知识付费产品本身价值的差异，如一般情况下，职场类知识付费产品比情感类的价格要高。内容质量则体现了内容的科学性、实操性，如内容是否有理有据逻辑清晰、科学类内容是否引用文献或有实验依据、职场类内容是否符合现实场景等。平台认可度是消费者对平台的信任和认可程度，与平台的服务质量有关，影响消费者的感知服务水平。可替代性反映了市场上其他低价或免费替代品的情况，也反映了市场上其他类似产品的价格，消费者一般会根据替代品的价格初步判断产品的平均价值。情感价值表示该产品能为消费者带来的情感满足，如增加了消费者对工作或生活的信心，使消费者在付费社群中找到自己的存在感等。生产者可以依据这些指标对消费者感知价值进行预估，衡量产品可能为消费者带来的价值。

信任关系主要由生产者自身属性决定。知识的传递过程高度依赖生产者的个人素养，其个人素养可由职业资质、好评度、关注数等外化指标反映。阿格拉沃尔（Jagdish Agrawal）等证实了意见领袖的知名度与消费者信任之间的直接关系[3]；王大庆认为得到 App 上意见领袖的知名度、专业性和交互性影响了用户的信任程度，并显著影响用户的付

---

[1] 李国民，李洁璇. 知识付费内容的价值评估方法探析：以"分答"平台为例 [J]. 中国资产评估，2018（9）：12-16.

[2] 朱俐颖. 影响在线知识付费的感知价值构成维度的探索研究：基于扎根理论 [D]. 厦门：厦门大学，2017.

[3] AGRAWAL J, KAMAKURA W A. The economic worth of celebrity endorsers: an event study analysis [J]. Journal of marketing, 1995 (3): 56-62.

费意愿①。消费者对生产者的信任程度主要取决于生产者自身的知名度、美誉度和职业属性，其中知名度表示知识付费产品提供者被公众知晓、了解的程度，知晓和了解的程度越高，就越被消费者信任。知名度侧重于"量"的评价，可以由粉丝数量和生产的知识付费产品数量衡量。美誉度表示知识付费产品提供者的声誉，诚信本身为美誉度的重要组成部分，声誉越好的生产者越可以被信任，美誉度可以由以往其提供的知识付费产品的评分或累计收听人数衡量。职业属性表示知识付费产品提供者是否是相关知识领域的专家、是否具有该知识领域的教育背景、受教育程度如何等，直接反映生产者的专业度。

认知距离反映了消费者接收知识的难易程度。陈搏提出认识距离由知识的编码程度、抽象程度和买方的知识基础三者共同决定。② 具体来说，认知距离与内容本身和消费者的知识基础有关。内容上，知识的编码程度和抽象程度越高，其转移越顺畅，因为这影响了内容的可理解性，如语言表达是否通俗易懂有条理，是否能采用外部链接辅助内容的呈现，是否有便于记忆和理解的呈现形式如 PPT 或录音文件，是否能够运用恰当的实际生活案例拉近情感距离等。消费者的知识基础则影响了自身对内容的理解力，高学历的消费者可能更易理解复杂的知识内容，知识的转移效率更高。

信任关系和认知距离可采取与消费者感知价值相似的度量方式，通过问卷调查确认各要素及对应权重，然后据加法模型得到最终的信任程度与认知距离指数。

六、结论与建议

本节总结了当前我国知识付费产品的定价模式及不足，分析了知识付

---

① 王大庆．在线知识付费产品用户付费意愿的影响因素研究：以得到 App 为例 [D]．武汉：武汉大学，2018：49．

② 陈搏．基于知识价值理论的知识交易及管理研究 [D]．上海：上海交通大学，2007：62．

费产品的特点和定价难点。在此基础上，本节探究了知识付费产品定价的影响因素，分别是成本、预期价值、信任程度和认知距离，并分析了这四个影响因素的构成成分，最终构建了知识付费产品的定价模型。该模型相较于现有定价模式的合理之处为将消费者感知价值和生产成本结合起来，在卖方成本的基础上，以消费者感知价值指导定价，平衡买卖双方的收益，使知识付费产品价格更符合实际的效用，避免了定价过高或过低的情况。基于该模型，建议生产者和平台控制宣传成本，避免过度营销。此外，为帮助生产者了解消费者需求和付费意愿，消除二者间的信息不对称，平台应当进行广泛的消费者调查，提供用户画像和公开数据。另外，平台还应建立价格数据库和信用制度，将消费者反馈纳入价格监管体系，发挥对价格的修正作用。

第三节　广告与设计的跨媒介融合

近年来，技术革新推动着媒介融合，不断塑造出新的媒介形态。用户同时在多种屏幕间流转已成为常态。美国学者研究发现，近 90% 的美国人在看电视的同时使用智能手机、平板电脑或笔记本电脑，一些观众在一个小时的电视节目期间在多个屏幕之间切换达 27 次。[①] 跨屏穿越、跨屏互动等传播方式也已普遍为媒体所采用。中央广播电视总台数据显示，2020 年央视春晚期间，通过快手、腾讯、爱奇艺、优酷、微博等互联网平台点播春晚内容的总到达人次为 30.66 亿次，快手抢红包、淘宝清空购物车等跨屏互动参与人次刷新了春晚纪录，多屏看春晚成为"新年俗"。在这种背景下，报纸杂志广告、电视广告、网络广告等单向叙事的广告形

---

① BHARADWAJ N, BALLINGS M, NAIK P A. Cross-media consumption: insights from Super Bowl advertising [J]. Journal of interactive marketing, 2020（1）: 17-31.

式已无法支撑起消费者对品牌建立完整的认知与体验,基于跨媒介视角的广告与设计整合成为趋势。

一、媒介融合与广告变革

媒介融合观念基于学者普尔(Ithiel de Sola Pool)的观点而发展,"一种单一的媒介,无论它是电话线、电缆还是无线电波,将承载过去需要多种媒介才能承载的服务。与此同时,任何一种过去只能通过单一媒介提供的服务,例如广播、报纸、电话,现在都可以由多种媒介来提供。由此,过去在媒介与它所提供的服务之间存在的一对一的关系正在被侵蚀"[1]。技术的进步推动着新旧媒介的互补与交融,媒介实现多功能一体化。媒介形态的旧有边界被打破之后,媒介之间的资源整合与协同工作实现了媒介内容、媒介生产等业务融合,而用户则逐渐成为媒介内容的生产力,促成了媒介与用户的融合,随之形成更进一步的产业融合、文化融合。

随着数字技术的发展,"社会融合"逐步实现,并带来了全新的社会结构——网络社会。延森认为,数字技术是一种元技术,它将所有媒介整合在一起,成为人类传播的统一平台,使得传播既拥有人际传播中的互动特征,又如同大众传播般可以超越时空限制而广泛扩散信息。这一媒介融合的结果消解了媒介产业的话语霸权地位与互相分割的社会交往语境,使得媒介成为人类感知现实世界的方式,也成为人类拥有"世界"的基础,"网络社会"得以形成。[2] 当下,物联网、5G等技术的兴起,无疑为网络社会与媒介融合的深化增添助力。物物互联使得万物皆可成为数据采集与信息传播的媒介,"万物皆媒"成为可能;VR、AR等技术统合了现实世界与虚拟世界,重新定义了日常生活与传播空间;智能设备为场景化传播

---

[1] 彭兰. 新媒体传播:新图景与新机理[J]. 新闻与写作,2018(7):5-11.
[2] 黄旦,李暄. 从业态转向社会形态:媒介融合再理解[J]. 现代传播,2016(1):13-20.

创造条件，人的需求被全方位感知……而高分子功能材料、复合功能材料、无机非金属材料等新材料更加具有色彩、强度、质感上的可塑性，在带来多姿多彩的感官体验的同时，更丰富了媒介自身形态。

在这种背景下，广告业迎来了挑战。传统上，广告将品牌或产品进行艺术处理，创作图画、音频、视频等信息明确的视听形式，由于媒介的相对独立，广告信息的认知过程是线性而稳定的，广告在短时间内可吸引消费者的注意力并形成强品牌认知度。而当数字技术整合了所有的媒介时，传播实践在不同的介质间迁移，信息在从一个屏幕到另一个屏幕流转的过程中不断被消解与重构。广告解读不再仅限于单一封闭的媒介，而是在跨媒介流动间变得飘忽不定，消费者在信息流中感知广告意义的同时，也融入了自身所处的场景与情感，例如B站上常常将多个电视广告重新剪辑、拼接、组合成全新的视频，由此又引发微博、微信等社交平台上的讨论、传播与再创作，信息解读在这个过程中变得碎片化与娱乐化，广告信息的传递也发生偏移。因此，以媒介形态划分的广告形式如报纸杂志广告、电视广告、网络广告等不再可能建立起封闭稳定的空间，传递明确的品牌信息，广告面向跨媒介传播的需求日益凸显。

在数字媒体背景下，广告成为以技术、内容、艺术为依托的跨媒介整合创新。换言之，广告不再局限于品牌信息转化为视听信息的宣传形式，而是演变为一种创意传播，它可以是整合各类媒介优势、讲述品牌故事的内容设计，也可以是利用多种技术、包容各类设计手法的综合创意设计。

二、广告内容：跨媒介构建品牌故事

跨媒介叙事（transmedia storytelling）由亨利·詹金斯（Henry Jenkins）提出："跨媒体的方法是多模式的，这些方法有效地利用了媒体间的联觉效应；同时跨媒体的方法也是互文性的，跨媒体平台中的每一个平台都提供了独一无二的内容，有助于我们获得整体性的体验；此外，跨媒

体的方法也是分散式的,观众通过多种平台上的偶然性经历建立起对故事核心理念的理解。"① 在跨媒介叙事中,多种媒介围绕核心文本,利用互文手法,从不同的角度形成相互关联的叙事网络,建构起一个完整的故事世界。当观众在不同的媒介间切换并获得相关联的故事文本时,好奇心促使他们了解完整的故事世界并设计新的故事,以此加深用户与文本间的情感关联,驱动跨媒介消费。因此跨媒介叙事并非是封闭、线性的意义灌输,而是鼓励用户探索与参与的开放性文本。

跨屏流动使得广告信息在多媒介间穿梭,充满了意义的不确定性,跨媒介叙事与品牌传播的结合为广告的转型提供了方向。跨媒介广告,简单来说,就是利用多种媒介协同营销。然而不同于跨平台广告或多媒体广告,尽管跨媒介广告利用了多种媒体技术手段,结合了文字、声音、图像、视频等载体,但跨媒介广告在不同的媒介与平台间并非重复投放相同的广告内容。例如在电视上投放的视频广告,再利用不同的网络平台反复投放,而是充分利用不同的媒介优势围绕品牌核心多维度传递品牌故事。正如艾伦·罗宾斯(Alan Ribbins)所指出的,故事是营销的重要工具,在跨媒介娱乐时代,每个品牌都会最大化跨越媒介营销,品牌策略成为一种复杂的交互式故事讲解体验。② 跨媒介广告在不同的媒介中释放了相互关联的信息片段,而消费者在各种媒介所叠加出的场景中主动捡拾、拼接、整合甚至延伸了这些信息片段,构成了完整的信息图景。在建构对品牌认知的同时,也与品牌进行实时互动。2017 年国际妇女节前夜,道富环球投资管理公司(State Street Global Advisors,SSGA)为了宣传旗下致力于提高女性领导地位的 SHE 基金会,在纽约华尔街铜牛雕塑对面竖

---

① 詹金斯. 跨媒体,到底是跨什么?[J]. 赵斌,马璐瑶,译. 北京电影学院学报,2017(5):31-34.

② 兰达. 跨媒介广告创意与设计[M]. 王树良,译. 上海:上海人民美术出版社,2019:125.

立了一个昂首挺立的《无畏女孩》（Fearless Girl）雕像（见图 8-3），引起了线下大规模的参观与合照。而在其官网上，SSGA 专门制作了《无畏女孩》合集，与栏目其他信息并置讲述公司充满社会责任感的投资理念。与此同时，SSGA 给数千家公司写信，要求它们增加女性在董事会中的占比。在 Twitter 上，《无畏女孩》在前 12 小时内产生了超过 10 亿次展示。最终，SSGA 通过这一系列跨媒介宣传使 SHE 基金日交易量大涨，《无畏女孩》也揽获 2018 年戛纳国际创意节三项大奖。

跨媒介叙事的广告效果要大于单个媒介广告效果相加之和已屡屡为国内外学者所论证。希尔德·伍尔沃尔德（Hilde A. M. Voorveld）等国外学者的量化研究表明，当消费者在不同的媒介上接触到相关联的广告信息时，第一个广告起到了"前期编码"的作用，即有了第一个广告的铺垫，第二个广告将引起受众的注意力与好奇心，从而提高广告记忆度，同时有可能促使消费者主动搜索相关的品牌信息。并且，具有多个媒介来源的广告信息可能使品牌更具说服力和可信度，增强了消费者对品牌的好感与购买意愿。而不同媒介上完全相同的广告投放则不会引起消费者的注意，因此广告效果并不理想。[1] 根据巴拉德瓦杰（Neeraj Bharadwaj）等学者对"超级碗"直播中广告的研究，当多屏切换成为趋势时，电视广告与社交媒体评论共同影响了观众对于广告的态度。[2]

值得审视的是，巴拉德瓦杰等的研究发现理性诉求的广告迫使观众对信息进行认知加工，当消费者从交织缠绕的跨媒介信息流中脱离出来时，广告效果便随之降低。这一研究结果指向了广告在跨媒介的背景下更为深层次的内涵，即广告不再停留在传递商业信息阶段，而是以用户为核心，

---

[1] VOORVELD H A M, NEIJENS P C, SMIT E G. Opening the black box: understanding cross-media effects [J]. Journal of marketing communications, 2011 (2): 69-85.

[2] BHARADWAJ N, BALLINGS M, NAIK P A. Cross-media consumption: insights from Super Bowl advertising [J]. Journal of interactive marketing, 2020 (1): 17-31.

包容、整合各种创意设计形式营造沉浸式的消费场景。

三、广告场景：跨媒介整合创意设计

广告演变为整合、包容各类媒介技术与艺术形式的创意设计，在戛纳国际创意节的获奖作品中表现得颇为充分。2011年，"戛纳国际广告节"改名为"戛纳国际创意节"，从广告到创意，广告的边界愈发模糊。戛纳国际创意节主动适应数字媒体时代多种形式的创意传播成果，从过去关注具体的文案、视觉设计转向现在关注智能空间、智能体验、虚拟现实、公益责任等。2019年，英国葛兰素史克公司推出的微信小程序游戏《呼吸之树》（见图8-4）获得医药类全场大奖，游戏用户对着手机麦克风吹气即可形成水墨风的花树，树的大小通过算法与声波大小生成，代表了用户肺通气量，若结果低于70%，游戏就会建议用户前往医院检查，以此排查用户是否患有普遍存在却又鲜为人知的慢性阻塞性肺疾病（COPD）。而宜家专门为残障人士研制的3D打印产品组件如沙发升降支脚、易拉把手和免碰触面板等也获得了健康类全场大奖（见图8-5）。在这里，广告不只是促销性的传播手段，更是连接品牌与用户需求的桥梁。

图8-3 道富环球投资管理公司的《无畏女孩》

图8-4 葛兰素史克公司的《呼吸之树》

在这个意义上，广告不再停留在图文、视频等形式的平面展示阶段，报纸杂志广告、电视广告、网络广告等以媒介形态细分的广告"概念"也

不复存在。广告成为网络社会中人类数字生活的有机部分，成为整合产品、互动、体验、服务、价值实现为一体的创意设计。其中，沉浸式的场景构建成为跨媒介广告创意设计的重中之重。

图 8-5 宜家的 ThisAbles

万物皆媒时代，媒介扩展到空间中所有的"物"，构成了人类生存的环境。当汽车能够根据出行需求进行人车交互、图像传感，可穿戴设备可以通过分析用户状态提供有针对性的实时服务，智能家居能够根据个人喜好推荐相应产品，智能楼宇能够实时呈现内部信息并与外界沟通交流……城市空间中的一切都成为实时记录、分析、传播消费者数据的传感器，而传感器之间的相互连接则打破了数据壁垒，广告主能够根据全链路数据构建出更为精准的用户画像。广告不仅可以将各式各样的"物"作为广告投放的接触点，推送与消费者相匹配的广告，直击消费者痛点，更可以通过无处不在的媒介建构起蕴含产品与服务的数字生活场景。

场景传播已成为广告业的发展趋势。不同于单纯的空间概念，"场景"更偏向于受众的心理模型建构，是在特定时空内，利用各种技术手段或设计形式打造出的环境氛围，空间成为被想象的场景。美国学者罗伯特·斯考伯（Robert Scoble）和谢尔·伊斯雷尔（Shel Israel）提出，借助于大数据、移动设备、社交媒体、传感器与定位系统等，场景时代即将到来。[①] 在

---

① 斯考伯，伊斯雷尔. 即将到来的场景时代 [M]. 赵乾坤，周宝曜，译. 北京：北京联合出版公司，2014：11.

特定的场景中，广告信息与生存环境相互融合，现实世界与虚拟世界彼此叠加，创造出特有的时空感知，潜移默化间建构起消费者对品牌的认同。

消费者所处的实际地理空间并不重要，如何通过各种媒介协同打造沉浸式的消费场景才是关键。这并不是说一定要利用 VR、AR、全息影像等技术将消费者完全置于虚拟世界，而是强调对品牌场景"空间感"的营造。例如喜茶结合不同的城市风格定制不同的店面设计：苏州印象城的园林风格店、杭州国大城市的茶园风格店、厦门磐基名品的山海风格店、郑州正弘城的书法风格店、北京新中关的古典山水风格店……不同的色彩、音乐、材料、艺术装置、空间安排，使在喜茶门店消费的过程成为感知社会生活、唤醒灵感与想象力的过程。喜茶门店也融入了不同的城市，升级为地域符号，建构了人群对城市与文化的独特体验，门店设计潜移默化间成为品牌传播媒介。

四、产品设计：品牌传播的媒介拓展

现今，消费者已不再单纯追求产品的使用价值，而更加注重产品的形式感，趋向于通过独特的产品体现自身的个性与生活态度，从产品中获得情感化的体验。商品也不仅仅是商品，而且是消费者自我价值的外延。加之经济全球化背景下，市场竞争愈发激烈，产品同质化成为一种普遍现象，产品的独特设计愈发成为打动消费者的重要因素，也成为品牌形象塑造的重要手段。

正如莫霍利·纳吉（Laszlo Moholy Nagy）所言，设计并非仅仅是对制品的装饰，而且是综合社会、人类、经济、技术、艺术、心理等多种因素进行构思与规划，将制品纳入工业生产的轨道。[①] 产品设计并非仅仅凭借个人灵感与审美就能够完成，更需要围绕消费者的各种需求展开。在工

---

① 王受之. 世界平面设计史 [M]. 北京：中国青年出版社，2018：128.

业时代，产品的设计制造和广告传播是分离的，广告是产品制造完成之后的大众媒体付费传播。在这个时期，消费者只是在广告的引导下选择产品。而在数字媒体时代，产品与消费者沟通的扁平化和社群化使产品的定制化设计成为趋势，逐步形成产品的"圈层"消费。产品设计因为综合了纳吉所言的"多种因素"成为"圈层"凝聚、品牌传播的前端。产品泛媒化已经成为趋势，好的产品就是好的广告，产品设计作为营销传播的一部分，创造出直观的品牌形象，在产品生态前端建构起了顾客与品牌的关系，拓展出更完整、更垂直的传播场域。

用户体验是产品设计的重中之重，满足消费者需求的产品设计才是行之有效的产品设计。正如罗伯特·布伦纳（Robert Brunner）等在《至关重要的设计》中所提出的，产品设计是用户体验的全过程，用户与产品的每个接触点都需要产品设计的仔细经营，以此建立用户与品牌发展的情感联系。[1] 戴森的品牌创始人詹姆斯·戴森（James Dyson）认为，好的设计是由功能引导的。戴森的工程师常常登门拜访中国用户，走进现实的家居环境以了解消费者的潜在需求，并专门设置模拟真实家居环境的实验室，邀请消费者参与产品测试，通过实验室中的摄像机记录消费者使用产品全过程中的表情与动作，得到真实的产品使用感受，随后进行有针对性的改善与研发，以确保产品能够为用户带来良好的使用体验。[2]

产品设计不只考虑如何让产品的外形更美观，从打开包装到真正使用产品，其间所有的视、听、味、触都是产品设计的考虑范畴，它们构成了整体的用户体验并成为传递品牌信息的载体。例如小罐茶从包装开始就纳入了对用户体验的考虑，邀请神原秀夫设计出铝制小罐包装："一罐一泡"

---

[1] 布伦纳，埃默里，霍尔. 至关重要的设计 [M]. 廖芳谊，李玮，译. 北京：中国人民大学出版社，2012：14.

[2] 郑心怡. 解决真实家居清洁问题 打造出色的使用体验：访戴森中国研发设计主管 Tom Bennett [J]. 家电科技，2018（6）：26-27.

让冲泡更简单；铝箔罐口封闭性好且便捷；罐身具有磨砂质感且轻巧环保；盒子设计精致高档……从包装设计开始，小罐茶就为用户营造出高品质生活的体验，取得消费者对品牌的好感和信任。

无论是诸多广告节将产品设计纳入评比类别，还是品牌自身更加注重设计驱动力，当下业界的变化也证明了将产品设计融入品牌传播的趋势。例如在手机功能愈发同质化的背景下，vivo 于 2020 年 2 月将"产品领域"更名为"产品设计领域"，2020 年 3 月更是与时尚设计师亚历山大·王（Alexander Wang）联名推出限定手机，机身使用了大胆前卫的全镜面设计，成为用户彰显个性的时尚单品，不仅引起了时尚界的广泛关注，也让 vivo 从众多手机品牌中脱颖而出，收获了口碑与赢得了销量。

五、结语

根据 2020 年第十六届中国广告论坛发布的信息，2019 年中国广告市场经营额中有 70% 是数字广告市场收入，"数字广告"的市场集中度进一步提高。广告生态系统随着走向深入的数字化环境而转变，无论是跨媒介讲述品牌故事的内容设计，还是整合各种形式的创意设计，以技术、内容、艺术为依托的跨媒介整合创新成为广告传播的新进路。同时，以功能、互动、服务、价值实现为指向的产品设计，在产品生态前端建构起顾客与品牌的关系，成为品牌形象传播的新媒介。由此，广告与设计实现了双向融合：广告愈发包容各种媒介创意设计形式，而产品设计也成为广告跨媒介传播的主体之一。这种双向融合，可以看作一种整合型设计思维的表现：它综合了心理学、美学、工学、信息科学等多种学科及知识，通过设计持续驱动产品创新与品牌传播。

第四节　传播媒介的虚拟本质

新型媒介技术的每一次出现，都会在深度改造媒介生态的同时，相当程度上重塑人类社会的基本面貌，并且促使人类在全新外部条件下审视与媒介的关系，进而深入思考和界定自身的哲学性存在。上一种拥有这种颠覆性力量的新型媒介是互联网，而下一种具有这样潜力的媒介类型很有可能是虚拟现实，而且随着媒体将 2016 年称为所谓的"VR 元年"，实业界和学术界中越来越多的人认为 VR 技术可以成为催化当前互联网技术和多媒体技术继续升级发展的最佳途径。①

加拿大学者威廉·舍曼（William R. Sherman）将 VR 定义为："VR 是一种由感知参与者的位置和行动的互动性计算机模拟和对一种或者多种感官知觉的替代或者增强构成的媒介，能给人一种在模拟环境（一种虚拟世界）中精神意识上沉浸或者在场的感觉。"② 从中可以看到，对 VR 性质的界定依赖于对"虚拟"（virtual）、"现实"（reality）、"模拟"（simulation）和"沉浸"（immersion）这些概念的理解。而其中的"虚拟"和"现实"这一对似乎具有内在矛盾性的概念，就容易使人产生困扰。一件事物的性质如果是虚拟的话，又怎么能同时是现实的呢？这会令人认为 VR 这种事物的存在有悖谬性，或者甚至具有悖论性。

但是，VR 这种新型媒介早已超越了概念设定阶段，并且经过多年的研究开发，已然拥有了大量的商品化软硬件产品和应用。VR 的现实存在性已经是毋庸置疑的事实，如果我们仍然感到其虚拟性和现实性之间存在内在矛盾的话，也只能说明我们对其的理解中存在着误区或偏差。因此，本节将着眼该问题，从不同的角度出发，围绕 VR 媒介属性中虚拟性和现实性之间的辩证关系展开分析，从而突破现有认识误区，对 VR 的媒介实质形成更加准确的掌握，并在此基础上深入探索新时代条件下人类与媒介

---

① SHERMAN W R, CRAIG A B. Understanding virtual reality: interface, application, and design [M]. San Francisco: Morgan Kaufmann Publishers Inc., 2002: 443.
② 同①13.

关系的结构形态。

一、在媒介中认识虚拟

人类所创造和使用的媒介都能直接作用于我们的感官，例如，绘画和文字的表现形式通常应该是看得见或者摸得着的，而借助声音传递信息的媒介，所传播的声波也应该是人类能感知的。这样看来，媒介发挥效能的过程，通常就是通过各种不同的物理和心理机制，将在外部物理性世界中所生成的信息传递到人类的各种感官渠道中并为人所感知和认识的过程。而我们也正是在此过程中产生了关于"真实存在"的意识和观念。

当我们使用"reality"这个概念的时候，其所对应的中文语义中包含"真实"和"现实"的不同含义，后面这些中文概念在日常应用中又具有多义性，这就导致了"reality"意指的含混不清。在我们看来，当"真实"被理解为界定外部世界物理性"事实"状态的时候，其意指是对象事物具体而可靠的存在性，这里的"真实"和"事实"就属于本体论概念。① 但是，当"真实"被用来描述人类借助感官和思维所得到的对于外部世界的观念和印象的准确性，并在此基础上形成关于对象事物的"现实"经验的时候，此刻的"真实"和"现实"则属于认识论概念。

我们所认识的"现实"能一对一地精确反映"事实"吗？这是哲学的一个终极性困惑。而且越是随着科学的发展，我们就越是意识到，要接近和掌握真理并不能仅仅依赖自身的感官印象。柏拉图在洞穴寓言中提醒世人，人类可能就像困在洞中的囚徒那样，把透过火光投射在石壁上的影像当作世界原本的样子。② 康德也认为现实事物对我们呈现的显象（Erscheinungen）是不可靠的，事物的本质——物自体（Dinge an sich）——才

---

① 维尔施．"真实"：意义的范围、类型、真实性和虚拟性[M] //克莱默尔．传媒、计算机、实在性：真实性表象和新传媒．孙和平，译．北京：中国社会科学出版社，2008：149-150．
② PLATON. Politeia [M]. Darmstadt: Wissenschaftliche Buchgesellschaft, 1971：514a-517a.

是恒定的事实①,而且在其理论中物自体并不等同于外部物理世界。尽管黑格尔认为"现实是本质和实存或内与外所直接形成的统一。现实事物的表现就是现实事物本身"②,不过他这里所说的现实指的却是实现了物自体和现象界之间的内在本质和外在表象统一的"绝对的现实",并不对应人类对外部世界的感官印象。海德格尔则认为作为存在者的"此在"(Dasein)并非不证自明的存在(Sein)本身,其主体性也并不等于存在性。③因此,可以确定的是,"现实"与"事实"是有差异的。如果像在日常生活用语中那样将"事实""真实"和"现实"加以混淆,从而让"现实"取得了过高的"真实"性,甚至取代"事实"的地位的话,就将导致严重的认知偏差。

美国学者迈克尔·海姆(Micheal R. Heim)将 VR 定义为:"在效果上真实但是在事实上却并不真实的现象或者存在。"④可见他认为 VR 在认知经验的"现实"层次上是可靠的,但是在本体论的"事实"层次上却并不可靠,因此我们就应该把 VR 中"现实"概念的意义严格局限在认识论范围内。VR 技术是如何采用虚拟化媒介手段让使用者在感知中产生了媲美乃至超越外部"事实"世界的"现实"印象的呢?在我们看来,这主要是因为其中所采用的最前沿数码技术提供的信息的质和量,都开始逼近人的感官在外部世界中所获取信息的水平。换言之,VR 之所以能令人将不真实的现象当作事实,就是因为其所传递的信息质量达到了接近事实的高水平,所以才能做到"以假乱真"。数学家克劳德·

---

① KANT I. Kritik der reinen vernunft [M]. Hamburg:Felix Meiner Verlag,1998:391-399.
② 黑格尔. 小逻辑[M]. 贺麟,译. 北京:商务印书馆,1959:295.
③ HEIDEGGER M. Being and time:a translation of sein und zeit [M]. New York:State University of New York Press,1996:39-48.
④ HEIM M. The metaphysics of virtual reality [M]. New York/Oxford:Oxford University Press,1993:109.

香农（Claude Elwood Shannon）将信息定义为用来消除随机不确定性的东西①，高质量的信息能排除外部干扰并维持自身稳定的内在规律性。借助高性能计算机建构的 VR 数据化虚拟时空同样能有效地排除干扰并且忠实体现和外部物理世界相符的各种规律，由于在数据化虚拟时空中接收的信息与源自外部世界的信息形式和质量相近，人们产生具有真实感的相似感官体验也就可以理解了。在高质量的数据化信息技术条件下，我们能借助 VR 以类似"灵魂出窍"的视角，在高度仿真地模拟和重构人类经验界现实的同时，重新思考人类自身及其外在世界的存在本质以及两者之间的关系实质。②

此外，我们所使用的"虚拟"概念的常规中文语义也不能很好地对应"virtual"概念的准确含义。虚拟的媒介效果即使无法达到外部世界事实的水平，但是也并不意味着其性质就是虚假或者虚无的，更不是通过模拟事实去欺骗人们的感官认知。意大利社会学家伊蕾娜·爱斯波西托（Elena Esposito）指出，"虚拟"和虚构本来毫无关系，虚拟的真实性并不"再现一种虚构性的现实性（repräsentieren eine fiktionale Realität）"，而是为观察者"呈现一种来自虚构的现实性（präsentieren eine Realität der Fiktion）"③。这就是说，"虚拟"的目的并不是去再现一种因为无论如何也无法完全忠实反映事实性并从而注定具有虚构性的现实性，而是去忠实地呈现一种来自传播者的具有不同创造性虚构视角的现实性。与此相对应，VR 中的虚拟指的是以信息化方式呈现物理性事

---

① SHANNON C E. The mathematical theory of communication [M]. Urbana, IL: University of Illinois Press, 1949: 8-9.
② HEIM M. The metaphysics of virtual reality [M]. New York/Oxford: Oxford University Press, 1993: 128.
③ 爱斯波西托. 虚构和虚拟性[M] //克莱默尔. 传媒、计算机、实在性：真实性表象和新传媒. 孙和平，译. 北京：中国社会科学出版社，2008：254-255.

实,并从而帮助人们创造和认识一种在感知效果上超越物理性事实的全新现实形态。①"Virtual"的拉丁文词源"virtus"和"virtuālis"有"美德""优点"以及"可产生某种效果的内在力量或者能力"的含义。该概念广泛应用于计算机技术领域,像"虚拟内存""虚拟光驱"和"虚拟键盘"这些用语的意思都指的是可以借助技术途径实现同等的功能效果,其中的"virtual"指的是一种能够实现同等效果的技术手段。VR 中的"虚拟"的意思也与此类似,是指借助数码信息技术所实现的现实体验感等同于在物理环境中得到的现实体验感。

在我们看来,媒介的核心功能之一就是将外部物理世界中的"事实"现象有效地转化为人类思想世界中的"现实"观念。人类与动物感知外部世界方式的重要区别就在于,人类随着历史的发展越来越多地借助媒介来感知、把握和理解外部世界,在这种发展进程中感觉和认知便逐渐从简单的生物性自然现象转变为复杂的社会性文化现象。这一进程不但可以理解为一种信息化不断提升的进程,同时也是一种虚拟性不断增强的进程。因为随着感知活动的文化性的提升,感知行为中就生成和承载了越来越多的信息,同时也越来越多地使用媒介技术来实现与此前等效的认知效果,而这就是一种虚拟化的过程。美国学者彼得斯(John D. Peters)将媒介理解为传输人类生产的意义和意图的载体(vehicles that mark human meaning and intention),作为支持人类和自身生存环境之间互动的介质,其所承载的核心内容是有助于人类生存的信息(repositories of readable data and processes)。彼得斯突破了对媒介物理形态的传统定义,将其外延扩展至各种自然要素和人工产物(ensembles of natural element and human craft)上。他认为传统媒介理论对媒介形态的

---

① 刘海杰,张怡. 由虚拟实在技术引起的哲学问题的思考[J]. 经济研究导刊, 2010 (36): 223 - 224.

限定无益于对媒介本质的理解，甚至在信息化时代造成了诸多困惑，其中就包括虚拟问题。①媒介的物质载体虽然是物理性的，其所承载的信息却并不是，物质独立存在于外界物理世界中，而承担着传达意义功能的信息却完全来自人的创造。当一封信件或者一幅图画被完成时，构成信件和图画的物质相较之前只是在形态和结构上发生了变化，虽然其性质和数量并未发生根本改变，但是其所传达的信息效果却发生了巨大变化。尽管这种效果只在人的观念层次中产生影响，但当信件和图画是以数码化方式生成的时候，这样的特征就更明显了。英国媒介哲学家尼克·库尔德利指出，在目前的"深度媒介化"（deep mediatization）时代，不同媒介之间的物理融合趋势使得媒介在现实空间中的物质意义逐渐消解，而虚拟功能变得显著。②可见，人类不必动摇物理世界的规则，反而通过掌握和利用其内在规律，就可以"无中生有"地创造出物理世界中不存在的全新"现实"，而这就是"信息化"和"虚拟性"的创造，是人类在物理性发明创造之外的另一种重要创造形式，也是借助媒介实现的独有创造形式。人类正是通过这种虚拟性的创造，完成了从事实到现实、从物质世界到精神世界的伟大飞跃，这种创造因而具有重大哲学意义。

人类完成从事实到现实飞跃的典型例子就是创造时空观念。人类虽然无时无刻不生存在外部物理空间中，但是当人们尝试在思维观念中把握和再现外部空间的时候，就需要借助空间性媒介来整理信息和建构思想。于是，人们便创造出了体现一维空间的线条和体现二维空间的平面。没有宽度的纯粹线条和没有厚度的纯粹平面在事实自然界中是不存

---

① PETERS J D. The marvelous clouds: toward a philosophy of elemental media [M]. Chicago: The University of Chicago Press, 2016: 3.

② COULDRY N, HEPP A. The mediated construction of reality: society, culture, mediatization [M]. Cambridge: Polity Press, 2016: 54.

第八章　中国新闻传播学自主知识体系与媒介社会的蜕变 | 563

在的，甚至也不能以人造物品的形式存在，更不要说存在于零维空间的完全没有体量大小的点了①，因此，这些空间性媒介是人类抽象想象力的产物，也都是虚拟性的存在。古人对于直线的意识可能来自棍棒，对于曲线的意识可能来自丝线②，描绘线条的尝试来自模仿和复刻阴影的轮廓，并通过这样的方式记录投射阴影的物体的形状③。他们又使用日晷这样的工具借助阴影和线条的移动在空间中直观地表现时间的流逝，从而将难以把捉的四维空间中的时间转换到二维和三维空间中，日晷因此同样是虚拟性媒介。④人类在创造和使用媒介的过程中大量使用各种人造平面，从书本到画布，从广告牌到屏幕，所有这些平面不仅应该起到理想平面的作用，而且适于被移动、安放和保存，它们的物理形态虽然是多样的，但是媒介功能却是相同的。⑤ 作为空间性媒介的线和面起到的是一种传输（transmission）和逸出（transgression）的作用，它们使不同的物品变得同质化，从而可以中介异质的世界，使不可见的变得可见、逝去的变得固着、不在场的变得在场。⑥ 空间性媒介进而规范了我们的思维。哲学家柏格森指出，人们早已习惯了用空间概念来进行思考，其中最具代表性的现象就是线性思维以及具象思维的使用，这些思维方式

---

① SUMMERS D. Real spaces: world art history and the rise of western modernism [M]. London: Phaidon Press, 2003.
② INGOLD T. Lines: a brief history [M]. London/New York: Routledge, 2007: 42f; KRÄMER S. Punkt, strich, fläche: von der schriftbildlichkeit zur diagrammatik [M] // KRÄMER S, CANCIK-KIRSCHBAUM E, TOTZKE R. Schriftbildlichkeit: wahrnehmbarkeit, materialität und operarativität von notationen. Berlin: Akademie Verlag, 2012: 91.
③ BOGEN S. Schattenrissm and sonnenuhr: "überlegungen zu einer kunsthistorischen diagrammatik" [J]. Zeitschrift für kunstgeschichte, 2005 (2): 153-176.
④ DIELS H. Antike technik: sieben vorträge [M]. Osnabrück: Zeller, 1965: 155-232.
⑤ LATOUR B. Drawing things together [M] // LYNCH M, WOOLGAR S. Representation in scientific practice. London: MIT Press, 1990: 19-68.
⑥ KRÄMER S. Graphism and flatness: the line as mediator between time and space: intuition and concept [M] // FAIETTI M, WOLF G. The power of the line. München: Hirmer Publishers, 2015: 11f.

构成传统科学思想方法的通用框架。例如,时间轴和时间线的观念就是建立历史学思想的基础。① 康德不把线条看作一个稳定的空间结构,而是视其为由单个点组成的连续不断的时间性运动,这样一种运动并非发生在事实物理空间中,而是在直觉和思想中开展的。② 正是通过这种想象的线条的延伸和运动,人们在观念中可以借助具有外观和形象的形式去理解时间。我们在这里就可以看到,线条这种空间性媒介是如何在经验界和观念界之间搭建起桥梁的。③ 同样,人类关于事实和现实世界的所有观念,也都是在自身头脑中,借助对于点、线、面的想象,从线条这类基础元素开始,一点一滴、一笔一画地建构出来的,甚至人类的思维活动空间也是由它们构成的。④ 人们通过在自己头脑里的虚拟空间中勾画各种本不存在的几何辅助线来开展空间想象,正因为它们并不依赖感知,而是来源于从感知对象中取材的创造性想象,从而才可以让感官和头脑在虚拟环境中互相配合,构建出各种已经存在、尚不存在或者在现实中根本不可能存在的二维和三维对象物,其中就包括各种具象和抽象程度不同的图形、图标、图表、图解、图示和图符,并且以它们为素材营造出精神和思想的全部内容。这些具有图示性的点、线、面促进了基于想象力的实践,它们具有孕育人类认知能力的温床功能。⑤

VR作为新型的三维空间媒介,同样可以帮助人类继续发展自身的认知和想象潜能。海姆将VR视作一种能够为人们提供反思和检验自身

---

① BERGSON H. Time and free will [M]. London: Macmillan and Co., 1910: xxiii, 181.
② KANT I. Critique of pure reason [M]. London: Macmillan, 1929: 198.
③ KANT I. Kritik der reinen vernunft [M]. Hamburg: Felix Meiner Verlag, 1998.
④ KRÄMER S. "The mind's eye": visualizing the non-visual and the "epistemology of the line" [M] // HEINRICH R, NEMETH E, PICHLER W, et al. Image and imaging in philosophy, science and the arts. Frankfurt: Ontos Verlag, 2011: 286f.
⑤ KRÄMER S. Graphism and flatness: the line as mediator between time and space: intuition and concept [M] // FAIETTI M, WOLF G. The power of the line. München: Hirmer Publishers, 2015: 15f.

关于现实的感觉和意识的新工具的"形而上学的实验室"(metaphysical laboratory)。① 由此可见,点、线、面这些表现空间组织现实的虚拟性媒介是建构人类时空观念的基础,它们和语言一起成为人类艺术和科学的认知源头,人类文明就是建构在这一系列基础性现实观念和文化技能之上的。借助时空和语言媒介开展虚拟性感知、思考和表达的能力既是人类的基本智能,也是人类成为文化性生物的根本原因。德国学者基特勒于是将媒介技术视为产生人类文化动能的活力原则和磁力场,并进而发展出了一种媒介先验论的观点。②

基于以上理解,我们认为,包括 VR 的所有媒介都发挥着虚拟性的信息生成和传递的功能。事实上,美国学者吉姆·布拉斯科维奇(Jim Blascovich)和杰里米·拜伦森(Jeremy Bailenson)就指出,整个人类历史中充满了创造虚拟世界的实践,从远古岩画到文学、美术、戏剧,再到印刷、摄影、广播、电视以及计算机和互联网,都是为了帮助人们创造和体验更理想化的幻想世界③,也就是借助媒介工具创造和传播其感知效果可以媲美甚至超越外界事实世界的观念现实世界,而媒介在这里就担负了柏拉图所说的人类创造宇宙万物的功能。④ 人类在艺术创作和媒介传播活动中虽然经常努力去再现和模拟外部世界,但是更多的还是致力于对世界图景加以抽象化、象征化和理想化,这种对虚拟的幻想世界的向往和追求事实上成为推动艺术发展和媒介更新的原动力,而虚拟

---

① HEIM M. The metaphysics of virtual reality [M]. New York/Oxford: Oxford University Press, 1993: 83.

② KITTLER F. Geschichte der kommunikationsmedien [M] // HUBER J, MÜLLER A-M. Raum und verfahren. Frankfurt: Stroemfeld/Roter Stern, 1993: 169ff.

③ BLASCOVICH J, BAILENSON J. Infinite reality: avatars, eternal life, new worlds, and the dawn of the virtual revolution [M]. New York: Harper Collins, 2010: 24-36.

④ PERL E D. The demiurge and the forms: a return to the ancient interpretations of Plato's timaeus [J]. Ancient philosophy, 1998 (1): 81-92.

性创造作为人类的一种基本心理需求，已经植入了人类的文化基因，并成为一种终极性的文化宿命。①

从总体上看，人类的虚拟性创造主要包括两种类型：一种是对外部世界相对直观的再现、复制或者美化，然后可以进一步在头脑中创造出具象化的幻想世界，其中所采用的媒介主要包括像绘画、摄影和电影这类艺术性创造手段；另一种则是对外部世界进行更加概念化的模拟、象征和概括，并进而在头脑中创造出抽象化的意义或符号世界，其中所采用的媒介主要是语言文字等各种表意符号系统。这两种类型的虚拟性创造除了在虚拟化手段和形式上不同之外，主要区别还在于：前者是一种直接性的具象虚拟化进程，也就是采用具象性的虚拟表象和体验去替代原始表象和经验，以便让人们仍然可以获得接近原始经验的生动直观体验；而后者则是一种间接性的抽象虚拟化进程，采用了抽象性的虚拟概念和理解去替代原始表象和经验，从而让人们获得能在意义层次上概括和复现原始经验的深入理解。上文中所提到的直接性虚拟和间接性虚拟的意思分别是这样的：直接性虚拟的结果与原始对象的形态具有明显的相似性，人们可以相对直观地从虚拟结果回溯到原始对象，并且建立两者间直接的认知关联。间接性虚拟的结果在形态和性质上则有别于其原始对象，因为原始对象物经过抽象化和概念化处理之后就变成各种类型的符号和意指，从而在很大程度上失去了形态上的直观相似性，而且人们还会进一步在已有的符号和意指的基础上不断概括出抽象化程度更高的新符号和新意指来，其实质也就是对已有虚拟对象物的再度虚拟。这样的多重虚拟化进程在理论上完全可以无限次推演下去，并最终可能建构出一种由在外部世界中几乎找不到客观对应物的概念集合而成的思辨

---

① 刘宏宇，袁子涵，郑晴怡. 认识VR实质的哲学进路[J]. 国际新闻界，2017（11）：10-29.

性虚拟世界。反过来，我们如果想要寻找到经过多重虚拟后所得出的高度抽象符号和概念的原始对象物，就只能选择去经历艰难的间接推导和渐次还原了。这样看来，后面这种间接性虚拟显然具有更强的虚拟性，因为其中不仅包含不断递进的虚拟化演进过程和更加复杂的虚拟化结构，而且通过这种方式建构出来的虚拟世界也更独立于外部世界，同时也对人们的思维能力和想象能力提出更高的要求，从而更加集中地反映了人类在利用世界和改造世界过程中所达到的创造性智能水平。

虚拟性创造活动伴随着人类文明发展的全程，而VR也在延续相似的创造虚拟世界的努力，它在此意义上来说并不是什么全新事物，最大的区别只是在于其所建构的虚拟世界的媒介介质是数码化的数据结构[1]，并因此达到了超越此前的虚拟化水平。VR的属性从总体上来说应该归于上面所提到的直接性和具象性虚拟化类型，让人们可以通过自身感官直接获得与事实生活经验非常接近的虚拟体验，其所创造的虚拟世界在感知品质上逐渐与外界物理世界相媲美。[2] VR之所以会引起惊奇和困惑，只是因为其所采用的信息化技术到达了人类媒介技术发展的一个临界点，其媒介界面所唤起的真实感开始高度逼近外部物理世界自身的水平，媒介界面与物理世界的界限从而显得彼此交融和模糊不清。[3] 而这种惊奇和困惑，反过来促使我们意识到长期以来被掩盖在"现实"印象后面的各种媒介幻想世界的"虚拟"实质。在周逵看来，虚拟现实的媒介建构和对肉体的"自我超越"乃是人类媒介史中一贯的基本逻辑线索，其背后的两种重要动力则

---

[1] KRÄMER S. Simulation und erkenntnis: über die rolle computergenerierter simulationen in den wissenschaften [J]. Nova acta leopoldina, 2011 (377): 310.

[2] SHERMAN W R, CRAIG A B. Understanding virtual reality: interface, application, and design [M]. San Francisco: Morgan Kaufmann Publishers Inc., 2002: 10.

[3] 同[2]51.

分别是人类寻找模拟和复制感官体验的途径以及超越物理性限制的内在需求。①

从宏观的历史角度看，媒介发展演进史总体上就是媒介"信息化"和"虚拟性"不断升级和强化的进程。VR在其中具有划时代的里程碑意义，但也并非发展的终点。在海德格尔看来，这一进程的合乎逻辑的后果应该就是人类思维以及人类自身的虚拟化和信息化②，该形态或许可以被理解为人类自身的媒介化或者说人类与媒介的深度融合。陈志良认为虚拟化进程会开启人类中介系统的新革命，转换人类的思维和行为框架。他指出虚拟有广义与狭义之分："广义的虚拟是指规则文明，指各种规则的合成、选择及其演化，随着多样化时代的到来，人的行为规则也将更多地虚拟化；狭义的虚拟是指我们时代的数字化虚拟，数字化虚拟正在成为我们时代的主体色彩。"③他进而认为虚拟性的数字化革命将导致新时代哲学框架发生从现实性哲学到虚拟性哲学的历史性转换。

在此基础上我们做出如下推断：由于媒介行为和媒介关系广泛而普遍地深入到人类文化的方方面面，从而使得人类文明发展本身也在很大程度上表现出虚拟性不断提升的特征。这种虚拟性不断加强的趋势尤其明显地体现在当代社会方兴未艾的数字化和信息化浪潮中，它不仅影响着文字符号和静动态图像，而且使得各种媒介实践及其相关的社会行为都具有越来越强的标准性和虚拟性。包括像货币这类使得各种属性难以对比的物品在价值上变得可以对比的传统中介物④，也在此前不断消退其原本的物质性使用功能、变成不能被消费的一般性交换介质的基础上，更加趋向于摆脱

---

① 周逵. 虚拟现实的媒介建构：一种媒介技术史的视角 [J]. 现代传播，2013 (8)：29-33.
② HEIDEGGER M. Preface to wegmarken [M]. Frankfurt：Klostermann，1967.
③ 陈志良. 虚拟：人类中介系统的革命 [J]. 中国人民大学学报，2000 (4)：57-63.
④ BOCKELMANN E. Im takt des geldes [M]. Springe：Zu Klampen，2004：157ff.

物质性实体，并且向纯粹的电子信息转化①，彻底成为一种能中介一切价值载体的"万能语言"(Universelle Sprache)。② 我们认为，这种虚拟化进程并不会导致人类文明走向虚无和终结，因为虚拟性创造的目的是借助媒介建构幻想性虚拟世界来象征、替代或者覆盖外部物理世界，并且用更理想化的"现实"来象征、替代或者覆盖不尽理想的"事实"。虚拟性人工社会环境总会在特定意义上优于原初的自然环境，同时在建构社会关系和协调社会行为的过程中实现比在自然环境中更优化的认知和实践效果，所以这一虚拟化进程恰恰就是建构文明的过程，是人类文明进程中被一贯坚持的推进方向，绝非对文明的否定。德国哲学家沃尔夫冈·维尔施（Wolfgang Welsch）所说的"真实性与虚拟性是相互渗透、相互交织在一起的，在它们的关系中会经常出现相互间的转换和重新定位"③，其中即包含了类似观念。而舍曼也认为"媒介所传递的内容就是虚拟世界"④。因此，媒介化进程本身就是一种虚拟化进程，媒介从根本意义上来说可以被视为不同类型的虚拟性工具和不同性质的虚拟化途径，虚拟性是媒介的一种基本属性。⑤

二、由虚拟来认识媒介

在上文中围绕着媒介虚拟性特质的探索，还不足以完全解决以 VR 为

---

① 刘宏宇，袁子涵，郑晴怡. 认识 VR 实质的哲学进路 [J]. 国际新闻界，2017 (11)：10-29；KRÄMER S. Medium, messenger, transmission: an approach to media philosophy [M]. Amsterdam: Amsterdam University Press, 2015: 111-114.

② KRÄMER S. Boten, Engel, Geld, computerviren. Medien als überträger [M] // Paragrana: internationale zeitschrift für historische anthropologie, themenheft: körpermaschinen-maschinenkörper. Mediale Transformationen, Bd. 14, Heft 2. Berlin: Akademie-Verlag, 2005: 19f.

③ 维尔施. "真实": 意义的范围、类型、真实性和虚拟性 [M] // 克莱默尔. 传媒、计算机、实在性: 真实性表象和新传媒. 孙和平，译. 北京: 中国社会科学出版社，2008：149-150.

④ SHERMAN W R, CRAIG A B. Understanding virtual reality: interface, application, and design [M]. San Francisco: Morgan Kaufmann Publishers Inc., 2002: 41.

⑤ 刘宏宇，袁子涵，郑晴怡. 认识 VR 实质的哲学进路 [J]. 国际新闻界，2017 (11)：10-29.

代表的新型虚拟性媒介给人们带来的认知困扰,因为不但对"虚拟"和"现实"概念有必要展开深入分析和精确界定,而且不能忽视"媒介"概念同样存在的模糊性。在全新科学技术和社会文化条件下,"媒介"的传统定义在新型虚拟性媒介的概念开发和实践应用中正体现出越来越大的不适应。就像前面已经分析过的,VR 的媒介现实性和虚拟性并非互相矛盾,而是具有统一性和自洽性的。但是,如果传统媒介定义开始事实性妨碍我们理解这种内在统一性的话,那么也就说明我们不仅对"虚拟"的理解存在着误区,而且对"媒介"的理解也出现了偏差,而这也就是对媒介的理解未能深入其哲学层次的结果。因此,下面我们就从虚拟的视角出发,分析和审视媒介的内在属性,反思媒介的哲学意义和实质,进而尝试在当前技术和文化条件下清晰界定媒介的意指和含义。

在目前通行的概念理解和语言应用中,人们习惯于将发挥媒介功能的各种工具、设备、器官和环境条件等物质性存在视作媒介本身。这样一种理解方式在传统媒介时代曾经有助于人们界定和使用媒介,但是在虚拟性越来越强的新媒介技术条件下就显得不合时宜了,因为这种理解方式不但无助于人们准确把握媒介的实质,反而会产生误导作用。在我们看来,媒介并不等同于物质性的媒介工具,媒介和其所承载的信息只是一同附着在物质性的工具和器物上面。这类工具和器物只有在起到生成和传播信息作用的时候,才会发挥媒介功能,其物质性存在既不依赖于媒介功能,也不依赖于信息,换言之,媒介和信息既可以附着于其上,也可以剥离下来,剥离后也不会妨碍其发挥媒介性之外的其他功能。[1] 这就像纸张可以用来印刷文字和传递信息,但是,如果我们无视或者抹去上面的信息,就大可

---

[1] KRÄMER S. Erfüllen medien eine konstitutionsleistung? Thesen über die rolle medientheoretischer erwägungen beim philosophieren [M] // MÜNKER S, ROESLER A, SANDBOTHE M. Medienphilosophie. Frankfurt am Main: Fischer, 2003: 79.

第八章　中国新闻传播学自主知识体系与媒介社会的蜕变 | 571

用其来包裹物品或者焚烧取暖，而纸张在此情境中就不再是媒介了。可见，纸张并非仅仅具有媒介功能，媒介功能的剥离并不会消除它另外的功能。同样，我们可以用口舌来传达语音信息，但是也可以用其来呼吸和饮食。由此可见，真正发挥媒介作用的并不是纸张或者口舌本身，而是另有其物。虽然我们可以观察到，媒介技术形式越是复杂和高级，媒介的物质载体功能就会越牢固地"粘黏"在其媒介功能上。例如，如果电话不用来通话、电视不用来播放影像节目，它们基本上就是一堆无用的废物。尽管如此，丧失功能性也不会导致它们丧失自身的物质性存在，从这个意义上说，这些物质性工具的存在仍然是独立于媒介的。随着媒介技术的升级和发展，真正的媒介的自身属性会越来越倾向于摆脱和远离其物质载体的物理属性。就像我们看书的时候，所留意的并不是纸张的纹理和油墨的层次，而是其所表现的符号信息；当我们看电视的时候，也不会去用心观察屏幕的形态和像素的排列，而是去欣赏其中所呈现的影像信息。我们一旦去关注前者，反而就无法有效获取信息了。麦克卢汉指出，当媒介在表现内容的时候，其自身的外在形式应该尽可能地不为人所见。① 换言之，媒介手段越是能像玻璃那样透明或者隐而不显，并且使得我们在获取信息的时候自身感官不会受其影响和干扰，其所发挥的媒介效能就会越好。亚里士多德就已经注意到了这种被其称为"media diaphana"的现象。② 换言之，媒介渠道只有在自身被抽离和隐没的时候，或者说让我们忽视和忘却

---

① MCLUHAN M. Die magischen kanäle. Understanding media [M]. Düsseldorf/Wien: Econ, 1970: 15.

② ARISTOTLE. Über die seele [M] // GRUMACH E. Werke in der deutscher übersetzung, vol. XIII. Darmstadt: Wissenschaftliche Buchgesellschaft, 1966: 418b; ARISTOTLE. Über die wahrnehmung und die gegenstände der wahrnehmung [M] // ROLFES E. Kleine naturwissenschaftliche schriften. Stuttgart: Reclam, 1997: 55f; KRÄMER S. Das medium als spur und als apparat [M] // KRÄMER S. Medien, computer, realität. Wirklichkeitsvorstellungen und neue medien. Frankfurt am Main: Suhrkamp, 1998: 74.

其居间位置和中介功能的时候，才能充分发挥其效果。[1] 就像奥地利心理学家弗里茨·海德尔（Fritz Heider）将"真正的媒体"定义为那些可以毫无阻碍地透视过去的媒体那样。[2] 虽然媒介此时令自身处于感知领域范围之外，但是它却通过这种抽离和隐没的方式实现了自身和对象的现实化，同时使得由中介传递的信息显得像是直接显现出来的。[3] 美国科技哲学家唐·伊德在从现象学视角探讨人与媒介技术关系的时候，也总结了类似的"撤离"（withdraw）现象，这指的是当人们熟练使用媒介工具放大或延长自身感官功能的时候，就会觉得工具变成了感知经验的一部分，自己完全意识不到其存在了。[4] 虽然媒介此时是隐身的，但是这并不意味着其缺位，反而恰恰是以此形式实现了虚拟化的效果，帮助人们获得了更理想的认知经验。正如法国哲学家艾曼纽尔·穆尔尼埃（Emmanuel Mournier）所言："机器作为工具不是我们各部分的简单的物质延伸。它是另一种秩序，是我们语言的附加物，是数学的辅助语言，是洞察、剖析和揭示事物的秘密、隐含的意图和未用的能力的方式。"[5] 媒介在此以隐身的形式附加在工具上面，建构了一种全新的认知秩序。

---

[1] MERSCH D. Wort, bild, ton, zahl. Eine einleitung in die mebdienphilosophie [M] // MERSCH D. Kunst und medium, gestalt und diskurs, Bd. 111. Kiel: Muthesius Hochschule, 2002: 132ff; ENGELL L, VOGL J. Vorwort [M] // PIAS C . Kursbuch medienkultur: die maßgeblichen theorien von brecht bis baudrillard, 3 Aufl. Stuttgart: Deutsche Verlags-Anstalt, 2000: 10; GROYS B. Unter verdacht: eine phänomenologie der medien [M]. München/Wien: Carl Hanser, 2000: 21ff; KRÄMER S. Selbstzurücknahme. Reflexionen über eine medientheoretische figur und ihre (möglichen) anthropologischen dimensionen [M] // GRONAU B, LAGAAY A. Ökonomien der zurückhaltung, kulturelles handeln zwischen askese und restriktion. Bielefeld: Transcript, 2010: 42.

[2] HEIDER F . Ding und medium [J]. Kulturverlag Kadmos, 1925 (1): 109 - 158.

[3] KRÄMER S. Der bote als topos oder: übertragung als eine medientheoretische grundkonstellation [M] // VON DER HEIDEN A, HEILMANN T A, TUSCHLING A. Medias in res. Bielefeld: Transkript, 2011: 56.

[4] IHDE D. A phenomenology of technics, technology and lifeworld: from garden to earth [M]. Bloomington/Indianapolis: Indiana University Press, 1990: 72 - 112.

[5] MOURNIER E. Be not afraid [M]. London: Rockcliffe, 1951: 195.

分析哲学家们试图用"知觉"(perception)概念作为外部世界和认知世界联系和过渡的跳板。知觉是指人类通过感官获得的对外部世界的感知,其显著特征也是透明性和直接性,因为人们都觉得自己是在直接感受外部世界,而不是感知那些使得知觉成为可能的中介手段。[1] 或者说人们总是直接感受到知觉的结果,亦即外界对象物,而无法意识到自身观念中关于对象物所形成的经验,这也就是使得感知成为可能的核心中介。[2] 人们无论如何努力去关注知觉经验本身,最终所发现的却都只能指向知觉的对象而并非其中介。[3] 这里的知觉概念虽然并不等同于本节所使用的认知概念,而且在相当程度上还包含和容纳了这里的媒介概念的功能和属性,但是却也能在另一种思辨维度上佐证媒介的透明性,并且帮助我们进一步意识到这里所说的透明性或者隐没性指的并非媒介的物理属性,而是其功能属性,所有的媒介都或多或少、或强或弱地拥有这样的属性。[4] 在自身透明性不断提升的历史发展进程中,媒介不但会表现出越来越高的虚拟性,同时也趋向于与其所承载的信息越来越紧密地结合在一起,甚至可能混为一体,难以区别彼此。这或许就是媒介的终极形态,就像澳大利亚哲学家戴维·查默斯(David Chalmers)所设想的那种,人类最初在伊甸园中通过直接的和去中介化的(unmediated contact/directly acquaintance)方式和世界接触的状态。[5] 从根本上来讲,媒介的核心功能并不是担任人与人之间沟

---

[1] KIND A. Transparency and representationalist theories of consciousness [J]. Philosophy compass, 2010 (5): 902 – 913.

[2] TYE M. The puzzle of transparency [M] // ROSEN G, BYRNE A, COHEN J, et al. The Norton introduction to philosophy. New York: Norton, 2015: 439 – 448.

[3] TYE M. Representationalism and the transparency of experience [J]. Nous, 2002 (1): 137 – 151.

[4] SEITTER W. Physik der medien. Materialien-apparate-präsentierungen [J]. Weimar: VDG Verlag, 2002: 34.

[5] CHALMERS D. Perception and the fall from Eden [M] // GENDLER T, HAWTHORNE J. Perceptual experience. Oxford: Oxford University Press, 2006: 50 – 52.

通关联的中介物，而是人类力求实现的物理世界和精神世界之间沟通关联的中介物，同时也是实现前面所说的事实和现实之间沟通关联的中介物。因为从认识论的层次上看，媒介本是人类认识和把握外界物理世界事实，并且在此基础上建立自身观念和经验现实世界的唯一渠道。由于媒介的存在，像维特根斯坦所指出的人类日常感官认知过程中总是存在的"一半视觉经验，一半心灵思考"的状态才成为可能①；同时也正是媒介的介入，才使得人类作为观察者所获得的经验和作为思考者所获得的经验在实践中才能表现为浑然一体无法拆分的状态。②就像德国集体记忆权威学者阿斯曼夫妇所言，人类对外界世界的所知、所感和所言都必须通过媒介才能实现，别无他途。③而这样性质的中介性渠道显然不会是纯粹物质性的。

事实上，像电影和 VR 这类具有更直观虚拟性的媒介技术的发展和普及，已经为从虚拟性的维度来理解和看待媒介实质创造了现实契机。在这样的外部条件下，我们如果还想继续沿用施拉姆所做出的经典媒介定义，也就是"媒介就是插入传播过程之中，用以扩大并延伸信息传送的工具"④，就需要将其中"工具"概念理解为虚拟性的工具，并不再强调其物质实体性。

我们强调媒介虚拟性的中心目的并不是要重新定义或者发明媒介，而是在新的时代背景和技术条件下，尝试寻找更有效地界定和更准确地理解媒介的途径，并在此基础上建立一种新型媒介研究范式。创造新范式的目

---

① WITTGENSTEIN L. Werkausgabe in 8 bänden: vol. I [M]. Frankfurt: Suhrkamp, 1984: 524.
② WITTGENSTEIN L. Werkausgabe in 8 bänden: vol. Ⅶ [M]. Frankfurt: Suhrkamp, 1984: 423.
③ ASSMANN J, ASSMANN A. Schrift und gedächtnis [M] // ASSMANN A, ASSMANN J. Christ of Hardmeier. Schrift und gedächtnis. Beiträge zur archäologis der literarischen kommunikation. München: Beck, 1983: 265-284.
④ 施拉姆，波特. 传播学概论 [M]. 陈亮，周立方，李启，译. 北京: 新华出版社，1984: 114.

的也并不是去排斥或者否定传统媒介研究范式，而是在对其消化和接纳的基础上，进一步完善和充实媒介研究的理论体系，尤其是实质性地推进媒介哲学研究的思辨水平。

麦克卢汉通过其媒介理论的核心命题"媒介即讯息"表达了这样的媒介观：媒介不仅传递信息，而且参与生成信息及其意义，进而规范人们的传播行为和感知模式，塑造社会体系的面貌。媒介真正引入世界的东西是其所导致的人类社会事物的尺度、速度和模式变化，而这些才是媒介的本质。① 在这样一种思考和判断中，麦克卢汉其实已经敏锐地捕捉到了媒介的虚拟性实质，也就是通过媒介可以建构和生成现实——不论是物质性的社会事实还是精神性的观念现实，并且在关联事实和现实的过程中重构两者之间的关系。但是，他并没有将这一方向上的思考继续深入推进下去，而是主要在技术论维度上完成了自己的理论范式建构，并重点探讨了变得越来越独立的媒介手段与其功能之间的复杂关系。基特勒所持的也是类似的技术论思想，主要从消息传递和数据处理的信息科技角度来理解媒介现象。②

在 20 世纪西方哲学语言学转向的思潮背景下，包括哈贝马斯也认为语言行为是人类理智和理性的根源。③ 而尼克拉斯·卢曼（Niklas Luhmann）的媒介理论就是从语言学研究范式入手，并且从功能主义和系统论的视角出发，探讨在媒介作用下的物质和形式之间的关系。在他看来，这样的形式是独立于物质的，而符号性思维也就是在物质和形式之间开展中

---

① MCLUHAN M, FIORE Q. The medium is the massage: an inventory of effects [M]. New York: Randon House, 1967.
② KITTLER F. Literature, media, informations systems, essays [M]. Amsterdam: Overseas, 1997.
③ HABERMAS J. Theorie des kommunikativen handelns: vol. I [M]. Frankfurt: Suhrkamp, 1982: 367ff.

介作用的一种原初途径，文字和语言也就是这样的一种基本媒介途径。①他从而将媒介理解为一种"松散的耦合要素"，通过它可以凝固出某种形式的"坚固的耦合"。② 这种媒介理解理论范式中同样能体现出媒介的虚拟性特质，因为媒介不是存在于物质那一端，而是处于物质和形式之间的领域，我们所观察到的永远是形式，而不是媒介本身。③

德国媒介哲学家西皮勒·克莱默尔（Sybille Krämer）吸取了以上两种研究范式的主要思想并做出了新的综合性发展。一方面，她认为语言和符号并不是媒介，语言和符号来自基于主观意图的约定俗成的日常应用，在符号学视角下，意义隐藏在感知后面，但是在媒介学视角下的情况却正好相反，感知隐藏在意义后面④，她倾向于将并非来自主观刻意的"痕迹"（Spur）作为更适于表现媒介效果的概念，并且用语言符号对应讯息，而用痕迹对应媒介。因此，在她看来，媒介并不是讯息，讯息中只保存了媒介的痕迹，而这也就是在传播过程中媒介自身及其意义显得透明不可见的原因。⑤ 另一方面，她也不主张仅仅从技术层面看待媒介，而是倾向于将其理解为人类诠释行为和关系过程中的历史性语法。基于这种理解，媒介不仅是意义成为可能的先决条件，而且是意义的交叉、变移和颠覆的框架性条件⑥，此时的媒介作为一种结构性前提和抽象性存在，也具有强烈的虚拟性特质。克莱默尔在此基础上发展出一种"信使"（Bote）⑦ 媒介范式，

---

① LUHMANN N. Die Kunst der gesellschaft [M]. Frankfurt: Suhrkamp, 1995: 165-213.
② 同①167f.
③ 同①165ff.
④ GROYS B. Unter verdacht: eine phänomenologie der medien [M]. München/Wien: Carl Hanser, 2000: 22f; KRÄMER S. Der bote als topos oder: übertragung als eine medientheoretische grundkonstellation [M] // VON DER HEIDEN A, HEILMANN T A, TUSCHLING A. Medias in res. Bielefeld: Transkript, 2011: 58.
⑤ KRÄMER S. Das medium als spur und als apparat [M] // KRÄMER S. Medien, computer, realität. Wirklichkeitsvorstellungen und neue medien. Frankfurt am Main: Suhrkamp, 1998: 81.
⑥ 同⑤91.
⑦ KRÄMER S. Die heteronomie der medien. Versuch einer metaphysik der medialität im ausgang einer reflexion des boten [J]. Journal phänomenologie, 2004 (22): 18-38.

她用古希腊历史传说中传递马拉松战役胜利消息后被累死的信使来比喻媒介的地位和功能。在她看来,信使并不是独立自主的,不具有主体性,不是自身行为的源起,所传达的也不是自己的声音和意志,只能为他人代言,而且在送达信息之后,信使的存在不但没有人会关注,反而是他消失得越彻底,信息越不会受到附加的干扰。因此,媒介成功实现自身功能的一项基本原则就是通过自我的不在场来实现他人的在场,这和逻辑三段论推理中消失的中间项的性质是相似的[①],而这也是媒介所具有的那种经过中介的直接性属性的根源。[②] 媒介不是自治而是他治的,其存在价值取决于其效能,其意义附着在其所传递的来自其他主体的信息上。[③] 基于这样的功能和属性,信使的角色便构成传播交流中的第三级,而这就颠覆了在二元本体论体系下所建构的传统传播观,也就是认为参与传播进程的只有主体和客体的观念。[④] 事实上,这种主体和客体的关系不仅存在于信息发送者和信息接收者之间,也存在于传播者和信息以及传播者和媒介工具之间。在以上这些主客体关系中,媒介都发挥着不可或缺的第三元的作用,因为没有媒介参与的话,这些主客体之间根本无法产生互动和关联,因此三元性的传播交流模型才是更加接近客观事实的。[⑤] 从媒介或者信使的第

---

① BAHR H-D. Medien-nachbarwissenschaften I: philosophie [M] // Medienwissenschaft: ein handbuch zur entwicklung der medien-und kommunikationsformen. Bd 15. Berlin/New York: Walter de Walter de Gruyter Verlag, 1999: 273; HOFFMANN S. Geschichte des medienbegriffs [M]. Hamburg: Felix Meiner Verlag, 2002: 16.

② KRÄMER S. Der bote als topos oder: übertragung als eine medientheoretische grundkonstellation [M] // VON DER HEIDEN A, HEILMANN T A, TUSCHLING A. Medias in res. Bielefeld: Transkript, 2011: 57.

③ 同②55.

④ FISCHER J. Figuren und funktionen der tertiarität. Zur sozialtheorie der medien [M] // MICHAEL J, SCHÄFFAUER M K. Massenmedien und Alterität. Frankfurt a. M.: Vervuert, 2004: 80.

⑤ KRÄMER S. The messenger as a model in media theory: reflections on philosophical dimensions of theorizing media [M] // FRIESEN N. Media transatlantic: developments in media and communication studies between North America and German-speaking Europe. Berlin/New York: Springer, 2016: 199f.

三元身份来看，媒介无疑是区别于非物质性信息和物质性媒介工具的。尽管媒介和信使通常应该是隐身和依附性的，但是这并不意味着它在三元关系中是缺乏存在感的弱势一极，因为媒介的作用并非总是中性和中立的，也就是说并不总是仅仅起到忠实传递信息并且消弭另外两极之间距离的效果，它也有可能引发争议以及矛盾，从而扩大另外两极之间的距离，就像我们在大众媒介日常实践中经常可以观察到的那样。[1] 此外在传播进程中，信使和痕迹分别处于信息发送者和接收者的维度上，成为同一现象的不同两面。[2] 信使所处的微妙或者尴尬的地位，也就是永远处于导出与导入、外在与内在、形式与内容、动态与静态及物质与非物质之间的领域，绝非偶然地对应着此前所诠释的媒介的现实性与虚拟性特质，而这些方面之间似乎存在的内在矛盾性也通过媒介独特的虚拟性作用机制得到圆满化解，并最终达致一种辩证的统一。

我们所主张的虚拟性媒介范式和克莱默尔的信使媒介范式具有很多共通之处，我们也认同上述的三元媒介传播观，并且认为媒介虽然在这种三元结构中具有一定的主体性地位，但是其实质却并不是实体性的，更不是物质性的。就像克莱默尔所说的，媒介是在人类文化实践中生成的形式、作品和意涵的"历史性语法"。[3] 这种语法指的是使得媒介工具系统可以与媒介信息系统融合共振并发挥媒介效能的结构性规则，正如德国哲学家马丁·塞尔（Martin Seel）所指出的："媒

---

[1] KRÄMER S. Der bote als topos oder: übertragung als eine medientheoretische grundkonstellation [M] //VON DER HEIDEN A, HEILMANN T A, TUSCHLING A. Medias in res. Bielefeld: Transkript, 2011: 60f.

[2] KRÄMER S. Was also ist eine spur? Und worin besteht ihre epistemologische rolle? [M] //KRÄMER S, KOGGE W, GRUBE G. Spur, spurenlesen als orientierungstechnik und wissenskunst. Frankfurt a. M.: Suhrkamp, 2007: 11ff.

[3] KRÄMER S. Erfüllen medien eine konstitutionsleistung? Thesen über die rolle medientheoretischer erwägungenbeim philosophieren [M] //MÜNKER S, ROESLER A, SANDBOTHE M. Medienphilosophie. Frankfurt am Main: Fischer, 2003: 81.

介不是这样一种工具，我们用它可以获得或通向某个东西，又可以用它获得另一些东西。媒介对于行为是建构性的，行为在它的要素中被发现。"[1] 因此可见，媒介就是使得媒介工具和媒介信息能够在媒介行为中配合发挥媒介效能的建构性指导要素。如果我们想借助一种类比手段来更好地理解媒介和实体性媒介工具之间的区别的话，那么计算机信息系统中的软件和硬件概念应该还无法准确地对应这两者之间的内在关系，这不仅是由于软件和硬件概念的哲学本体论定义仍然悬而未决，它们之间的边界既模糊又多变[2]，就像事实和现实之间的边界一样，而且两者之间同样也需要媒介的参与才能关联和配合，此外也因为常规的软件概念中其实已经同时涵盖了这里的媒介和信息概念。不过，如果将软件概念进一步加以分析和细化，其中的数据概念似乎能比较好地对应信息概念，而程序或者算法概念则好像能够相对较好地对应媒介概念。但是，我们也必须意识到，这也仅仅是为了帮助人们理解而使用的一种比较形象的比喻，不能简单地将媒介与程序和算法画上等号。相比之下，更为准确的定义表达则是：媒介是人类在沟通和关联物理事实世界和观念现实世界过程中操作相关中介性工具系统时所遵循的结构性规则，这种结构性规则的基本属性和功能就是以虚拟性方式生成和传播信息。

三、结论

综上所述，我们所论证的虚拟性媒介范式可以从两个主要维度来加以理解和把握：一方面，人类的虚拟性创造行为集中体现在媒介行为中，人类所创造的虚拟性文化产物的主要功能是媒介功能，它们服务于人与人之

---

[1] 塞尔. 实在的传媒和传媒的实在[M] // 克莱默尔. 传媒、计算机、实在性：真实性表象和新传媒. 孙和平，译. 北京：中国社会科学出版社，2008：149-150.

[2] 基特勒. 硬件：一个未知的本质[M] // 克莱默尔. 传媒、计算机、实在性：真实性表象和新传媒. 孙和平，译. 北京：中国社会科学出版社，2008：111-123.

间的沟通交流，以及外界事实世界与观念现实世界之间的沟通关联，建构幻想性的虚拟世界是人类文明的重要使命；另一方面，虚拟性是媒介的基本属性，人类使用的所有媒介从存在形式到运作模式都具有虚拟性，发展形态越高级的媒介体现出越强的虚拟性，虚拟是确保媒介发挥效用的内在机制。

  基于以上的认识，在我们看来，采用这种媒介虚拟观不仅能帮助我们在全新的技术条件下和文明环境中更加准确地理解媒介的哲学实质，把握媒介与人的内在关系，同时也能帮助我们切实有效地认识和开发 VR 这类新型虚拟性媒介的传播潜能。

参考文献

[1] 邓绍根，丁丽琼. 中国共产党百年进程中马克思主义新闻观的创新发展[J]. 新闻大学，2021（6）：48-70，123.

[2] 周俊. 马克思主义新闻学研究70年（1949—2019）[J]. 新闻与传播研究，2019（8）：5-23，126.

[3] 胡百精. 公共性与价值之源：中国传统社会共识观的演进[J]. 北京大学学报（哲学社会科学版），2022（2）：42-55.

[4] 胡百精. 明理存道的光辉与暗影：中国传统辩论观的生成与选择[J]. 新闻大学，2022（2）：34-55，118-119.

[5] 胡百精. 中国舆论观的近代转型及其困境[J]. 中国社会科学，2020（11）：132-148，207.

[6] 郑保卫，尹延永. 党媒姓党 人民至上 高举旗帜 引领导向：论中国共产党新闻事业百年奋斗的历史经验及启示[J]. 现代传播，2022（10）：1-14.

[7] 邓绍根，郭慧玲. 百年探索：中国共产党新闻宣传的文风建设[J]. 当代传播，2021（4）：11-16，26.

[8] 周勇，李昊凯. 人民广播事业八十年：历史经验及其现实意义[J]. 现代传播，2022（2）：25-31.

[9] 周勇，何天平. 作为一种社会语境的中国电视：历史演进与现实抉择[J]. 当代传播，2020（5）：15-21.

［10］杨保军．构建当代中国新闻学自主知识体系的根据与必要［J］．国际新闻界，2022（11）：25-38.

［11］杨保军．建构当代中国新闻学自主知识体系的基本立场与基本目标［J］．编辑之友，2023（1）：29-36.

［12］周勇．从元问题出发：中国特色新闻传播学知识体系的建构逻辑与实践进路［J］．新闻与传播研究，2022（10）：5-16，126.

［13］王润泽．实践转向与元问题聚焦：对新闻学知识体系创新的思考［J］．新闻记者，2022（2）：14-19.

［14］刘海龙．作为知识的传播：传播研究的知识之维刍议［J］．现代出版，2020（4）：23-31.

［15］胡百精．重返基源问题：中国传播思想史的知识建构［J］．中国人民大学学报，2021（4）：118-130.

［16］周勇，郑画天．历史源流与现实进路：面向未来的国际传播学科建设［J］．中国编辑，2023（4）：28-34.

［17］李彪．新时代中国特色舆论学：演进脉络、核心问题与研究体系［J］．编辑之友，2021（9）：5-10.

［18］王斌．互联网新闻学：一种对新闻学知识体系的反思［J］．编辑之友，2020（8）：63-74.

［19］赵永华，刘娟．中国人权话语建构与国际传播［J］．中国人民大学学报，2021（5）：117-125.

［20］钟新，张超．新时代中国大国形象的四个维度与两种传播路径：基于习近平相关论述的分析［J］．中国人民大学学报，2020（3）：34-42.

［21］刘小燕，王睿路．国际技术规则构建中的国家话语权力博弈：内涵、机制与路径［J］．社会科学战线，2022（10）：158-169.

［22］胡百精．大学现代化、生态型学科体系与新闻传播教育的未来选择［J］．中国人民大学学报，2019（2）：132-139.

[23] 周勇, 周梦雪. 叙事视频化与跨文化话语调适: 国际传播的"和""美"破局 [J]. 当代传播, 2022 (3): 4-8.

[24] 李彪, 张雪, 高琳轩. 从管理新闻到回避新闻: 社交分发环境下新闻消费方式的转向 [J]. 新闻与传播研究, 2021 (9): 23-38, 126.

[25] 李沁, 徐诚, 赵凡瑜. 技术、传播与社会: 中国主流媒体融合发展路径: 以长三角地区 12 家主流媒体为例 [J]. 中国人民大学学报, 2020 (3): 132-141.

[26] 栾轶玫. 重大主题报道: 媒介化治理的传播实践 [J]. 编辑之友, 2022 (3): 5-11.

[27] 王莉丽, 戈敏, 刘子赢. 智库全球治理能力: 理论建构与实践分析 [J]. 中国人民大学学报, 2022 (2): 91-102.

[28] 周勇. 主旋律影视作品传之有道 [N]. 光明日报, 2022-08-31 (15).

[29] 陈阳. 横屏"让位"竖屏, 别出让了审美体验和思想追求 [N]. 光明日报, 2021-01-23 (9).

[30] 唐铮, 王欣欣. 5G 时代新闻业的新形态、新进路和新规制 [J]. 新闻爱好者, 2022 (2): 10-13.

[31] 彭兰. 虚实混融: 元宇宙中的空间与身体 [J]. 新闻大学, 2022 (6): 1-18, 119.

[32] 张辉锋, 景恬. 成本加成与消费者感知价值的结合: 知识付费产品的定价模型 [J]. 新闻与传播研究, 2021 (1): 38-51, 127.

[33] 王树良, 张耀耀, 张玉花. 数字媒体时代跨媒介视角下广告与设计的双向融合 [J]. 装饰, 2020 (7): 28-30.

[34] 刘宏宇, 刘亚光, 李婧文. 虚拟性媒介研究范式导论: 理解作为媒介基本属性的虚拟性 [J]. 中国人民大学学报, 2019 (2): 140-152.

图书在版编目（CIP）数据

中国新闻传播学自主知识体系的基本面向与焦点领域/中国人民大学新闻学院自主知识体系课题组著. --北京：中国人民大学出版社，2024.1
中国新闻传播学自主知识体系建设工程
ISBN 978-7-300-32316-9

Ⅰ.①中… Ⅱ.①中… Ⅲ.①新闻学-传播学-中国-文集 Ⅳ.①G219.2-53

中国国家版本馆 CIP 数据核字（2023）第 214917 号

中国新闻传播学自主知识体系建设工程
中国新闻传播学自主知识体系的基本面向与焦点领域
中国人民大学新闻学院自主知识体系课题组　著
Zhongguo Xinwenchuanboxue Zizhuzhishitixi de Jibenmianxiang yu Jiaodianlingyu

出版发行	中国人民大学出版社			
社　　址	北京中关村大街 31 号		邮政编码	100080
电　　话	010-62511242（总编室）		010-62511770（质管部）	
	010-82501766（邮购部）		010-62514148（门市部）	
	010-62515195（发行公司）		010-62515275（盗版举报）	
网　　址	http://www.crup.com.cn			
经　　销	新华书店			
印　　刷	中煤（北京）印务有限公司			
开　　本	720 mm×1000 mm　1/16		版　次	2024 年 1 月第 1 版
印　　张	37.25 插页 3		印　次	2024 年 1 月第 1 次印刷
字　　数	476 000		定　价	169.00 元

版权所有　　侵权必究　　印装差错　　负责调换